POBL Y PORTH TYWYLL

CW01072279

POBL Y PORTH TYWYLL

Hanes a Thystiolaeth Eglwys y Bedyddwyr,
y Tabernacl, Caerfyrddin, 1650–1968, yng
nghyd-destun datblygiad Ymneilltuaeth Gymreig

Desmond Davies

ECh

Cyhoeddwyd yn 2012 gan
Gymanfa Bedyddwyr Caerfyrddin a Cheredigion

ISBN 978-0-9571815-0-2

Argraffwyd a rhwymwyd yng Nghymru gan
Wasg Gomer, Llandysul, Ceredigion

I gofio ffyddloniaid ddoe yn y Porth Tywyll a'r Tabernacl,
ac i annog eu disgynyddion, heddiw ac yfory, i ddal ati
i sicrhau parhad y dystiolaeth.

~~~~~~~~~~~~~~~~~~~~~~

Byddaf yn gosod fy nhabernacl yn eich mysg … byddaf yn rhodio
yn eich mysg; byddaf yn Dduw i chwi a chwithau'n bobl i minnau.

(Lefiticus 26: 11, 12)

~~~~~~~~~~~~~~~~~~~~~~

Atat Ti o'r porth tywyll – tua'r wawr
y trown i gyd-sefyll,
ac yno, wrth ymgynnull,
chwilio'r gair sy'n chwalu'r gwyll.

Mererid Hopwood

CYNNWYS

CYDNABYDDIAETH

O'r diwrnod y'm sefydlwyd am y waith gyntaf yn weinidog eglwys y Tabernacl, Caerfyrddin, sef yn y flwyddyn 1975, ni pheidiodd fy niddordeb yn ei hanes hir ac amrywiol. Ymhen y rhawg arweiniodd y diddordeb cychwynnol hwn at gyflwyno traethawd ymchwil y dyfarnwyd iddo yn 2007 radd PhD gan Brifysgol Cymru Bangor. I bob diben, cynnwys y traethawd hwnnw, wedi ei gwtogi a'i addasu, yw sail y gyfrol hon.

Ni fyddai'r traethawd gwreiddiol wedi ei gwblhau, na'r llyfr a ddeilliodd ohono wedi ei argraffu, heb gefnogaeth a chydweithrediad nifer o unigolion a sefydliadau, ac y mae mynegi fy ngwerthfawrogiad diffuant iddynt am bob cymorth a dderbyniais yn rhesymol wasanaeth ar fy rhan. Yn gyntaf, rhaid imi gydnabod fy nyled enfawr i'm cyfarwyddwr ymchwil, yr Athro D. Densil Morgan, oherwydd ef yn anad neb arall a'm cymhellodd i fwrw iddi gyda'r gwaith, ac a'm gosododd ar drywydd llawer o ffynonellau na fyddai'n wybyddus imi oni bai am ei wybodaeth arbenigol yntau. Bu'r ohebiaeth a fu rhyngom, ynghyd â'r trafodaethau a gafwyd yn ei ystafell ym Mangor, o fudd difesur. Yr un modd bu fy nau arholwr, sef yr Athro Prys Morgan (allanol) a Dr. Robert Pope (mewnol) yn garedig eu cymhelliad imi ganiatáu i'r gwaith weld golau dydd.

Cefais bob cymorth gan staff Llyfrgell ac Archifdy Prifysgol Cymru Bangor; y Llyfrgell Genedlaethol, Aberystwyth; Llyfrgell Cyngor Sir Caerfyrddin, Caerfyrddin; a phencadlys enwad y Bedyddwyr yn Nhŷ Ilston, Abertawe (fel yr oedd ar y pryd); heb eu dyfalwch hwythau ni fyddwn wedi medru rhoi fy llaw ar lawer o'r cyhoeddiadau y bûm yn chwilota amdanynt ac ynddynt. Yr wyf hefyd yn tra ymwybodol o'm dyled i Gronfa Ravenhill a sefydlwyd er galluogi cynfyfyrwyr o Goleg y Bedyddwyr, Bangor (sef y Coleg Gwyn fel y'i gelwir bellach) i barhau â'u hastudiaethau, oherwydd bu'r grant a dderbyniais o'r gronfa hon yn gyfraniad sylweddol ac anhepgor tuag at dalu ffioedd cwrs gradd uwch. Derbyniais fwy nag un gymwynas oddi ar law fy nghyfaill y Parchedig John Rice Rowlands, cyn-Brifathro y Coleg Gwyn, a fu'n fwy na pharod imi fenthyg cyfrolau gwerthfawr o'i eiddo. Ni allaf lai na chofio ychwaith am ddiddordeb mawr y diweddar gyn-Brifathro E. Stanley John (un y cefais y fraint o gydwasanaethu ag ef yng Nghwm Tawe ar ddechrau fy ngyrfa weinidogaethol, ac a barhaodd yn gyfaill cywir ac yn ysgogwr diflino imi ar hyd y daith) yn y prosiect o'r cychwyn cyntaf. Dyledwr ydwyf hefyd i Dr. Jasper Ungoed-Thomas am iddo hwyluso'r ffordd imi bori yn nyddiaduron ei dad-cu, y Parchedig Evan Ungoed Thomas, ynghyd â'r ffaith iddo gyflwyno copi personol imi o'i ddetholiad yntau o gynnwys y dyddiaduron hynny, sef *The Fire Within*.

Ynghyd â bod yn fenter ffydd y mae cyhoeddi cyfrol o'r math hwn yn fenter ariannol nid bychan, ac y mae'n ddyletswydd arnaf i gydnabod, gyda'm diolch cywiraf, y nawdd hael a dderbyniais gan Gymanfa Bedyddwyr Caerfyrddin a Cheredigion (sydd hefyd, a hynny'n gwbl briodol, yn cyhoeddi'r gwaith); Ymddiriedolaeth James Pantyfedwen, Aberystwyth; a swyddogion a diaconiaid eglwys y Tabernacl, Caerfyrddin. Ysgwyddodd y Parchedig John Talfryn Jones, Ysgrifennydd Cymanfa Bedyddwyr Caerfyrddin a Cheredigion, lawer o'r baich gweinyddol ynglŷn â'r cyhoeddiad, gan drefnu i'w fab, Owain, lunio'r logo a ymddengys ar glawr y llyfr, ac aeth y Barchedig Judith Morris a David Evans (trysorydd y Gymanfa) yn gyfrifol am y wedd gyllidol ac am dderbyn archebion. Yr wyf yn dra diolchgar i'r Prifardd Mererid Hopwood, sy'n aelod ffyddlon a gweithgar yn eglwys y Tabernacl, am lunio'r englyn hynod bwrpasol a gynhwysir ar ddechrau'r gyfrol, ac i'r Dr. Rhidian Griffiths am olygu'r testun gwreiddiol â'i fanylder arferol, gan awgrymu nifer o gywiriadau a gwelliannau. Afraid ychwanegu mai ar fy ysgwyddau innau y gorffwys y cyfrifoldeb am unrhyw frychau a erys. Hoffwn ddiolch hefyd i staff Gwasg Gomer am ymgymryd â'r dasg o argraffu, ac am ddiogelu, yn ôl eu harfer, safon uchel y gair printiedig.

Yn hyn oll y mae fy niolch pennaf i'm priod, Eirianwen, am ei goddefgarwch, ei hir amynedd a'i hanogaeth gyson imi beidio â diffygio na llaesu dwylo yn fy ymdrechion, yn enwedig yn ystod y cyfnodau hynny pan oedd afiechyd yn bygwth drysu fy mwriadau. Heb ei chariad a'i chefnogaeth hithau yr wyf yn gwbl sicr na fuaswn wedi llwyddo i ddwyn y maen i'r wal.

Desmond Davies
Mawrth 2012

RHAGYMADRODD

O ganlyniad i lafur nifer o haneswyr disglair, o ddyddiau Joshua Thomas (1718/19–1797) hyd heddiw – awduron y pwyswyd yn drwm ar eu cyhoeddiadau wrth baratoi'r gyfrol hon – y mae hynt a helynt Ymneilltuaeth Gymreig wedi ei gofnodi'n bur gyflawn a manwl erbyn hyn. Ynghyd â'r dadansoddiad hwn o ddylanwad Ymneilltuaeth ar genedl gyfan yn ystod y tair canrif a hanner ddiwethaf, cyhoeddwyd hefyd, yng nghwrs y blynyddoedd, nifer sylweddol o gyfrolau mawr a mân, yn cofnodi hanes eglwysi unigol, lleol oddi mewn i'r traddodiad Anghydffurfiol. Diben y llyfrau hyn fu olrhain dechreuadau achos penodol oddi mewn i gymuned neilltuol, gan amlinellu'r ffactorau amlycaf yn ei gynnydd, ac, yn y mwyafrif o enghreifftiau, ei ddirywiad (ers y Rhyfel Byd Cyntaf), ynghyd â'r prif ffeithiau am y rhai a fu'n weinidogion ac yn arweinwyr yn yr eglwys, ac unrhyw achlysuron eraill o bwys. Dyma, hefyd, un o brif ddibenion y gyfrol hon, sef croniclo a gwerthuso hanes eglwys y Bedyddwyr a fu'n ymgynnull o 1812 hyd heddiw yng nghapel y Tabernacl, Caerfyrddin, ac sydd â'i gwreiddiau'n ymestyn yn ôl at gyfnod bore Piwritaniaeth Gymreig. Adroddir yr hanes mewn trefn gronolegol, ac fe'i rhennir yn benodau ac is-adrannau sy'n cyfateb i gyfnodau gwasanaeth y sawl a sefydlwyd yn weinidogion yr eglwys. Barnwyd mai hon, yn ddiamau, fyddai'r ffordd hwylusaf a mwyaf trefnus i ddosrannu'r deunydd.

Eithr ynghyd ag adrodd stori yr un eglwys benodol hon, amcenir dangos sut y cydredai hanes y Tabernacl â'r hyn a oedd yn digwydd ar lwyfan cenedlaethol, a sut yr oedd tueddiadau cyffredinol yn cael eu hadlewyrchu yn fynych iawn, ac yn arwyddocaol iawn, yn y sefyllfa leol yng Nghaerfyrddin. Ceisir dangos y modd y trodd hanes y gynulleidfa unigol hon ar lawer adeg yn ddrych o dynged yr enwadau Ymneilltuol mewn sawl cwr o'r wlad. Terfynir yr hanes yn niwedd cyfnod gweinidogaeth James Thomas yn 1968. Gwneir hyn, nid yn unig am fod hynny'n cwmpasu tair canrif gron, fwy neu lai, ond hefyd am fod hanes yr eglwys o hynny ymlaen, ynghyd â chynnwys cyfnodau gweinidogaeth Dafydd H. Edwards (1969–1974), W. Garfield Eynon (1979–1987) a Peter Cutts (2011–), yn cynnwys hefyd y cyfnod o dair blynedd ar hugain (sef o 1975 hyd 1978; ac ail dymor rhwng 1988 a 2007) o'm bugeiliaeth innau yn eglwys y Tabernacl, ac o'r braidd fy mod innau mewn sefyllfa i gynnig adolygiad teg a chytbwys o'r cyfnod diweddar hwn. Bydd angen awdur â phâr o lygaid llawer mwy gwrthrychol a diduedd na'm heiddo innau i fedru gwneud cyfiawnder â'r dasg honno.

DECHRAU AC AILDDECHRAU

Er bod Joshua Thomas o'r farn mai yn Olchon, plwyf Clydock, Sir Henffordd, y sefydlwyd 'y gynulleidfa gyntaf yng Nghymru a ymneillduodd mewn addoliad a dysgeidiaeth Eglwysig oddiwrth Eglwys Loegr',[1] a bod yr eglwys honno (er nad yw'n gallu rhoi dyddiad pendant i'w dechreuadau)[2] yn cynnwys Annibynwyr a Bedyddwyr ar y cyd, ac er y gwyddys i rai pregethwyr Piwritanaidd ym myddin Cromwell daenu athrawiaethau'n ymwneud â bedydd trochiad ar hyd y gororau cyn gynhared â 1646 (neu, o bosibl, ynghynt),[3] cytunir yn weddol gyffredinol erbyn hyn mai yn Ilston (sef, yn Gymraeg, Llanilltud, neu – er mwyn gwahaniaethu rhyngddo a Llanilltud Fawr ym Mro Morgannwg – Lanilltud Gŵyr),[4] Bro Gŵyr, yn y flwyddyn 1649, y corfforwyd eglwys gyntaf y Bedyddwyr Neilltuol, caethgymunol, ar dir a daear Cymru, hynny o dan arweiniad y Piwritan a'r trefnydd athrylithgar, John Miles.[5] Cymysg oedd aelodaeth Olchon: sefydlwyd Ilston *according to the primitive pattern*, sef y patrwm cyfyng, creiddiol a fabwysiadwyd gan Miles o fedydd troch a chymun caeth, a hithau oedd yr eglwys gyntaf o'i bath yng Nghymru.

Ni chollodd Miles nemor ddim amser cyn sefydlu dwy eglwys arall, sef yn Llanharan a'r Gelli Gandryll, a galw ar gynrychiolwyr o'r tair eglwys i gydgyfarfod mewn Cymanfa yn Ilston ar 6 a 7 Medi 1650. Un o'r materion a hawliai flaenoriaeth yn y cynulliad hwnnw oedd bod 'gweinidogion a bregethent athrawiaeth iachus mor anaml yn Sir Gaerfyrddin; ac fod rhagluniaeth Duw wedi agoryd drysau i daenu yr efengyl yno'.[6] Cytunwyd, felly, 'i'r brawd David Davies ymdrechu pregethu y ddau ddydd cyntaf o'r wythnos, bob dau fis, yn y dref, neu o'i hamgylch; i'r brawd John Miles, un Saboth bob dau fis; ac i'r brawd John Prosser wneuthur yr un modd, un dydd cyntaf o'r wythnos, bob dau fis; ac i'r brodyr gytuno â'u gilydd ar yr amserau mwyaf cyfleus i bob un ohonynt fynd yno'.[7] Disgwylid i eglwys Caerfyrddin ddarparu ar gyfer anghenion materol y brodyr hyn trwy osod ystafell iddynt, gyda thân a chanhwyllau, ac i'r eglwysi eraill godi swm o £30 i gyfarfod â threuliau'r cenhadon.[8] Pan nad oedd yn gyfleus i unrhyw un o'r tri chennad bregethu yn y dref, y cytundeb oedd i'r aelodau ymgynnull (heb fod gwrandawyr yn bresennol) i gynnal cyfarfod a arweinid gan un o'u plith hwy eu hunain, sef gan frodyr megis Robert Morgan a Rhydderch Thomas. Er gwaethaf cymhlethdod ymarferol y trefniadau hyn, ymddengys i'r genhadaeth hon fod yn un lwyddiannus, oherwydd y mae tystiolaeth i nifer sylweddol gael eu bedyddio trwy drochiad yn afon Tywi yn nhref Caerfyrddin ar 22 Tachwedd 1650, ac iddynt ymrwymo â'i gilydd mewn cyfamod eglwysig.[9] Yn y modd hwn y cofnodir yr achlysur yn *The Ilston Book*:

> … their [h.y., David Davies, John Prosser a John Miles] endevoures were blessed with such successe that vppon 22th of 11 mo. 1650 there was a very considerable number baptized and joyned in church fellowshipp, our brother Myles and brother Griffiths being then and there present, who now bee another citty of God in that towne where Satan's seat was.[10]

Yn wir, cymaint fu'r llwyddiant nes i'r cnewyllyn cychwynnol hwn luosogi'n ddigonol erbyn dechrau'r flwyddyn ddilynol iddynt fedru cynnal eu cymanfa eu hunain yng Nghaerfyrddin ar 19 Ionawr 1651. Dau bwnc y rhoddwyd sylw taer iddynt yng Nghymanfa 1651 oedd, yn gyntaf, y priodoldeb o ganu Salmau yn yr addoliad cyhoeddus (yr oedd mydryddu geiriau'r Ysgrythur yn codi problemau i'r Ymwahanwyr),[11] ac o'u canu, ai yn fersiwn Edmwnd Prys y dylid gwneud hynny, neu a ddylid eu siantio yn uniongyrchol o'r Beibl? Hefyd, a oedd gan rywrai nad oeddent yn aelodau o'r eglwys hawl i ymuno yn y ganiadaeth? Yr ail fater a hawliai sylw oedd a ddylid arddodi dwylo ar y sawl a dderbynnid i aelodaeth o'r gymuned ffydd? O safbwynt y gymanfa, siomedig oedd yr ymateb i'r ddau gwestiwn a drafodwyd ('*wee could not att present receave or give full satisfaction therin*'),[12] ond o safbwynt yr eglwys a roddasai gartref i'r gynhadledd yr hyn a brofir gan y dystiolaeth uchod yw bod gan y

Bedyddwyr Neilltuol eglwys yng Nghaerfyrddin mor gynnar â 1650, a'i bod yn eglwys ar ei thwf. Yn ddiddorol ddigon nodir ar gyfer y flwyddyn 1652 yn *The Ilston Book* enwau deg o unigolion y trosglwyddwyd eu haelodaeth o'r fam eglwys yn Ilston i gymdeithas eglwys Caerfyrddin, sef: Ann James (26 Mawrth); David William o Langyndeyrn, William Phillip o Lanelli, Elizabeth Phillip o Lanelli (7 Mai); William Thomas a Rhydderch Thomas, '*late of Llangennech*', Anne Thomas yr hynaf, Anne Thomas yr ieuengaf, Katherine Thomas a Barbara Thomas.[13] Mae'n debyg y cyfarfyddai'r aelodau mewn adeilad yn ymyl y cei, ardal a oedd, yr adeg honno, yn rhan strategol bwysig o'r dref, yn fasnachol ac yn economaidd.

Yng Nghymanfa'r Fenni, 14 a 15 Mai 1653 (yng ngŵydd aelodau o'r pum eglwys a sefydlwyd gan John Miles yng Nghymru, sef Ilston, y Gelli, Llantrisant, Caerfyrddin a'r Fenni – eglwysi a oedd, bob un, yn drwyadl Galfinaidd, yn ddiwrthdro eu cred mewn bedydd crediniol a chymun caeth),[14] rhoddwyd ystyriaeth unwaith eto i'r weinidogaeth yng Nghaerfyrddin, a gwnaed trefniadau i'w hyrwyddo ymhellach, a hynny yn y modd mwyaf ymarferol posibl. Cytunwyd y dylid casglu swm o £10 (eglwysi Llantrisant a Chaerfyrddin yn cyfrannu £2.10s yr un, ac eglwys Ilston yn gyfrifol am £5), yn gydnabyddiaeth i William Thomas am dymor o hanner blwyddyn o wasanaeth, un wythnos ym mhob tair, yn nhref Caerfyrddin a'r cyffiniau.[15] Yn y Gymanfa ddilynol yn Aberafan, yn Ionawr 1654, cyflwynwyd cais gan eglwys Caerfyrddin i'r gymanfa roi ystyriaeth frawdol i'w sefyllfa gan ei bod yn parhau'n amddifad o weinidogaeth sefydlog. Mae'n ffaith arwyddocaol, ac yn ddiau yn un o'r ffactorau a gyfrannodd yn y man at ei thranc, na lwyddodd yr eglwys hon yng Nghaerfyrddin erioed i sicrhau iddi ei hun weinidogaeth gyson a di-fwlch, ac iddi orfod dibynnu ar ei chwaer eglwysi nid yn unig am gyflenwad o bregethwyr, ond hefyd am nawdd ariannol i'w digolledu.[16] Trefnwyd i'r brodyr William Pritchard, William Thomas, Thomas Joseph, John Miles, Howel Davies, David Davies, Walter Prosser a Thomas Jones wasanaethu yng Nghaerfyrddin mewn modd a'i gwnâi'n bosibl i un ohonynt fod yno un wythnos ym mhob pedair, gydag aelodau'r eglwys, y tro hwn, yn gyfrifol am dalu eu treuliau.

Cynhaliwyd y Gymanfa nesaf yn Llantrisant, fis Mehefin 1654, a'r cynrychiolwyr o eglwys Caerfyrddin yn cyflwyno dau gwestiwn i sylw'r gynhadledd: yn gyntaf, a oedd arddodiad dwylo i'w ystyried yn un o ordinhadau Iesu, ac os felly, yn achos pwy yn union y dylid ei weinyddu; ac yn ail, a oedd modd i'r cynllun gweinidogaethol barhau yng Nghaefyrddin yn unol â'r hyn y cytunwyd arno yn y gymanfa flaenorol.[17] Ni bu unrhyw betruster ynghylch yr ail ofyniad, ond penderfynwyd mai doethach fyddai gohirio ystyried y mater cyntaf hyd at y gymanfa a gynhelid ymhen chwe mis yn y Gelli. Ar gyfer y gymanfa honno yr oedd y brodyr John Miles, David Davies, Walter Prosser, William Thomas a William Pritchard i grynhoi, yn ysgrifenedig ar bapur, eu sylwadau ynghylch arddodi dwylo (eu barn i fod yn seiliedig ar eu dehongliad hwythau o ddysgeidiaeth yr Ysgrythur, ac i fod yn arweiniad i'w cyd-Fedyddwyr), ac yn y cyfamser anogwyd aelodau eglwys Caerfyrddin i ymatal rhag gweinyddu'r sacrament yn achos unrhyw un a ddymunai ymaelodi yn eu heglwys. Yn anffortunus nid yw cofnodion Cymanfa'r Gelli ar gael, ac ni wyddys beth oedd ateb terfynol y gymanfa i'r ail o'r ddau gwestiwn a gyflwynwyd gan eglwys Caerfyrddin i sylw'r gynhadledd yng Nghymanfa Llantrisant.

O ganlyniad i'r trafodaethau yng Nghymanfa 1654 lluniwyd rhestr faith o gyfarwyddiadau manwl i eglwysi'r Bedyddwyr, ac fe'i harwyddwyd gan gynrychiolwyr o Ilston, y Gelli, Llantrisant, y Fenni a Chaerfyrddin. Y ddau lofnodydd dros eglwys Caerfyrddin oedd y brodyr Robert Morgan a Rhydderch Thomas, ac erys rhai ffeithiau dadlennol am hynt a helynt y ddau ohonynt. Cyfeirir at 'lafur hirfaith' Robert Morgan; yn ôl Joshua Thomas ef oedd yr unig gennad o eglwys Caerfyrddin i fod yn bresennol yn y tair cymanfa a enwyd uchod.[18] Ar ôl i'r praidd yng Nghaerfyrddin gael ei wasgaru ymgysylltodd â'r frawdoliaeth yn Ilston, ac yn ddiweddarach â'r ffyddloniaid yn Abertawe. Yn 1672 sicrhaodd drwydded i bregethu yn nhŷ Joshua Franklin yng Nghaerfyrddin, ac ar yr un pryd cynorthwyai Lewis Thomas gan wasanaethu yng Nghraig-yr-Allt, Llangennech, ar yr ail fis. Bu hefyd yn cadw ysgol ym mhentref Llangennech. Enwir ef gyda Stephen Hughes (Meidrum), Sylvanus Bevan (Crynwr), ac eraill, mewn gwŷs, dyddiedig 4 Awst 1684, am absenoldeb o wasanaeth eglwys y plwyf, ond ni ddirwywyd yr un ohonynt. Cofnoda R. Jones, Caernarfon y sylw diddorol hwn amdano: 'Goroesodd Robert Morgan y cwbl o weinidogion Bedyddwyr Cyfnod y Weriniaeth: bu farw

yn Ebrill, 1710, yn 90 mlwydd oed'.[19] Ychwanega David Jones: 'Yr wyf
yn meddwl fod rhai o'i deulu ef yn, ac o gylch Caerfyrddin, tua y flwyddyn
1700, ond y maent wedi darfod fel Bedyddwyr er ys llawer blwyddyn'.[20]

Ceir enw Rhydderch Thomas ar restr aelodau eglwys Ilston, rhif 110.
Dyma a grybwyllir amdano gan D. Rhys Phillips yn ei erthygl ar gefndir
hanesyddol yr eglwys:

> Rhydderch Thomas, Llandeilo. Nid oes amheuaeth nad Llandeilo
> Talybont a olygir; ceir y lle hwn ar y rhestr nifer o weithiau –
> Pontarddulais a ddaeth i arfer diweddarach. R.T. yw'r gŵr y sonia
> Joshua Thomas amdano fel cennad o eglwys Caerfyrddin ynghyd â
> Robert Morgan yn 1654. Ar Ebrill 30, 1659, cafodd weinidogaeth
> Llanfihangel y Creuddyn gan y Profwyr.[21]

Yr argraff a geir, felly, yw bod yr eglwys hon yng Nghaerfyrddin, a
gorffolwyd yn 1650 (er bod Joshua Thomas yn dyfalu y gallai hynny fod
mor gynnar â 1649, 'neu yn gynt'),[22] fod yn un fywiog a brwd yn ystod
gweriniaeth Cromwell, ac iddi brofi cynnydd lled gyson yn nifer ei
haelodau, hynny er gwaethaf y ffaith na fu erioed weinidogaeth sefydlog
yn ei hanes. Ysywaeth, cymharol fyr fu tymor ei pharhad. Un o ganlyniadau
adfer y Frenhiniaeth yn 1660, ac esgyniad Siarl II i orsedd Lloegr, oedd i
Ymneilltuwyr ddioddef cyfnod o erlid llym, ac ni lwyddodd Bedyddwyr
Caerfyrddin i osgoi min y gorthrwm. Gorfodwyd yr aelodau i sefyll y tu
allan i'w man cyfarfod tra'n gwylio'r adeilad yn llosgi'n ulw o ganlyniad
i orchymyn yr awdurdodau, a chafodd nifer ohonynt eu hebrwng o'u
hanfodd drwy brif strydoedd y dref cyn eu taflu i garchar. Dyfynna Joshua
Thomas (ac y mae David Jones yn gwneud defnydd o'r un ddogfen) ddarn
o lythyr (a ddaeth i'w feddiant trwy law 'Mr. Crosby') a ysgrifennwyd gan
Thomas Gwyn ('gŵr bonheddig yn agos i Gaerfyrddin') at Henry Jessey
(gweinidog yr eglwys gynulleidfaol, ymwahanol a gorffolwyd yn Llundain
yn 1616, ac a adnabuwyd fel eglwys Jacob-Lathrop-Jessey yn sgil yr
olyniaeth o weinidogion a fu'n ei bugeilio):

> Carcharwyd rhai o'r brodyr dros fis yng Nghaerfyrddin yn unig am
> na adawent eu cyfarfodydd, ac uno â'r lleill yn eu haddoliad

traddodiadol, oddi wrth yr hyn yr oedd yr Arglwydd wedi eu neilltuo hwy. Dygasant eu tystiolaeth mor gyflawn, a'u dioddefiadau mor amyneddgar a llawen, fel y mae gennym achos i fendithio Duw am ei diriondeb graslon tuag atynt. Yr oedd eu hymddygiad mor weddus, fel y parodd i'r rhai oedd yn taflu cerrig atynt, ac yn gwaeddi wrth eu gweld yn dyfod yno, i ymadael â hwy dan wylo, gan gyfaddef eu bod yn dioddef am wneuthur daioni, a'u barnu yn ddedwydd am hynny … Cadarnhaodd hyn lawer ar eraill i ddioddef yr un pethau os gelwid hwy i hynny.[23]

Y mae'r llythyr yn ddyddiedig 29 Mehefin 1660, sef union fis ar ôl i Siarl II esgyn i'r orsedd. Mae'n amlwg, felly, i'r broses garcharu ddechrau ar ei hunion yng Nghaerfyrddin gan fod y llythyr yn nodi i'r rhai a garcharwyd fod yn gaeth eisoes 'dros fis'. Er nad yw'r llythyr uchod yn cyfeirio'n benodol at aelodau eglwys Caerfyrddin (dedfrydwyd nifer o Fedyddwyr o dde-orllewin Cymru i dreulio tymor yng ngharchar Caerfyrddin yn ystod y cyfnod hwn, a chyfeiriad cyffredinol at bawb o'r dioddefwyr a geir yn llith Thomas Gwyn), eto i gyd fe ellir cymryd yn ganiataol fod rhai o'r ddiadell yng Nghaerfyrddin, tua deugain ohonynt yn ôl traddodiad,[24] yn gynwysedig yn y disgrifiad. Medd Joshua Thomas, 'Am y rhai a garcharwyd yng Nghaerfyrddin, nid wyf yn ammeu nad oedd rhai ohonynt o Eglwys y Bedyddwyr yn y dref'.[25]

Profi gorthrwm didostur fu rhan yr Anghydffurfwyr yn ystod y blynyddoedd o dan sylw, i gymaint graddau nes i rai ohonynt ymgynghori â'i gilydd a phenderfynu dwyn eu hachos i sylw neb llai na'r brenin ei hunan. Llwyddwyd i wneud hynny trwy gyfrwng aelod seneddol oedd â chydymdeimlad â'u hachos, gŵr y cadwyd ei enw'n gyfrinach. Dyma ran o'u hachwyniad:

O Frenin, yr ydym yn cael ein mawr amharchu wrth rodio yr heolydd, a thra yr ydym yn eistedd yn ein tai. Bygythir ein crogi, os clywir ni yn gweddïo ar Dduw yn ein teuluoedd, ac aflonyddir ni tra fyddom yn addoli Duw fel hyn, trwy guro yn anweddus wrth ein drysau, a seinio mewn cyrn, ie, llabyddir ni wrth fynd i'r cyrddau, torrir i lawr y ffenestri lle yr ydym yn cyfarfod, a chymerir ni i garcharau fel drwgweithredwyr pan gyfarfyddom yn heddychol i addoli'r Goruchaf yn yr arferiad o'i werthfawr Ordinhadau.[26]

Atebodd y brenin gŵyn ei bobl mewn llythyr dyddiedig 26 Gorffennaf 1660. Eglura nad yw'n fwriad ganddo i achosi unrhyw drallod i'w ddeiliaid heddychlon ar gyfrif eu daliadau crefyddol, ac y mae'n addo rhyddid a llonyddwch iddynt. Prin y gwireddwyd yr addewid frenhinol. Er bod cynnwys y llythyr yn cyfeirio'n gyffredinol at Ymneilltuwyr yng Nghymru a Lloegr, y mae'n gwbl addas i'w gymhwyso ar gyfer sefyllfa aelodau'r eglwys Fedyddiedig yng Nghaerfyrddin. Disgrifia'n gywir eu hing a'u trallod hwythau. Dywedwyd na fu carchar Caerfyrddin yn wag o Fedyddwyr yn ystod wyth mlynedd ar hugain yr erledigaeth, ac na fu'r ymosodiadau arnynt yn enbytach yn un man nag yn nhref Caerfyrddin ei hun.[27]

Gan i'r erlid fod mor chwerw, a chan na allai gweinidogion o siroedd Morgannwg a Mynwy ymweld â hwy fel o'r blaen, nid yw'n syndod i'r eglwys yng Nghaerfyrddin gael ei sarnu ac i'w haelodau fynd ar wasgar, gyda nifer ohonynt yn ymuno â diadelloedd o'u cyd-Fedyddwyr yn Llanelli, Llangennech a Llan-non, sef canghennau o eglwys Ilston. Er bod sôn am weddill ffyddlon ohonynt yn cyfarfod yn nhai ei gilydd, er enghraifft, mewn tŷ gerllaw'r cei lle 'roeddynt yn ymgynnull i weddïo ac i dorri bara, a thrachefn yn 'Tŷ Eithin' a leolid gerllaw capel presennol Ffynnonhenri, i bob pwrpas y mae'r Bedyddwyr yn diflannu o dref Caerfyrddin am ganrif gron. Fel y dengys T.M. Bassett, eglwys Caerfyrddin oedd yr unig un o eglwysi Miles i ddiflannu'n llwyr adeg yr Adferiad.[28] Hithau, wedi'r cyfan, er y cynnydd a brofodd dros gyfnod yn nifer ei haelodau, oedd y wannaf o eglwysi Miles.[29]

Y mae Thomas Richards yn tynnu sylw at arwyddocâd y ffaith nad i Langennech (ardal yn yr union sir lle'r oedd ef ei hun yn byw, ac ynddi gymuned gref o Fedyddwyr caeth, a Robert Morgan – cynorthwywr yn Ilston, un o golofnau eglwys gyntaf Caerfyrddin, ac un oedd â'i gartref gerllaw yn Llandeilo Talybont – yn arweinydd iddi), nac ychwaith i Abertawe, nac i Ilston, nac i'r Môr gerllaw'r Pîl (cartref Lewis Thomas, olynydd Miles fel arweinydd y Bedyddwyr caethgymunol), yr aeth William Jones ar ei daith hanesyddol o Rydwilym tua 1667 i geisio bedydd crediniol, ond i Olchon, a oedd erbyn hynny yn un o gadarnleoedd y

dystiolaeth Fedyddiedig.[30] Y mae hefyd yn arwyddocaol nad ymgysylltodd
â'r eglwys yng Nghaerfyrddin (wedi'r cyfan, onid yng Nghaerfyrddin y
treuliodd gyfnod yn y carchar wedi iddo gael ei droi allan o eglwys blwyf
Cilmaenllwyd yn 1662?), ffaith sy'n awgrymu'n gryf fod yr eglwys erbyn
hynny wedi darfod amdani i bob pwrpas. Y mae Joshua Thomas o'r farn
'iddynt barhau yn eu trefn fel Eglwys hyd 1660',[31] ond nid am lawer ar ôl
hynny, oherwydd yn y flwyddyn honno peidiodd y nawdd cymanfaol a
estynnid iddi. Y mae Thomas Richards yn cytuno'n llwyr â dyfarniad
Joshua Thomas nad oedd unrhyw gysylltiad rhwng Bedyddwyr gwreiddiol
Caerfyrddin a Bedyddwyr gorllewin Sir Gaerfyrddin yn ystod cyfnod yr
Adferiad.[32] Ac y mae Joshua Thomas yr un mor gadarn ei gred nad oedd
unrhyw gysylltiad rhwng yr eglwys gychwynnol yng Nghaerfyrddin a'r
achos newydd a flagurodd yno ymhen canrif: 'nid oes o'r hên Eglwys
gymmaint a charreg, trawst, na hoel yn hon'.[33]

AIL-GYNNAU'R FFLAM

O dan faich gorthrymder darfu am eglwys 1649 yng Nghaerfyrddin. Fodd
bynnag, ganrif union yn ddiweddarach wele'r hedyn a blannwyd yn
wreiddiol pan oedd y Piwritan yn dwys ymbil ar ei gydgenedl i
ymddifrifoli gerbron y Goruchaf, yn ail-flodeuo ynghanol tanbeidrwydd y
chwyldro crefyddol a grewyd, yn rhannol, gan Fethodistiaeth. Gwerthwr
defnyddiau – ac un a wisgai'n grand, ac a arferai bowdro'i wallt[34] – oedd
Stephen Davies, Llanpumsaint. Yn bwysicach, yr oedd yn un a ddaethai i
argyhoeddiad ynghylch ysgrythuroldeb bedydd crediniol, ac annilysrwydd
bedydd babanod, ac yn 1757 cymerodd brydles am dair blynedd ar dŷ yn
'Chapel Yard', Heol y Prior, Caerfyrddin i'r diben o gynnal gwasanaethau
yno a hyrwyddo'r dystiolaeth Fedyddiedig. Felly, am yr eildro yn eu hanes,
dyma'r Bedyddwyr yn bwrw gwreiddiau yn nhref Caerfyrddin.

Prin y gellir osgoi'r cwestiwn pam y digwyddodd hyn yn y flwyddyn
1757? A oedd rhyw ffactorau arbennig i gyfrif am y ffaith mai ar ganol y
ddeunawfed ganrif y digwyddodd hynny? Awgrymwyd eisoes na ellir
anwybyddu dylanwad ffurfiannol y Diwygiad Methodistaidd. Daethai
Howell Harris a Daniel Rowland o dan 'argraffiadau dwys'[35] yn 1735, ac
wrth i'r mudiad newydd ehangu a graddol ennill tir, llwyddodd nid yn unig

i ddenu'r miloedd i'w rengoedd ei hunan, a'u tanio'n ysbrydol trwy gyfrwng nerth y pregethu oedd mor nodweddiadol ohono ar y cychwyn, ond hefyd i roi awch miniocach ar dystiolaeth yr Hen Ymneilltuwyr. Dadleua R.T. Jenkins i rym y diwygiad effeithio'n 'llwyrach ac yn drymach' ar Gymru nag odid ar Loegr.[36] Eithr fel y profodd Geraint H. Jenkins, ac fel yr eglurodd R.T. Jenkins o'i flaen, gwneir camgymeriad dybryd wrth dybio i Gymru, yn y cyfnod a flaenorai'r wawr Fethodistaidd, suddo'n ddwfn, yn grefyddol, i Gors Anobaith, gan 'orwedd mewn rhyw dywyll farwol hun … yn y cyfnos tywyll pygddu', chwedl William Williams, Pantycelyn.[37] Onid oedd nifer o eglwyswyr selog yn dal i bregethu a chateceiddio, i ddosbarthu llyfrau defosiynol, a phwyso'n rheolaidd ar eu plwyfolion i bresenoli eu hunain yn y cymun? Ac onid oedd yr enwocaf ohonynt, ond odid, sef Griffith Jones, Llanddowror, â'i fryd ar sefydlu mudiad newydd a gyfryngai i'r werin y gallu i ddarllen, a'i harfogi, o ganlyniad, â'r medr a'r ewyllys i fyfyrio'r Beibl? Ac nid oedd yr Ymneilltuwyr, hwythau, yn ddifraw a diofal; er eu bod yn fwy pwyllog a hamddenol eu hymagwedd na'r Methodistiaid tanbaid, ni ddibrisient yr angen i wrando pregeth, myfyrio llên grefyddol, ac ymdrwytho yn yr Ysgrythurau, a galwent ar eu haelodau i ymarfer hynny'n gyson. Ys dywed Geraint H. Jenkins:

> The Methodist revival was not a creation *ex nihilo* … many of the seminal forces at work between 1660 and 1730 were attributable to the vitality and commitment of Dissenters.[38]

Yn ddiau yr oedd Stephen Davies yn etifedd y gweithgaredd gloyw hwn ymhlith y Sentars. Yr oedd hefyd yn byw mewn oes pan oedd achos y Bedyddwyr ar gynnydd yng Nghymru; graddol oedd y cynnydd hwn, heb ddim ynddo i'w gymharu â'r ffrwydradau Methodistaidd, ond yr oedd yn gynnydd, serch hynny. Amcangyfrifwyd (a phoblogaeth Cymru ar y pryd oddeutu 500,000, a nifer yr Ymneilltuwyr heb fod yn uwch na 18,000) mai rhwng 500 a 550 oedd nifer Bedyddwyr Cymru yn 1689; erbyn 1760 yr oedd y cyfanswm dros 1,600, sef teirgwaith yn fwy. Yna rhwng 1770 a 1780 dechreuodd y niferoedd luosogi'n fwy eto, gyda 'naid sylweddol' yn digwydd yn ystod y blynyddoedd 1775 a 1776, ac o hynny ymlaen profodd yr enwad gynnydd cyson.[39] Yr oedd Stephen Davies, felly, ynghanol yr ymchwydd graddol hwn, ac mewn sefyllfa o'r fath prin y gallai adael Caerfyrddin – prif dref y sir, ac un o'r trefi pwysicaf, yn wleidyddol, yn fasnachol ac yn ysbrydol, yng ngorllewin Cymru – yn amddifad o dystiolaeth Fedyddiedig.

Ni ellir ychwaith ddibrisio dylanwad eglwys Rhydwilym, yr 'ail-Ilston' fel y'i gelwid, a gorfforwyd ar 12 Mai 1668. Ar ôl i'r hen fam ym mhenrhyn Gŵyr ddihoeni, yng nghroth Rhydwilym y cenhedlwyd y rhan fwyaf o'r eglwysi newydd a sefydlwyd gan y Bedyddwyr yn ne-orllewin Cymru, eglwysi megis Panteg (Rehoboth yn ddiweddarach, a'r Graig ar ôl hynny),[40] Castellnewydd Emlyn (1696); Cilfowyr (1704); Moleston (1731); Llangloffan (1745); Ffynnon, Llanddewi Efelffre (1794); Mynachlogddu (1794); Cwmfelin Mynach (1796); Blaenconin (1844); Maenclochog (1864).[41] Nid o'r ddiadell yn Rhydwilym yn uniongyrchol y disgynnodd yr eglwys newydd yng Nghaerfyrddin, ond prin y gellir amau na chafodd y naill ddylanwad allweddol ar gorfforiad y llall. Nid yw'r 'cwm cul a phrydferth yng ngheseiliau'r bryniau … ar lan afon Cleddau ar eithaf-bwynt gorllewinol Sir Gaerfyrddin',[42] ond prin ddeng milltir ar hugain o dref Caerfyrddin, a chan fod Caerfyrddin yn dref farchnad y mae bron yn anochel i rai o aelodau Rhydwilym (a hwythau, lawer ohonynt, yn amaethwyr a masnachwyr) deithio'n bur fynych i'r dref, a chludo mwy na nwyddau naturiol a materol i'w gwerthu a'u rhannu. Ys dywed E.G. Bowen: 'Y gwir amdani yw … mai Bedyddwyr Rhydwilym yw pawb ohonom bellach. William Jones yw ein tad ni oll'.[43] Fel y crybwyllwyd, cangen o eglwys Rhydwilym oedd yr achos ym Mhanteg, Castellnewydd Emlyn, lle roedd Enoch Francis yn fugail; yn 1730 gwahoddwyd ef i bregethu mewn tŷ annedd o'r enw Nantgwyn, ar gyffiniau Llanpumsaint, gyda'r canlyniad i nifer o drigolion yr ardal ymostwng i fedydd crediniol ac ymaelodi yn eglwys Panteg.[44] O gofio bod Stephen Davies â'i gartref gwreiddiol yn Llanpumsaint, nad yw o ran pellter daear ond tafliad carreg o Ffynnonhenri, hawdd deall sut yr ymblethai nifer o ddylanwadau pwysig yn ei gilydd er sefydlu ail eglwys Caerfyrddin. Fel y dengys R.T. Jenkins bu'r ddiadell yn Ffynnonhenri (a gorfforwyd yn eglwys yn 1737) yn gyfrifol nid yn unig am sefydlu achosion newydd yn Horeb, Rhydargaeau ac Ebeneser, Llangynog, ond hefyd am ail-gynnau'r fflam ym mhrif dref

Sir Gâr.[45] Er na bu cyswllt (fel y dadleuodd Joshua Thomas a Thomas Richards) rhwng Bedyddwyr tref Caerfyrddin a Bedyddwyr gorllewin Sir Gaerfyrddin yng nghyfnod yr Adferiad, bu cyswllt agos rhyngddynt mewn cyfnodau mwy diweddar, ac un o ffrwythau'r cyswllt hwnnw oedd bodolaeth yr eglwys newydd a ymffurfiodd yn y dref.

Eithr yn groes i'r disgwyl ni chafwyd llwyddiant ar unwaith. Siomedig, ar y cyfan, fu'r ymateb i ymdrechion cychwynnol Stephen Davies, a bu'n rhaid iddo roi'r gorau i'r fenter. Ychydig yn ddiweddarach ailberchenogwyd y tŷ gan Margaret Thomas, Pentre-mawr, hithau'n chwaer i David Saunders, gweinidog eglwys Aberduar, ac yn berson cadarn ei daliadau a fynegai anfodlonrwydd mawr am fod drws yr aelwyd ysbrydol yn Heol y Prior wedi ei gau. Yn 1763 (gyda chymorth Timothy Thomas, Aberduar) cymerwyd prydles newydd ar y tŷ, ac aeth Margaret Thomas yn gyfrifol am dalu treuliau'r gweinidogion a ddeuai yno i bregethu. Trefnwyd i'r brodyr David Thomas a Stephen Davies ymweld â'r eglwys yn eu tro, ac mae'n amlwg i'w hymdrechion esgor ar lwyddiant diamheuol. Bu 1763 yn flwyddyn nodedig yn hanes yr achos; ynghyd â sicrhau dyfodol y tŷ i bwrpas addoli (trwy adnewyddu'r brydles unwaith yn rhagor), aethpwyd ati i helaethu'r adeilad i gyfateb â'r cynnydd yn nifer y sawl a fynychai'r oedfaon, ac yn ychwanegol at hyn gweinyddwyd yr ordinhad o fedydd crediniol yn afon Tywi (yng ngŵydd 'miloedd o edrychwyr'),[46] a'r deiliaid yn cael eu derbyn i gyflawn aelodaeth o'r eglwys. Bu hyn, yn sicr, yn hwb sylweddol i'r rhai a oedd yn gysylltiedig â'r achos, yn enwedig i'r sawl a ysgwyddai gyfrifoldeb am arwain y praidd. Y mae'n ffaith arwyddocaol mai'r cyntaf i'w fedyddio ar yr achlysur cofiadwy hwn yn 1763 oedd Owen Rees, gŵr a ddaeth ymhen amser, yn weinidog yn y Porth Tywyll. Mae'n ddiddorol nodi y ceir hyd heddiw glos yn Heol y Prior yn dwyn yr enw 'Old Chapel Yard', a gellir bod yn weddol sicr mai dyma leoliad yr hen dŷ cwrdd.

Roedd pob argoel y byddai'r achos yn Heol y Prior yn llwyddo yn gymharol ddidrafferth. Yr oedd hinsawdd ysbrydol yr oes yn denu pobl at grefydd, ac yn ennyn chwilfrydedd ynghylch natur ffydd a chyfansoddiad eglwys, a'r modd y dylid dehongli'r Ysgrythurau. Argyhoeddwyd mwy a mwy mai'r unig fedydd cyfreithlon, yn ôl dysgeidiaeth y Testament Newydd, oedd bedydd y credadun ar gyffes o'i ffydd bersonol yng Nghrist.

Mewn awyrgylch o'r fath prin na ellid bod yn hyderus ynghylch dyfodol yr eglwys. O safbwynt ymarferol yr hyn a fu'n gaffaeliad mawr i'r saint yn Heol y Prior oedd y ffaith i Stephen Davies symud i fyw o'r wlad i'r dref yn 1765, ac ef, yn amlach na pheidio, a fyddai'n arwain gwasanaethau'r Sul.

Hyd yma ystyrid eglwys Caerfyrddin yn gangen o'r eglwys yn Rehoboth, Castellnewydd Emlyn, ond yn 1768 corffolwyd aelodau Heol y Prior, ynghyd â'r rhai a arferai gyfarfod yn Llanpumsaint, yn un eglwys, a thrwy hyn atgyfnerthwyd yr achos mewn modd sylweddol. Rhif yr aelodau ym mlwyddyn corffoli'r eglwys yn 1768 oedd saith deg.[47] Yn yr un flwyddyn etholwyd David Evans, Troedrhiwgoch (a ordeiniwyd yn ei fam eglwys yn y Panteg, Castellnewydd Emlyn, yn 1765) yn weinidog, a sicrhawyd i'r eglwys weinidogaeth gyson. Ar ben hynny neilltuwyd y brodyr Owen Rees, William Bowen a Stephen Davies yn bregethwyr cynorthwyol, a bu eu cyfraniad hwythau'n fodd i gyfoethogi addoliad a thystiolaeth yr eglwys. Yr oedd yr eglwys ar gynnydd, a phwerau ysbrydol grymus ar waith ymhlith y gynulleidfa.

Eithr yr oedd cymylau bygythiol yn graddol ymffurfio ar y gorwel. Cododd storm a fu'n gyfrifol am ymrafael trist yn hanes eglwys Caerfyrddin, a'r canlyniad oedd i'r gynulleidfa gael ei rhwygo'n ddwy garfan. Er nad yw David Jones yn egluro'n fanwl y rhesymau am yr anghydfod, hawdd casglu nad anghydweld ar dir athrawiaeth oedd yr achos, ond yn hytrach wrthdaro rhwng personoliaethau'r sawl a arweiniai'r gynulleidfa. Gan i Stephen Davies (oedd â'r hawl ganddo ar ardreth y tŷ cwrdd, ac felly'n un o aelodau mwyaf blaenllaw yr eglwys) ymgartrefu yn y dref, a chan fod David Evans yn byw yn y wlad, dechreuodd rhai aelodau deimlo y dylid ordeinio Stephen Davies yn weinidog, cam a olygai ddiswyddo'r bugail presennol. Barn leiafrifol oedd hon, ond mae'n amlwg iddi greu anesmwythyd nid bychan yn rhengoedd y gynulleidfa, ac i'r annifyrrwch droi yn y diwedd yn rhaniad tra difrifol. Y canlyniad oedd i Stephen Davies a dau ddeg a dau o'i gefnogwyr gefnu ar yr eglwys yn Ebrill 1775, a'r Mai canlynol fe'u corfforwyd yn eglwys annibynnol yn y Tŷ Coch, Llangynog – tŷ annedd ryw bum milltir y tu allan i dref Caerfyrddin. Ordeiniwyd a sefydlwyd Stephen Davies yn weinidog swyddogol ar yr eglwys yng Ngorffennaf 1775, a thair blynedd yn ddiweddarach, sef yn 1778, derbyniwyd yr eglwys yn aelod cyflawn o'r

Gymanfa yng nghynhadledd Salem, Meidrum. Fel y dengys cofnod David Jones, gwnaeth y Gymanfa bopeth yn ei gallu i gymodi rhwng y ddwy blaid:

> Yr oedd Mr. D. Evans a Mr. Stephen Davies yn y gymanfa ganlynol, dros eu pleidiau gwahanol; ond yr oedd y gweinidogion yn anfoddlawn iddynt i ymranu, felly annogasant a chynghorasant hwy gyda difrifoldeb i heddychu.[48]

Ysywaeth, ofer fu'r ymdrech. Yr oedd Stephen Davies yn fasnachwr cyfrifol yn nhref Caerfyrddin, ac yn byw mewn amgylchiadau cysurus; er y perthynai iddo nifer o rinweddau clodwiw, yr oedd 'o ysbryd a fynai ei ffordd ei hun, er yn ddyn da'. Ar y llaw arall, 'dyn tawel, synwyrgall oedd David Evans'.[49]

Arweiniodd hyn oll at broblem ymarferol i'r sawl oedd yn dal yn aelodau o eglwys Heol y Prior. Gan mai enw Stephen Davies oedd ynghlwm wrth y cytundeb ynglŷn â'r tŷ cwrdd, o'r braidd y gallent hwythau barhau i addoli yno. Yn wir bu cŵyn yn eu herbyn am iddynt aros am gyhyd o amser, sef am saith mlynedd, yn Heol y Prior, ond yr oedd dod o hyd i le addas i addoli ynddo yn dasg anodd. Yn y diwedd symudodd David Evans, y gweinidog cydnabyddedig, ynghyd â'i gefnogwyr, i addoli mewn adeilad arall yn Heol y Prior, gan fynd oddi yno yn 1782 i'r Porth Tywyll, a galw'r eglwys o'r flwyddyn honno ymlaen yn eglwys y Porth Tywyll. Arhosodd y gweddill o'r gynulleidfa wreiddiol yn 'Chapel Yard' o dan arweiniad Stephen Davies (mae'n amlwg ei fod yntau'n dal ei afael yn dynn ar y datblygiadau yn yr hen dŷ cwrdd), ac o'r garfan hon y ffurfiwyd, yn ddiweddarach, eglwys Penuel. Prynwyd darn o dir a enwyd yn Parc y Siop oddi wrth John Morgan, perchennog y gwaith alcam yng Nghaerfyrddin, ac yno, yn 1786, yr adeiladwyd capel Penuel. Hyd heddiw y mae gan y Bedyddwyr Cymraeg ddwy eglwys yn nhref Caerfyrddin, y naill ym Mhenuel a'r llall yn y Tabernacl.

Wrth wraidd y gwahanu hwn yr oedd ystyriaethau personol ac athrawiaethol. Yr oedd o'r cychwyn ym Mhenuel – ac yn arbennig felly yn dilyn y Chwyldro Ffrengig, a'r don o radicaliaeth a gododd yn ei sgil – duedd gref tuag at Arminiaeth, a fyddai'n troi yn aml iawn yn Undodiaeth lwyr.[50] Mae'n ddiddorol darllen y sylw canlynol am eglwys Penuel yn *The Story of Carmarthen* gan J. a V.G. Lodwick:

> Their departure from orthodox Calvinism made them unrecognised by the Baptist Association from 1775 to 1778 and was the cause of their expulsion in 1799 at the Gymanfa held at Salem, Mydrim, together with eleven other churches in the neighbourhood.[51]

Ni chafodd y syniadau eithafol hyn fawr o groeso ymhlith selogion y Porth Tywyll; o'r cychwyn cyntaf bu'r eglwys hon yn uniongred Galfinaidd ei diwinyddiaeth.

O'R PORTH TYWYLL I'R TABERNACL (1782–1812)

Perchennog y Porth Tywyll oedd David Morris a fu am gyfnod yn aelod seneddol dros ranbarth Caerfyrddin. Sicrhaodd yr eglwys ddefnydd o'r adeilad ar brydles o £2.10s y flwyddyn, trefniant a oedd i ddal mewn grym yn ystod oes y perchennog ynghyd ag oes William, un o'i feibion. Yn 1808 bu farw David a William Morris o fewn dim amser i'w gilydd, ac aeth y cytundeb yn ddi-rym. O hynny ymlaen bu'n rhaid i'r eglwys dalu ardreth o £13 y flwyddyn er gwarantu defnydd o'r adeilad, swm sylweddol o arian yn yr oes honno.

Yn ôl pob tystiolaeth profodd eglwys y Porth Tywyll gryn lwyddiant o dan weinidogaeth David Evans. Aeth y capel yn rhy fychan i ddal y gynulleidfa ac aed ati i'w helaethu. Er mai math o ystordy lle y cedwid amrywiol fathau o nwyddau ac offer oedd yr adeilad i ddechrau, fe'i haddaswyd mewn modd mor chwaethus nes iddo gael ei ystyried yn 'addoldy hardd dros ben'.[52] I ychwanegu at ddylanwad David Evans daeth David Morris o Gilfowyr yn aelod o'r eglwys yn 1785, a bu yntau'n gymorth mawr i'r gweinidog, yn arbennig wrth ymweld â'r cartrefi ac annog yr aelodau i gynnal yr allor deuluaidd, arferiad cyffredin ymhlith Ymneilltuwyr y cyfnod. Yr oedd yn fugail hynod ofalus, ac yn geryddwr llym a sobr os amlygid unrhyw arwydd o esgeulustod neu ddifrawder o du'r aelodau. Yr oedd hefyd yn bregethwr gwresog a bywiog, 'o dymherau naturiol poethion'.[53] Un arall a fu'n gefn i'r achos oedd Owen Rees a ordeiniwyd yn 1786. Fodd bynnag, yn 1793 bu farw David Evans, a bu ymadawiad y gweinidog yn golled drom i'r eglwys. Am gyfnod o dair blynedd fe'i hamddifadwyd o fugeiliaeth sefydlog, a gwelwyd y gynulleidfa'n graddol leihau. Er cystal gweinidogaeth Owen Rees yr oedd yntau oddi cartref yn bur fynych ar un o'i deithiau pregethu. Deifiol, a dweud y lleiaf, yw dadansoddiad David Jones o'r sefyllfa:

> Pan y bu farw Mr. David Evans, cynnwysai yr eglwys oddeutu 70 o aelodau, ond gwanychodd yn fawr wedi hyny; canys er fod Mr. David Evans yn ŵr duwiol a synwyrgall, nid oedd ar y goreu yn boblogaidd, ac yr oedd Mr. Owen Rees, yr hwn a ordeiniwyd yn 1786, fynychaf oddicartref; felly yn 1794, nid oedd ond 50 o aelodau, trwy nad oedd neb yn cael eu bedyddio, amryw wedi marw, ac eraill wedi symud eu cymundeb i Heol Prior.[54]

Pan sefydlwyd Benjamin Beynon (o Seion, Merthyr) yn weinidog, dychwelodd nifer o'r aelodau a fu ar grwydr, ac ychwanegwyd nifer trwy fedydd, ond unwaith eto troes yr addewid gychwynnol yn siom gan i'r gweinidog newydd benderfynu symud yn 1798 o Gaerfyrddin i Lundain i ddilyn ei alwedigaeth fel adeiladydd yn y brifddinas.

CYFNOD TITUS LEWIS (1801–1811)

Yn 1801 agorodd pennod newydd a disglair yn hanes yr eglwys. Dyma pryd y symudodd Titus Lewis o Landudoch i Gaerfyrddin i fod yn weinidog eglwys y Porth Tywyll, ac yn ystod deng mlynedd ei weinidogaeth cynyddodd yr achos y tu hwnt i bob disgwyl. Er yn ddyn cymharol ifanc, yr oedd Titus Lewis yn un o'r personoliaethau amlycaf yn hanes Ymneilltuaeth Gymraeg y cyfnod, ac yn un o'i phrif arweinwyr. Ef yn ddiau oedd arweinydd galluocaf Bedyddwyr De Cymru.[55] Gadawodd ei ôl yn annileadwy ar ffyddloniaid y Porth Tywyll, a'i weledigaeth yntau a arweiniodd maes o law at agor pyrth capel y Tabernacl. Prin y gellir gorbwyso mesur ei gyfraniad i lwyddiant yr achos; ef, yn anad neb arall, a'i gosododd ar sylfeini cedyrn, yn dilyn cyfnodau digon petrus ac anaddawol yn ei hanes.

Yng Nghilgerran ar 21 Chwefror 1773 y ganed Titus Lewis, yn fab i Lewis Thomas, crydd yn ôl ei brentisiaeth, ac yn sgil ei alwedigaeth ysbrydol yn weinidog eglwys Cilfowyr, ac yn ddiweddarach (o 1773 hyd ei farwolaeth yn 1788) eglwys Blaen-y-waun, Llandudoch, a hithau, am rai blynyddoedd yn ei hanes, yn gangen o'r fam eglwys yng Nghilfowyr.[56] Roedd mam Titus, Martha, yn chwaer i neb llai na David Evans, Dolau, Sir Faesyfed, sydd â'i enw'n annatod gysylltiedig â chenhadaeth y Bedyddwyr i siroedd y Gogledd yn 1776.[57] Hyfforddwyd Titus Lewis, fel ei dad, yng nghrefft y crydd, ac er mwyn ymarfer y grefft honno ac ennill bywoliaeth iddo'i hun, agorodd weithdy yn agos i gapel Blaen-y-waun, Llandudoch. Yn unol â'r arferiad hynafol o roi enw'r tad yn gyfenw i'r mab adwaenid ef fel Titus ap Lewis Thomas, ac yna'n ddiweddarach fel Titus Lewis, hynny yw, gollyngodd yr 'ap', hepgorodd gyfenw ei dad, a mabwysiadu ei enw bedydd yn unig.[58] Eithr nid trwsio esgidiau oedd ei unig fedr. Yn fuan ar ôl ei fedydd, yn un ar hugain oed, ym Mlaen-y-waun ar 1 Mehefin 1794 (yn un o naw ar hugain o ddeiliaid bedydd, a Benjamin Davies, gweinidog Cilfowyr, yn gweinyddu), cymhellwyd ef gan yr eglwys i ymarfer ei alluoedd cyhoeddus ac i ymgyflwyno i waith y weinidogaeth. Cydsyniodd yntau, a thestun ei bregeth gyntaf ym Mlaen-y-waun oedd, 'Y mae afon a'i ffrydiau a lawenhânt ddinas Duw' (Salm 46: 4). Canlyniad hyn oll oedd iddo gael ei ordeinio'n weinidog ar ei fam eglwys ym Mlaen-y-waun ar ddydd Mercher, 24 Ionawr 1798.[59] Nodweddid ei weinidogaeth gan argyhoeddiad a dwyster mawr, yn arbennig wrth bregethu a gweinyddu'r cymun. Ei arferiad yn ddieithriad wrth dorri'r bara oedd adrodd geiriau Iesu, 'Hwn yw fy nghorff', ac wrth dywallt y gwin i ddyfynnu'r adnod, 'Ond un o'r milwyr a wanodd ei ystlys ef â gwaywffon, ac yn y fan daeth allan waed a dwfr'(Ioan 19: 34), gan greu naws hynod ddefosiynol ac effeithiol. Ar derfyn y gwasanaeth arferai ddarllen emyn (gw. Mathew 26: 30), a gwahodd y gynulleidfa i sefyll ar ei thraed i'w ganu. Nid y lleiaf o gyfraniadau'r gweinidog oedd iddo ffurfio ysgol gân ym Mlaen-y-waun er mwyn hyfforddi ei bobl mewn canu cynulleidfaol. Yr oedd yntau ei hunan yn gerddor dawnus yn meddu ar lais cerddorol da, ac yn gyfansoddwr emynau y bu cryn ganu arnynt gan gynulleidfaoedd y cyfnod. Yr argraff a geir wrth astudio hanes eglwys Blaen-y-waun yw bod blynyddoedd gweinidogaeth Titus Lewis yn gyfnod pan oedd gwres y cyffro efengylaidd yn llosgi mewn llawer calon, a bod yr oedfaon cyhoeddus yn cael eu nodweddu gan ddwyster a brwdfrydedd mawr. Er i'r Piwritaniaid fod yn amheus iawn ar y cychwyn o 'dwym ias' ac *enthusiasm* y Methodistiaid, o dipyn i beth fe nodweddid cyfarfodydd yr Hen Ymneilltuwyr gan orfoledd, ac yn ddiau yr oedd gwres yr Ysbryd i'w deimlo yn yr oedfaon yn Mlaen-y-waun.

Un o'r pennaf o gymwynasau Titus Lewis â'r achos ym Mlaen-y-waun oedd iddo fynd ati i ddiogelu hanes yr eglwys am y cyfnod o 89 o flynyddoedd o'r amser pan ddechreuwyd pregethu yn Rhosgerdd yn 1706 i fyny at 1795, sef blwyddyn cyhoeddi'r traethawd. Yn y modd hwn y rhoes yr awdur bennawd i'r gwaith:

Y llyfr hwn sy'n cynnwys
Hanes yr eglwys sy'n ymgynnull
Yn BLAENYWAUN
Wrth yr enw Bedyddwyr
Gorphenaf 10fed, 1795

Wedi ei ysgrifenu gan TITUS AB LEWIS[60]

Ynghyd â bod yn enghraifft loyw o feddwl trefnus a disgybledig Titus Lewis, ac o'i lawysgrifen gymen, y mae i'r ysgrif arwyddocâd diwinyddol pwysig, oherwydd ar y trydydd tudalen amlinella'r awdur sylfeini cred yr eglwys a fugeilid ganddo, ac yntau, wrth reswm, yn cydsynio â hwy:

CYFFES NEU DDALIADAU YR EGLWYS.

Yr ydym yn arddel un gwir a bywiol Dduw. Ei fod yn Dad, Mab, ac Ysbryd Glân. Fod Iesu Grist yn Fab Duw. Ei fod yn wir Dduw a gwir ddyn. Etholedigaeth bersonol a thragwyddol. Pechod gwreiddiol. Prynedigaeth neillduol. Cyfiawnhad rhad trwy gyfrifiad o gyfiawnder Crist. Galwedigaeth effeithiol. Parhad y saint mewn gras hyd y diwedd, a'u gogoneddiad mewn gwynfyd tragwyddol yn y nefoedd. Adgyfodiad y meirw a'r farn dragwyddol. Bedyddio *mewn* dwfr ar gyffes o ffydd y bedyddiedig. Arddodiad dwylaw ar y rhai a fedyddir, a swper yr Arglwydd yn cael ei weini er cofio cariad Crist.[61]

Dyma brawf cynnar, felly, nid yn unig o'r modd y dehonglai Titus Lewis natur a dull yr ordinhadau (bedydd *'mewn* dŵr', sylwer, nid *â* dŵr fel yr arferir wrth daenellu; a'r cymun 'er cofio cariad Crist', gan ymwadu'n llwyr ag athrawiaeth trawsylweddiad), ond hefyd o'i Gristoleg uniongred ('Ei fod [sef Iesu] yn wir Dduw a gwir ddyn'), ac o'i Galfiniaeth ddigyfaddawd ('Etholedigaeth bersonol a thragwyddol' y saint).

Ar 20 Tachwedd 1800, yn eglwys hynafol San Pedr, Caerfyrddin (a'r curad, Thomas Price, yn gweinyddu), unwyd Titus Lewis mewn glân briodas â'i ddyweddi, Elizabeth Havard, merch o'r dref ac aelod yn eglwys y Porth Tywyll. Yn y modd hwn y cofrestrwyd y briodas:

> Titus Lewis, of the parish of St. Dogmaels, in the County of Pembroke, Bachelor, and Elizabeth Havard, of this parish. Married in this church, by licence, this twentieth day of November, in the year one thousand eight hundred by me, Thomas Price, Curate.

This marriage was solemnised between us,
Titus Lewis
Elizabeth Havard,
In the presence of Benjamin Davies
Thomas Lewis
Thomas Evans (Sexton)

Gwnaeth y deuddyn eu cartref ym Mhenycwm, Blaen-y-waun, ond ymhen fawr o dro, sef yn ystod haf 1801, dychwelasant i fyw yng Nghaerfyrddin, gan ymgartrefu yn Heol Dŵr, nid nepell o gapel enwog Peter Williams. Erys y rhesymau am y symudiad sydyn hwn yn ddirgelwch. Yn ôl traddodiad llafar (a arddelir hyd heddiw gan rai o aelodau hŷn eglwys y Tabernacl), llethwyd y wraig ifanc gan hiraeth am ei thref enedigol, yn arbennig, felly, am gymdeithas y Porth Tywyll, ac mai hyn a gymhellodd ei phriod i ildio i'w dymuniad. O ystyried cryfder meddwl a phersonoliaeth Titus Lewis, go brin fod rheswm o'r fath yn argyhoeddi. Oni welai yntau gyfle i estyn ei orwelion, a symud i fan a oedd yn prysur ddatblygu yn un o ganolfannau pwysicaf mudiad y Bedyddwyr? Wedi'r cyfan, yr oedd ardal

Llandudoch, er grymused yr achos ym Mlaen-y-waun, braidd yn anghysbell yn ddaearyddol; dygai'r symud i Gaerfyrddin ef i ganol bywyd a bwrlwm enwadol ei ddydd.

Ar unwaith gwelodd aelodau eglwys y Porth Tywyll gyfle i estyn gwahoddiad i Titus Lewis i'w bugeilio, a chydsyniodd yntau â'u cais. Fel y gellir dychmygu bu hyn yn achos gofid gwirioneddol i aelodau eglwys Blaen-y-waun, ond tawelwyd eu hofnau wrth i'r gweinidog addo ymweld â hwy yn bythefnosol, gan farchogaeth bob cam o Gaerfyrddin i Landudoch, taith o dros 30 milltir. Er nad oedd Titus Lewis yn mwynhau'r iechyd gorau, ac er mai digon bregus oedd cyflwr ei gorff, ni thorrodd erioed mo'i addewid, camp anhygoel yn ddi-os. Ffaith ddadlennol arall yw iddo barhau'n aelod yn eglwys Blaen-y-waun hyd ddiwedd ei oes, gan weinidogaethu iddi hi, ynghyd ag i'r saint yn y Porth Tywyll, am weddill ei yrfa. Meddai, 'Arosaf [*sic*] yn aelod o eglwys Blaenywaun hyd oni symudir fi i'r eglwys fry'.[62]

Unwaith eto fe'n hysgogir i geisio ateb i ddirgelwch ym mywyd Titus Lewis, sef, y tro hwn, ei resymau am barhau'n aelod yn ei fam eglwys tra oedd ei brif faes gweinidogaethol wedi ei leoli yng Nghaerfyrddin. Hwyrach fod yr allwedd sy'n datrys y penbleth i'w chanfod yn y ffaith fod eglwys Blaen-y-waun, ynghyd â Titus Lewis ei hunan, yn sefyll yn nhraddodiad yr Hen Ymneilltuwyr. Gosodai'r Fethodistiaeth fyrlymus, newydd, y pwyslais canolog ar brofiad personol y credadun o Grist, ac o'r iachawdwriaeth a geir ynddo a thrwyddo, pwyslais a ymylai yn fynych ar unigolyddiaeth crefyddol. Yr oedd dylanwadau'r Ysbryd i'w deall mewn termau teimladol yn unig, ac yng ngrym y berw eneidiol sy'n gorfodi dynion i 'ddewis rhwng tynged frawychus a iachawdwriaeth ogoneddus'.[63] Rhoddai'r Ymneilltuwr yntau bwys mawr ar ffydd bersonol, ond gwreiddiai'r cyfan yng nghymdeithas y gymuned eglwysig. Ynghyd â bod yn broffeswr ffydd yng Nghrist y mae'r Cristion hefyd yn aelod o deulu Duw, ac wrth iddo ymostwng i amodau'r cyfamod eglwys (fel y gwna wrth gael ei dderbyn yn aelod o gorff Crist) ymdyngheda i gydymffurfio â'r ddisgyblaeth eglwysig, a hawliau'r teulu arno, gan ymwadu, i fesur, â'i ryddid i ddilyn ei fympwyon ei hun. Nid yw'n amhosibl, felly, i eglwys Blaen-y-waun fynnu dal ei gafael yn ddiymollwng ar Titus Lewis: gan mai i'w chymdeithas hithau y derbyniwyd ef yn aelod, ac yntau felly wedi addunedu ei deyrngarwch iddi, a chan mai hithau a'i cododd i'r weinidogaeth Gristionogol, ni chaniatâi iddo drosglwyddo ei aelodaeth i unrhyw eglwys arall. Wrth gwrs, ni ellir anwybyddu'r ffaith seml iddo weinidogaethu ym Mlaen-y-waun hyd derfyn ei rawd; felly, ar un olwg, yr oedd parhau'n aelod yno yn gam digon naturiol.[64]

Y PREGETHWR

Wrth adolygu gweinidogaeth Titus Lewis, a'i gyfraniad sylweddol i ddiwinyddiaeth a llenyddiaeth ei gyfnod, ni ellir ond rhyfeddu at yr hyn a gyflawnodd yn ystod ei oes fer o ddeunaw ar hugain o flynyddoedd, gan gofio hefyd nad oedd ond dwy flynedd ar bymtheg cwta rhwng dyddiad ei fedydd a dydd ei farw. Ys dywed T.J. Evans amdano: 'Yswyd ef gan sêl dros yr efengyl a gwaith y Deyrnas';[65] yn ddiau, ymrôdd, yn gwbl ddiarbed ohono'i hun, i wasanaethu'r ddau hyd eithaf ei allu. Er yn gymharol ifanc enillodd fri iddo'i hun fel pregethwr, a bu galw mawr am ei wasanaeth yn uchel wyliau'r eglwysi, yng nghymanfaoedd y de a'r gogledd fel ei gilydd, fel y tystia Thomas Lewis, Pontymister, yn ei 'Rhagdraith' i'r gyfrol o bregethau ac anerchiadau Titus Lewis a olygwyd ganddo ac a gyhoeddwyd yn 1878: 'Yr oedd Titus Lewis yn un o'r pregethwyr goreu yn ei oes. Rhoddid ef yn fynych i bregethu gyda Christmas Evans yn y Cymanfaoedd'.[66] Yn 1801 gwahoddwyd ef i bregethu yng nghymanfaoedd Llangloffan a'r Gaerfawr; yn 1802 yng nghymanfa Pentrefnewydd; yn 1803 yng nghymanfaoedd Aberystwyth a Penyfai; yn 1804 yng nghymanfaoedd Ffynnon-well-na-buwch, Amlwch ac Ynysfelin. Yn 1805, ef oedd un o'r cenhadon gwahoddedig yng nghymanfaoedd Maesyberllan, Llangefni, a Dolgellau; yn 1807, yn Felinganol; yn 1809, yn Hwlffordd; yn 1810, yn y Dolau a Glynceiriog. Yn llythyr Cymanfa Trefdraeth, 1811, nodir, gyda thristwch, fod 'pob llawenydd yn cael ei gymysgu â galar mawr wrth ganfod lle yr anwyl a'r parchedig frawd TITUS LEWIS yn wag yn y Gymmanfa hon. Och alar! oedd colli y fath ŵr mawr'.[67]

Beth oedd nodweddion pregethu Titus Lewis? Bydd ateb y cwestiwn hwn nid yn unig yn fodd i ymgyfarwyddo ag arddull a chymhellion Titus Lewis ei hunan, ond hefyd i daflu goleuni ar y math o bregethu a draddodid yn y pulpud Ymneilltuol Cymraeg ddiwedd y ddeunawfed ganrif a dechrau'r ganrif ddilynol. Nod y pregethu Ymneilltuol oedd bod yn adeiladol, yn ymresymiadol, yn eglur, yn drefnus, ac yn ddiwinyddol o ran cynnwys. Fel arfer roedd y traddodi'n ddisgybledig a phwyllog, hynny er mwyn rhoi cyfle i'r gynulleidfa droi yn eu Beiblau at yr adnodau a ddyfynnid, a hefyd, pe medrent, i nodi prif osodiadau'r bregeth ar bapur er mwyn eu trafod ymhellach.[68] 'Y canlyniad,' medd R. Tudur Jones, 'oedd pregethu trwm – hyd at fod yn drymaidd'.[69] Yn y modd hwn y disgrifia Geraint H. Jenkins y math hwn ar bregethu:

> Welsh Dissenting sermons were thus a judicious admixture of erudition, clarity and common sense. The keynote was always explicitness and whenever ministers found themselves increasingly immersed in abtruse doctrinal matters ... they were swiftly brought to heel and told to preach 'plain, clear gospel, and not puzzle the people with inexplicable mysteries'.[70]

O safbwynt pregethu yr oedd dyfodiad Methodistiaeth megis sŵn taran yn torri ar lonyddwch difwstwr. Yr hyn a gafwyd yn awr oedd traethu angerddol, cynhyrfus a ystyrid gan y sawl a'i harferai yn gyfrwng i rymoedd yr Ysbryd Glân doddi'r caletaf o galonnau. Gan fod eu cenadwri'n gwbl bersonol ac uniongyrchol, a'r mynegiant ohoni yn llawn bwrlwm a gorfoledd, arferai llawer o'r Methodistiaid bregethu'n fyrfyfyr, gan hepgor defnydd o nodiadau a baratowyd yn ofalus ymlaen llaw, ac osgoi hefyd yr hyn oedd yn arfer cyffredin ymhlith llawer o'r Ymneilltuwyr, sef rhannu cynnwys y bregeth o dan nifer o benawdau ac is-benawdau. 'Dawn goleuo yn fwy na dawn diwygio'[71] oedd gan yr Ymneilltuwr; yr oedd y pregethwr Methodist, ar y llaw arall, yn llawn cyffro a thân ('y tân dieithr', fel y'i gelwid), a'i apêl deimladwy yn amcanu mwy at drywanu'r galon na chyfoethogi'r deall. Yn anochel, cafodd y naill ddull o gyhoeddi'r efengyl ddylanwad ar y llall, gyda'r canlyniad i bregethu'r Piwritaniaid gael ei fywiogi, a'r pregethu Methodistaidd ei ddyfnhau yn ddeallusol. Yr hyn a gafwyd, yn ddiau, yn John Elias, Christmas Evans a Williams o'r Wern, sef y gloywaf o bregethwyr eu dydd, oedd cyfuniad o'r ddau draddodiad.[72] Yn ystod y cyfnod y bu'n gweinidogaethu yn Llŷn (1789–1791), darganfu Christmas Evans ddull pregethu a oedd nid yn unig yn sylweddol a maethlon, ond a oedd hefyd yn 'gyffrous, tanllyd, dychmyglawn ac effeithiol',[73] sef y math ar bregethu a ddaeth mor nodweddiadol nid yn unig o arddull Christmas Evans ei hunan ond hefyd o'r 'traddodiad Bedyddiedig diwygiadol yn y bedwaredd ganrif ar bymtheg'.[74]

Fel pregethwr safai Titus Lewis, yn bendifaddau, yn nhraddodiad yr Hen Ymneilltuaeth. Nid un oedd yntau i ddibynnu ar ysbrydoliaeth y foment, na chwaith i feiddio esgyn grisiau'r pulpud heb iddo yn gyntaf baratoi ei fater yn fanwl a threfnus, a'i rannu, bron yn ddieithriad, o dan nifer o brif bwyntiau ac is-bwyntiau, ac yna, glynu'n agos wrth draethu at yr hyn a baratowyd ymlaen llaw.[75] Nid ymfflamychai, ac nid âi i hwyl, ac ni fynnai chwarae ar deimladau ei wrandawyr; yn hytrach cadwai reolaeth glòs arno'i hun ac ar ei ddeunydd, a hefyd ar ei gynulleidfa. Ac eto, y mae pob tystiolaeth y nodweddid yr oedfaon ym Mlaen-y-waun ac yn y Porth Tywyll gan wres a chynhesrwydd ysbrydol, awyrgylch y gellir ei phriodoli, yn sicr yn rhannol, i ddylanwad y pregethu Methodistaidd ar y gŵr ifanc a arweiniai'r addoliad. Ynghyd â chyflwyno gwybodaeth ffeithiol ac eglurhaol o gynnwys y Gair yng nghorff y bregeth, yn amlach na pheidio deuai'r traethu i ben gydag anogaeth i'r gynulleidfa dderbyn Crist a'i iachawdwriaeth, ac i fyw bywyd a weddai i'r credadun. Yn y cyswllt hwn ni ellir gorbwysleisio'r ffaith nad y pregethwyr Methodistaidd oedd y cyntaf i geisio cyflyru teimladau eu gwrandawyr trwy gyfrwng y gair llafar, oherwydd bu nifer o weinidogion ymhlith yr Anghydffurfwyr (gyda rhywrai megis Henry Maurice, Vavasor Powell a Stephen Hughes ymhlith y disgleiriaf ohonynt) yn perffeithio eu dawn er gyrru'r neges yn syth i galon y gynulleidfa. Heb os, yr oedd Titus Lewis yn etifedd y traddodiad hwn; er ei arddull ymresymiadol, nid oedd yntau'n un i adael ei gynulleidfa'n oer a digyffro ar derfyn oedfa y bu ef yn traethu ynddi.[76]

Y mae teitl llawn y gyfrol o 27 o bregethau Titus Lewis a olygwyd gan Thomas Lewis yn cadarnhau nod llywodraethol y sawl a'u traddododd: *Sylwadau ar Ranau o Air Duw mewn ffordd o Bregethau wedi eu golygu a'u myfyrio gyda golwg ar argyhoeddi pechaduriaid, ac adeiladu y saint* (sef dyfyniad o eiriau o eiddo Titus Lewis ei hunan). Argyhoeddi, goleuo, addysgu, dwysbigo, calonogi, meithrin y saint yn y ffydd – dyna'r bwriad mawr, canolog y tu ôl i'w bregethau. Nid creu cywreinrwydd artistig oedd y diben, ond cyrraedd calonnau'r gwrandawyr; deffro ac achub pechaduriaid. Ys dywed Thomas Lewis ymhellach, nid 'boddio' ei gynulleidfa oedd amcan Titus Lewis, ond ei 'buddioli'; danfon pobl adref o'r oedfa a hwythau wedi 'derbyn bendith gan yr Arglwydd', gan wybod eu bod wedi eu 'cyfiawnhau'. Dengys y pregethau argraffedig mai 'pregethwr ymresymiadol ac argyhoeddiadol'[77] oedd y gŵr a'u cyfan-soddodd, a chan ei fod yn anelu at eglurder ac uniongyrchedd y mae'r Gymraeg a arfera yn llyfn a dealladwy. Cymraeg y Beibl ydyw, wrth gwrs, ac esbonio testun y Beibl yw'r nod, yn ddieithriad. Yn yr ystyr yma y mae pregethu Titus Lewis yn bregethu cwbl Ysgrythurol: dewis testun, ac yna egluro'i gynnwys trwy gyfres o bwyntiau ac is-osodiadau yn seiliedig ar yr adnod ddewisedig.

Cymerer yn enghraifft ei bregeth ar y testun: *'Cofia yn awr dy Greawdwr, yn nyddiau dy ieuenctyd, cyn dyfod y dyddiau blin, a nesau o'r blynyddoedd yn y rhai y dywedi, Nid oes i mi ddim diddanwch ynddynt'* (Llyfr y Pregethwr 12: 1). Byr yw'r rhagymadrodd. Y mae perthynas agos rhwng Creawdwr a chreadur. Creaduriaid Duw yw dynion, ac y mae o bwys i ni feddwl beunydd am yr hwn a'n lluniodd ar ei ddelw ei hun. Yn y testun gelwir ar 'bobl ieuainc i gofio Duw; ie, gelwir ar bob un i wneud hyn. Y mae gwneuthurwr a lluniwr yn fawr; ond y mae creawdwr yn llawer mwy'. Yn dilyn ceir tri phen, a nifer o is-raniadau yn dilyn bob un ohonynt:

A. PA BETH A DDYLEM GOFIO AM EIN CREAWDWR?
    1. Dylem gofio fod Duw.
    2. Dylem gofio mai y Bod mawr hwn yw ein Creawdwr.
    3. Dylem gofio ei fawr allu.
    4. Dylem gofio ei fod yn Dduw sanctaidd a phur.
    5. Dylem gofio mawredd ei ddaioni tuag atom.

B. PA BETH YDYW EI GOFIO?
    1. Myfyrio arno.
    2. Ei ofni.
    3. Ei garu.
    4. Credu yr hyn a lefarodd; ac y mae hyn yn cynnwys credu yng Nghrist.
    5. Ufuddhau iddo fel Noa ac Abraham.

6. Byw iddo; ei ogoneddu a'i anrhydeddu; ymdebygu iddo, a'i
   ddilyn fel plant annwyl.

C. OND PA BRYD I DDECHRAU AR HYN?

Yn awr, – yn nyddiau ieuenctid, – cyn dyfod y dyddiau blin.

1. Gorchmyna Duw i ni ei gofio ef yn foreu.
2. Y mae crefydd yn ddaioni ynddi ei hun.
3. Y mae crefydd ym moreu oes yn fodd i gadw yr ieuenctyd rhag
   pechod a drygau.
4. Addurn penaf ieuenctyd yw crefydd.
5. Dyma y ffordd sicraf i ddyfod yn ddefnyddiol yn eglwys y Duw
   byw.
6. Dyddiau manteisiol yw dyddiau ieuenctyd.
7. Ni wyddom a gawn ni weld henaint; ond mor ynfyd yw yr hwn
   sydd yn beiddio oedi hyd hynny!

Ac yna i gloi, apêl uniongyrchol, deimladwy i'r gynulleidfa (na fuasai
Titus Lewis fyth yn ei hystyried yn nhermau perorasiwn mawreddog, ond
yn unig fel cyfle i gymhwyso cynnwys y bregeth mewn modd ymarferol
er budd y saint yn eu bywyd bob dydd):

Amser henaint heb Dduw, – O! amser truenus! Os ydych am gael
diddanwch ar derfyn eich oes; os ydych am gân yn hwyr eich dydd;
os ydych am huno yn yr Iesu, – y ffordd sicraf yw, i chwi gofio eich
creawdwr yn awr. O! ieuenctyd! Cymerwch gyngor, a gwrandewch
fy ngeiriau. Bydd hwn yn dda i chwi ac yn dda i ereill.[78]

Nid oes unrhyw ymgais i fod yn strocllyd a chlyfar, nac i gyflawni unrhyw
orchest lenyddol neu areithyddol. Nodweddir y cyfan gan symlrwydd
rhesymegol, diffuant, uniongyrchol. Ac ni cheir unrhyw ymdrech i fod yn
ysgolheigaidd neu athronyddol. Pan ofynnir ar ddechrau'r bregeth ar ba
sail y gellir credu yn Nuw, a pham y dylid cofio amdano, yr ateb a roddir
yw: 'dengys y greadigaeth ei fodolaeth. Pan edrychom ar awrlais, eheda
ein meddwl at ryw weithydd yr hwn a'i trefnodd fel y mae. Y mae *cloc* yn
dweyd fod *clock-maker*. Felly y mae y nefoedd yn datgan gogoniant Duw;

ac er fod yr ynfyd yn dweyd yn ei galon nad oes un Duw, eto ei dduwdod a welir yn amlwg yn yr eang greadigaeth (Rhuf. 1: 20).' Y mae'r cyfan mor syml a didramgwydd â hynny! Yr hyn sy'n ddiddorol am yr eglureb uchod yw bod yr athronydd William Paley (1743–1805), yn ei lyfr *Natural Theology*, yn defnyddio'r un gymhariaeth yn union yn ei ymgais i brofi bodolaeth Duw; fel y mae mecanwaith watsh, o angenrheidrwydd, yn golygu fod rhywun wedi ei gynllunio, a gosod y mân-ddarnau at ei gilydd, felly hefyd y mae bodolaeth y greadigaeth yn hawlio, o reidrwydd, iddi gael ei chreu gan asiant deallus, dwyfol.[79] Er bod Paley yn hŷn na Titus Lewis, yr oeddent yn gyfoeswyr, ac fe'n cymhellir gan chwilfrydedd i ofyn tybed a wyddai gweinidog y Porth Tywyll am waith yr athronydd? Sut bynnag am hynny, yr hyn a wna Titus Lewis yw gwisgo'r eglureb mewn diwyg ysgrythurol, heb gyfeirio gymaint ag unwaith at syniadaeth athronyddol ei oes. Yn wir, teimlir ar brydiau fod y pregethwr yn fwriadol anysgolheigaidd, gan fod ambell ymgais o'i eiddo i esbonio tarddiad gair yn ymddangos braidd yn elfennol a simplistig, er enghraifft, y modd y mae'n olrhain cefndir y gair 'edifeirwch'. Meddai: 'Mae'n tarddu o'r gair *poen. Penitentia* yn Lladin – *penitence* yn Saesneg – *penance* y Pabyddion'.[80]

Mwy diwinyddol ei naws yw pregeth XI yn y gyfrol, sef 'Crist yn gogoneddu y Tad ar y ddaear'. Y testun yw: '*Mi a'th ogoneddais di ar y ddaear; mi a gwblhëais y gwaith a roddaist i mi i'w wneuthur*' (Ioan 17: 4), sef rhan o 'weddi Crist ar ôl ei bregeth a'i Swper gyda'i deulu' y nos y bradychwyd ef. Unwaith eto ceir nifer o benawdau (dau o'r pedwar ar ffurf cwestiwn), ac is-benawdau:

A. YM MHA YSTYR Y GOGONEDDWYD Y TAD GAN GRIST?

1. Efe a eglurodd ogoniant *cariad* y Tad at bechaduriaid. Yr oedd y cariad hwn *erioed*; ond *eglurwyd* ef yn nyfodiad Crist i'r byd.
2. Efe a eglurodd *drugaredd* Duw tuag at y byd. Nid yw trugaredd yn bod ond mewn cyferbyniad i drueni. Y mae dyn yn fawr yn ei drueni; ond y mae Duw yn gyfoethog mewn trugaredd.
3. Efe a eglurodd *gyfiawnder* a *sancteiddrwydd* Duw. Yr oedd Duw yn casáu pechod ac yn gofyn Iawn; cafodd ef yng Nghrist.
4. Efe a eglurodd *ddoethineb* Duw yn y ffordd a drefnwyd ganddo

i gadw pechadur. Ni wna dyfais angel na dyn y tro, ond dyma yn awr amryw ddoethineb Duw.

5. Y mae gwirionedd Duw, a'i ddeddf, yn ogoneddus yn y Gwaredwr. Mawrhaodd Crist y ddeddf, a gwnaeth hi yn anrhydeddus. Er mor fanwl ac eang oedd y ddeddf. Hi gâdd iachawdwriaeth berffaith, a thaliad llawn. Mae'r llechau'n gyfan yn yr Arch.

B. YM MHA FODD Y GOGONEDDWYD Y TAD?

1. Ym mhurdeb bywyd Crist. Dygodd harddwch ei fywyd fwy o ogoniant i Dduw nag a barodd ein pechod o ddianrhydedd. Ni allasai neb gael cymaint ag un bai yn Iesu. *Hwn!* – dyna un ar ei ben ei hun; ni wnaeth ddim allan o le!

2. Yn ei athrawiaeth (yr oedd ei holl ddysgeidiaeth yn hollol yn ôl ewyllys y Tad).

3. Yn ei wyrthiau.

4. Yn benaf, yn ei farwolaeth. Dyma ddyben ei ymgnawdoliad, ond yn angeu y groes fe gâdd Duw fwy gogoniant.

C. Y GWAITH A RODDASID I GRIST EI WNEUD

(a) Nid i ddim dyben yr anfonwyd Ef i'r byd; yr oedd ganddo *waith*.

(b) Rhoddwyd gwaith neilltuol iddo, sef:

1. Dwyn gogoniant i Dduw, neu fawl i ogoniant ei ras Ef.

2. Dystrywio teyrnas Satan.

3. Llês i ddynion. 'I ddynion, ewyllys da.'

4. Anrhydedd a dyrchafiad i Grist.

CH. NI A DDANGOSWN FOD Y GWAITH WEDI EI ORFFEN

a. Llêf y Tad: 'Yn yr Hwn y'm boddlonwyd'. Ni ddywedodd hyn am neb arall.

b. Diddymiad yr aberthau.

c. Y gair GORPHENWYD a lefodd Iesu ar y Groes.

d. Ei adgyfodiad o'r bedd y trydydd dydd.

e. Ei esgyniad a'r parch a gafodd yn y nef.

f. Disgyniad yr Ysbryd Glân ar yr apostolion.

Unwaith eto terfyna'r bregeth gydag anogaeth ymarferol, sef, y tro hwn, i'r gynulleidfa gofio fod 'genym ninau ein gwaith. Y mae eisiau i ni fod yn ddiwyd. Bydded i ni olygu gogoniant Duw yn yr oll a wnelom, a dywedwn – 'I'th enw dy hun dod ogoniant, O! Arglwydd!' Dyma, felly, bregeth Galfinaidd, uniongred, a'i datganiadau sylfaenol – (i) Iesu yn Grist, ac yn Fab Duw; (ii) diben ei ymgnawdoliad: achub pechaduriaid; (iii) marw iawnol Crist; (iv) ei atgyfodiad o'r bedd; (v) ei esgyniad i ogoniant; (vi) dyfodiad yr Ysbryd Glân – yn ymdebygu i gredo Gristionogol gynnar (megis Credo'r Apostolion neu Gredo Nicea), ac yn ddiau wedi eu patrymu ar gredo o'r fath. Dylid cofio i Titus Lewis lunio sawl *Holwyddoreg* gyda'r bwriad o addysgu'r saint ym mhrif ganonau ffydd yr eglwys.

Y DIWINYDD

Fel Calfin digymrodedd a 'oedd yn enwog fel amddiffynnydd Calfiniaeth, yn ei bregethau ac yn ei ysgrifeniadau',[81] cafodd Titus Lewis ei hun, yn anochel, ynghanol y dadleuon diwinyddol a oedd mor nodweddiadol o hanes pob enwad yn y cyfnod hwn, ac yn sicr ddigon ymhlith y Bedyddwyr. Rhennid rhengoedd y Bedyddwyr yn ddwy blaid; ar un llaw yr oedd y garfan ddiwygiadol, a safai dros ddwy egwyddor sylfaenol, sef, yn wleidyddol (o dan ddylanwad yr ideoleg a fu'n sail i Ryfel Annibyniaeth America, a'r Chwyldro Ffrengig ar gyfandir Ewrop), rhyddid cydwybod a goddefgarwch cyffredinol; ac yna, yn grefyddol, hawl yr unigolyn i ddehongli ei ffydd drosto'i hun, heb iddo gael ei orfodi gan unrhyw awdurdod allanol i gydymffurfio â chyffes ffydd neu gredo benodol o waith dynion. Eu llinyn mesur yn ddiwinyddol oedd dysgeidiaeth anghyfundrefnol yr Ysgrythur. Ar y llaw arall, yr oedd y garfan geidwadol yn glynu'n ddiymollwng wrth y canonau cred traddodiadol, gan eu hamddiffyn i'r carn. Cynrychiolwyr amlycaf y 'diwygwyr' oedd William Williams, Aberteifi; Nathaniel Williams, Llanwinio; Morgan John Rhys; Joshua Watkins, Heol y Prior, Caerfyrddin; a William Richards o Lynn yn brif ysgogydd yn eu plith. Rhai o ladmeryddion grymusaf y safbwynt ceidwadol, uniongred oedd Joseph Harris, Christmas Evans a Titus Lewis.

Yr oedd llawer o'r cynhenna yn troi o gwmpas y ddysgeidiaeth ynglŷn â'r Drindod. Dadleuai arweinwyr y mudiad rhyddfrydig dros Drindod

Ysgrythurol, gan ymwrthod ag Athrawiaeth y Drindod fel y diffinid hi yn y credoau eglwysig. Mynnent, er gwaethaf y cyfeiriadau a geir ynddo at y Tad, y Mab a'r Ysbryd Glân, na cheir yn y Testament Newydd athrawiaeth benodol, ddatblygedig ynghylch y Drindod. Yn wir ceir ynddo gyfeiriadau at Iesu fel offeryn neu gyfrwng yn llaw y Tad, ac sydd, felly, yn pwysleisio ei israddoldeb i'r Tad. Dadleuent mai duwdod trosglwyddiadol oedd eiddo Crist, ac nid duwdod hanfodol a thragwyddol. Un ydyw Crist a benodwyd neu a fabwysiadwyd gan y Tad i gyflawni gwaith neu swyddogaeth arbennig (gw. Actau 2: 22, 36; 17: 31). I'r gwrthwyneb llwyr i hyn amddiffynnai arweinwyr y garfan geidwadol yr Athrawiaeth Drindodaidd hanesyddol, fel ag y'i ceid yn niffiniadau Nicea a Calcedon. Cyhuddid y naill blaid o goleddu Sabeliaeth neu Ariaeth; cyhuddid y llall o hyrwyddo safbwynt a allai arwain yn y pen draw at dridduwiaeth. Safai'r blaid 'newydd' dros y Beibl, ac yn erbyn pob ffurf ar gyffes ffydd; mynnai'r 'traddodiadwyr' bod ffydd yr eglwys yn seiliedig ar yr Ysgrythurau ynghyd â'r credoau hanesyddol.

Yn *Llythyr* Cymanfa'r Bedyddwyr Cymreig a gynhaliwyd yn Salem, Meidrum yn 1778 cyfeirir, gyda gofid, at y ffaith fod ymadael oddi wrth Gyffes Ffydd Bedyddwyr Llundain (sef cyffes 1689, a gyfieithiwyd i'r Gymraeg gan Joshua Thomas yn 1791), a chyffesion eraill, yn duedd gyffredin yn y wlad. Yn ystod yr un flwyddyn ymddangosodd llyfr o wasg John Ross, Heol y Prior, Caerfyrddin, yn dwyn y teitl *Dialogus, neu Ymddiddan rhwng Tri o Wyr Dysgedig*, sef Ffidelius, Philosophus a Dr. Theologius. Yr awdur oedd Nathaniel Williams, Llanwinio,[82] a wyddai'n iawn y gallai'r gyfrol greu cyffro nid bychan yn y gwersylloedd enwadol. Saif Philosophus yn gadarn dros dermau'r Ysgrythur, ac yn erbyn y credoau a'u pwyslais fod 'personau' yn rhan o'r hanfod dwyfol, a bod Mab Duw o dragwyddol genhedliad (athrawiaeth gwbl gyfeiliornus ym marn yr awdur). Mynega Philo ei farn yn ddifloesgni:

> Bydded hysbys i'r darllenydd, fy mod i, Philosophus, yn barnu nad yw neb o blant Seion yn feius o eisiau credu fod tri Pherson yn y Duwdod gan nad oes dim o'r fath ddatguddiad yngair Duw ... Cabledd yn fy ngolwg i yw sôn am dri Pherson, gan mai un Duw sydd mewn bod, ac nid oes ond un yn unig ... Tad, Mab ac Yspryd

sy enwau angenrheidiol, perthynol a llwyr briodol i Dduw; ond Drindod o Bersonau, ydynt enwau afreidiol a llwyr amhriodol i'r Duwdod.[83]

Am y pegwn ag ef saif Dr. Theologus, cynrychiolydd y safbwynt uniongred bod Duw yn 'un yn dri, a thri yn un'; er hyn y mae'r doethur ar ei eithaf yn ceisio gochel cred mewn tridduwiaeth, a cheir rhybudd llym ganddo rhag i neb ei choleddu. Ys dywed J. Gwili Jenkins, 'Y mae *Dialogus*, erbyn hyn, yn llyfr lled anhysbys, ond perthyn iddo bwysigrwydd neilltuol ynglŷn â hanes diwinyddiaeth y Bedyddwyr Cymreig yn ystod yr ugain mlynedd nesaf' (h.y., chwarter olaf y ddeunawfed ganrif).[84]

Fel y gellid disgwyl ni bu'r cymanfaoedd yn ôl yn eu hymateb i *Dialogus*, am y rheswm syml na chydweddai ei safbwynt â Thrindodiaeth Athanasius. Mynnai aelodau Cymanfa Glynceiriog yn eu *Llythyr* yn 1779: 'Yr ydym ni fel Cymanfa yn cyhoeddi nad ydym yn cytuno ag ef (sef Nathaniel Williams) yn ein barn ymhob peth, gan obeithio na fydd i neb arall farnu ein bod fel corph o bobl yn arddel holl gynhwysiad y Llyfr hwnnw.'[85] Ym Maesyberllan, 'Cyttunwyd i hysbysu ein bod yn disgwyl i'r eglwysi o hyn allan osod yn eu llythyrau blynyddol at y Gymanfa y Gyffes hon am Dduw sef eu bod yn arddel Drindod Ysgrythurol yn cynnwys y Tad, y Gair, a'r Ysbryd Glân mewn undeb anwahanol, etto yn wahaniaethol' – sef bod aelodau'r Drindod yn dri pherson ar wahân i'w gilydd, ac eto'n ymffurfio yn un Duw.[86] Rhagwelir yn *Llythyr* Cymanfa Llanwenarth, 1780, bod 'dydd o brofiad gerllaw', ac anogir aelodau'r eglwysi i gofio fod y bywyd Cristionogol wedi ei wreiddio nid yn unig yn y gwirionedd ond hefyd mewn cariad. ('Ceisiwch, nid yn unig iawn adnabyddiaeth o'r gwirionedd, ond iawn brofiad hefyd … canys amhosibl i chwi garu y gwirionedd heb ei adnabod.') Cyfeirir yn *Llythyr* Cymanfa Llangloffan, 1781, at y ffaith fod yr Ysbryd Glân yn 'deillio oddi wrth y Tad a'r Mab, allan o drysorau'r nef', ond gan fod yr eglwysi 'gan mwyaf mewn undod a heddwch', ni orbwysleisir yr athrawiaeth.

Cyfraniad pennaf Morgan John Rhys i'r ddadl oedd cynnwys y *Cylchgrawn* a gyhoeddwyd ganddo. Yn rhifyn 2, tudalen 103, ceir Philologos yn holi Philo-Christos a fyddai hynawsed â 'gosod ger ein bron yn y rhifyn nesaf, yr holl fawleiriau anysgruthurol a glywodd eu harferyd', ac yn rhifyn 3 rhestrir gan Philo-Christos dermau megis 'Gogoniant i'r Tad, i'r Mab ac i'r Ysbryd Glân', a 'Ti yr hwn wyt dri pherson mewn un Duw' – ymadroddion a arferid yn gyffredin mewn oedfaon eglwysig, ond nad oedd unrhyw ddefnydd ohonynt ar dudalennau'r Testament Newydd. Ac er bod Philo-Christos yn llym ei feirniadaeth o Luther a Calfin ar gyfrif eu hysbryd erlitgar, y mae'n frwd ei gymeradwyaeth i'w safbwynt ynghylch y Drindod. Dyfynna Luther: 'Nid wyf yn caru galw'r Arglwydd yn *Drindod*, neu *Dri Pherson*. Y mae'n llawer gwell galw'r Hollalluog Dduw yn Dduw na *Drindod*'; a thrachefn, Calfin, '... y mae'r gair Drindod yn Farbaraidd – duw'r pabyddion ydyw, anadnabyddus i'r Proffwydi a'r Apostolion'.[87] Yn hyn oll yr oedd Morgan John Rhys yn amcanu at amddiffyn Peter Williams (a ddiarddelwyd gan y Methodistiaid Calfinaidd ar y cyhuddiad yr arddelai heresi Sabeliaeth), a hefyd at fynegi'n glir ei wrthwynebiad i unrhyw ysbryd erledigaethus ac anoddefgar.

Yn 1790 rhannwyd Cymanfa'r Bedyddwyr yn dair adran, sef y Gymanfa Dde-Ddwyreiniol, y Gymanfa Dde-Orllewinol, a Chymanfa'r Gogledd, ac yn 1794 rhannwyd Cymanfa'r gorllewin yn dri Chwrdd Chwarter.[88] Ar agenda Cwrdd Chwarter Felinfoel, 17 Ionawr 1798, gosodwyd y cwestiwn tra phwysig hwn: 'Pa mor bell y mae inni oddef dynion o groes ddaliadau i ni yn aelodau o'n cymdeithas grefyddol, ac o'n cyfarfodydd chwarterol a blynyddol?' Cyflwynwyd y sylwadau pwysicaf, o ddigon, ar y mater gan Daniel Jones, a bwysleisiai'r angen i ganiatáu mesur o wahaniaeth barn oddi mewn i gymdeithas yr eglwys, ac eithrio pan fyddai'r farn honno yn ymwneud â gwrthrych yr addoliad, a hefyd yr iachawdwriaeth yng Nghrist. ''Rwyf yn meddwl,' meddai, 'nad gwych y gall Trinitariaid ac Unitariaid fod yn un a'u gilydd: canys y maent hwy yn gwahaniaethu yn y pwnc mwyaf pwysig a sylfaenol mewn crefydd, sef am Dduw gwrthrych eu haddoliad.' Aeth Daniel Jones yn ei flaen i bwysleisio'r angen am oddefgarwch, a'r ffaith na ddylai neb fod yn rhy bendant ei farn, gan 'nad oes gan un dyn ddim help i'w farn; mae meddwl dyn yn beth anllywodraethol iawn ... Gan hynny, os wyf fi yn 'Drinitarian', ni alla i ddim help hynny'. Anghytunai Daniel Jones â'r farn fod 'cyfeiliornad mewn barn yn waeth na chyfeiliornad mewn bywyd'.[89] Go brin i Christmas Evans fod mor oddefgar â Daniel Jones. Yr oedd

yntau'n un o'r pregethwyr yng Nghymanfa'r Dolau yn 1790, a defnyddiodd
yr achlysur i ymosod yn ddiymatal ar Sabeliaeth. Yn dilyn yr oedfaon
ceryddwyd ef yn frathog gan rai o'r gweinidogion a anghytunai â
Thrindodiaeth y Gyffes Ffydd. ('Yr oedd y rhai a oedd o ochr Mr. Peter
Williams yn gosod allan mai y Tad a wisgodd gnawd, ac mai tri enw neu
dair swydd oedd yn cael ei olygu wrth y geiriau Tad, Mab ac Ysbryd Glân,
ac nid tri pherson').[90] Eithr ni fynnai Christmas Evans ildio modfedd o dir
i'w feirniaid, ffaith sy'n dangos pa mor llwyr oedd y rhwyg ymysg
Bedyddwyr y cyfnod, a pha mor ddigymrodedd oedd agwedd y naill blaid
at y llall.

Ym mhoethder yr ymrafael mae'n amlwg y safai Titus Lewis, yntau
hefyd, yn ddisigl dros yr hyn y credai ynddo, eithr fel y dengys cynnwys
ei areithiau a'i bregethau, nodweddid ei ddadl gan ymresymu clir ac
ymddygiad bonheddig. Dadlau ei achos a wnâi yntau, nid disgyn i wastad
mân ffraeo. (Er enghraifft, er yn anghytuno'n sylfaenol â safbwynt ei
gymydog gweinidogaethol, Joshua Watkins, mynnai Lewis, 'Ni chauaf fi
fy mhulpud, a chyd-bregethaf ag ef').[91] O'i bregethau, yr un, o bosibl, a
rydd inni'r darlun cliriaf a chyflawnaf o'i Gristoleg yw honno ar
'Ymddarostyngiad Iesu Grist' (rhif VII), yn seiliedig ar eiriau Paul, 'Efe
a'i darostyngodd ei hun' (Phil. 2: 8). Yn y modd hwn y disgrifia statws
dwyfol Crist, a'r ffordd y bu iddo ymwacáu (Groeg: *kenosis*) er
ymddangos yn ddyn:

> Efe a ddaeth i sefyllfa creadur, er ei fod uwchlaw pawb, yn Dduw
> bendigedig yn oes oesoedd. O! ddirgelwch duwioldeb! Y tragwyddol
> Dduw yn ddyn – Crist Iesu! Ai gwir y preswylia Duw gyda dynion!
> Ie, gwir; dyma Iesu yn pabellu mewn cnawd. Fod i angel gael ei droi
> i wybedyn, i'r haul fyned yn wreichionen, i'r môr fynd yn ddafn, i'r
> ymerawdwr gymryd lle y pryf gwaelaf, a fuasai yn llai rhyfeddod
> nag i Dduw ddyfod yn ddyn. Darostyngiad yw iddo edrych ar
> y pethau yn y nef a'r ddaear; pa faint mwy dyfod yn ddyn!
> Y gwahaniaeth rhwng yr angel uchaf a'r pryf lleiaf, sydd fesurol –
> dau greadur ydynt; ond y mae y gwahaniaeth rhwng yr angel uchelaf
> a'r Duw goruchaf, yn anfeidrol. Dyna ddarostyngiad mwyaf Crist.[92]

Nid yw Crist, felly, yn neb llai na'r 'Duw bendigedig', 'y tragwyddol Dduw', 'y Duw goruchaf'; ef yw Duw yn preswylio gyda dynion. Nid un wedi ei ethol neu ei benodi gan Dduw i gyflawni gwasanaeth neilltuol mohono; yn hytrach ef yw ail berson y Drindod, ac y mae yn 'Dduw bendigedig yn oes oesoedd', yn Fab o'r dechreuad, cyn bod amser. Wrth, ac er mwyn, dod yn ddyn bu'n rhaid iddo roi heibio ei safle dwyfol, a hyn sydd i gyfrif am ryfeddod yr ymgnawdoliad, dyfod o'r Duw tragwyddol yn ddyn cyflawn. Dyma Gristoleg y credoau cynnar, a dyma Gristoleg Titus Lewis, ac yr oedd bod yn gyson â'i ddiffiniad o berson Crist yn golygu na allai gyfaddawdu â rhyddfrydiaeth y blaid newydd.

Yn 1797 cafwyd datblygiad tra arwyddocaol a fu'n gyfrifol am agor y rhwyg rhwng y ddwy ochr yn fwy llydan fyth. Hyd yma bu'n arferiad gan weinyddwyr Trysorfa'r Bedyddwyr Neilltuol yn Llundain i estyn rhodd flynyddol o rhwng dwy a phedair punt i weinidogion yr enwad oedd â'u henillion yn llai na £30, hynny ar yr amod bod y gweinidogion yn cyflwyno cyffes o'u ffydd bersonol i ystyriaeth aelodau'r pwyllgor, i'w harchwilio ganddynt. Y mae lle i gredu nad arferai gweinyddwyr y *Particular Baptist Fund* gynnal, hyd yma, ymchwiliad gor-fanwl i ddaliadau'r gweinidogion a dderbyniai fudd o'u helusen, gan gymryd yn ganiataol fod eu hordeiniad i waith y weinidogaeth yn warant o uniongrededd eu cyffes,[93] ond mewn llythyr dyddiedig 7 Mawrth 1797 y mae ymddiriedolwyr y gronfa yn mynnu bod yr eglwysi a fugeilid gan y gweinidogion, ynghyd â'r gweinidogion eu hunain, yn cyflwyno datganiad manwl o gyffes ffydd eu harweinwyr. Yr oedd y gyffes i fod yn Galfinaidd, ac yn cynnwys datganiad i'r perwyl fod 'yr unig a'r anwahanol Dduw' yn dri o bersonau. Heb i'r amodau hyn gael eu cyflawni ni allai unrhyw weinidog dderbyn o gardod 'gwŷr y *fund*', fel y'u gelwid. Yr oedd yr adwaith ymhlith Bedyddwyr Cymru yn adlewyrchiad clir o'r rhwygiadau a oedd yn bodoli'n flaenorol. Yr oedd yn amhosibl i rai eglwysi a gweinidogion, nad oeddent na Chalfinaidd na Thrindodaidd eu hanian, roi datganiad boddhaol; yr oedd eraill, er yn ddiwinyddol uniongred, yn ystyried cais yr ymddiriedolwyr yn drais ar gydwybod, ac yn gyfystyr ag ymyrraeth ar ran yr awdurdod canolog yn Llundain, a hefyd ar ran y Gymanfa, ym mywyd yr eglwys leol – eglwys, yn ôl diffiniad y Bedyddwyr, yr oedd iddi ryddid sofran o dan arweiniad yr Ysbryd Glân;

yr oedd eraill yn barod i gydymffurfio. Arweinid y brotest yn erbyn gwŷr y gronfa gan William Richards, Lynn; William Williams, Aberteifi; Nathaniel Williams; Daniel Jones a Benjamin Phillips. Gyferbyn â hwy cafwyd y gweinidogion hynny a ddadleuai o blaid onestrwydd meddyliol a ffyddlondeb i'r athrawiaeth uniongred, ac o'u plith hwy yr amlycaf oedd Joseph Harris (Gomer); Timothy Thomas (yr ail), Aberduar; Gabriel Rees, Rhydwilym; a Titus Lewis.

Ar 20 Chwefror 1799 cynhaliwyd Cwrdd Chwarter Blaen-y-waun, lle y dadleuodd Titus Lewis, yn ddiddorol ddigon, 'nad pregethu yw prif amcan y Cwrdd Chwarter ... prif amcan gweinidogion yn cwrdd â'i gilydd mewn Cwrdd Chwarter yw cyfrinachu ac ymddiddan â'i gilydd'.[94] Gellir dyfalu i'r 'ymddiddan' cyd-rhwng y gweinidogion yng Nghwrdd Chwarter Blaen-y-waun fod yn finiog, a dweud y lleiaf! Yn y cyfarfod hwn y penderfynwyd y dylid trefnu cynnal cyfarfod arbennig, yn ddiymdroi, yng Nghaerfyrddin, i bregethu ar athrawiaethau gras, 'oblegid bod sôn bod yr hyn a elwir yn Arminiaeth am ledu yn y parthau hynny'.[95] (Bu Nathaniel Williams, ymhlith eraill, yn cynnal cyfarfodydd yn y dref, ac yn y pentrefi cyfagos, gan eu defnyddio i ledu syniadau chwyldroadol, gwrth-Drindodaidd.) Yr oedd y 'Cabidwl Fawr', fel y'i gelwid, i'w gynnal ar 27 Mawrth yn 'Nhŷ Cwrdd y Methodistiaid yn Heol y Dŵr' (sef, yn eironig ddigon, capel neb llai na Peter Williams), hynny, ar un llaw, am y buasai'r Porth Tywyll yn adeilad rhy fychan i gynnal y gynulleidfa, ac ar y llaw arall am mai annoeth fuasai cynnal y cyfarfod yn 'Tŷ Cwrdd arall y Bedyddwyr yn y dref', sef Heol y Prior (Penuel), oherwydd er bod yr adeilad yn ddigon helaeth a chyfleus, yr oedd lle i ofni bod yr eglwys yn y fan honno (eto o dan ddylanwad Nathaniel Williams a fu'n cynorthwyo yno am gyfnod) wedi ei 'llygru gan y fath beth a rhydd ymofyniad'.[96] Penodwyd pump o areithwyr i annerch, sef Zacharias Thomas, Titus Lewis, John Reynolds, Gabriel Rees a Timothy Thomas. Yn ôl R.T. Jenkins:

Cadwyd y cwrdd uchod yng Nghaerfyrddin [yng nghapel y M.C., Heol-y-dŵr]. Dechreuwyd y bore am 10. Gweddiodd Evan Rees a Gabriel Rees; pregethodd Zech. Thomas ar Bechod Gwreiddiol, oddi ar Ephes. 2, 3; canlynodd Titus Lewis ar Etholedigaeth Bersonol,

oddi ar Ephes. 1, 4; canlynodd John Reynolds ar Brynedigaeth
Neilltuol, oddi ar 1 Cor. 6, 20. Cyfarfuwyd yn y prynhawn am 3;
gweddiodd David Evan (hynaf) o Gilfowyr; pregethodd Gabriel Rees
ar Alwedigaeth Effeithiol, oddi ar 1 Thes. 1, 5; a Timothy Thomas ar
Barhad mewn Gras, oddi ar Marc 13, 22.[97]

Yr oedd testunau y pum anerchiad yn dilyn trefn Pum Pwnc Calfiniaeth,
a Titus Lewis yn traethu ar yr ail ohonynt, sef bod y saint (er gwaethaf eu
pechodau, ac yn gwbl ar wahân i unrhyw haeddiant neu deilyngdod a
ddichon berthyn iddynt) wedi eu rhagarfaethu gan Dduw, trwy ras, i
wynfyd tragwyddol.[98] Gellir cymryd yn ganiataol fod yr areithydd yn gwbl
gartrefol wrth ymdrin â'i faes gan iddo roi cyfle iddo i ddelio ag un o
gonglfeini ei gred bersonol.

   Ddechrau Mehefin 1799, cyhoeddodd William Richards, Lynn, y rhifyn
cyntaf o'i *Papurau Achlysurol*, ac ynddo, fel y gellid disgwyl, ymosododd
yn chwyrn ar 'y *Cymmanfaoedd*' (y mae'n olrhain eu tarddiad i 'gylch
cynghrair' y Derwyddon yn nyddiau 'ein hynafiaid paganaidd yn yr Ynys
hon'!), am eu bod wedi 'dinystrio *rhydd-did* ac *anymddibyniaeth* (neu
independiaeth) yr eglwysi',[99] ac yn benodol ar 'feistriaid y gymmanfa yn
Salem' am iddynt 'werthu eu hunain i gaethiwed, neu i fod yn offer
gorthrymder'.[100] Yn yr un papur rhoddodd sylw amlwg i'r hyn a ddigwydd-
odd yn y 'Cabidwl', ac effaith bell-gyrhaeddol hynny ar yr enwad yn
gyffredinol. Yn ôl Richards ni lwyddodd yr anerchiadau i 'gynhyddu
undeb a chariad'; i'r gwrthwyneb buont yn achos 'gofid a phrudd-der' i
lawer o'r gwrandawyr, yn enwedig y rhai oedd â thueddiadau rhyddfrydol:

> Amryw o ddynion ymofyngar, ag y chwennychid eu darostwng a'u
> llethu, a ddaethant i wrando ar yr areithiau, fel y gallent farnu
> drostynt eu hunain; ond yn lle cael eu perswadio neu eu hargyhoeddi,
> hwy a gadarnhawyd yn eu golygiadau, ac yn eu bwriadau blaenorol
> i ymofyn yn rhydd, i farnu drostynt eu hunain, ac i sefyll yn y rhydd-
> did â'r hon y rhyddhâodd Crist hwy.[101]

Er nad yw Richards yn ysgrifennu'n ddiragfarn, ac er y gallai ei
ymosodiadau printiedig frathu i'r asgwrn, y mae ei sylwadau'n ffynhonnell

werthfawr o wybodaeth am helyntion diwinyddol Bedyddwyr ei ddydd. Ysgrifenna yntau o safbwynt 'rhydd-ymofynnwr'; rhaid gofyn, o'r ochr arall, beth oedd effeithiau'r areithiau ar aelodau'r blaid geidwadol, uniongred? Yn sicr ddigon fe aeth aelodau'r Porth Tywyll adref o gapel Heol Dŵr y dwthwn hwnnw wedi eu cadarnhau yn eu cred, yn arbennig ar ôl iddynt fod yn gwrando ar un a oedd eisoes yn arwr yn eu golwg, ac a ddaethai ymhen ychydig dros flwyddyn gwta (hynny, yn eu tyb hwy, yn rhagluniaethol) yn weinidog iddynt yng Nghaerfyrddin.

Wrth reswm, yr oedd yn anochel bod 'cabidwl' mis Mawrth yn taflu ei gysgod yn drwm dros Gymanfa Salem, Meidrum ym mis Mehefin, cymanfa a ddisgrifir gan David Jones fel '... un ystormllyd iawn, oherwydd gwahaniaeth barn am athrawiaethau yr Efengyl'. Â yn ei flaen i egluro:

> Yr oedd amryw o'r gweinidogion wedi coleddu y gyfundraeth Gyffredinol, a'r rhai ereill yn dra selog dros bob cangen a elwir yn Galfiniaeth. Yr oedd y ddwy blaid a'u Shiboleth ganddynt, a bernid pawb na allent ei seinio yn gyflawn yn haeddu cospedigaeth.[102]

Cofir am y Gymanfa Dde-orllewinol yn Salem, Meidrum, Mehefin 1799, a John Reynolds yn y gadair, fel cymanfa'r rhwyg rhwng y Trindodwyr uniongred fel Titus Lewis a'i gymrodyr, a'r Sabeliaid[103] o dan arweiniad Richards a Benjamin Phillips,[104] gydag un ochr yn glynu at yr egwyddor bod yr Undod Dwyfol yn 'anwahanol ac eto yn wahaniaethol', a'r llall yn ymwrthod yn gwbl oll â'r tri o bersonau.[105] Cyhoeddodd y mwyafrif na fedrent fod mewn cymundeb â gweinidogion ac eglwysi a oedd yn gwrthod rhoi cyffes bendant o'u cred pan ofynnid iddynt wneud hynny ('cytunasom am bwy bynnag na byddo i roddi cyfres eglur o'i feddyliau am athrawiaethau crefydd, yn rhydd, pan byddo achos, nad ydym yn ewyllysio cadw cymdeithas a'r cyfryw eglwys neu bersonau neilltuol' oedd union eiriad y penderfyniad enwog),[106] a diarddelwyd naill ai un ar ddeg neu ddeuddeg o eglwysi.[107] Mynegodd *Llythyr Cymanfa'r Dwyrain* safbwynt cyffelyb. Mewn gwirionedd yr oedd a wnelo'r hollt ym Meidrum nid yn unig ag ystyriaethau athrawiaethol, ac felly'n frwydr uniongyrchol rhwng uniongrededd ac anuniongrededd, ond hefyd â chwestiwn goddefgarwch, a pharodrwydd, neu ddiffyg parodrwydd, cydaelodau o'r un corff crefyddol, a wahaniaethai oddi wrth ei gilydd o ran rhai hanfodion cred, i oddef ei gilydd mewn cariad.[108] Hefyd, yr oedd cwestiwn awdurdod yr eglwys leol yn cynhyrfu'r dyfroedd, gyda'r protestwyr yn gwrthwynebu'n groch ymyrraeth dybiedig yr awdurdodau canolog yn Llundain, ynghyd ag ymyrraeth y Gymanfa, yn yr hyn a ystyrid yn hawl sofran y gynulleidfa leol i reoli ei bywyd ei hun. Amheuent fod 'presbytereiddiwch cudd, anysgrifenedig' yn graddol ddanseilio ffurf-lywodraeth gynulleidfaol eu henwad.[109] Yn nhyb Richards, gweithredai'r 'Senedd Gymmanfaol' fel '*deddfwr yr Eglwysi*',[110] ac iddo ef yr oedd hyn yn anathema llwyr. O safbwynt Bedyddwyr tref Caerfyrddin bu Cymanfa Meidrum yn fodd i greu rhaniad eglur yn eu rhengoedd, gydag eglwys y Porth Tywyll yn dal yn aelod rheolaidd o'r Gymanfa (ac yn frwd ei chefnogaeth i'r hyn a benderfynwyd yng nghynhadledd Meidrum), ac eglwys Heol y Prior, ar y llaw arall, wedi ei diaelodi ar gyfrif ei hanuniongrededd, a'i haelodau, ynghyd â'i gweinidog, yn trosglwyddo eu haelodaeth i'r Bedyddwyr Cyffredinol (fe'u derbyniwyd yn ôl i'r gorlan yn ddiweddarach, sef yng Nghymanfa Cwmifor yn 1805). Dyma, felly, enghraifft benodol o'r modd y gallai ymddadlau diwinyddol ar raddfa gymanfaol a chyffredinol effeithio'n uniongyrchol ar y sefyllfa leol, ac ar y dystiolaeth Fedyddiedig mewn un gornel o'r dywysogaeth.

Yn Ebrill 1800 cynhaliwyd Cwrdd Chwarter yn y Tŷ-newydd (sef Felinfoel, ger Llanelli),[111] ond yn anffodus nid yw Llyfr y Cwrdd Chwarter yn cofnodi'r pethau a 'ystyriwyd … ac a osodwyd gerbron'[112] bellach ar gael. Gwyddys fod tri phregethwr a bod Titus Lewis yn un ohonynt, 'ac, yn ddiau, yn dwyn rhan flaenllaw yn y gynhadledd'.[113] Mae'n amlwg bod effeithiau'r cythrwfl ym Meidrum i'w teimlo o hyd. Adroddir i Nathaniel Williams fynychu'r cyfarfod ac iddo ddefnyddio'r achlysur i ddosbarthu pamffledyn a gyhoeddwyd ganddo yn gwrthwynebu'r blaid uniongred. Ni chafodd groeso; llwyddodd y rhai a anghytunai ag ef i gael gafael yn y papuryn a llosgi wyth can copi ohono, er bod Titus Lewis yn taeru mai'r awdur ei hunan a'u gosododd ar dân.

Pan gynhaliwyd Cymanfa Blaen-y-waun, 'ar yr ail Fawrth, Mercher a Iau, yn Mehefin, yn y flwyddyn 1800', ymddiriedwyd y dasg o gyfansoddi'r *Llythyr* i Titus Lewis, a chynhwyswyd copi ohono, fel

'At-ddodiad', yn y gyfrol o bregethau a olygwyd gan Thomas Lewis (tt. 84–92). Hwyrach mai cynnwys yr anerchiad hwn yw'r crynodeb gorau a feddwn o ddaliadau diwinyddol ac athrawiaethol Titus Lewis. Yn union wedi iddo gyfarch ei ddarllenwyr fe â yn ei flaen i'w hatgoffa am ran unigryw y Beibl yng nghyffes y credadun:

ANWYLYD YN YR ARGLWYDD,

Cawsoch eich anerch genym, amryw o'r blynyddoedd diweddaf, ar wirionedd yr Ysgrythurau, eu dwyfoldeb, eu hardderchowgrwydd, eu gogoniant, a'u cyflawnder; yr angenrheidrwydd o'u darllen, a'r defnydd a ddylid wneyd o honynt. Hyderu'r ydym am danoch, eich bod wedi eu credu, eu derbyn, *nid fel gair dyn, ond fel y maent yn wir yn air Duw*; a'ch bod yn profi eu nerthol weithrediadau ynoch, *a bod yr Efengyl wedi bod tuag atoch, nid mewn gair yn unig, ond hefyd mewn nerth ac yn yr Ysbryd Glân, ac mewn sicrwydd mawr.*[114]

Yn dilyn, y mae'n ei amddiffyn ei hunan, ynghyd â'i gyd-Galfiniaid, yn erbyn cyhuddiad aelodau'r wrthblaid iddynt geisio tra-awdurdodi ym mywyd yr eglwysi, a'u gorfodi i dderbyn Cyffes Ffydd Llundain, ynghyd ag amodau 'gwŷr y *fund*', ac ymostwng, felly, i awdurdod canolog, yn groes i egwyddor annibyniaeth yr eglwys unigol:

Digon gwir, cawsom ein cyhuddo, yn hytrach ein camgyhuddo, ein bod yn trawslywodraethu arnoch; am yr hyn yr ydym yn apelio atoch chwi fel eglwysi, mai haeriad noeth ac anwireddus ydyw.[115]

Onid 'o gariad' tuag atynt y bu arweinwyr y blaid uniongred yn rhoi cyngor i'r saint 'o flwyddyn i flwyddyn', ac yn awr, mewn ysbryd cyffelyb, fe'u cynghorant i ymofyn, bob un:

A ydych wedi dyfod trwy'r drws i'r gorlan, neu ynte wedi dringo ffordd arall? A ydych yn blanhigion yn y Winwydden o blaniad llaw'r Tad nefol? Canys pob planhigyn a'r ni phlanodd Ef, yn ddiau a ddiwreiddir. A ydych yn meddu grym duwioldeb, a gwreiddyn y mater? Cofiwch, frodyr a chwiorydd anwyl, nad yw enw'n unig yn nhy'r Arglwydd yn ddigonol; llafuriwch lawer am adnabod *yr enw gwell nag enw meibion ac na merched: enw tragwyddol yr hwn ni thorir ymaith*. Nac ymfoddlonwch i dwyll a rhagrith, ac na cherwch fod yn y tywyllwch mewn perthynas i fater mor fawr a mater eich eneidiau; heb wybod p'un ai twyll ai'r gwirionedd a feddwch. Hunan-ymholiad, frodyr, yw'r llwybr i hunan-adnabyddiaeth.[116]

Pwyso a wna Titus Lewis ar aelodau'r eglwysi i ddwys ymholi a ydynt gywir eu cred ai peidio. Nid peth dibwys yw hynny yn ei olwg, ond mater ag iddo'r arwyddocâd dwysaf posibl. Gwylied yr aelodau rhag iddynt gael eu hudo gan wŷr cyfeiliornus ac anuniongred (cyfeiriad cwbl amlwg at William Richards a'i blaid):

Fel yr ydych wedi eich galw i broffesu enw Duw a chrefydd y Testament Newydd, ni a ddywedwn, Glynwch chwi a ninau yn ein proffes. Llawer sydd o ddweyd fel hyn ac fel arall yn y dyddiau hyn. Mae'r dyddiau'n ddrwg, a'r amseroedd yn enbyd, pryd na oddef pawb athrawiaeth iachus; ond na'ch arweinier chwi oddi amgylch at athrawiaethau amryw a dieithr, ac na'ch sigler chwi yn fuan oddi wrth eich sicrwydd eich hun; na fyddwch, frodyr, fel plantos yn bwhwman, yn cael eich cylch-arwain gyda phob awel dysgeidiaeth; ac na chredwch bob ysbryd, ond profwch yr ysbrydion, ai o Dduw y maent.[117]

Uchafbwynt y llythyr, yn ddiau, yw'r paragraff sy'n disgrifio mawredd a gogoniant Crist. I Titus Lewis yr unig Gristoleg sy'n dyrchafu enw Crist yn gyflawn, ac sy'n diogelu ei statws unigryw fel ail berson y Drindod, yw Cristoleg yr athrawiaethau uniongred; llwyddo'n unig i'w ddiraddio a'i iselhau a wna'r tueddiadau newydd, anuniongred:

Yr athrawiaeth sy'n dyrchafu Crist, o ran gogoniant ei berson, perffeithrwydd y cymod trwyddo, digonolrwydd ei Aberth, rhinwedd ei Waed, a gwaith ei Ysbryd; hon, derbyniwch gyda'r parch a'r gwresogrwydd mwyaf; hon, yn ddiau, a weinydda gysur i chwi mewn byd llawn o ofid ac o bla; hon hefyd a'ch ceidw'n gysurus wrth feddwl am wynebu angeu, ac a'ch dwg yn hyderus i dir y bywyd. A phob athrawiaeth a fyddo'n tueddu i fychanu'r Arglwydd Iesu Grist, o ran ei Berson, a'i Aberth, ei Ysbryd, a'i Ras, pob cyfryw athrawiaeth gwrthwynebwch, gan ddal yn llew y gair ffyddlon, yn ol yr addysg, ac ymdrechu ym mhlaid y ffydd, yr hon a roddwyd unwaith i'r saint.[118]

Ar gwestiynau mor eithriadol bwysig ag awdurdod y Beibl a dwyfoldeb Crist fe ddylai fod cytundeb a heddwch oddi mewn i'r eglwys:

Mewn perthynas i ereill a fyddo'n wahanol yn eu syniadau crefyddol oddiwrthym ni, diamheu bod iddynt ryddid i farnu drostynt eu hunain; canys pob un drosto ei hun a rydd gyfrif i Dduw; ond am gymundeb eglwysig, diau y dylai fod undeb barn yn y cymunwyr; eu bod yn synied yr un peth; byddai yn ddymunol ei bod felly yn eich plith chwithau, fel na byddo ymbleidio yn eich plith, ond bod ohonoch wedi eich cyfan gysylltu mewn cariad, o'r un meddwl, ac o'r un farn; felly y deuwch i garu eich gilydd yn y gwirionedd, ac er ei fwyn hefyd ...[119]

Mae'n eglur fod Titus Lewis yn y dyfyniad uchod yn cyfeirio'n ôl at Gymanfa Meidrum, a'i fod yn cadarnhau ei safiad diwrthdro. Tra'n cydnabod fod gan bob aelod ryddid i'w farn, ni wêl sut yr oedd yn bosibl, ar sail y gwirionedd, i'r sawl a arddelai athrawiaethau canolog y ffydd gael cymdeithas â'r rhai a heriai ac a danseiliai'r athrawiaethau hynny. Eithr ar derfyn ei anerchiad tanlinella ddau beth sydd, yn ei farn ef, yn gwbl sylfaenol, sef, yn gyntaf, nad yw'r gwaith o ddiarddel unrhyw un o gymdeithas yr eglwys, nac o'r gymanfa, yn rhywbeth i ymffrostio ynddo. I'r gwrthwyneb y mae'n waith gwrthun a diflas, na ddylid ei gyflawni ond yn hwyrfrydig, pan yw'r sefyllfa y delir â hi wedi cyrraedd y pen. Ac yn ail, ym mhob dim, ac yn neilltuol ym mhob gwahaniaeth barn ac anghydweld, y mae cariad ac addfwynder Crist, a thiriondeb yr Efengyl, i lywio ymddygiad y Cristion:

Gall dynion o gydwybod wadu Duwdod Crist, ei Aberth, ïe, a dwyfoldeb y Beibl; ond nid cydwybod, frodyr, ond Ysgrythurau Duw

yw ein rheol ni; gan hyny, os bydd neb yn peri anghydfod a
rhwystrau yn erbyn yr athrawiaeth a ddysgasoch chwi (er o bosibl y
gwnant hynny o gydwybod), eto creffwch arnynt a chiliwch oddi
wrthynt; hyn yw cyngor Duw trwy enau ei Apostol; ond gochelwch
ddweyd yn gâs ac yn enllibaidd am danynt, nac am neb arall. Na
cherwch, ond casewch y gwaith o gnoi a thraflyncu neb. Ymddygwch
yn ysbryd addfwyn yr Efengyl dirion. Pob ysbryd croes i hyn nis
gwna ond bradychu'r achos a fyddoch yn ei amddiffyn. Meddienwch,
gan hyny, ysbryd addfwyn a llonydd, yr hwn sydd ger bron Duw yn
werthfawr.[120]

Yr oedd hwn yn ddatganiad clir a chytbwys, yn fynegiant, mewn ysbryd
difalais a chymodlawn, o resymeg y blaid drindodaidd. Ffoalineb o'r mwyaf
ar ran Richards, yn dilyn ymddangosiad y ddogfen uchod, oedd galw Titus
Lewis yn 'fachgen difwgl' (h.y. di-ffrwyn; direol; annisgybledig), a'i
Lythyr yn 'gywilyddus'.[121] Heb amheuaeth, oni bai am arweiniad doeth a
phwyllog Lewis ni fyddai'r holl derfysg wedi llonyddu, fel y gwnaeth,
ymhen rhyw ddeng mlynedd ar ôl y rhwyg yn Salem.

Gwelir felly fod Titus Lewis, ac yntau'n Galfin argyhoeddedig o ran ei
ddiwinyddiaeth, yn Fedyddiwr digyfaddawd o ran perswâd enwadol, nid
yn unig yn y modd y dehonglai ystyr bedydd ond hefyd o ran ei
ddealltwriaeth o natur a chyfansoddiad eglwys. Mynegodd ei safbwynt
yn gwbl ddiamwys yn yr 'Araith' a draddododd ar 'Ymgorpholiad
ac Ordeiniad, bwriadol i'w thraddodi ar Lanyferi, Hydref 31, 1805'
(ar achlysur corffori eglwys Salem, Glanyfferi), ac a gynhwysir ar ddiwedd
y gyfrol o'i bregethau a olygwyd gan Thomas Lewis (1878, tt. 92–98).
Yn yr anerchiad hwn y mae Titus Lewis yn gosod y pwyslais trymaf ar y
ffaith mai'r eglwys newydd, sef yr eglwys leol, cymuned y saint yng
Nglanyfferi, oedd â'r hawl i'w chorffori ei hun, hynny yng ngrym
awdurdod Crist ac o dan arweiniad yr Ysbryd Glân, heb fod unrhyw gorff
neu gyfryngiad allanol (bydded bab, neu esgob neu gymanfa) yn ymyrryd
yn y digwyddiad. Dyma danlinellu, felly, un o egwyddorion creiddiol y
Bedyddwyr ynghylch natur eglwys, sef bod yr eglwys unigol, o dan
gyfarwyddyd yr Ysbryd, yn gwbl rydd i drefnu ei bywyd a'i gweinidogaeth
ei hun yn unol â dysgeidiaeth y Testament Newydd. Er minioced

beirniadaeth Richards ohono, nid oedd gan Titus Lewis unrhyw amheuaeth yn ei feddwl ei hun nad oedd yr eglwys leol yn wir eglwys, ac yn eglwys gyflawn, yn ystyr llawnaf y gair, a'i hawliau yn sofran ac absoliwt. Beth, felly, am weinidogion ac aelodau eglwysi cyfagos a oedd yn bresennol yn y cyfarfod? Yr oeddent yno, yn ôl Titus Lewis, fel ef ei hunan, yn dystion i'r weithred o gorffori, ac fel rhywrai'n addo eu cefnogaeth a'u cymorth i'r eglwys newydd. Mynnai'r siaradwr mai'r eglwys leol hefyd oedd â'r hawl i ddewis ei gweinidog, ei swyddogion a'i diaconiaid; dyma drefn eglwysig wahanol, felly, i'r drefn bresbyteraidd, dyweder, neu'r patrwm esgobol, lle y disgwylir i'r uned leol gydymffurfio â'r arweiniad a roddir gan y gyfundrefn ganolog. Eithr nid yw Titus Lewis yn gochel pwysleisio fod yr eglwys leol, er ei rhyddid a'i hannibyniaeth, yn aelod hefyd o gymanfa, a bod hynny'n cyfoethogi ei chymdeithas ac yn cadarnhau ei thystiolaeth. Ni olyga gweithredu'r egwyddor gynulleidfaol fod yr eglwys leol i'w hynysu ei hun oddi wrth ei chwaer eglwysi mewn cylch neu enwad. O'r ochr arall, nid swyddogaeth cymanfa yw gorfodi ei hewyllys ar yr eglwys leol, yn groes i gydsyniad yr aelodau; ei gwaith, yn hytrach, yw arwain, cyfarwyddo, a hybu cyd-ddeall a chydweithrediad. Ac ym mhob dim y mae'r eglwys unigol i ymostwng i ewyllys ei Phen; rhyddid i gydymffurfio â meddwl Crist yw ei rhyddid, ac nid rhyddid i wneud fel y myn hithau yn ôl chwiw a mympwy ei haelodau. Dyma fynegi'n groyw, felly, y safbwynt Bedyddiedig ar gyfansoddiad eglwys, a Titus Lewis yn glynu wrth yr union egwyddorion a weithredid gan John Miles ym Mro Gŵyr.

LLENOR AC EMYNYDD

O ystyried byrder ei oes y mae achos i ryfeddu nid yn unig at gyfraniad Titus Lewis i bulpud ac i ddiwinyddiaeth ei gyfnod ond hefyd at swm ei weithgarwch llenyddol, yn arbennig, felly, o gofio iddo dderbyn ychydig iawn o addysg ffurfiol. Yr oedd yn llenor dawnus, diorffwys, a diarbed ohono'i hun. Argraffwyd ei gynhyrchion bron i gyd gan John Evans, Heol y Prior, Caerfyrddin, ac o'r wasg honno yr ymddangosodd yn 1802 ei gyhoeddiad cyntaf, sef marwnad i bum aelod o bentref Llandudoch a foddwyd mewn storm ger arfordir Môn. *Alarwm i fyd ac eglwys: neu, farwnad, er coffadwriaeth am George Richard ac Eleanor Richard ei wraig, a'u plant bach, ac Elizabeth Evans, Thomas Nicholas a David Joseph, oll o Landydoch, y rhai a gollodd eu bywydau ar y môr mewn ystorm, gerllaw Sir Fôn ...* yw'r teitl llawn. Yn 1803 ymddangosodd *Ffurf yr Ymadroddion Iachus, yn cael ei gynnyg yn Hyfforddydd i Blant Sïon*, sef gwrth-feddyginiaeth Christmas Evans (hynny yw, ei amddiffyniad o athrawiaeth rhagarfaethiad) yn erbyn 'gwenwyn Arminiaeth' John Wesley. Lluniwyd 'rhai nodiadau' gan Titus Lewis i'w cynnwys ar ddechrau'r llyfr, ac ynddynt mae'n tanlinellu fod 'etholedigaeth yn hollol o ras'; megis nad 'rhinwedd Abra'm fu yn achos o'i alw o Ur y Caldeaid', ac nad 'daioni Jacob a fu yn achos i Dduw ei garu yn hytrach nag Esau', ac nad 'lluosogrwydd eu nerth, na theilyngdod y genedl Iddewig, fu yn achos i Dduw eu dewis hwy yn hytrach na chenhedloedd eraill', felly hefyd y mae cadwedigaeth y credadun i'w phriodoli nid i'w deilyngdod ef ei hun ond i ymyrraeth rasol Duw yn ei fywyd.[122] Â Lewis yn ei flaen i ymwrthod â'r feirniadaeth mai 'athrawiaeth benrhydd' yw etholedigaeth, yn yr ystyr ei bod yn negyddu'r angen i'r Cristion, ac yntau mewn sefyllfa lle nad yw'n bosibl iddo syrthio oddi wrth ras, i fyw bywyd o'r foesoldeb uchaf:

> Ond y gwir yw, etholwyd y saint, nid fel y byddent i fyw yn aflan, ond fel y byddent sanctaidd a difeius ger bron Duw mewn cariad. Dewiswyd hwy i iachawdwriaeth, trwy sancteiddiad yr Ysbryd &c. Sancteiddrwydd yw yr anrhydeddus rodd, i fwynhau y gogoneddus ddiben; ac nid fel moddion i fwynhau iachawdwriaeth yn unig yw sancteiddrwydd, ond rhan o'r iachawdwriaeth ei hun, yr hon a ddechreuir yn y byd hwn, ac a berffeithir mewn gogoniant.[123]

Yng ngolwg Titus Lewis yr oedd unrhyw duedd i bledio antinomiaeth ar gorn y gred mewn rhagordeiniad, fel y gwnaed gan rai Calfiniaid eithafol a daerai na allai unrhyw rinwedd, nac ychwaith unrhyw gamwedd, o'u heiddo amharu dim ar sicrwydd eu cadwedigaeth ('Gwnawn ddrwg fel y del daioni; a phechwn fel yr amlhao gras'),[124] yn gwbl wrthun. Iddo ef yr oedd Crist, ynghyd â bod yn Arglwydd ffydd ac athrawiaeth, hefyd yn Arglwydd bywyd, ac yr oedd yn dilyn, felly, mai braint a chyfrifoldeb y saint yw ymarfer buchedd o'r ansawdd moesol uchaf, teilwng o'u huchel alwedigaeth, a theilwng o'u hymgyflwyniad i'w Meistr.

Ac yntau'n un a osodai gymaint pwyslais ar gyfrannu addysg Ysgrythurol i aelodau'r eglwys ac yn arbennig i ddeiliaid yr ysgol Sul ('Hyfforddi plant yn egwyddorion crefydd sydd ddyletswydd bendant a phwysfawr, ac yn gorphwys ar rieni, penau teuluoedd ac athrawon'),[125] cyhoeddodd Lewis *Holwyddoreg y Bedyddwyr* (argraffiad cyntaf, 1804), i'r diben o gynorthwyo 'rhieni ac athrawon yr Ysgol Sabbathaol'. Y mae'r cynnwys yn ymdrin â 'holl bynciau crefydd' ('Duw – ei natur a'i briodoleddau'; 'Yr Ysgrythurau'; 'Y Drindod'; 'Arfaeth Duw'; 'Y Greadigaeth a Rhagluniaeth'; 'Sefyllfa Dyn cyn y Cwymp'; 'Person Crist'; 'Darostyngiad a Dyrchafiad Crist'; 'Swyddau Crist'; 'Bendithion y Cymmod'; 'Gwaith yr Ysbryd Glân'; 'Addoli Duw'; 'Bedydd'; 'Swper yr Arglwydd'; 'Marwolaeth ac Atgyfodiad'; 'Ailddyfodiad Crist a'r Farn'; 'Nef ac Uffern'), a'r deunydd wedi ei osod ar ffurf cwestiwn ac ateb, a'r atebion, bron yn ddieithriad, wedi eu cadarnhau gan ddyfyniadau perthnasol o'r Ysgrythur. Erbyn heddiw gall y dull hwn ymddangos yn feichus a phedantaidd, ond o gofio fod ymdrwytho yng nghynnwys y Beibl yn un o amcanion aelodau eglwysig y cyfnod, nid yw'n syndod i *Holwyddoreg* Titus Lewis brofi'n hynod boblogaidd; bu galw mawr amdano, ac yn 1864 ymddangosodd y nawfed argraffiad.

Yn 1805, cyhoeddwyd yr argraffiad cyntaf o *Geirlyfr Cymraeg a Saesneg*, sef geiriadur yn cynnwys 'ynghylch deugain mil o eiriau Cymraeg, a rhan-ymadrodd i bob un ohonynt, ac amrywiol o eiriau Saesneg priodol gyferbyn a hwynt' . Nodir ar yr wyneb-ddalen fod y gyfrol ar werth yn Llundain, Caer, Y Bala, Abertawe, Aberteifi, Caernarfon, yn wir 'gan bob llyfrwerthwr arall yng Nghymru', ac yn dilyn cynhwysir pum tudalen o enwau tanysgrifwyr. Nodir hefyd mai 'Titus Lewis ac eraill' a baratôdd y gwaith, ac y mae'n amlwg yn y rhagymadrodd y lleisir barn mwy nag un cyfrannwr ('Parodd y gwaith o'i gasglu lawer o boen a gofal i ni … '). Nid enwir y cynorthwywyr, ond gellir tybio i Joseph Harris, Dafydd Saunders, Christmas Evans a Joshua Watkins gydweithio â'r awdur; er hyn nid oes amheuaeth mai Titus Lewis ei hunan a ysgwyddodd y pwysau trymaf, o ddigon. Defnyddia Titus Lewis y 'Rhagymadrodd' i gystwyo nifer o'i gyd-Gymry ar gyfrif eu hagwedd ddiraddiol tuag at y Gymraeg, a'r ffaith eu bod yn dysgu Saesneg i'w plant cyn iddynt gael cyfle i feistroli eu mamiaith. Er hyn nid yw'n ddi-obaith ynghylch dyfodol yr iaith; er nad yw'n iaith swyddogol llys a llywodraeth, fe fydd yn sicr o oroesi tra bydd pobl Cymru yn ei harfer, a'i throsglwyddo i'w disgynyddion. Yr hyn sy'n arwyddocaol am eiriadur Lewis yw'r ffaith nad geiriadur Saesneg-Cymraeg mohono (cyfrol y gallasai cyfieithwyr ei ddefnyddio fel arf hwylus yn eu llaw) ond geiriadur Cymraeg-Saesneg, hynny, yn fwy na dim, er mwyn dangos rhychwant a golud geirfa'r Gymraeg.[126] Myn fod i'w eiriadur swyddogaeth ddeublyg, sef gwarchod yr iaith rhag iddi fynd i ddifancoll, a diogelu ei phurdeb trwy gynorthwyo'r sawl a'i defnyddia i'w darllen, ei hysgrifennu a'i sillafu'n gywir. Ymdrinnir yn y *Geirlyfr* â thua 26,000 o brifeiriau Cymraeg; ar ôl pob prifair nodir ei ran ymadrodd, ac yna, fel arfer, rhoddir amrywiol gyfieithiadau Saesneg ohono, ac yn achos enw rhoddir ei ffurf luosog. Wrth ei gymharu â geiriadur Thomas Jones, Dinbych, dywed Menna E. Morgan:

> Er ei fod tua'r un maint … mae tipyn mwy o ddyfnder yn perthyn i'r cynnwys, yn bennaf oherwydd ceir ynddo fwy o isgofnodion. 'Galw', 'enwi' sydd gan Jones o dan 'call', er enghraifft, ond yng ngeiriadur Lewis nodir 'galw arno', 'galw at arfau', a 'galw ychain'.[127]

Hefyd yng nghorff y gwaith esbonnir nifer o eiriau Ysgrythurol astrus (e.e. Hamor (llaid), dirt, Gen. 33: 19); rhoddir ychydig o gefndir hanesyddol gwledydd, dinasoedd, trefi, afonydd ac ieithoedd y byd; a chofnodir nifer sylweddol o eiriau tafodieithol (e.e. 'ceintachu, v. to quarrel or scuffle: to bicker'; 'ffwdan, s. bustle, hurry, haste, speed'). Er nad yw Lewis yn nodi ei ffynonellau, maentumia Menna Morgan iddo bwyso ar weithiau William Salesbury a John Davies; ar gyhoeddiadau megis y *Cambrian Register*; ar lysieulyfrau poblogaidd (er mwyn egluro enwau planhigion, blodau a llysiau); ac yn bennaf ar eiriaduron megis *Antiquae linguae Britannicae thesaurus* Thomas Richards (Bryste, 1753), sy'n nodedig am y sylw a roddir ynddo i eiriau llafar ac amrywiaethau tafodieithol. Ddechrau 1814, yn rhifyn 1 Ionawr o *Seren Cymru*, ymddangosodd hysbyseb gan John Evans, Caerfyrddin am adargraffiad o *Geirlyfr* Titus Lewis; roedd disgwyl i danysgrifwyr gyflwyno'u henwau erbyn diwedd mis Chwefror. Cyhoeddwyd yr ailargraffiad yn 1815, bedair blynedd ar ôl i Titus Lewis farw.

Y flwyddyn ganlynol, sef yn 1806, cyhoeddodd Titus Lewis a Joseph Harris ddau rifyn o *Y Drysorfa Efengylaidd*, gyda Lewis yn ysgrifennu o dan y ffugenwau 'Obadiah' a 'Gaius', a Harris yn ei alw ei hun yn 'Adelphus o Abertawe'. Yn anffodus, ni lwyddwyd i barhau i gyhoeddi'r cylchgrawn ar ôl y rhifynnau cyntaf, ond ni bu'r aflwyddiant hwn yn fodd i ddiffodd sêl lenyddol Lewis, nac ychwaith ei safiad taer dros egwyddorion y Bedyddwyr, oherwydd yn yr un flwyddyn cyhoeddodd bamffledyn yn dwyn y teitl, *Taenelliad Babanod o Ddynion ac nid o Dduw*, sef ateb, ar ffurf gwrth-ddadl, i lyfr Peter Edwards 'a elwir yn Gymraeg, Bedydd yn Gyfarchiad i'r Trochwyr ac i Daenellwyr Babanod'. Yma y mae Lewis ar ei finiocaf fel dadleuwr, ac y mae'n ymosod yn ddi-ildio ar rybudd Edwards i'w ddarllenwyr y dylent ochel 'cyfeiliornad cyffredin y Trochwyr, sef "dywedyd fod bedydd mewn oedran o'u hochor hwy".'[128] Etyb Lewis fod dysgeidiaeth y Testament Newydd yn ddiamwys o eglur ynghylch dau beth perthynol i fedydd, sef bod ei ddeiliaid yn gredinwyr sy'n meddu ar brofiad personol o ffydd, a'i fod, o ran ei ddull, yn fedydd troch, ac nid yn daenelliad:

> Ni ddylyd bedyddio babanod, oblegid nid oes o fewn y Bibl un gorchymyn am y fath waith, nac un siampl fod cymmaint ag un baban erioed wedi ei fedyddio.[129]

Â yn ei flaen i danseilio dadleuon y babanfedyddwyr, sef, yn gyntaf, fod yr arfer o fedyddio plant i'w olrhain yn ôl i'r hen gyfamod ag Abraham, cyfamod a arwyddwyd trwy enwaedu plentyn gwryw ar yr wythfed dydd. Gwir hynny, medd Lewis, am enwaediad o dan yr hen oruchwyliaeth, eithr 'dyddymwyd ef er ys llawer dydd, ac am hynny nid yw ef *ddim* yn awr; ac am daenelliad babanod nid yw ef *ddim* yn sicr'.[130] Yn y cyd-destun Cristionogol nid oes i'r arfer o enwaedu unrhyw berthnasedd, gan iddo gael ei ddileu yn nyddiau cynnar yr eglwys. Yn wir, medd Lewis, nid enwaedu'n unig sydd bellach yn amherthnasol, ond y cwbl oll o'r cyfamod a wnaed ar Horeb, gan i hwnnw gael ei ddisodli gan y cyfamod newydd yng Nghrist, nad yw, o ran ei hanfod, yn un cnawdol ond yn hytrach yn un ysbrydol; nid un allanol mohono, ond un mewnol, yn ymwneud nid â'r corff ond â'r enaid, 'ac nid oes neb yn ddeiliaid iddo, ond y rhai sy'n adnabod Duw o'r lleiaf i'r mwyaf ... a chyfraith Duw yn 'sgrifenedig yn eu calonau'.[131] Felly, gan mai credinwyr yw'r unig rai sy'n meddu ar y gallu i 'adnabod Duw', y mae'n dilyn fod a wnelo bedydd â chyffes bersonol y credadun aeddfed, rhywbeth nad yw'n bosibl i faban ychydig fisoedd oed:

> Ni ŵyr y cyfamod newydd am un had i Abraham, dan yr Efengyl, ond Crist, a'r rhai a gredant ynddo. Nid oes neb yn had ysbrydol Abraham, ond credinwyr. *Y rhai sydd o ffydd, y rhei'ny yw plant Abraham, ac a fendithir gyda âg Abraham ffyddlon* (gw. Gal. 3: 29).[132]

Â Lewis ati hefyd i geisio dadlau â'i wrthwynebydd ar ei dir ei hun, a chywiro camddehongliad y babanfedyddiwr o gyfeiriad Pedr yn ei araith ar ddydd y Pentecost at yr addewid 'i chwi ... ac i'ch plant' (gw. Actau 2: 38, 39). Dadleua Titus Lewis nad at fedydd fel y cyfryw y cyfeiriai Pedr, ond (yn unol â'r broffwydoliaeth yn Joel 2: 28–30), at yr addewid o'r Ysbryd Glân yn ei 'ddoniau *anghyffredinol*',[133] a bod 'plant' yn y cyswllt hwn yn cyfeirio, nid at fabanod ond at '*hiliogaeth*, sef y *meibion* a'r *merched* y sonir amdanynt yn y broffwydoliaeth'.[134] Dyfynna o weithiau taenellwyr (awduron megis Taylor, Hammond a Whitby) sy'n unfryd eu barn 'nad yw y gair *plant* yma yn cynnwys babanod ... *nad yw yn cadarnhau bedydd plant*'.[135]

Ac yntau'n gwbl hyderus fod ei ddadl yn erbyn taenellu babanod, ac o blaid bedyddio credinwyr aeddfed (yn unig), a hynny trwy drochiad, yn ddiymwad (ar sail dysgeidiaeth y Testament Newydd), prin y gall Lewis osgoi'r temtasiwn i hogi ei arfau fel dychanwr:

> Ond y mae'n hawdwr yn dra chrefyddgar yn ei resymau têg, ac yn dweud, fod i'r addewid hon fel eraill, ddau derfyn, lled a hyd, *Latitude* a *Longtitude*! a bod y *Latitude* yn perthyn i rieni a phlant ... a'r *Longitude* i gynnifer a alwo'r Arglwydd atto!!! Yn awr, gan ei fod mor hyddysg yn y celfyddydau breiniol, ac yn deall *Latitude* a *Longitude* gystal, pwy ddyn o synnwyr cyffredin a ddichon feiddio dweud yn ei erbyn na'i wrth'nebu?[136]

Sut bynnag am hynny, ei 'wrth'nebu' a wna Lewis, ac nid oes unrhyw amheuaeth yn ei feddwl iddo brofi ei achos yn ddiymwad. Yn sicr yr oedd cyhoeddi'r llyfryn (35 tudalen) hwn yn *apologia* pwysig dros ddysgeidiaeth y Bedyddwyr am natur ac arwyddocâd bedydd. Cyfieithiwyd yr adran ar fedydd yn *Holwyddoreg y Bedyddwyr* i'r Saesneg, a'i chyhoeddi'n bamffledyn yn dwyn y teitl, *A Few Questions and Answers Concerning Christian Baptism* (Llangollen, 1806).

Yn 1807 cyhoeddodd Titus Lewis *Traethawd Byr, Eglur ac Ysgrythurol ar Fedydd*; ei amcan y tro hwn oedd datblygu'r hyn a ysgrifennwyd ganddo eisoes, ac i 'osod allan' ystyr a phwrpas 'yr ordinhad sanctaidd … o ran ei sefydliad, ei ddeiliaid, ei dull, ei dyben a'i pharhad, ynghyd â rhesymau credinwyr i roddi ufudd-dod iddi'.[137] Yma y ceir ymdriniaeth gyflawnaf ac aeddfetaf Titus Lewis ar y pwnc, a gellir crynhoi ei brif ddadleuon dros arfer yn unig fedydd crediniol, trwy drochiad, fel a ganlyn:

(i)   y mae bedydd yn ordinhad dwyfol y gwelodd Iesu ei hunan yn dda i ymostwng iddo; gan nad oedd 'yn ormod peth gan Ben yr eglwys i gymmryd ei fedyddio … a gaiff hyn fod yn ormod gan yr aelodau?'[138]

(ii) Gorwedd yr awdurdod dros weinyddu bedydd cred yng nghomisiwn olaf Iesu i'w ddisgyblion (Math. 28: 18, 19). Gan fod hwn yn gomisiwn brenhinol, ni fedd yr Eglwys hawl i anufuddhau iddo.

(iii) Nid yw un o gymalau'r comisiwn, sef 'yr holl genhedloedd', yn cynnwys babanod, ac felly ni ddylid eu bedyddio; cyfeirio a wna, yn hytrach, at gredinwyr o bob hil a llwyth drwy'r byd.

(iv) Y mae bedydd i'w weinyddu 'yn enw'r Drindod sanctaidd … ac nid oes un ordinhad ond hon i'w gweinyddu felly!'[139]

(v)   Camgymeriad yw tybio bod y cyfeiriadau a geir yn y Testament Newydd at fedyddio teuluoedd (e.e., teulu Cornelius, Actau 10:44; Lydia a'i theulu, Actau 16: 11–15; ceidwad carchar Philipi a'i deulu, Actau 16: 31–34; tylwyth Stephanas, 1 Cor. 1:16) yn cyfreithloni bedyddio babanod, gan eu bod yn cyfeirio, nid at yr holl deulu (gan gynnwys plant a babanod), ond at bawb o aelodau'r teulu a ddaeth i ffydd yng Nghrist trwy bregethu'r apostolion.

(vi) Y mae'r haeriad y gwneir babanod yn aelodau eglwysig, trwy fedydd, yn llwyr groes i ddiffiniad y Testament Newydd o aelodaeth eglwysig. Sut y gellir cynnwys babanod ymhlith y rhai sydd 'wedi eu galw i fod yn saint', sydd wedi eu 'sancteiddio yng Nghrist', ac sydd yn 'ffyddlon frodyr'?

(vii) Dengys cyfeiriadau Paul at aelodau'r eglwys fel rhywrai wedi 'eu claddu, eu cyd-gladdu gyda Christ yn eu bedydd' nad eu taenellu a gawsant, ond yn hytrach eu trochi'n gorfforol mewn dŵr. Oni bai am hynny ni fyddai'r darlun o 'gladdu' yn ystyrlawn.

(viii) O ran ei arwyddocâd y mae bedydd yn arwyddo 'cymundeb y credadun â Christ yn ei farwolaeth, ac o faddeuant pechodau a glanhâd oddi wrthynt'.[140]

(ix) Rhyfyg yw tybio, gan fod bedydd yr Ysbryd Glân yn ddigonol, fod bedydd dŵr yn ddiangen. Ynghyd â derbyn bedydd yr Ysbryd, ymostyngodd Cornelius a'i dylwyth i fedydd mewn dŵr.

Yn adran olaf y llyfr, 'Ar y Rhwymau sydd ar Gredinwyr i ufuddhau i Fedydd', ceir y rhybudd canlynol:

Profwyd yn barod, mai ordinhad Crist, ac mai cyngor Duw yw bedydd; a'i fod wedi ei gysylltu âg edifeirwch a ffydd yng Nghrist. Gocheled pob Cristion gan hyny wrthod cyngor Duw, heb gymmeryd eu bedyddio; a darllened pob un yn ystyriol Luc vii, 29, 30.

Mewn oes pan oedd y dadlau ymhlith yr amrywiol draddodiadau eglwysig ynghylch bedydd ac aelodaeth eglwysig ar ei ffyrnicaf, nid oedd Titus Lewis yn ŵr i gyfaddawdu ynghylch ei ddaliadau. Yn hynny o beth yr oedd yn un o ladmeryddion grymusaf a mwyaf effeithiol egwyddorion yr enwad y perthynai iddo.

Yn 1808 ymddangosodd 'llyfr bychan' gyda'r bwriad o 'osod allan FAWRION WEITHREDOEDD DUW yn nhroion Rhagluniaeth',[141] er mwyn profi fod Duw ar waith yn ei fyd, yn cynnal a gwarchod y ffyddloniaid â'i ragluniaeth wyrthiol, ac yn tywallt barn ar yr anedifeiriol. Gobaith Titus Lewis oedd y byddai 'ystyriaeth o hyn yn creu ofn Duw yn fwy dwfn yn ein calon fel y cadwer ni rhag pechu yn ei erbyn … a'n nerthu i ddysgwyl wrtho ym mhob cyfyngder'.[142] Rhoddwyd *Llyfr Rhyfeddodau, neu Amlygiad o Waredigaethau Rhyfeddol Duw i'w Weision* yn deitl i'r llyfr, ac oddi mewn iddo adroddir nifer o enghreifftiau, ar ffurf stori ac eglureb, am unigolion yn profi adferiad iechyd rhyfeddol (megis y llawfeddyg o forwr a syrthiai i byliau dyfnion o iselder, ac a'i trywanodd ei hun, ond a achubwyd trwy ymweliad gweinidog gweddigar); neu arbediad annisgwyl rhag perygl (megis Oliver Heywood, gweinidog duwiol yn oes Siarl II, a dderbyniodd gyflenwad digonol o fwyd mewn dydd o gyni trwy law siopwr caredig); neu gadwedigaeth anhygoel rhag profedigaeth (megis John o Scone, y lleidr penffordd o'r Alban, a gafodd droëdigaeth wrth iddo glywed gŵr tlawd – gŵr yr oedd yntau ar fin dwyn ei ddau geffyl oddi arno – yn yngan enw Iesu). Dyfynna Titus Lewis hanesion o'r fath er mwyn cadarnhau ei gred fod rhagluniaeth ddwyfol ar waith yn nigwyddiadau trwstan bywyd, a'i fod yn llwyr gytûn â gosodiad Paul, 'Mor anchwiliadwy yw barnau Duw, a'i ffyrdd mor anolrheiniadwy ydynt' (Rhuf. 11: 33).[143] Weithiau, y mae'r enghreifftiau o ymyrraeth ragluniaethol yn fwy hanesyddol eu naws, megis y waredigaeth a brofodd Protestaniaid Iwerddon yn ystod teyrnasiad Mari, a'r modd y cyfnerthwyd merthyron megis Ann Askew (a losgwyd i farwolaeth ar 16 Gorffennaf 1546, yn 25 oed), a John Lambert (y 'merthyr sanctaidd' a ddifawyd gan dân yn 1538) i wynebu eu tynged yn wrol a gorfoleddus. 'Yma,' medd Titus Lewis, 'y mae amynedd a ffydd y saint' yn cael eu harddangos.[144]

Y mae'n dilyn fod ymyrraeth Duw yn troi'n farn ar yr annuwiol, megis y teithiwr digywilydd a fwriadai groesi draw i Iwerddon ond a fu'n rhegi a thyngu mewn tŷ tafarn yng Nghaergybi, ac oherwydd iddo 'ymdroi yn ei feddwdod' ar y cei y tu allan, a syrthiodd i'r môr a boddi. Ym marn yr awdur y mae'r cymhwysiad moesegol yn amlwg; yr oedd y diwedd blin a ddaeth i ran y meddwyn i'w briodoli'n uniongyrchol i'w ymddygiad. Priodolir y diwedd truenus, poenus a gafodd Voltaire i'r ffaith iddo 'drin yr Ysgrythurau gyda'r dirmyg a'r ammharch mwyaf … a thaenu gwenwyn didduwiaeth dros yr holl deyrnasoedd'.[145] Cynsail dadl Titus Lewis yw nad

yw Duw yn cysgu; y mae'n effro i ffyddlondeb y saint (a wobrwyir
ganddo), ac i ryfyg y drygionus (a gosbir ganddo), a rhydd dâl i bob un yn
unol â'i haeddiant. Y mae nifer o'r enghreifftiau a ddyfynnir gan Lewis
yn simplistaidd ac arwynebol, ac fe'n temtir i ofyn sut y cysonai ei
argyhoeddiad fod Duw yn talu i ddyn yn ôl ei weithredoedd â'r athrawiaeth
am 'rad ras' a goleddid ganddo yn ddiwinyddol? Eto i gyd y mae'r gyfrol
yn ddrych o feddylfryd yr oes am effeithiau daioni a phechod.

Mewn cydweithrediad â Joseph Harris a Christmas Evans aeth Titus
Lewis ati i gyfieithu esboniad John Gill[146] ar y Testament Newydd, ac fe'i
cyhoeddwyd mewn dwy gyfrol (Cyfrol 1: Yr Efengylau; Cyfrol II: Yr
Actau hyd at II Corinthiaid) yn 1810 o dan y teitl *Esponiad Athrawiaethol
ac Ymarferol ar y Testament Newydd*. Y bwriad gwreiddiol oedd trosi'r
cyfan o esboniad Gill, ond ni aed ymhellach na II Corinthiaid gan i Titus
Lewis farw o'r darfodedigaeth yn 1811. Cydnebydd y cyfieithwyr, ar
ddechrau'r rhagymadrodd i'r gwaith, nad yw'r dasg o ddehongli cynnwys
y Beibl yn ystyrlawn heb ei thrafferthion:

> Gellir dywedyd am lawer ran o'r Ysgrythurau Sanctaidd, fod
> ynddynt "ryw bethau anhawdd eu dyall, y rhai y mae yr annysgedig
> a'r anwastad yn eu gwyrdroi i'w dinystr eu hunain", y mae amryw
> adnodau yn ymddangos ar yr olwg gyntaf yn hollol groes i'w gilydd,
> y mae llawer o ymadroddion cydmariaethol, gwedi eu cymmeryd
> oddiwrth ddefodau trigolion y gwledydd dwyreiniol, yn yr hen
> amseroedd, y rhai sydd yn hollol anadnabyddus i breswylwyr Ewrop
> yn gyffredin yn yr oesoedd hyn …

Yng ngoleuni'r anawsterau hyn, a'r angen i'w goresgyn, eglura'r troswyr
eu hamcanion, sef:

- Cyhoeddi copi cywir o'r 'Testun Sanctaidd, ynghyd â'i Synnwyr
  priodol'.
- Gosod allan 'mewn Goleu amlwg ac eglur' wirioneddau y Grefydd
  Gristionogol.
- Egluro adnodau dyrys.
- 'Cymmodi' [sef cysoni] gwrthddywediadau tebygol.

• Nodi 'pa bethau sydd o Bwys yn amrywiol Ddarlleniadau, ac yn Nghyfieithiadau gwahanol y Dwyrain'.

Â hyn mewn golwg, ni chredent, o'r nifer sylweddol o esboniadau y buont yn troi atynt, fod rhagorach gwaith nag eiddo Gill, gan 'fod ynddo sylwadau rhagorol tu ag at oleuo dyall yr anwybodus, ac yn rhagori mewn rhai pethau ar un esponiad a welsom erioed, yn neilltuol yn ei fanylrwydd yn egluro pob cymmal neu air aneglur yn y testunau sanctaidd',[147] a theimlant mai cymwynas â chenedl y Cymry yw ei gyfieithu i'r Gymraeg. Os manwl y gwaith gwreiddiol, felly hefyd gyfieithiad Titus Lewis a'i gydysgolheigion. Yr hyn a ddaeth o'u llaw oedd dwy gyfrol swmpus sy'n ymdrin â phob adnod unigol o'r testun, ynghyd ag ystyr pob adran a phennod o lyfrau'r Testament Newydd a drafodir. Os yw maint y cynnyrch yn peri syndod, yn sicr y mae ei fanyldra, hyd at bob iod a thipyn, yn ennyn mwy o ryfeddod fyth.

Y mateb i'r un galw, sef am 'gynnorthwyon i ddyall llawer man o honynt [sef yr Ysgrythurau]; canys y mae rhyw bethau ynddynt yn anhawdd eu dyall',[148] a wnaeth Titus Lewis wrth gyhoeddi ei lyfr olaf (yn 1811, blwyddyn ei farwolaeth), sef, *Esponiad ar y Cyffelybiaethau a roddir yn yr Ysgrythurau Sanctaidd i Dduw'r Tad* (a argraffwyd y tro hwn, nid yng Nghaerfyrddin, ond gan Peter Evans, dros William Owens, Caernarfon). Ymdriniaeth a geir yn y llyfr o'r delweddau Beiblaidd am Dduw, ac fe'i patrymwyd ar gyfrol Benjamin Keach, *Tropologia, or Key to Open Scripture Metaphors* (1682). Y mae'r gwaith yn seiliedig ar y gred fod:

Duw'r nefoedd yn ymddarostwng i lefaru wrthym bethau ysbrydol, mewn iaith ddynol a naturiol; ac yn egluro pethau dwyfol i ni trwy eu cymharu â phethau anianol ...[149]

Pwysleisir nad mewn termau haniaethol, amhersonol, astrus y disgrifir Duw ar dudalennau'r Beibl, ond yn hytrach trwy gyfres o gymariaethau dynol; cyfeirir ato yn nhermau dyn yn meddu ar aelodau, cynheddfau, gweithgareddau a pherthnasau; y mae'n dad, yn llafurwr, yn adeiladydd, yn dyst, yn farnwr a rhyfelwr; fe'i cyffelybir i bethau diryw megis twr, lloches, tarian a mur o dân; a phriodolir iddo hefyd rai nodweddion a berthyn i anifail megis llew, llewpard, ac arth, ac i drych-filod megis gwyfyn. Rhennir y gyfrol i nifer o benodau yn ymdrin â'r uchod. Er enghraifft, pan ddywedir bod 'Duw yn cael ei gyffelybu i ddyn' (pennod 1), ymdrinnir â'i aelodau (enaid, wyneb, llygaid, clustiau, ffroenau, genau, braich, llaw, deheulaw, bys a bysedd, calon, ymysgaroedd, mynwes, traed); â'i 'gyneddfau a'i anwydau' (llawenydd, gofid, tristwch, edifeirwch, casineb, digofaint, dial, sêl ac eiddigedd, gwybodaeth ac anwybodaeth, cofio ac anghofio, meddwl a bwriadau); â'i weithrediadau (â'i enau gall Duw chwibanu, anadlu, chwerthin, cusanu, llefain; â'i ddwylo gall olchi a glanhau pechod, sychu ymaith ddagrau ei bobl, agor drysau yn y nef, agor drws y galon, dryllio â gwialen haearn, pwyso'r mynyddoedd mewn clorian; â'i draed gall sathru, rhodio, marchogaeth, cyfarfod â dyn, dychwelyd i'w le). Gellid tybio'n hawdd fod nifer o'r trosiadau uchod yn ffansïol a dychmygol, ac mae'n bwysig nodi, felly, fod y llyfr yn ei grynswth yn seiliedig ar gynnwys y Beibl, a bod yr awdur yn ddieithriad yn nodi'r cyfeiriadau Beiblaidd at bob delwedd. Yn wir, gellid casglu mai holl amcan y llyfr yw cyflwyno dysgeidiaeth yr Ysgrythur mewn modd hwylus a chofiadwy, er mwyn ennyn diddordeb y darllenydd yn y Beibl, a'i gynorthwyo i drysori ar ei gof rai o'i athrawiaethau canolog. Wedi'r cyfan, yn hytrach na datgan yn foel fod Duw yn gwarchod ei bobl rhag y gelyn, a pheri iddynt ymwroli'n ddi-ofn, y mae'n llawer mwy effeithiol a thrawiadol i ddisgrifio Duw yn nhermau tarian a chastell a chraig. Yr hyn a wna Titus Lewis, felly – fel Keach o'i flaen – yw defnyddio dull darluniadol, damhegol y Beibl ei hunan er mwyn hyfforddi'r darllenydd yng ngwirioneddau sylfaenol crefydd. Yr hyn na wna yw trafod cwestiwn addasrwydd, neu ddiffyg addasrwydd, cymariaethau dynol i ddisgrifio "Duw" mewn unrhyw ffordd ystyrlawn. Rhaid cofio mai amcanion didactig oedd gan Lewis, nid rhai athronyddol.

Prif orchest lenyddol Titus Lewis, o ddigon, yw *Hanes Wladol [sic] a Chrefyddol Prydain Fawr: o'r amser y daeth y Brutaniaid i wladychu iddi gyntaf hyd yn bresennol*, cyfrol o 624 o dudalennau, a argraffwyd gan J. Evans, Heol y Prior, Caerfyrddin, ac a gyhoeddwyd gan yr awdur yn 1810, sef y flwyddyn cyn iddo farw. Dywed yn ei 'Llythyr at y Darllenyddion' (a gyferchir ganddo fel, 'Fy Anwyl Gydwladwyr') mai 'trwy ddaioni a thiriondeb Duw' y cafodd 'arbediad bywyd' i gwblhau'r

gwaith, gwaith a barodd iddo 'lawer o boen, gofal, a diwydrwydd, wrth
ddarllen, chwilio, a chasglu defnyddiau ato'.[150] Ymdrinnir â Titus Lewis
yr hanesydd gan Dafydd Glyn Jones yn ei gyfrol *Agoriad yr Oes*, lle y
dadleua nad gwagymffrost yw honiad yr awdur am ei lyfr 'na bu y cyffelyb
erioed yn yr iaith Gymraeg',[151] oherwydd 'dyma gyfrol ... y gallai unrhyw
hanesydd academaidd heddiw fod yn falch ohoni'.[152] Y mae Titus Lewis yn
ymwybodol o'r ffaith fod ei farn grefyddol, 'fel *Ymneillduwr*, fel
Bedyddiwr, ac fel *Calfiniad*' – a'i farn wleidyddol fel '*Chwigiad*' – yn
debygol o wneud y llyfr, yng ngolwg rhai, 'yn fwy annerbyniol nag y
byddai heb hyny', ac eto ni ddigwydd hynny, 'ond yng ngolwg y rhai sydd
yn lletya rhagfarn ... neu y rhai sydd yn hoffi barnu peth cyn ei brofi'.[153]
Nid nad oedd Titus Lewis, wrth reswm, heb ei ragfarnau ei hunan. Gwelai
ei bwnc o safbwynt Calfiniad diargyhoedd; llwyfan yw hanes, a'r ddrama
a ddigwydd arni yn amlygiad o'r gwrthdaro parhaus rhwng drygioni dyn
a rhagluniaeth Duw, ond nid oes amheuaeth ynghylch buddugoliaeth
derfynol daioni, gan fod y grymoedd dwyfol o'i blaid:

> Y mae hanes yn gyffredinol, yn gangen werthfawr o ddysgeidiaeth, ac
> yn dra defnyddiol: dengys i ni wahanol arferion gwahanol wledydd –
> cynnydd moesau, dysgeidiaeth, a rhyddid – llygredigaeth ddychryn-
> llyd y natur ddynol – goruwchlywodraeth rhagluniaeth ddwyfol dros
> ddynolryw a'u gweithredoedd – tuedd ddrygionus dynion drwg, a'r
> niwed y maent yn ei wneuthur; a gwir ddefnyddioldeb dynion da.[154]

Yn wir y mae hanes Prydain Fawr ei hunan yn cadarnhau'r ddamcaniaeth,
oherwydd yr hyn a welir o astudio twf a datblygiad yr ymerodraeth yw:

> Ei chyfodiad o wendid i rym a mawredd – o farbariaeth i foesgarwch
> a gweddeidd-dra – o dywyllwch a choel-grefydd i wybodaeth anianol
> a chrefyddol – o gaethiwed i ryddid – rhyddid gwladol fel deiliaid
> llywodraeth, a rhyddid cydwybod mewn pethau yn perthyn i'n
> tragwyddol heddwch.[155]

Y mae'r athroniaeth sylfaenol sydd wrth wraidd y gyfrol yn seiliedig ar y
dybiaeth – yn wir, un o'r dibenion y tu ôl i'w hysgrifennu yw er mwyn

profi'r pwynt – mai'r Brytaniaid, hynafiaid y Cymry, oedd yn trigo yn yr
ynysoedd hyn cyn dyfod y Saeson, ac felly bod y Prydeingarwch hwn yn
rhywbeth i fawr ymfalchïo ynddo. Felly hefyd y Gymraeg: y mae hithau'n
iaith hynafol y dylid ei mawrhau a'i defnyddio'n hyderus. Y mae Cymraeg
Titus Lewis ei hunan yn loyw, ei arddull yn glir a darllenadwy, a'i eirfa'n
helaeth a chynhwysfawr. Ychwanega Dafydd Glyn Jones: 'Os chwilio yr
ydym am esiampl o hyder y Cymry cyn y Llyfrau Gleision yn eu gallu i'w
haddysgu eu hunain yn eu hiaith, dyma hi'.[156]

Defnyddia Titus Lewis hanes Prydain Fawr er mwyn chwifio baner
rhyddid cydwybod a goddefgarwch cyffredinol. 'Bydded sylfaenwyr
rhyddid fyth mewn coffadwriaeth barhaus; a bydded i Ymneullduwyr o
bob enw ddilyn eu siampl.'[157] Y Pab a'i ymerodraeth ('y butain fawr, yr
hon a fu cyhyd yn meddwi ar waed y saint') yw prif elyn rhyddid, ond nid
yw anoddefgarwch yn gyfyngedig i lysoedd Eglwys Rufain. Er yn Galfin
nid yw Titus Lewis yn ôl mewn beirniadu John Calfin ar gyfrif ei ysbryd
erlitgar (e.e., yn dedfrydu Servetus i farwolaeth oherwydd ei ddaliadau
amheus ynghylch y Drindod), a Cranmer yr un modd am iddo sefydlu
'chwil-lys neu gabidwl Protestannaidd' er mwyn gorfodi Bedyddwyr
i lynu'n deyrngar wrth Eglwys Loegr. Bu Protestaniaid yr Alban,
Annibynwyr Lloegr Newydd, ynghyd â charfanau Protestannaidd eraill yn
euog o wrthod caniatáu i eraill yr union ryddid yr oeddent hwy yn ei hawlio
iddynt eu hunain. Medd Dafydd Glyn Jones:

> Dadansoddwr ystyriol a golau yw Titus Lewis, yn gallu gweld
> y ddwy ochr i ddynion ac i ddigwyddiadau, ac yn deall yn burion
> sut yr oedd ystyriaethau crefyddol a seciwlar yn cydymdaro
> yng ngwleidyddiaeth y cyfnod o'r unfed ganrif ar bymtheg
> ymlaen.[158]

Y mae Lewis yn ymwybodol iawn o'r ffaith ei fod yn ei osod ei hunan yn
agored i fflangell ei feirniaid wrth honni'n feiddgar 'na bu Bedyddwyr
erioed yn erlidwyr yn achos crefydd' yng ngwledydd Prydain, ond ar y
llaw arall y mae'n ddigon gonest i ychwanegu:

… na buant erioed mewn awdurdod yn y deyrnas hon, i allu erlid
eraill; pe buasai hyny yn bod, y mae *gwendid* a *drygioni* y natur
ddynol gymmaint, fel y byddai yn ormod o anturiaeth i neb fynd yn
feichiau drostynt.[159]

Hynny yw, pe bai'r Bedyddwyr wedi bod mewn safle o awdurdod mae'n
dra thebyg y buasent hwythau hefyd wedi anelu eu llid yn erbyn eu
gelynion. (Mae'n amlwg fod yr athrawiaeth Galfinaidd am lygredigaeth y
natur ddynol wedi gwreiddio'n ddwfn yn *psyche* Titus Lewis!) Wedi
crybwyll hyn ni all gelu ei falchder (enwadol-ragfarnllyd, ond digon
naturiol, serch hynny), bod 'un o weinidogion y Bedyddwyr, sef Roger
Williams', wedi 'sefydlu rhyddid crefyddol yn *Rhode Island*, i bawb yn
ddiragoriaeth'.[160] I Titus Lewis, un o'r pethau gwychaf a mwyaf gogoneddus
mewn hanes yw ymdrech gwŷr duwiol a dysgedig o blith y Protestaniaid
i oleuo'r 'werinos', sef y Cymry tlodaidd a chyffredin. Yn rhagluniaethol
cadwyd Griffith Jones, oedd â bwriad ganddo i fynd yn genhadwr i blith
yr Indiaid, yng Nghymru, yn gyfrwng yn llaw Duw i addysgu'r werin
ddifantais ac anwybodus. Dyfarniad Dafydd Glyn Jones am *Hanes Wladol
a Chrefyddol Prydain Fawr*, yw bod 'y gwaith cynhwysfawr, llafurfawr
hwn yn cynrychioli peth o orau'r meddwl ymneilltuol Cymraeg'.[161]

    Weithiau, priodolir dau gasgliad o emynau i Titus Lewis, ond mewn
gwirionedd bu'n gyfrifol am gyhoeddi tri. Adlewyrcha hyn ei ddiddordeb
personol yng nghaniadaeth y cysegr, a'i gred fod canu emynau nid yn unig
yn fodd i gyfoethogi'r addoliad, ond ei fod hefyd yn fodd i osod y ffydd
ar gân, ac felly'n gyfrwng i'r gynulleidfa ymgydnabod â hanfodion cred.
Ynghyd â'r gwerth defosiynol sydd iddo, credai fod i'r emyn bwrpas
didactig. Nid yn unig yr oedd Lewis yn gerddor medrus, ond fe'i
cynysgaeddwyd hefyd â chryn fesur o ddawn yr emynydd, er ei fod yn
deg ychwanegu mai braidd yn ddieneiniad yw rhai o'i gynhyrchion, ac
yntau'n anelu at ddim mwy na chyflwyno rhai o brif ganonau'r ffydd
efengylaidd mewn mydr ac odl. Yn y 'Rhagymadrodd' i *Mawl i'r Oen a
laddwyd, sef Pigion o Hymnau Perthynol i Addoliad cyhoeddus wedi eu
casglu o waith yr Awdwyr hynotaf yn yr Oes bresennol* (argraffiad cyntaf,
1802; ail-argraffiad 1808, a'r teitl yn seiliedig ar Datguddiad 5: 12:
"Teilwng yw'r Oen a laddwyd i dderbyn gallu, a chyfoeth, a doethineb, a

chadernid, ac anrhydedd, a gogoniant a bendith") dywed i gostau argraffu
lesteirio ei fwriad gwreiddiol o 'luosogi Hymnau ar bob Athrawiaeth' yn
y grefydd Gristionogol, fel y byddai'r llyfr yn 'Gorph o Ddiwinyddiaeth
o Hymnau', ac felly iddo benderfynu cyhoeddi detholiad o emynau'r
'Awdwyr goreu', sef 'yr Hymnau fyddai'n fwyaf cymmwys i'w canu
mewn Addoliad cyhoeddus'. (Cyhoeddwyd y casgliad mewn dwy ran gan
John Evans, Heol y Prior, Caerfyrddin, a'i werthu am "chwe cheiniog y
Rhan".) Cynhwysir 113 o emynau yn Rhan I y casgliad, 95 o emynau yn
Rhan II; y mae'r mwyafrif helaeth o emynau'r rhan gyntaf yn gynnyrch
awen awduron eraill, gyda Benjamin Francis (37 emyn), William Williams,
Pantycelyn (45 emyn), Morgan Rhys (9 emyn), Dafydd Jones (8 emyn),
David Saunders (Merthyr), Thomas Jones, (Dinbych) a John Williams
(Sain Tathan) yn brif gyfranwyr, tra bo llawer mwy o emynau Titus Lewis
ei hunan yn gynwysedig yn yr ail ran (ceir dau emyn o'i eiddo yn Rhan I,
a 13 yn Rhan II). Fel yn achos yr emynau eraill gosodir pob emyn o waith
Lewis o dan bennawd, sydd fel arfer yn delio naill ai â phynciau
athrawiaethol (XXXVI: 'Iachawdwriaeth'; CX: 'Anallu dyn'; CXI:
'Offeiriadaeth Crist'; XXV:'Crist yw'r Atgyfodiad'), neu â goruchafiaeth
derfynol yr Eglwys (LXXIX: 'Gogoniant Sïon'); neu â phrofiad ac angen
y Cristion unigol (LXX: 'Gweddi'; LXXXII: 'Cysur y credadyn'). Yn y
casgliad hwn yr ymddengys aralleiriad Titus Lewis o emyn Edward
Perronet (1726–1792), a addaswyd gan John Rippon (1751–1836), sef 'All
hail the power of Jesu's name'. Yn y fersiynau Cymraeg cyfoes o'r emyn
hwn (e.e., *Caneuon Ffydd*, rhif 304), trosiad William Griffiths, Glan Dŵr,
Abertawe (1777–1825), yw'r tri phennill cyntaf, tra bo'r pedwerydd o
waith Titus Lewis (gyda'r 'eich' yn y llinell gyntaf a'r drydedd wedi ei
newid i 'eu'):

> Er bod eich beiau'n aml iawn,
> Mae ganddo iachawdwriaeth lawn,
> Eich cannu'n wyn wnaiff Brenhin nef;
> Yn Arglwydd pawb coronwch ef.

Dyma'r ail bennill yn y fersiwn a geir yn *Mawl i'r Oen*. Fel hyn y darllen
y cyntaf a'r trydydd:

Chwi bechaduriaid aml rai,
Sy'n teimlo'n fynych bwys eich bai,
Gelwch ar Grist, fe wrendy'th lef,
Yn Arglwydd Pawb coronwch ef.

Fe faddeu'ch beiau mawr yn rhad,
Fe olch eich henaid yn ei waed;
Er bod yn wan, mae fraich e'n gref,
Yn Arglwydd pawb coronwch ef.

Gwelir nad yw pennill agoriadol Titus Lewis yn dod yn agos at gyfieithu pennill cyntaf emyn Perronet, eithr y mae pob un o'r saith pennill a geir yn wreiddiol gan Lewis (tri phennill o dan rif XXII, a phedwar o dan rif XXIII) yn gorffen â'r anogaeth, 'Yn Arglwydd pawb coronwch ef'.

Yn y casgliad hwn (rhif LXXXI) ceir fersiwn cynnar o emyn o waith Titus Lewis y byddai Hugh William Jones (ar dystiolaeth hen-famgu T.J. Evans) yn ei ledio i'w ganu yn y Tabernacl ar adegau o alar neu dristwch, sef:

Ymado mae'r proffwydi pur
    A'r tadau, ple maent hwy?
A'r hyfryd weinidogion fu
    Ni welir yma mwy.

Hwy aethant drwy'r Iorddonen fawr
    I Salem dirion fry;
Gadawsant alarnadau'r llawr
    I ganu gyda'r llu.

Awn ninnau'n fuan ar eu hôl
    Trwy borth marwolaeth oer;
Nerth gras a'n cadwo hyd y bedd
    Yn nhirion hedd ein Hiôr.

>   Ymado mae'r bugeiliaid mân
>   Ond byw mae'r Bugail mawr;
>   Ei ofal am ei gorlan gu
>   Sy'n para'r un bob awr.

Mae'n anodd peidio â gweld nodyn proffwydol yn y gwaith hwn; ymadael â'i braidd yn ifanc fyddai hanes yr awdur ei hunan yn y man, ond nodweddir yr emyn gan y sicrwydd fod gofal y Pen Bugail am y defaid yn barhaol a digyfnewid.

Yn wahanol i'r detholiad cyntaf o emynau yr oedd yr ail, sef *Grawn-Sypiau Canaan, Hymnau newyddion heb fod yn argraphedig o'r blaen* (1806; unwaith eto gwnaed y gwaith argraffu gan John Evans), ac eithrio emyn XXX sydd â'r ddwy lythyren J.D. ynghlwm wrtho, yn waith gwreiddiol Titus Lewis ei hunan. Cynhwysir 93 o emynau; y tro hwn ni chyhoeddir hwy o dan benawdau, ond y mae modd eu dosrannu o dan yr is-deitlau canlynol: (i) Mawredd Crist; (ii) Marw Iawnol Crist, a digonolrwydd yr iachawdwriaeth a geir ynddo; (iii) Iesu, cymorth y credadun ar ei bererindod ddaearol; (iv) y frwydr yn erbyn anghrediniaeth; (v) yr Eglwys; (vi) gosodiadau o ddarnau Ysgrythurol; (vii) emynau cenhadol; (viii) Ordinhadau'r Eglwys ac Achlysuron arbennig. Prin y ceir dim annisgwyl neu anarferol yn emynau Titus Lewis; y mae ei safbwynt diwinyddol yn Galfinaidd, a'r pynciau y mae'n canu arnynt – Crist yn unig Waredwr digonol ar gyfer angen dyn; ymdrech y Cristion ar ei bererindod drwy'r byd; y sicrwydd am fuddugoliaeth derfynol ar bechod ac angau – yn adlewyrchu hynny, ac yn rhai digon confensiynol. Gan amlaf, y mae'r arddull yn eglur a grymus, a'r emynau'n ganadwy; eithriadau yw penillion fel y ddau isod (o rif X, sy'n emyn cenhadol – ac mae'n ddiddorol nodi fod Titus Lewis, er yn Galfin lled ddigyfaddawd a goleddai athrawiaeth rhagarfaethiad (sef bod Duw yn rhagethol y cadwedig), yn cynnwys emynau cenhadol ym mhob un o'i gasgliadau),[162] sydd â'u safon lenyddol, heb sôn am eu gwerth defosiynol, yn bur amheus:

Mae'r 'fengyl wedi myn'd
Dros foroedd i *Bengôl*,
Yn Affrica mae rhai
Ugeiniau yn ei chôl;
Er dued ydynt, gwneir hwy'n lân,
Ac oll mor wyn â'r eira mân.

Daw Indiaid heb ddim rhif,
A *Negroes* du eu gwawr,
I 'mofyn trysor gwell
Nag welir ar y llawr;
A hwythau'r *Otaheitans* pell,
A geisiant wlad fydd lawer gwell.

Cyfeiria '*Otaheitans*' at drigolion ynys Tahiti, yn y Môr Tawel, lle bu'r ddau Gymro, John Davies, Pontrobert, a Thomas Jones, Tal-y-bont, yn arloeswyr cenhadol.[163]

Yn eironig ddigon, rhagflaenir yr ymgais uchod gan yr emyn a ystyrir ymhlith y goreuon, onid y gorau, yng ngweithiau emynyddol Titus Lewis, sef 'Mawr oedd Crist yn nhragwyddoldeb' (tud. 9, rhif IX; gw. *Caneuon Ffydd*, rhif 323). Er cywirdeb, mae'n bwysig nodi nad yn *Mawl i'r Oen a laddwyd*, fel y maentumir weithiau,[164] y gwelodd yr emyn hwn olau dydd am y waith gyntaf ond yn hytrach yn *Grawn-Sypiau Canaan*, a oedd, fel yr eglura'r teitl llawn, yn gasgliad o emynau gwreiddiol Titus Lewis a oedd yn cael eu cyhoeddi am y tro cyntaf. O gofio am hoffter Lewis o gredo a chatecism, a'i bwyslais ar yr angen i drwytho'r saint yn hanfodion cred, nid yw'n syndod ei weld yn yr emyn hwn yn dilyn ffurf y credoau clasurol bron fesul cymal, a Christoleg y credo a'r emyn yn cyfateb i'w gilydd yn anarferol o glòs a manwl. Gwelir hyn wrth gymharu cynnwys Credo Nicea a gosodiadau'r emynydd:

CREDO NICEA (325 O.C.):

YMADRODDION CYFATEBOL
YN EMYN TITUS LEWIS:

'Ac yn yr Arglwydd Iesu Grist,
unig-genhedlig Fab Duw,
cenhedlig gan y Tad cyn yr
holl oesoedd'

'Mawr oedd Crist yn
nhragwyddoldeb'
(Cyn-fodolaeth y Mab:
'cyn yr holl oesoedd')

'...a ddisgynnodd o'r nefoedd,
ac a gnawdiwyd trwy'r Ysbryd
Glân o Fair Forwyn,
ac a wnaethpwyd yn ddyn.'

'Mawr yn gwisgo* natur dyn'
(Ymgnawdoliad y Mab)

'...ac a groeshoeliwyd hefyd
drosom dan Pontius Pilat.
Dioddefodd ac fe'i claddwyd.'

'Mawr yn marw ar Galfaria'
(Marw iawnol Crist ar y groes
'drosom ni'.)

'...ac atgyfododd hefyd y
trydydd dydd yn ôl yr
Ysgrythurau.'

'Mawr yn maeddu angau'i hun'
(Atgyfodiad corfforol Crist
o'r bedd)

'...ac y mae yn eistedd ar
ddeheulaw'r Tad.'

'Hynod fawr yw yn awr,
 Brenin nef a daear lawr.'
(Esgyniad Crist i ogoniant)

'A daw drachefn mewn
gogoniant i farnu'r byw
a'r meirw: ac ar ei deyrnas
ni bydd diwedd.'

'Mawr yw ef yn y nef
 ar ei orsedd gadarn, gref.'
(Brenhiniaeth dragwyddol Crist)

'Duw o Dduw, llewyrch o
Lewyrch, Gwir Dduw, o Wir
Dduw, wedi ei genhedlu, nid
wedi ei wneuthur ...ac a
wnaethpwyd yn ddyn.'

'Mawr yw Iesu yn ei Berson,
 mawr fel Duw, a mawr fel dyn.'

Y mae'r gair 'gwisgo'* yn ail linell yr emyn yn rhwym o godi cwestiwn. Ai gwisgo'i ddyndod fel mantell – hawdd ei gosod, a hawdd ei diosg – a wnaeth Crist yn yr ymgnawdoliad? Ai 'ymddangos' yn unig fel dyn a wnaeth? Os felly, ceir adlais yn y fan hon o heresi Docetiaeth, a bwysleisiai mai rhith oedd yr ymgnawdoliad, am mai amhosibl fyddai i'r Duw tragwyddol gael ei gyfyngu gan briodoleddau dynol, ac felly mai 'cymryd arno' bod yn ddyn a wnaeth Iesu. Daw'r enw a roed ar yr heresi o'r Groeg *dokeo*, sy'n golygu 'ymddangos'; 'smalio'. Mae'n bur amheus mai dilyn y llwybr hwn oedd bwriad Titus Lewis; iddo ef, yr oedd Iesu'n Dduw tragwyddol ac yn ddyn cyflawn. Gan ei fod yn dilyn canllawiau'r credo i gymaint graddau, mae'n amlwg fod pwrpas addysgiadol i'r emyn; trwyddo yr oedd yr awdur yn ceisio cateceiddio'r gynulleidfa yn egwyddorion sylfaenol eu ffydd.

Yn y fersiwn o'r emyn yn *Caneuon Ffydd* nodir mai'r cyntaf a'r trydydd pennill sydd o waith Titus Lewis, a bod yr ail yn waith emynydd anadnabyddus. Yn y gwreiddiol y trydydd pennill, fel ag y mae yn *Caneuon Ffydd* (ond mai 'Mawr yw Mhriod yn ei berson', ac nid 'Mawr yw Iesu yn ei Berson' sydd gan Lewis), a osodir yn ail, ac fe'i dilynir gan y trydydd pennill hwn:

> Mawr yw'm Iesu yn ei swyddau,
> Mawr fel Arch-offeiriad glân;
> Mawr fel Proffwyd, mawr fel Brenin,
> Mawr fel Bugail o fy mlaen;
>   Mawr yw'r gwaith, Iesu wnaeth,
>   Fe gaiff glod dros oesoedd maith.

Yn arferol erbyn hyn, ni chynhwysir y pennill hwn ar derfyn yr emyn; o'i hepgor collir y darlun cyflawn yr oedd Titus Lewis ei hun yn dymuno'i dynnu o safle a swyddogaeth Iesu. Daw'r disgrifiad o Iesu yn nhermau 'gwyn a gwridog, hardd ei lun' yn ail bennill emyn gwreiddiol Titus (y trydydd yn fersiwn *Caneuon Ffydd*) o Ganiad Solomon 5: 10: 'Fy anwylyd sydd wyn a gwridog, yn rhagori ar ddengmil.' Gwna Ann Griffiths ddefnydd o'r un gymhariaeth; er mai 'gwyn a gwridog, teg o bryd' (*Caneuon Ffydd*, rhif 319) a geir ganddi hi, yr un yn hollol yw'r ystyr.

Yn 1810 cyhoeddodd Lewis *Pigion o Salmau Canu yn ôl Cyfansoddiad Edmund Prys*, yn cynnwys 76 o osodiadau Prys o'r Salmau (e.e. Salm 42, 'Yr un wedd ag y bref yr hydd'; rhif 75 yn y casgliad), a dau o'i emynau ('Tyr'd, Ysbryd Glân, i'n c'lonnau ni'[165] a 'Crist ydyw'r adgyfodiad mawr'). Yn ei air 'At y Darllenydd' dywed Lewis i'r Cymry, wedi iddynt dderbyn y Salmau Cân yn eu hiaith, orfod aros am hir am emynau i'w canu cynulleidfaol, ond yna, wedi i'r angen am emynau gael ei gyflenwi, iddynt ddibrisio'r Salmau, ac i hyn brofi'n golled sylweddol, yn arbennig o gofio am anogaeth Paul i arfer 'salmau, hymnau ac odlau ysbrydol' (Col. 3: 16) yn y gwasanaethau. Medd Lewis:

> Digon gwir, y mae natur, archwaeth, ac ysbryd y weinidogaeth Iuddewig ar lawer o'r Salmau, fel nad yw gymmwys eu canu mewn cynulleidfaoedd dan yr oruchwyliaeth efengylaidd; ac y mae llawer ohonynt, yn ôl cyfansoddiad PRYS, yn afrwydd ac annyalladwy i'r bobl yn gyffredin; ond nid felly y maent oll – nage, y mae llawer ohonynt yn efengylaidd, melus, rhwydd, a dyalladwy – addas i amgylchiadau eglwysi cyhoedd, ac i brofiadau Crist'nogion neillduol.[166]

Y rhesymau hyn, felly, a'i cymhellodd i baratoi'r casgliad, ac ni all ond gobeithio y bydd 'yn fuddiol i gynnorthywo duwiolion i foliannu Duw, yn ddirgel a chyhoeddus',[167] ac y bydd bendith Duw yn gorffwys ar y fenter. Wrth derfynu'r nodyn hwn tanlinella Lewis yr hyn a oedd yn ei olwg ef yn egwyddor holl-bwysig mewn perthynas â chanu cynulleidfaol, sef y dylid canu nid yn unig â'r Ysbryd ond â'r deall hefyd. Fel yn ei gyhoeddiadau diwinyddol, ac yn ei bregethau, yr oedd yr elfen ddeallusol yn bwysig iawn i Titus Lewis yng nghyd-destun caniadaeth pobl Dduw i'r Goruchaf.

Y GWEINIDOG

Gŵr o faintioli Titus Lewis, neb llai, felly, a ddechreuodd ar ei weinidogaeth yn y Porth Tywyll yn 1801, a bu ei ddyfodiad yn gaffaeliad diamheuol i'r eglwys. Rhwng 1804 a 1805 bedyddiodd y gweinidog dros gant o ymgeiswyr am aelodaeth (yr oedd y fedyddfa awyr agored wrth y fynedfa i Heol y Felin o Heol Awst, yn agos at gapel y Porth Tywyll),[168] ac roedd y cynnydd yn destun gorfoledd i bawb yn ddiwahân. Mae'n debyg y gorlenwid yr addoldy ymhell cyn amser dechrau'r gwasanaethau, ac y deuai pobl â chadeiriau i'w gosod yn yr aleon, yn y cyntedd, ar y palmant oddi allan, a hyd yn oed ar risiau'r pulpud.[169] (Roedd hyn, wrth reswm, ymhell cyn dyddiau'r mesurau manwl, angenrheidiol, ynghylch iechyd a diogelwch!) Megis ym Mlaen-y-waun, ysgogwyd y gweinidog gan ei dalent gerddorol i sefydlu ysgol gân, a phrofodd hon yn atyniad mawr i ieuenctid yr ardal.[170]

Nid arwyddocâd ystadegol, rhifiadol yn unig sydd i'r ffeithiau uchod. Profant yn amlwg ddigon sut, o dan arweinyddiaeth ac ôl dylanwad Titus Lewis, y tyfodd achos y Bedyddwyr yn y Porth Tywyll i faintioli uwch nag eglwys ymwahanol, gymharol fechan a di-nod a leolid mewn cornel dde-orllewinol o diriogaeth Cymru. Fe'i tynnwyd i mewn yn awr i brif ffrwd y mudiad Ymneilltuol. Trodd, nid yn unig o ran y cynnydd a brofasai mewn rhif aelodaeth ond hefyd, ac yn bwysicach, o safbwynt ansawdd ei chymdeithas a'i thystiolaeth, o fod yn eglwys ymylol i fod ymhlith y pwysicaf o eglwysi Bedyddiedig y cyfnod, fel nad yw'n bosibl, bellach, olrhain twf y Bedyddwyr yn nechrau'r bedwaredd ganrif ar bymtheg (yn wir, nid gormodiaith fyddai ychwanegu twf y dystiolaeth Ymneilltuol yng Nghymru yn gyffredinol) heb ei chynnwys hithau yn rhan o'r darlun. Tyfodd i fod yn ddim llai nag enghraifft loyw, yn ddrych, o'r modd yr ymgeisiai Ymneilltuwyr gorffori eu hegwyddorion am natur a chyfansoddiad eglwys mewn cymunedau lleol, cyffesol, gweithredol. Prin fod unrhyw amheuaeth i'w gweinidog osod ar waith ynddi yr union ddiffiniad o eglwys (yn nhermau cynulleidfa o bobl Dduw, sy'n ymostwng i'w Air, ac sy'n proffesu ei enw gerbron y byd) ag a amlinellwyd ganddo yn ei anerchiad i eglwys newydd-anedig Glanyfferi yn 1805 (gw. tt. 40–41); gan mai hwn oedd sail ei chyfansoddiad a'i bywyd, yr oedd yn ymgorfforiad cywir a chyflawn o'r ddelfryd Ymneilltuol.

Fodd bynnag, arweiniodd llwyddiant bugeiliaeth Titus Lewis at broblem ymarferol, ddyrys, oherwydd ymhen dim aethai'r capel bychan yn rhy gyfyng i ddal y gynulleidfa niferus, ac ni bu neb yn fwy eiddgar na'r gweinidog ei hunan i sicrhau safle addas i godi cysegr newydd, a thir claddu yn gysylltiedig ag ef. Mewn oedfa gymun ym mis Chwefror 1811, cyhoeddodd y gweinidog iddo gael breuddwyd hynod – fe'i gwelodd ei hun yn cyfodi ar fore'r atgyfodiad o faes ychydig y tu allan i'r dref a elwid

Parc yr Ystrad – a'i fod yn gwbl argyhoeddedig mai ewyllys Duw oedd i'r eglwys fynd ati'n ddiymdroi i brynu'r darn tir, i'r diben o adeiladu capel helaethach, ac agor mynwent y tu ôl iddo. Ymatebodd yr aelodau'n frwd ac yn unfryd i'w argymhelliad, a bu'r eglwys yn ffodus i'w ryfeddu wrth i ddwy chwaer o'u plith, sef Barbara Rees (gweddw y Parchedig Owen Rees), a Sarah Morris, Nantyci, Llan-llwch, addunedu ysgwyddo cost pwrcasu'r safle newydd am y swm o £126.

Nid maint capel y Porth Tywyll oedd yr unig ofid i'r aelodau. Yr oedd cyflwr iechyd Titus Lewis hefyd yn destun pryder, gan fod hwnnw'n amlygu arwyddion pendant o lesgedd a gwendid cyson. Yn anffodus, nid oes darlun o Titus Lewis wedi goroesi, ond disgrifir ef fel gŵr ifanc, tal, tenau, a gwelwder ei wedd yn dwyn nodau y frech wen a ddioddefodd yn ystod blynyddoedd plentyndod. O ystyried ei holl gynnyrch llenyddol, ynghyd â'i deithiau mynych ar hyd a lled Cymru i bregethu ac areithio (erbyn hyn yr oedd yntau wedi denu cryn amlygrwydd iddo'i hun fel pregethwr), a'r ffaith iddo farchogaeth yn rheolaidd yn ôl ac ymlaen rhwng Caerfyrddin a Llandudoch, nid oes ryfedd y cyfeirir ato fel 'y gannwyll a losgodd allan'. Yn ôl pob tystiolaeth yr oedd fflam y gannwyll honno i'w gweld ynghynn hyd at oriau mân y bore yn ffenestr ei ystafell yn y tŷ yn Heol Dŵr. 'Fe'i gordrethodd ei hun' yw barn W.J. Rhys amdano.[171] Wrth i'r diaconiaid ymweld ag ef yn ei gartref am y tro olaf, cafodd y gweinidog hwy i fynd ar lw y gwireddid yr addewid driphlyg, sef, na fyddai oedi gyda'r trefniadau i brynu'r tir; y byddai'r capel newydd yn cael ei enwi 'Y Tabernacl'; ac y byddai yntau'n cael ei gladdu yn y fynwent gyffiniol. 'Cleddwch fi yno,' meddai, 'canys mi a wn y cydorwedd tyrfa fawr yno'. Wrth i'r diaconiaid ymadael, rhoes y gweinidog arwydd i John Williams, 'Cwrier' – dyn busnes cyfoethog, a Bedyddiwr selog – i oedi, a chan afael yn ei law, mynnodd gael cadarnhad ganddo mai 'Y Tabernacl' a roddasid yn enw ar yr addoldy newydd. Bu farw Titus Lewis ar 1 Mai 1811, yn 38 mlwydd oed, ac yntau wedi pregethu am y tro olaf (oddi ar Datguddiad 22: 21: 'Gras ein Harglwydd Iesu Grist fyddo gyda chwi oll') yng Nghwrdd Chwarter Cwm Ifor ar y dydd Calan cynt.[172] Wrth agor ei fedd yn y fynwent newydd daethpwyd o hyd i garreg bwysfawr y cafwyd anhawster nid bychan i'w chodi i'r wyneb. Yn y diwedd, ar ôl hir ymdrech, llwyddwyd i'w rhyddhau a phenderfynwyd ei gosod yn rhan o sylfaen capel y Tabernacl, yng nghornel ogledd-ddwyreiniol yr adeilad.

Am ddeg o'r gloch y bore ar ddydd Sul, 25 Mawrth 1812, cyfarfu'r eglwys yn y Porth Tywyll am y tro olaf. Hawdd dychmygu mai cymysg oedd teimladau'r gynulleidfa y bore hwnnw: ar un llaw teimlid hiraeth am a fu, a'r bendithion a brofwyd wrth ymgynnull oddi mewn i furiau'r hen addoldy; ar y llaw arall cyflyrid pawb gan obaith llachar am bosibiliadau'r bennod newydd oedd ar fin agor. Llywyddwyd y cyfarfod hanesyddol hwn gan D.D. Evans, a oedd newydd ei ethol yn weinidog yr eglwys. Darllenwyd rhan o'r Ysgrythur gan John Williams, 'Cwrier' (gŵr a oedd i chwarae rhan amlwg iawn yn hanes y Tabernacl yn ystod y blynyddoedd dilynol), ac offrymwyd gweddi fyrfyfyr (dawn a uchel-brisiwyd gan yr Ymneilltuwyr) gan Dinah Rogers, un o'r amlycaf o blith chwiorydd yr eglwys, a gwraig a berchid yn fawr ar gyfrif ei natur ysbrydol, ddefosiynol. O ystyried dwyster yr achlysur – y trawma a brofwyd ym marwolaeth annhymig Titus Lewis, a'r mudo o un man addoli i fan addoli cwbl newydd – nid yw'n syndod i nifer o'r diaconiaid, ynghyd â rhai o'r aelodau, dystio i'r ffaith eu bod yn ymglywed ag ymyrraeth ragluniaethol Duw yn nigwyddiadau'r dydd. Ar derfyn y gwasanaeth gorymdeithiodd yr aelodau draw o'r Porth Tywyll i'r Tabernacl, ac ar y blaen iddynt ddau o blant Titus Lewis, sef Titus, a gariai Feibl ei dad, a Mary, a gariai ei lyfr emynau. Ar ôl cyrraedd y Tabernacl gosodasant y ddwy gyfrol ar astell pulpud y capel newydd, hynny at wasanaeth yr eglwys yn ei chartref newydd, ac i goffáu eu tad a'i weledigaeth fawr. Felly, ar 25 Mawrth 1812, caewyd drws y Porth Tywyll am y tro olaf i bwrpas addoli yn unol â dull a threfn y Bedyddwyr, ac agorwyd pyrth y Tabernacl am y waith gyntaf. Yn dilyn hyn cymerwyd les ar yr hen adeilad gan yr Undodiaid; eu gweinidog cyntaf yn nhref Caerfyrddin oedd mab i David Davies, Castellhywel, sef Thomas Davies (1789–1825), a ordeiniwyd yn y Porth Tywyll ar 12 Mawrth 1815; prin ddeuddeg mis fu tymor ei arhosiad, a hynny ar gyfrif cyflwr bregus ei iechyd.[173]

CYFANSODDIAD EGLWYS Y PORTH TYWYLL

Trychineb o'r mwyaf yng nghyswllt gwaith yr ymchwilydd yw'r ffaith i lyfrau cofnodion Titus Lewis, ynghyd â'r rhestri a gadwai o enwau ei

aelodau, ac o'r derbyniadau a'r diarddeliadau, gael eu difa mewn tân.
Er nad oes amheuaeth i'r Porth Tywyll fod yn eglwys lewyrchus, nid
oes modd gwybod, bellach, beth yn union oedd ei chyfansoddiad
cymdeithasegol. Yr oedd tref Caerfyrddin yn y cyfnod hwn ar ei thwf, yn
economaidd a masnachol, ac nid oedd aelodaeth John Williams –
masnachwr da ei fyd – yn rhywbeth cwbl eithriadol; ac eto mae'n anodd
osgoi'r casgliad mai pobl werinol, syml eu byd a'u buchedd, oedd y
mwyafrif o aelodau'r eglwys. Y mae'r ffaith mai ar John Williams y
pwysodd Titus Lewis am sicrwydd y gwireddid ei freuddwyd ddiwedd-
oes, yn profi ei fod yn ŵr uwch na'r cyffredin yng ngolwg ei weinidog, ac
nad oedd llawer tebyg iddo ymysg trwch yr aelodau. Dywed Alun Tudur:

> Mae'n gwbl amlwg yn ystod y bedwaredd ganrif ar bymtheg, mai'r
> bobl gyffredin, dosbarth gweithiol, oedd mwyafrif helaethaf
> aelodau'r Cyrff Ymneilltuol. Nid bonheddwyr, nac uchelwyr, na
> thirfeddianwyr ond gweithwyr cyffredin. Ar ddechrau'r ganrif cyrff
> bychain oeddent gyda llawer o'u haelodau yn anllythrennnog, di-
> addysg ac ofergoelus.[174]

Yr hyn y gellir bod yn llawer sicrach yn ei gylch yw natur ysbrydol eglwys
y Porth Tywyll. Yng Nghymru'r bedwaredd ganrif ar bymtheg tuedd yr
Eglwys Anglicanaidd (a ymffrostiai yn y ffaith ei bod yn eglwys
genedlaethol – *ecclesia* fyddai'r term cyfredol i'w disgrifio – a lwyddai
drwy'r system blwyf i wasanaethu holl bobl cymunedau Cymru), oedd
gweld yr eglwysi Ymneilltuol yn nhermau sectau neilltuedig, carfanau
bychain o bobl, lleiafrifoedd crefyddol, a gredai'n wahanol i'r mwyafrif o'r
boblogaeth. Wrth reswm, ar ddechrau'r ganrif nid oedd yr enwadau
Ymneilltuol – a oedd i ddatblygu maes o law yn gyfundrefnau sefydlog o
gryn faint a chymhlethdod – ond megis dechrau ymffurfio,[175] a'r unig
gyfrwng a feddai Ymneilltuaeth (ar wahân i'w chymanfaoedd) i fynegi ei
gweledigaeth oedd yr eglwys leol.[176]

Ni fyddai Titus Lewis wedi anghytuno â'r diffiniad uchod o
gyfansoddiad ei eglwys, oherwydd iddo ef a'i gyd-Fedyddwyr dyna'n
union oedd 'eglwys', sef eglwys gynnull a'i haelodau wedi eu galw allan
o'r byd, ac wedi ymwahanu oddi wrtho. Nid oedd byw mewn uned

ddaearyddol neilltuol megis plwyf yn gwarantu mynediad awtomatig i
mewn i'r eglwys, oherwydd ni ellid derbyn neb yn aelod heb i'r person
hwnnw feddu ar brofiad personol o Grist fel Gwaredwr ac Arglwydd, a
pharodrwydd i'w gyffesu'n gyhoeddus. Nid ar chwarae bach y derbynnid
neb o'r byd i mewn i gymdeithas y saint; yr oedd yn ofynnol i'r unigolyn
roi prawf o'i brofiad o droëdigaeth, ac o ddilysrwydd ei ffydd, a bod ei
ymarweddiad yn cydweddu ag egwyddorion y bywyd Cristionogol. Yn
amlach na pheidio, blaenorid ac olynid y broses o dderbyn gan gyfnod o
brawf, ac fe allwn fod yn weddol sicr na fyddai Titus Lewis erioed wedi
ystyried bedyddio unrhyw ymgeisydd heb i hwnnw, neu honno, gael ei
drwytho yn hanfodion cred, ac amlygu arwyddion troi o'r hen fywyd at y
bywyd newydd yng Nghrist. Fe fyddai wedi holi'r ymgeisydd mewn
cyfeillach bersonol ac mewn cwrdd paratoad, ac o bosibl mewn cyfarfod
eglwys, hyd nes iddo gael ei fodloni ynghylch ei addasrwydd i fwynhau
breintiau aelodaeth gyflawn o'r eglwys. Ar ddechrau'r bedwaredd ganrif
ar bymtheg, nid rhywbeth a ddigwyddai dros nos oedd ymuno ag eglwys
Ymneilltuol; yr oedd yn broses a gymerai amser, ac arferid gofal a phwyll
wrth symud drwyddi, cam wrth gam.

Yr oedd ffin bendant, felly, rhwng byd ac eglwys, rhwng y colledig
anedifeiriol a'r cadwedig yng Nghrist, ac os eiddo Satan oedd y byd coll,
di-gred, yna eiddo Duw oedd y saint a ymffurfiai'n eglwys. O ganlyniad
yr oedd disgwyl i bob aelod feddwl ac ymddwyn mewn ffordd gwbl groes
i'r anghredadun bydol. Dyfynna Alun Tudur eiriau Thomas Phillips yn
*Natur Cyfammod Eglwys, Ynghyd a Dyledswyddau Neillduol Aelodau
Eglwysig* (Caerfyrddin, 1815):

> Y mae arnynt rwymau neillduol i beidio cydymffurfio â'r byd hwn:
> ac ymddidoli a dyfod allan o'u canol hwynt ... Y mae Duw yn galw
> yn uchel ar ei bobl, gan ddywedyd, 'Deuwch allan o honi hi, fy
> mhobl i, fel na byddoch gyd-gyfrannogion o'i phechodau hi, ac na
> dderbynioch o'i phläu hi (Datguddiad 18: 4).[177]

Os llym oedd amodau derbyniad i mewn i gyfeillach yr eglwys, llym hefyd
oedd y ddisgyblaeth a weinyddid y tu mewn iddi, gyda hynny nid yn unig
yn ddangoseg o'i harwahanrwydd oddi wrth y byd, ond hefyd yn fodd i

gadw pobl anaddas allan o'i chymdeithas, ac i ddiarddel y rhai o'r tu mewn a âi ar gyfeiliorn. Disgwylid i bob aelod ymarfer dyletswyddau crefydd gan ei bresenoli ei hun yn rheolaidd yn yr oedfaon, yn y pregethu o'r Gair a'r gweinyddu o'r ordinhadau ar y Sul, ac yn y cyfarfodydd defosiynol (megis y cwrdd gweddi a'r cwrdd paratoad a ragflaenai'r cymun) yn ystod yr wythnos. Ynghyd â hynny disgwylid iddo ymarfer defosiwn bersonol mewn gweddi ddirgel, a hefyd i gyfranogi o, ac i gyfrannu at, y defosiwn a'r astudiaethau Beiblaidd a gynhelid gartref ar yr aelwyd. Yr oedd cadw'r Sabath, a neilltuo'r diwrnod cyfan i wasanaeth Duw a'i eglwys, yn gwbl hanfodol, ac yr oedd yn ddisgwyliedig fod pawb o'r saint yn byw bywyd o ansawdd a ystyrid yn deilwng o'r Efengyl (e.e. gochel balchder; gwisgo'n addas, gan osgoi crandrwydd ffug; trafod arian yn ddoeth, gan ymgadw rhag cybydd-dod ar un llaw, a gorwario gwastraffus ar y llaw arall; defnyddio iaith weddus, heb na rhegi na thyngu; bod yn sobr, gan ymwrthod â diodydd meddwol – aed mor bell mewn rhai cylchoedd â difrïo cymedroldeb, a gwneud llwyrymataliad yn amod aelodaeth;[178] ymgadw rhag mynychu ffeiriau, dawnsfeydd a chwaraeon o bob math). Gellir bod yn bur sicr mai'r patrwm uchod a ddilynid yn eglwys y Porth Tywyll o dan fugeiliaeth Titus Lewis. Ystyriai'r gweinidog ei fod yntau a'i braidd wedi eu galw allan o'r byd gan Dduw, a bod eu cyffes a'u hymarweddiad i adlewyrchu hynny. Cymhwysa nifer o'r enghreifftau a ddyfynnir ganddo yn *Llyfr Rhyfeddodau* i ddangos nid yn unig bod uniongrededd (*orthodoxy*) yn dra phwysig yn ei olwg, ond bod ymddygiad addas (*orthopraxis*) yr un mor anhepgor ym mywyd y Cristion.

Sut bobl, felly, a ymffurfiai'n 'gorff Crist' ac yn 'deulu Duw' o dan weinidogaeth Titus Lewis, sef y sawl a adwaenid yn gyffredin ar lafar gwlad fel "pobl y Porth Tywyll"? Nid ydym ymhell o'n lle wrth eu disgrifio fel pobl o argyhoeddiad dwfn, yn werinol eu hamgylchiadau, yn syml ac anghymhleth eu ffydd, yn hyddysg yn yr Ysgrythurau, yn llawen eu hosgo, ac yn rhywrai a ymddarostyngai i ofynion y cyfamod eglwys yr oeddent, bob un, wedi ymdynghedu i'w gadw. Dyma'r egwyddorion uchel y ceisiai pob eglwys Ymneilltuol, a phob cynulleidfa Fedyddiedig, ymgyrraedd atynt yn y cyfnod hwn, ac yn hyn o beth nid oedd aelodau'r Porth Tywyll yn eithriad.

NODIADAU

[1] Joshua Thomas, *Hanes Y Bedyddwyr yng Nghymru* (Caerfyrddin: Gwasg John Ross, 1778), 66–68. Gw. hefyd W.J. Rhys, *Penodau yn Hanes Y Bedyddwyr Cymraeg* (Abertawe: Gwasg Ilston, 1949), 20–24.

[2] Dywed Joshua Thomas, *Hanes*, 66:

Nid ellais i ddim, hyd yn hyn, ddeall trwy ba offeryn neu offerynnau y dechreuwyd, y casglwyd, ac y corpholwyd yr Eglwys fychan hon, nac yn sicr pa amser y bu hyn. Nid oes neb a all gofio'r amser, ac y mae hyd yn oed yr Hanes traddodiadol wedi ei golli...Y traddodiad cyffredin yw, mai Eglwys Olchon yw'r gyntaf o Fedyddwyr yng Nghymru.

[3] Yn 1646 cyhuddwyd milwr o *'apreaching and dipping'* yn siroedd Brycheiniog a Maesyfed, *'where he hath vented many doctrines of Antinomianisme and Anabaptisme and rebaptized hundreds...'.* Gw. T.M. Bassett, *Bedyddwyr Cymru* (Abertawe: Tŷ Ilston, 1977), 14; Geraint. H. Jenkins, *The Foundations of Modern Wales 1642–1780* (Oxford: Oxford University Press, 1986), 64, ac idem, *Protestant Dissenters in Wales 1639–1689* (Cardiff: University of Wales Press, 1992), 29–30.

[4] Gw. B.G. Owens (ed.), *The Ilston Book* (Aberystwyth: The National Library of Wales, 1996), lxxxvii.

[5] Thomas Richards, 'The Religious Census of 1676: An Inquiry into its Historical Value, mainly in Reference to Wales' yn *Transactions of the Honourable Society of Cymmrodorion 1925–1926* (London, 1927), 75; T.M. Bassett, *Bedyddwyr Cymru*, 13–20. Am Miles gw. : D. Rhys Phillips, 'Cefndir Hanes Eglwys Ilston,1649–1660', yn *Trafodion* (1928),1–107; E. Edmunds, *John Myles and the Ilston Baptists* (Aberdare, 1949); Thomas Richards, 'John Miles in Wales,1649–1663' yn *The Baptist Quarterly*, October 1931, 362–365; B.R. White, 'John Miles and the Structures of the Calvinistic Baptist Mission in South Wales, 1649–1660', yn Mansel John (gol.), *Welsh Baptist Studies* (Llandysul: Gomer Press, 1976), 35–76; a G. H. Jenkins, *Protestant Dissenters in Wales, 1639–1689*, 29–33.

[6] David Jones, *Hanes y Bedyddwyr yn Neheubarth Cymru* (Caerfyrddin: Gwasg John Thomas 1839), 428.

[7] Ibid., 428. Gw. hefyd, B.G. Owens (gol.), *Ilston Book*, 13,16.

[8] B.G. Owens (gol.), *Ilston Book*, 17.

[9] David Jones, *Hanes y Bedyddwyr yn Neheubarth Cymru*, 428.

[10] B.G. Owens (gol.), *Ilston Book*, 42.

[11] Gw. D. Hugh Matthews a John Rice Rowlands, 'Y dechreuadau hyd sefydlu'r Undeb, 1649–1860', yn D. Densil Morgan (gol.), *Y Fywiol Ffrwd: Bywyd a Thystiolaeth Bedyddwyr Cymru 1649–1999* (Abertawe: Gwasg Ilston, 1999), 9–12.

[12] B.G. Owens (gol.), *Ilston Book,* 17.

[13] Ibid., 22.

[14] G.H. Jenkins, *The Foundations of Modern Wales*, 64.

[15] B.G. Owens (gol.), *Ilston Book*, 26.

[16] B.R. White, 'John Miles and the Structures...' yn Mansel John (gol.), *Welsh Baptist Studies*, 58.

[17] Joshua Thomas, *Hanes Y Bedyddwyr*, 412.

[18] Ibid., 413. Gw. hefyd J. Spinther James, *Hanes y Bedyddwyr yng Nghymru*, II (Caerfyrddin: Swyddfa 'Seren Cymru', 1899), 460–461.

[19] R. Jones, 'Miles Harri', *Trafodion* (1926), 16.

[20] David Jones, *Hanes y Bedyddwyr yn Neheubarth Cymru*, 431.

[21] Rhys Phillips, 'Cefndir Hanes Eglwys Ilston, 1649–60', 91.

[22] Joshua Thomas, *Hanes y Bedyddwyr*, 413.

[23] Ibid., 413. Gw. hefyd David Jones, *Hanes y Bedyddwyr yn Neheubarth Cymru*, 429.

[24] Gw. T. J. Evans, '1812–1962: One Hundred and Fiftieth Anniversary of the Tabernacle, Carmarthen', yn *Carmarthen Journal*, 23 Mawrth 1962.

[25] Joshua Thomas, *Hanes y Bedyddwyr*, 415. Prin iawn yw'r manylion ynghylch tynged aelodau eglwys Caerfyrddin yn ystod yr erlid. Er bod Thomas Richards yn *Wales Under the Penal Code, 1662–1687* (London, 1925), ac yn 'The Religious Census of 1676 …', yn rhoi ystadegau pwysig am yr erlid ar Fedyddwyr, ni chynhwysir ganddo ystadegau am aelodau eglwys Caerfyrddin yn benodol. Teg yw gofyn, felly, faint ohonynt sydd wedi goroesi, os o gwbl? Felly hefyd Walter T. Morgan, 'The Prosecution of Nonconformists in the Consistory Courts of St. Davids, 1661–1688' yn *Journal of the Historical Society of the Church in Wales*, XII (1962). Er bod Morgan, fel Anglican digymrodedd, yn amddiffyn yr eglwys sefydledig, gan ddadlau i'r nifer tybiedig o Ymwahanwyr a ddygwyd gerbron y llysoedd gael ei chwyddo'n ormodol, ac i'r darlun o'r erledigaeth gael ei orliwio, ni all osgoi'r casgliad i dynged llawer ohonynt fod yn un flin:

The picture that has been drawn of the consistory courts of St. Davids as ruthless instruments for the oppression of Nonconformists is seen to be wholly false. The many hundreds of Nonconformists whose names appeared on the act books suffered little more than irritation and annoyance…Nevertheless, Nonconformists must have been subjected to severe strain…The threat of the writ of *de excommunicato capiendo* must have caused considerable unease. While it is not possible to accord them the crown of martyrdom, the many hundreds of humble folk who clung to their faith in these difficult times deserve to be honoured for the part they played in the struggle for civil and religious freedom. (52–53)

Ar y llaw arall, nid oes gan Geraint H. Jenkins betruster ynghylch llymder yr erlid:

The Restoration did not simply witness the return of the king: it also heralded the return of the devout sons of the established church…Dissent was associated in the public mind with disloyalty to the Crown and local authorities lost no time in taking action against notorious sectarians, notably Baptists and Quakers. By midsummer 1660, Welsh gaols were crowded with Dissenters. (*The Foundations of Modern Wales*, 135).

[26] Joshua Thomas, *Hanes y Bedyddwyr,* 414. Gw. hefyd David Jones, *Hanes y Bedyddwyr yn Neheubarth Cymru*, 430.

[27] Benjamin Humphreys, *Hanes Bedyddwyr Felinfoel* (Llanelli: Swyddfa'r 'Mercury', 1909), 16. Gw. hefyd W.J. Rhys, *Penodau yn Hanes y Bedyddwyr Cymraeg*, 35.

[28] T.M. Bassett, *Bedyddwyr Cymru*, 28.

[29] B.R. White, 'John Miles and the Structures...', 58.

[30] Thomas Richards, 'The Religious Census of 1676...', 76. Gw. hefyd, W.J. Rhys, *Penodau yn Hanes Bedyddwyr Cymru*, 22.

[31] Joshua Thomas, *Hanes y Bedyddwyr*, 413.

[32] Thomas Richards, 'Nonconformity from 1620 to 1715', yn J.E. Lloyd (gol.), *History of Carmarthenshire*, II (Cardiff: William Lewis Ltd., 1939), 142.

[33] Joshua Thomas, *Hanes y Bedyddwyr*, 415. Cym. sylwadau B.G. Owens, 'Hugh William Jones ('Yr Utgorn Arian'. 1802–73)', yn Tudor Barnes and Nigel Yates (editors), *Carmarthenshire Studies* (Carmarthen: V.G. Lodwick & Sons, 1974), 197:

> The second, and happily permanent, Baptist occupation of Carmarthen, initially around 1763 by way of the Old Priory to the Dark Gate, again in the words of Joshua Thomas, received 'not the least help from the remains of this ancient one'. On the contrary, the impetus derived, tortuously through the 'huge and amorphous' Teifi-side church of Enoch Francis (1688/9–1740) and the Ffynnonhenri offshoot of 1737, from the West Carmarthenshire Baptists, later nucleated at Rhydwilym, in the upper Eastern Cleddau valley, whose emergence as a passionate well-disciplined missionary force in the middle 1660s followed hard on the extinction of their earlier but less resolute and entirely unrelated brethren in Carmarthen.

[34] T.M. Bassett, *Bedyddwyr Cymru*, 88.

[35] Gomer M. Roberts, 'Howell Harris', yn Syr John Edward Lloyd, R.T. Jenkins a Syr William Llewelyn Davies (goln.), *Y Bywgraffiadur Cymreig hyd 1940* (Llundain: Anrhydeddus Gymdeithas y Cymmrodorion, 1953), 319.

[36] R.T. Jenkins, *Hanes Cymru yn y Ddeunawfed Ganrif* (Caerdydd: Gwasg Prifysgol Cymru, 1928), 71.

[37] Gw. Geraint H. Jenkins, *Literature, Religion and Society in Wales, 1660–1730* (Cardiff: University of Wales Press, 1980), Preface, par.1, a tt. 305–309; idem, *The Foundations of Modern Wales*, 347.

[38] G.H.Jenkins, *Literature, Religion and Society* , 307–308. Gw. hefyd, R.T. Jenkins, *Hanes Cymru yn y Ddeunawfed Ganrif*, 70.

[39] T.M. Bassett, *Bedyddwyr Cymru*, 88. Am y cynnydd yn nifer y Bedyddwyr yn y ddeunawfed ganrif gw. D. Densil Morgan, 'Smoke, Fire and Light', *The Baptist Quarterly* (1988), 224–232.

[40] Gw. R.T. Jenkins, *Trafodion* (1930), 56, a hefyd, 'Nonconformity after 1715: Methodism', yn J. E. Lloyd (ed.), *A History of Carmarthenshire*, II, 217–218.

[41] Gw. [Ni roddir enw'r awdur], *Rhydwilym 1668–1968* (Llandysul: Gwasg Gomer, 1968), 1, a hefyd David Williams, *Cofiant J.R. Jones, Ramoth* (Caerfyrddin: Wm. Morgan Evans a'i Fab, 1913), 412.

[42] *Rhydwilym 1668–1968*, 1.

[43] E.G. Bowen, 'Bedyddwyr Cymru tua 1714', *Trafodion* (1957), 13.

[44] Gw. David Jones, *Hanes y Bedyddwyr yn Neheubarth Cymru*, 419.

[45] R.T. Jenkins, 'Nonconformity after 1715: Methodism' yn J.E. Lloyd (ed.), *History of Carmarthenshire*, II, 218.

[46] David Jones, *Hanes y Bedyddwyr yn Neheubarth Cymru*, 432.

[47] Joshua Thomas, *Hanes y Bedyddwyr*, 418.

[48] David Jones, *Hanes y Bedyddwyr yn Neheubarth Cymru*, 432.

[49] O'r erthygl ar 'Hanes Tabernacl, Caerfyrddin' (sef Rhif 1 mewn cyfres ar 'Hanes Eglwysi'r Bedyddwyr'), *Seren Cymru*, 12 Gorffennaf 1922. Gw. hefyd yr ysgrif, 'History of the Church meeting at Tabernacle, Carmarthen', ar ddechrau 'Llyfr Cofnodion y Parch. Hugh William Jones' (Ll. G.C., Aberystwyth : Tabernacl, Caerfyrddin, Mân Adnau 747B.)

[50] E.G. Bowen, 'Bedyddwyr Tre Caerfyrddin', *Llawlyfr 1967*, 21.

[51] J. a V.G. Lodwick, *The Story of Carmarthen* (Carmarthen: Lodwick & Sons, 1972), 72. Ceir dadansoddiad manwl o'r 'Rhwyg yn Salem' gan R. T. Jenkins yn, 'William Richards o Lynn', *Trafodion* (1930), 33–55.

[52] T.J. Evans, 'Cipolwg ar Hanes y Tabernacl', *Llawlyfr 1937*, 15.

[53] David Jones, *Hanes y Bedyddwyr yn Neheubarth Cymru*, 433.

[54] Ibid., 433.

[55] Gw. D. Densil Morgan, *Christmas Evans a'r Ymneilltuaeth Newydd* (Llandysul: Gwasg Gomer, 1991), 45.

[56] Benjamin Rees, *Hanes Eglwysi y Bedyddwyr yn Blaenywaun; Gerazim; Penuel, Cemaes a Tabernacl, Trewyddel* (Llangollen: Swyddfa 'Y Greal' a'r 'Athraw', 1899), 14 a 29.

[57] T.M. Bassett, *Bedyddwyr Cymru*, 95–96.

[58] Benjamin Rees, *Hanes Blaenywaun*, 32.

[59] Ibid., 29–30.

[60] Ibid., 32.

[61] Ibid., 33.

[62] Ibid. 30.

[63] Gw. R. Tudur Jones, 'Dylanwad y Mudiad Methodistaidd ar Ymneilltuaeth Cymru yn y Ddeunawfed Ganrif', *Cylchgrawn Cymdeithas Hanes y Methodistiaid Calfinaidd* (1962), 57.

[64] Y mae'r sylwadau canlynol o eiddo Joseph Harris, 'Bywgraffiad y Parch. T. Lewis', *Seren Gomer*, Mai 1825, 128, yn ddadlennol:

> …yn niwedd y flwyddyn 1800, efe a briododd ferch ieuanc weddus a duwiol yn y dref hon (Caerfyrddin) o'r enw Elizabeth Havard, yr hon oedd aelod o'r eglwys yn y Porth-tywyll. Bu hyny yn foddion i'w ddwyn i gartrefu yma, ac yma y trigodd hyd ddydd ei farwolaeth. Gwedi dyfod o Mr. Lewis i breswylio yng Nghaerfyrddin, efe a gymmerodd arno ofal gweinidogaethol yr eglwys oedd yn cyfarfod yn y Porth-tywyll. Eithr yr oedd yr undeb rhyngddo ef â'r Brodyr yn Mlaen-y-waun yn gyfryw, fel na fynent roddi gollyngdod iddo mewn un modd; ac felly hwy a'i rhwymasant i addaw dyfod atynt yn fisol, ar Sabbath eu Cymundeb; yr hyn hefyd a wnaeth yn ddiesgeulus tra y caniatâwyd iddo iechyd a nerth, er fod y pellder rhwng y ddau le yn ddeg ar hugain o filltiroedd.

[65] T.J. Evans, 'Cipolwg ar Hanes y Tabernacl', *Llawlyfr 1937*, 18.

[66] Thomas Lewis (gol.), *Sylwadau ar Ranau o Air Duw mewn ffordd o Bregethau gan Titus Lewis*, (Casnewydd-Ar-Wysg: Gwasg W. Jones, 1878), xii.

[67] Ibid., xii.

[68] R. Tudur Jones, 'Dylanwad y Mudiad Methodistaidd…', 65.

[69] Ibid., 65.

[70] G. H. Jenkins, *Literature, Religion and Society*, 27. Daw'r dyfyniad ar ddiwedd yr ail frawddeg o Joshua Thomas, *A History of the Baptist Association in Wales, 1650–1790* (London: Dilly, Britton and Thomas, 1795), 43.

[71] D. Densil Morgan, *Christmas Evans*, 21.

[72] R. Tudur Jones, 'Dylanwad y Mudiad Methodistaidd…', 67.

[73] D. Densil Morgan, *Christmas Evans*, 28.

[74] Ibid., 28. Am nodwedion y pregethu Ymneilltuol a'r pregethu Methodistaidd, gw.: Thomas Shankland, 'Bywyd a Llafur J.R. Jones yn eu perthynas a'i Oes', yn David Williams, *Cofiant J.R. Jones, Ramoth*, 776; R.T. Jenkins, *Trafodion* (1930), 23; R. Tudur Jones, 'Dylanwad y Mudiad Methodistaidd…', 64–67; G. H. Jenkins, *Literature, Religion and Society*, 23–32; D. Densil Morgan, *Christmas Evans*, 21–28; Gwyn A. Williams, *The Search for Beulah Land, the Welsh and the Atlantic Revolution* (London: Croom Helm, 1980), 48–49.

[75] Gw. T.M. Bassett, *Bedyddwyr Cymru*, 89–91.

[76] Gw. G.H.Jenkins, *Literature, Religion and Society*, 30:

It is equally wrong to suppose that Methodist preachers were the first to dedicate themselves to the task of penetrating the heart through the medium of the spoken word. The foremost Dissenting preachers of this period were painstakingly searching in their discourses and skilful practitioners in the art of touching the affections.

[77] T.M. Bassett, *Bedyddwyr Cymru*, 81

[78] Thomas Lewis (gol.), *Sylwadau ar Ranau o Air Duw*, 6.

[79] Gw. Brian Davies, *An Introduction to the Philosophy of Religion* (Oxford: Oxford University Press, 1982), 51.

[80] Thomas Lewis (gol.), *Sylwadau ar Ranau o Air Duw*, 46.

[81] W.J. Rhys, *Y Bywgraffiadur Cymreig hyd 1940*, 526.

[82] Annibynnwr oedd Nathaniel Williams (1742–1826) yn wreiddiol, ond ymunodd ag eglwys y Bedyddwyr yn Salem, Meidrum (ardal ei gynefin), lle amheuwyd ef ar sail ei dueddiadau Sabelaidd. Tua 1782 ymadawodd â hi gan ymaelodi yn Eglwys y Prior, Caerfyrddin (ordeiniwyd ef yno yn Hydref 1785 'i weini ordinhadau yn Ffynnonhenry'), gan symud oddi yno'n ddiweddarach i eglwys Tŷ Coch (sef Ebeneser, Llangynog). Yr oedd yn ŵr blaenllaw yn nadleuon diwinyddol ei ddydd, ac yn aelod amlwg o'r gwrthblaid yng Nghymanfa Salem, 1799. Nid oes amheuaeth iddo ymuno â'r Bedyddwyr Cyffredinol oherwydd fe'i ceir yn pregethu yn eu cyfarfodydd blynyddol yn Abertawe, Mai 1806. Am Nathaniel Williams, gw. R.T. Jenkins, *Y Bywgraffiadur Cymreig hyd 1940*, 997–998; T. Oswald Williams, *Undodiaeth a Rhyddid Meddwl* (Llandysul: Gwasg Gomer, 1962), 195–196.

[83] Ynghyd â'r gwreiddol, gw. J. Gwili Jenkins,'Athrawiaeth y Drindod a Pherson Crist yng Nghymru, yn ystod y Ddeunawfed Ganrif', *Trafodion* (1920–21), 23; T. O. Williams, *Undodiaeth a Rhyddid Meddwl*, 151, 189.

[84] J. Gwili Jenkins, *Hanfod Duw a Pherson Crist* (Lerpwl: 'Y Brython', 1931), 246.

[85] Ibid., 247.

[86] T. O. Williams, *Undodiaeth a Rhyddid Meddwl*, 181.

[87] J. Gwili Jenkins, *Hanfod Duw a Pherson Crist*, 250.

[88] Gw. T.M. Bassett, *Bedyddwyr Cymru*, 87.

[89] J. Gwili Jenkins, *Hanfod Duw a Pherson Crist*, 256.

[90] Ibid., 265–266. Yn y fan hon y mae Jenkins yn dyfynnu W. Morgan, Caergybi, *Cofiant Christmas Evans* (1839), 30–31.

[91] Gw. T.J. Evans, 'Rhyngom Ni a'n Gilydd: mwy am Titus Lewis', *Seren Cymru*, 26 Mai, 1961.

[92] Thomas Lewis (gol.), *Sylwadau ar Ranau o Air Duw,* 19.

[93] R.T. Jenkins, 'William Richards o Lynn', *Trafodion* (1930), 37.

[94] R.T. Jenkins, 'Cwrdd Chwarter Bedyddwyr Glannau Teifi' (1794–1824), *Trafodion* (1942), 19.

[95] Ibid., 19.

[96] J. Gwili Jenkins, *Hanfod Duw a Pherson Crist*, 277.

[97] R.T. Jenkins, 'Cwrdd Chwarter Bedyddwyr Glannau Teifi (1794–1824)', *Trafodion* (1942), 19.

[98] Yn Synod Dort (1618–1619), rhestrwyd Pum Pwnc Calfiniaeth fel a ganlyn:

   (i) O ganlyniad i'w Chwymp, y mae'r ddynolryw yn llwyr lygredig.

   (ii) Dewisodd Duw, cyn sylfaenu'r byd, nifer benodol o bobl yng Nghrist i ogoniant tragwyddol, yn ôl ei arfaeth ddigyfnewid, ac o'i rad ras a'i gariad, heb unrhyw ragolwg o'u ffydd a'u gweithredoedd daionus; a gwelodd yn dda basio heibio'r gweddill, oherwydd eu pechodau, i'w hordeinio i ddigofaint, er clod i'w gyfiawnder.

   (iii) Gwnaeth yr Arglwydd Iesu drwy ei farwolaeth a'i ddioddefiadau Iawn dros yr etholedigion yn unig.

   (iv) Y mae gras Duw, trwy yr hwn y gelwir ac y cedwir y saint, yn anorchfygol ac yn anwrthsafadwy.

   (v) Ni syrth y sawl a alwyd yn effeithiol gan Dduw, ac a sancteiddiwyd drwy'r Ysbryd, ddim yn y diwedd oddi wrth gyflwr o ras.

   Gw. J. Gwili Jenkins, *Hanfod Duw a Pherson Crist*, 27. Gwelir mai dyma union drefn yr areithiau yng 'Nghabidwl' Caerfyrddin.

[99] William Richards, 'Cenad Ychwanegol at Gymmanfa Blaen-y-waun, neu Bapuryn Achlysurol (Rhifyn 1)', yn *Dadleuon y Dê Orllewin (1799–1804)*, Llyfrgell C.P.G.C., Bangor, Llyfrau Prin X/EL 471 RIC, 1.

[100] Ibid., 4.

[101] Ibid., 9.

[102] David Jones, *Hanes y Bedyddwyr yn Neheubarth Cymru*, 494.

[103] Dysgai Sabelius, gŵr o Lybia a fu'n athro yn Rhufain rhwng tua 198 a 217, mai

gwahanol weddau ar yr un Hanfod neu Berson oedd y Tad, y Mab a'r Ysbryd Glân. Nid oedd y Duwdod i'w ddeall yn nhermau tri pherson ond yn hytrach fel un Person a'i datguddiodd ei hun, ac a weithredai, trwy foddau gwahanol. Y mae Duw yn fonad a'i datguddiodd ei hun yn y Tad fel creawdwr a deddf-roddwr, ac yna, mewn ymestyniad ohono'i hun, yn y Mab, fel gwaredwr, ac yn yr Ysbryd Glân fel sancteiddiwr a bywiawdwr. Enw arall ar Sabeliaeth yw monarchiaeth moddolaethol. Fe'i condemniwyd gan yr eglwys fel heresi am ei bod yn anghyson â'r athrawiaeth uniongred am y Drindod. Esgymunwyd Sabelius gan Calistus yn 218 O.C.

[104] Benjamin Phillips (1750–1839) oedd gweinidog cyntaf Salem, Meidrum. Yn 1799, sef union flwyddyn Cymanfa Meidrum, cefnodd ar y Bedyddwyr Neilltuol, gan ddenu rhwng 30 a 40 o'i aelodau i'w gefnogi. Rhwygwyd yr eglwys yn ddwy garfan, ac am gyfnod bu'r ddwyblaid yn defnyddio'r un capel bob yn ail. Yn ddiweddarach bu Phillips yn gynrychiolydd Cymdeithas Lyfrau yr Undodiaid yng Nghymru. Am Benjamin Phillips, gw. R.T. Jenkins, *Y Bywgraffiadur Cymreig hyd 1940*, 712; T. O. Williams, *Undodiaeth a Rhyddid Meddwl*, 202–203.

[105] Gw. Thomas Richards, 'Y Parch. E.T. Jones fel Hanesydd', *Seren Gomer* (1960), 88.

[106] Gw. *Llythyr Cymanfa Salem*; y talfyriad ohono yn William Jones, *Hanes Cymanfa y Bedyddwyr*, 709–71; Thomas Shankland, *Seren Cymru*, 2 a 9 Ebrill, 1915.

[107] Y mae'n anodd bod yn bendant ynghylch nifer yr eglwysi a ddiaelodwyd, gan nad oes cofnod ohonynt, ond gellir bod yn weddol sicr i'r canlynol gael eu diarddel: Soan (cangen fechan o eglwys Blaen-y-waun, ar dir fferm Trecŵn); Clydach, Cwm Tawe; Heol y Prior, Caerfyrddin; Rhydargaeau; Llangyndeyrn; Llandyfân, ger Llandeilo; Glanyfferi; Yr Engine, Abertawe; Yr Hen Dŷ, Abertawe; Pontbrenaraeth, ger Llandeilo; Panteg, Castellnewydd Emlyn. Ni ddylid cymryd gosodiad William Richards bod 'ugain o eglwysi wedi mynd drosodd' (*Papuryn Achlysurol* I, 8), i olygu bod 20 eglwys wedi eu hesgymuno. Yn 1798 nid oedd ond 53 o eglwysi gan y Bedyddwyr yn y de i gyd, a phrin ddeugain yn yr ardaloedd hynny o fewn cyrraedd yr anghydfod. Cyfeirio a wna Richards at eglwysi y gellid eu hystyried yn perthyn i gorlan y Bedyddwyr Cyffredinol; nid oedd yn dilyn fod pob un wedi ymadael yn swyddogol â'r Bedyddwyr Neilltuol. (Gw. R.T. Jenkins, 'William Richards o Lynn', *Trafodion* (1930), 45; T. O. Williams, *Undodiaeth a Rhyddid Meddwl*, 203.) Diddorol yw nodi sylw T. Oswald Williams: 'Ymhen hanner can mlynedd wedi rhwyg Salem (1799) diflannodd eglwysi'r Bedyddwyr Cyffredinol fel ton ar wyneb y dŵr'. (ibid. 224)

[108] Gw. T.M. Bassett, *Bedyddwyr Cymru*, 111.

[109] Gw. R.T. Jenkins, 'William Richards o Lynn', *Trafodion* (1930), 36–39; Thomas Shankland, 'William Richards a Joseph Harris', *Seren Cymru*, 2 Ebrill 1915.

[110] William Richards, *Papuryn Achlysurol* I, 9.

[111] Gw. Benjamin Humphreys, *Hanes Bedyddwyr Felinfoel*, 184–185.

[112] J. Gwili Jenkins, *Hanfod Duw a Pherson Crist*, 271.

[113] Ibid., 271.

[114] Thomas Lewis (gol.), *Sylwadau ar Ranau o Air Duw*, 84.

[115] Ibid., 85.

[116] Ibid., 85.

[117] Ibid., 86.

[118] Ibid., 86.

[119] Ibid., 87.

[120] Ibid., 87.

[121] William Richards, *Papuryn Achlysurol* 5, 8.

[122] Titus Lewis, 'Rhai Nodiadau', yn Christmas Evans, *Ffurf yr Ymadroddion Iachus, yn cael ei gynnig yn Hyfforddydd i Blant Sïon* (Caerfyrddin, 1803), 6–8.

[123] Ibid., 21.

[124] Ibid., 21

[125] Titus Lewis, *Holwyddoreg y Bedyddwyr* (Caerfyrddin, 1804), 2.

[126] Menna E. Morgan, 'Hanes geiriaduraeth yng Nghymru o 1547 hyd 1914: gyda sylw arbennig i ddylanwad John Walters a William Owen Pughe ar eiriadurwyr 1805–1850' (traethawd Ph.D. anghyhoeddedig, Prifysgol Cymru Bangor, 2002), 196.

[127] Ibid., 196.

[128] Titus Lewis, *Taenelliad Babanod o Ddynion ac nid o Dduw* (Caerfyrddin, 1806), 4.

[129] Ibid., 4.

[130] Ibid., 12.

[131] Ibid., 6.

[132] Ibid., 6.

[133] Ibid., 8.

[134] Ibid., 8.

[135] Ibid., 8.

[136] Ibid., 10.

[137] Titus Lewis, wyneb-ddalen *Traethawd Byr, Eglur ac Ysgrythurol ar Fedydd* (Caerfyrddin, 1807).

[138] Ibid., 2.

[139] Ibid., 3.

[140] Ibid., 13.

[141] Titus Lewis, *Llyfr Rhyfeddodau, neu Amlygiad o Waredigaethau Rhyfeddol Duw i'w Weision* (Caerfyrddin, 1808), 3.

[142] Ibid., 3.

[143] Ibid., 7.

[144] Ibid., 13.

[145] Ibid., 32.

[146] Ganed John Gill yn Kettering, swydd Northampton, ar 23 Tachwedd 1697. Yr oedd ei dad, Edward Gill, yn aelod yn eglwys yr Ymneilltuwyr yn y dref, a gynhwysai Bresbyteriaid, Annibynwyr a Bedyddwyr, ac yna o eglwys y Bedyddwyr Neilltuol a sefydlwyd yno. Yma y bu Andrew Fuller yn weinidog am lawer blwyddyn. Bedyddiwyd John Gill ar 1 Tachwedd 1716, a'i ordeinio'n weinidog ar 22 Mai 1720. Bu'n gweinidogaethu yn Higham-Ferrers (saith milltir o Kettering), cyn symud yn 1720 i eglwys Horsley-Down, Llundain, lle y treuliodd weddill ei oes. Yr oedd yn awdur toreithiog, a throswyd llawer o'i waith i'r Gymraeg, yn cynnwys *Tystiolaeth*

o Ffydd ac Ymarferiad yr Eglwys (1720); esboniad ar Ganiad Solomon (1727); *Ar Broffwydoliaethau yr Hen Destament mewn perthynas â'r Meseia* (1728); *Traethawd ar y Drindod* (1731); *Esboniad ar y Testament Newydd* (mewn tair cyfrol: 1746, 1747 a 1748); *Tragwyddol Fabolaeth neu Genhedliad Crist* (1767); *Corff o Ddiwinyddiaeth Athrawiaethol* (1769). Dywedir amdano yn y Rhagarweiniad i *Esponiad Athrawiaethol ac Ymarferol ar y Testament Newydd*:

Yr oedd Dr. Gill nid yn unig yn gwilio [sic.] ei bobl, ond yn gwilio ei bulpud hefyd. Ni chai neb o wrthwynebwyr y Drindod, Duwdod Crist, ac athrawiaethau neillduol ras esgyn iddo – yr oedd ef yn cyfrif Ariaid, Sabeliaid a Sosiniaid, yn berffaith wrthwynebwyr i'r efengyl, ac yn wir elynion croes Crist.

Mae'n amlwg mai dyma hefyd safbwynt y tri a gyfieithiodd ei esboniad i'r Gymraeg.

[147] Christmas Evans, Titus Lewis a Joseph Harris, *Esponiad Athrawiaethol ac Ymarferol ar y Testament Newydd*, Cyf. 1 (Caerfyrddin, 1810), iv.

[148] Titus Lewis, 'Llythyr at y Darllenydd', *Esponiad at y Cyffelybiaethau a roddir yn yr Ysgrythurau Sanctaidd i Dduw'r Tad* (Caernarfon, 1811).

[149] Ibid., 1.

[150] Titus Lewis, *Hanes Wladol a Chrefyddol Prydain Fawr* (Caerfyrddin: Gwasg John Evans, Heol y Prior, 1810), iii.

[151] Dafydd Glyn Jones, *Agoriad yr Oes* (Talybont: Gwasg Y Lolfa, 2001), 12.

[152] Ibid., 12.

[153] Titus Lewis, *Hanes Wladol*, iii.

[154] Ibid., iii.

[155] Ibid., iii.

[156] Dafydd Glyn Jones, *Agoriad yr Oes*, 188.

[157] Titus Lewis, *Hanes Wladol*, v.

[158] Dafydd Glyn Jones, *Agoriad yr Oes*, 190.

[159] Titus Lewis, *Hanes Wladol*, iv.

[160] Ibid., v.

[161] Dafydd Glyn Jones, *Agoriad yr Oes*, 192.

[162] Gw. T.M. Bassett, *Bedyddwyr Cymru*, 173.

[163] Yr wyf yn ddyledus i Prys Morgan am egluro imi, yn ystod yr arholiad *viva voce*, ystyr y gair *'Otaheitans'*.

[164] Gw., e.e., John Thickens, *Emynau a'u Hawduriaid*, (Llyfrfa'r M.C., Caernarfon, 1961), 169; E. Cefni Jones, 'Ein Hemynyddiaeth' (Araith Llywydd Undeb Bedyddwyr Cymru, 1954), (Caernarfon, 1954), 16; Delyth G. Morgans, *Cydymaith Caneuon Ffydd* (Aberystwyth: Pwyllgor y Llyfr Emynau Cydenwadol, 2006), 122. Yr unig emyn yn *Mawl i'r Oen a laddwyd* sy'n agor â'r gair 'Mawr' yw:

Mawr yw'th diriondeb nefol Dad
Hyd yma atom ni fel gwlad.

B.D.

[165] Er y nodir yn *Caneuon Ffydd* (rhif 571), yn *Cydymaith Caneuon Ffydd* (tt.521–522), ac yn *Y Llawlyfr Moliant Newydd* (golygyddion E. Cefni Jones a John Hughes; Tŷ

Ilston, Abertawe, 1955) mai emyn Lladin o'r nawfed ganrif yw 'Tyr'd, Ysbryd Glân, i'n c'lonnau ni' yn wreiddiol, ac iddo gael ei gyfieithu i'r Gymraeg gan Rowland Fychan (c. 1587–1667), fe'i priodolir gan Titus Lewis i Edmwnd Prys. Felly a wna yn *Pigion o Salmau Canu yn ôl Cyfansoddiad Edmund Prys* (tt. 94–95), lle yr argreffir chwe phennill yr emyn yn llawn o dan y pennawd 'Gweddi'r Saint am Ysbryd Duw', ac yn *Mawl i'r Oen a Laddwyd* lle y cynhwysir ond y tri phennill cyntaf ohono (gw. argraffiad 1802, yr Ail Ran, rhif XI, t. 80, ac argraffiad 1808, Rhan Un, rhif CXLIV, tt. 117–118) o dan y pennawd 'Doniau'r Ysbryd'. O dan y tri phennill yn y ddau argraffiad o *Mawl i'r Oen a Laddwyd* ceir y llythrennau 'E.P'. Yn achos *Pigion o Salmau Canu* ni phriodolir unrhyw ran o'r casgliad i unrhyw awdur ar wahân i Edmwnd Prys. Er y derbynnir yn gyffredinol heddiw mai eiddo Rowland Fychan yw'r cyfieithiad Cymraeg o'r emyn, erys y cwestiwn pam fod Titus Lewis yn ei dadogi ar Edmwnd Prys.

[166] Titus Lewis, 'Gair at y Darllenydd', *Pigion o Salmau Canu yn ôl Cyfansoddiad Edmund Prys* (Caerfyrddin, 1810).

[167] Ibid.

[168] Gw. T.J. Evans, 'Titus Lewis, Caerfyrddin a Blaenywaun', *Seren Cymru*, Ebrill 1961.

[169] Ibid.

[170] T.J. Evans, *Llawlyfr 1937*, 16.

[171] W.J. Rhys, *Y Bywgraffiadur Cymreig hyd 1940*, 526–527.

[172] Gw. D.D. Evans,'Bywgraffiad y Diweddar Barch. Titus Lewis', *Seren Gomer*, Mai 1825, 127–132.

[173] T.O. Williams, *Undodiaeth a Rhyddid Meddwl*, 216–217.

[174] Alun Tudur, 'O'r Sect i'r Enwad. Datblygiad Enwadau Ymneilltuol Cymru, 1840–1870' (traethawd Ph.D. anghyhoeddedig, Prifysgol Cymru Bangor, 1992), 148.

[175] Ystadegau'r Bedyddwyr. Yn 1800 yr oedd oddeutu 9,000 o aelodau gan y Bedyddwyr yng Nghymru. Yn 1810 yr oedd 14,660; yn 1820 yr oedd 21,499; yn 1830 yr oedd 33,184. Yn ôl Cyfrifiad 1851 yr oedd gan y Bedyddwyr 511 o addoldai a 83, 322 yn addoli yn oedfa'r hwyr. Cym. Yr Annibynwyr: yn ôl Cyfrifiad 1851 yr oedd ganddynt 710 o addoldai, a 96,546 yn addoli yn oedfa'r hwyr. Yn ôl Cyfrifiad 1851 yr oedd gan y Methodistaid Calfinaidd 807 o addoldai a 120,736 o addolwyr yn yr oedfa nos Sul. Gw. Alun Tudur, 'O'r Sect i'r Enwad', 27; T.M. Bassett, *Bedyddwyr Cymru*, 199, 220; R. Tudur Jones, *Ffydd ac Argyfwng Cenedl*, I (Abertawe: Gwasg John Penry, 1981), 48; Ieuan Gwynedd Jones a David Williams (gol.), *The Religious Census of 1851: A Calendar of the Returns relating to Wales*. Vol. I, South Wales (Cardiff: University of Wales Press, 1976); Ieuan Gwynedd Jones, *Explorations and Explanations: Essays in the Social History of Victorian Wales* (Llandysul: Gomer Press, 1981), 218–221.

[176] Am ddiffiniad o'r termau 'eglwys', '*ecclesia*', 'cwlt', 'enwad', 'sect', gw. Alun Tudur, 'O'r Sect i'r Enwad', 2–11; Bryan R. Wilson, *Patterns of Sectarianism: organisation and ideology on social and religious movements* (London: Heinemann, 1967), 25; Michael Hill, *A Sociology of Religion* (London: Heinemann, 1973), 47–70.

[177] Alun Tudur, 'O'r Sect i'r Enwad', 43.

[178] Ibid., 115.

Pennod 2

ADEILADU AR Y SEILIAU CEDYRN
(1812–1891)

CYFNOD DAVID D. EVANS (1812–1827)

Gosododd Titus Lewis nod triphlyg iddo'i hun, ac i'w gynulleidfa yng Nghaerfyrddin, sef sicrhau safle addas i godi capel newydd arno; darparu darn o dir y tu ôl i'r adeilad i'w ddefnyddio i ddibenion claddu; ac agor academi a fyddai'n cynnig hyfforddiant i ddarpar weinidogion o bob rhan o Gymru.[1] Ni chafodd fyw i weld gwireddu unrhyw un o'i fwriadau, ond yn fuan ar ôl ei farw gwelwyd y tri amcan yn dwyn ffrwyth.

Y gŵr a droes yr allwedd yn nrws capel newydd y Tabernacl ar achlysur yr agoriad swyddogol oedd D.D. Evans, a oedd y diwrnod hwnnw, sef 25 Mawrth 1812, yn dechrau ar gyfnod ei weinidogaeth yng Nghaerfyrddin. Fe'i ganed ar 27 Mawrth 1787, yn Nolgoch, Troedyraur, Castellnewydd Emlyn, yn fab i'r Parchg. David Evans a symudodd yn ddiweddarach i fugeilio eglwys Maesyberllan yn Sir Frycheiniog. Yno, ym Maesyberllan, y dechreuodd David Evans bregethu (ynghyd â'i frawd, John, a ddaeth yn weinidog ymhen y rhawg yn Aberhonddu), ac ar derfyn ei dymor yng ngholeg y Fenni (sef yn academi enwog Micah Thomas; cychwynnodd y ddau frawd, David a John Evans ar eu cwrs yno yn yr un flwyddyn, sef 1809) fe'i hordeiniwyd yn 1811 yn ei fam eglwys ym Maesyberllan cyn ei sefydlu'n weinidog yn y Tabernacl.

Ac yntau ar y pryd yn ddyn sengl, gwnaeth ei gartref yn nhŷ Titus Lewis, a bu Martha, mam Titus, yn gofalu amdano. Ar farwolaeth ei merch-yng-nghyfraith yn 1812 yr oedd hithau wedi symud i fyw o Flaen-y-waun i Gaerfyrddin i ofalu am y plant amddifaid. Mae'n debyg i D.D. Evans anwylo'r plant a bod megis tadmaeth iddynt, ac ymfalchïai'n fawr yn y ffaith iddo gael y fraint, ymhen rhai blynyddoedd, o'u tywys drwy ddyfroedd y bedydd. Bu'r cysylltiad rhyngddo a theulu Titus Lewis yn un clòs hyd y diwedd, ac arwydd o hynny oedd y ffaith i'r teulu gyflwyno llyfrgell gynhwysfawr eu tad yn anrheg iddo, llyfrgell y ceid ynddi nifer o gyfrolau gwerthfawr, ynghyd â dogfennau a llawysgrifau perthynol i'r eglwys, gan gynnwys gweithredoedd y Tabernacl newydd. Aeth D.D. Evans ati i gwblhau llawer o brosiectau llenyddol Titus Lewis, gan gynnwys ei gyfieithiadau o esboniadau Dr. Gill a Benjamin Keach, a chwaraeodd ran allweddol, ac yntau â diddordeb dwfn mewn addysg, yn y gwaith o sefydlu academi Titus Lewis yng Nghaerfyrddin. Yn anffodus prin yw'r manylion am hanes a dylanwad yr academi hon sydd wedi goroesi, ac y mae lle i amau i lawer o'r cofnodion perthynol iddi gael eu llosgi gyda'r gweddill o bapurau D.D. Evans.[2]

Llwyddodd D.D. Evans i adeiladu ar y sylfaen gadarn a osodwyd gan ei ragflaenydd, a bu'r cyfnod o bymtheng mlynedd a dreuliodd yn weinidog y Tabernacl yn un cadarnhaol a ffrwythlon. Yn anad dim cyflawnodd bedwar peth tra phwysig yn natblygiad yr eglwys. Yn gyntaf, llwyddodd i ychwanegu'n sylweddol at nifer yr aelodau; er enghraifft, rhwng cymanfaoedd 1819 a 1820 bedyddiodd y gweinidog 71 ar broffes o'u ffydd, a'u derbyn i gymdeithas yr eglwys. Yn gynnar yn ei weinidogaeth gwnaeth D.D. Evans enw iddo'i hun fel pregethwr grymus a bugail gofalus, ac mae'n amlwg i rym ei argyhoeddiad ynghyd ag apêl ei bersonoliaeth ddenu llawer i ymuno â'i eglwys.Yn ail, gosododd nod iddo'i hun, ac i'w aelodau, i gasglu swm o £1000 tuag at y gronfa adeiladu; llwyddodd yn ei amcan, ac ymhen dim dilewyd y cwbl o'r ddyled a oedd yn aros ar y gost nid bychan o godi'r capel newydd. Yn drydydd, prynwyd darn cydffiniol o dir i'w ychwanegu at y fynwent, a thalwyd £75 amdano. Ac yn bedwerydd, aeth David Evans ati yn 1814 i sefydlu ysgol Sul yn y Tabernacl, a honno'n drwyadl Gymraeg ei chyfrwng iaith.

Yr arolygwr cyntaf oedd John Williams, 'Cwrier', a ddaliodd ati yn ei swydd hyd at 1865, cyfnod o dros hanner can mlynedd. Ar ddydd Calan 1814, am naw o'r gloch y bore, cynhaliwyd yr oedfa arferol yn y Tabernacl, a'r oedolion y tro hwn yn eistedd yn seddau'r llawr isaf, gan adael yr oriel yn wag. Pan oedd y gwasanaeth ar fin dechrau gorymdeithiodd y plant i mewn i'r capel gan sefyll yn rhesi ar hyd y ddwy eil; ar ôl i'r gweinidog ddeisyf bendith ar eu gwaith aethant allan drachefn i'r cyntedd, gan eistedd, fesul dosbarth, ar y grisiau a arweiniai i'r llofft, lle y cawsant eu dysgu gan eu hathrawon, hynny tra oedd y gwasanaeth yn mynd yn ei flaen yng nghorff y capel. Yn y modd hwn y gosodwyd seiliau yr arfer wythnosol o gynnal ysgol Sul yn y Tabernacl – traddodiad a barhaodd yn ddi-fwlch hyd heddiw. Bu cyfraniad John Williams yn un cwbl allweddol i lwyddiant yr arbrawf; ac yntau'n ŵr busnes gweddol gefnog bu'n ddibrin ei gefnogaeth i waith yr ysgol Sul, a thrwy ei haelioni sicrhawyd llenyddiaeth ac offer addas at wasanaeth yr athrawon a'r disgyblion.[3] Cafodd yntau, yn ei dro, ei gefnogi'n frwd gyda'r gwaith gan ei ferch ddawnus, Elizabeth.

Yn niwedd 1827 derbyniodd D.D. Evans alwad o eglwys Pont-rhyd-yr-ynn, Mynwy; er mawr ofid i'w braidd yn y Tabernacl (oherwydd erbyn hyn yr oedd David Evans ymhlith yr amlycaf o arweinwyr enwad y Bedyddwyr yng Nghymru, a'i ran yn y gwaith o gorffori achosion newydd yn Sir Gaerfyrddin yn anhepgor), fe'i hatebodd yn gadarnhaol, ac yno y bu'n gweinidogaethu am weddill ei yrfa, hyd nes iddo ymddeol yn 1857. Yn dilyn ei ymddeoliad symudodd i fyw i Gaerdydd am gyfnod o rai misoedd, ac yna yn ôl i Gaerfyrddin gan ymaelodi drachefn yn eglwys y Tabernacl. Etholwyd ef yn weinidog anrhydeddus yr eglwys, a bu'n gyfaill trwyadl i Hugh William Jones, er gwaetha'r ffaith i'r berthynas rhyngddynt fod braidd yn sigledig ar y dechrau. Bu farw'n sydyn ar nos Sul, 29 Awst 1858, ar ôl iddo fod yn cynorthwyo'r gweinidog wrth y bwrdd Cymun, a chyhoeddi'r emyn olaf. Cynhaliwyd gwasanaeth coffa iddo yn y Tabernacl, cyn daearu ei weddillion ym Mhont-rhyd-yr-ynn, lle y claddwyd ei briod ychydig ynghynt.

Pan oedd yn weinidog yn y Tabernacl etholwyd ef yn olygydd *Seren Gomer* (swydd a lanwyd ganddo am y degawd rhwng 1825 ac 1835), yn olynydd i'r golygydd cyntaf a sylfaenydd y papur, sef Joseph Harris (Gomer), Abertawe (1773–1825). Cafodd David Evans gymorth i ysgwyddo'r baich golygyddol gan Samuel Evans (Gomerydd), a llwyddodd y ddau i ddiogelu'r safon uchel a osodid i gynnwys y cylchgrawn gan ei sefydlydd.[4] Ni ellir bod yn sicr pwy yn union a luniai'r erthyglau golygyddol, ai D.D. Evans ar ei ben ei hun neu yntau a Gomerydd ar y cyd, oherwydd ni roddir nac enw na blaenlythrennau ar eu terfyn, ond y mae'r ffaith fod y ferf, bron yn ddieithriad, yn y ffurf luosog yn awgrymu mai cywaith ydynt. Ni bu'r golygydd newydd yn hir cyn atgoffa'r darllenwyr o amcanion y cylchgrawn, ac o'r polisi golygyddol a orweddai y tu ôl iddo:

> Nyni a ymrwymasom … y buasem yn dal at yr anmhleidgarwch manylaf, megis hefyd y gwelsai Mr. HARRIS o'n blaen; yn hyn yr ydym yn hyderu ein bod wedi cyflawn foddloni pob darllenydd hynaws a deallus. Ac yr ydym etto yn addaw … y bydd i'r anmhleidgarwch mwyaf dilwgr gael ei gynnal yn barhaus ar ei draed … gan ein bod yn gweld yn eglur mai anmhleidgarwch yw y brif belydr a dynodd gymmaint o sylw plant y Dywysogaeth arni o'i hymddangosiad blaenaf.[5]

Yn sicr o ran ei chynnwys diwinyddol nod *Seren Gomer* yn ystod golygyddiaeth D.D. Evans oedd agor cwys union, heb wyro ar y dde na'r aswy, na dangos ffafriaeth tuag at un ysgol o feddwl yn fwy nag un arall. Cesglir oddi wrth hyn mai gŵr diogel, canol y ffordd, oedd y golygydd ei hun, un â'i fryd (yn wahanol, dyweder, i Titus Lewis) ar osgoi'r tensiynau rhwng ceidwadaeth a radicaliaeth a oedd yn dal i ffrwtian o dan yr wyneb ymhlith Bedyddwyr Cymru. Yn wleidyddol, fodd bynnag, yr oedd yn llawer mwy mentrus, ac yn llawer parotach i ddangos ei liwiau. Go brin y buasai ei ymateb hiliol a nawddoglyd i Ddeddf Rhyddhad y Caethion – 'gobeithiwn y bydd eu hymddygiad hwy [h.y. y caethweision] yn deilwng o'r fendith anmhrisiadwy a gawsant'[6] – yn dderbyniol heddiw, ond nid felly ei barodrwydd, o gadair golygydd, i gefnogi llywodraeth y dydd ar draul cystwyo'r wrthblaid. Rhagwêl, yng nghyd-destun Deddf y Tlodion, y byddai anhrefn llwyr oni chaniateid i'r tlodion y gwelliannau newydd a addawyd iddynt:

> Yn awr, os yw y Toriaid yn dyfod i mewn i Gyngor ei Fawrhydi, fel y mae pob arwyddion heddyw eu bod, ofnwn mai achwyn y byddir blwyddyn i heddyw, nid am lwmder o newyddion da, ond am lawnder digyfor o newyddion drwg. Canys, os y Toriaid a ryfygant wrthod myned ymlaen â'r diwygiadau a gynnygiwyd gan y Whigiaid (a llawer mwy), y rhai y safasant hwy mor ysgeler yn eu herbyn, yna

bydd yn rhaid iddynt naill ai cymmeryd yr heol yn ddioed pan gyfarfyddo y Senedd, neu yntê i'n gwlad fod mewn perygl o gael ei gorlifo gan afonydd o waed.[7]

Ar adegau, ni all Evans gelu ei falchder oherwydd llwyddiant ei gylchgrawn, ac yn fynych iawn pan yw ef ar ei fwyaf ymffrostgar y mae ei arddull ar ei mwyaf blodeuog, e.e.:

> Nid ydym hefyd heb lawenychu wrth weled bod y cynnorthwyon diflin, a'r cefnogaethau ychwanegol a dderbyniwn yn barhaus oddiwrth ein Gohebwyr, ein Dosbarthwyr, a'n Derbynwyr lliosog a deallus, yn brofion annadleuadwy fod y SEREN yn parhau yng ngwychder ei thegwch, ym mhrydferthwch ei dyscleirdeb, yn gystal ag yn helaethder ei defnyddioldeb cyntefig, hyd y dydd hwn.[8]

Y mae ei ddadl ynghylch 'henafedd' *Seren Gomer*, o'i chyferbynnu â llawer o gyhoeddiadau y tu arall i Glawdd Offa – 'Gwir bod niferoedd ohonynt [h.y. cyfnodolion Saesneg] wedi ymddangos o flaen y SEREN, eithr y mae mor wir â hyny, fod amryw o'r rhai hyny wedi diflanu ers blynyddoedd'[9] – yn fwy cytbwys.

Ac yntau'n ŵr mor amryddawn – yn bregethwr, addysgwr, golygydd a llenor pur adnabyddus yn ei ddydd – y mae'n drist meddwl (yn sicr o safwynt hanes y Tabernacl, a'r sawl a ymchwilia iddo) i'r casgliad helaeth o ddogfennau, erthyglau a chofnodion, gan gynnwys papurau Titus Lewis, a adawodd D.D. Evans ar ei ôl gael ei ddifa mewn tân dinistriol yn nhŷ ei fab, Dr. Conway Evans, yn ninas Caerfaddon.[10] Yn ddiau, ymgorfforai D.D. Evans ddiddordeb ysol yr Ymneilltuwyr mewn addysg a llenyddiaeth, a bu ei lafur yng Nghaerfyrddin yn fodd i ddwyn eglwys y Tabernacl i ganol llif y diwylliant capelyddol Cymraeg.

CYFNOD REES GIBBON (1828–1833)

Fel y dengys copi o weithred y Tabernacl, dyddiedig 1 Mai 1811, yr oedd ym mwriad Titus Lewis nid yn unig i godi capel newydd ond hefyd i gynllunio'r adeiladau yn y fath fodd fel y byddai'n bosibl sefydlu ynddynt ysgol, neu goleg, i'r diben o hyfforddi gwŷr ifainc ar gyfer gwaith y weinidogaeth:

> And also to permit and suffer the said Meeting House or other buildings to be used, occupied and enjoyed as and for an Academy or School or place of Classical and Religious instruction for young men devoted to the ministry among Protestant dissenters.[11]

Agorwyd yr academi yn fuan ar ôl agoriad y Tabernacl yn 1812, ac fe'i cynhelid mewn goruwchystafell yn festri wreiddiol y capel. Fel y nodwyd eisoes, rhoes D.D. Evans ei gefnogaeth lwyr i'r academi, ac ef, ymysg eraill, a fu'n gyfrifol am apwyntio T.R. Edwards yn brifathro cyntaf y sefydliad. Ar ôl iddo yntau roi'r gorau i'r gwaith cynigiwyd y swydd i Rees Gibbon, a oedd yn weinidog ar y pryd yn Noc Penfro. Wedi iddo yntau symud i Gaerfyrddin ymaelododd yn ddiymdroi yn eglwys y Tabernacl, a bu ei ddyfodiad i'r dref yn gaffaeliad mawr i'r gweinidog ac i'r eglwys.

Mab i amaethwr yn ardal Llanboidy oedd Rees Gibbon. Bedyddiwyd ef yn eglwys Ramoth, Cwmfelin Mynach yn 1814, ac yntau ond yn 13 oed. Derbyniodd ei addysg yn Athrofa Bryste, ac ar derfyn ei gwrs yn y fan honno ymsefydlodd yn Mhenfro, cyn symud i Gaerfyrddin. Pan dderbyniodd D.D. Evans y gwahoddiad i weinidogaethu ym Mynwy, arweiniodd Rees Gibbon ddirprwyaeth ar ran eglwys y Tabernacl yn taer erfyn arno i ailystyried ei benderfyniad, ond ni fu'n bosibl dwyn perswâd arno. Serch hynny, yr oedd y berthynas rhwng D.D. Evans a Rees Gibbon yn un agos a chyfeillgar; Rees Gibbon a lywyddodd gyfarfod ymadawol y gweinidog, a defnyddiodd yr achlysur i dalu teyrnged dra uchel i ymdrechion a dylanwad David Evans yn yr eglwys ac yng nghylch ehangach y dref.

Nid oedodd yr aelodau fawr ddim cyn estyn galwad i weinidog newydd, ac ni bu rhaid iddynt fwrw eu rhwyd ymhell cyn canolbwyntio eu sylw ar eu dewis-ddyn. Yn gynnar yn 1828 estynnwyd gwahoddiad unfrydol i Rees Gibbon i ymgymryd ag arweinyddiaeth yr eglwys, a dechreuodd yntau ar ei waith yn Chwefror y flwyddyn honno. O'r cychwyn gwelodd ei lafur yn medi cynhaeaf, ac ychwanegwyd nifer sylweddol o aelodau newydd at rengoedd yr eglwys. Yn ogystal â bod yn areithydd huawdl yr oedd Rees Gibbon yn bregethwr grymus; meddai ar gof gafaelgar, ymdriniai â'i destun mewn modd medrus a goleuedig, defnyddiai eglurebau syml o fywyd bob dydd ac o fyd natur yn ffenestri i'w genadwri, ac yr oedd yr un mor gartrefol yn ei ddefnydd o'r Saesneg a'r Gymraeg. Un a'i hadwaenai yn dda oedd yr hanesydd enwadol David Jones, ac yn y modd hwn y disgrifia yntau ddawn Rees Gibbon:

> Yr oedd Mr. Gibbon yn ysgolhaig da, ac yn bregethwr rhagorol … Yr oedd ei ddeall yn eang, a'i amgyffrediadau yn dreiddgar … Wrth ragymadroddi ymafaelai mewn rhyw ddrychfeddwl naturiol, a sicrhai sylw ei wrandawyr: yr hwn a wnelai yn fath o allwedd i fyned i agor ei bwnc, a gwelid holl gynnwys ei destun erbyn y delai ato, a chyfodai oddiwrtho ddrychfeddyliau, ac ymhelaethai arnynt gyda chymaint o fedrusrwydd cywraint ac eglur, fel y byddai ei holl wrandawyr yn gorfod teimlo ei fod yn dywedyd y gwir, a gwelwyd lawer gwaith agos holl gynulleidfa y Tabernacl mewn dagrau wrth ei wrandaw.[12]

Nid yw'n syndod, felly, i'w ddoniau yn y pulpud ddenu llawer i oedfaon y Tabernacl. Ar ben hynny, ar gyfrif ei feistrolaeth o'r iaith Saesneg, llwyddodd i adeiladu pont rhwng yr eglwys a nifer o Saeson a Chymry di-Gymraeg dylanwadol yn y dref, a deuai llawer ohonynt yn gyson i wrando arno'n traethu o bulpud y Tabernacl.

Eithr ni chyfyngai ei genhadaeth i'r tu mewn i furiau'r capel; ymddiddorai ym mhynciau cyhoeddus y dydd, ac nid oedd ofn arno i fynegi ei farn yn agored a chroyw. Ymhlith y nythaid o weinidogion Anghydffurfiol dawnus a galluog a oedd yn nhref Caerfyrddin ar y pryd – Joshua Watkins (a'i gysylltiad agos â Morgan John Rhys) ym Mhenuel; David Peter (un o'r colofnau cedyrn ymhlith arweinwyr Annibynwyr y cyfnod) yn Heol Awst; a David Charles (yr emynydd) yn Heol Dŵr – cydnabuwyd Gibbon yn fuan fel eu prif arweinydd, un a feiddiai rannu ei weledigaeth gyda gwroldeb dibetrus. Yn gynnar yn ei weinidogaeth yn y Tabernacl cynhaliwyd cyfarfod cyhoeddus mawr y tu allan i Neuadd y Dref er mwyn pwyso ar lywodraeth y dydd i hyrwyddo mesur seneddol a fyddai'n caniatáu hawl i Ymneilltuwyr weinyddu priodasau yn eu capeli eu hunain, braint a omeddwyd iddynt hyd hynny. Mynnai'r protestwyr gydraddoldeb â'r Eglwys Anglicanaidd, gan ddadlau bod yr orfodaeth i briodi yn eglwys y plwyf yn peri anhwylustod nid bychan iddynt.[13] Y Gymdeithas Brotestannaidd er Amddiffyn Rhyddid Crefyddol oedd ar flaen y gad, gyda'r Aelod Seneddol John Wilks yn gweithredu fel ysgrifennydd iddi.[14] Cymerodd Gibbon ran amlwg, yn lleol ac yn genedlaethol, yn yr ymgyrch a ymledodd fel tân ymhlith Ymneilltuwyr Cymru benbaladr, ac a ddaeth i ben yn 1837, sef pedair blynedd ar ôl marw Gibbon, mewn buddugoliaeth i'r protestwyr, ac a olygai fod Ymneilltuwyr yn mwynhau yr un hawliau, yng nghyswllt gweinyddu priodasau eu haelodau, â'r Anglicaniaid.

Yr un cymhelliad yn union, sef yr awydd i amddiffyn cyd-ddyn rhag gormes o bob math, a barodd i Rees Gibbon ymuno yn y gwrthdystiad yn erbyn y gamdriniaeth a ddioddefodd cenhadon Bedyddiedig yn Jamaica. Collodd yr enwad eiddo gwerth £14,000 ar yr ynys, a thaflwyd nifer o genhadon i garchar. Cynddeiriogwyd Bedyddwyr Lloegr a Chymru fel ei gilydd gan y digwyddiadau trist; cyfrannodd y Dirprwywyr Ymneilltuol swm o £200 i ddosbarthu pamffledi ar hanes Jamaica, a galwodd Bwrdd Gweinidogion Llundain ar Fedyddwyr Cymru i ddwyn pwysau ar bob ymgeisydd seneddol i gefnogi'r cais am iawndal. Anerchodd Rees Gibbon, a'i gydweinidogion Dafydd Bowen, Joshua Watkins, Titus Jones a D.R. Stephens, gyfarfodydd cyhoeddus yng Nghaerfyrddin, Llanelli, Castell-nedd a Llanymddyfri, ac ymwelwyd â Chymru gan nifer o genhadon o ynys Jamaica.[15] Yn anorfod, ystyriwyd yr achos arbennig hwn fel rhan o'r ymgyrch ehangach i ddileu caethwasiaeth yn gyffredinol, pwnc a ddeuai, yn ôl T.M. Bassett, 'yn un o estyll pwysicaf gwleidyddiaeth yr enwad yn y blynyddoedd nesaf'.[16] Ar gyfrif arweinyddiaeth flaengar ei gweinidog ni bu llais eglwys y Tabernacl yn fud yn y materion hyn.

Mae'n amlwg, felly, i Gibbon feddu ar gydwybod gymdeithasol effro, ac o gyfuno honno â'i ddiddordeb cynhenid mewn addysg, nid yw'n rhyfedd iddo godi baner o blaid addysg rydd a rhad i blant y werin, hynny mewn oes pan amddifadwyd llawer o blant o deuluoedd tlawd o'r cyfle i fynychu ysgol yn rheolaidd. Mor gynnar â 1829 dadleuai o blaid cydraddoldeb crefyddol, a galwai am oddefgarwch ym mherthynas y gwahanol enwadau a thraddodiadau crefyddol â'i gilydd. Yn 1832 bu dathlu mawr yn sgil gosod y Ddeddf Ddiwygio ar lyfr statud y wlad, ac yn Nhachwedd y flwyddyn honno rhoesai Rees Gibbon y cynnig canlynol gerbron cyfarfod cyhoeddus yn nhref Llanelli:

> Bod y cyfarfod hwn yn edrych ar gaethiwed o bob math, pa un ai meddyliol ai corfforol, fel y trosedd mwyaf gwarthus ar egwyddorion hawliau cynhenid dyn, a'r trais mwyaf anwarantadwy ar ysbryd addfwyn crefydd.[17]

Yn ddiau yr oedd rhaglen waith Rees Gibbon yn un lawn a phrysur; yn ychwanegol at ei waith fel gweinidog a phregethwr, yr ymgyrchoedd cymdeithasol y mynnai fod â rhan ynddynt, a'r galwadau aml a oedd arno i bregethu mewn eglwysi a chymanfaoedd ar hyd a lled Cymru, cadwai mewn cysylltiad agos â gwaith yr academi gan gyflwyno ambell ddarlith i'r dosbarthiadau yn y fan honno. Dengys y rhestr o gyfarfodydd a gynhelid yn y Tabernacl ar y Sul yn ystod tymor ei weinidogaeth fesur ei ymroddiad:

> Cyfarfod Gweddi am 7.30 y bore
> Oedfa Bregethu (Cymraeg) am 10.00
> Ysgol Sul am 11.30
> Oedfa Bregethu (Saesneg) am 2.30
> Oedfa Bregethu (Cymraeg) am 6.00
> Dosbarth i ddysgu'r di-Gymraeg i ddarllen y Beibl yn Gymraeg am 8.00 yr hwyr.

Yn anochel yr oedd gŵr mor unplyg a diwyro ei safbwynt â Rees Gibbon yn sicr nid yn unig o ennyn edmygedd ac ymddiriedaeth ei gefnogwyr, ond hefyd o gyffroi casineb a chynddaredd y sawl a'i gwrthwynebai. Ysywaeth, eithafion y dicter hwn a roes fod i'r amgylchiadau blin a arweiniodd at ei farwolaeth sydyn a chynnar, gan brofi pa mor agored i feirniadaeth a dirmyg yr oedd gweinidog Ymneilltuol yn y cyfnod hwn. Yn Chwefror 1833 yr oedd gan Gibbon gyhoeddiad yn eglwys y Graig, Castellnewydd Emlyn. Ar y Sadwrn blaenorol, a hithau'n dywydd stormus, a'r eira'n disgyn yn drwch, methodd gyrrwr y cerbyd a gludai teithwyr rhwng Caerfyrddin ac Aberteifi gadw at ei amserlen arferol. Ac yntau'n dal i ddisgwyl y goets yn Heol Spilman, gan gerdded yn ôl a blaen er mwyn cadw'n gynnes, gwahoddwyd Gibbon gan ddynes a oedd yn byw yn ymyl i gysgodi yn ei thŷ, ac i gynhesu wrth y tân. Yn ei ddiniweidrwydd derbyniodd yntau wahoddiad y wraig a threuliodd beth amser ar ei haelwyd. Ychydig oriau'n ddiweddarach cyrhaeddodd y cerbyd ac aeth Gibbon i'w daith, ond nid cyn iddo gydnabod y wraig am ei chymwynas. Ddechrau'r wythnos ddilynol taenwyd si enllibus ar led yn nhref Caerfyrddin i Gibbon gael ei weld yn mynd i mewn i dŷ, ag iddo enw amheus, yn Heol Spilman ar y Sadwrn blaenorol. Ac fe'i gwelwyd hefyd yn estyn arian i'r wraig a drigai ynddo. Gan wneud sefyllfa ddrwg yn waeth tyngodd y wraig fod sail i'r athrod, ac ar unwaith yr oedd enw dilychwin gweinidog y Tabernacl yn sarn. Y Sul canlynol yn y Tabernacl, yng ngŵydd cynulleidfa gref, rhoes y gweinidog gyfrif ohono'i hun. Er nad oedd ganddo dyst y gallai alw arno, mynnai ei fod yn ddieuog o unrhyw anlladrwydd, bod Duw yn dyst iddo, a bod ei gydwybod yn gwbl glir. Rhannwyd eglwys y Tabernacl; safai rhai o'r aelodau o blaid eu gweinidog, tra amheuodd eraill ei gymhellion, a'i gyhuddo o anweddustra. Casglodd Thomas Lewis, a fuasai'n weinidog ym Mhenuel cyn iddo symud i eglwys Moreia, Rhisga, ac un a adnabu Gibbon yn dda, dystiolaeth o blaid y cyhuddedig, ond prin fu'r effaith. Ymhen rhai blynyddoedd olynwyd Thomas Lewis yn Rhisga gan Evan Ungoed Thomas, un a ddeuai yn ddiweddarach yn weinidog y Tabernacl. Bu'r ddau yn gohebu â'i gilydd ynghylch achos Gibbon, ac yn ei lythyrau y mae Thomas Lewis yn tynnu sylw at ddifrifoldeb y sefyllfa yn eglwys y Tabernacl yn ystod yr helynt. Yr oedd gwir berygl i'r eglwys ymrannu'n ddwy garfan; yn wir, oni bai am farwolaeth Gibbon mae'n dra thebyg y buasai ei wrthwynebwyr wedi cefnu ar y Tabernacl a ffurfio trydedd eglwys Fedyddiedig Gymraeg yn nhref Caerfyrddin. Tra oedd cyfeillion Gibbon yn llwfr, mae'n amlwg fod ei elynion wrthi'n ddiwyd yn cynllwynio drwg yn ei erbyn.

Fe'u harbedwyd rhag cymryd y cam o ymffurfio'n eglwys annibynnol newydd gan i iechyd y gweinidog ddirywio gymaint o dan y pwysau a oedd arno nes arwain at y ddarfodedigaeth. Bu farw ymhen chwe wythnos (o dorcalon, yn ôl rhai), ar 13 Ebrill 1833, yn ŵr ifanc 33 blwydd oed, ac fe'i claddwyd ym mynwent y Tabernacl bedwar diwrnod yn ddiweddarach. Daeth torf luosog i'w angladd, pryd y gwasanaethwyd gan David Griffiths, Cwmifor, a David Peter, Heol Awst, a phan seiliodd Joshua Watkins, gweinidog Penuel, ei bregeth ar Datguddiad 14: 13: 'Gwyn eu byd y meirw, y rhai sydd yn marw yn yr Arglwydd, o hyn allan, medd yr Ysbryd, fel y gorffwysont oddi wrth eu llafur, a'u gweithredoedd sydd yn eu canlyn hwynt.' Lluniodd Cawrdaf alarnad i Rees Gibbon, cerdd sy'n cynnwys yr englynion canlynol:

> O, Gyfaill, mor brudd dy gofio! – daear
>   Dywell sy'n dy guddio: –
>   Llawr trist na ellir rhoi tro
>   Yw pau bennaf pawb yno.

> O lanerch ei elynion – digeddus,
>   Duw a guddiodd Gibbon;
>   Troi'n farwol ei freuol fron,
>   I'w alw at angylion.

> Ar ei ôl mae môr o alaeth, – dynion
>   Yng nghadwynau hiraeth; –
>   Dygwyd haul y gym'dogaeth,
>   Yng nghanol dyddiol ei daith.[18]

Aethai rhagor na blwyddyn heibio ar ôl ei farw annhymig pan gafwyd dilyniant i saga drasig Rees Gibbon, digwyddiad hynod gyffrous a ysgydwodd dref Caerfyrddin o un pen i'r llall. Cafodd y wraig a fu'n gysylltiedig â'r athrod ei tharo â'r parlys, ac yn ei llesgedd galwodd ar dystion er mwyn cyffesu'n agored o'u blaen iddi wneud cam creulon â Rees Gibbon, ac iddi fod yn rhan o gynllwyn i'w ddifenwi. Adroddodd sut y daeth gweinidog y Tabernacl i'w haelwyd, ar ei gwahoddiad, oherwydd y storm erwin, ac i'w ymddygiad ar hyd yr amser fod yn ddifefl, heb fod yr awgrym lleiaf o unrhyw weithred anfoesol ar ei ran. Tosturiodd Gibbon wrthi oherwydd ei hamgylchiadau isel, ac estynnodd gydnabyddiaeth fechan iddi am ei graslonrwydd. Cyfaddefodd y wraig iddi gael ei llwgrwobrwyo'n helaeth er mwyn lledu'r enllib. Ar un olwg yr oedd datganiad y wraig yn rhy ddiweddar, gan fod y gweinidog ifanc bellach yn ei fedd, ond ar y llaw arall adferwyd ei enw da, a daeth ei ddylanwad – er yn farw – yn allu er daioni yn eglwys y Tabernacl, ac yn y cylch yn gyffredinol. Daethpwyd i ystyried ei farwolaeth yn nhermau merthyrdod, aberth proffwyd ifanc o blaid y gwirionedd.

Yn ogystal â bod yn ŵr yn meddu ar alluoedd ymenyddol pur anghyffredin, roedd Rees Gibbon yn gymeriad gloyw ac yn weinidog na chyfaddawdai ynghylch y safonau uchaf o ymddygiad. Ar derfyn oedfa gymun Ionawr 1835 cymhellodd Hugh William Jones aelodau'r eglwys i gyfrannu at osod cof-faen teilwng ar fedd Rees Gibbon, a bu'r ymateb o du'r eglwys yn hael ac unfryd. Ymhen canrif wedi marwolaeth Gibbon, sef ar Nos Iau Cablyd, 13 Ebrill 1933, cyfarfu aelodau'r eglwys o gylch ei feddrod, mewn gwasanaeth syml i dalu gwrogaeth iddo. Arweiniwyd gan y gweinidog, James Thomas, ac fe'i cynorthwywyd gan James Nicholas, Heol y Castell, Llundain (pregethwr gwadd cyrddau'r Groglith y flwyddyn honno), yntau'n un o blant Cwmfelin fel Rees Gibbon; a T.J. Evans, ysgrifennydd yr eglwys.

Gosodwyd torch o flodau ar y bedd gan y chwaer Z.D. Jones, un o aelodau hynaf yr eglwys, a disgynnydd i'r aelod cyntaf a fedyddiwyd gan Rees Gibbon yn y Tabernacl, sef Joseph Jones, Login, Llangynnwr, yn 1828. Unodd y gynulleidfa i ganu'r emyn adnabyddus, 'Arglwydd, melys ydyw cerdded / Ar y ffordd i Seion fryn'. Ar y nos Sul ganlynol neilltuwyd yr oedfa i gofio am y gwron ifanc, a thraddodwyd anerchiad gan y gweinidog ar y testun, 'Neges Proffwyd Ieuanc i Oes Gyfnewidiol'. Yn anffodus, fel yn achos Titus Lewis, nid oes llun o Rees Gibbon wedi goroesi, ond yn unig enghraifft o'i lofnod.

CYFNOD HUGH WILLIAM JONES, "YR UTGORN ARIAN" (1835–1873)

Fel y gellid disgwyl, arweiniodd marwolaeth Rees Gibbon, a'r amgylch-iadau anffodus a oedd yn gysylltiedig â hynny, at gyfnod anodd yn hanes yr eglwys; yr oedd yr aelodau ymhell o fod yn unfryd eu hymateb i'r digwyddiadau blin, a'r perygl oedd i'r gynulleidfa gael ei rhwygo o'i phen i'w gwaelod. Fodd bynnag, trwy arweiniad doeth, ac yn bennaf oherwydd dylanwad teulu Titus Lewis, fe lwyddwyd i osgoi rhaniad, ac i ddod i'r lan yn ddiogel. Roedd yn gwbl angenrheidiol ethol olynydd addas, ac fe'i cafwyd ym mherson Hugh William Jones, Casnewydd, a ddechreuodd ar ei weinidogaeth nodedig yn y Tabernacl ar 25 Ionawr 1835.

Eglwyswr oedd Hugh William Jones ym more oes. Fe'i ganed ar 9 Ebrill 1802 mewn ffermdy o'r enw 'Cwrt' ger Gogerddan Fawr, un o'r ffermydd helaethaf yn nhiriogaeth Tirmynach ym mhlwyf Llanfihangel Genau'r Glyn yn Sir Aberteifi; yn eglwys y plwyf hwnnw y bedyddiwyd ef yn blentyn ar y 15 Ebrill canlynol. Yn ei ddyddiadur y mae'n disgrifio'i dad, John, fel 'amaethwr doeth a pharchus, a thirfeddiannwr: ef oedd perchennog Alltddu, Alltgoch, Brynfedwen Fach a Ffosfydir'.[19] Priododd ag Anne Lewis, merch Penrhywgerwyn, a ganwyd iddynt dri o blant, John, Mary a Margaret. Ysywaeth, bu farw'r fam yn ifanc, ac ailbriododd y tad â'r forwyn, Elizabeth Williams, merch dlawd ei hamgylchiadau, 'ond a feddai ar nifer o ragoriaethau personol gwirioneddol werthfawr, a'i paratôdd ar gyfer uwch safle mewn bywyd'.[20] Ganwyd iddynt hwythau wyth o blant, sef David, Hugh, Anne, Thomas, Elizabeth, William, Jane a Harriett, ond bu farw Anne yn 13 oed pan oedd cartref y teulu ym mhlwyf Llanbadarn Fawr. Colled anaele i'r teulu oedd marwolaeth y tad yn niwedd 1817 yn 'Nhroed-y-rhyw-nant-y-brain' (gerllaw capel y Bedyddwyr, Jezreel, Goginan), ac yntau ond yn 33 mlwydd oed; fe'i claddwyd yn yr un beddrod â'i wraig gyntaf ym mynwent eglwys Llanfihangel Genau'r Glyn ar ddydd Calan 1818, hynny yng ngŵydd cynulleidfa 'o rai cannoedd'. Yr oedd Hugh yn un ar bymtheg oed ar y pryd. Yn dilyn y brofedigaeth hon symudodd Elizabeth a'r plant i Droedyrhiw, amaethdy yn ymyl Goginan.

O gyfnod cynnar yn ei fywyd ymddiddorai Hugh William Jones yn fawr mewn pynciau crefyddol, a chan fod y teulu'n mynychu'r eglwys blwyf, trefnodd ei rieni iddo ymbaratoi ar gyfer yr offeiriadaeth.

> Fe'm bwriadwyd gan fy rhieni ar gyfer yr eglwys, a phareais i fynd i'r ysgol er mwyn sicrhau gwybodaeth glasurol i'r diben hwnnw. Yr oedd hyn cyn marwolaeth fy nhad, a pharhaodd ar ôl hynny hyd at 1821, mi gredaf. Ar ôl imi ymroi i'm hastudiaethau i'r diben uchod, yr oeddwn yn gallu darllen rhyw ychydig o'm Testament Groeg.[21]

Er mai Anglican oedd Hugh Jones ym mlynyddoedd cynnar ei fywyd, codasai amheuon yn ei feddwl eisoes ynghylch dilysrwydd bedydd babanod.

> Ar yr adeg hon galwyd arnaf yn fynych mewn dadleuon i gefnogi taenellu babanod, ond er syndod mawr imi darganfyddais fod fy ngeiriadurwr (Parkhurst) yn cyfieithu'r gair 'bedyddio' yn 'suddo'. Fe'm symbylwyd gan hyn i archwilio'r mater yn fanylach, er fy mod yn dal yn hyderus fod popeth yn yr eglwys, o raid, yn gywir, o gofio am fawr ddysg a gwybodaeth drylwyr y Preladiaid a'r Doethuriaid. Ond o gofio fod y gwŷr mawr hyn hefyd yn feidrolion ffaeledig, tybiais mai'r ffordd ddiogelaf oedd i minnau ymholi a barnu drosof fy hunan. Dyna a wnes, a'r canlyniad oedd imi weld mai'r Bedyddwyr oedd ar y blaen gyda y mater hwn.[22]

Mae'n amlwg fod annibyniaeth barn, a pharodrwydd i ddilyn y gwir (fel yr oedd yntau'n ei ddeall a'i ddehongli) – nodweddion a ddeuai i'r amlwg mewn modd digamsyniol yn ystod ei weinidogaeth yn y Tabernacl – wedi gwreiddio'n ddwfn ym mhersonoliaeth Hugh William Jones o ddyddiau mebyd. Nid dibwys yw'r ffaith i'w fam, er iddi droi'n eglwyswraig gyda'i phriod, hanu'n wreiddiol o deulu o Fedyddwyr; yr oedd ei rhieni hithau, John a Jane Williams, wedi eu bedyddio trwy drochiad (ynghyd ag wyth ymgeisydd arall) ym Mhenrhynisaf, ger Penrhyncoch, Aberystwyth, ar 29 Mehefin 1788. Ar ôl symud i Droedyrhiw bu Eliza (fel y'i gelwid, sef mam Hugh) yn lletya gweinidogion a phregethwyr a wasanaethai'n achlysurol yn eglwysi'r gymdogaeth, ac yn eu plith y Bedyddiwr, William Goodman, a oedd yn ymwelydd cyson â'i haelwyd. Bu Hugh y mab yn dadlau ag ef droeon ar bynciau Ysgrythurol, yn arbennig ynghylch ordinhad bedydd, ac mae'n amlwg i'r ymdrafod bwyso'n drwm ar feddwl y gŵr ifanc oedd â'i fryd ar yr offeiriadaeth. Un noson penderfynodd fynd am dro hyd at yr oriau mân, er mwyn i William Goodman gael cyfle i fynd i'w wely'n gynnar, a hefyd, mae'n siwr, er mwyn osgoi dadl bellach. Drannoeth aeth Goodman at yr ysgolfeistr, a gofyn iddo drosi Mathew 3: 11 o'r Groeg gwreiddiol, hynny yng nghlyw y dosbarth. Bodlonodd yr athro, gan ddarllen yr adnod fel a ganlyn: 'Myfi yn ddiau ydwyf yn eich trochi chwi mewn dwfr i edifeirwch, eithr yr hwn sydd yn dyfod ar fy ôl i sydd gryfach na myfi, yr hwn nid wyf fi deilwng i ddwyn ei esgidiau, efe a'ch trocha chwi yn yr Ysbryd Glân, ac yn y tân.'

Effeithiodd hyn yn fawr ar bawb o'r disgyblion, ond ar neb yn fwy nag ar y darpar offeiriad. Ymglywodd Hugh William Jones â her yr alwad, 'Deuwch allan ohoni hi' (Datguddiad 18: 4), a'i dehongli yn nhermau anogaeth iddo ymadael â'r eglwys esgobol ac ymuno ag enwad y Bedyddwyr. Ysgrifennodd yn ei ddyddlyfr: 'Er nad ystyriais Eglwys Loegr erioed fel y butain fawr, yr wyf yn dal i ofyn pwy yw ei merched?',[23] sylw sy'n adlewyrchu'r tensiynau dyfnion a fodolai rhwng eglwyswyr ac Ymneilltuwyr yn nauddegau'r bedwaredd ganrif ar bymtheg. Cenfigennai'r eglwyswyr at gynnydd sylweddol yr achosion Ymneilltuol (yn ystod yr hanner can mlynedd cyn Cyfrifiad 1851, adeiladwyd capeli newydd ar raddfa eang, nes iddynt orniferi'r eglwysi o 4:1 neu hyd yn oed 5:1), yn arbennig yn y broydd Cymraeg a'r ardaloedd diwydiannol newydd,[24] tra oedd yr Ymneilltuwr yn casáu agwedd ffroenuchel ac imperialaidd yr Eglwys (a greai'r ymdeimlad o israddoldeb ymhlith nifer o aelodau'r capeli), ei dibrisdod o'r Gymraeg, ac yn fwy na dim y cysylltiad agos rhyngddi a'r wladwriaeth a ystyrid yn fygythiad gwirioneddol i ryddid barn ac addoliad.[25] Deuai'r Cymry i'w gweld fwyfwy fel Eglwys y dosbarth breiniol, ac yn un o brif sianelau'r goresgyniad estron a Seisnig a ddigwyddodd yn hanes eu cenedl.[26] O ychwanegu'r teimladau cryfion hyn at yr argyhoeddiad a ddaethai iddo mai bedydd crediniol oedd yr unig fedydd dilys, mae'n haws deall rhesymau Hugh William Jones dros ymadael â'r eglwys a'i magodd.

Bedyddiwyd ef a'i fam, trwy drochiad, ynghyd â Thomas Jones, yr ysgolfeistr, gan John Davies, Penrhyncoch, mewn oedfa fedydd yng nghapel Goginan ar 25 Mawrth 1821. Canlyniad hyn oedd i Hugh William Jones ei gyflwyno'i hun fel ymgeisydd am y weinidogaeth gydag enwad y Bedyddwyr. Derbyniodd ei hyfforddiant diwinyddol yn Academi Bradford (wedi iddo fethu sicrhau mynediad i Academi'r Fenni), ac wedi cwblhau ei astudiaethau'n llwyddiannus yn y fan honno bu'n gwasanaethu yn Ebeneser, Blaenafon (1826–1831), eglwys y Bedyddwyr Saesneg yn Nhredegar (1831–1832), ac eglwys Charles Street, Casnewydd (1832–1835), cyn symud yn 1835 i'r unig faes arall y bu'n gweinidogaethu ynddo, sef eglwys y Tabernacl, Caerfyrddin. Nid yw'r ffaith mai mewn eglwysi Cymraeg y bu'n gwasanaethu yn sir Fynwy yn anarwyddocaol, gan fod cyfnod ei weinidogaeth yno yn cyd-daro â'r ymchwydd mawr yng ngrym Ymneilltuaeth ar y pryd, ac â'r ffaith fod y Gymraeg yn dal i ffynnu yno, gyda llawer o'r rhai a ymfudodd yno o ardaloedd gwledig Cymru, er sicrhau bywoliaeth, yn cario eu mamiaith gyda hwy i'w trigfan newydd.[27]

Estynnodd eglwys y Tabernacl dair galwad daer iddo (y gyntaf yn 1833, a'r ail a'r drydedd yn 1834), a'r argraff glir a geir o ddarllen ei ddyddiaduron yw nad oedd ganddo fawr o ddiddordeb, yn sicr ar y dechrau, mewn symud i orllewin Cymru. Eithr ynghyd â'r 'alwad oddi fry' (erbyn y diwedd argyhoeddwyd Hugh William Jones mai dyna mewn gwirionedd oedd yr alwad o'r Tabernacl) yr oedd rhesymau mwy personol â rhan bwysig i'w chwarae yn y mudo. Oherwydd ar 22 Ionawr 1835, sef tridiau cyn iddo ddechrau ar ei weinidogaeth yn y Tabernacl, priododd Hugh William Jones â Mary Lewis, sef plentyn hynaf Titus Lewis, yn eglwys San Pedr, Caerfyrddin (ar y pryd nid oedd caniatâd i weinyddu priodas mewn capel Anghydffurfiol, ac felly gorfodwyd un a drodd ei gefn ar yr Eglwys Anglicanaidd i ddychwelyd iddi er mwyn tyngu ei lwon priodasol), ac y mae'n berffaith amlwg i'r ddyweddi a ddaethai yn awr yn wraig iddo roi cryn bwysau arno i newid ei feddwl ynghylch ei amharodrwydd i dderbyn 'galwad' Caerfyrddin. Y mae yntau ei hunan yn cydnabod hynny'n agored yn ei ddyddlyfr:

> Hydref 1833. Cais i ganiatáu i'r eglwys yn y Tabernacl, Caerfyrddin, estyn galwad imi, ond oherwydd y berthynas sydd rhyngof â'r eglwys yng Nghasnewydd, fe'i darbwyllais ar unwaith i ymatal.

> Ebrill 1834. Derbyniais wahoddiad oddi wrthynt, yn nodi'r telerau yn hytrach na rhoi galwad ffurfiol. Fe'm hyrddiwyd i gyflwr meddyliol tra ddryslyd. Nid oedd gennyf ddim yn erbyn yr eglwys fel y cyfryw, ond nid oeddwn yn chwilio am le. Gweddïais am arweiniad, ac ymgynghorais yn gyfrinachol â nifer o frodyr yn y weinidogaeth; yr oeddent yn rhanedig ynghylch y mater, ac yr oeddwn mewn drysfa. Oedais am beth amser gan nad oedd ynof unrhyw awydd i ymadael â Chasnewydd, nac unrhyw awydd ychwaith i symud i Gaerfyrddin.

Prin y buaswn wedi rhoi awr o ystyriaeth i'w gwahoddiad oni bai am yr angel sy'n byw yno, ac i'w dymuniad hithau, a fynegwyd yn unig ar ffurf ambell awgrym garedig, gael y fath ddylanwad arnaf. Y mae ein parodrwydd i wasanaethu neu i foddhau eraill yn gymesur â'n serch tuag atynt. Mawr yw dylanwad gwraig gariadus, rhinweddol!![28]

Fel y bu Elizabeth Havard yn bont i ddwyn Titus Lewis o Flaen-y-waun i Gaerfyrddin, bu ei merch, Mary, yn gyfrwng grymus i symud Hugh William Jones o Charles Street, Casnewydd i'r Tabernacl, Caerfyrddin. O safbwynt materol, bu Hugh William Jones ar ei ennill yn sylweddol o ganlyniad i'w briodas â Mary Lewis, a hithau'n etifeddes nid yn unig y tŷ a fu'n gartref i'w theulu yn Heol Dŵr, Caerfyrddin, ond hefyd fferm lewyrchus Pen-coed ym mhlwyf Llanfihangel Abercywyn. Brithir dyddiaduron Hugh William Jones â chyfeiriadau at weinyddiaeth y fferm, ynghyd â chofnodion manwl am log ar fuddsoddiadau (megis yng nghwmni Rheilfordd Cernyw), a llu o drafodion busnes eraill, nes gadael argraff glir ei fod yntau a'i deulu yn byw mewn amgylchiadau pur gyffyrddus. Yr oedd yn batrwm gweddol gyffredinol yn y cyfnod hwn fod gweinidogion yn meddu ar ffynonellau incwm annibynnol, yn ychwanegol at y gydnabyddiaeth a dderbynient oddi wrth eu heglwysi, ac yn ddiau yr oedd Hugh William Jones yn un o'r dosbarth hwn.

Ysywaeth, bu ei flynyddoedd cynnar yn y Tabernacl yn rhai eithriadol golledus iddo yn bersonol. Ar 12 Tachwedd 1841 bu farw ei wraig ar enedigaeth eu trydydd plentyn, Hugh George. Gwasanaethwyd yng nghynhebrwng Mary gan y cyn-weinidog D.D. Evans, ac fe'i claddwyd ym medd ei thad, Titus Lewis, wrth ystlys y capel. Ymhen un mis ar bymtheg collwyd y plentyn y bu ei enedigaeth yn achos marwolaeth ei fam, a phan oedd y tad yn dychwelyd adref o angladd Hugh George fe'i hysbyswyd o'r newydd blin fod ei unig ferch, Mary Havard, hithau hefyd, wedi darfod. Nid oedd yn aros yn awr o'r teulu lluosog ond un mab, sef Titus Lewis Jones, a aeth ymlaen i ddilyn cwrs mewn fferylliaeth ac a fu'n cynnal busnes llwyddiannus yn Heol Awst yn nhref Caerfyrddin am rai blynyddoedd. Ond bu yntau farw yn 1863, yn 26 oed, a thorrodd hyn galon ei dad. Er hyn magodd yntau ddigon o wroldeb i wynebu ei gynulleidfa ar y nos Sul ddilynol, pryd y pregethodd o dan deimlad dwfn ar eiriau Dafydd, 'O fy mab, Absalom, fy mab, fy mab, Absalom. O na buaswn farw drosot ti, Absalom, fy mab, fy mab' (2 Samuel 18: 33). Fel y gellid disgwyl, nodweddid yr oedfa gan ddwyster anghyffredin, a'r gynulleidfa'n ymdeimlo i'r byw â thorcalon y gweinidog. Ymhen amser, ailbriododd Hugh William Jones, a bu ei gymar, Mary Watkins, gweddw Joshua Philip Watkins, llawfeddyg a chrwner Caerfyrddin, a mab Joshua Watkins, gweinidog eglwys Penuel, yn ymgeledd cymwys iddo am weddill ei oes, ac yn fodd i lenwi'r gwacter a adawyd yn ei fywyd teuluol gan y colledion erch a brofasai.

Yr oedd gan Titus Lewis Jones a'i briod (un o ferched J.J. Jones, diacon yn eglwys Bethania, Aberteifi) un mab, John Watkins Jones, ac yn dilyn marwolaeth y tad cymerodd Hugh William Jones ei ferch-yng-nghyfraith a'i ŵyr i fyw ato i'w gartref yn Heol Erw Hir. Bu'r ŵyr yn fodd i lenwi peth o'r bwlch a agorwyd yng nghalon ei dad-cu, a datblygodd cyfeillgarwch agos rhwng y ddau. Ymhen rhai blynyddoedd priododd gweddw Titus Lewis Jones yr eildro, hynny â David Prosser, amaethwr cefnog o Gapel Dewi, eglwyswr selog, ac un o'r un cyff â J.D. Prosser, esgob Tyddewi, 1927–1944, ac olynydd C.A.H. Green fel archesgob Cymru. Yn dilyn ei phriodas ymaelododd Mrs. Prosser yn yr eglwys Anglicanaidd, ac yn naturiol ddigon codwyd ei bachgen o dan adain yr un traddodiad. Trodd yntau hefyd ei olygon tua'r weinidogaeth; fe'i hurddwyd i'r offeiriadaeth, a threuliodd 37 o flynyddoedd yn ficer Eglwys Crist, Abertawe. Yn ystod cyfnod olaf ei weinidogaeth ef oedd canghellor Esgobaeth Aberhonddu ac Abertawe.

Er gwaethaf y profiadau llymion a ddaeth i'w ran, nid oes amheuaeth i Hugh William Jones ennill ei le yn fuan yn eglwys y Tabernacl, ac ymhlith trigolion tref Caerfyrddin yn gyffredinol. Yn wir, o fewn dim wedi iddo symud i Sir Gâr, i un o ganolfannau pwysicaf tiriogaeth enwad y Bedyddwyr, daeth yn adnabyddus drwy Gymru gyfan fel pregethwr grymus, huawdl ei ymadrodd, a'i lais megis 'utgorn arian'. Heb os, yr oedd Hugh William Jones yn llwyfannwr ac yn lleisiwr hynod effeithiol, yn 'bresenoldeb' mewn pulpud, ac yn ŵr cyhoeddus a lwyddai i ddal cynulleidfa ar gledr ei law. Fe'i disgrifiwyd yn y modd hwn gan T.J. Evans:

Hugh William Jones of Carmarthen – 'Yr Utgorn Arian' – was one of the great pulpit orators of Wales, and for upwards of 40 years, until his death in 1873, he travelled the country preaching at its great festivals. He had a commanding presence and a beautiful voice, and such a consummate artist was he that he would present his message in a most effective style. He had a slight stammer, but with a sweep of majestic eloquence he would reach the climax with a tense evangelical appeal.[29]

Ond pa fath o berson oedd Hugh William Jones mewn gwirionedd, a beth oedd nodweddion y weinidogaeth faith o ddeunaw mlynedd ar hugain a roes i eglwys y Tabernacl? Prin y gellir rhoi llawer o bwys ar dystiolaeth R.D. Roberts, Llwynhendy, oherwydd er i'w draethawd, *Bywgraffiad i'r diweddar Barch. H.W. Jones, Tabernacl, Caerfyrddin* (1876), ennill y wobr gyntaf iddo mewn cystadleuaeth a noddwyd gan eglwys y Tabernacl, y mae'r cynnwys, yn unol â chonfensiynau cofiannol y cyfnod, yn nawddoglyd ac arwynebol, ac yn brin o feirniadaeth wrthrychol.[30] Yr argraff a geir gan T.J. Evans (ac yntau, hefyd, ar ei eithaf yn darlunio sefyllfa'r Tabernacl yn y termau mwyaf gloyw a ffafriol) yw bod y bennod hon yn un lefn-lwyddiannus a chymharol ddigyffro yn hanes yr eglwys, ond o ymchwilio'r ffynonellau gwreiddiol (sef, yn bennaf, ddyddiadur Hugh William Jones,[31] ynghyd â llyfrau cofnodion yr eglwys am y cyfnod), gwelir ar fyr o dro y modd y bu sawl crych ar wyneb y dŵr.

Personoliaeth hoffus, rhadlon, ond tymherus – tymhestlog a melodramatig ar adegau – a feddai'r gweinidog, a honno, yn anochel, yn llwyddo nid yn unig i ddenu cefnogwyr ond hefyd i greu gelynion. Ysgrifennai (fel y llefarai, mae'n siwr) yn ddiflewyn-ar-dafod; nid ofnai fynegi ei feddwl yn blaen, ac nid oedd yn un i ddioddef ffyliaid yn llawen. Bu'r cadernid hwn yn elfen anhepgor o'i lwyddiant fel gweinidog, ond nid arbedodd ef rhag profi min sawl awel groes. Yn ddiau, y mae asesiad B.G. Owens nid yn unig o gyflwr y Tabernacl ar y pryd, ond hefyd o weinidogaeth Hugh William Jones, yn ein dwyn yn nes o lawer at y gwir:

The diaries and the three registers combine to depict a tolerably complete, if not the traditional glowing, picture of a rapidly though not steadily developing church, and at the same time reflect the experiences of an eminently successful, if often sorrowfully disheartened, minister.[32]

TRAFFERTHION DIWINYDDOL AC YMARFEROL

Cyn iddo ymsefydlu yng Nghaerfyrddin fe gafodd Hugh William Jones ei hunan ynghanol ffrae ddiwinyddol go chwerw, fel y noda yn ei ddyddiadur, 18 Hydref 1834:

> Y mae fy ngelynion, yr Uchel Galfiniaid [term HWJ amdanynt yw 'Hyper Calvinists' neu 'Hypers'] yn ymdrechu i'm gwneud yn anhapus. Y maent yn fy nghyhuddo o Arminiaeth, cyhuddiad hollol ffals a di-sail. Ni choleddais erioed unrhyw athrawiaeth nad yw'n Galfinaidd ei phwyslais. Ymddengys i mi mai'r drefn y cytunwyd arni gan y Calfiniaid yn Synod Dort yw'r un fwyaf Ysgrythurol, a'r un fwyaf cyson â chymeriad ac ewyllys y Goruchaf. Y mae'r dynion hyn yn dwyn rhagfarn i feddyliau'r gwan yn erbyn fy ngweinidogaeth … O'r holl bobl y bu'n rhaid imi eu trafod mewn cymdeithas nid oes neb cyn waethed â'r 'Hypers'. Mae'n amlwg eu bod yn drwm o dan ddylanwad y 'gŵr o Hengoed' – dyn atgas. Mae'n rhaid fod diben gan y Duw doeth yn goddef y dyn hwn i ddrygu crefydd ac i aflonyddu ar heddwch gweinidogion Iesu.[33]

Ychydig ar ôl hyn derbyniodd lythyr haerllug (*'impudent letter'*), dyddiedig 6 Chwefror 1835, oddi wrth Thomas Williams, Ebenezer, Casnewydd, ar gyfrif ei bregeth yn y Cyfarfod Chwarter yn erbyn Uchel Galfiniaeth, ac ni all osgoi'r argraff fod yr 'Hypers' yn 'bobl dra digywilydd a difoes'.[34]

Nid oes fawr o amheuaeth nad y 'gŵr o Hengoed' yn y dyfyniad uchod oedd John Jenkins,[35] Bedyddiwr Neilltuol, Uwch Galfinydd, gwrthwynebydd di-ildio i Arminiaeth a Ffwleriaeth, awdur *Gwelediad y Palas Arian, neu Gorff o Ddiwinyddiaeth* (1811; ail arg.1820; 3ydd. arg.1864 – ei gyfrol bwysicaf, a fwriadwyd ar gyfer 'gosod allan cadernid yr eglwys efengylaidd'), sefydlydd (gyda Thomas Williams, sef 'Gwilym

Morgannwg') *Y Parthsyllydd* (neu *Geirlyfr Daearyddol*), awdur *Esponiad* tra manwl ar y cwbl o lyfrau'r Beibl (y cyhoeddwyd rhifynnau ohono rhwng 1819 ac 1831), a'r gŵr y golygwyd ei gofiant, yn cynnwys nifer o'i draethodau a'i bregethau, sef *Buchedd a Gweithiau Awdurol y Diweddar John Jenkins, D.D., Hengoed* (1859), gan ei feibion, John a Llewelyn Jenkins. Amlyga'r gweithiau hyn feddwl cyfundrefnol, systematig sy'n coleddu yn ddigwestiwn Bum Pwnc Calfiniaeth (gweler pennod 1, nodyn 98). Nid oes unrhyw betruster am 'effeithiau galarus' y cwymp yn Eden, 'yn nghyd â'r ffrwyth o lygredd a ganlynodd y cwymp hwnw trwy holl ranau dynoliaeth',[36] nes bod 'llygredd y natur ddynawl wedi cwbl anghymwyso dynion, i fyw ac i ymddwyn, fel y gweddai i greaduriaid moesawl yma yn y byd'.[37] Tra bo dynion yn ddi-ailanedig 'y maent yn ddeiliad y cyfammod gweithredoedd, ac fel troseddwyr deddfau Duw y maent yn felltigedig',[38] ac y mae'n dilyn 'nas dichon neb, trwy unrhyw fanteision, ond Duw yn unig, a hyny trwy ei Ysbryd a'i ras, gyfnewid a gwella cyflwr pechadur'.[39] Fel Pen-Arglwydd nad yw'n ddarostyngedig i neb arall, ond sydd â phawb a phob peth yn ddarostyngedig iddo ef,[40] ac sydd â'r hawl ganddo 'i drugarhau wrth y neb y myno ef',[41] arfaethodd Duw achub rhywrai rhag tynged hiliogaeth syrthiedig Adda, a'u hethol i freintiau 'gwynfyd tragwyddol ... a gogoneddiad yr etholedigion'.[42] Digwydd hyn drwy'r 'DUW-DDYN'[43] Iesu, Gwaredwr pechaduriaid,[44] y Cyfryngwr,[45] 'Machnïydd y testament gwell',[46] a roddodd 'IAWN digonawl, a boddlawn gan gyfiawnder gofynawl, trwy farw dros bechodau ei holl bobl'.[47] Gan fod pawb yn bechaduriaid, ac yn 'wreiddiol lygredig',[48] a phawb, yn ddiwahân, oherwydd y 'trosglwyddiad o lygredd',[49] yn haeddu 'cosbedigaeth dragwyddawl',[50] y mae'n dilyn na ellir ystyried bwriad Duw i achub rhywrai o'r hil ddynol yn ddim llai nag 'etholedigaeth gras'.[51] Nid oedd rheidrwydd ar Dduw i achub neb, ond trwy ei ras yng Nghrist, ac yn deilwng ohono ef ei hun, dewisodd achub rhai, a'r rhai hyn yw 'unig wrthrychau bendithion y cyfammod newydd ... sef y rhai a ddewiswyd yng Nghrist cyn bod y byd'[52] – nid, sylwer, cyn y cwymp, fel y dadleuai'r Supralapsariaid (a fynnai fod y cwymp, a'i ymhlygiadau erch, yn rhan o arfaeth y Pen-arglwydd Anfeidrol, ac na fu dyn erioed yn greadur rhydd),[53] ond yn hytrach cyn creu y byd. Y rhai dewisedig hyn yw'r sawl 'nad yw yn bosibl i chwanegu at, na thynu oddiwrth, eu rhif', oherwydd nodweddir arfaeth Duw gan 'uniondeb' ac 'anghyfnewidioldeb'.[54]

Y mae'n dilyn, felly, yn ôl rhesymeg Jenkins, ac yntau'n dilyn y trywydd Calfinaidd yn ddiŵyro, bod ethol rhywrai i fywyd yn golygu, *ipso facto*, ethol eraill i golledigaeth a chosb, sef 'y dragwyddol boenfa',[55] gan i Dduw 'ymbleseru i … ddewis rhai ohonynt a gadael y lleill'.[56] Am y rhai nas etholir i iachawdwriaeth, fe'u 'damnier gyda'r byd'.[57] Y mae hon, felly, yn etholedigaeth ddeublyg, gyda thynged dragwyddol pawb (y damniedig yn ogystal â'r cadwedig), yn cael ei phenderfynu gan Dduw o'r dechreuad. Y mae yma wrthodedigaeth yn ogystal â chadwedigaeth. Y mae'n dilyn hefyd mai dros y sawl a etholwyd i fywyd, a throstynt hwy yn unig, y bu Crist farw (pe bai wedi talu Iawn dros y colledig fe fyddai'r gyfran honno o'i aberth yn wastraff diangen), a'i bod yn amhosibl i'r sawl a unwyd un waith â Christ i syrthio oddi wrth ras, gan fod dylanwadau'r Ysbryd Glân yn anwrthwynebol. 'Machnïydd ei holl eglwys',[58] ac nid yr holl fyd, yw Crist, sydd 'wedi rhoddi ei hun dros ei waredigion [yn unig], i'w prynu a'u puro iddo'i hun yn bobl briodol'.[59] Wrth ymdrin â'r cysyniad o iachawdwriaeth gyffredinol, sef bod Crist wedi 'agor ffordd i bawb fod yn gadwedig',[60] ac iddo offrymu 'Iawn cyffredinol dros bechod y byd',[61] dywed Jenkins:

> … onid yw yn hynod na fyddai aberth mawr Oen Duw yn cael ei osod allan mewn perthynas neu gyssylltiad amlwg â rhai, neu â'r cwbl o'r pethau diwethaf a nodwyd [sef y dadleuon o blaid y gred mewn Iawn cyffredinol], mewn rhyw adnod yn y Llyfr Dwyfol, os gwir mai felly y mae pethau yn bod. Profwn bob peth, daliwn yr hyn sydd dda.[62]

Ni welai Jenkins unrhyw gyfiawnhad Ysgrythurol dros fabwysiadu athrawiaeth iachawdwriaeth gyffredinol, sef cred yng nghadwedigaeth pawb o'r ddynolryw.[63]

Am y pegwn ag Uchel Galfiniaeth John Jenkins caed Arminiaeth, a'i phwyslais ar ryddid dyn, a chyfrifoldeb pob unigolyn am ei dynged ei hun. Dysgai'r Armin nad yw ewyllys dyn, er bod ynddi ogwydd at bechod, yn llwyr lygredig, a bod iachawdwriaeth pawb o'r teulu dynol, fel na choller

yr un enaid byw,[64] yn bosibilrwydd real. Ar y tir canol rhwng Calfiniaeth
ac Arminiaeth safai Ffwleriaeth, sef y gyfundrefn ddiwinyddol a
hyrwyddai Galfiniaeth gymedrol, ac a briodolir, yn bennaf, i Andrew
Fuller, ysgrifennydd Cymdeithas Genhadol y Bedyddwyr, ac awdur *The
Gospel Worthy of all Acceptation* (1785). Gellir crynhoi safbwynt Fuller o
dan chwe phennawd: (1) Bod maddeuant wedi ei sicrhau trwy rinwedd
Iawn Crist. (2) Rhaid bod Iawn Crist yn cynnwys rhinwedd digonol, nid
ar gyfer yr etholedigion yn unig ond ar gyfer yr holl fyd, fel bod
gwahoddiad yr efengyl yn un cyffredinol i bawb. (3) Yn groes i syniad yr
Uchel Galfiniaid am natur yr Iawn, sef ei fod yn gytundeb masnachol, yn
swm neilltuol, a dalwyd gan Iesu er talu dyled nifer benodol o
etholedigion, a'r etholedigion yn unig,[65] myn Fuller mai dyfais oedd yr
Iawn er amddiffyn llywodraeth foesol Duw, ac a'i gwnâi'n bosibl iddo
faddau i bechaduriaid. (4) Unig amod derbyn o rin yr iachawdwriaeth yng
Nghrist yw credu ac edifarhau. (5) Ni pherthyn i ddyn unrhyw gynneddf
neu anallu naturiol a'i gwna yn amhosibl iddo gredu'r efengyl. (6) Er ei fod
yn credu yn neilltuolrwydd y brynedigaeth yng Nghrist, i Fuller y mae'r
neilltuolrwydd hwnnw'n gorwedd yn y cymhwysiad moesol o'r Iawn, sef
bod Duw yn ei gyfaddasu er mwyn ei alluogi i drugarhau wrth euog ddyn.
Nid cyfrwng talu dyled, a dim mwy na hynny, mo'r Iawn, oherwydd y
mae'r Iawn o ran ei hanfod, ynddo'i hun ac ohono'i hun, o anfeidrol werth.[66]

Fel y dengys T. Ellis Jones,[67] gorweddai yng nghraidd y gyfundrefn
Ffwleraidd anghysondeb dybryd, oherwydd er bod yr Iawn, yn ôl diffiniad
Fuller, yn dâl digonol dros bawb, eto nid achubir pawb am nad yw ym
mwriad Duw i gadw pawb. Ni lwyddodd Fuller i gysoni ei bwyslais ar
neilltuolrwydd trefn y cadw, ar un llaw, â'i gred, ar y llaw arall, yng
nghyffredinolrwydd galwad yr efengyl i bawb o'r ddynolryw, a'i bod yn
ddyletswydd ar bawb a glywo'r efengyl i'w chredu. Prin, yn wir, y gall
neb gysoni rhwng Iawn hollddigonol a phrynedigaeth neilltuol, ac yn sicr
methiant fu ymgais Fuller. Y mae'n ymdrechu i oresgyn yr anhawster trwy
gytuno â Chalfin mai cyfrinach Duw yw rhagarfaethiad, a'i bod yn
amhosibl i'r meddwl meidrol lawn amgyffred y gwrthdaro ymddangos-
iadol rhwng bwriadau penarglwyddiaethol Duw a dyletswydd dyn, rhwng
arfaeth a rhyddid, a'i bod yn ofynnol inni dderbyn (neu wrthod) y ddeubeth
gyda'i gilydd gan mai dyma ddysgeidiaeth yr Ysgrythur. Gan fod yr

Ysgrythur yn rhoi gorchymyn i bregethu'r efengyl i bob creadur, dyletswydd y pregethwr yw ufuddhau i'r archiad hwnnw; er na ŵyr pwy yn union o blith aelodau ei gynulleidfa a etholwyd i fywyd (a phwy nas etholwyd), ei le yntau yw cyhoeddi Iawn digonol i'r holl fyd, a chymell pawb i gredu ynddo. Gan na lwyddodd Fuller i 'gysoni'r cyffredinolrwydd a'r neilltuolrwydd hwn i foddlonrwydd ... y mae ei system yn darged hylaw i'r Uchel-galfin ac i'r Armin'[68] fel ei gilydd, oherwydd os mai'r etholedigion yn unig sydd i dderbyn o ffrwyth aberth Crist, yna y mae'r elfen neilltuol neu gyfyngedig yn dal yn weithredol.

Prif apostol Ffwleriaeth ymhlith Bedyddwyr Cymru oedd J.P. Davies, Tredegar (1786–1832),[69] a ddaeth i gysylltiad â Fuller yn ystod y cyfnod rhwng 1813 ac 1815 pan weinidogaethai yn Llundain. Iddo ef yr oedd yr Iawn i'w gysylltu nid â swm arteithiau Crist ond â'i berson. Gan ymwrthod yn llwyr â 'Iawn cytbwys' Christmas Evans, sef bod dioddefiadau Crist o'r un pwysau â phechodau'r etholedigion, mynnai Davies fod rhinwedd dioddefaint Crist ar y groes yn gorwedd, nid yn swm neu rif y dioddefiadau hynny, ond yn hytrach yn y ffaith eu bod yn ddioddefiadau neb llai na Mab Duw ei hun. Y ffaith mai Crist sy'n dioddef sy'n cyfrif am werth ei aberth. 'Gogoneddusrwydd ei berson a rydd werth ar ei aberth, ac y mae ynddo ddigon o werth ar gyfer yr holl fyd pe digwyddai i'r holl fyd gredu ynddo.'[70] Fel Fuller o'i flaen y mae Davies yn fwy na pharod i gydnabod y perthyn neilltuolrwydd i'r brynedigaeth, ond bod y neilltuolrwydd hwnnw'n gorwedd yn y cymhwysiad moesol o'r Iawn, a hynny at yr etholedigion – a hwy yn unig. Nid ymddengys, felly, i J.P. Davies, yn fwy na Fuller o'i flaen, lwyddo i ddatrys yr anghysondeb sylfaenol a oedd ynghlwm wrth ei safbwynt.

Yr hyn a apeliai at Hugh William Jones, mewn cyfnod pan oedd y dadleuon ynghylch yr Iawn yn cyfrannu 'gymaint o egni i fywyd deallusol Ymneilltuaeth rhwng 1800 ac 1840',[71] oedd y Galfiniaeth gymedrol a argymhellid (yn groes i John Jenkins, Hengoed, Christmas Evans, John Elias a Richard Williams, Lerpwl) gan John Roberts (Llanbrynmair), Richard Jones (Y Wern), ac amryw eraill o brif bregethwyr y dywysogaeth, gan gynnwys y mwyafrif o weinidogion ac aelodau'r Bedyddwyr. Nid oedd yn dda ganddo'r 'Hypers' a'u Calfiniaeth galed ac anhyblyg.[72] Yr hyn sy'n arwyddocaol ynglŷn â'i gofnod dyddiadurol, 18 Hydref 1834, yw'r ffaith ei fod yn cyfeirio at y 'gŵr o Hengoed' fel 'dyn atgas' sy'n gyfrifol am aflonyddu ar heddwch gweinidogion. Gellir bod yn dra sicr ei fod yn adnabod John Jenkins o ddyddiau ei weinidogaeth ym Mynwy, ac i'r ddau ohonynt ddod i gyswllt â'i gilydd ar lawr cwrdd chwarter a chymanfa, a chroesi cleddyfau â'i gilydd ar dir athrawiaeth. Awgryma hyn, nid yn unig bod y tensiynau diwinyddol a fu'n ffrwtian ers tro y tu mewn i'r enwad rhwng yr Uchel Galfiniaid, y Calfiniaid cymedrol a'r Ffwleriaid yn parhau, ond hefyd eu bod yn gymysg ag ystyriaethau personol, a gwrthdaro rhwng personoliaethau. Gwyddom, er enghraifft, i bethau fod yn ddrwg rhwng John Jenkins a Micah Thomas, pennaeth academi'r Fenni (1807–1836), ar gyfrif athrawiaeth a Chymreictod, ac i'r ymdderu miniog a fu rhyngddynt ddirywio i fod yn rhywbeth hynod bersonol. Yn 1827 danfonodd Jenkins lythyr at Thomas yn pwyso arno i gynnig cwrs ar ramadeg Cymraeg yn y cwricwlwm, ac yn lled-awgrymu ei fod fel pennaeth yn ymelwa'n ariannol ar draul ei fyfyrwyr. Ar ddiwedd ei lythyr y mae Jenkins yn gwadu mai materion diwinyddol oedd asgwrn y gynnen rhyngddo a Thomas, ond prin fod hynny'n gywir. Yn 1834, sef yr union flwyddyn pan yw Hugh William Jones yn cyfeirio ato'n sarhaus yn ei ddyddlyfr, bu Jenkins yn gefn i brotest pum myfyriwr a gyhuddai eu pennaeth o ragfarn ac unbeniaeth, protest a arweiniodd yn y pen draw at ymddiswyddiad Micah Thomas. Medd D. Merfyn Himbury:

> The controversy…was the last attempt of the hyper-Calvinists to gain control of the College, which achieved a great legacy of freedom of thought as a result of Micah Thomas' sacrifice.[73]

Mae'n berffaith amlwg mai'r un elfennau'n union, sef anghytundeb athrawiaethol ynghyd â gwrthdrawiad rhwng dwy bersonoliaeth gref, oedd i gyfrif am yr ymrafael rhwng Hugh William Jones a John Jenkins.

Ymhlith papurau Hugh William Jones daethpwyd o hyd i'w 'Nodiadau ar Etholedigaeth' a ddengys yn eglur nad oedd yntau nac Armin na Ffwleriad. Yr hyn na fedrai ei goleddu oedd y cysyniad fod Duw, nid yn unig yn ethol rhywrai i fywyd tragwyddol, ond ei fod hefyd, yn unol â'i bwrpas ofnadwy, ei *decretum horribile*,[74] yn ethol y gweddill i ddamnedigaeth dragwyddol.[75] Y pwyslais hwn ar etholedigaeth ddwbl (sef bod Duw, ar un llaw, yn rhagarfaethu'r etholedigion i gadwedigaeth, ac ar y llaw arall yn rhagordeinio'r condemniedig i golledigaeth), oedd un o gerrig sylfaen cred yr 'Hypers', ond yn faen tramgwydd tra difrifol i feddylfryd diwinyddol Hugh William Jones. Cydnebydd, yn groes i Arminius, fod athrawiaeth etholedigaeth â'i gwreiddiau yn yr Ysgrythurau (noda enghreifftiau o Dduw yn ethol cenedl, unigolion ac eglwys i gyflawni cenhadaeth arbennig), ond ychwanega gydag argyhoeddiad mawr, 'bod gwrthodedigaeth yn gysylltiedig ag etholedigaeth' yn 'gyfeiliornus'. Dyma, iddo ef, yw'r ddogma wrthun sy'n gwbl groes i'r datguddiad o ewyllys gariadus Duw yng Nghrist. Os yw etholedigaeth yn tarddu o ras Duw (y Duw nad yw'n gwrthod neb, 'oblegid ni all wrthod neb a geisia'), yna y mae'n dilyn nad ewyllys Duw sydd i gyfrif am 'ddamnedigaeth yr annuwiol' ond yn hytrach bechod dyn. Ni all y Duw trugarog, sydd â phob rhan o'i waith fel Pen Arglwydd i'w chysylltu â gras, ewyllysio dinistr neb; y dyn pechadurus, anedifar, anufudd, sy'n dwyn colledigaeth arno'i hun – 'mae ei ddamnedigaeth yn canlyn y drwg ei hunan'. Os Duw, yn ei ras, sy'n trefnu iachawdwriaeth, ac sy'n cynnig yr iachawdwriaeth honno i bawb, dyn ei hunan, yn ôl dadl Hugh William Jones, sy'n ei dynghedu ei hun i ddamnedigaeth. Y pwynt sylfaenol hwn a barai fod gweinidog y Tabernacl yn ymbellhau oddi wrth yr Uchel Galfin a'r Ffwleriad, y naill fel y llall.[76]

Ni chafodd lonydd gan ei feirniaid hyd yn oed ar ôl iddo symud i Gaerfyrddin, ac mae'n amlwg mai rhanedig oedd ymateb ei gynulleidfa iddo yn ystod ei flynyddoedd cychwynnol yn y Tabernacl. Ddydd Calan 1837 rhydd fynegiant i'w deimladau yn ei ddyddiadur:

Er bod fy nhueddiadau diwinyddol yr un yn hollol ag eiddo fy rhagflaenwyr, Titus Lewis (oherwydd yr oedd ef yn cyfrif J.P. Davies, Tredegar, yn Ffwleriad), D.D. Evans a Rees Gibbon, eto fe'm cyhuddir yn gyson gan yr anwybodus a'r annheyrngar o bregethu'n wahanol iddynt. Y mae cynifer mor danbaid ar y pwynt hwn fel y gall arwain at helynt. Oherwydd yr argyfwng hwn ymwelodd y Parchg. D.D. Evans â ni, ac er mwyn sicrhau heddwch a thawelwch gofynnais iddo bregethu pregethau rhyddfrydol, ond fe wnaeth yn gwbl groes i hynny, a throi yr 'Hypers' fwy fyth yn fy erbyn.[77]

Sut bynnag am hynny, ni newidiodd y gweinidog ei safbwynt, ac fel yr âi'r blynyddoedd yn eu blaen llwyddodd i ddenu mwy a mwy o'i gynulleidfa o'i blaid.

Ar achlysur cysegru eglwys newydd Dewi Sant yn nhref Caerfyrddin ar 19 Ionawr 1837 (i gyfarfod â'r galw o du'r sawl a ddymunai addoli trwy gyfrwng y Gymraeg), derbyniodd Hugh William Jones wahoddiad i fod yn bresennol yn y gwasanaeth. Bach iawn o argraff a adawyd arno gan 'Hughes', 'a'i profodd ei hun yn fab cyflawn i'r hen fam' gan fod ei bregeth,'er yn efengylaidd ei naws, yn wallgof o ragfarnllyd yn erbyn Ymneilltuwyr'.[78] Fel y dengys poster o'r cyfarfod a ddiogelir yn archifau eglwys Dewi Sant, 'Hughes' oedd neb llai na John Hughes (1787–1860), brodor, fel Hugh William Jones ei hunan, o Lanfihangel Genau'r Glyn, ficer Llanbadarn ar y pryd, archddiacon Ceredigion yn diweddarach, ac un o brif arweinwyr y Blaid Efengylaidd oddi mewn i'r Eglwys.[79] Teg nodi nad oedd gweinidog y Tabernacl, ychwaith, yn gwbl ddiragfarn, oherwydd pan fynychodd wasanaeth cysegru'r eglwys gan yr esgob Connop Thirlwall ar 3 Chwefror 1841, ei ddyfarniad oedd bod 'Episgopaliaeth yn perthyn yn agos i Babyddiaeth', a'i bod yn 'anhygoel sut y gallai ysgolhaig cyn ddisgleiried â'r esgob ymarfer y fath ffwlbri â sancteiddio cerrig a choed a chalch!!!'.[80] Yn wir, o ystyried llymder beirniadaeth Hugh William Jones o'r sefydliad Anglicanaidd, mae'n syndod, ar un olwg, iddo fynychu'r ddau wasanaeth uchod o gwbl! O leiaf, fe ddengys ei bresenoldeb nad oedd y berthynas rhwng eglwyswyr ac Ymneilltuwyr wedi oeri'n llwyr, a bod modd weithiau i'r iâ ddadmer ryw ychydig. Yn ôl trefn y gwasanaeth blaenorol yn 1837 cafwyd ail bregethwr, sef David Parry, ficer Llywel, ger Trecastell, sir Frycheiniog (1821–1862) – Defynnog ac Ystradfellte ar ôl hynny (1862–1877) – un o'r amlycaf o bregethwyr yr Eglwys yn ei ddydd, a adwaenid fel 'y gloch arian', ac a deithiodd Gymru benbaladr yn cyhoeddi ei genadwri gynnes-efengylaidd.[81] Y mae sylwadau Hugh William Jones yn y cyd-destun hwn yn dra arwyddocaol:

> Nid yw ymhlith y mawrion, ond y mae'n siaradwr da ac y mae'n haeddiannol boblogaidd; fel Calfin cymhedrol ymddangosai'n fwy awyddus i achub ei wrandawyr nag i achub eglwys bwdr, sigledig.

Fe'm bodlonwyd ganddo, er nad yw dynion felly yn gwneud unrhyw les i Ymneilltuwyr. Eto, ymhyfrydais yn y Crist a bregethwyd ganddo.[82]

Fe'n temtir i gredu bod 'nid ymhlith y mawrion' yn sawru o eiddigedd pregethwrol – yr 'Utgorn Arian' yn cenfigennu wrth 'y gloch arian'! – prawf fod yr ysbryd cystadleuol yn fyw iawn ym mhulpudau Cymru yn hanner cyntaf y bedwaredd ganrif ar bymtheg. Yn bwysicach, y mae disgrifiad Hugh William Jones o David Parry fel 'Calfin cymhedrol' yn dangos yn ddigamsyniol mai dyma'r safbwynt diwinyddol a apeliai ato ef yn bersonol. Hyn a barodd iddo gymeradwyo'n galonnog bregeth yr eglwyswr, er nad oedd ganddo fawr i'w ddweud am y sefydliad a gynrychiolid ganddo.

Os na fedrai gytuno â phwyslais eithafol yr 'Hypers', o'r tu arall, fel Calfiniad canol y ffordd ni allai Hugh William Jones stumogi'r athrawiaethau Undodaidd am berson Crist (sef mai dyn o alluoedd ysbrydol tra eithriadol ydoedd, ond nid ail berson y Drindod), ac am iachawdwriaeth (sef mai trwy weithredoedd, trwy ymdrechu i ddilyn esiampl foesol Iesu, yr achubir dyn, ac nid trwy aberth iawnol, gwrthrychol a dirprwyol gwaredwr ar y groes). Bu mewn gwrthdrawiad â'r Sosiniaid yn fuan wedi iddo symud i Gaerfyrddin. Ar 1 Tachwedd 1835 bu'n darlithio (nid yw'n dweud ym mhle, ond y Tabernacl oedd y lleoliad mwyaf tebygol), ar 'Penarglwyddiaeth Duw' (seiliedig ar Rhufeiniaid 9:14), gan sylwi fod nifer o Undodiaid yn bresennol yn sesiwn y prynhawn, 'ond ni ŵyr neb pa gam a wnânt â'm cenadwri'.[83] Ar 25 Tachwedd 1835 bu'n traethu yn y Tabernacl oddi ar Diarhebion 18: 17,[84] gan ateb y 'bregeth Sosinaidd a draddodwyd ddydd Gwener diwethaf yng nghapel yr Undodiaid', ac yna ar 3 Rhagfyr aeth ei hunan i'r capel Undodaidd (sef Parc y Felfed) 'i wrando ar bregeth y Parchedig Lloyd a oedd am ddefnyddio'r achlysur i geisio ateb fy mhregeth innau; deunydd gwael iawn – mor bitw ac annigonol yw Sosiniaeth mewn gwirionedd'.[85] Ni orffennodd y mater yn y fan honno. Ar ddydd Sul, 9 Rhagfyr, y mae Hugh William Jones unwaith eto'n anelu ei saethau at fêr Undodiaeth, y tro hwn oddi ar Daniel 5: 27, ac yr oedd y gweinidog Undodaidd, sef David Lloyd (ŵyr i David Lloyd o Frynllefrith, gweinidog gyda'r Undodiaid yng

Nghaerfyrddin a apwyntiwyd yn 1851 yn athro, ac yna yn 1853 yn brifathro y Coleg Presbyteraidd yn y dref),[86] yn gwrando arno.

A dadlau cyhoeddus yn beth cyffredin yn ystod y cyfnod,[87] yr oedd Lloyd yn ddadleuwr wrth fodd ei galon, ac yn amddiffynnydd brwd yr Undodiaeth Feiblaidd honno yr haerai ei hyrwyddwyr y byddent yn barod i dderbyn athrawiaethau megis y Drindod, yr Iawn a chosbedigaeth dragwyddol pe ceid tystiolaeth Ysgrythurol ddilys i'w cadarnhau. (Roedd hyn yn gwbl groes i safbwynt Undodiaid megis Theodore Parker a James Martineau a fynnai mai unig sail awdurdod oedd rheswm a'r gydwybod ddynol).[88] Cafodd Lloyd ei hunan ynghanol dadleuon poethion ag eglwyswyr megis D.A. Williams, canghellor esgobaeth Tyddewi, a'r esgob Thirlwall,[89] a hefyd â'i gyd-Undodwr, Gwilym Marles (a ochrai â Parker a Martineau), ac yn ddiau, cynhesai ei galon wrth ystyried y posibilrwydd o gynnal brwydr eiriol â chydweinidog iddo yn nhref Caerfyrddin a berthynai i'r ddiadell Fedyddiedig. Dywed Hugh William Jones:

> Daeth Lloyd i siarad â mi ar ddiwedd y ddarlith, gan awgrymu ein bod yn setlo'r ddadl rhyngom yn breifat, ond gwrthodais wneud dim nad yw'n gyhoeddus, o gofio am duedd y Sosiniaid i gamddehongli popeth ac i ymffrostio. Mor ddinistriol i eneidiau dynion yw Undodiaeth; gwnaf fy ngorau i ddadlennu'r olwg hyll sydd arni.[90]

Trefnwyd dadl gyhoeddus rhwng H.W. Jones a David Lloyd adeg y Pasg 1836, ond nis cynhaliwyd (yn ôl tystiolaeth ei ddyddiadur yr oedd Jones, ar yr union ddiwrnod pan oedd i ddod wyneb yn wyneb â'i wrthwynebydd, yn ymweld â pherthnasau yn nhref Aberteifi), ond ymddengys i'r ddau herio'i gilydd yn ddiweddarach yn ystod 1836, mewn cyfres o ddarlithiau o dan y pennawd, 'Yr Anghrist, beth yw a'r hyn nid yw. Buddugoliaeth derfynol y Gwir', gyda Jones yn traethu'n huawdl ar bynciau megis 'Sofraniaeth Duw'; 'Sosiniaeth fel gelyn datguddiad Dwyfol'; 'Trindodiaeth'; 'Dwyfoldeb Crist'; 'Yr Iawn'; 'Ffydd yng Nghrist fel unig amod Iachawdwriaeth'.[91]

Yr hyn sy'n ddadlennol ynglŷn â'r dadleuon uchod yw iddynt ddigwydd yn nhref Caerfyrddin, yr unig le yng Nghymru, o bosibl (ac eithrio Aberdâr, lle roedd dylanwad yr Hen Dŷ Cwrdd yn dal yn rymus), lle roedd

tensiynau rhwng Undodiaid ac Ymneilltuwyr uniongred, trindodaidd yn
dal i gorddi fel materion cyhoeddus a'r rheiny'n ennyn sylw a diddordeb
y gwerinwr cyffredin. Wrth reswm, yr oedd bodolaeth y Coleg Presbyter-
aidd, a'i draddodiad rhyddfrydol, o bwys mawr yn y cyswllt hwn. Ys
dywed T. Oswald Williams, '… y mae'n sicr bod Coleg Caerfyrddin wedi
gosod ei ddelw a'i liw ar feddwl a datblygiad gwerin yr ardaloedd – pobl
cylch Caerfyrddin a gweundir Ceredigion'.[92] Ystyriai gweinidog y
Tabernacl mai rhan allweddol o'i genhadaeth oedd gwrthsefyll y fath
ddylanwad, ac fe wnâi hynny, nid ar lafar yn unig, ond hefyd mewn
ysgrifen. Yn rhifyn Medi 1837 o *Seren Gomer*, ymddangosodd nodiadau
o eiddo 'Amnon' (o ddyffryn Cletwr), ar ffurf dadl rhwng 'Enoch
uniongred' a 'Dafydd y Sosinian', gyda'r bwriad o danseilio'r athrawiaeth
drindodaidd am ddwyfoldeb Crist. Ni allai Hugh William Jones ymatal
rhag ymateb, ac yn y rhifyn dilynol o'r *Seren* (tt. 357–360) cafwyd llith
faith ganddo (o dan y ffug enw 'Hu Gadarn') yn ymosod yn ddiflewyn-ar-
dafod ar ei wrthwynebwr:

> Wrth ymgyfeillachu â'r Sosiniaid, a darllen gwaith eu hawduron,
> gellir meddwl bod ymgystadleuaeth rhyngddynt pwy a ragora mewn
> bychanu Crist, gallu Duw; ac o bawb a ddarllenais, yr Amnon hwn
> yw y blaenaf yn y gorchestwaith o ddiraddio Brenin Sïon. Dywedai
> un awdur ohonynt nad oedd "Iesu yn Philosophydd, nac yn deall yr
> hyn yr oedd yn ei lefaru". Y llall, "ei fod yn bechadurus". Ac un arall
> mai "*puling infant* oedd"&c. Ond wele yr Amnon mawr hwn … yn
> galw yr Iesu, nid yn faban llefog, yn ddyn pechadurus … ond yn
> *ddelw*; hyny yw, llygaid ganddo, ond nis gallai weled; dwylaw iddo,
> ond nis gallai deimlo &c. Fe wnai Sosiniaid, pe gallent, dipyn o bob
> peth o Grist, ond yr hyn a ddylent.

O'r braidd i'r awdur wneud cyfiawnder yn y dyfyniad uchod â disgrifiad
Paul o Grist fel 'delw y Duw anweledig' (Colosiaid 1: 15), ond eilbeth
oedd hynny yn ei feddwl, mae'n siŵr, os medrai ddefnyddio'r ymadrodd
fel arf meinllym i ymosod ar y Sosin!

Er yr holl ymddadlau diwinyddol y bu Hugh William Jones â chymaint
rhan ynddo ar ddechrau ei weinidogaeth yng Nghaerfyrddin, ymddengys

i'r cyfan dawelu ymhen amser gan nad oes fawr o sôn yn ei ddyddiadur am
unrhyw gynhennu ar sail cred ar ôl 1849. Ac ni bu ffraeo oddi mewn i
furiau'r Tabernacl ychwaith ar gyfrif amrywiol farnau diwinyddol. Erbyn
hynny yr oedd y gweinidog yn tynnu at ei ganol oed, ac o bosibl yn
dechrau sadio ac ymbarchuso, a'r colledion mawr teuluol a ddaeth i'w ran
wedi gadael eu hôl yn drwm ac yn anorfod arno. Hwyrach fod y diffyg
sôn am ddadlau agored ar ôl 1849 yn lled awgrymu fod y pleidiau enwadol
yn y dref erbyn hynny yn barotach i barchu argyhoeddiadau ei gilydd, ac
i arfer goddefgarwch, er na fyddai Hugh William Jones wedi ildio i neb
fodfedd o'i safbwynt diwinyddol.

Fodd bynnag, cafodd y gweinidog fwy na digon o boen meddwl o
gyfeiriadau eraill, yn bennaf oherwydd cynnen ac anghytundeb barn
ymhlith ei aelodau. Un ffaith a ddadlennir gan y dyddiadur yw i Hugh
William Jones deimlo'n anniddig am hir amser wedi iddo symud i'w faes
newydd, ac iddo gael anhawster i fwrw angor yng Nghaerfyrddin.
Ysgrifennodd ar ddydd Calan 1837:

> Wrth adolygu amgylchiadau'r eglwys o dan fy ngweinidogaeth, y
> mae fy nheimladau'n gymysg o dristwch ac o ddiolchgarwch. Am
> chwarter cyntaf y flwyddyn [1836] yr oedd sefyllfa'r eglwys yn bur
> isel, ac o ganlyniad i ysbryd erlitgar yr 'Hypers' fe'm gyrrwyd i
> gyflwr o sarugrwydd, piwisrwydd ac anfodlonrwydd, a barodd imi
> edifarhau, nos a dydd, am imi erioed symud i'r Tabernacl. Ni allaf
> osgoi'r casgliad fod y trafferthion a brofais, ynghyd â'm diffyg
> llwyddiant, yn arwyddion o farn ddwyfol arnaf am imi gefnu ar yr
> eglwys yng Nghasnewydd.[93]

Yn sicr ddigon aflonyddwyd yn fawr ar ei ysbryd gan y llythyr
mwyaf anarferol, ond odid, a dderbyniodd erioed, sef y cais a gafodd
gan ei gyn-aelodau yng Nghasnewydd i gefnu ar Gaerfyrddin, a dychwelyd
i'w hen gylch. Daeth y llythyr i'w law ar 25 Ionawr 1835, sef yr union
ddiwrnod pan draethai yntau ei bregeth gyntaf (oddi ar Heb. 2: 10)
fel gweinidog y Tabernacl. Negyddol oedd ateb Hugh William Jones,
ond ni roddodd bin ar bapur tan 7 Mawrth, ffaith sydd yn bendifaddau
yn adlewyrchu cyflwr ei feddwl ar y pryd. Ni theimlai ar y cychwyn

fod ganddo'r gefnogaeth ddiamod a ddisgwyliai o du'r diaconiaid, fel yn achos

> … J. Jones, un o'r diaconiaid, a ddaeth ataf ar derfyn y gwasanaeth heno i'm poenydio a'm hambygio, a'm dal pan oeddwn mewn stâd o wendid – anhwylder corfforol ynghyd ag iselder ysbryd. Beth yn y byd a barodd imi ddod i'r lle hwn? Boed i Dduw ddiwygio'r sefyllfa, neu agor ffordd imi i faes arall. Melltith eglwysi ac artaith i weinidogion yw diaconiaid anwybodus, hunanol ac aristocrataidd. Buasai'n fendith o'r fwyaf i'w hepgor yn gyfangwbl o'n cymunedau, ac i gael ysgrifenyddion, casglyddion a thrysoryddion yn unig yn eu lle.[94]

Haedda'r gwrthdaro cynnar hwn rhwng Hugh William Jones a rhai o ddiaconiaid y Tabernacl sylw, gan ei fod yn rhoi coel i un o hoff feirniadaethau'r Eglwyswyr – neb yn fwy na Brutus yn *Yr Haul* – fod y ddelfryd o undod a democratiaeth oddi mewn i'r capeli yn ffars, a bod diaconiaid hunanbwysig yn gormesu cynulleidfaoedd a gweinidogion fel ei gilydd. Meddai Brutus:

> Y mae YR HAUL, o'i gychwyniad hyd yn awr, wedi dyrchafu llais uchel yn erbyn traws-arglwyddiaeth a chreulondeb y sectau, a'u swyddogion lleygol, ar eu gweinidogion … a chan fod y dull hwn o fyned ym mlaen yn rhoddi y fath raff i'r bobl i lywodraethu y weinidogaeth, yn lle ufuddhau a pharchu y weinidogaeth, nid rhyfedd yn y byd fod cyflwr crefydd megys ag y mae yn y wlad.[95]

Mewn ysgrif ar 'Cynnullfaoliaeth', y mae 'I.J.' yn tosturio wrth y gweinidog 'yn un o'n pentrefi llaw-weithiol', oherwydd 'edrychir arno ef a'i deulu fel plant, y rhai y mae'n rhaid eu cadw wrth linyn a'u llywodraethu ym mhob peth yn ol barn eu hisraddiaid mewn dysg a moesau; nid ydynt hwy i ymyraeth â neb, ond y mae pawb i ymyraeth â hwy',[96] ac ategir ei eiriau gan ymosodiad Watkin Jones, Colomendy, ar ddiaconiaid sy'n ei lordio hi yn yr eglwysi, 'heb ynddynt ddim tebyg i gysgod o gyfaddasrwydd i fugeilio eglwys Dduw a phorthi ei braidd'.[97]

Fel golygydd, ni phetrusodd Hugh William Jones gynnwys yn un o
rifynnau *Seren Gomer* erthygl gan R. Edwards, Dinas, ar 'Y Swydd
Ddiaconaidd', lle y tanlinella'r awdur, yn gwbl eglur, wir swyddogaeth
diacon, a gwir awdurdod gweinidog:

> Yr eglwys yw ffynnonell yr awdurdod a gyflwynir, yn yr amgylchiadau
> hyn, i swyddwyr diaconaidd, ac y mae y goruchwylwyr hyn yn gyfrifol
> iddi hi am eu goruchwyliaeth. Nid ydynt i fod yn gyfranog â'r gweinidog
> yn llywodraeth yr eglwys. Efe yw y prif swyddog, y llywydd, neu y
> *president*, i arolygu praidd Crist mewn pethau ysbrydol.[98]

Ymddengys nad oedd profiad cychwynnol Hugh William Jones gyda
diaconiaid y Tabernacl yn beth eithriadol; yr oedd hon yn sefyllfa ddigon
cyffredin, ac yn symptom o'r amwysedd a fodolai oddi mewn i Ymneilltuaeth
ynghylch union safle gweinidog ordeiniedig mewn perthynas â'i eglwys.
Er mai yntau a etholid, ac a sefydlid, yn arweinydd y praidd, fe allai ei
safle gael ei herio'n aml gan agwedd hunanbwysig ei swyddogion a'i
ddiaconiaid, ac os oedd y gwŷr hynny o natur gynhennus yr oedd perygl i
sefyllfa'r bugail gael ei gwanhau a'i thanseilio i raddau pur ddifrifol.

Ac o'r braidd i Hugh William Jones deimlo, yn ystod y blynyddoedd
cyntaf, fod D.D. Evans yn gefn iddo. Bu'r cyn-weinidog yn pregethu
deirgwaith yn y Tabernacl ar y Sul, 12 Mehefin 1836 (gan gasglu swm o
dros £9 i Academi Pontypŵl), ac ar y bore Llun galwodd yn nhŷ ei olynydd
er mwyn ceisio'i ddarbwyllo i roi'r gorau i'r ddadl Sosinaidd. Wele ymateb
y gweinidog:

> Yr oedd fel pe bai'n cael boddhad o glwyfo fy nheimladau. Nid yw
> ond yn hen wlanen o ddyn. Nid ildiaf tra bo gennyf enaid i
> ymresymu, a llaw i drafod ysgrifbin.[99]

Mae'n dda meddwl i'r berthynas rhwng Hugh William Jones a D.D. Evans
feirioli cryn dipyn, a chynhesu'n sylweddol, yng nghwrs y blynyddoedd.
Wedi'r cyfan, D.D. Evans a wasanaethodd yn angladd Mary (priod Hugh
William Jones), ac wedi iddo ymddeol o'i weinidogaeth ym Mynwy, ac
ymgartrefu drachefn yng Nghaerfyrddin, mae'n amlwg i'r ddau ddod yn

gyfeillion, i'r cyfeillgarwch droi'n ymddiriedaeth, ac i'r cyn-weinidog fod megis llaw dde i fugail y Tabernacl. Ond nid felly y bu ar y dechrau, ac ni bu Hugh Jones yn ôl mewn mynegi ei farn gignoeth am ei ragflaenydd. Yr adeg honno, andwywyd y berthynas rhyngddynt gan ddrwgdybiaeth a chenfigen, a hynny'n enghraifft o'r ysbryd cystadleuol ac anfoneddigaidd a allai ddatblygu, weithiau, rhwng gweinidogion a'i gilydd. Mae'n berffaith amlwg nad oedd y pulpud Ymneilltuol yn rhydd, bob amser, o fân gecru ac eiddigedd.

Ni theimlai'r gweinidog yn ystod y tymor cyntaf hwnnw ei fod, ychwaith, yn mwynhau cefnogaeth ei aelodau fel y dylai. Gan fod 'nifer fawr o'r aelodau'n absennol o'r oedfa heno' (sef ar nos Sul, 9 Ebrill 1837 – a'r gweinidog wedi ymdrafferthu i baratoi 'pregeth o bwys' ar Colosiaid 1: 13) daw i'r casgliad (anochel, yn ei dyb ei hunan) mai 'Caerfyrddin yw'r lle gwaethaf y gwn i amdano am bobl capel yn esgeuluso eu lle o addoliad ei [*sic*] hunain'. Yn wir, mor ddiweddar â Rhagfyr 1855, yn wyneb y gynulleidfa siomedig ('ychydig bersoniaid'; 'ychydig bobl') a ddaeth ynghyd i angladd Hugh Hughes (gweinidog y Wesleaid yn y dref),[100] a naws y gwasanaeth yn 'fflat, oer a rhewllyd', daw Hugh William Jones i'r dyfarniad 'nad yw pobl Caerfyrddin yn gwybod sut i iawn barchu gweinidogion yr Efengyl'. Teg nodi, yn y cyswllt hwn, nad oedd Hugh William Jones ei hunan, ar brydiau, yn un i atal ei dafod am ddaliadau enwadau Cristionogol eraill y digwyddai anghytuno â'u hathrawiaethau; ni bu'n brin o gyhuddo'r Wesleaid, yn dilyn cyfarfod cenhadol a fu ganddynt yn Hydref 1835, o ddyrchafu John Wesley i uwch safle na Christ ei hunan!

Yn ystod blwyddyn gyntaf ei weinidogaeth yn y Tabernacl cynhaliwyd cyfarfod eglwys i ystyried y posibilrwydd o naill ai addasu'r 'hen gapel' (sef y Tabernacl, nad oedd wedi sefyll ar ei draed ond am brin chwarter canrif) neu adeiladu cysegr cwbl newydd. Rhoddwyd ystyriaeth i'r cynlluniau hyn drachefn yn 1841; yr hyn oedd yn achos gofid i'r gweinidog yn 1835 oedd bod y mater, er gwaethaf penderfyniad y cwrdd eglwys i symud ymlaen i un o'r ddau gyfeiriad a nodwyd, wedi ei adael ar y bwrdd, yn wir wedi ei roi o'r neilltu yn gwbl fwriadol gan y diaconiaid. Yn fwy na bod yr adeilad mewn cyflwr dirywiedig, yr hyn a'i clwyfodd i'r byw oedd bod arweinwyr yr eglwys yn anwadal a di-ddal. Ni chawsant ddianc rhag ei fflangell:

Ni allaf oddef pobl sy'n oriog a chyfnewidiol. Maent yn mynegi awydd i wneud pethau, ond ni fyddant byth yn eu cyflawni. Ni wn sut i ymateb yn iawn pan yw'r eglwys yn nwylo dynion o'r fath. I mi y mae dibynadwyaeth a phrydlondeb yn rhinweddau hanfodol, ac yr wyf yn casáu'r diffyg ohonynt ymhlith arweinwyr eglwys. Mae'n debyg mai'r diffygion hyn a fydd yn peri artaith imi yn y Tabernacl, gan fod y ceffylau blaen mor euog ohonynt. Hyderaf y cwyd yr Hollalluog ddynion a nodweddir gan sefydlogrwydd, sadrwydd a phrydlondeb – cymeriadau o wir werth – i ysgwyddo'r cyfrifoldeb am lywio'r eglwys.[101]

Mae'n amlwg i bethau ddod i drefn, ac i'r berthynas rhwng y gweinidog a'i ddiaconiaid gael ei gosod ar sail gadarnach – oni bai am hynny mae'n amheus a fyddai gweinidog mor ddawnus a phoblogaidd â Hugh William Jones wedi aros am gyhyd o amser yn yr un maes – ond nid oedd pethau'n argoeli'n dda yn 1835. Erbyn diwedd 1837 yr oedd y sefyllfa ryw gymaint yn well, oherwydd wrth adolygu'r flwyddyn gallai'r gweinidog gofnodi: 'fel eglwys buom yn fwy tangnefeddus, ac yn llai hesb a diffrwyth'.[102]

Cafwyd ambell unigolyn yn y Tabernacl a fu'n ddraenen yn ystlys y gweinidog o'r cychwyn cyntaf, megis y dosbarthwr hwnnw – gŵr y gosododd yr eglwys ymddiriedaeth lwyr ynddo wrth ei ethol i gasglu cyfraniadau'r aelodau drwy'r system gardiau newydd a argymhellwyd i'r pwrpas gan y gweinidog, a rhoi cyfrif cywir amdanynt – a ffugiodd y cyfrif banc er mwyn elwa'n bersonol o gyllid yr eglwys. Fel pe bai'r drosedd ei hun heb fod yn ddigon, yr hyn a ofnai'r gweinidog oedd y buasai rhai o'r *'cleckers'* fel y'u gelwir ganddo, sef yr aelodau tafodrydd na fedrent gadw cyfrinach, yn clepian yr hanes ar hyd a lled y dref, ac y buasai hyn yn rhoi diwedd ar y casgliadau wythnosol a misol. 'O! mor wirion ac mor ddigywilydd yw rhai aelodau. Maent yn dreth ar amynedd unrhyw weinidog.'[103]

Nid bob amser y talwyd cyflog y gweinidog (sef £20 y chwarter) yn brydlon, a mwy nag unwaith bu'n rhaid iddo ddwyn y mater i sylw'r swyddogion. Yn Awst 1840 fe'i hysbyswyd gan y diacon David Evans na ellid estyn iddo ei gydnabyddiaeth am fod John Adams, y trysorydd, wedi gwrthod talu am ei sedd, hynny am iddo gael ei orfodi, yn ystod y misoedd blaenorol, i dalu symiau uchel o arian o'i boced ei hunan i bregethwyr achlysurol. Cynhyrfwyd Hugh William Jones i'r byw:

> Nid oes unrhyw reswm am hyn, oherwydd nid apwyntiwyd ef gan yr eglwys i dalu'r dieithriaid. Onid ei fwriad yw fy llwgu i, a'm priod a'm plant? Yr wyf yn benderfynol i beidio â'i arddel fel diacon o hyn ymlaen, beth bynnag y canlyniadau. *Justitia fiat, coelum errat*?[104]

Yr oedd y berthynas rhwng y gweinidog a'r trysorydd yn llawn tyndra. Ar 2 Tachwedd 1835 bu rhaid ethol diaconiaid newydd (John Williams; Thomas Jones; David Evans a William Thomas) 'yn wyneb bod John Adams a David Lewis yn cael eu tueddu i roddi i fyny eu swyddau', ac ar 15 Gorffennaf 1836 nodir bod Adams wedi cyhuddo 'y diaconiaid a'r gweinidog am beidio cydweithredu â'u [*sic*] gilydd, gwirionedd yr hwn a wadwyd yn dra phenderfynol'. Erbyn 2 Tachwedd 1836 yr oedd y gweinidog wedi bodloni 'galw Adams a Williams yn ôl i swydd diacon', ond prin fod y tensiynau wedi diflannu'n llwyr.

Yr oedd yr anfodlonrwydd ynghylch y gydnabyddiaeth yn dal i gorddi yn 1843. Ar 1 Chwefror y flwyddyn honno cafodd y gweinidog air gydag un o'r diaconiaid am y posibilrwydd o dderbyn ychwanegiad cyflog, a chyfraniad tuag at ei dreuliau, ond fe'i hysbyswyd mai ymateb nacaol a roddwyd i'w gais yn y pwyllgor diaconiaid. Wrth gofnodi hyn yn ei ddyddiadur y diwrnod hwnnw prin y gallai ymatal rhag mynegi ei loes a'i chwerwder:

> 'Does wahaniaeth yn y byd am dorri'r cyfamod a wnaed â'r gweinidog, na chwaith am ei amddifadu o'i safle oddi mewn i'r eglwys. Ni ddiystyrir hawliau neb yn fwy nag eiddo gweinidog yr Efengyl.

Fel y dengys y cofnod uchod, gŵr oedd Hugh William Jones a allai syrthio'n hawdd ac yn ddiymatal i gyflwr o hunandosturi.

DISGYBLAETH

Un peth a ddaw i'r amlwg yn ei ysgrifeniadau yw'r pwyslais trwm a roddai ar ddisgyblaeth. Fel Calfin ei hun, credai, yn union fel y mae'r gewynnau yn dal cyhyrau'r corff at ei gilydd, mai disgyblaeth sydd yn clymu aelodau'r eglwys ynghyd, sy'n diogelu undod yr eglwys, ac sy'n sefydlu'r ffin rhyngddi a'r byd. Ac fel Calfin, cyhoeddai heb unrhyw wamalrwydd fod presenoldeb aelod yng nghymdeithas y saint yn amod sylfaenol aelodaeth eglwysig, ac na ellid, ac na ddylid, cymrodeddu yn ei gylch. Yr oedd yn ddisgyblwr ar lefel bersonol (ni feddyliodd ddwywaith, ddechrau Ebrill 1835, am ddiswyddo'r forwyn oherwydd ei 'hymddygiad anystywallt a digywilydd'), ac oddi mewn i'r gymuned eglwysig ni ddisgwyliai ddim llai na'r safonau uchaf o ran moes ac ymarweddiad. Dadlennol yn wir yw ei gofnod ar 9 Hydref 1835:

> Bûm mewn cyfarfod eglwys lle trafodwyd ymddygiad un o'r aelodau sydd (yr oedd yn ddrwg iawn gen i glywed) yn ymylu ar feddwdod. Poenus yn wir yw ein bod yn gorfod delio â chymeriadau mor esgymun. Ni ddylem eu dioddef oddi mewn i dŷ Dduw. Hyderaf y bydd modd inni ddiogelu purdeb disgyblaeth yn yr eglwys. Byddaf yn sicr o dramgwyddo rhywrai, ond nid fy amcan yw ennyn gwg neb ond yn hytrach sicrhau gwenau a chefnogaeth fy mhobl o dan gymeradwyaeth Gair Duw. Ni allaf ddisgwyl llawer o lwyddiant tra bo'r eglwys yn y fath gyflwr. Y mae'n rheidrwydd arnaf i'w ddiwygio. Buaswn yn falch iawn o gael ychydig ddynion brwd a duwiol o'm plaid.

Dyma yn ddiau un o briod nodweddion gweinidogaeth Hugh William Jones yn y Tabernacl: 'diogelu purdeb disgyblaeth'. Y mae'r ddau lyfr cofnodion sydd ar gael o'r cyfnod hwn, sef 'The Tabernacle Church Book 1835' (Ll.G.C., Mân Adnau 746B), sy'n cynnwys cofnodion i fyny at ddiwedd 1841, a 'Llyfr Cofnodion Cyfnod y Parch. Hugh William Jones' (Ll.G.C., Mân Adnau 747B), sy'n cofnodi prif ddigwyddiadau'r eglwys rhwng 1835 a 1873, y ddau yn llawysgrifen y gweinidog, ac wedi eu cofnodi'n Gymraeg, nid yn unig yn cynnwys gwybodaeth amhrisiadwy am sefyllfa eglwys y Tabernacl, ond hefyd yn ddrych o gyflwr Ymneilltuaeth Gymraeg yn ystod y blynyddoedd o dan sylw.

Y drefn oedd cynnal oedfa bregethu bob Sul, fore a hwyr (a'i huchafbwynt, fel y credid, yn digwydd gyda'r egluro a'r cymhwyso o genadwri'r Beibl trwy gyfrwng y bregeth), ac oedfa gymun ar y Sul cyntaf o bob mis,[105] a honno'n cael ei rhagflaenu yn ystod yr wythnos flaenorol, naill ai ar y nos Fawrth neu ar y nos Wener, gan gwrdd paratoad,[106] neu, fel y cyfeirid ato'n fynych gan Hugh William Jones, 'Y Gyfrinach', neu 'Y Gyfeillach'. Yr oedd hefyd yn arferiad, bob hyn a hyn, i gynnal cwrdd eglwys, fel arfer yn dilyn un o ddwy oedfa'r Sul. Yn y ddau gyfarfod hyn, sef y cwrdd paratoad a'r cwrdd eglwys, y gwnaed y penderfyniadau ynghylch (i) pwy oedd i dderbyn bedydd trochiad; (ii) pwy y dylid eu diarddel o gymdeithas yr eglwys; (iii) pwy, o'r sawl a ddiarddelwyd, y dylid eu hadfer i gyflawn aelodaeth; (iv) pwy y dylid trosglwyddo eu haelodaeth o eglwysi Bedyddiedig eraill i restr aelodau'r Tabernacl. Ar ddiwedd pob blwyddyn lluniai'r gweinidog dabl manwl yn cynnwys, mewn colofnau ar wahân, enwau'r rhai a ddeuai o dan y pedwar categori uchod.

Fel arfer diaelodwyd unigolion am un o ddau reswm, sef naill ai am anffyddlondeb i wasanaethau'r cysegr, neu am ymarweddiad annheilwng. Yr oedd yn rheol gyffredin yn eglwysi Ymneilltuol y cyfnod fod pwy bynnag o'r aelodau a fyddai'n ei absenoli ei hunan o dri chymun yn olynol yn colli ei le, a dyma'r llinyn mesur a ddefnyddid yn y Tabernacl. Gwnaed yn hollol glir gan y gweinidog o'r cychwyn nad oedd yn barod i ddioddef difrawder ar ran ei aelodau, ac mai ei fwriad oedd gweithredu un o amodau pwysicaf y 'cyfamod eglwysig', sef bod disgwyl i bob aelod fynychu oedfaon yr eglwys yn rheolaidd, 'heb esgeuluso ein cyd-gynhulliad ein hunain, fel y mae arfer rhai' (Hebreaid 10: 25). Meddai, wrth gofnodi'r hyn a benderfynwyd yn y cwrdd paratoad, nos Wener, 27 Chwefror 1835:

> Ymddengys imi, wrth wneuthur chwiliad manwl i mewn i amgylchiadau Eglwys y Tabernacl bod ei sefyllfa'n anrhefnus iawn, a bod nifer mawr o'r aelodau maes o gymundeb os [sic] misoedd, a rhai yn agos i flynyddau – ond gyda bendith ymdrechir i gael pethau i well trefn ac yn fwy rheolaidd.

Penderfynwyd ar 30 Mehefin 1847, 'bod i'r diaconiaid ac eraill i annerch yr Eglwys nos Sul nesaf ar yr angenrheidrwydd o ddewigio [sic] ac na oddefir esgeuluso yn y cyfarfodydd', ac aed ati'n ddiymdroi i ddisgyblu'r afradloniaid, ond nid heb ddanfon cynrychiolwyr o'r eglwys i sgwrsio â hwy gan geisio'u dwyn i edifeirwch. Yr oedd hon yn egwyddor y glynai Hugh William Jones wrthi'n ddi-ffael, sef, na ddylid diaelodi neb heb i'r person o dan sylw dderbyn ymweliad swyddogol naill ai gan y gweinidog neu gan ddirprwyaeth o'r diaconiaid, neu gyfuniad o'r ddau. Ceir cyfeiriadau lu at achosion o'r fath yn y ddau lyfr cofnodion, e.e.:

> Bod i H.J. Evans i fyned i siarad a [*sic*] Mary Rees, Island House, ynghylch ei hesgeulustod. (22 Hydref 1845)

> Gohiriwyd achos Catherine Lloyd hyd y mis nesaf, i Phillip Davies a D. Rees i ymweld â hi. Bod Thomas Evans, Red Cow, i gael ei adael am fis yn rhagor a H.W. Jones i gael ymweled ag ef. (5 Ebrill 1848)

> Bod Dafydd Davies, Castell Howell, i gael ei atal o'i le. Dafydd Rees a Lewis Phillips i fynd yn genhadau ato. Bod Mr. Lloyd, Pen y Bank, a Thomas Jones, Factory, i alw gyda Evans, Abergwilly, a'i deulu ynghylch eu hesgeulustod. (29 Mai 1850)

> Diaelodwyd Catherine Lloyd, Esther Jones gynt o'r Parade, a Mary Jones ei chwaer, am eu hesgeulustod a cham ymddygiad. (3 Mawrth 1852)

Yr oedd y gweinidog yn gwbl o ddifrif ynghylch ffyddlondeb i'r oedfaon. Ar 22 Mehefin 1853 argymhellodd fod arolygwyr yn cael eu dewis ar wahanol rannau o'r eglwys, bod David Williams yn paratoi cynllun i'r perwyl hwnnw, 'a bod sylw yn cael ei wneud pwy fydd yn eisiau y Sabboth nesaf o gymundeb er mwyn anfon cenhadau i wybod yr achos am eu habsenoldeb'. Ni ellid cyfaddawdu ar y mater.

Ceir nifer o achosion o geryddu a diaelodi ar sail camymddygiad personol, hynny, wrth reswm, yn unol â chonfensiynau moesoldeb Ymneilltuaeth yr oes. Ataliwyd John Jones, Tan-yr-allt, am odinebu (14 Awst 1835); John Howells 'oherwydd ei anufudd-dod i'r Eglwys, ac am bregethu ar hyd y wlad yn afreolus' (2 Tachwedd 1835); George Buckney a George Jones 'oherwydd ymddygiadau tra annuwiol' (29 Ionawr 1836); Margaret Jones 'oherwydd priodi yn rhy ddiweddar' (21 Ebrill 1873) – rheswm sy'n adlewyrchu'r arfer creulon ymhlith Ymneilltuwyr y cyfnod o esgymuno merched sengl a oedd yn beichiogi; Sarah Thomas, Cilcrug am feddwi (22 Hydref 1845); Phoebe Jones 'oherwydd llygru ei ffordd' (20 Hydref 1847); Mary Rollings am 'ymddygiad annheilwng i ganlynwyr Iesu Grist' (1 Mai 1850); John Thomas, Waundew 'am ei fuchedd anghrefyddol' (9 Ionawr 1850); Elinor Lewis, Tan-yr-allt, Trefychan am 'ymddygiad anweddaidd i reol yr Ysgrythurau' (19 Gorffennaf 1852). 'Dawnsio mewn tafarn' oedd trosedd Anne Jones; 'uno â dynion a alwant eu hunain yn Seintiau y dyddiau diwethaf neu Mormoniaid' oedd tramgwydd Mary Phillips; 'amharodrwydd i gymodi â'i gilydd' oedd bai Elizabeth Jones ac Elizabeth Davies; 'myned i Eglwys Loegr' oedd camwedd Hannah Lloyd, Caroline Davies, Mary Rees ac Anne Meyrick (25 Mehefin 1852). Yr oedd cynghorion pendant wedi eu rhoi i'r aelodau ar 2 Mai 1849 na ddylai eu plant 'fyned i eglwys y plwyf', a nodir bod nifer o'r brodyr (h.y. y diaconiaid) yn gofidio 'am fod cymmaint o'r aelodau yn cloffi gyda'r gwaith'. Gwneir rhai cyhuddiadau o natur bur ddifrifol gan y gweinidog yn erbyn rhai o'i aelodau, er enghraifft:

> Cytunwyd i ddiaelodi Mary Davies, Rachel Thomas a John Thomas. Yr oedd yr olaf yn byw'n annheilwng iawn o'r Efengyl drwy esgeuluso ei le am flynyddau, ac wedi gwrthod pob cyngor penderfynwyd i lanhau y cysegr. Ond ar y noswaith hon daeth yn bresaidd ei dalcen ac yn haerllug ei wyneb i godi yn erbyn hyn o ddisgyblaeth gan yr Eglwys fel *bully*. Mae'n rhaid fod dyn a'i [*sic*] gydwybod wedi ei serio cyn y gwna gysegr y Goruchaf yn sarn dan ei draed. Buom yn trafod llawer o ddynion cas yn ystod y 13 blynedd y buom yn y Weinidogaeth ond dyma'r gwaethaf, dyma'r haerllucaf, a dyma'r dirmygedicaf ei ymddygiad o neb a welsom hyd yma. Rhodded yr Arglwydd iddo drugaredd i alaru ger bron yr Arglwydd fel y derbynio faddeuant am y fath ymddygiad anweddaidd.[107]

Y mae ambell gofnod yn llawer llai difrifol, ac yn rhoi golwg ar ffraethineb Hugh William Jones, ynghyd â'i adnabyddiaeth dda o droeon y natur ddynol:

> Gohiriwyd achos Dafydd Jones am fis. Galwodd Mr. Rollings gan fwriadu ei annog i ddiwygio, ond roedd hi yn storm enbyd o fellt a tharanau yn y tŷ, pan alwodd Mr. Rollings. Mae Dafydd Jones yn fachgen teidi, ond mae ganddo wraig huawdl. Fe ddylai hon fod ar *stage* y Gymanfa; a Dafydd druan mor wirion. Poor fellow. Mae ofn ar Mr. Rollings fynd yno eto.[108]

Yr hyn a wna'r cyfeiriadau aml hyn at achosion o gamymddwyn yw cadarnhau'r ffaith fod llawer o arweinwyr Ymneilltuol yn gofidio'n fawr, erbyn canol y bedwaredd ganrif ar bymtheg, am y dirywiad a welwyd mewn disgyblaeth eglwysig. Dengys Dyfed Wyn Roberts sut y rhag-flaenwyd diwygiad 1858–60 yng Nghymru gan ymdeimlad cynyddol o argyfwng ysbrydol, a sut yr oedd 'cyfaddawdu moesol oddi fewn i'r eglwysi yn un o bryderon mawr y cyfnod'.[109] Eglura John Jenkins, Hengoed, y modd y bu'n rhaid iddo fynd trwy dymor o saith neu wyth mis o baratoi (sef derbyn 'braint ac addysg cyfeillach y brodyr a'r chwaeriorydd')[110] yn eglwys Llangynidr cyn iddo 'ganlyn fy Iachawdwr Iesu Grist yn y bedydd',[111] a'i dderbyn yn aelod cyflawn, hynny ar ôl iddo fedru 'ateb am y cwbl a ofynid i mi gan yr eglwys i foddlonrwydd'.[112] Fel y bu'n rhaid i bwy bynnag a ddymunai ymaelodi yn eglwys gynnull Titus Lewis yn y Porth Tywyll brofi ei gymhwyster, bu'n rhaid i'r John Jenkins ifanc brofi ei addasrwydd i'w dderbyn yn aelod o'r gymuned ffydd yn nwyrain Morgannwg, ac nid ar chwarae bach yr estynnodd gweinidog yr eglwys ddeheulaw cymdeithas iddo. Yn 1795 yr oedd hynny; erbyn diwedd ei oes (bu farw yn 1853), y mae'n bwrw ei ofid am 'fod gynt fwy o holi ac hyfforddi ymgeisiaid am dderbyniad i'r eglwysi nag sydd yn ein hamser ni'.[113] Lle gynt

> ... y teimlai yr eglwys yr angen o holi ac hyfforddi yn fanwl y rhai a geisient ymuno â hwynt, mewn trefn i roddi iddynt y graddau hyny o addysg ac adeiladaeth, yn gystal a [*sic*] medru ffurfio barn o barth sylweddoldeb eu crefydd, a olygent yn rheidiol ...[114]

erbyn 1850 yr oedd yr amodau wedi eu llacio, a llawer o ymgeiswyr anghymwys yn syrthio drwy'r rhwyd. Dengys Alun Tudur sut, yn raddol yn ystod y ganrif, y disodlwyd yr hen arferiad pwyllog o dderbyn ymgeiswyr, drwy eu hyfforddi'n drwyadl yn hanfodion y ffydd a'u gosod trwy dymor o brawf, gan ddull llawer mwy sydyn a diymdroi. Un o ganlyniadau'r pregethu cymelliadol a ddisodlodd, yn raddol, y pregethu mwy addysgiadol, oedd rhoi pwyslais anghymesur ar y rheidrwydd i dderbyn Crist yn y fan a'r lle, ar gymhelliad y pregethwr ar derfyn ei genadwri, ac o'r herwydd rhoddwyd llai o bwys ar baratoi ymgeiswyr yn fanwl dros gyfnod o amser.[115] Arweiniodd hyn at fwy a mwy o achosion o ymddygiad anaddas, nid yn unig o'r ochr foesol, ond hefyd mewn esgeulustod o ddyletswyddau crefydd, yn enwedig presenoldeb mewn oedfaon pregethu, y cymundebau, a'r cyrddau paratoad a defosiynol.[116] Heb amheuaeth yr oedd Hugh William Jones mor effro â neb i effeithiau'r dirywiad, ac ymdrechai hyd eithaf ei allu i wrthsefyll eu dylanwad, gan hawlio bod ei aelodau'n cydymffurfio'n ddigwestiwn â gofynion y ddisgyblaeth eglwysig.

Rhaid ychwanegu nad unochrog yw'r darlun a geir yn nodiadau'r gweinidog ynglŷn â'r diarddeliadau, oherwydd cofnodir ynddynt hefyd nifer luosog o enghreifftiau o rywrai'n edifarhau am eu troseddau, yn ceisio'u lle drachefn ym mywyd yr eglwys, ac yn cael eu hadfer. Nid ar fympwy y digwyddai hynny: yr oedd yn rhaid wrth arwyddion eglur o ymddiwygio, ac (os oedd hynny'n ymarferol bosibl) yr oedd disgwyl i'r personau ddod i'r 'Gyfrinach' yr wythnos gynt er mwyn gwneud cais rheolaidd am adferiad. Yna, ar argymhelliad y gweinidog, a chyda chydsyniad aelodau'r eglwys, croesawyd yr edifeiriol yn ôl i'r gorlan. Caniatawyd i David Jones, gwehydd, Heol Dŵr, gael ei le, 'yr hwn a fu'n esgeuluso am amser maith' (18 Rhagfyr 1844); felly hefyd Dafydd Hughes, teiliwr (17 Gorffennaf 1851), a Thomas White a'i wraig a ddaeth i 'eiriol am eu lle', ac a gawsant eu lle, megis Esther Lewis, Cwmfelin, 'dan addewid i ddiwygio' (26 Mai 1852). Canlyniad anochel hyn oedd bod llawer o fynd a dod yn rhengoedd aelodau'r eglwys, fel y dengys y niferoedd enwau yng ngholofnau ystadegol diwedd-blwyddyn Hugh William Jones. Yr oedd craidd yr aelodaeth yn parhau'n weddol sefydlog, ond prin yr âi mis heibio heb fod rhywrai'n cael eu gollwng, ac eraill eu derbyn, naill ai drwy adferiad, neu drwy drosglwyddo eu haelodaeth o eglwysi Bedyddiedig eraill (e.e. yn Ionawr 1846 derbyniwyd Elizabeth Thomas o Ramoth, Cwmfelin; Stephen Richards o Ainon, Gelliwen; Sarah Richards o Fethania, Talog; ac Elizabeth Phillips o Ddinbych-y-Pysgod), neu drwy fedydd. Ac yr oedd nifer y bedyddiadau'n gymharol uchel: 20 yn 1836; 14 yn 1845; 8 yn 1846; 15 yn 1849; 115 yn 1849, er nad oedd y gweinidog heb ei amheuon wrth fedyddio cynifer, fel y dengys ei gofnod ar ddiwrnod ola'r flwyddyn:

> Yn ystod y flwyddyn hon [1849] bedyddiais fwy nag erioed o'r blaen, 115. Hyderaf y bydd yr Arglwydd yn eu cadw. Y mae gennyf amheuaeth am nifer ohonynt, a hyd yn oed yn awr teimlaf yn edifar am imi erioed eu bedyddio. Eto y mae nifer o ddynion a merched ifainc sy'n wirioneddol addawol; byddant yn addurn i grefydd ac yn weithwyr difefl yng ngwinllan eu Harglwydd.

Bedyddiodd fwy eto yn 1850, sef 117, gan godi cyfanswm aelodau'r eglwys i ymhell dros 400.

Fel y dengys R. Tudur Jones bu cynnydd syfrdanol 'na welwyd dim tebyg iddo cynt na chwedyn', nid yn unig yn nifer yr achosion Ymneilltuol yng Nghymru rhwng 1800 a 1850, ond hefyd, ac yn gyfatebol i hynny, yn nifer yr addolwyr a'r aelodau. Yr oedd pobl yn dylifo i mewn i'r capeli, 'y mwyafrif o gefndir tlawd a digon diddiwylliant heb fawr o'r grasusau cymdeithasol na'r gloywder deallol a gysylltid â'r capeli yn y cyfnod ar ôl hwn'.[117] Erbyn hyn yr oedd Ymneilltuaeth, yn sicr yn allanol, yn gwisgo gwisgoedd ei gogoniant, ac yn rym pwerus, nid yn unig yn ysbrydol ond hefyd yn gymdeithasol a diwylliannol, a'i gafael ar y werin yn dynn. Yr oedd hanner cyntaf y bedwaredd ganrif ar bymtheg yn gyfnod o ddiwygiadau nerthol pan brofodd pob enwad fel ei gilydd gynyrfiadau ysbrydol mawr ('diwygiad bob saith mlynedd', chwedl Emrys ap Iwan),[118] hyn oll yn arwain, yn y diwedd, at ddiwygiad 1859, a gychwynnodd yng ngogledd Sir Aberteifi o dan arweiniad Humphrey Jones (Wesle) a David Morgan (Methodist Calfinaidd), ac a effeithiodd ar Gymru gyfan. Yn ddiau, elwodd y Tabernacl o'r ymchwydd hwn, ond nid heb i'r gweinidog gwestiynu cymhellion rhai o'r ymgeiswyr am ordinhad bedydd. Er hyn, yn

1850 cafodd aelodau'r Tabernacl brofiad o ddiwygiad grymus a adawodd ei ddylanwad yn drwm ar yr eglwys, nid yn unig yn y cynnydd mewn bedyddiadau, ond hefyd mewn un cyfeiriad arall yn ogystal. Mor bell yn ôl â 1827 arferid cynnull y ffyddloniaid i gyfarfod gweddi am 7.30 ar fore Sul. Ar y dechrau bu'r diaconiaid yn amau'r priodoldeb o'i gynnal rhag i'r cyfarfod sawru o'r plygain eglwysig, a gwrthodwyd talu o drysorfa'r eglwys am ganhwyllau i oleuo'r ystafell a ddefnyddid i gynnal y cyfarfod yn y gaeaf. Fodd bynnag, yn 1850 yr oedd pawb o'r farn mai tarddiad y cynnwrf ysbrydol oedd y cwrdd gweddi, ac o hynny ymlaen gofalwyd am gysuron yr ystafell ar draul yr eglwys. Bu'r cwrdd hwn mewn bri hyd 1908 pryd y newidiwyd yr amser i naw o'r gloch y bore.

UCHAFBWYNTIAU

Ynghyd â gweld yr aelodaeth yn cynyddu, cafodd y gweinidog y bodlonrwydd o weld rhai pethau tra arwyddocaol yn digwydd yn hanes yr eglwys, nes gwneud tymor ei weinidogaeth gyda'r pwysicaf yn hanes a datblygiad y Tabernacl. Erbyn iddo gyrraedd y Tabernacl yn 1835 yr oedd dau o wŷr ieuainc yr eglwys eisoes wedi ymgyflwyno i waith y weinidogaeth, ond, ysywaeth, yn achos y naill a'r llall, ni chafodd yr addewid gynnar gyfle i lawn aeddfedu. Bedyddiwyd David Adams, sef mab John Adams (y diacon a'r athro ysgol Sul), gan Rees Gibbon; dechreuodd arfer ei ddawn i bregethu a chymeradwywyd ef i Athrofa Stepney, lle treuliodd tua dwy flynedd a hanner hyd nes iddo fynd yn rhy wan i barhau â'i astudiaethau. Dychwelodd adref, a bu farw o'r darfodedigaeth ar 26 Gorffennaf 1835, yn 23 blwydd oed. Offrymwyd gweddi yn ei wasanaeth angladd gan Joshua Watkins, Penuel, a phregethodd Hugh William Jones oddi ar Job 19: 24–27. Fe'i claddwyd ym mynwent Tabernacl.

'Gŵr ieuanc mwyn a llonydd ei dymer – yn ostyngedig, ac yn gyflym ei ganfyddiad',[119] oedd Samuel Thomas, mab Thomas Thomas, Picton Terrace. Fe'i derbyniwyd yn aelod yn y Tabernacl ym Medi 1831, a dechreuodd bregethu 'yn dra derbyniol' yn fuan ar ôl hynny, a'i dderbyn i goleg Bryste pan oedd yn 21 oed. Treuliodd dair blynedd yno, ond 'dychwelodd adref yn dra egwan Mehefin diwethaf [sef Mehefin 1834];

gobeithiai ef a'i ffryns y buasai aer ei wlad enedigol yn ffafriol i'w iechyd, ond gwnaeth angau frys i roi terfyn ar ei oes. Aeth ei haul i lawr tra etto yn ddydd'.[120] Claddwyd ef ym mynwent Tabernacl, a'r gweinidog yn codi testun ei anerchiad angladdol y tro hwn o Actau 7: 59, 60.

Ar un achlysur cafodd Hugh William Jones y fraint o fedyddio darpar genhadwr, sef Albert Williams, a anwyd mewn ffermdy yn ardal Llangyndeyrn ar 1 Gorffennaf 1841, ac a amlygai, o'i flynyddoedd cynnar, ddiddordeb dwfn mewn crefydd ynghyd ag awydd i'w ddiwyllio'i hunan. Yn dair ar ddeg oed daeth i weithio mewn siop yn nhref Caerfyrddin, a dwy flynedd yn ddiweddarach, sef yn Haf 1856, fe'i bedyddiwyd yng nghapel y Tabernacl gan Hugh William Jones. Cafodd ei weinidog berswâd arno i ystyried gwaith y weinidogaeth, a chafodd le iddo yng ngholeg Presbyteraidd y dref, cyn iddo gael ei dderbyn i Brifysgol Glasgow lle y canolbwyntiodd ar y Clasuron ac ar Athroniaeth, a'i brofi ei hun yn ysgolhaig gyda'r medrusaf. Cyrhaeddodd ddinas Calcutta ar 16 Rhagfyr 1866, ac am ddeuddeng mlynedd bu'n weinidog yn eglwys Circular Road, cyn cael ei apwyntio yn 1879 yn llywydd a phennaeth Coleg Serampore. Fe'i trawyd â malaria, ac fe'i cynghorwyd i ddychwelyd i Brydain. Hwyliodd o Calcutta ar 16 Mehefin 1882, a dychwelodd i'w gynefin yn Llangyndeyrn, lle bu farw o lid yr ysgyfaint, yn dilyn cystudd trwm, ar 14 Chwefror 1883, yn 41 mlwydd oed, gan adael gweddw ac wyth o blant. Fe'i claddwyd ym mynwent Bethel, Llangyndeyrn. Medd D. Ben Rees amdano: 'Yr oedd ar dân dros ei Waredwr, ac yr oedd ei bregethau efengylaidd yn llawn o gynghorion buddiol. Meddai ar ddoethineb, ac yr oedd yn ffrind mawr i'r brodorion o bob oedran'.[121] Ymfalchïai aelodau'r Tabernacl yn y ffaith mai o'u plith hwy y codwyd Albert Williams i'r maes cenhadol, ac nid anghofiodd yntau y graig y naddwyd ef ohoni.

Peth arall y bu'r gweinidog yn dyst iddo oedd cynnydd cyson yn nifer disgyblion yr ysgol Sul, sef yr ysgol Sul a sefydlwyd gan D.D. Evans yn nechrau 1814; parhawyd i'w chynnal am naw o'r gloch ar fore Sul, ac roedd ynddi erbyn canol y ganrif rhwng 300 a 400 o ddisgyblion, gyda'r plant yn derbyn eu haddysg yn yr ysgoldy, a gweddill y dosbarthiadau yn y capel. (Yn anffodus ni ddiogelwyd cofrestri'r ysgol Sul hon – ar wahân i ambell gyfeiriad hwnt ac yma yn nyddiadur y gweinidog – ac nid yw'n bosibl olrhain ei chynnydd ystadegol o flwyddyn i flwyddyn.) Yr oedd ynddi un dosbarth (o dan oruchwyliaeth John Adams) o 11 o wragedd, a phob un ohonynt dros ei phedwar ugain oed, prawf o'r ffaith fod yr ystod oedran yn eang, a'r ysgol Sul yn apelio at rywrai o bob oed. Athrawes ddosbarth y chwiorydd ifainc (a lanwai seddau canol llawr y capel) oedd "Eliza Caerfyrddin", cymeriad eithriadol ac ecsentrig ar lawer cyfrif, ac un sy'n haeddu pennod iddi ei hun yng nghronicl y Tabernacl. Yr oedd hithau yn un o bedwar o blant John Williams, 'Cwrier' (a oedd o'r un ach ag Arglwydd Aberdaugleddau), ac Anne Lewis, sef merch bwyty enwog *The Old Bull* yn ymyl Neuadd y Dref. Ganed Eliza (Elizabeth Philipps Williams oedd ei henw llawn, ond fe'i hadnabuwyd yn gyffredin fel 'Eliza Caerfyrddin') yng nghartref ei rhieni yn Heol y Brenin, Caerfyrddin, yn 1825, a chan fod amgylchiadau'r teulu yn gymharol gysurus fe'i breintiwyd ag addysg dda (mewn cyfnod pan oedd hynny'n rhywbeth tra amheuthun), a bu'n ddisgybl mewn ysgolion bonedd yn Lloegr, ac yna ar y Cyfandir, yn Ffrainc a'r Almaen. Hyn, yn rhannol, a'i cymhellodd i gyfrannu addysg i eraill. Fel athrawes yn ysgol Sul y Tabernacl yr oedd ymhell ar y blaen o ran dull a chyfrwng; ar ôl hir ymdrech cafodd ganiatâd gan y diaconiaid i osod bwrdd du yn y sedd fawr, ac fe'i defnyddiai'n effeithiol iawn er gyrru'r wers adref. Disgwyliai i bob disgybl ddysgu darn o'r Ysgrythur ar y cof yn wythnosol. Cynhaliai gyfarfod paratoi ar nos Sadwrn ac os oedd un o'r merched heb lwyddo i feistroli'r darn gosodedig wrth fodd yr athrawes fe'i gwaharddwyd rhag ymuno â'r dosbarth fore trannoeth!

Yr oedd trafod pynciau'r dydd, ynghyd â phroblemau diwinyddol ac athrawiaethol, yn un o'i phrif ddiddordebau. Cawsai gweinidogion yr Efengyl (pobl fel Gomer, Ieuan Ddu, Christmas Evans, a'r esgob Thirlwall) groeso parod i'w chartref yn Heol y Brenin, ac ar ei haelwyd hithau yr arhosai gwladweinwyr o faintioli John Bright a Henry Richard, 'Yr Apostol Heddwch', pan ymwelent â Chaerfyrddin. Adroddir am John Bright yn annerch torf, a oedd wedi ymffurfio yn y stryd islaw, o ffenestr agored ar lawr cyntaf tŷ Eliza. Y mae'r darn canlynol o lythyr o'i heiddo at Henry Richard yn 1848 yn brawf diymwad o'i hargyhoeddiadau heddychol:

An appeal to arms, for the purpose of deciding disputes among nations, is a custom condemned alike by religion, reason, justice, humanity, and the best interests of people. The fearful sacrifice of human life, the wide diffusion and excitement of all evil and malignant passions, the incalculable amount of suffering and crime, and the enormous waste of the resources of nations, which are occasioned by the present system of settling international differences by an appeal to the sword, are utterly repugnant to the spirit of Christianity, and a sore reproach to the civilisation of the nineteenth century.[122]

Bu'n briod ddwywaith, y tro cyntaf â John Saunders Hughes, gweinidog eglwys Mount Pleasant, Abertawe (a fu farw'n ddyn ifanc, 27 oed, ar 28 Mai 1844), a'r eildro â Thomas Jones, ficer Hirwaun, Aberdâr. Bu hithau ei hunan farw yn 1872, yn 47 oed, a'i chladdu ym mynwent gyhoeddus Hirwaun. Fe'i henwogodd ei hun fel cerddor a bardd, ac y mae un o'r olaf o'i cherddi yn fynegiant, nid yn unig o'i hiraeth am dref Caerfyrddin, a dyffryn Tywi, ond hefyd o'i harddull farddonol, delynegol.[123] Rhoddwyd lle amlwg i bortread olew ohoni, ynghyd â llun o John Saunders Hughes, ar furiau festri'r Tabernacl am lawer blwyddyn.

Wrth i'r capeli dyfu'n sefydliadau derbyniol gan y gymdeithas, cymylwyd yr hen ffiniau clir rhwng byd ac eglwys, a daeth Ymneilltuaeth yn sefydliad llawer mwy crachaidd a bwrgeisaidd, yn fwy o fudiad dosbarth canol, ac yn fodd i hybu snobeiddiwch a pharchusrwydd personol. Erbyn canol y bedwaredd ganrif ar bymtheg yr oedd llawer o'r aelodau wedi codi yn y byd, wedi 'cyrraedd' yn gymdeithasol, a'u heglwysi wedi ymwadu, i raddau pell, â delfrydau'r eglwysi cynnull, cynnar oedd â'u cyfansoddiad yn llawer mwy gwerinol, syml a di-rwysg, sef y math o eglwys yr oedd y Porth Tywyll yn enghraifft berffaith ohoni. Canlyniad hyn oll oedd i'r 'manion fynd yn gymysg â'r egwyddorion', gyda phobl yn ceisio arddangos eu crefydd 'ym mhatrwm y dillad a wisgent, yn nhoriad eu gwallt, yn ansawdd eu hiaith, ac yn nefodau eu cwrteisi'.[124] Er na ddylid, am foment, amau didwylledd Eliza Caerfyrddin – ei gwrthwynebiad, ar dir Cristionogol, i ryfel, a'i safiad o blaid heddwch – ni ellir osgoi'r ffaith fod y portread olew ohoni (sydd yn dal ym meddiant y capel) yn cydymffurfio, bron i'r manylyn lleiaf, â'r darlun a dynnir gan R. Tudur Jones yn y dyfyniad uchod. Y mae'r cyfan – crandrwydd y wisg, plethiadau'r gwallt, a holl awra y llun – yn sawru o rwysg ffroenuchel.

Yr hyn sy'n arwyddocaol yw'r ffaith fod Eliza – un a fu'n ddisgybl mewn ysgolion bonedd, ac na welai ddim o'i le mewn hobnobio gydag esgobion (fe'n temtir i holi a ddylai fod yn Ymneilltuwraig o gwbl!) – yn berffaith gysurus yng nghymdeithas y Tabernacl, a phobl y Tabernacl, yn ôl pob tystiolaeth, yn gwbl ddedwydd yn ei chwmni hithau. Dywed hyn lawer am yr Ymneilltuaeth newydd, a'r elfennau o snobeiddiwch crach-fonheddig a oedd wedi llithro i mewn iddi, math ar ymagwedd na lwyddodd aelodau'r Tabernacl, fe ymddengys, i ddianc yn llwyr rhag ei swyn.

Digwyddiad a ystyrid gan Hugh William Jones yn un o uchafbwyntiau ei yrfa oedd ymweliad Cymanfa Caerfyrddin a Cheredigion â'r Tabernacl, 6 a 7 Mehefin 1837. Er bod eglwysi'r Bedyddwyr yn ymreolus ac annibynnol o ran trefn a gweinyddiad, perthynent i'r gymanfa,[125] ac yr oedd y cyfle i wahodd ac i gynnal ei chyfarfodydd blynyddol yn ddigwyddiad o bwys. Cynullwyd pwyllgor arbennig yn y Tabernacl ar 11 Ebrill y flwyddyn honno i gwblhau'r trefniadau, a chytunwyd ar y camau canlynol:

1. Bod Mr. Williams, y Currier, yn cynnig rhoddi ciniaw i'r gweinidogion oll dydd olaf y gymanfa, a'n bod yn derbyn ei gynhygiad haelionus gyda pharodrwydd a diolchgarwch.
2. Bod H.W. Jones, y gweinidog, i anfon am weinidogion i bregethu yn y gymanfa.
3. Bod tanysgrifiadau i gael eu gwneud pen bythefnos ar ol y cymundeb nesaf at draul y gymanfa ac os byddant yn rhy fach gwneir casgliad cyhoeddus ym mis Mai.[Llwyddwyd i gasglu cyfanswm o £38.8.5 tuag at draul cynnal y Gymanfa.]
4. Bod rhaid ymofyn am letyoedd i ddieithriaid.
5. Bod Mr. John Williams i gytuno â Thomas Evans, Red Cow, am le cyfleus i'r ceffylau (pedwar cae), a bod yr ymwelwyr i osod eu henwau yn glymedig wrth eu ceffylau.
6. I Jones ac Adams i ofyn i Phillips am gae i bregethu.
7. Bod Williams yn drysorwr ac Adams yn ysgrifennydd.[126]

Gan y byddai llawer o'r cenhadon yn marchogaeth ar gefn ceffyl yr oedd angen tir digon helaeth i bori'r anifeiliaid (cynifer â 700 neu 800),[127] a darpariaeth o fara, caws, ymenyn, cig a chwrw ar gyfer y cynadleddwyr.

(Mae'n amlwg nad oedd Cymanfa Caerfyrddin yn un ddirwestol, nac ychwaith weinidog y Tabernacl, ffaith a gadarnheir gan fwy nag un cyfeiriad yn ei ddyddiadur at archebu diodydd. Yn y gwrthdaro cyson a ddigwyddai ar dudalennau *Seren Gomer* rhwng titotaliaeth a chymedroldeb, nid oedd gan Hugh William Jones fawr i'w ddweud wrth y llwyr-ymwrthodwyr.)[128] Hefyd yr oedd angen cae o faint sylweddol gan y byddai llawer o'r pregethu'n digwydd 'ar y maes' (hynny, nid yn unig am na fyddai unrhyw gapel yn ddigon mawr i ddal y gynulleidfa, ond hefyd er mwyn tystio i'r byd mawr oddi allan), lle y codid llwyfan i'r pregethwyr, â tho uwch ei phen, a chadeiriau i rywrai eistedd y tu ôl iddi.[129]

Mae'n amlwg i'r gweinidog gyflawni ei addewid (yn unol â phenderfyniad 2), ond ni bu'r gwaith heb ei rwystredigaeth:

> Yr oeddem yn disgwyl Thomas, Tutor, Pontypŵl, a Stephen, o Abertawe, i bregethu, ond ychydig ddyddiau cyn y Gymanfa cawsom hysbysiaeth na allent ddod. Yna ysgrifennais at Dr. Cox, Hackney, Llundain. Hwn eto yn analluog oherwydd na chafodd wybod mewn pryd. Yna, Jenkin Thomas, ond yr oedd ef yn glaf. Y mae anffyddlondeb yn gyrru y cyfan i ddryswch ac annibendod, felly ninnau oherwydd ein siomedigaeth yn y ddau gyntaf. Gyrasom am Ross o Abertawe ac addawodd ddyfod. Ar ôl y Gymanfa anfonaf lythyrau llym i'r brodyr hyn.[130]

Er gwaetha'r trafferthion mae'n debyg i'r cyfarfodydd brofi'n rhai bendithiol; yn sicr yr oedd y gweinidog, drannoeth yr ŵyl, wedi ei fodloni'n fawr:

> Yr oedd hon yn gymanfa ardderchog – yn un peth ni phregethwyd unrhyw 'Hyperism' ynddi, ac yr oedd y pregethau i gyd o'r tueddiadau gorau. Pedwar peth a ddymunais – presenoldeb pawb a wahoddwyd; lleoedd digonol i letya dieithriaid; tywydd braf; a phresenoldeb Duw. Fe'u cawsom i gyd, ac yr wyf yn ddiolchgar i Dduw am ei drugaredd.[131]

Serch hynny, erbyn diwedd y flwyddyn, ac yntau yn y cyfamser wedi cael mwy o gyfle i iawn werthuso effaith barhaol cynnal y Gymanfa ar yr eglwys, nid yw'r gweinidog mor hael ei ganmoliaeth:

> Wrth adolygu'r flwyddyn a fu, y mae gennyf resymau di-rif dros fod yn ddiolchgar. Ychwanegwyd nifer at yr eglwys, dros 40. Cawsom gymanfa ardderchog – pregethu da, a gwir ryddid ymadrodd – ond ni fedwyd unrhyw ddaioni arhosol ohoni. Fel eglwys buom yn dangnefeddus, ac yn llai diffrwyth.[132]

Croesawyd y gymanfa i'r Tabernacl drachefn yn 1854, y gynhadledd yn cael ei chynnal yn y capel, ond y cyfarfodydd cyhoeddus yn cael eu lleoli y tro hwn mewn cae ym Mharc-y-Felfed, a'r rheiny, fel o'r blaen, yn denu cannoedd o wrandawyr. Heb os, yr oedd mynd ar yr uchel-wyliau enwadol, a thyrfaoedd lawer yn eu mynychu.

Ym 1837 pasiwyd deddf yn rhoi hawl i Anghydffurfwyr gynnal gwasanaeth priodas mewn capel, ar yr amod bod yr adeilad wedi ei gofrestru i'r pwrpas a bod tystysgrif esgob wedi ei sicrhau. Cyflwynwyd cais yn enw'r Tabernacl, wedi ei arwyddo gan y gweinidog a John Nathan Roberts (diacon), a gweinyddwyd y briodas gyntaf yn y capel, yn wir yn hanes holl gapeli Caerfyrddin yn ddiwahân, o dan yr amodau uchod, ar 25 Ionawr 1838, a Hugh William Jones yn gweinyddu. Cyflwynwyd rhodd o Feibl i'r pâr ifanc, ac oddi mewn i'w glawr ysgrifennodd y gweinidog y cofnod hwn:

> John Leigh was married to Ann Bostock on Saturday, the 25th day of January, 1838, at Tabernacle Chapel, Carmarthen, by the Rev. H.W. Jones, the Tabernacle Minister … it was the first marriage in a dissenting Chapel in the town.[133]

Deil y dystysgrif a roddai ganiatâd i Hugh William Jones weinyddiu'r briodas ym meddiant yr eglwys hyd heddiw.

Erbyn 1841 ni allai'r adeilad ddal y gynulleidfa gynyddol a oedd yn mynychu'r oedfaon o Sul i Sul, a rhoddwyd ystyriaeth naill ai i ehangu'r capel a'i adnewyddu'n llwyr oddi mewn, neu i adeiladu cysegr cwbl newydd ar yr un safle. Mor bell yn ôl â 25 Mai 1835 'cyttunwyd i adeiladu'r tŷ cwrdd y Tabernacl o'r newydd, mor gynted ag y cesglir arian atto ... ac i roddi *cards* i maes i gasglu [aneglur] y flwyddyn hon', oherwydd yr oedd yr adroddiad a gafwyd, y mis Mawrth blaenorol, ar gyflwr yr adeiladau yn dra anffafriol: 'coed y tŷ wedi pydru, coed y *gallery* sydd yn mynd i'r mur wedi pydru yn yr un modd', nes bod 'y tŷ mewn cyflwr peryglus'. Yn y diwedd, oherwydd y gost afresymol a fuasai ynglŷn â'r ail opsiwn, penderfynwyd ar y dewis cyntaf, a llwyddwyd i gwblhau'r gwaith erbyn mis Tachwedd 1842. Gwariwyd £1300 ar y gwaith adnewyddu; yr oedd £700 mewn llaw, casglwyd £118 ar ddydd yr agoriad; ac yn ôl arfer y cyfnod aeth y gweinidog ar daith drwy Gymru i gasglu at y ddyled.[134] Cliriwyd y cyfan erbyn 1845. Oddi mewn i glawr ei lyfr casglu yn Sir Fynwy, ceir y geiriau hyn:

The dilapidated condition of the Tabernacle Meeting House in this town, and the flourishing state of the congregation, urgently called for its rebuilding and enlargement. After long and deliberate consultations it was unanimously agreed that a more substantial and commodious Building should forthwith be erected, and in the month of November, 1842, the same was completed and opened for public worship. Its dimensions are 63 ft. in length by 48 ft. in breadth, and the expenses incurred amounted to upwards of £1,300. Above £950 were collected among the church and the congregation, and in the vicinity, and there now remains a debt of of nearly £350 on the Building, to liquidate which we are necessitated to appeal through our beloved Pastor, Mr. H.W. Jones, to the liberality of a generous public for pecuniary aid. Whatever donation any friend to Christianity may contribute to this deserving cause, we assure him on behalf of the church assembling in the above place that it will be received with gratitude and faithfully applied.

August 30, 1845
John Williams
Thomas Jones   Deacons
J.N. Roberts

We, the undersigned, are personally acquainted with the above case, and most cordially recommend it to the support of the public.

Daniel Jones, Felinfoel
James Spencer, Llanelly
Hugh Jones, Lammas Street, Carmarthen
D. Davies, Panteg

Wrth gasglu yn eglwysi Sir Fynwy llwyddodd Hugh William Jones i grynhoi swm o £105.10.0, ac wedi iddo gael ei gydnabod am ei dreuliau teithio (£13.13.0), bu mewn sefyllfa i gyflwyno cyfanswm o £92.0.0. i drysorydd y Tabernacl. Y mae ambell gofnod ynglŷn â'r gwaith adnewyddu yn hynod awgrymog a dadlennol, er enghraifft, y ddau benderfyniad canlynol o eiddo'r pwyllgor adeiladu, a gadeiriwyd gan y gweinidog:

> Rebuilding of Tabernacle. It was moved by the Rev. Hugh William Jones that everyone belonging to the committee shall exert himself to get some farmers and others to carry lime and stones. It was agreed that everyone shall bring an account of the promises obtained to the next committee meeting.
> It was moved that John Williams, Esquire, Currier, Treasurer of the Tabernacle Church, shall pay from the Church Treasury, the money due to be paid by each of the carters for passing Toll Gates, and also a pint of ale each.[135]

Yn ddiau yr oedd yn waith trwm a sychedig!

Fel yr âi'r blynyddoedd yn eu blaen daeth Hugh William Jones yn fwyfwy ymwybodol o anghenion ysbrydol pobl ddi-Gymraeg tref Caerfyrddin (bu mewnlifiad o Saeson a ddaethai i weithio ar y rheilffyrdd ac ym myd masnach), a chan nad oedd eglwys Fedyddiedig Saesneg y gallasai'r cyfryw ei mynychu, pwysodd ar aelodau'r Tabernacl, ym Mai 1849, i roi cynnig ar arbrawf o gynnal oedfa Saesneg:

> Cytunwyd i roddi treial am flwyddyn i'r cyfnewidiad canlynol, sef

bod i'r bregeth Saesonaeg i gael ei chynnal yn y boreu am hanner awr wedi un ar ddeg o'r gloch a'r ysgol am ddau y prydnhawn.[136]

Yr oedd H.W. Jones gyn fedrused yn y Saesneg ag yr oedd yn y Gymraeg, fel na fyddai cynnal oedfa Saesneg yn anhawster iddo, ond ni bu'r drefn o gynnal oedfa Gymraeg am 10 ar fore Sul, oedfa Saesneg am 11.30, ysgol Sul am 2 y prynhawn, ac ail oedfa Gymraeg am 6 yr hwyr, yn dderbyniol. Hyn sydd i gyfrif am gofnod 28 Ebrill 1852:

> Bod y cyfnewid y Saesneg i'r boreu, canfydder nad yw wedi ateb diben; ac o ganlyniad yn cymeradwyo i'r Eglwys i gynnal y Cwrdd Saesneg am dri a'r Ysgol yn y boreu fel cynt a bod hyn i gael ei wneud yn hyspys boreu Sul nesaf a'i benderfynu yn y nos.

O hynny ymlaen cynhaliai Hugh William Jones oedfa Saesneg bob prynhawn Sul, a llwyddai i ddenu cynulleidfaoedd niferus i wrando arno'n traethu. Golygai hynny bod rheidrwydd arno i bregethu deirgwaith y Sul, ond nid ymddengys i hynny fod yn dreth ormodol ar ei feddwl na'i gorff. Yn wir, cynhaliai oedfa bregethu yn y Tabernacl bob nos Fercher yn ogystal, oedfa a ddaeth yn anarferol o boblogaidd, gyda llawer o'r tu allan i gylch aelodau'r Tabernacl, gan gynnwys rhai o'i gyd-weinidogion yn y dref, yn ei mynychu.

Gwnaed mwy nag un awgrym y dylid mynd ati i sefydlu achos i'r Bedyddwyr Saesneg yng Nghaerfyrddin, ond ar y dechrau ni roddodd Hugh William Jones ei gefnogaeth i'r cynllun. Yn ei farn ef nid oedd digon o Fedyddwyr Saesneg yn y dref i gyfiawnhau'r fenter, byddai'r baich ariannol yn ormod i'w ysgwyddo, a sut bynnag, onid oedd ef ei hunan yn pregethu yn Saesneg bob prynhawn Sul yn y Tabernacl? Anogai bwyll, gan farnu, pe gwelid ymhen amser bod yr angen yn un dilys, y buasai'n well troi naill ai Tabernacl neu Benuel yn eglwys Saesneg, er mwyn osgoi'r draul afresymol o godi capel newydd. Yr oedd Thomas Lewis, gweinidog Penuel, wedi ei argyhoeddi'n wahanol; yr oedd yntau'n eiddgar o blaid sefydlu'r achos newydd yn ddi-oed, ac ar ei anogaeth ef cynhaliwyd pwyllgor yn festri'r Tabernacl ar 24 Mawrth 1868 pryd y cytunwyd yn unfrydol i symud ymlaen, a phryd y dewiswyd William Davies Evans (cyfreithiwr) yn ysgrifennydd, a David Lewis (masnachwr) yn drysorydd. Yn y pwyllgor dilynol, a gyfarfu eto yn festri'r Tabernacl, dewiswyd pedwar o ddiaconiaid i'r eglwys newydd, tri o'r Tabernacl, sef John Nathan Roberts, William Morgan Evans a Richard William Richards, ac un o Benuel, sef David Lewis. Paratowyd y cynlluniau gan y pensaer George Morgan, 24 Heol y Brenin, ac ef a gyfarfu â llawer o'r costau o'i boced ei hunan. Codwyd y capel ar safle yr *Old Black Horse* yn Heol Awst, ac fe'i hagorwyd yn swyddogol ar 21 Mehefin 1870, pryd y pregethwyd gan Hugh Stowell Brown, Lerpwl; Benjamin Thomas (Myfyr Emlyn), Arberth; R.H. Roberts, Llundain; a W. Thomas, Pont-y-pŵl. Erbyn hynny gorffwysai sêl bendith Hugh William Jones yn ddiamod ar y fenter.

Ddeng mlynedd ar hugain ynghynt bu Hugh William Jones â rhan bwysig yn y gwaith o sefydlu achos i'r Bedyddwyr ym mhentref Talog, naw milltir i'r gorllewin o dref Caerfyrddin. Yr oedd y weledigaeth gychwynnol yn eiddo i Thomas Thomas, gŵr busnes o Glawdd-coch a agorodd siop yn Nhalog yn 1836 ac a sylweddolodd yn fuan nad oedd gan y Bedyddwyr (yn wahanol i'r Annibynwyr oedd â nifer o eglwysi llewyrchus yn y cylch, e.e. Capel y Graig, Tre-lech; Blaenycoed; Bwlchnewydd; Gibeon a Ffynnonbedr) gynrychiolaeth yn yr ardal, er bod yno gnewyllyn o Fedyddwyr oedd yn cyfarfod â'i gilydd yn achlysurol mewn bwthyn o'r enw Awel-lem. Yn 1839, dair blynedd wedi iddo sefydlu ei fusnes yn y pentref, cafodd Thomas Thomas gymorth tri gweinidog lleol – Dafydd Ifans, Ffynnonhenri; W. Lloyd Davies, Dre-fach; a Hugh William Jones – i gynnull ynghyd nifer o Fedyddwyr cyfrifol a fyddai'n barod i fentro codi capel newydd. Yr oedd hon yn weithred o ffydd anarferol, oherwydd 1839 oedd y flwyddyn pan ffrwydrodd protest Beca yn erbyn trachwant y tirfeddianwyr ac annhegwch y tollbyrth, gan ledu fel coelcerth drwy dde-orllewin Cymru, ac y mae'n ffaith hanesyddol mai yn Nhalog y taniwyd yr ergyd gyntaf o ddryll yn ystod y terfysg. Dengys gweithred gyfreithiol capel Bethania (fel y cytunwyd i'w enwi), fod dau ar bymtheg o ymddiriedolwyr wedi cefnogi'r achos, sef y tri gweinidog a enwyd eisoes, wyth o wŷr busnes o dref Caerfyrddin, Thomas Thomas ei hunan, dau amaethwr, a thri gweithiwr lleol. Y brodyr Jacob a Daniel Jones, Rhydygarregddu (eglwyswyr a thirfeddianwyr cymharol gefnog), oedd perchenogion y tir, a sicrhawyd prydles arno am gant namyn un o

flynyddoedd, a hynny am chwe swllt y flwyddyn.[137] Tanlinellid yn y
ddogfen drosglwyddo mai eglwys o Fedyddwyr Calfinaidd a fyddai
Bethania *in perpetuity*, hynny efallai am fod Arminiaeth yn gwestiwn llosg
ar y pryd, a'r tri gweinidog yn wrthwynebwyr digymrodedd iddi. Taerai
Dafydd Ifans na châi yr un Sosin ymgartrefu yn yr un plwyf ag yntau, ac
yr oedd gan Hugh William Jones olwg debyg ar bethau. Heb amheuaeth,
bu cefnogaeth gweinidog y Tabernacl i'r dasg o sicrhau achos newydd yn
Nhalog yn allweddol bwysig, a chadwodd mewn cysylltiad agos ag eglwys
Bethania ar hyd yr amser, er enghraifft, noda yn ei ddyddiadur, 22 Ionawr
1837: 'Bûm yn Nhalog, a chodi tri thestun ar Fedydd'. Gan fod aelodau
eglwys Bethania wedi eu hamgylchynu o bob cyfeiriad gan gadernid
Annibyniaeth, mae'n siwr fod Hugh William Jones o'r farn bod hyrwyddo
egwyddorion y Bedyddwyr o bulpud Talog yn fater o'r pwys mwyaf.

Yn y cwrdd paratoad a gynhaliwyd ar 30 Ebrill 1851 ('pryd y
gweddïodd Mr. Lloyd, Penybank, a phan anerchwyd y cwrdd gan amryw
frodyr ar wahanol bethau'), cytunwyd i alw cwrdd eglwys 'nos Fercher
wythnos i'r nesaf' er mwyn 'cymeryd achos y canu dan sylw pa un a geir
seraphim i'r tŷ cwrdd neu beidio'. Offeryn cerdd – math o harmoniwm
bychan – oedd y 'seraphim', a'i ddiben oedd rhoi cyfeiliant i'r canu
cynulleidfaol. Cyn hyn, côr o wragedd ifainc a fu'n gyfrifol am arwain y
gân yn y Tabernacl; cedwid y seddau blaen yn y capel ar eu cyfer, ac yno
yr eisteddent yn rhesi i ledio'r canu. Braidd yn amheus fu'r Ymneilltuwyr
o osod offeryn cerdd yn eu capeli, ac nid ar unwaith yr argyhoeddwyd
Hugh William Jones fod lle i ddyfais o'r fath mewn addoliad cyhoeddus:

> Offeryn cerdd yw'r *Seraphim*. Tystia rhai mai un o instruments *Band
> y diafol* yw e'. Beth bynnag mae digon o sŵn ganddo. Gwna John
> Marks ei ddeall i'r dim.[138]

Sut bynnag, penderfynwyd pwrcasu offeryn o'r fath yn 1851,[139] ac
i gydnabod yr organydd ar raddfa o 30s. y flwyddyn am ei chwarae.
Ar 3 Chwefror 1852 'cyflwynwyd £1.1.0 i David Williams gan W.H. Jones
dros ychydig gyfeillion am ei ffyddlondeb am ganu y *seraphim*'. O hyn
ymlaen disgwylid i bawb o'r gynulleidfa (nid y côr merched yn unig)
ymuno yn y ganiadaeth, a chafodd y seddau cadw ym mlaen y capel eu

gosod i'r aelodau. Ond o'r braidd y bu'r arbrawf newydd yn llwyddiant, gan i'r harmoniwm ddwyn y cythraul canu i mewn yn ei sgil. Yr oedd y gweinidog yn ddigon parod i gael gwared arno: 'Penderfynwyd bod y *seraphim* i'w roddi i fyny. Mae mwy o gythraul yn yr hen beth na'i werth mewn arian'.[140] Helbulus, a dweud y lleiaf, fu hanes y seraphim ar ôl hyn. Wedi iddo gael ei luchio allan o'r Tabernacl cafodd gartref dros dro yn eglwys San Pedr, cyn iddo ddioddef tynged gyffelyb yn y fan honno, a'i symud i eglwys Babyddol y Santes Fair. Oddi yno fe'i cludwyd i Amgueddfa Caerfyrddin lle bu'n sefyll yn segur am flynyddoedd lawer. Er gwaethaf y rhwyg a achoswyd gan bresenoldeb bygythiol yr offeryn cerdd, ymfalchïai'r gweinidog yn y ffaith fod cantorion y Tabernacl wedi rhoi cyfrif da ohonynt eu hunain yn y gymanfa ganu undebol (rhwng eglwysi Tabernacl, Ffynnonhenri, Felin-wen, Rhydargaeau a Heol Prior) yn 1851, er bod nifer ohonynt 'wedi pwdu'.

Fel y bu galw ar Hugh William Jones i hyrwyddo achos y Bedyddwyr yn Nhalog, bu'n ofynnol iddo amddiffyn hawliau ei enwad, ac aelodau ei eglwys, yn nhref Caerfyrddin yn ogystal, hynny ar un achlysur tyngedfennol. Ym 1853 ymgeisiodd aelodau'r Bwrdd Claddu gau mynwent y Tabernacl, a gwahardd yr aelodau rhag claddu eu hanwyliaid yno, hynny ar gorn y ffaith fod mynwent gyhoeddus wedi ei hagor yng Nghaerfyrddin y flwyddyn honno a'i bod yn agored i'w defnyddio gan bob teulu yn ddiwahân, waeth beth fyddai eu perswâd crefyddol ac enwadol. Felly, mewn cwrdd eglwys a gynhaliwyd ar 31 Hydref 1853 penderfynodd aelodau'r Tabernacl apelio'n uniongyrchol at yr awdurdod uchaf yn y wlad, ac i ddanfon deiseb at neb llai na'r Prif Weinidog. Yn y modd hwn y cofnodwyd y ffeithiau gan Hugh William Jones:

> Cynnigiwyd gan y brodyr I.N. Roberts a Thomas Thomas fod *Memorial* yn cael ei arwyddo gan yr holl gynnulleidfa y Sul nesaf a'i anfon i Lord Palmerston i ddymuno arno beidio cae[*sic*] claddfa y Tabernacle i fyny, a bod adysgrif ohoni i gael ei chadw yn y llyfr hwn; sef a ganlyn:

> To the Right Honourable Lord Palmerston, one of Her Majesty's Principal Secretaries of State. The Memorial of the Minister,

Deacons and Members of the Church and Congregation of the Baptist Denomination assembling for Divine Worship at the Tabernacle Meeting House in the County of the Borough of Carmarthen.

My Lord,

Your Memorialists having heard with alarm, that 'The Carmarthen Burial Board' have recommended your Lordship to close up the Tabernacle Burial Ground, because such a recommendation if carried into effect 'would render of no use property of considerable value'; and a great amount of pain it would inflict unnecessarily on a multitude of quiet and harmless people. Your memorialists wishing to furnish your Lordship with every satisfactory information relative to this Burial Ground, beg to state that it is freehold property purchased and paid for by the voluntary contributions of the congregation and conveyed to the Trustees as required by Law the ground was set apart for burials only some forty years ago and a considerable portion of it has not been used at all and is sufficient to meet the demands of the congregation for many years to come without being in any way detrimental to the public health.

Your memorialists are very desirous to impress on your Lordship's mind that the Tabernacle premises are situated at some distance from the Town and can not injure the health of the inhabitants of Carmarthen so that burying in these grounds in the opinion of every impartial and unprejudiced person cannot be in any way a nuisance, therefore your memorialists cannot consider the recommendation of the Carmarthen Burial Board in its relation to the Tabernacle Burial Place but as an encroachment of their liberties, a needless spoliation of property, an unjustifiable violence to their feelings and a species of persecution.

Your memorialists have embraced the earliest opportunity to lay their grievance before your Lordship and earnestly but humbly pray for your Lordship's interference to protect them from this arbitary measure and permit them as heretofore to bury their dead with the dust of their dear departed ones.

Signed by: Hugh William Jones
I.N. Roberts
Thomas Jones[141]

Ar ben hyn bu Hugh William Jones a John Williams, 'Cwrier' yn ymweld
yn bersonol â'r Prif Weinidog yn y Tŷ Cyffredin yn Llundain,[142] a bu eu
taith, ynghyd â chynnwys y ddeiseb, yn llwyddiannus, gyda'r awdurdodau,
yn y diwedd, yn ildio i resymoldeb yr apêl ac yn rhoi sicrwydd na
waherddid aelodau'r Tabernacl rhag gwneud defnydd o'r tir claddu. Yn
niwedd 1853 aethpwyd ati mewn cwrdd paratoad i lunio rheolau pendant
ynglŷn â'r defnydd o'r fynwent; yr oedd pob teulu "a dalo am y *seat* yn y
ty [*sic*] cwrdd", ynghyd â'u plant, i gael lle claddu yn rhad ac am ddim, ac
felly hefyd "pob aelod a fernir yn rhy dylawd i dalu am y *seat*", ond yr
oedd "pob teulu dieithr galluog i dalu 10/- am fedd cyffredin". Yr oedd y
tâl am "fedd digon o faint i'w fricio" yn gini.

Un arall o uchafbwyntiau gweinidogaeth Hugh William Jones oedd y
ffaith mai yng nghapel y Tabernacl y cynhaliwyd Cyfarfodydd Blynyddol
Undeb Bedyddwyr Cymru am y waith gyntaf erioed, hynny ar 27–28 Awst
1867. Mewn cyfarfod o bwyllgor y Drysorfa Goffadwriaethol yng
Ngwesty'r George yn Abertawe, fis Ebrill 1865, rhoddwyd ystyriaeth gan
yr aelodau, ac arweinwyr megis Dr. Thomas Price, Aberdâr, J.G. Owens,
John Rhys Morgan (Lleurwg), John Evans, Aberhonddu a Llewelyn
Jenkins yn eu plith, i'r bwriad o sefydlu undeb o holl eglwysi a chymanfa-
oedd Bedyddwyr y dywysogaeth,[143] ac yng Nghymanfa Caersalem,
Dowlais, 20–21 Mehefin 1865, ffurfiwyd pwyllgor o bedwar gweinidog
(J. Evans, Abercanaid; Dr. Thomas Price; Nathaniel Thomas, Caerdydd; a
Benjamin Evans, Castell-nedd, a hawl ganddynt i gyfethol personau eraill
i ymuno â hwy), i fwrw'r cwch i'r dŵr. Ystyriwyd y mater ymhellach
mewn cyfarfod o gynrychiolwyr y cymanfaoedd yn Llanwenarth yn 1866,
pan benderfynwyd yn swyddogol ffurfio 'Undeb o Fedyddwyr Cymru a
Mynwy'. Yn y cyfarfod hwnnw gwnaed cais ffurfiol gan y cadeirydd,
Thomas Price, i eglwys Penuel, Caerfyrddin fod yn gartref i'r Undeb
cyntaf, a chydsyniodd gweinidog yr eglwys, Thomas Lewis, yn frwd â'r
awgrym. Yr oedd Caerfyrddin yn lle delfrydol i gynnal Undeb: nid yn unig
y byddai ei safle daearyddol yn hwyluso trefniadau teithio'r cynrychiolwyr,

ond yr oedd hefyd yn brif dref un o gadarnleoedd y Bedyddwyr yn ne-orllewin Cymru. (Nid cyd-ddigwyddiad yw'r ffaith mai yma hefyd y cynhaliodd yr Annibynwyr eu Hundeb cyntaf, ym Medi 1872, yng nghapel Heol Awst, a hynny am yr un rhesymau yn union.) Dyma enghraifft arall, felly, o'r modd y bu Bedyddwyr Caerfyrddin â rhan nid bychan yn hanes datblygiad eu henwad, yn gyffredinol ac yn genedlaethol.

Eithr ni ddylid neidio i'r casgliad fod pawb yn unfryd dros sefydlu'r peirianwaith newydd. I'r gwrthwyneb, â phwyslais cynhenid y Bedyddwyr ar sofraniaeth yr eglwys leol, a'r drefn gymanfaol, amheuai rhywrai y byddai sefydlu Undeb yn arwain at dwf awtocratiaeth ganolog, ac fe âi rhai mor bell â dadlau y gallai'r Undeb ddatblygu'n awdurdod a fyddai hyd yn oed yn sefyll rhwng yr eglwys leol a Duw![144] Gofid eraill – gan Fedyddwyr ac Annibynwyr fel ei gilydd – oedd bod sefydlu Undeb yn enghraifft arall o ddynwared Lloegr, ac y byddai'n agor llwybr i'r pencadlysoedd enwadol Seisnig ymyrryd yn ormodol ym mhenderfyniadau a pholisïau enwadau Cymru.[145] Yn y diwedd, pan sefydlwyd hwy,

… nid oedd gan yr undebau hyn unrhyw awdurdod llywodraethol dros yr eglwysi yn y naill enwad na'r llall. Cyrff gwirfoddol hollol oeddent. Ond buan y daeth eu cyfarfodydd blynyddol yn llwyfan i drafod materion a oedd o arwyddocâd i'r genedl, yn ogystal â materion enwadol.[146]

Daethant hefyd yn llwyfan i draddodi pregethau, ac oedfaon pregethu blynyddol yr Undeb yn cael eu hystyried yn uchel wyliau yr enwadau.

Er mai Thomas Lewis oedd y prif ysgogydd y tu ôl i gynnal yr Undeb yng Nghaerfyrddin (a Hugh William Jones ar y pryd yn amheus iawn o ymarferoldeb y fenter), nid ym Mhenuel, wedi'r cyfan, y'i cynhaliwyd ond yn y Tabernacl, a'r prif reswm am hynny oedd bod gwaith adnewyddu yn cael ei gwblhau ar gapel Penuel. Eglura Thomas Lewis yn ei hunangofiant:

Cynhaliwyd Cyrddau Undeb cyntaf Bedyddwyr Cymru yma. Tyrfaoedd mawrion, a dylanwad daionus. Mi yn unig oedd yn gyfrifol i'r Undeb ddod yma. Ofnwn yn fawr y treuliau ynghlŷn ag ef, ond ymgasglodd y cyfeillion fel na bu unrhyw drafferth.

Cynhaliwyd hwy yn y Tabernacl, oblegid bernid mai annoeth fyddai dwyn cynulliadau fel yma i Penuel cyn i'r gwaith galedu ar ôl ei adnewyddu.[147]

Yn fuan trodd claerineb Hugh William Jones yn frwdfrydedd, a bu cydweithio effeithlon rhwng y ddau weinidog Bedyddiedig yng Nghaerfyrddin, ynghyd â'u heglwysi, er sicrhau llwyddiant yr uchel ŵyl. Pan gyfarfu'r pwyllgor llywio yn Hengoed, ddydd Mawrth 25 Mehefin 1867, yr oedd y cadeirydd, William Roberts (Nefydd), mewn sefyllfa i ddatgan yn hyderus:

> Deallwn y bydd i eglwysi parchus Caerfyrddin roddi derbyniad croesawus i'r Undeb. Y mae yn llawen gennym feddwl fod ein Cymanfaoedd yn edrych ar yr Undeb hwn mor ffafriol, ac unigolion wrth y cannoedd a'r miloedd yn dymuno ei llwydiant [*sic*] yn ei gyfarfodydd cyntaf yn hen dref enwog Caerfyrddin.[148]

Nid yn unig y bu'n rhaid newid y lleoliad gwreiddiol, ond bu'n ofynnol i ethol llywydd newydd yn ogystal. Y gŵr a etholwyd yn llywydd cyntaf Undeb Bedyddwyr Cymru oedd Dr. D. Davies, Abertawe, ond fe'i rhwystrwyd gan afiechyd rhag bod yn bresennol yn y gynhadledd, ac o'r herwydd cynigiodd Hugh William Jones ym mhwyllgor Hengoed, a Thomas Lewis yn eilio, y dylid neilltuo Nathaniel Thomas, Caerdydd i'r llywyddiaeth, ac yntau, yn briodol iawn, wedi treulio tymor fel gweinidog ym Mhenuel. Yn ystod deuddydd yr Undeb traddodwyd yr anerchiadau canlynol: (i) Anerchiad y Llywydd; (ii) 'Eiddo a Meddiant Enwad y Bedyddwyr yng Nghymru' : Dr. Thomas Price, Aberdâr; (iii) 'Sefydliadau Haelionus Lloegr, a'u perthynas â Bedyddwyr Cymru': D. Morgan, Blaenafon. (iv) 'Dyletswydd Bedyddwyr Cymru tuag at yr Ysgolion Britannaidd': William Roberts (Nefydd).

Ar derfyn y gynhadledd cyflwynwyd gwerthfawrogiad yr Undeb 'yn y modd gwresocaf' i Hugh William Jones a Thomas Lewis, ynghyd ag aelodau eglwysi Tabernacl a Penuel, am hwylustod y trefniadau, a chynhesrwydd y lletygarwch a'r croeso a brofwyd. Yn y modd hwn yr estynnwyd y diolch swyddogol yn *Seren Cymru*, Medi 1867:

Mae Undeb Bedyddwyr Cymru wedi cynnal ei gyfarfodydd cyntaf. Y maent wedi dyfod ac wedi mynd, ond y mae eu dylanwad y fath nas anghofir byth mohonynt. Mae eglwysi y Tabernacl a Heol y Prior yn teilyngu ein diolchgarwch gwresocaf ni, un ac oll. Bwriedid rhannu y cyfarfodydd rhwng y ddau gapel, ond oherwydd fod capel Heol y Prior o dan gyweiriad bu'r holl gyfarfodydd yn y Tabernacl. Derbynied y ddau weinidog parchus a'r ddwy eglwys weithgar ein cydnabyddiaeth mwyaf calonnog.[149]

Mae'n ddigon hawdd synhwyro y gorweddai mwy y tu ôl i sefydlu Undeb Bedyddwyr Cymru na'r hyn sy'n ymddangos ar yr wyneb. Er bod ffurfio cyfundrefnau enwadol yn un o nodweddion y cyfnod (medd Thomas Rees: 'Another feature of this period of our history is the formation of unions in the various denominations for securing greater and more efficient co-operation in carrying out the designs of the various denominational organizations'),[150] ni ellir gwadu nad oedd rhyw ddylanwadau ar waith yn Oes Victoria (oes y cyfundrefnu cynyddol ar fywyd, pan oedd gallu gweinyddol ac ymyrrus y wladwriaeth ar gynnydd)[151] nad oedd yn gwbl gydnaws â thueddiadau cynhenid y traddodiad Bedyddiedig. Beth bynnag am y cymhellion eraill y tu ôl i'w sefydlu, fe roes yr Undeb gyfle i hadau rhwysg a rhodres flodeuo'n llewyrchus, gan hybu twf y bendefigaeth ddosbarth canol newydd yr oedd Annibynwyr megis Dr. John Thomas, Lerpwl a Gwilym Hiraethog yn gynrychiolwyr anedifar ohoni. Mae'n anodd osgoi'r casgliad fod Hugh William Jones yntau hefyd yn ei ystyried ei hun yn aelod o'r *elite* Ymneilltuol newydd, ac mai hynny, mewn gwirionedd, a barodd iddo newid ei feddwl ynghylch y priodoldeb o gynnal Undeb 1867. Yn ddiau, bu'r achlysur yn fodd i chwyddo ei statws, a'i eglwys hithau yn derbyn yr aruchel fraint o fod y gyntaf yng Nghymru i ddarparu aelwyd i'r Undeb blynyddol.

Dyma ddwy enghraifft, sef Eliza Caerfyrddin a'i *finishing school*, a chynnal Undeb 1867, sy'n profi'n eglur fod Tabernacl Hugh William Jones o gyfansoddiad tra gwahanol i eglwys gynnull, neilltuedig, di-rwysg Titus Lewis yn y Porth Tywyll. Bellach, peidiodd Ymneilltuaeth â bod yn fudiad lleiafrifol; daeth yn bŵer cenedlaethol, grymus ('Wales is now a nation of Nonconformists', meddai Henry Richard yn 1861), a'i safle dyrchafedig yn peri iddi ymddyrchafu ac ymorchestu. Nid oedd yr hyn a ddigwyddasai yn y Tabernacl ond yn adlewyrchiad o'r hyn oedd yn digwydd yn gyffredinol yn hanes capeli ac enwadau Cymru, gyda'r argyhoeddiad syml, didwyll a diymhongar a nodweddai'r capeli yn eu dyddiau cynnar yn ildio'i le yn awr i rwysg cyhoeddus.

LLENYDDA A GWLEIDYDDA

Ynghyd â bod yn bregethwr poblogaidd yr oedd Hugh William Jones yn llenor medrus, a chan ei fod yn byw yn 'oes aur y wasg Gymraeg',[152] nid yw'n syndod iddo feddu ar ddiddordeb mawr ym myd cyhoeddi. O 1838 hyd 1850 ef oedd perchennog *Seren Gomer*; megis Gomer a D.D. Evans o'i flaen, ni fynnai (fel yr eglura yn ei lith olygyddol gyntaf) weld y cylchgrawn yn cael ei '*sectarineiddio*', ond yn hytrach i barhau 'i lefaru yn ddiduedd ac anmhleidiol fel yr arferai gynt yn ei chyfarchiadau godidawg a grymus i blant Gomer'.[153] Cynigiai *Seren Gomer* Hugh William Jones ystod eang o ddeunydd darllen, yn draethodau; erthyglau diwinyddol; hanesion gwladol o Gymru; newyddion Prydeinig; newyddion o'r Senedd; newyddion am y teulu brenhinol;[154] bywgraffiadau; manylion personol (geni; priodi; marw); coffadwriaethau a marwnadau; hynt a helynt eglwysi, cymanfaoedd a gweinidogion; hanes mudiadau fel yr Odyddion a'r Iforiaid; hanes brawdlysoedd; llythyron, ac atebion iddynt; adolygiadau; emynau, emyn-dônau a barddoniaeth. Caed hefyd erthyglau ar esboniadaeth Feiblaidd, a'r golygydd ei hun (fel arfer o dan y ffug-enw 'Epsilon') yn gyfrifol amdanynt, megis ei draethawd ar 'Y Cyfammod Newydd' (Medi, 1838), a'i nodiadau esboniadol ar destun 1 Sam.2: 5 (Mehefin, 1838).

Mae'n agored i gwestiwn a oedd Hugh William Jones mor amhleidiol ag yr haerai yn ei ddatganiad golygyddol gwreiddiol. Gwelwyd eisoes sut y gwrthwynebai'n ddifloesgni (o dan y ffugenw 'Hu Gadarn') Uchel Galfiniaeth yr 'Hypers' a Sosiniaeth David Lloyd; yn yr un modd deuai Pabyddiaeth ('Nid ein bwriad … yw dychrynu ein darllenyddion, ac ymdrechu eu darbwyllo fod tânau Smithfield … a chreulonderau y Chwillys ar fin cael eu hadferyd … ond i sylwi fod Pabyddiaeth yn cynyddu y tu hwnt i un grefydd arall');[155] ac Eglwys Loegr, nad oedd ei haelodau yn iawn ddeall goblygiadau 'gwahaniad yr Eglwys oddiwrth y Llywodraeth';[156]

a Puseyaeth ('Ni bu y diafol erioed yn defnyddiaw offerynau mwy adwythig a dinystriawl, i niweidio eneidiau dynion, nâ'r bwystfilod anghristaidd y Puseyaid ... sydd wedi ymlusgo i mewn i Eglwys Loegr yn ddiweddar');[157] a'r sectau newydd, megis y Mormoniaid ('byddai yn anhawdd gennym gredu fod neb o'n cydwladwyr mor ffol â chymmeryd eu twyllo gan y fath chwedlau diystyrllyd'),[158] yn gyson o dan ei lach.

Yn sicr ddigon meddai Hugh William Jones ar gydwybod gymdeithasol effro. Yn 1837, a David Rees, Llanelli, yn gweithredu fel ysgrifennydd, cadeiriodd gyfarfod o weinidogion Anghydffurfiol yn yr ysgol ramadeg leol gyda'r amcan o ddatgan cefnogaeth i Arglwydd Melbourne a'i wrthwynebiad i'r Dreth Eglwys;[159] yn Awst 1841 bu mewn 'cynhadledd ardderchog' o dan nawdd yr 'Anti-Corn Law League', a thros chwe chant o weinidogion Anghydffurfiol (643 yn ôl David Rees) yn bresennol;[160] ac yn 1848 cadeiriodd gyfarfod lluosog yn y Tabernacl dan nawdd Y Gymdeithas Rhyddid Crefyddol, pan fu Edward Miall a Mathetes yn annerch.[161] A *Seren Gomer* eisoes wedi datgan ei chefnogaeth i Ddeddf y Tlodion (1834), a chyhoeddi chwe phwynt siartr y Siartiaid yn 1837, aeth Hugh William Jones â hi lawer ymhellach ar drywydd iawnderau dynol. Cefnogai Gymdeithas y Dynion Gweithgar (The Workingmen's Association) – 'y rhai a ewyllysiant fyw trwy eu diwydrwydd eu hunain, ac nid fel begygyr yspeilgar yn byw ar diwydrwydd [*sic*] ereill'[162] – ac ymfalchïai yn y ffaith fod cangen ohoni wedi ei sefydlu yng Nghaerfyrddin yn 1838.[163] Yn rhifyn Medi o *Seren Gomer* y flwyddyn honno, cyhoeddwyd 'sylwadau eglurhaol' Hugh Williams (Siartydd, ac ysgrifennydd cenedlaethol y gymdeithas), ar amcanion y mudiad, sef sicrhau cyfleoedd addysg a gwaith i bawb yn ddiwahân, gan fod 'tlodi a llafurwaith gormodol ar un llaw, a golud a gloddest moethusawl ar y llaw arall, wedi bod erioed, ac yn parhau i fod, yn felldith y Gymdeithas ddynol',[164] ac ar ddiwedd y flwyddyn ei gyfieithiad o ddatganiad chwyldrowyr Ffrainc, sef 'Declarasiwn Breiniau Dyn'. Brithir tudalennau *Seren* y cyfnod hwn gan apeliadau am gyfiawnder cymdeithasol, megis llythyr J. Davies a Thomas Parry (ar ran 'Y Bobl Weithgar') a fynnai weld 'pleidlais gyffredinol, y belen-lais [sef pleidlais gudd], cynnrychioliad cyfartal, seneddau blynyddol, a dim cymhwysderau ariannol i gynnrychiolwyr [sef aelodau seneddol]', sef yr union egwyddorion yr ymgyrchai'r Siartwyr dros eu gwireddu. Ac ychwanega'r ddau lythyrwr: 'yr ydym yn gwybod mai undeb sydd gryfder, ac mai gwybodaeth sydd allu'.[165]

Er hyn, cymysg a llugoer braidd fu'r ymateb ar dudalennau *Seren Gomer* i'r Siartiaid, gyda'r cydymdeimlad digwestiwn â'u dyheadau yn cael ei dymheru gan ddrwgdybiaeth ddofn ynghylch effeithlonrwydd eu dulliau. Gwelir yn syth nad da gan Hugh William Jones, ac yntau'n heddychwr, derfysg cymdeithasol o unrhyw fath, ac felly hefyd Hugh Williams a haerai mewn traethawd ar 'Effeithiau Niweidiol Siartiaeth', '... nad un o'r drygau lleiaf ydyw yr anghydfod'.[166] Meddai ymhellach,

> Pan y mae dynion yn anghenus, tybiant nad ydynt yn cael cyfiawnder; a hawdd eu denu i lwybrau a addawant eu harwain i dir tegwch ac uniondeb, i dir llawnder a dedwyddwch. Un o'r llwybrau hyn yw Siartiaeth.[167]

Am yr un rheswm yn union, sef ofn gwirioneddol ynghylch effeithiau andwyol tor-cyfraith, ni fedrai Hugh William Jones gefnogi protestiadau Beca yn ddiamod. Yn yr achos hwn eto, cytunai fod 'y wlad yn cael ei llethu yn enbyd' a bod 'eisiau symud y beichiau ymaith ar frys', ond ychwanega ar yr un anadl, 'Nid ydym dros ddefnyddio *physical force* ... i symud ymaith feichiau y bobl'.[168] Yr un yw ei ddadl, dro ar ôl tro: 'Nid ydym dros ymddygiad Becca mewn un modd, ac ofnwn y dybena y ffordd anghyfreithlawn hon mewn tywallt gwaed'.[169] Mae'n rhaid iddo gael ei gyffroi i waelod ei enaid wrth glywed y newydd ar ddydd Llun, 19 Mehefin 1843, fod merched Beca, wedi iddynt ymgynnull wrth dafarn y *Plough and Harrow* (rhyw ddwy filltir y tu allan i Gaerfyrddin), a chario posteri yn dwyn y gair 'Cyfiawnder', wedi ymosod, a hithau'n olau dydd, ar ddollborth Heol Dŵr ynghanol y dref. Â thorf o ddwy fil yn ymuno â hwy, aethant ymlaen i ddifrodi'r wyrcws ar dyle Penlan (nad oedd ond ergyd carreg o gartref Hugh William Jones yn Ffordd y Ffynnon), gan achosi anhrefn a dinistr cyffredinol. Cofnoda'r digwyddiadau yn *Seren Gomer*:

> Ond yn yr amser yr oedd y lliaws yn gorymdeithio trwy'r dref, yr oedd deg ar hugain o farchogion, *4th. Light Dragoons*, wedi cyrhaedd Pensarn ... dyma y newydd yn dyfod fod Becca a'i phlant yn

dinystrio y Workhouse, a gorchymynwyd yn ddioed i'r marchogion osod eu hunain mewn trefn. Yna, wedi cael cyfarwyddid [*sic*] gan y Maer, gyrodd y marchogion tua'r workhouse, a Mr. Thomas Charles Morris, ar gefn ei geffyl, yn eu blaenori.[170]

Yn y diwedd llwyddwyd i adfer trefn, wrth i'r dyrfa wasgaru ac i lawer o'r protestwyr ddianc am eu bywyd gan adael eu meirch yn yr unfan. Tra'n edmygu merched Beca am eu beiddgarwch moesol – 'Mae gwroldeb dirfawr yn Becca a'i merched, fel nad ydynt yn llwfrhau dim yn wyneb y *police* o Lundain, y milwyr arfog, y gwobrwyon a gynnygir … a'r perygl y maent yn agored iddo, sef alltudiaeth'[171] – o'r braidd y medrai golygydd *Seren Gomer* roi sêl ei fendith ar eu dulliau treisgar. O'r ochr arall, yr oedd yr un mor barod i feirniadu'n hallt faer Caerfyrddin am i hwnnw wrthod llofnodi deiseb yn pledio trugaredd i arweinwyr y brotest a wysiwyd o flaen eu gwell yng Nghaerdydd.[172]

Nid oedd unrhyw amwysedd o gwbl ynghylch adwaith Hugh William Jones i Frad y Llyfrau Gleision (1847); fe'i cythruddwyd yn fawr gan adroddiad damniol y comisiynwyr ar gyflwr addysg, yng Nghymru yn gyffredinol, ac yng Nghaerfyrddin yn benodol, yn arbennig gan yr haeriad mai amgylchiadau tlodaidd y plant, ynghyd â'u defnydd o'r iaith Gymraeg, a oedd yn bennaf cyfrifol am lesteirio eu datblygiad addysgol:

The prevailing language of this town [h.y. Caerfyrddin] among the poor is still Welsh … The Welsh language affords one of the greatest difficulties in the way of education; the children are familiar with no other, and therefore cannot be educated through the medium of any other … one of the most important parts of their education is that they should learn English.[173]

Dinistriol, hefyd, oedd yr adroddiad ar sefyllfa Addysg Grefyddol yn ysgolion y dref:

In all day-schools within the range of my experience … religious instruction has rarely been given, never … where the master has been a Dissenter … and rarely where he has been a Churchman.[174]

Er i'r Ymneilltuwyr, ar y dechrau, dueddu i briodoli cyflwr addysg yng
Nghymru i gyflwr syrthiedig yr hil ddynol, ni bu unigolion megis Lewis
Edwards (yn *Y Traethodydd*), ac Evan Jones (Ieuan Gwynedd) yn
hir cyn adweithio'n chwyrn, gan faentumio mai bodolaeth Eglwys
Sefydledig oedd wrth wraidd gallu comisiwn gwladwriaethol i enllibio
Anghydffurfwyr.[175] O'r braidd y gallai Hugh William Jones gelu min ei
ddicter; nid oedd dim gochelgar nac amhleidiol ynglŷn â'i sylwadau y tro
hwn:

> Mae Mynegiadau Dirprwywyr y Llywodraeth ar Sefyllfa Dysgeidiaeth
> yng Nghymru, wedi cael cymmaint o effaith ar deimladau ein
> cydwladwyr yn gyffredinol, fel nad oes achos i ni hysbysu eu bod
> wedi creu y syndod a'r atgasrwydd mwyaf trwy yr holl Dywysogaeth.
> Trwy ddarllen y Mynegiadau hyn, canfyddir mai unig amcan y
> Dirprwywyr maleisddrwg yw gwarthruddo Ymneilltuaeth, diraddio
> yr iaith Gymraeg, a gwawdio ein holl sefydliadau crefyddol a
> llenyddol; ac nid oes ammheuaeth[*sic*] yn meddyliau llawer na
> chawsant gyfarwyddiadau i'r perwyl hwnw cyn myned allan i yspio
> noethder y wlad.[176]

Rhoddwyd gofod mewn tri rhifyn o *Seren Gomer* (Chwefror, Mawrth ac
Ebrill 1848), i gynnwys ymateb 'Hampden' (sydd â'i arddull yn
ymdebygu'n hynod i eiddo'r golygydd) i 'Mynegiad Dirprwywyr y
Llywodraeth am Gyflwr Dysgeidiaeth yn y Dywysogaeth'. Gwelir yn y
dyfyniad isod i'r achlysur roi cyfle i daro mwy nag un ergyd, nid y lleiaf
ohonynt yn erbyn yr hen wrthwynebydd Sosinaidd:

> Anghydffurfiaeth yw crefydd Cymru. Bernir fod o 3000 i 4000 o
> gymunwyr yng Nghaerfyrddin yn mhlith yr Ymneillduwyr. Pwy
> allasai roddi gwell hysbysiad a darluniad na gweinidogion y
> cynnulleidfaodd hyny, lle mae ymdrechion hen a diflin wedi eu
> gwneyd i gyfrannu addysg i'r genedl sydd yn codi … Gwyddom am
> wyth gweinidog Ymneillduedig yn nhref Caerfyrddin; a rhoddwch
> wybod i ni pa sawl un o honynt a alwyd i roddi ei dystiolaeth?
> Canfyddwn yn y *Blue Book* nad oes ond *un* ohonynt [sef] … Y Parch.

David Lloyd, M.A., sydd Athraw Ieithyddol yng Ngholeg y Presbyteriaid yng Nghaerfyrddin, ac yn weinidog ar Gynnulleidfa Unitaraidd … nid yw y bobl y perthyna efe iddynt ond mân lwch y cloriannau, mewn cymhariaeth i'r Ymneillduwyr eraill.[177]

Er gwaethaf yr elfen ochelgar a cheidwadol a berthynai iddo, a'i wrthwynebiad digyfaddawd, ar sail argyhoeddiad Cristionogol, i drais a rhyfel, dengys y *Seren* y bu'n ei golygu am ddeuddeng mlynedd ddyfnder ei ddiddordeb ym materion llosg y dydd, a'i barodrwydd, fel Ymneilltuwr a radical, i ddatgan ei feddwl yn groyw, doed a ddelo.

Rhoes y gorau i fod yn olygydd *Seren Gomer* yn niwedd 1850, gan hyderu, yn ei lith olygyddol olaf, y byddai'r cyfnodolyn yn dal i hyrwyddo 'ANHMLEIDGARWCH diledryw' gan mai 'cyfrwng i drosglwyddo gwybodaeth gyffredinol [ydoedd], ac nid Shibbolaeth Sectaraeth'.[178] Felly, pan gynhaliwyd Cyfrifiad Crefyddol ar ddydd Sul, 30 Mawrth 1851 – sef y cyfrif swyddogol, hanesyddol a chynhwysfawr a gynhaliwyd ar y dyddiad hwnnw o'r holl eisteddleoedd oedd ar gael mewn mannau addoli, ynghyd â nifer y rhai a fynychai'r capeli a'r eglwysi ar y Sul penodedig hwnnw, trwy'r dywysogaeth (cyfrifiad a sefydlwyd gan y Cofrestrydd Cyffredinol, ac a weinyddwyd gan y bargyfreithiwr Horace Mann)[179] – nid oedd yr offeryn llenyddol yr oedd Hugh William Jones wedi arfer ei ddefnyddio ar gael mor hwylus iddo fedru cofnodi ei sylwadau. Fe gafwyd ar dudalennau'r *Seren* gyfeiriad at 'Y DDEILIADEB (*Census*)', fel y'i gelwid, ac at y ffaith 'nad oes dim mor benderfynol a diwrtheb ag ystadegau',[180] ond nid geiriau Hugh William Jones mohonynt. Yr unig beth sydd ar glawr o'i eiddo yntau yw'r ystadegau a roes ef ei hunan ar y ffurflen inc coch y disgwylid iddo, fel Ymneilltuwr, ei llenwi am y sefyllfa yn y Tabernacl:

CARMARTHEN (Subdistrict)
Area: 18,563 acres. *Population*: 6,6162 males, 7,132 females, total 13, 294

(18) TABERNACLE. BAPTISTS.
Erected 1811; re-erected 1842.

Space: free 150; other 650.

Present: morn. 400. 100 (English); aft. School; even. 600

Average: general congregation 800; even. 600.

Hugh William Jones. Minister.[181]

Mewn cymhariaeth, 640 (bore), 170 (p'nawn) ac 802 (nos) oedd yn bresennol yn Heol Awst (Annibynwyr), a bod lle yno i 1200; 394 a 43 o ddisgyblion (bore), a 470 a 42 o ddisgyblion (nos) a fynychai Heol Dŵr (Methodistiaid Calfinaidd), a bod lle yn y capel i 1010; rhifai'r addolwyr yng nghapel Penuel, Heol Prior, 550 (bore), 140 o ddisgyblion (p'nawn), 800 (nos).[182] Er gwaethaf y 'rhyfel rhifyddeg', a'r duedd gan rai i chwyddo'r ystadegau, adlewyrcha'r ffigurau hyn rym ystadegol Ymneilltuaeth yng Nghymru, ac yn nhref Caerfyrddin, ganol y bedwaredd ganrif ar bymtheg. Ys dywed Ieuan Gwynedd Jones,

> ... the Census ... is eloquent of the fact that by the 1850s the pattern of religious adherence in south Wales which was to survive in its main characteristics until our own times had been by then established.[183]

SAGA DAVID JONES YR HANESYDD

Yn ddiau, diddordeb llenyddol Hugh William Jones oedd un o'r prif resymau am y cyfeillgarwch agos a ddatblygodd rhyngddo a David Jones yr hanesydd, awdur *Hanes y Bedyddwyr yn Neheubarth Cymru* (1839). Ysywaeth, fel y dengys E.T. Jones yn ei erthygl 'Y Parch. Dafydd Jones, Caerfyrddin',[184] surwyd y berthynas gan amgylchiadau trist.

Ganwyd David Jones yn 1791, ond nid oes unrhyw fanylion ar glawr am ei fan geni, enwau ei rieni, nac ychwaith hanes ei deulu. Fe'i bedyddiwyd gan Titus Lewis ar Sul cyntaf Chwefror 1804, a'i dderbyn yn aelod yn eglwys y Porth Tywyll. Datblygodd yn ŵr cyhoeddus, ac yn rhinwedd hynny rhagwelid dyfodol iddo fel gweinidog. Cymysg oedd atgofion David Jones am y blynyddoedd hynny yn y Porth Tywyll: 'Yr wyf yn cofio amharodrwydd rhai i fy nerbyn i, oherwydd fy ieuenctyd, ac ni ellais eu caru â'r un gwresogrwydd ag y cerais eraill tra y buant byw'.[185]

Dechreuodd bregethu tua'r flwyddyn 1811, ac yn 1839 cofnodir iddo fedyddio'i fab, James, yng nghapel y Tabernacl. Tua diwedd 1812 symudodd i Ferthyr i ddilyn ei grefft fel argraffydd, a derbyn galwadau cyson i wasanaethu yn eglwysi'r cylch:

> Clywsant fod pregethwr ieuanc o argraffydd yn y dref, ac wrth fy ngelfyddyd, meddyliasant fy mod yn ddigon o ysgolhaig i bregethu yn Saesoneg.[186]

Yn Hydref 1813 derbyniwyd ef yn fyfyriwr i Athrofa'r Fenni, am chwe mis i ddechrau, ond 'cytunwyd bod apêl eglwys Caerfyrddin am estyniad tymor Mr. David Jones yn yr Athrofa, i ddwy flynedd, yn cael ei chaniatáu'.[187] Fe'i profodd ei hunan yn fyfyriwr diwyd, fel y dengys adroddiad pwyllgor y coleg:

> Six students were examined [yn yr arholiad ar 28 Medi 1815], viz., Mr. David Jones, Senior Student, in the Latin testament; his proficiency in elementary knowledge was such as to render a further examination unnecessary.'[188]

Bu David Jones yn weinidog yn Swydd Henffordd (Cenhadwr Cartref oedd ei deitl swyddogol); yn eglwys Coedgleision, Sir Aberteifi; yn Swydd Derby (cenhadwr); yn eglwys Saesneg Abersychan; ac yna ym Methesda, Hwlffordd. Bu'n byw am gyfnod ar ôl hynny ym Mryste, gan orffen ei yrfa fel gweinidog eglwys Saesneg Rhymni, lle bu farw yng Ngorffennaf 1841, a'i gladdu yng nghladdfa'r Bedyddwyr yn Nhredegar, Sir Fynwy.

Meddai David Jones ar ddawn yr hanesydd, a 'thrwy ddyfalwch mawr a llawer o deithio ac ysgrifennu',[189] llwyddodd i grynhoi defnyddiau digonol ar gyfer cwblhau ei 'Hanes'. Fe'i cyhoeddodd, yn ôl arfer cyffredin y cyfnod, fesul adran, Rhan 1 ym Medi 1837 a Rhan 12 yn Ebrill 1839, gan gymryd arno'i hun faich yr holl gostau argraffu a dosbarthu. Fodd bynnag, gan nad oedd taliadau'r dosbarthwyr yn dod i law yn brydlon, a chan fod yr argraffydd (John Thomas, Heol San Pedr, Caerfyrddin) yn pwyso arno am dâl, fe'i cafodd ei hunan mewn trafferthion ariannol. Daeth John Williams, 'Cwrier', i'r adwy yn Chwefror 1838; nid oedd yntau'n bersonol yn dymuno elwa dim o'r trafodion, a'i unig swyddogaeth oedd sicrhau bod y derbyniadau o law'r dosbarthwyr, a'r taliadau i ddwylo'r argraffwyr, yn cyrraedd yn brydlon. Parhau i waethygu a wnâi'r sefyllfa, ac felly cytunwyd fod y ddau weinidog lleol, Hugh William Jones a Joshua Watkins, a'r brodyr John Williams a William Woozley, i weithredu fel canolwyr rhwng David Jones a John Thomas yr argraffydd. Er gwaethaf cymryd y camau hyn, ac er i John Williams fod yn hael ei gefnogaeth ariannol i David Jones, yr oedd yr hanesydd o dan bwysau cynyddol i dalu ei ddyledion, a chan iddo fethu fe'i bwriwyd i garchar Caerfyrddin. Yr oedd ei sefyllfa'n wirioneddol druenus, fel y dengys ei apêl galonrwygol o'i gell yn y "Borough Gaol, Carmarthen" mewn llythyr (diddyddiad) at Dr. Ellis Evans, Cefnmawr, cyfaill iddo o ddyddiau coleg yn y Fenni:

> O frawd, y drugaredd fwyaf o y rhai bydol yw bod yn anymddibynol ar garedigrwydd dynion. Gobeithio y gwnewch eich gorau drosof yn yr achos presennol, fel y gallwyf gael fy nhraed yn rhydd o'r blin gaethiwed hyn.[190]

Taenwyd si ar led mai Hugh William Jones oedd yn bennaf cyfrifol am ei garchariad, hynny ar sail y dybiaeth fod gweinidog y Tabernacl wedi benthyca arian i David Jones, ac oherwydd ei fethiant yntau i ad-dalu'r ddyled, iddo fynd ag ef i gyfraith. Dyma'r argraff a geir o ddarllen y sylwadau o dan y pennawd 'O'r Arsyllfa' (ni roddir enw'r awdur) yn *Seren Cymru*, 5 Mehefin 1931, sef canrif, ymron, ar ôl y digwyddiad:

> Efe [sef HWJ] argraffodd *Hanes y Bedyddwyr* i David Jones, a bu peth trafferth iddo gael ei ddigolledu am ei waith. Ni wyddom ddigon am yr helynt i basio barn ar ei waith yn galw'r gyfraith i'w helpu, ond gorfu i D. Jones ddioddef min y cleddyf.

Prin y gallai T.J. Evans, oedd â chymaint awydd i amddiffyn enw da'r Tabernacl, ynghyd â gweinidogion yr eglwys, fod yn dawedog yn wyneb y fath ensyniad, ac yn rhifyn yr wythnos ddilynol o *Seren Cymru* (sef 12 Mehefin 1931) ymddangosodd llythyr o'i eiddo yn amddiffyn Hugh

William Jones i'r carn, a dyfynnu, er cadarnhau ei achos, ran o dystiolaeth
E.K. Jones, Cefnmawr:

> Amlwg yw fod stori cyhoeddi *Hanes y Bedyddwyr* gan David Jones
> yn drafferthus ... Ymgymerodd David Jones, ar ei gyfrifoldeb ei
> hun, a chyhoeddi'r 'Hanes'. Pan ar ganol y gorchwyl, ym mis
> Chwefror, 1838, daeth John Williams, Currier, Caerfyrddin (tad Eliza
> Caerfyrddin), i'w gynorthwy, ond nid oedd ef i gael rhan o'r enillion.
> Byddai'r enillion oll yn eiddo David Jones. Effeithiwyd cytundeb:
>
> 1. Fod y Parchg. Joshua Watkins, Penuel, Caerfyrddin; y Parchg.
>   Hugh William Jones, y Tabernacl, Caerfyrddin; John Williams,
>   Ysw., Currier, Caerfyrddin; a William Wosyley [*sic*], Ysw.,
>   Caerfyrddin, i weithredu rhwng David Jones a'r argraffydd, John
>   Thomas.
> 2. Disgwylid i David Jones fod yn barod ag un rhan ar gyfer pob mis.
> 3. Yr Argraffydd i gwblhau argraffu un Rhan bob mis.
> 4. Pob taliadau i fyned i John Williams, Ysw., Currier, yntau i ofalu
>   am dalu'r argraffydd, a throsglwyddo'r enillion i David Jones.

Tua 1839 bwriwyd David Jones i garchar Caerfyddin, oherwydd ei
anallu i dalu'r argraffydd am ddwyn allan *Hanes y Bedyddwyr*, a
chwynai yn dost i'r dosbarthwyr fethu â thalu iddo eu dyledion. Eglur
yw nad oedd Joshua Watkins, Hugh William Jones, John Williams a
William Wosyley yn gyfrifol am dalu'r argraffwyr, ac yn ôl yr
amodau nid oeddynt i weithredu rhwng David Jones a'r argraffydd.
Nid oedd gan David Jones y modd i gwrdd â'r draul o ddwyn allan
Hanes y Bedyddwyr, ond rhaid bod yma ddiffygion eraill, oblegid
anodd meddwl y caniatâi Joshua Watkins, Hugh William Jones, John
Williams a William Wosyley iddo fynd i garchar, heb wneud
ymdrech galed i'w ddiogelu rhag y gosb.

Ni allai T.J. Evans ymatal rhag ychwanegu: 'Oddiwrth yr uchod, gwelir ar
unwaith, mai anghywir y casgliad i Hugh William Jones ymgymeryd â'r
cyfrifoldeb o gyhoeddi 'Hanes y Bedyddwyr', nac ychwaith iddo alw'r

gyfraith i'w gynorthwyo i ddiogelu ei fuddiannau'.[191] Pwy bynnag oedd
yn gyfrifol am yr achos llys a'r carcharu (yr oedd yng ngharchar ddechrau
Chwefror 1840, ond ni wyddys am ba hyd y bu yno), ni ellir gwadu i'r
bennod fod yn un ddigalon yn achos David Jones, ac yn saga drist yn hanes
y Tabernacl.[192]

PREGETHWR

Rhoes Hugh William Jones ddeugain namyn dwy o flynyddoedd o
wasanaeth i'r eglwys. Yr atgof arhosol a feddai ei aelodau amdano oedd
fel pregethwr nerthol, un o'r grymusaf, yn ddiau, o'i genhedlaeth, ac un o
'bregethwyr mawr' Oes Victoria.[193] Pregethu oedd craidd a chalon ei
weinidogaeth, 'hyfrydwch mawr' ei enaid, fel y cofnoda droeon. Yn ôl yr
ystadegau a gadwai yr oedd eisoes wedi pregethu 1953 o bregethau cyn
dod i Gaerfyrddin, ac erbyn iddo sefyll am y tro olaf mewn pulpud (sef ar
15 Ionawr 1873) yr oedd y cyfanswm hwnnw wedi cyrraedd y swm
anhygoel o 8351. Heb amheuaeth, dylanwad Hugh William Jones yn ei
bulpud a barodd, yn anad dim arall, fod aelodaeth y Tabernacl wedi
cynyddu'n sylweddol o rhwng 232–252 yn 1835, i 352 yn 1845, gan
ddyblu, ymron, erbyn 1870, a chyrraedd 445. Talwyd y deyrnged ganlynol
iddo gan awdur y golofn 'O'r Arsyllfa' (*Seren Cymru*, 5 Mehefin 1931):

> Gŵr tymhestlog ei dymherau oedd Hugh William Jones ond yn
> ysgolor da ac yn bregethwr sylweddol a thanbaid. Yr oedd yn un o
> ddynion amlycaf ei gyfnod yn ei enwad, ac yng nghylch Caerfyrddin,
> ac yn arweinydd cymdeithasol a gwleidyddol o ddylanwad mawr.

Yr oedd cylch ei weithgareddau yn eang: cefnogai'r genhadaeth dramor yn
frwdfrydig (penodwyd ef i dderbyn casgliadau'r eglwysi a'u danfon yn
flynyddol i Dŷ Cenhadol y Bedyddwyr yn Llundain); bron ar hyd ei dymor
yn y Tabernacl ef oedd ysgrifennydd Cymanfa Caerfyrddin a Cheredigion;
ef hefyd a wnâi'r rhan fwyaf o waith ysgrifenyddol ei eglwys. Ond yn anad
dim pregethwr oedd Hugh William Jones, a'i bulpud yn orsedd iddo. Erys
dwy enghraifft o nodiadau ei bregethau, ac ynddynt ceir golwg ar ei
dechneg, ei bwyslais, a grym ei apêl. Y mae'r ddwy genadwri, fel ei gilydd,

yn hanfodol Feiblaidd ac esboniadol, a'r datganiadau ynddynt yn codi'n gwbl naturiol o'r testun. Prif nod y pregethwr yw dyrchafu Crist (yn y bregeth Gymraeg fe'i cyffelybir i'r Gwas Dioddefus yn Llyfr Eseia, sydd, trwy ei ddioddefiadau, yn ennill buddugoliaeth derfynol, fel bo ei achos yn sicr o lwyddo ar y ddaear), a hefyd i gymeradwyo'r bywyd Cristionogol (yn y bregeth Saesneg darlunnir oferedd bywyd y rhai di-gred, a gwerth amhrisiadwy y bywyd newydd yng Nghrist). Y mae'r anogaeth yn syml, yn berthnasol ac yn uniongyrchol, ac wrth iddi gael ei chyflwyno â thanbeidrwydd ac angerdd Hugh William Jones, hawdd dychmygu ei gafael ar gynulleidfa. Weithiau byddai'n defnyddio sefyllfaoedd o fywyd bob dydd a'u troi'n eglurebau a âi yn syth at galon ei wrandawyr, gan effeithio'n ddwfn ar eu teimladau. Arferai rannu ei ddeunydd yn fanwl, ac weithiai byddai ganddo dri neu bedwar o israniadau o dan y pen cyntaf. Rhannai ail ben ei bregeth hefyd, ond erbyn hynny, 'byddai yn dechrau gwresogi a thwymo nes y byddai'r floedd yn gwefreiddio'r gynulleidfa. Âi ymlaen yn ei drydydd pen gan ychwanegu mewn hwyl, bloeddiadau a dylanwad; ac yna gorffenai ynghanol ei ogoniant, a'r gynulleidfa wedi ei chodi i ryw deimlad hyfryd a nefolaidd'.[194] Lle byddai pregethwyr y ddeunawfed ganrif yn trin pob pen yn gyfartal, nes bod holl raniadau'r bregeth yn gymesur â'i gilydd (nid oes ragorach enghreifftiau o hyn na phregethau Titus Lewis), anelai Hugh William Jones at uchafbwynt rhethregol a fyddai'n ysgwyd ei wrandawyr, a'u dwyn i gyflwr ysbrydol ac emosiynol a'u gorfodai i ymateb i'w genadwri.

Erbyn diwedd ei yrfa yr oedd yn ddyn sâl, yn dioddef (yn ôl ei gofnodion dyddiadurol) o bob math o anhwylderau, yn amrywio o guriad anghyson y galon, 'rhywbeth yn bod ym mhwll y cylla', 'effeithiau gwely damp', a'r straen ar ei gyfansoddiad wrth iddo weini am gryn amser ar ei ail wraig mewn cystudd. Ar 21 Chwefror 1873 cwtogwyd y cytundeb rhyngddo ac eglwys y Tabernacl i un Sul y mis, a'i gyflog i bunt yr wythnos, a threfnwyd (o 30 Ebrill ymlaen) i dri gweinidog lleol weinyddu mewn angladdau yn eu tro. Ar 29 Mai, yn dilyn gwibdaith i Lansteffan, galwodd nifer o'r aelodau yn ei gartref yn Rose Villa, Ffordd y Ffynnon, ac ymuno i ganu emynau y tu allan i'r tŷ. Er mewn gwendid mawr, llwyddodd y gweinidog i ddod i'r ffenestr i'w cyfarch. Bu farw yn ei gartref ar fore Sul, 1 Mehefin 1873, a'i gladdu ar y dydd Iau canlynol ym medd y teulu ym mynwent y Tabernacl. Y Sul canlynol cynhaliwyd gwasanaeth coffa iddo, a phregethwyd gan R.D. Roberts, Llwynhendy.

CYFNOD JOHN THOMAS (1875–1891)

Er i'r *interregnum* barhau am gyfnod o ddeunaw mis ni chafodd eglwys y Tabernacl anhawster i sicrhau olynydd i Hugh William Jones. Cyn dechrau ar dymor ei wasanaeth ni bu John Thomas yn pregethu ond unwaith yn y Tabernacl, sef ar achlysur gŵyl bregethu yr eglwys ar yr ail benwythnos o Fehefin 1874; er ei fod yn ŵr cymharol anadnabyddus yn yr ardal, swynwyd cynulleidfa'r Tabernacl gan ei ddawn bregethu. Medd T. J. Evans am ddylanwad oedfaon y penwythnos hwnnw:

> He preached with telling effect to crowded congregations, and the influence of those services inspired the people for a long time.[195]

Ar Sul cyntaf 1875 cynullwyd cyfarfod eglwys i'r diben o alw gweinidog. Y pregethwr gwadd y diwrnod hwnnw oedd G.H. Roberts, gweinidog newydd eglwys Penuel, Caerfyrddin (yr oedd newydd symud yno o eglwys Tabor, Dinas Cross, Sir Benfro), ac ar derfyn oedfa'r hwyr galwyd arno i lywyddu'r cwrdd eglwys. Er mwyn diogelu cyfrinachedd y cyfarfod rhoddwyd bollt ar y drysau allanol, a'u cloi. Bu nifer o ddiaconiaid (David Davies, Ffynnonddrain; William Lloyd, Penybanc; D.H. Morgan, Anchor House; David Davies, Upper Factory; William King, Teras Waterloo; a W.R. Edwards, Emporium) yn annerch; fe'u dilynwyd gan nifer o'r gynulleidfa, ac yn ddieithriad cefnogwyd y cynnig i estyn galwad i John Thomas, yntau ar y pryd yn weinidog eglwys Bethesda, Basaleg, Sir Fynwy. Cerddodd David Davies a William Lloyd i fyny ac i lawr eiliau y capel yn cyfrif y pleidleisiau, gan ddychwelyd i'r bwrdd cymun a datgan ar goedd fod yr 'alwad' i John Thomas yn unfrydol.

Ar y dydd Mercher canlynol teithiodd D.M. Morgan, William King a W.R. Edwards (ysgrifennydd yr eglwys) i Ben-y-bont ar Ogwr er mwyn cyfarfod yn bersonol â John Thomas, ac estyn iddo wahoddiad swyddogol i ymgymryd â gweinidogaeth y Tabernacl. Yn dilyn ysbaid o weddi a myfyrdod, rhoes John Thomas ateb cadarnhaol i gais y ddirprwyaeth, ac estynnwyd deheulaw cymdeithas iddo gan y tri diacon yn eu tro. Diweddwyd y cyfarfod wrth i D.M. Morgan offrymu gweddi. Y noson honno, yn ystod y cyfarfod gweddi wythnosol yn festri'r Tabernacl, darllenodd William Lloyd frysneges a ddaeth i law oddi wrth W.R. Edwards yn rhannu'r newydd am benderfyniad John Thomas. Symudodd y gweinidog newydd a'i deulu i Gaerfyrddin ar ddydd Mawrth, 9 Chwefror 1875, gan ymgartrefu mewn tŷ yn Heol Undeb, ac ar y nos Fercher ganlynol, sef 10 Chwefror 1875, cychwynnodd ar ei weinidogaeth yn y Tabernacl trwy gynnal oedfa bregethu, a'r capel wedi ei orlenwi nes bod pobl yn eistedd ar risiau'r pulpud ac ar y cadeiriau ychwanegol a osodwyd yn yr eiliau. Yr oedd pob un o weinidogion Ymneilltuol y dref a'r ardal gyfagos yn bresennol, ac yn eistedd yn y sedd fawr. Cododd John Thomas ei destun y noson honno o 2 Corinthiaid 3: 18, ac yn ôl pob tystiolaeth cyflwynodd ei genadwri â grym ac argyhoeddiad cwbl eithriadol. Un a fu'n dyst i hyn oedd D. Abel Parry, a nododd yn ei ddyddiadur: 'Y mae proffwyd newydd wedi cyrraedd tref Caerfyrddin'.[196] Y Sul dilynol traethodd y gweinidog newydd o bulpud y Tabernacl bregethau yn seiliedig ar Mathew 10: 1–4 (yn oedfa'r bore), a Luc 23: 34 (yn oedfa'r hwyr), a'r tŷ unwaith eto yn llawn. Yn y modd hwn, felly, y rhoddwyd cychwyn ar bennod arall yn hanes eglwys y Tabernacl.

Un a hanai'n wreiddiol o ardal Abergwesyn, ger Llanwrtyd, yn Sir Frycheiniog, oedd y gweinidog newydd; yno y'i ganed ar 14 Tachwedd 1838. Yr oedd gwreiddiau ei rieni yn ddwfn yn naear Penfro, a chyswllt agos rhyngddynt ac eglwys hynafol Cilfowyr; ac yntau'n dal yn blentyn symudodd ei rieni o Abergwesyn i Eglwyswrw, ac oddi yno i Ben-y-bryn, ger Aberteifi, ac yn ddiweddarach i Hirwaun, Sir Forgannwg. Yno, yng nghapel Ramoth, ar ddydd ei ben blwydd yn 13 oed, y bedyddiwyd John Thomas, ac ymhen saith mlynedd, sef yn 1858, ac yntau'n ugain oed, dechreuodd bregethu, a'i gymell gan aelodau'r eglwys i ystyried ymgyflwyno i waith y weinidogaeth. Yn 1860 cafodd fynediad i goleg Pont-y-pŵl, ac ar derfyn ei dymor hyfforddiant fe'i hordeiniwyd yn weinidog yn Salem, Amlwch, ar 30–31 Rhagfyr 1862. Bu'n gweinidogaethu ar ôl hynny ym Moreia, Dowlais (1865–1869) a Bethesda, Basaleg (1869–1875), cyn symud i'w faes olaf yng Nghaerfyrddin. Dilynwyd ef i'r weinidogaeth gan dri o'i frodyr, William, David a Thomas.

Profodd David Thomas ei hun yn ysgolhaig medrus, ac fe'i hapwyntiwyd yn ddiweddarach yn athro yn y clasuron yng ngholeg Pont-y-pŵl, ei *alma mater*. Y mae'n arwyddocaol bod tri o feibion John Thomas (sef John Albert, Lewis Morgan a William Edgar) wedi dilyn eu tad i'r weinidogaeth Fedyddiedig, ac i'w ferch, Nellie, briodi A.T. Ward, gweinidog adnabyddus ymhlith Bedyddwyr Lloegr yn ei ddydd.

PREGETHU A BEDYDDIO

Canolbwyntiai John Thomas ei egnïon yn y Tabernacl bron yn gyfan gwbl ar waith y weinidogaeth, yn arbennig ar y wedd ddefosiynol – ar bregethu yn fwy na dim – ac ar ennill 'gwrandawyr' i Grist. Fel yn amser Hugh William Jones, mynychid yr oedfaon nid yn unig gan aelodau'r eglwys, ond hefyd gan nifer sylweddol o 'wrandawyr' o bob oed, nad oeddent yn aelodau ond a ymddiddorai mewn pregethu ac mewn gwrando ar ddoniau'r pulpud, a daeth nifer ohonynt yn aelodau cyflawn yn ystod cyfnod John Thomas. Yn wahanol i'w ragflaenydd, ac i'w olynydd (yr oedd yn fwy cytbwys ei farn ac yn llai ymfflamychol na Hugh William Jones, ac yn llai radical nag Ungoed Thomas), nid amlygai'r gweinidog newydd ddiddordeb mewn materion cymdeithasol a gwleidyddol, ac nid oedd pwyllgora a chynadledda wrth fodd ei galon. Ni chwenychai lwyfan i sefyll arni ar wahân i lwyfan y pulpud. Cyfansoddai ei bregethau'n ofalus a threfnus, ac roedd ei fynegiant grymus ohonynt, a thôn ei lais, yn dra effeithiol. Er nad oedd yn gaeth wrth gyflwyno'i fater i unrhyw nodiadau ysgrifenedig, prin y symudai o'r tu ôl i'r ddesg yn y pulpud; gorweddai ei gyfrinach yng ngrym y traethu, a carisma ei bersonoliaeth. Yr oedd cynnwys ei bregethu yn athrawiaethol-Galfinaidd, yn Ysgrythurol ei wraidd, yn efengylaidd ei bwyslais, ac (yn unol â chonfensiwn y cyfnod) yn gwbl Feiblaidd ei ogwydd. Y diben mawr oedd esbonio'r Ysgrythur, hynny ar sail y dybiaeth fod y Beibl, drwyddo draw, yn Air Duw. Yn ddieithriad ar derfyn pregeth yr hwyr byddai John Thomas yn 'taenu'r rhwyd', gan gymell unrhyw un a argyhoeddwyd gan y neges, ac a ewyllysiai 'dderbyn' Crist, gerdded ymlaen i'r sedd fawr, gan ddatgan drwy hynny ei gyffes bersonol o ffydd. Ar adegau fel hyn (a ddigwyddai yn bur gyson) arferid diweddu cyfarfod yr hwyr trwy ganu un o ddau emyn, naill ai 'Dewch hen ac ieuainc dewch / At Iesu, mae'n llawn bryd …', neu 'Mi glywaf dyner lais / Yn galw arnaf fi …', a hynny'n llwyddo i ychwanegu at awyrgylch emosiynol y foment. Yn ddi-ffael ar derfyn yr oedfa âi John Hodges, diacon, a gŵr uchel ei barch, ymlaen at unrhyw un a 'ddaethai ymlaen' er mwyn ei sicrhau iddo gymryd y cam pwysicaf oll yn ei fywyd y noson honno, ac na fyddai fyth yn edifar.

Ar ddiwedd oedfa'r hwyr ar yr ail Sul o Ionawr 1876 (blwyddyn a ddechreuodd gydag adfywiad ysbrydol yn y Tabernacl, a'r gyfres o oedfaon gweddi a gynhelid yn arferol yn ystod wythnos gyntaf y flwyddyn newydd yn cael ei hestyn ar gyfer wythnosau Ionawr ar eu hyd, hynny ar gyfrif y cynulleidfaoedd mawrion a'r taerineb gweddigar), cerddodd dau fachgen ifanc ymlaen i'r brif sedd, ac fe'u dilynwyd gan ŵr canol oed a eisteddai ar yr oriel. Ei enw yntau oedd John Johns, gwarcheidwad yng ngharchar tref Caerfyrddin; un o'r ddau lanc oedd ei fab, David, a'r llall oedd George James Hodges, mab i un o'r diaconiaid. Rhoddodd y ddau ohonynt wasanaeth dibrin i'r eglwys am flynyddoedd lawer: bu George Hodges yn ddiacon ac ysgrifennydd o 1900 hyd at ei farw annhymig yn 1907, yn 46 oed, ac fe'i holynwyd yn yr ysgrifenyddiaeth gan David Johns a lanwodd y swydd am gyfnod helaeth. Etholwyd ef yn ddiacon yn 1908, ac yn ddiweddarach yn drysorydd yr eglwys.

Â thymheredd ysbrydol Cymru'r cyfnod yn uchel ('gwlad Gristionogol oedd Cymru ym 1890', medd R. Tudur Jones),[197] a John Thomas, yntau, yn cyflawni gweinidogaeth eneiniedig yn y Tabernacl, nid yw'n syndod iddo arwain 505 o ddeiliaid trwy ddyfroedd y bedydd rhwng 1875 a 1891. Erys yr hanes am rai o'r oedfaon bedydd hynny ar gof a chadw. Ni lwyddodd yr un ohonynt i greu mwy o argraff na honno a gynhaliwyd ar nos Sul, 5 Tachwedd 1876, pan bregethodd y gweinidog yn eithriadol bwerus ar y testun, 'Gwnewch beth bynnag a ddywed wrthych' (Ioan 2: 5), cyn mynd ohono i mewn i'r fedyddfa a bedyddio 24 o bobl ifanc. Ni adawai John Thomas i achlysur o'r fath fynd heibio heb iddo roi cyfle i bwy bynnag arall a deimlai ar ei galon fel 'dilyn y Gwaredwr' i dderbyn bedydd crediniol. Y noson honno cerddodd gŵr trigain oed o'i sedd yn yr oriel i lawr at y ffynnon fedydd, a phan holwyd ef gan y gweinidog a oedd yn credu yng Nghrist datganodd ar goedd iddo fod yn credu ynddo ers hanner can mlynedd a mwy, ond iddo fod yn rhy llwfr, hyd at y foment honno, i gyffesu ei ffydd yn gyhoeddus. Fe'i bedyddiwyd, yn ei ddillad ei hun, gan John Thomas, ac er i nifer o gyfeillion geisio'i berswadio i adael iddynt fynd i ymofyn newidiaeth gwisg iddo, mynnodd gerdded adref i Dre Ioan (taith o dros ddwy filltir o'r capel) yn ei ddillad gwlyb, i dystio i'r ffaith nad oedd ganddo gywilydd o'r cam a gymerodd. Taenwyd yr hanes yn drwch ar hyd y dref yn ystod y dyddiau dilynol, a bu cryn sôn am David Morris, a dylanwad pregethu gweinidog y Tabernacl arno. Bu David Morris yn aelod ymroddgar a gweithgar yn eglwys y Tabernacl am weddill ei ddyddiau.

Ar 29 Chwefror 1877 bedyddiwyd 23, pob un ohonynt yn wŷr a gwragedd canol oed. Yn eu plith yr oedd David Evans (ciper wrth ei alwedigaeth), a John Hughes (teiliwr) a fu am lawer blwyddyn yn athro ar ddosbarth o wragedd yn yr ysgol Sul â thros drigain o aelodau, ar gyfartaledd, yn ei fynychu. Ymatebodd dau i apêl arferol y gweinidog am ragor o dröedigion; y naill oedd Daniel Griffiths, gwehydd o Heol y Felin, a Henry Thomas o Drefychan. Fe'u bedyddiwyd y Sul canlynol, a pharhau ar ôl hynny yn weithwyr diwyd yn rhengoedd yr eglwys. Ar nos Sul, 4 Ebrill 1887 yr oedd John Thomas yn bedyddio 54 o bobl ifanc, a'r capel unwaith eto yn llawn i'r ymylon. Ar wahoddiad Iesu i'w ddisgyblion, 'Dewch ar fy ôl i, ac fe'ch gwnaf yn bysgotwyr dynion' (Marc 1: 17), y pregethai'r gweinidog y noson honno, ac nid oedd yn ddibris o'r ffaith fod nifer o bysgotwyr afon Tywi yn eistedd mewn rhes ar yr oriel (arferent fynychu oedfaon yr hwyr, er nad oeddent yn aelodau o'r eglwys). Apeliodd y pregethwr atynt yn uniongyrchol: 'Pysgotwr wyf innau hefyd, ac y mae'r Hwn a'm galwodd i yn eich galw chwithau yr un modd, yn wir y mae'n galw ar bawb, i'w ganlyn'.[198] Roedd yr awyrgylch yn drydanol, ac apêl John Thomas yn creu dwyster anghyffredin yng nghalon ei wrandawyr. Dyma, yn ddiau, gyfrinach ei lwyddiant fel pregethwr: ynghyd â meddu ar ddawn cyfathrebu, a llais cyfareddol, a'i bregeth yn cael ei chyflwyno ag angerdd dwys, enillai sylw ei gynulleidfa trwy ddefnyddio eglurebau ac ymadroddion a godai'n uniongyrchol o'u profiad, ac a âi'n unionsyth i mewn i'w byd.

Wedi iddo fedyddio 52 o'r sawl a fedyddid y noson honno, oedodd John Thomas am ennyd er mwyn proffwydo y buasai'r ddau ymgeisydd olaf yn ennill enw iddynt eu hunain, ryw ddydd, fel gweinidogion yr Efengyl, a 'physgotwyr dynion'. Gwireddwyd proffwydoliaeth y gweinidog. Y cyntaf o'r ddau oedd Thomas John Jones, a fu'n weinidog llwyddiannus yn eglwys Ainon, Splott, Caerdydd rhwng 1903 a 1924 (ei unig faes), a'r ail oedd David Evans Williams, gweinidog eglwys Salem, Blaina (1906–1941), a enillodd barch mawr iddo'i hun nid yn unig ar gyfrif gloywder ei ysgolheictod (enillodd radd B.A. Prifysgol Cymru mewn Athroniaeth, ac M.A. am draethawd ar y testun, *Theism and Ideas of Value*), ond hefyd am ei frwydr arwrol yn erbyn afiechyd. Fe'i parlyswyd gan grydcymalau gwynegol, a'i gaethiwo i'w gadair; collodd ei olwg; ac fe'i hamddifadwyd rhag cysuron aelwyd gan farwolaeth ei wraig gyntaf, Annie Hodges (cariad iddo o ddyddiau mebyd, ac un a gyd-fagwyd yn eglwys y Tabernacl), yn 28 oed, ar ôl 17 mis o briodas, a'i ail wraig, Gaynor Lewis (wyres i Nefydd), ar ôl naw mlynedd o fywyd priodasol. Crynhowyd hanes D.E. Williams gan T.J. Evans ac E.T. Samuel yn *Through Suffering to Triumph* (Llandysul, 1948).

Dyma'r ddau olaf i John Thomas eu bedyddio ar nos Sul gyntaf Ebrill 1887. Bu yntau ei hun farw ymhen pedair blynedd, a chodwyd y ddau ddarpar weinidog i'r weinidogaeth gan E. Ungoed Thomas. Wrth dalu teyrnged, ymhen blynyddoedd, yn *Seren Cymru* (Ebrill 1924) i'w gyfaill T.J. Jones, cyfeiria D.E. Williams at achlysur eu bedydd:

> Bedyddiwyd ni'n dau, a ni yn ieuainc iawn, gan y diweddar annwyl John Thomas ar yr un nos Saboth ym mis Ionawr [*sic* – Ebrill oedd y mis]. Nid â'r noson honno byth yn angof gennym, a'r Parch. John Thomas yn ei ogoniant yn arwain pedwar ar ddeg a deugain ohonom trwy y bedydd, a'r capel dan ei sang.

O ystyried pwyslais y gweinidog ar yr ochr ysbrydol i fywyd a thystiolaeth yr eglwys, nid yw'n syndod i gyfarfodydd defosiwn (yn ychwanegol at oedfaon y Sul) ffynnu o dan ei oruchwyliaeth. Bob nos Sadwrn cynhelid Dosbarth Beiblaidd y Brodyr Ieuainc o dan arweiniad yr hyfwyn Joseph Thomas, Llys Picton (y llyfr gosod oedd gwaith David Brown, *Corph o Ddiwinyddiaeth*, cyfrol, yn ôl tystiolaeth un o ffyddloniaid y dosbarth, a roddai 'ateb terfynol i'r athro ar bob cwestiwn diwinyddol'). Yn un o'r cyfarfodydd hyn yr offrymodd T.J. Jones a D.E. Williams weddi gyhoeddus am y tro cyntaf, a'r un modd dri mab y gweinidog, a gymhellwyd gan Joseph James i ddarllen o'r Ysgrythur ac arwain mewn gweddi. Yn y cyfarfod nos Sadwrn y clywid Thomas Richards (bu ei fab, Thomas, yn weinidog yn eglwys Beulah, Rhymni) yn 'ymbil ar Dduw mewn gweddi gyda'i eiriau detholedig, a'i frawddegau cain, a'i daerni dwys, a'i oslef yn hyfryd ac yn ddymunol i'r glust'.[199]

Cyfarfod arall a dyfodd mewn poblogrwydd oedd y gwasanaeth defosiynol a gynhelid am 7.30 ar fore Sul; ynddo rhoddwyd cyfle i frodyr ifainc – a brodyr hŷn – yr eglwys i ymarfer eu doniau'n gyhoeddus. Chwaraeodd brodyr megis Thomas Evans (y Ffowndri), Thomas Edwards (Waundew), Thomas Richards (Pensarn), Thomas Thomas (Bronhaul) a David Davies (Cartref, Teras Waterloo) – gwŷr ifainc a ddatblygodd yn arweinwyr yr eglwys maes o law – ran amlwg yn y cyfarfodydd plygeiniol hyn. Byddai David Davies, a dreuliodd flynyddoedd ar y môr, yn defnyddio geirfa ac ymadroddion morwrol; byddai John Griffiths, Y.H., a weithiai yn swyddfa'r *Welshman*, yn rhannu dyfyniadau ac eglurebau o'r llu llyfrau a ddarllenasai; a byddai'r crydd George Phillips, er yn fwy cyfyngedig ei alluoedd llenyddol na John Griffiths, yn llunio damhegion gwreiddiol ag ynddynt wersi buddiol. Eithr nid oedd y cyfarfod yn gyfyngedig i wŷr, a byddai chwiorydd megis Jane Evans (Wellfield Road), M.A. Hughes (Woods Row), Ann Evans (y Siop) yn gyson eu presenoldeb ac yn frwd eu cyfraniad. Yn ystod y cyfnod hwn hefyd y sefydlwyd Cymdeithas Ddiwylliadol y Bobl Ieuanc (trwy ymdrech T. Thomas, Bronhaul, yn fwy na neb), lle y darllenid papurau ar faterion yn ymwneud â'r Ysgrythurau, a thestunau eraill a oedd yn addas i'r ifanc, ac yr oedd cyfarfodydd y Gobeithlu a'r ysgol Sul yn hynod lewyrchus. Bob Calan cynhaliwyd cyngerdd neu eisteddfod a apeliai nid yn unig at aelodau'r Tabernacl ond hefyd at bobl tref Caerfyrddin yn gyffredinol.

Erbyn 1887 yr oedd arwyddion sicr o gynnydd ysbrydol yr eglwys o dan weinidogaeth John Thomas. Ddechrau'r flwyddyn honno parhaodd y cyfarfodydd gweddi a gynhaliwyd yn arferol bob nos yn ystod wythnos gyntaf y flwyddyn newydd (ac a estynnwyd yn 1876 hyd ddiwedd Ionawr), yn ddi-dor hyd ganol Mawrth. Dywed T.J. Evans: '1887 was a year of mighty Christian experience at the Tabernacle'.[200] Cyfeiria John Thomas at y gyfres hon o gyfarfodydd gweddi eithriadol yn ei 'Anerchiad i'r Eglwys' yn adroddiad 1887 – anerchiad sydd hefyd yn brawf o'r modd y dehonglai John Thomas natur a phwrpas y weinidogaeth, ynghyd â llwyddiant eglwysig, a phwysigrwydd yr ysgol Sul; a hefyd o'r pwys a osodai ar brydlondeb wrth ddod i'r oedfaon:

Y mae y cynnydd sydd wedi bod ar ein Hysgol Sabbothol, a ffyddlondeb cyffredinol yr aelodau gyda y Cyfarfodydd Gweddi, yn destyn cysur a llawenydd mawr. Dyma brif sefydliadau yr Eglwys; ac os na fydd y rhai hyn yn llewyrchus, nis gellir dysgwyl i'r aelodau gynnyddu mewn rhif, gwybodaeth, na duwioldeb. Nis gallwn byth anghofio y cyfarfodydd bendigedig a gawsom am naw wythnos o'r bron ar ddechreu y flwyddyn hon. Cawsom brofion eglur fod Duw yn y nef yn gwrando gweddiau ei bobl. Coronwyd ein llafur â llwyddiant mawr. Iddo ef y byddo y gogoniant.

A gawn ni lwyddo gan holl rieni perthynol i'r gynnulleidfa i bleidio mwy ar yr Ysgol, trwy anfon eu plant iddi yn rheolaidd, a'u magu gartref mewn gwybodaeth Feiblaidd? Y mae yn gysur mawr hefyd i weled cynifer o rai ieuainc yn mynychu Cyfarfodydd Gweddi yr Eglwys. Hyderwn y cawn weled mwy etto o blant ieuanc o'r pump oed i fyny yn dyfod gyda eu tadau a'u mamau i'r Cwrdd Gweddi ... Mae cynnulliadau y Sabboth yn rhagorol dda; ond mae lle etto i ddiwygiad mewn prydlondeb.

Cynhwysir yn y mynegiad hwn gyfrif o aelodau'r eglwys am y flwyddyn 1887:

    Rhif yr aelodau am 1886.....................429
    Bedyddiwyd 70
    Adferwyd............................10
    Derbyniwyd trwy lythyrau....................24
                                   533
    Diaelodwyd......................................8
    Gollyngwyd trwy lythyrau....................22
    Ymadawyd heb lythyrau.......................11
    Bu farw...8
                                    49
    Rhif yr aelodau am 1887.....................484 (Cynnydd o 55)

YR ALLANOLION

O gofio am y pwyslais canolog a roddai John Thomas ar ddefosiwn ac ysbrydolrwydd, braidd yn annisgwyl yw'r sylw mawr a roddwyd yn ystod tymor ei fugeiliaeth i'r 'allanolion bethau'. Cyfeiria R. Tudur Jones at 'y parchusrwydd a oedd yn cau fel iâ am Ymneilltuaeth'[201] erbyn chwarter olaf y bedwaredd ganrif ar bymtheg, ac y mae'n eironig fod gŵr mor ysbrydol ei anian a'i amcanion â John Thomas yn ei enghreifftio'n berffaith. Nodweddid y Tabernacl yn awr, a hithau'n ddrych o'r hyn oedd yn digwydd yn y rhan fwyaf o gapeli'r cyfnod, gan elfen newydd a dieithr nas gwelwyd o'r blaen (yn sicr nis gwelwyd yn oes Titus Lewis, er, i fod yn deg, yr oedd elfennau ohoni eisoes wedi brigo i'r wyneb yn ystod tymor goruchwyliaeth Hugh William Jones), sef yr elfen o ffurfioldeb parchus. Er gwaethaf hwyl a gwres yr oedfaon, cafwyd yn awr ffurfiolrwydd parlysol a oedd i gyfrannu maes o law at ddirywiad a thranc Ymneilltuaeth fel pŵer ysbrydol. Rhoddwyd pwys mawr ar y defodol a'r ymddangosiadol, ar statws eglwys a safle gweinidog, ac yng ngolwg y byd daeth Ymneilltuaeth yn fwy o sefydliad parchus, dosbarth canol, nag o brotest broffwydol neu fudiad ymwahanol, ymosodol.

Amlygwyd y ffurfioldeb hwn mewn o leiaf ddwy ffordd. Dengys R. Tudur Jones fel yr ymorchestai gweinidogion yn eu statws cymdeithasol newydd, dyrchafedig:

> Ceid ambell weinidog – fel Herber Evans, Caernafon – yn teithio mewn cryn rwysg yn ei gerbyd i'r oedfa, yn urddasol yn ei het silc a'i got gynffon … Erbyn diwedd y ganrif gellid adnabod y gweinidog fel y clerigwr, wrth ei wisg, a chyferchid ef fel 'Y Parchedig', er bod ambell un, fel John Thomas, Lerpwl, a'r Bedyddwyr yn gyffredinol, yn glynu wrth 'Mistar' neu 'Y Brawd' fel cyfarchiad addasach.[202]

Er nad oes unrhyw dystiolaeth i John Thomas rodresa i ormodedd (yn sicr fe hepgorodd y cerbyd moethus a'r het silc!), eto i gyd ymwisgai bob amser yn weddus-weinidogaethol (fel na ellid ei gamgymryd am neb ond gweinidog), ac fe ddisgwyliai i bawb (aelodau a'r rhai nad oeddent aelodau) ei gyfarch yn gyhoeddus â'r teitl 'Parchedig'. Yn sicr ddigon yr oedd gweinidog y Tabernacl (ac yn hyn o beth nid oedd yn wahanol i'r mwyafrif o'i gymrodyr) yn ffigwr o bwys, a'i swydd yn haeddu dim llai na'r anrhydedd uchaf!

Gwelwyd yr elfen fursennaidd hon yn ei hamlygu ei hun hefyd yn yr ysfa gynyddol ymhlith Cristionogion y cyfnod i gorffori eu balchder cymdeithasol ac enwadol mewn adeiladau gwychion. Ys dywed R. Tudur Jones, yn ddeifiol ddigon, 'Sylweddolai llawer arweinydd mai hawdd iawn oedd i Famon ymrithio fel pensaer capel',[203] a dyfynna sylw David Powell, Lerpwl:

> Onid delfryd crefyddol uwchaf llawer o broffeswyr yw cael capel hardd, organ fawr, eglwys barchus mewn ystyr fydol, a phregethwr poblogaidd? … ac anwybyddu'r ysbrydol a'r tragwyddol.[204]

Ym mlynyddoedd olaf y ganrif aeth llawer iawn o eglwysi ati i godi festrïoedd lle y cynhelid (yn ychwanegol at y cwrdd gweddi a'r gyfeillach), bob math o weithgareddau adloniadol megis cymdeithasau diwylliadol, cyfarfodydd llenyddol, cyngherddau, gobeithluoedd, darlithoedd cyhoeddus, *penny readings*, *socials*, dramâu, cantatas, ymarferion côr, banciau cynilo, a phartïon ysgol Sul adeg y Nadolig a'r Sulgwyn, 'cyfarfodydd o ansawdd nad oedd cydwybodau tyner yn goddef eu cynnal yn y capel'.[205] Er bod lle yn ddiau i'r gweithgarwch festrïaidd hwn y perygl oedd iddo ddigwydd ar draul y bywyd ysbrydol.

Ni fynnai aelodau'r Tabernacl gael eu heithrio o'r hyn oedd ar waith yn gyffredinol yn hanes Ymneilltuaeth y cyfnod. Gyda dyfodiad John Thomas cytunodd yr eglwys i adeiladu mans i fod yn gartref i'r gweinidog a'i deulu. Ychydig ynghynt yr oedd yr eglwys wedi prynu'r tir oedd o gwmpas y capel gyda'r bwriad o adeiladu ysgoldy ac ehangu'r fynwent. Defnyddiwyd peth ohono yn 1875 i godi tŷ i'r gweinidog (gwerthwyd peth o'r tir hwn yn ddiweddarach i adeiladu rhes dai Tabernacle Terrace), a llwyddwyd i gwblhau'r gwaith o'i adeiladu erbyn Hydref 1875. Diddorol yw darllen un cofnod ynglŷn â'r mans, sef bod 'caeadau (*shutters*) pren, trwchus i'w gosod ar fframau'r ffenestri ar y llawr isaf', ac y maent yn dal yn eu lle hyd heddiw.

Ar nos Sul, 19 Mawrth 1877, cynhaliwyd cyfarfod eglwys yn unig swydd er mwyn rhoi ystyriaeth i gyflwr y capel, a chytunwyd, ar argymhelliad y diaconiaid, bod angen ei ail-doi, ei adnewyddu'n gyfan gwbl oddi mewn, a gwneud atgyweiriadau trwyadl iddo. Apwyntiwyd dirprwyaeth o blith y diaconiaid a'r aelodau i ymweld â nifer o gapeli yn ne Cymru (e.e., Seion a Tabernacl, Merthyr Tudful; Caersalem a Moriah, Dowlais; Ramoth, Hirwaun; a nifer o gapeli yn ardal Abertawe megis Caersalem Newydd, Treboeth a Dinas Noddfa, Glandŵr) ac i ddychwelyd ag awgrymiadau ynghylch cynllun a phensaernïaeth y Tabernacl newydd. Aelodau'r ddirprwyaeth oedd: John Thomas, y gweinidog; William Lloyd (Penybank); W.R. Edwards (Emporium); William Morgan (Heol y Brenin); Charles Jones (Teras Waterloo); George Morgan (Albert House); Thomas Richards (Pensarn); Thomas Williams (paentiwr, Heol Awst); Henry Davies (saer coed); a George Morgan (pensaer, Heol y Brenin).)[206] Gadawsant Gaerfyrddin (ni nodir yr union ddyddiad) ar drên 6 o'r gloch y bore, gan gyrraedd yn ôl ar orsaf Caerfyrddin am 11.50 yr hwyr. Adroddir hanesyn difyr am William Lloyd; er mwyn sicrhau na fyddai'n ddiweddar i ddal y trên, cyrhaeddodd orsaf Caerfyrddin erbyn pump o'r gloch y bore, gyda'r canlyniad iddo lwyr ddiffygio erbyn diwedd y prynhawn ac iddo orfod gorffwyso yn ystafell aros gorsaf Glandŵr tra oedd ei gyd-ddirprwywyr yn ymweld ag eglwysi'r ardal. Fel arwydd o'u hewyllys da, a'u hawydd i weld y prosiect newydd, uchelgeisiol, yn llwyddo, aeth pob aelod o'r ddirprwyaeth yn gyfrifol am dalu ei gostau ei hun, er mwyn arbed traul ychwanegol ar yr eglwys.

Yn dilyn y daith ragchwilio trefnwyd cyfarfod eglwys arall, ddechrau Mehefin 1877, pryd y cynigiodd William Morgan, Pentrepoeth, a John Morris (yn cael ei gefnogi gan Charles Jones) yn eilio, fod argymhellion aelodau'r ddirprwyaeth yn cael eu derbyn, ac y dylid gweithredu arnynt yn ddi-oed. Cytunodd pawb o'r gynulleidfa, 'oddigerth tri brawd'.[207] Rhoed y gwaith yn nwylo cwmni Brown, Thomas & John, Llanelli, ac fe gostiodd £872. Tra oedd y gwaith yn mynd yn ei flaen, sef rhwng Mehefin 1877 a Mai 1878, cynhaliwyd oedfaon yr eglwys yn yr 'Assembly Rooms' yn Heol y Brenin. Gwnaed cais am ganiatâd i ddefnyddio Neuadd y Sir, ond nid oedd y Barnwr Johns, cadeirydd y Llys Chwarter-Sesiwn, o blaid rhoi hawl i Ymneilltuwyr ddefnyddio adeiladau Llys y Goron i bwrpas addoli. Erbyn Mai 1878 yr oedd y tu mewn i'r capel wedi ei adnewyddu'n llwyr, a chynhaliwyd y Cyfarfodydd Ail-Agor ar y 19eg. a'r 20ed. o'r mis, gyda

Benjamin Thomas (Myfyr Emlyn), Evan Thomas (Casnewydd), Richard Hughes (Maesteg), a D.S. Davies (Login) yn bregethwyr gwadd. Yr oedd cyfanswm y casgliadau y dydd hwnnw yn £400. 11s. 9c.

Yr oedd y pulpud y traethai Hugh William Jones ohono ar ffurf blwch tystio cyfyng (dyma'r *box* y gwnaeth gwellianwyr diwedd y bedwaredd ganrif ar bymtheg gymaint sbri am ei ben,[208] a'i siap yn adlewyrchu'r ffaith fod y sawl a safai ynddo yn dwyn tystiolaeth i Grist a'i efengyl, megis tyst yn sefyll gerbron llys), ond yr hyn a gafwyd yn ei le (a hynny'n unol â dymuniad penodol John Thomas) oedd pulpud ar ffurf llwyfan eang[209] a batrymwyd ar gynllun pulpud y Metropolitan Tabernacle yn Llundain, sef capel enwog y seraff bregethwr Charles Haddon Spurgeon. O dan lawr y pulpud adeiladwyd bedyddfa helaeth, wedi ei addurno â theils gwynion, a grisiau eang bob pen iddo. Medrai'r gweinidog ymffrostio am ei fedyddfa newydd: 'Yn y Tabernacl, Caerfyrddin, bellach, y mae'r fedyddfa orau yn y Dywysogaeth. Y mae gennyf ddigon o le, digon o ddyfnder, a digon o ddŵr'.[210] Dyma rai o sylwadau T.J. Evans ynglŷn â'r capel ar ei newydd wedd:

> Bodlonwyd pawb â'r Tabernacl newydd. Yr oedd yn eang a chyfforddus i eistedd ynddo, ac yr oedd yr esgynlawr yn brydferth iawn, ac ystyrid ef yn un o'r capeli harddaf yn y Dywysogaeth. Daeth amryw i'w weled o bell ac agos, a bu yn gynllun i aml gapel a godwyd tua'r adeg hon … Gosodwyd i mewn Fedyddfa hardd, a mynych y gwelid yr olygfa o ieuenctid yn ufuddhau i'r ordinhad.[211]

Dyma'r 'Tabernacl' syml a diaddurn a fu ym meddwl Titus Lewis wedi ei droi yn awr yn arddangosfa a edmygid ar gyfrif ei phensaernïaeth harddwych ac urddasol gan y sawl a'i mynychai, a dwys ordinhad y bedydd yn troi'n wledd esthetig i'r llygad. A defnyddio disgrifiad D. Huw Owen o'r hyn a ddigwyddodd i lawer o gapeli Cymru yn y cyfnod hwn, trodd y tŷ-cwrdd yn *auditorium*.[212]

Yn 1883 dyma'r eglwys unwaith eto yn rhoi sylw i'r adeiladau gan benderfynu'r tro hwn i adeiladu ysgoldy helaeth ynghyd â thŷ i ofalydd y capel. Dyma arwydd pellach o ffyniant allanol yr achos; y gost y tro hwn oedd £1000. Bu'n rhaid dymchwel yr hen ysgoldy gwyngalchog (lle y cynhelid yr academi gynt, a chyrddau paratoad Hugh William Jones), a'r hen dai a'i hamgylchynai. Gosodwyd y garreg sylfaen, 9 Hydref 1883, gan Syr John Jones Jenkins, A.S. (Arglwydd Glantawe yn ddiweddarach). Ffurfiwyd gorymdaith wrth Neuadd y Dref a honno'n cyrraedd y Tabernacl erbyn tri o'r gloch. Anerchwyd y dyrfa oddi ar lwyfan a godwyd gerllaw, gan faer y dref ynghyd â nifer o weinidogion a lleygwyr amlwg, ac yn ei araith yntau pwysleisiodd y gweinidog gyfraniad yr ysgol Sul i fywyd yr eglwys. Nifer ei ddisgyblion yn y Tabernacl ar y pryd oedd 400, a'r ddau brif swyddog oedd Henry Davies (Teras Elliston), a Z.D. Johns (Teras Francis). Ymhyfrydai'r gweinidog fod gan athrawon a disgyblion yr Ysgol Sul adeilad addas i gyfarfod ynddo, a bod yr athrawon yn gwbl gymwys i hyfforddi'r ifanc. Yn ôl confensiwn y cyfnod, cerfiwyd enw'r adeilad yn Saesneg uwchben y brif fynedfa – *'Tabernacle Sunday School'* – ac felly y deil hyd heddiw. Ymddengys nad oedd y Gymraeg, mamiaith y werin, a phrif gyfrwng ieithyddol y Tabernacl, yn ddigon urddasol ac uchel-ael i gyflawni swyddogaeth o'r fath.

Yr hyn a wna'r amlinelliad hwn o raglen adeiladu ac o ddigwyddiadau Sabothol ac wythnosol yr eglwys (dylid nodi y cynhelid yn festri newydd y Tabernacl bob un o'r gweithgareddau festrïaidd a nodwyd uchod) yw cadarnhau dadansoddiad R. Tudur Jones o gyflwr dirywiedig Ymneilltuaeth yn niwedd y bedwaredd ganrif ar bymtheg:

> Mewn gair yr oedd y gorbwysleisio ar brysurdeb llenyddol, cerddorol ac adloniadol yn yr eglwysi yn un o'r arwyddion sicraf fod seciwlareiddio mawr yn digwydd cyn 1900. Cyn bo hir, gwelid diddordeb nifer cynyddol yn darfod yng ngweithgareddau defosiynol yr eglwysi, ac eto'n parhau eu cysylltiad â hwy oherwydd cael pleser yn y cyfarfodydd seciwlar, gwibdeithiau'r Ysgol Sul a phethau o'r fath. Y cam nesaf, pan geid amgenach bodlonrwydd gyda gweithgareddau o'r fath trwy gyfryngau eraill, oedd cefnu'n llwyr.[213]

Ar ôl ailwampio a helaethu'r adeiladau, yr oedd yn rhaid wrth achlysuron arbennig i fedru arddangos eu gogoniant. Cynhaliwyd Cymanfa Caerfyrddin a Cheredigion yn y Tabernacl, 10–12 Mehefin 1884, a hynny ar faes y tu ôl i'r capel. Yn ôl T.J. Evans, dyma un o'r cymanfaoedd 'mwyaf llwyddiannus a phoblogaidd y bu sôn amdani'.[214] Yr oedd y tyrfaoedd yn lluosog, a rhai o gedyrn yr enwad yn cyhoeddi'r Gair. Ar y nos Lun pregethwyd gan W. Roberts, Pen-y-parc, hynny yn y capel. Neilltuwyd y dydd Mawrth i'r gynhadledd, ynghyd ag oedfaon pregethu oddi ar lwyfan yn yr awyr agored, pan wasanaethwyd gan John Williams, Aberteifi; T.F. Williams; Henry Price, Rhydwilym; W.E. Watkins, Pembre; W. Hughes, Bethel, Llanelli; ac yn Saesneg gan neb llai na Charles Spurgeon, mab yr enwog Charles Haddon Spurgeon, Llundain. Trannoeth, ar y dydd Mercher, pregethwyd gan G.H. Griffiths, Castellnewydd Emlyn; J.Y. Jones, Pwll; a J. Davies, Llandysul (yn yr oedfa 6.30 y bore, a rhai cannoedd yn ei mynychu); J.R. Morgan (Lleurwg), Seion, Llanelli; a Charles Spurgeon (yn yr oedfa ddeg); J. A. Morris; T.E. Williams a R.D. Roberts (yn oedfa'r prynhawn); a W.R. James (y cenhadwr); John Jones, Adulam, Felinfoel; a John Rowlands, Moriah, Llanelli (yn oedfa'r hwyr). Yn cydredeg â'r oedfa hwyrol, awyr-agored, pregethwyd yng nghapel y Tabernacl gan Charles Spurgeon, a bu'n rhaid trefnu trydedd oedfa yng nghapel Heol Dŵr, gan luosoced y dyrfa. 'Bu clod y Gymanfa nodedig hon yn uchel, ac aeth sôn gyda'r cenhadon i eithafoedd y ddwy sir, ac ymhellach.'[215]

Mewn perthynas â'r Undeb digwyddodd dau beth o bwys yn y cyfnod hwn. Yn 1885 ymunodd y Tabernacl ag Undeb Bedyddwyr Prydain Fawr, hynny eto, yn ddiau, er mwyn chwyddo ei statws, a cheisio cydnabyddiaeth iddi ar y llwyfan Prydeinig (mewn gwirionedd yr oedd ei haelodaeth o Undeb Bedyddwyr Cymru yn cyflawni ei holl reidiau ymarferol a gweinyddol), ac yna yn niwedd Awst 1891 cynhaliodd Undeb Bedyddwyr Cymru ei gyfarfodydd blynyddol yma, ac ysgrifennydd yr eglwys oddi ar 1871 (parhaodd yn y swydd hyd at 1897), sef yr Henadur W.R. Edwards, Y.H., yn llywydd. Pwnc ei anerchiad o'r gadair oedd: 'Llwyddiant y Bedyddwyr yng Nghymru' (y gair 'llwyddiant' yn ddangoseg o hyder, ac o ymffrost Ymneilltuwyr y cyfnod), testun na synnai neb iddo ei ddewis, ac yntau'n Fedyddiwr cyn gadarned. I bob pwrpas, W.R. Edwards oedd ysgrifennydd cyntaf yr eglwys, ac ar ddiwedd ei dymor cyflwynwyd iddo anerchiad goreurog a phortread olew ohono'i hun fel arwydd o barch yr eglwys tuag ato. Cyn hynny y gweinidog oedd yn gwneud y gwaith, er bod tystiolaeth i H.W. Jones ymddiried peth o'r gwaith i David Williams, dilledydd yn

Heol Awst, hynny am fod ganddo ysgrifen eglur a chymen. Mae'n ddiddorol nodi i W.R. Edwards gynorthwyo Hugh William Jones gyda'r gwaith o drefnu llety i'r cynrychiolwyr a ddaeth i'r Undeb cyntaf yn 1867.

Un o blant Sir Benfro oedd W.R. Edwards; fe'i ganed yng Nglanpwllafon, tua dwy filltir i'r de o dref Aberteifi, ac fe'i hyfforddwyd ym myd masnach. Daeth i Gaerfyrddin yn 1849, yn llanc deuddeg oed, ac o 1867 ymlaen bu'n un o fasnachwyr pwysicaf y dref. Fe'i bedyddiwyd yn 1854 gan H.W. Jones, ac yn 1868 etholwyd ef yn ddiacon yn y Tabernacl. Ef oedd y lleygwr cyntaf i'w ethol i gadair Cymanfa Caerfyrddin a Cheredigion yn 1889. Chwaraeodd ran amlwg ym mywyd cyhoeddus y dref, bu'n aelod o gyngor y dref am nifer o flynyddoedd, ac yn 1888 etholwyd ef yn henadur ar Gyngor Sir Caerfyrddin. Fel y dengys un digwyddiad neilltuol, yr oedd W.R. Edwards yn Anghydffurfiwr digymrodedd. Bu'n arferiad ers cenedlaethau lawer i faer Caerfyrddin ynghyd ag aelodau'r Gorfforaeth fynychu gwasanaeth yn eglwys y plwyf, sef eglwys San Pedr, ar fore'r Nadolig, ond yn ystod blwyddyn W.R. Edwards fel maer, sef yn 1887, mynnodd fod y gwasanaeth yn cael ei gynnal yng nghapel y Tabernacl, a bod John Thomas yn traddodi'r bregeth. Mewn oes pan oedd y tensiynau rhwng eglwyswyr ac ymneilltuwyr yn rhai pur ddifrifol, yr oedd cymryd cam o'r fath yn hawlio cryn ddewrder ac unplygrwydd meddwl. Heddiw, cynhelir y gwasanaeth yn ddieithriad, beth bynnag am berswâd sectyddol y maer, yn eglwys San Pedr.

Trefnwyd gweddill anerchiadau Undeb 1891 fel a ganlyn: ar y nos Lun, a Dr. Lloyd Edwards, y Barri (mab Llywydd yr Undeb), yn llywyddu, traethwyd ar bwnc 'Dirwest' gan yr Athro J.H. Davies a D. Williams, Llangollen; ar y nos Fawrth (a llywydd yr Undeb yn llywio'r cyfarfod), anerchwyd ar 'Egwyddorion Anghyd-ffurfiaeth' gan Charles Davies, Caerdydd, ar 'Sefyllfa Bresennol Anghydffurfiaeth' gan R. Iwan Jenkyn, F.R.H.S., ac ar 'Hawliau Anghydffurfiaeth' gan y Prifathro William Edwards. Yn ôl tystiolaeth *Seren Cymru* yr oedd sylwadau Charles Davies yn rhai anarferol o rymus:

> Mae y brawd caruaidd hwn, a gredem ni oedd â gormod o wyleidd-dra ynddo i allu taro, wedi profi y gall y caruaidd ei ysbryd fod yn filwr hyf a beiddgar o blaid y gwirionedd.[216]

Pregethwyd ar y dydd Mercher gan y gweinidogion canlynol: Owen Davies, Caernarfon; Gomer Lewis, Abertawe; William Morris, Treorci; Dr. Thomas, Toronto; Fred Evans, Philadelphia, Abertawe; a Benjamin Thomas (Myfyr Emlyn), Arberth.

Ysywaeth, daethpwyd i gofio am Undeb 1891 am un rheswm trist. Ar derfyn yr oedfa agoriadol ar y nos Lun bu'n rhaid hysbysu'r gynulleidfa am farwolaeth John Thomas. Yr oedd ei iechyd wedi pallu ers tro, ac yntau'n methu â chyflawni llawer o'i ddyletswyddau fel y buasai'n dymuno. Ar y Sul olaf ond un iddo bregethu bedyddiodd ugain, a chodi ei destun o lyfr Esther 4: 14: 'A phwy sydd yn gwybod ai oherwydd y fath amser â hwn y daethost ti i'r frenhiniaeth?' Yn y gynhadledd, fore Mawrth, a Gomer Lewis yn cynnig, a William Edwards yn ategu, cofnodwyd:

> Ein bod yn datgan ein galar a'n hiraeth a'n colled fawr oherwydd marwolaeth annisgwyliadwy ein hannwyl frawd, y Parch. John Thomas, gweinidog parchus, defnyddiol, ac enwog eglwys y Tabernacl, Caerfyrddin, ac yn dymuno datgan ein cydymdeimlad mwyaf gwirioneddol â'r eglwys barchus yn y Tabernacl yn ei galar dwys a'i cholled fawr ar ôl ei gweinidog parchus ac annwyl, ac yn dymuno nodded Pen yr Eglwys arnynt.

Teyrnged nid bychan iddo oedd y ffaith i nifer o'r cynrychiolwyr yn yr Undeb aros i'w arwyl y dydd Gwener canlynol, un o'r angladdau lluosocaf a welwyd yng Nghaerfyrddin ers cyn cof. Talwyd teyrngedau coffa iddo gan William Edwards ac Isaac Thomas, a gwasanaethwyd ar lan ei fedd gan W. Hughes, Bethel, Llanelli, a T.F. Williams, Rhydwilym, a fu hefyd yn arwain yr oedfaon yn y Tabernacl ar y Sul yn dilyn yr angladd. Gadawodd marwolaeth John Thomas hiraeth dwys yng nghalon ei aelodau.

Heb amheuaeth, yr oedd yn ŵr addfwyn a gwylaidd, yn bregethwr effeithiol, ac yn weinidog tra gofalus a anwylid gan ei bobl; yn briodol iawn, y gair a ddewiswyd i'w osod o dan ei enw ar y gofeb iddo ar fur capel y Tabernacl oedd "Cariad". Eithr mae'n anodd osgoi'r dyfarniad mai yn ystod ei gyfnod yntau y cymerwyd rhai o'r camau mwyaf amheus (o ran eu gwerth ysbrydol) yn hanes y Tabernacl, a'r rheiny'n cyd-daro â'r dirywiad a oedd ar waith yn hanes Ymneilltuaeth yn gyffredinol, ac a oedd yn bygwth tanseilio effeithiolrwydd ei thystiolaeth. Dylid prysuro i ychwanegu nad y gwelliannau i'r ffabrig, fel y cyfryw, sy'n ennyn beirniadaeth, oherwydd yn ddiymwad edrychai teml addurnedig, adnewyddedig y Tabernacl yn anghyffredin o hardd, a'i phulpud yn un cyffyrddus a braf i draethu ohono. Yr hyn sy'n arwyddocaol yw'r modd yr ymagweddid tuag at y datblygiadau hyn. Yr oedd Ymneilltuaeth, a gychwynnodd fel mudiad radical, adweithiol a roddai fri ar ryddid yr Ysbryd, ar ddefosiwn personol ac ar rym y dystiolaeth broffwydol, yn awr yn ymorchestu'n ymhongar, ac mewn perygl o droi yn sefydliad solet, rhigolaidd. Dyma'r dirywiad y dadansoddwyd ei brif nodweddion gan R. Tudur Jones yn y modd canlynol:

> Mae'r capel yn troi'n deml; y gweinidog yn troi'n Barchedig; Dydd yr Arglwydd yn troi'n Sabbath pan wisgir lifrai arbennig a dillad-dydd-Sul. A thry Cristionogaeth yn weithredu cwltig, yn rhywbeth i'w berfformio yn y deml sanctaidd, ar y dydd sanctaidd, mewn dillad sanctaidd o dan arweiniad y dyn sanctaidd. Yr oedd y datblygiad hwn eisoes yn cyflymu yn chwarter olaf y bedwaredd ganrif ar bymtheg … [ac] yr oedd yr iaith Gymraeg yn cael ei sugno iddo.[217]

A thrachefn gan M. Wynn Thomas:

> But then [o tua 1868 ymlaen, sef union gyfnod gweinidogaeth John Thomas yn y Tabernacl] … Nonconformity … began to ossify; … it became obsessed with respectability and social advancement, abandoning its tradition of radical dissent and its ties with the working class. Materialism replaced idealism, and, recognising English to be the language of advancement, of science and the modern world, Welsh Nonconformity struck its devil's bargain with that culturally threatening language.[218]

Yn sicr ddigon, yr oedd *Tabernacle Sunday School* yn arwydd o rywbeth llawer mwy sinistr a bygythiol na'r hyn a ymddangosai ar y wyneb mewn llythrennau breision a naddwyd ar dalcen festri.

NODIADAU

[1] T.J. Evans,'Hanes y Tabernacl, Caerfyrddin' (Rhif XII yn y gyfres,'Eglwysi Byw Cymru'), *Western Mail*, 21 Ebrill 1934.

[2] Am academi'r Tabernacl, gw. T.J. Evans, 'Hanes Gweinidog i'r Bedyddwyr yng Nghaerfyrddin Can Mlynedd yn ôl', *Seren Cymru*, Ebrill 1933; idem, *Fragrant Memories: The Story of Two Ministries* (Carmarthen: W. Spurrell & Son, 1941), 7.

[3] Cyfansoddodd John Williams bennill (yn Saesneg, er mai Cymraeg oedd prif iaith yr ysgol yn y Tabernacl) i'r diben o ddyrchafu clodydd yr ysgol Sul, ac fe'i hadroddwyd ganddo'n gyhoeddus yn y gwasanaeth ar 1 Ionawr 1814:

> A Sunday School, Oh what a blessed sight,
>   A sight that angels love to gaze upon
> To see the young, the old, the middle age,
>   The prattling infant by its mother's knee –
> All joined in one harmonious band to read
>   And understand that blessed book – The Bible.
> The Book of books, which men inspired did write
>   The only charter which God gave to man.
> In keeping this, the barque of little faith
>   O'er seas tempestuous waves did safely glide,
> With pennants hung, and sails unfurled, she gained
>   The hoped for haven of eternal life.
> Gw. T.J. Evans, *Llawlyfr 1937*, 24.

[4] Yn ddiddorol ddigon bu ymdriniaeth ar dudalennau *Seren Cymru* ym Mawrth 1922 ynghylch yr union gyhoeddiad enwadol y bu D.D. Evans yn ei olygu. Yn rhifyn 17 Mawrth 1922 ceir y sylw hwn gan un o'r colofnwyr:

Gwelwn ysgrif ddiddorol iawn ar hanes y Tabernacl, Caerfyrddin, yn y 'South Wales News' heddyw. Rhoddir darluniau amryw o'r gweinidogion, a hanes cywir, gyda'r eithriad o gymysgu 'Seren Gomer' am 'Seren Cymru'. Golygydd 'Seren Gomer' oedd y Parch. D.D. Evans. Mr. T.J. Evans yw awdur yr ysgrif, ac y mae i'w longyfarch arni.

Atebwyd yr uchod gan T.J. Evans yn rhifyn 24 Mawrth 1922:

Syr, – Caniatewch i mi ychydig o'ch gofod i ddiolch i ysgrifenwr y 'Gell Gymysg', am ei sylwadau caredig am yr erthygl ar y Tabernacl, Caerfyrddin, a ymddangosodd yn y 'South Wales Daily News' am y 13 cyfisol. Camsynied oedd dweyd i'r Parchn. D.D. Evans a Hugh William Jones fod yn olygyddion o'r 'Seren *Cymru*'. Bu'r ddau yn dal perthynas a golygu 'Seren *Gomer*', a da iawn gennyf am y cyfleusdra i adgyweirio hyn o gamsynied. Tybed a oes rhai o ddarllenwyr 'Seren Cymru' erioed wedi gweled lluniau Titus Lewis neu Rees Gibbon? Byddai yn ddyddorol iawn i gael gafael ar y lluniau pe bae'n bosibl.

Yr eiddoch, &c.,

THOS JNO. EVANS.

[5] D.D. Evans, Rhagymadrodd, *Seren Gomer*, 1825.

[6] Idem, Rhagymadrodd, *Seren Gomer*, 1834.

[7] Idem, *Seren Gomer* 1834, iv.

[8] Idem, Rhagymadrodd, *Seren Gomer*, 1834.

[9] Ibid.

[10] Cofnododd T.J. Evans sgwrs a fu rhyngddo a Mrs. Conway Evans, merch-yng-nghyfraith D.D. Evans, sy'n taflu goleuni ar yr anffawd:

Some years ago, while on a visit to Bath, I was permitted to interview Mrs. M. Conway Evans, then an invalid lady of about 90 years of age. She was the widow of the late Dr. Conway Evans, who was the only son of of the Rev. D.D. Evans. Mrs. Dr. Conway Evans was a near relative of the late Lord Oxford and Asquith, and her retentive memory enabled me to gather much of the memories of long ago.
"Rev. D.D. Evans had practically all the Titus Lewis Library – the foster children and their grandmother gave them to him, as a small token of love and appreciation. He had a very valuable book too, which he meant to hand over to Tabernacle – it related to the old chapel, somewhere called Gate Chapel [I prompted – Dark Gate Chapel] – it was a very old book – big and clumsy – giving lists of members and various statistics…most of it was in Titus Lewis' handwriting." Alas! Here was the old Church-Book of Eglwys y Porth Tywyll…and where was it now, I asked? "They were all burnt", she said, "D.D. Evans' Library, practically in its entirety, when our house burnt down many years ago."
Gw. *Llyfr Cofnodion Eglwys y Tabernacl, 1930–1936* (Llyfrgell Genedlaethol Cymru, Mân Adnau 755B), 261–262; T.J. Evans, 'The Rev. David D. Evans, Carmarthen and Pontrhydyrun', *The Crusader*, Mai 1935.

[11] Gw. T.J. Evans, *Llawlyfr 1937*, 26.

[12] Gw. David Jones, *Hanes y Bedyddwyr yn Neheubarth Cymru*, 438. Fe'i dyfynnir hefyd gan T.J. Evans yn 'Hanes Gweinidog i'r Bedyddwyr yng Nghaerfyrddin Can Mlynedd yn Ôl', *Seren Cymru*, 15 Ebrill,1933.

[13] Gw. T.M. Bassett, *Bedyddwyr Cymru*, 136.

[14] Ibid.,137.

[15] Gw. *Greal* 1833, 79, 90; *Greal* 1837, 28, 150; *Greal* 1838, 23, 153; T.M. Bassett, *Bedyddwyr Cymru*, 137.

[16] Ibid., 137.

[17] T.J. Evans, *Llawlyfr 1937*, 27.

[18] David Jones, *Hanes y Bedyddwyr yn Neheubarth Cymru*, 439.

[19] Gw. 'Account of the Birth and Life of Hugh William Jones' (yn ei lawysgrif ei hunan) yn 'Diary of Hugh William Jones, Pastor of Tabernacle Baptist Church, Carmarthen, 1835–1840', Ll. G. C., mss.18996–9C; B.G. Owens, 'Hugh William Jones ('Yr Utgorn Arian'; 1802–73): A chapter in the history of Tabernacle Baptist Church, Carmarthen', yn Tudor Barnes and Nigel Yates (eds.), *Carmarthenshire Studies*, 202.

[20] Gw. 'Account of the Birth and Life…' yn 'Diary of H.W.J. …1835–1840'.

[21] Ibid., Gw. hefyd y parhad o 'Account of the Birth and Life of Hugh William Jones' yn 'Diary of Hugh William Jones, 1940 -', Ll.G.C., mss. 18997C.

[22] Ibid.

[23] Ibid.

[24] Gw. E.T. Davies,'The Church in the Industrial Revolution', yn David Walker (ed.), *A History of the Church in Wales*(Penarth: D. Brown & Sons Ltd., 1976), 134–135.

[25] Gw. Thomas Rees, *History of Protestant Nonconformity in Wales* (London: John Snow, 1861), 486; T.M. Bassett, *Bedyddwyr Cymru*, 136; R. Tudur Jones, *Ffydd ac Argyfwng Cenedl*, I , 36, 44, 46–47; Glanmor Williams, *Grym Tafodau Tân: Ysgrifau Hanesyddol ar Grefydd a Diwylliant* (Llandysul: Gwasg Gomer, 1984), 282–308.

[26] R. Tudur Jones, *Ffydd ac Argyfwng Cenedl*, I, 36, 57.

[27] Gw. Thomas Rees, *Nonconformity in Wales* (1861), 447–486; R. Tudur Jones, *Hanes Annibynwyr Cymru* (Abertawe: Gwasg John Penry, 1966), 169–220; T.M. Bassett, *Bedyddwyr Cymru*, 224; Ieuan Gwynedd Jones, *Explorations and Explanations*, 217–235.

[28] Gw. 'Diary of Hugh William Jones, 1940–'

[29] T.J. Evans, 'Hugh William Jones, yr 'Utgorn Arian'', *Western Mail*, 3 Medi 1934.

[30] Gw. B.G. Owens, 'Hugh William Jones…', yn Tudor Barnes and Nigel Yates (eds.), *Carmarthenshire Studies*, 202.

[31] Trosglwyddwyd dyddiaduron Hugh William Jones i Lyfrgell Genedlaethol Gymru gan T.J. Evans yn 1962, ar yr amod y cedwid hwy o dan embargo am hanner can mlynedd, sef hyd at 2012, o bosibl am eu bod yn cynnwys rhai gosodiadau beirniadol am eglwys y Tabernacl. Cafwyd caniatâd arbennig i'w harchwilio.

[32] B.G. Owens, 'Hugh William Jones…', *Carmarthenshire Studies*, 210.

[33] 'Diary of Hugh William Jones', Ll.G.C., mss. 18996–9C, 18 Hydref 1834.

[34] Ibid., 6 Chwefror 1835. Am 'Hyper Calvinism', gw. D. Densil Morgan, 'The Theology of the Welsh Baptists, 1714–1760', *The Journal of Welsh Ecclesiastical History* (1990), 43.

[35] Am John Jenkins (1779–1853), gw. J. Mansel John, *Y Bywgraffiadur Cymreig hyd 1940*, 409.

[36] John Jenkins, *Gwelediad y Palas Arian, neu Gorff o Ddiwinyddiaeth* (Merthyr Tydfil: W. Williams, 1820), 144. Gw. hefyd t. 139.

[37] Ibid., 144.

[38] J. a Ll. Jenkins (gol.), *Buchedd a Gweithiau Awdurol y diweddar John Jenkins, D.D., Hengoed* (Caerdydd: William Jones, 1859), 76.

[39] Ibid., 78.

[40] J. Jenkins, *Gwelediad y Palas Arian*, 77.

[41] Ibid., 85.

[42] Ibid., 91.

[43] Ibid., 145.

[44] Ibid., 145.

[45] J. a Ll. Jenkins (gol.), *Buchedd*, 79.

[46] J. Jenkins, *Palas*, 91.

[47] Ibid., 145.

[48] Ibid., 140.

[49] Ibid., 139.

[50] Ibid., 268.

[51] Ibid., 84.

[52] Ibid., 98.

[53] Am y Supralapsariaid, a'r gwahaniaethau rhyngddynt â'r Infralapsariaid, gw. Louis Berkhof, *Systematic Theology* (Edinburgh: The Banner of Truth Trust, reprint 1974), 114–125; T. Ellis Jones, 'Ffwleriaeth yng Nghymru o 1800 hyd 1852' (traethawd M.A. anghyhoeddedig, Prifysgol Cymru Bangor, 1934), 180–186; Alister McGrath, *Christian Theology: An Introduction* (Oxford: Blackwell, 1994), 399.

[54] J. Jenkins, *Palas*, 79.

[55] Ibid., 82.

[56] Ibid., 85.

[57] Ibid., 99.

[58] J. a Ll. Jenkins, *Buchedd*, 130.

[59] Ibid.,131.

[60] Ibid., 133.

[61] Ibid., 137.

[62] Ibid., 133.

[63] Am Galfiniaeth, gw.: J. Gwili Jenkins, *Hanfod Duw a Pherson Crist*, 26–55; T. Ellis Jones, 'Ffwleriaeth yng Nghymru o 1800 hyd 1850', 4–17, 166–190; idem, 'Ffwleriaeth yng Nghymru', *Trafodion* (1936), 1–49; T. Oswald Williams, *Undodiaeth a Rhyddid Meddwl*, 96- 97; François Wendel, *Calvin* (Glasgow: Collins, 1963), pen. 4; Alister McGrath, *Christian Theology: An Introduction*, 394–400.

[64] Dysgai Jakob Hermandzon, neu Jacob Arminius (y ffurf Ladin ar ei enw), a anwyd yn Oudewater yn ne'r Iseldiroedd yn 1560, ac a astudiodd ddiwinyddiaeth o dan Theodore Beza yng Ngenefa (1583–6), yr erthyglau canlynol, yn groes i Bum Pwnc Calfiniaeth:

   (i) Nid yw tynged neb wedi ei ragarfaethu, eithr y mae etholedigaeth yn dibynnu ar ffydd a ragwelsid, a gwrthodedigaeth ar anghrediniaeth a ragwybuasid gan Dduw.

   (ii) Bu Crist farw dros bawb, gan wneud Iawn am bechodau yr holl fyd.

   (iii) Er bod ewyllys dyn â thuedd ynddi tuag at bechod, nid yw dynoliaeth yn gwbl lygredig.

   (iv) Nid yw galwad Duw trwy ei Ysbryd yn anwrthwynebadwy, ond y mae'n alwad drwy gyfrwng y Gwirionedd, ac felly'n un foesol.

   (v) Gall y sawl a unwyd unwaith â Christ syrthio oddi wrth ras, gan nad yw galwad Duw yn abl i gadw dynion yn groes i'w hewyllys.

Gw. J. Gwili Jenkins, *Hanfod Duw a Pherson Crist*, 27–28; T. Oswald Williams, *Undodiaeth a Rhyddid Meddwl*, 100.

[65] Dysgai Christmas Evans 'Iawn cytbwys', sef bod perthynas rifyddol rhwng dioddefiadau'r Meichiau a phechodau'r etholedigion. Y mae maint y dioddefiadau'n cyfateb yn union i swm y troseddau. Dioddefodd Iesu nid yn unig dros nifer benodol o bobl, ond dros bechodau'r bobl hynny yn ôl 'eu rhif a'u pwys'. Haerai, pe digwyddai i nifer y rhai a achubir fynd yn fwy, neu i'w camweddau fod yn lluosocach, y byddai Crist o dan orfod i ddioddef mwy nag a wnaeth.

Gw. T. Ellis Jones, *Trafodion* (1936), 8.

[66] Gw. idem, 'Ffwleriaeth yng Nghymru' , 10–11; idem, *Trafodion* (1936), 4–6.

[67] Ibid.

[68] Idem,'Ffwleriaeth yng Nghymru', 11

[69] Idem: *Trafodion* (1936), 10–11; Y *Bywgraffiadur Cymreig hyd 1940*, 130.

[70] Idem, *Trafodion* (1936), 11.

[71] Gw. D. Densil Morgan, *O'r Pwll Glo i Princeton: Bywyd a Gwaith R.S. Thomas, Abercynon, 1844–1923* (Caernarfon: Gwasg y Bwthyn, 2005), 77.

[72] Gw. R. Tudur Jones, *Yr Undeb: Hanes Undeb yr Annibynwyr Cymraeg, 1872–1972* (Abertawe: Gwasg John Penry, 1975), 101.

[73] D. Mervyn Himbury, *The South Wales Baptist College* (Llandysul: Gomerian Press, 1957), 34. Gw. hefyd tt. 29 –36, am amlinelliad o'r gwrthdaro rhwng John Jenkins a Micah Thomas.

[74] Sylw enwog Calfin ei hunan am y *decretum horribile* oedd: 'y mae yn arfaeth ofnadwy, rwy'n cydnabod' (*doit nous épouvanter*) (*Institutio* III: 23: 7). Gw.T. Oswald Williams, *Undodiaeth a Rhyddid Meddwl*, 98; D. Densil Morgan, *O'r Pwll Glo i Princeton: Bywyd a Gwaith R.S. Thomas, Abercynon, 1844–1923*, 80–81. Y mae Alister McGrath yn egluro mai'r ymdeimlad o aruthredd neu ofnadwyaeth sydd wrth wraidd y gair *horribile*, yn hytrach nag ofn noeth. (Gw. *Christian Theology*, 396).

[75] Dyfynnir union eiriau John Calfin (wedi eu trosi i'r Saesneg) gan T.H.L. Parker, *Portrait of Calvin* (London: S.C.M. Press, 1960), 57:

Predestination we call the eternal decree of God, by which he has determined in Himself what He would have to become of every individual of mankind. For they are not all created with a similar destiny; but eternal life is fore-ordained for some, and eternal damnation for others. Every man, therefore, being created for one or other of these ends, we say, he is predestined either to life or to death.

[76] Am ymdriniaeth ddiweddar ag athrawiaeth etholedigaeth, gw. Stephen N. Williams, 'Divine Election' yn Alan P.F. Sell (gol.), *The Bible in Church, Academy, and Culture: Essays in Honour of the Reverend Dr. John Tudno Williams* (Eugene, Oregon, UDA: Pickwick Publications, 2011), 254–273. Sylwer yn arbennig ar y canlynol:

The course of the narrative in Acts, in deep continuity with Luke's Gospel, not to mention other Gospels and the Old Testament, reveals the same thing: the opposite of foreordination to eternal life is not foreordination to eternal death. The opposite is wilful, culpable and responsible rejection of an opportunity that could and should have been taken. If the ministry of Jesus lays bare the human heart…the Gospel records of it illustrate most perspicuously how human fault comes from within when we forfeit eternal life. (t. 266)

Dyma union safbwynt Hugh William Jones.

Cym. Louis Berkhof, *Systematic Theology* (Edinburgh, 1974), 110:

The reformers of the sixteenth century all advocated the strictest doctrine of predestination ... Calvin firmly maintained the Augustinian doctrine of an absolute double predestination.

Dyma athrawiaeth etholedigaeth ddwbl na fynnai Hugh William Jones ei harddel.

Â Berkhof yn ei flaen (t.111) i ddelio â'r modd y dehonglai Karl Barth athrawiaeth etholedigaeth, ac i ddyfynnu Camfield, *Essay in Barthian Theology* (t.92):

It needs to be emphasised that predestination does not mean the selection of a number of people for salvation and the rest for damnation according to the determination of an unknown and unknowable will. That idea does not belong to predestination proper.

77 'Diary of Hugh William Jones, 1835–40', 1 Ionawr 1837.

78 'Diary of Hugh William Jones,1835–1840', 19 Ionawr 1837.

79 Am John Hughes, gw. Daniel Williams, *Y Bywgraffiadur Cymreig hyd 1940*, 360; Roger L. Brown, *The Welsh Evangelicals* (Cardiff, 1986), 52.

80 'Diary of Hugh William Jones, 1835–40', 3 Chwefror 1841.

81 Am David Parry, gw. T.I. Ellis, *Y Bywgraffiadur*, 689; E.T. Davies, 'The Church in the Industrial Revolution', yn David Walker (gol.), *A History of the Church in Wales*, 132; Roger L. Brown, *The Welsh Evangelicals* (Cardiff: Tair Eglwys Press, 1986), 52–53.

82 'Diary of Hugh William Jones, 1835–40', 19 Ionawr 1841.

83 Ibid., 1 Tachwedd 1835.

84 Ibid., 25 Tachwedd 1835.

85 Ibid., 3 Rhagfyr 1835.

86 Am David Lloyd, gw. T.Oswald Williams, *Y Bywgraffiadur*, 545; Dewi Eirug Davies, *Hoff Ddysgedig Nyth* (Abertawe: Gwasg John Penry, 1976), 83–84, 115; D. Elwyn Davies, *Y Smotiau Duon* (Llandysul: Gwasg Gomer, 1980), 36, 48, 121, 150, 155–156.

87 D. Elwyn Davies, *Y Smotiau Duon*, 155.

88 Gw. D. Eirug Davies, *Hoff Ddysgedig Nyth*, 115.

89 T.Oswald Williams, *Y Bywgraffiadur*, 545.

90 'Diary of Hugh William Jones, 1835–40', 9 Rhagfyr 1835.

91 Gw. D. Eirug Davies, *Hoff Ddysgedig Nyth*, 84.

92 T.Oswald Williams, *Undodiaeth a Rhyddid Meddwl*, 282.

93 'Diary of Hugh William Jones, 1835–40', 1 Ionawr 1837.

94 Ibid., 6 Gorffennaf 1836.

95 *Yr Haul*, 1858, Cyfres Caerfyrddin, Cyf. II, iv.

96 Ibid., Tachwedd 1860, 325.

97 Ibid., Chwefror 1861, t. 70.

98 *Seren Gomer*, Ebrill 1843, 108. Ynglŷn â'r berthynas rhwng gweinidog a'i ddiaconiaid, gw. hefyd T.M. Bassett, *Bedyddwyr Cymru*, 73, 270.

99 'Diary of Hugh William Jones, 1835–40', 13 Mehefin 1836. Mae'n sicr bod 'llaw i drafod ysgrifbin' yn cyfeirio at y ffaith i Lloyd gyhoeddi rhai o lythyron preifat Hugh William Jones iddo ar bwnc Sosiniaeth, ac i H.W.J. fynd ati i ateb yr ensyniadau.

100 Yr oedd Hugh Hughes (1778–1855) yn un o brif arweinwyr y Wesleaid yn Sir Gaerfyrddin. Hanai'n wreiddiol o Sir Gaernarfon, a gweinidogaethodd yn nhref Caerfyrddin ar dri achlysur gwahanol (yn unol â threfn symudol y Wesleyaid), gan wneud ei gartref yn barhaol yn y dref o 1843 ymlaen. Chwaraeodd ei fab, Dr. John Hughes, ran amlwg mewn llywodraeth leol yn y dref, a'i agwedd haearnaidd tuag at

ddyletswydd a disgyblaeth yn ennill iddo'r llysenw 'Bismarck'. Mab iddo yntau oedd yr enwog Hugh Price Hughes a aned ym 1847 yn 10 Heol y Brenin, Caerfyrddin ac a gyflawnodd weinidogaeth arloesol yn y 'West London Mission'.

[101] 'Diary of Hugh William Jones, 1835–40', 7 Ebrill 1835.

[102] Ibid., 31 Rhagfyr 1837.

[103] Ibid., 24 Mawrth 1836.

[104] Ibid., 24 Awst 1840.

[105] Gw. R. Tudur Jones, *Ffydd ac Argyfwng Cenedl,* 1, 154; T.M. Bassett, *Bedyddwyr Cymru,* 75.

[106] Ibid., 72.

[107] H.W. Jones, 'The Tabernacle Church Book 1835', 15 Ebrill 1840.

[108] Gw. T.J. Evans, *Llawlyfr 1937,* 39.

[109] Gw. Dyfed Wyn Roberts, 'Dylanwad diwygiadaeth Charles Finney ar ddiwygiad 1858–60 yng Nghymru' (traethawd Ph.D. anghyhoeddedig, Prifysgol Cymru Bangor, 2005), 98.

[110] Gw. J. a Ll. Jenkins (gol.), *Buchedd,* 15.

[111] Ibid.

[112] Ibid.

[113] Ibid.

[114] Ibid.

[115] Gw. Alun Tudur, 'O'r Sect i'r Enwad. Datblygiad enwadau Ymneilltuol Cymru, 1840–1870' (traethawd Ph.D. anghyhoeddedig, Prifysgol Cymru Bangor, 1992), 411.

[116] Am y dirywiad yn y bywyd ysbrydol, ac mewn disgyblaeth eglwysig, erbyn canol y bedwaredd ganrif ar bymtheg, gw. R. Tudur Jones, *Ffydd ac Argyfwng Cenedl,* II (Abertawe: Gwasg John Penry, 1982), 256–260; Alun Tudur, 'O'r Sect i'r Enwad', 48–57, 409–411, 425–433; Dyfed Wyn Roberts, 'Dylanwad diwygiadaeth Charles Finney ar ddiwygiad 1958–60 yng Nghymru', 87–93, 98–118.

[117] R. Tudur Jones, *Hanes Annibynwyr Cymru,* 191–192.

[118] Gw. R.T. Jenkins, *Hanes Cymru yn y Bedwaredd Ganrif ar Bymtheg* (Caerdydd: Gwasg Prifysgol Cymru, 1933), 43.

[119] H.W. Jones, 'The Tabernacle Church Book 1835', 10. Ceir tystiolaeth bellach am gymeriad Samuel Thomas gan David Jones:

> Yr oeddwn i yn byw yng Nghaerodor [Bryste] pan oedd ef yno; a byddai yn ymweled yn aml â fi, ac yr oedd gennyf lawer o serch ato. Clywais hefyd ei athrawon dysgedig yn son am dano lawer gwaith gyda pharch fel gwr ieuanc rhinweddol a duwiol, yn meddu ar gynneddfau da i ddysgu, a chymhwysderau addas at y weinidogaeth. Gorfu er hynny arno ymadael yn ei drydedd flwyddyn, a gorffennodd ei daith fer yn nhy ei dad yn agos i'r dref hon [Caerfyrddin], Awst 12, 1835, yn 24 oed.

(Dyfynnir gan E.T. Jones,'Y Parch. Dafydd Jones, Caerfyrddin', *Trafodion* (1932), 26.)

[120] 'The Tabernacle Church Book 1835', 10.

[121] D. Ben Rees, *Llestri Gras a Gobaith: Cymry a'r Cenhadon yn India* (Lerpwl: Cyhoeddiadau Modern Cymreig Cyf., 2001), 201.

[122] T.J. Evans, *Llawlyfr 1937,* 38.

[123] Pan gyfansoddodd Eliza Caerfyrddin y gerdd isod yr oedd yn byw ar y pryd gyda'i phriod yn ficerdy Hirwaun, a hiraeth am ddyffryn Tywi yn llethu ei hysbryd:

> O bear me back again
> To fair Glan Towy's vale, where babbling streams
> Wind graceful in their brightness, e'en 'mid dreams
> That haunt my aching brain.
> My heart sighs, craving for some cherished tone,
> Some notes of echo from that distant home.
> O bear me back again,
> And let me linger by Glan Towy's side
> That flows so tranquil on at eventide
> Towards the blue waved main.
> There let my spirit quench its fevered will
> And whisper to my sad, sad thoughts
> Peace, be still.
>   O bear me back again
> And let me nestle 'mid the things I love
> That speak so sweetly of the home above
> Of never ending day.
> Where angel forms once loved bow round the throne
> Of the immaculate dying One.

[124] R. Tudur Jones, *Ffydd ac Argyfwng Cenedl*, II, 230–231.

[125] Gw. T.M. Bassett, *Bedyddwyr Cymru*, 82

[126] 'The Tabernacle Church Book 1835', 11 Ebrill 1837.

[127] Ibid., 23.

[128] Nid oedd Hugh William Jones yn llwyrymwrthodwr. Ceir nifer o gyfeiriadau yn ei ddyddiadur at brynu diodydd; e.e. cofnoda, ar ddydd Sadwrn 14 Hydref 1848, iddo bwrcasu'r canlynol:

2 alwyn o jin:	1.10.0
1 galwyn o wisgi:	16.0
2 chwart o frandi:	13.0
6 potel o Win Port:	18.0
6 potel o Madeira:	12.0
Cyfanswm:	4. 9. 0

Yr hyn a wrthwynebai, a'r hyn a ystyriai'n elyn i dystiolaeth yr eglwys, oedd meddwdod. Am enghreifftiau o'r dadleuon rhwng llwyrymwrthodwyr a chymedrolwyr, gw. *Seren Gomer*, Mehefin 1837, tt.176–177,183; Ionawr, 1838, tt. 47–48; Mai 1838, tt.141–142; Hydref, 1838, tt.301–305. Ar ddiwedd y copi cyfansawdd o *Seren Gomer* 1843, atgynhyrchir traethawd Christmas Evans, *Sylwadau ar Lwyr-Ymattaliad* (Wyddgrug, 1837). Am enghraifft o safbwynt Hugh William Jones, gw. *Seren Gomer*, Ebrill 1838, tt. 108–109.

[129] Am ddisgrifiadau o'r paratoadau ar gyfer y Gymanfa, a'i gweithgareddau, gw. T.M.

Bassett, *Bedyddwyr Cymru*, 83, 125; R. Tudur Jones, *Ffydd ac Argyfwng Cenedl*, I, 154–155.

[130] 'The Tabernacle Church year Book 1835', 23.

[131] 'Diary of Hugh William Jones, 1835–40', 8 Mehefin 1837.

[132] Ibid., 31 Rhagfyr 1837.

[133] T.J. Evans, *Llawlyfr 1937*, 43. Gw. hefyd 'Diary of H.W.J, 1835–40', 27 Ionawr 1838; 'Trwydded i Briodi yn Nhai Cyrddau yr Ymneillduwyr', *Seren Gomer*, Ionawr 1838, 23. Cyn 1753 yr oedd yn bosibl i gyplau Anghydffuriol briodi yn eu tŷ cwrdd eu hunain, ond yn y flwyddyn honno daeth Deddf Hardwicke i rym a orfodai Anghydffurfwyr (ac eithrio'r Crynwyr a'r Iddewon) i briodi yn yr eglwys blwyf. Yn 1837, fodd bynnag, deddfwyd i'r gwrthwyneb, ar yr amod bod cofrestrydd swyddogol yn bresennol yn y capel i gofrestru'r briodas. Yn 1898 rhoddwyd hawl i weinidogion Anghydffurfiol i weithredu fel personau awdurdodedig, ac o hynny ymlaen yr oedd modd hepgor y cofrestrydd o'r gwasanaeth, ar yr amod bod yr adeilad wedi ei gofestru'n swyddogol ar gyfer gweinyddu priodasau.

[134] Am adeiladu ac adnewyddu capeli, gw. T.M. Bassett, *Bedyddwyr Cymru*, 204, 231–234.

[135] 'Tabernacle Church Book 1935', 13 Medi 1841.

[136] 'Llyfr Cofnodion Cyfnod y Parch. H.W. Jones', 31 Mai 1849.

[137] Yn 1989, ar achlysur dathlu Trydydd Jiwbilî capel Bethania, Talog, gwelodd aelodau presennol teulu Rhydygaregddu yn dda i gyflwyno'r brydles i'r eglwys yn rhad ac am ddim. Gw. Desmond Davies, *Llawlyfr Undeb Bedyddwyr Cymru, Caerfyrddin, 2001* (Aberteifi: E.L. Jones a'i Fab, 2001), 56.

[138] 'Llyfr Cofnodion Cyfnod y Parch. H.W. Jones', 30 Ebrill 1851. Am y *seraffim*, gw. T.M. Bassett, *Bedyddwyr Cymru*, 256–258; B.G. Owens, 'Hugh William Jones ('Yr Utgorn Arian'; 1802–73) yn Barnes and Yates (eds.), *Carmarthenshire Studies*, 213. Am ganu cynulleidfaol, gw.T.M. Bassett, *Bedyddwyr Cymru*, 77, 175; R. Tudur Jones, *Ffydd ac Argyfwng Cenedl*, I, 145, 148.

[139] Yn ôl cofnodion Hugh William Jones, 1851 sy'n gywir , ac nid 1854 fel y nodir yn T.M. Bassett, *Bedyddwyr Cymru*, 256.

[140] 'Llyfr Cofnodion Cyfnod y Parch. H.W. Jones', 30 Ebrill, 1851.

[141] Ibid., 31 Hydref 1853. Yng Ngorffennaf 1850 argymhellwyd y dylid cau mynwent eglwys San Pedr (sef eglwys blwyf tref Caerfyrddin), a dod o hyd i ddarn arall o ddaear ar gyfer claddu. Yn wyneb y cynnydd yn y boblogaeth, a'r cynnydd cyfatebol mewn claddedigaethau, neilltuodd y Cyngor Tref ddeg erw o dir i'r pwrpas yn 1853. Cysegrwyd y fynwent newydd yn 1856 gan yr Esgob Connop Thirlwall. Caewyd mynwent San Pedr i bwrpas claddu yn 1856. (Gw. Joyce a Victor Lodwick, *The Story of Carmarthen* (Carmarthen: St. Peter's Press, 1994), 180–181.)

[142] Gw. T.J. Evans, *Llawlyfr 1937*, t. 42.

[143] Gw. Gareth O. Watts, 'Yr Adran Gymraeg, 1866–1999', yn D.Densil Morgan (gol.), *Y Fywiol Ffrwd*, 32; T.M. Bassett, *Bedyddwyr Cymru*, 324–326.

[144] Gw. M. E. Williams, *Hanes Eglwys Annibynnol Esgairdawe* (Abertawe: Gwasg John Penry, 1992), 251–252.

[145] Hyn oedd ymateb Michael D. Jones i'r bwriad o sefydlu Undeb yr Annibynwyr ym Medi 1872, ac yn ddiau adleisiai deimlad llawer iawn o Fedyddwyr. Gw. R. Tudur Jones, *Yr Undeb*, 110.

[146] R. Tudur Jones, *Ffydd ac Argyfwng Cenedl*,1, 52. Ym mhob adroddiad o'r cyfarfodydd blynyddol a gyhoeddwyd yn y blynyddoedd dilynol (megis *Adroddiad Undeb Llandudno*, 1882), amlinellir 'dybenion yr Undeb' fel a ganlyn:

1. I ddiogelu a chynyddu cariad brawdol ac unoliaeth rhwng gweinidogion ac Eglwysi Bedyddiedig ag ydynt yn proffesu eu hunain yn Galfinaidd neu Efengylaidd.

2. I ddiogelu cydymdrechiad yn mhob peth tebycaf o weini er lles achos Crist yn gyffredinol, a llesoldeb y Bedyddwyr yn arbennig.

3. I grynhoi cyfrifon cywir o barth Eglwysi, Cymdeithasau, Sefydliadau, Colegau &c., y Bedyddwyr yn Nghymru, a thrwy y byd.

4. I edrych i mewn i sefyllfa eiddo neu feddiant, sefydliadau, llenyddiaeth, neu ddysgeidiaeth yr Enwad, ac unrhyw beth arall o bwys i'r Bedyddwyr yn Nghymru.

5. Cydweithredu gydag Undeb Prydain Fawr a'r Iwerddon, yn nghydag Undebau y Bedyddwyr trwy y byd, mewn pethau perthynol i deyrnas Crist.

[147] T.J. Evans, *Llawlyfr 1937*, 44.

[148] Ibid., 45.

[149] Ibid., 45–46.

[150] Thomas Rees, *History of Protestant Nonconformity in Wales* (2nd. ed., London, 1883), 456.

[151] Gw. R. Tudur Jones, *Yr Undeb*, 29.

[152] Ibid., 8.

[153] *Seren Gomer*, Ionawr 1838, iii. Gw. hefyd *Seren Gomer*, Ionawr 1847, iii–iv.

[154] Datgela mynych gyfeiriadau Hugh William Jones at y teulu brenhinol ei gefnogaeth ddigwestiwn i'r sefydliad hwnnw, e.e. Gyda llawer o ddywenydd, yr ydym yn hysbysu fod ei Mawrhydi, trwy ddaionus drefn Rhagluniaeth, yn mwynhau yr iechyd goreu o hyd. Bu ar ymweliad yn ddiweddar gyda Dug Buckingham a Dug Wellington, lle y cafodd dderbyniad ag oedd yn gweddu i Frenines mor dda a galluog, yn gystal ag i enwogion mor uchel yn y deyrnas â'r Pendefigion urddasol. (*Seren Gomer*, Chwefror 1845).

[155] *Seren Gomer*, Ionawr 1843, 1–4.

[156] Ibid., Awst 1848, 230–231.

[157] Ibid. Gorffennaf 1843, 203. Yr oedd Edward Bouverie Pusey (1800–82) yn Athro Hebraeg ym Mhrifysgol Rhydychen, ac yn un o arloeswyr Mudiad Rhydychen (gyda John Keble a John Henry Newman), a hyrwyddai Ucheleglwysyddiaeth. Ar ddiwedd ei yrfa bu mewn trafodaethau gydag Eglwys Rufain gyda'r bwriad o uno'r ddwy eglwys.

[158] *Seren Gomer*, Ionawr 1841, tt. 7–8. Gw. hefyd, ibid., Mai 1848, tt. 142–143.

[159] Gw. Iorwerth Jones, *David Rees y Cynhyrfwr* (Abertawe: Gwasg John Penry, 1971), 145–150, 156–7.

[160] Ibid., 206–207, 212.

[161] Gw. T.M. Bassett, *Bedyddwyr Cymru*, 144.

[162] *Seren Gomer*, Ebrill 1837, 102.

[163] Ibid., Mehefin 1838, 189.

[164] Ibid., Medi 1838, 268.

[165] Ibid., Gorffennaf 1838, 221.

[166] Ibid., Chwefror 1841, 79.

[167] Ibid., 78.

[168] Ibid., 1843, iv.

[169] Ibid., Chwefror 1843, 58.

[170] Ibid., Gorffennaf 1843, tt. 214–217. Am hanes Beca yng Nghaerfyrddin, gw. Pat Molloy, *And They Blessed Rebecca* (Llandysul: Gomer Press, 1983), 55–88.

[171] *Seren Gomer*, Ebrill 1843, 122.

[172] B.G. Owens, 'Hugh William Jones…', *Carmarthenshire Studies*, 215.

[173] Gw. *Reports of the Commissioners of Inquiry into the State of Education in Wales. Part 1: Carmarthen, Glamorgan and Pembroke* (London, 1847), 284–285.

[174] Ibid., 287.

[175] Gw. John Davies, *Hanes Cymru* (Llundain: The Penguin Press, 1990), 374–379.

[176] *Seren Gomer*, Chwefror 1848, 58.

[177] Ibid., 44.

[178] Ibid., 1850, iii–iv.

[179] Am Gyfrifiad 1851, gw. Ieuan Gwynedd Jones and David Williams (eds.), *The Religious Census of 1851: A Calendar of the Returns Relating to Wales. Vol. 1. South Wales* (Cardiff, 1976); Ieuan Gwynedd Jones, *Explorations and Explanations*, 217–235; Glanmor Williams, *Grym Tafodau Tân*, 282–308.

[180] *Seren Gomer*, Ebrill 1851, 183.

[181] Ieuan G. Jones and D. Williams, *The Religious Census of 1851*, Vol. 1, 344.

[182] Ibid., 343–344.

[183] Gw. Glanmor Williams, *Grym Tafodau Tân*, 291.

[184] Gw. E. T. Jones, 'Y Parch. Dafydd Jones, Caerfyrddin', *Trafodion* (1932), 5–53.

[185] Ibid., 5–6.

[186] Ibid., 8.

[187] Ibid., 10.

[188] Ibid., 10.

[189] Gw. David Jones, *Hanes y Bedyddwyr yn Neheubarth Cymru*: Rhagymadrodd.

[190] Gw. T.J. Evans, *Llawlyfr Undeb Bedyddwyr Cymru 1937*, 49–50.

[191] *Seren Cymru*, 12 Mehefin 1931.

[192] Am David Jones, gw. erthygl R.T. Jenkins yn *Y Bywgraffiadur Cymreig hyd 1940*, 425.

[193] Gw. R. Tudur Jones, *Yr Undeb*, 59; *Ffydd ac Argyfwng Cenedl*, 1, 155, 156, 161.

[194] Gw. T.M. Bassett, *Bedyddwyr Cymru,* 177.

[195] T.J. Evans, *Fragrant Memories: The Story of Two Ministries*, (Carmarthen, 1941), 7.

[196] Ibid., 10.

[197] R. Tudur Jones, *Ffydd ac Argyfwng Cenedl*, 1, 15.

[198] T. J. Evans, *Fragrant Memories*, 18.

[199] Idem, *Llawlyfr 1937*. 66.

[200] Idem, *Fragrant Memories*, 17.

[201] R. Tudur Jones, *Yr Undeb*, 70.

[202] Idem, *Ffydd ac Argyfwng Cenedl*,II, 229.

[203] Ibid., Cyf. 1, 93.

[204] Ibid. (Ceir y gwreiddiol yn *Greal* (1900), 171.)

[205] Ibid., 102.

[206] Yr oedd George Morgan, 24 Heol y Brenin, Caerfyrddin, er o gefndir cyffredin, yn meddu ar alluoedd eithriadol. Fe'i ganed yn Newton, yn ymyl Talacharn, Sir Gaerfyrddin, yn fab i amaethwr, ac er na chafodd unrhyw hyfforddiant ffurfiol cododd i fod yn un o benseiri mwyaf llwyddiannus a chynhyrchiol Cymru yn ei ddydd. Ef a gynlluniodd gapel y Bedyddwyr Saesneg yn Heol Awst, Caerfyrddin (a agorwyd ar 21 Mehefin 1870), ac ymhen amser trosglwyddodd ei aelodaeth o'r Tabernacl i'r achos Saesneg. Ef hefyd a gynlluniodd adeilad Banc Barclays a'r Coleg Celf yn y dref, ynghyd â nifer o gapeli eraill yng Nghymru, e.e. capel y Bedyddwyr yn y Drenewydd. Mae'n amlwg iddo adael ei ôl yn drwm ar gynllun y Tabernacl newydd yn 1877, ac iddo fod yn aelod pwysig o'r ddirprwyaeth a fu'n bwrw golwg ar bensaernïaeth nifer o gapeli yn ne Cymru, er mwyn paratoi adroddiad i aelodau'r Tabernacl. (Gw. Joyce a Victor Lodwick, *The Story of Carmarthen* (1994), 164, ac erthygl Ed Thomas, 'Jewels in the Crown', *Carmarthen Journal*, 21 Ebrill 2004, sy'n adrodd yr hanes am y cyfarfod a gynhaliwyd i ddadorchuddio cofeb i George Morgan (ac i Gwilym Davies) y tu allan i gapel y Bedyddwyr Saesneg, Caerfyrddin, ar nos Lun, 6 Mai 2004.)

[207] T.J. Evans, *Llawlyfr 1937*, 56.

[208] Gw. T.M. Bassett, *Bedyddwyr Cymru*. 57.

[209] Ibid., 232.

[210] T.J. Evans, *Fragrant Memories*, 15.

[211] Idem, *Llawlyfr 1937*, 56.

[212] Medd D. Huw Owen, 'The Transmission of Biblical Imagery in the Calvinistic Methodist/Presbyterian Church of Wales' yn Alan P.F. Sell (gol.), *The Bible in Church, Academy, and Culture*, 181:

In time the architectural style of Peniel [Tremadog] became a common pattern for many Welsh chapels, with the result that chapels were turned around. And the meeting house became an auditorium.

[213] R. Tudur Jones, *Ffydd ac Argyfwng Cenedl*, 1, 131–132.

[214] T.J. Evans, *Llawlyfr 1937*, 58.

[215] Ibid., 59.

[216] Ibid., 61.

[217] R. Tudur Jones, *Yr Undeb*, 103–104.

[218] M. Wynn Thomas, *In the Shadow of the Pulpit: Literature and Nonconformist Wales* (Cardiff: University of Wales Press, 2010), 297–8. Gw. hefyd t. 304.

Capel y Porth Tywyll, 1782–1811

PREGETH. L: ar Job 19. 25, 26, 27.   194

Canys mi a wn fod fy Mhrynwr yn fyw &c
Sylwer yma ar bum peth yn

I Dadguddiad o Grist dan yr Enw prynwr byw
II Sicrwydd marwolaeth dyn ar difrod a wna
   angeu arno Er i bryfed ddifetha i Corph hun
III Ail Ddyfodiad Iesu efe a saif yn y diwedd &c
IV Adgyfodiad y meirw gwelad duw yn fy Nghnawd
V Y wybodaeth oedd gan Job o hyn Mi awn &c

I Dadguddiad o Grist dan yr Enw prynwr byw
   niawnawn yma rai sylwiadau ar brynedigaeth
1 Mae Duw'r Tad yn Cael ei alw'n brynwr a
   braich ath brynwr a ddywedir wrth Israel i
   prynedigaeth yma a arwydda waredigaeth nat-
   turiol Duw yw Prynwr neu achubwr pob Dyn
   yn enwedig De ganwadu'r Arglwydd yr hwn au fy
2 Prynedigaeth a briodolir i Grist a hyn sydd yn
   olwg Job ai fel cymwyder i brynu rhaid i
   (1) Ei fod yn Dduw fel y bydd rhinwedd yn ei
   a nerth ganddo dan y dioddefaint. Eglwys
   Dduw yr hon a burcasodd efe ai briod waed
   (2) Ei fod yn Ddyn fel y byddai'n gyfathrachus i
   nesaf ini yn meddu'r un natter a minnau
   fel y byddai ganddo offrwm iw roi Corpha hyn
   hwyswyd iddo a Gwerthfawr waed Cristau prynodd
3 Gwerth Prynedigaeth oedd Gwaed Iesu Grist y ma
   hyn yn cymwys i ufudd-dod Gweithredol a di
   = ein hargenydd Iesu bu'n ufudd hyd angeu'r Cro
4 Oddiwrth ba beth y prynwyd ni
   1 Prynwyd ni oddiwrth a faelon cyfiawn
   goffynol gollwng ef mi a gefais Iawn
   2 oddiwrth Satan ai ofer ymarweddiad &c
   rhi ch anwiredd iw purs 'n bobl i Dd

Y Parchedig D. D. Evans

Y Parchedig Hugh William Jones, 'Yr Utgorn Arian'

Llofnod Rees Gibbon

John Williams, 'Y Currier'

Eliza Caerfyrddin

Y Parchedig John Thomas

Capel y Tabernacl oddi mewn, fel yr edrychai'n wreiddiol. Cartref yr Undeb cyntaf

Y Capel ar ei newydd wedd yn dilyn y gwaith adnewyddu, 1877–1878

O'r dde i'r chwith: Capel y Tabernacl; Tŷ'r Gofalydd; Yr Ysgoldy a'r Mans – yn ôl yn y tridegau

Ysgoldy'r Tabernacl, a'r enw, yn ôl arfer y cyfnod, yn Saesneg

Y Parchedig Evan Ungoed Thomas

Mrs Katherine Ungoed Thomas

Y Parchedig James Thomas

T. J. Evans

Y Tabernacl yn nechrau'r 1990au gyda'r parapet gwreiddiol wedi ei ddymchwel
(oherwydd problemau lleithder), a'r to uwchben wal flaen y capel wedi ei ailgyfeirio.

GWEINIDOGAETH RADICAL
(1892–1930)

Gyda dyfodiad Evan Ungoed Thomas i olynu John Thomas yn rhengoedd y weinidogaeth, breintiwyd eglwys y Tabernacl unwaith eto ag arweinydd cadarn a feddai ar allu, gweledigaeth a gwroldeb tra anghyffredin, un a fyddai'n rhoi cyfarwyddyd clir a digamsyniol i'w bobl am gyfnod o dri deg ac wyth o flynyddoedd. Er mai gŵr cymharol ifanc, 31 oed, ydoedd pan symudodd i Gaerfyrddin, gwnaethai enw iddo'i hun eisoes fel pregethwr goleuedig, llenor medrus (yn Gymraeg ac yn Saesneg), ymladdwr cymdeithasol nad ofnai sefyll, costied a gostio, dros yr egwyddorion y credai ynddynt, ac un a wrthodai adael 'i aflwydd gymylu ei farn na chwerwi ei natur'.[1] Ac yntau o ran ei wleidyddiaeth yn Rhyddfrydwr, o ran ei ddiwinyddiaeth yn geidwadwr anghalfinaidd (yn yr ystyr na fedrai gydsynio ag athrawiaeth rhagarfaethiad), o ran ei ddehongliad o ymhlygiadau ymarferol y ffydd Gristionogol yn biwritan digymrodedd, ac o ran perswâd enwadol yn Fedyddiwr, caed ynddo y fath gyfuniad o gadernid cred a gwroldeb moesol fel na allai ei weinidogaeth wleidyddol-efengylaidd lai na bod yn un rymus a dylanwadol. Yr oedd blynyddoedd ei weinidogaeth yn y Tabernacl yn gyfnod pan oedd Anghydffurfiaeth (er bod ei llanw yn dechrau troi) yn nerthol a hunanhyderus, ac yn ymdaflu'n ddi-ofn i ganol brwydrau anodd a ffyrnig, ac yn yr ysgarmesau hyn gwelwyd Ungoed Thomas ar flaen y gad. Iddo ef, nid cynnwrf teimladol, emosiynol oedd y bywyd Cristionogol yn ei hanfod, ond ymladdfa i fwrw i'w chanol, a'i hennill. Nid maes chwarae mohono, ond maes brwydr. Y gair a gerfiwyd o dan enw Ungoed Thomas ar y gofeb a osodwyd iddo ar fur y capel y Tabernacl yw 'Gwirionedd', gair y buasai'n anodd meddwl am ei addasach o ystyried gogwydd a grym ei dystiolaeth.

Ganed Evan Thomas yn Heol yr Hen Gastell, Llanelli ar 7 Medi 1860,
yn fab i David a Sarah Thomas, y pedwerydd o'u saith plentyn. Yn
ddiweddarach yn ei fywyd mabwysiadodd enw morwynol ei fam (Sarah
Ungoed) yn enw canol. Yr oedd ei dad, a lafuriai yn y gwaith alcam, yn
ddiacon yn eglwys luosog Seion yn y dref, ac yn un o'r fintai a ollyngwyd
gan y fam eglwys, ymhen y rhawg, er mwyn sefydlu eglwys newydd
Calfaria, a leolid mewn man strategol ar dyle'r Bigyn. Mynychai Evan
ysgol ddyddiol 'Pottery Street' (a sefydlwyd yn 1847 gan rai gweinidogion
Anghydffurfiol er mwyn rhoi addysg i blant difreintiedig Llanelli), nid
nepell o'i gartref, ac yn fuan gadawodd argraff ar ei athrawon, nid yn unig
fel plentyn a ddoniwyd yn academaidd, ond hefyd fel rhywun oedd â
diddordeb ysol mewn crefydd a'r Beibl. Bedyddiwyd ef yng nghapel
Seion, ac yntau'n llanc tair ar ddeg oed, ar 29 Tachwedd 1873, gan
weinidog yr eglwys, J.R. Morgan (Lleurwg), a bregethai'r bore Sul hwnnw
i gynulleidfa fawr ar y testun, 'Canys ni allem ni ddim yn erbyn y
gwirionedd, ond tros y gwirionedd' (2 Cor. 13: 8), geiriau rhagluniaethol
o addas o ystyried trywydd gweinidogaeth Ungoed Thomas ymhen
blynyddoedd i ddod, a thestun y seiliodd yntau ei hunan bregeth arno
ar gyfer y gwasanaeth bedydd olaf iddo weinyddu ynddo yn y Tabernacl,
Caerfyrddin, 17 Chwefror 1930. Diwrnod nodedig i'r teulu oedd
9 Chwefror 1875 (sef yr union ddiwrnod pan oedd cynulleidfa gref yng
Nghaerfyrddin yn tystio i sefydlu John Thomas yn weinidog y Tabernacl)
oherwydd dyna pryd yr ymwelodd Lleurwg, ar ran aelodau eglwys Seion,
â'u haelwyd er mwyn cymell y mab i ystyried cysegru ei fywyd i waith y
weinidogaeth. 'Ni allwn gysgu neithiwr', meddai Lleurwg, 'oherwydd
neges Duw a ddaeth o'r Anweledig, a gorchymyn Duw oedd imi ddyfod
i'r tŷ hwn heddiw'.[2] Ni bu anogaeth gweinidog Seion yn ofer. Ymatebodd
Evan Thomas yn gadarnhaol i gais ei eglwys, a derbyniwyd ef yn 1878, yr
ail ar restr yr ymgeiswyr llwyddiannus, ac yntau ond yn ddeunaw oed, yn
fyfyriwr yng ngholeg ei enwad ym Mhont-y-pŵl, i ddilyn cwrs
hyfforddiant o dair blynedd. Ar ddiwedd y tymor hwnnw, ac yntau wedi
cwblhau holl ofynion y cwrs colegol yn foddhaol, yr oedd yn barod i
wynebu her ei yrfa ddewisedig. Dywed ei ŵyr, Jasper Ungoed-Thomas
amdano:

Evan was one of those fortunate individuals who discovered a calling in life which exactly suited his temperament and abilities. He was endowed with almost every quality, spiritual, moral and practical, which, in his time, was required of a Free Church minister. From the exercise of these gifts, and from the esteem which they inspired, he gained a sense of continuing and sustained fulfilment.[3]

Er i eglwys Pisgah, Talywaun ei wahodd i fod yn weinidog iddi, y maes a ddewisodd ar gyfer ei weinidogaeth gyntaf oedd eglwys Moriah, Rhisga, cylch yr oedd i aros ynddo, yn fawr ei barch, am un mlynedd ar ddeg (1881–1892). Yr oedd y capel eang dan ei sang bob Sul, y pregethu sylweddol yn denu mwy a mwy o wrandawyr, a chafodd y gweinidog, ar sawl achlysur, y wefr o fedyddio nifer fawr o ddeiliaid bedydd (42 mewn un gwasanaeth yn 1882; 60 ar un Sul yn 1883), a'u derbyn i gyflawn aelodaeth o eglwys Crist. Eithr ni chyfyngodd ei weinidogaeth i'r tu mewn i furiau'r capel, ac ymhen fawr o dro daeth gwlad gyfan i wybod bod arweinydd anghydffurfiol dibetrus yn hogi ei arfau.

Er i Ddeddf Gladdu 1880 roi i bawb, Anghydffurfwyr yn ogystal ag Eglwyswyr, yr hawl i gael eu claddu ym mynwent y plwyf, daliai'r capelwyr i deimlo'n anniddig ynglŷn â'r sefyllfa, a hynny am ddau reswm: yn gyntaf, ni chredent mewn cysegru tir i amcanion crefyddol, ac yn ail, gwrthwynebent y ffïoedd a godai'r offeiriad, bron yn ddieithriad, am weinyddu mewn gwasanaeth angladd. Cododd ffrae yn Rhisga yn sgil penderfyniad y Bwrdd Claddu (Anglicanaidd) i gysegru daear y fynwent gyhoeddus newydd, darn tir a gyflwynwyd yn rhodd i gyngor y dref gan Arglwydd Tredegar (un o deulu'r Morganiaid a fu'n dra phwerus yng ngorllewin Mynwy oddi ar yr unfed ganrif ar bymtheg), a oedd yn eiddgar o blaid y cysegru, a'i farn yn cyfrif yn rhinwedd ei safle aristocrataidd a'i gymwynasgarwch i bobl yr ardal. Er hynny nid oedd trwch y boblogaeth yn cydsynio â'r bwriad i gysegru'r fynwent newydd, nac ychwaith â'r ddefod eglwysig yr arfaethid ei chynnal ar achlysur y cysegriad, ac yn Ungoed Thomas cafodd eu barn ladmerydd grymus. Cofnoda yntau yn ei ddyddiadur (26 Mai 1887): 'Evening attended ratepayers' meeting concerning consecration. Very orderly. Unanimous against consecration.' Yr oedd hwn, y mae'n amlwg, yn gyfarfod o ansawdd tra gwahanol i hwnnw a gynhaliwyd bythefnos ynghynt (sef ar 10 Mai), pan leisiai'r ddwy ochr eu barn yn groch ac afreolus. Yn y diwedd, cytunwyd ar gyfaddawd, sef bod tri chwarter o'r tir yn cael ei osod o dan reolaeth y cyhoedd, a'r chwarter oedd yn weddill yn cael ei gysegru. Er mwyn sicrhau bod y gwahaniaeth rhwng yr Ymneilltuwyr a'r Anglicaniaid yn cael ei gydnabod (hyd yn oed mewn angau), yr oedd beddau Eglwyswyr i'w gosod ar ongl sgwâr i eiddo aelodau'r capeli. Fel gyda phob cyfaddawd nid oedd y cytundeb wrth fodd calon pawb, o'r naill ochr na'r llall, ac eto nid oedd amheuaeth eiddo pwy oedd y fuddugoliaeth foesol. Llwyddodd yr Ymneilltuwyr, o dan arweinyddiaeth Ungoed Thomas, i herio ac i drechu grym haearnaidd y bendefigaeth ynghyd ag awdurdod Eglwys Loegr. Arwyddocaol iawn yw cofnod gweinidog Moriah ar gyfer 22 Hydref 1891: 'Buried Emma Allen at cemetery, and J. Greenslade. Was to have been buried at Henllys, but rector refused "Notice of Burial"'.

Pan ddaeth yn amser i Evan Ungoed Thomas ymadael â maes ei weinidogaeth gyntaf, cyflwynwyd anerchiad teyrnged, goliwiedig iddo gan aelodau eglwys Moriah. Prin y gellid ei loywach:

Your work has been great, and greatly blessed, and your character has been proved, and found to be in every respect in full accord with the exalted position which you hold as a Christian minister. As a preacher you have already attained to an eminent position … Your sermons have been invariably orthodox, profound and soul-stirring … Your pastoral duties, to which you were always most devoted, you performed with a zeal, prudence and love which made your advent in our homes always welcome, and your guidance in church matters always wise and beneficial. In the Sunday School and Band of Hope you gave evidence of the deep interest which you felt in the welfare of the young. As President of the Liberal Association, member of the School Board, and in other local matters we have found you prepared to act with courage and faithfulness, true to your convictions, and unflagging in your efforts to promote those righteous principles which alone can exalt the moral and social character of any community.[4]

Er y duedd gyffredin i organmol yn sentimental mewn anerchiadau o'r fath, nid oedd amheuaeth nad oedd aelodau eglwys Moriah yn gwbl unplyg eu gwerthfawrogiad o weinidogaeth Evan Ungoed Thomas.

Ar ddiwedd yr anerchiad ceir cyfeiriad at 'eich cymar hoff'. Ddydd Iau 22 Medi 1885 priododd Ungoed Thomas â Katherine Howells, yr hynaf o ddeg o blant George a Jane Howells (y ddau yn Fedyddwyr selog), fferm Llandafal, Blaenau Gwent. Er mai person o natur swil oedd Katherine, un a gredai mai'r gweinidog a ddylai ymddangos ar flaen y llwyfan ac mai swyddogaeth ei gymar oedd gweithio'n dawel y tu ôl i'r llenni, bu'n gefn cadarn i'w gŵr, ac yn weithreg ddiflino yn yr eglwys, yn Rhisga i ddechrau, ac yna'n ddiweddarach, ac mewn modd arbennig, yn y Tabernacl, Caerfyrddin.

Pregethodd Ungoed Thomas am y waith gyntaf yn y Tabernacl ar Sul, 29 Mai 1892, gan arwain y ddau wasanaeth yn Gymraeg, iaith yr oedd yntau'n gwbl rugl ynddi, ac eto wedi ei amddifadu, i raddau, o'r cyfle i'w hymarfer yn gyhoeddus yn ei faes cyntaf gan fod ei eglwys yn y fan honno yn Saesneg ei chyfrwng iaith. Prin oedd gafael Katherine ar y Gymraeg, ac yr oedd hyn i effeithio ar natur ei gwasanaeth a'i dylanwad ymhlith chwiorydd a phlant yr eglwys yn ystod y degawdau dilynol. Dechreuodd Ungoed Thomas ar ei weinidogaeth yng Nghaerfyrddin ar Sul, 14 Awst 1892, a chynhaliwyd y gwasanaeth sefydlu yn ystod y mis canlynol, sef ar ddydd Iau, 22 Medi. Erbyn hyn yr oedd yn y Tabernacl eglwys sefydlog a llewyrchus, a'i haelodaeth yn rhifo ond ychydig yn brin o 450. Yn y cyfnod rhwng 1893 a 1930 nid oedd yng Nghymanfa Caerfyrddin a Cheredigion ond deg eglwys, ar y mwyaf, â nifer lluosocach o aelodau na'r Tabernacl, y mwyafrif ohonynt yn nhref Llanelli (a elwid yn 'Meca'r Bedyddwyr'), a'r cyffiniau. Bu gostyngiad bychan yn nifer yr aelodau ar ôl 1900, ond yn ystod gweinidogaeth Ungoed Thomas ni ostyngodd nifer yr aelodau gymaint ag unwaith o dan 350.

I'R GAD

Wedi dyfod ohono i Gaerfyrddin cafodd yr ymladdwr a fesurai bopeth 'wrth lathen y safon Gristnogol',[5] ac a fu'n gloywi ei arfau yn Rhisga, gyfleoedd i fwrw iddi i ganol y frwydr, a'i arfogaeth erbyn hyn yn gyflawn a pharod. Bron ar ei union wedi iddo gyrraedd y dref, cymerodd ran flaenllaw yn yr ymgyrch fawr ddirwestol a ysgubai drwy'r wlad, gydag Ymneilltuaeth yn cyhoeddi crwsâd yn erbyn y fasnach ddiod. Fel piwritan yr oedd Ungoed Thomas (yn wahanol i Hugh William Jones) yn llwyrymwrthodwr di-ildio, a brithir ei ddyddiadur, o'r dechrau i'r diwedd, â chyfeiriadau at ddirwest a sobreiddiwch, er enghraifft: 'Delivered temperance address, 'The Temperance Principle in the light of the New Testament';[6] 'Went to Llanstephan in trap to lecture at Bethany chapel on Temperance';[7] 'Free Church Council deputation before the magistrates. Addressed them. Subject: reduction of public houses'.[8] Mewn cyfarfod o Gyngor Eglwysi Rhyddion Caerfyrddin, 9 Chwefror 1906, gosododd y cynnig canlynol gerbron y cynrychiolwyr:

> In view of the serious fact that the drink traffic is the greatest barrier against the spread of the Kingdom of God in this country, we are of the opinion that the Church of God should be free from the drink evil, and therefore, as a first step towards this freedom, we respectfully and earnestly ask the Nonconformist churches of Carmarthen to receive no more Publicans into Church membership.[9]

Er i'r cynnig gael ei basio'n unfrydol, lliniarwyd cryn dipyn arno mewn cyfarfod diweddarach (7 Mawrth 1906; yr Athro Keri Evans, Priordy, yn cynnig, ac Ungoed Thomas yn eilio) i ddarllen fel a ganlyn: 'that we respectfully ask the Free Churches of Carmarthen to discourage all alliance with the drink trade'. Ychwanega Ungoed Thomas yn ei ddyddlyfr iddo annerch y cyfarfod uchod ar y testun, 'The ideal church, and how to attain it'.

Er i'r cyfarfod uchod leddfu ychydig ar gynnig gwreiddiol Ungoed Thomas, nid ataliwyd dim ar ei sêl yntau o blaid yr ymgyrch ddirwestol. Ar 25 Tachwedd 1909, anerchodd gyfarfod yn y Tabernacl, Pembre, a chael rhwng 10 a 15 i arwyddo'r llw dirwestol; mewn cyfarfod tebyg yn Ffynnonhenri, 27 Ionawr 1910, llwyddodd i gael 38 i gymryd y llw. Mynychai sesiynau trwyddedu er mwyn datgan gwrthwynebiad i unrhyw gais am estyn oriau yfed ac agor tafarndai newydd. Cynhaliai *Band of Hope*[10] yn wythnosol yn y Tabernacl (e.e., 'Gave Lantern Lecture on

"A Temperance Trip around the World" to a schoolroom full of people, connected with the Band of Hope').[11] Bu ar flaen yr ymgyrch i ennyn cefnogaeth i'r Mesur Trwyddedu 1908, mesur, pe bai Tŷ'r Arglwyddi wedi pleidleisio o'i blaid, a fyddai wedi rhoi llawer mwy o awdurdod i ynadon lleol i reoli trwyddedau ac oriau yfed.[12] Bu'n frwd ei gefnogaeth i fwriad Lloyd George i gyflwyno mesur a waharddai werthiant alcohol yng Nghymru, a lluniodd gynnig a gefnogwyd yn unfrydol mewn cyfarfod yn Neuadd y Dref, Caerfyrddin, 16 Ionawr 1918:

> Inasmuch as Mr. Lloyd George has declared to a Wesleyan Methodist Deputation that Wales is ripe for Prohibition, that this meeting respectfully asks the Premier to bring in a Prohibition Bill for Wales.[13]

Yn 1927 arweiniodd y brotest yn erbyn y bwriad i estyn yr oriau yfed mewn 22 o dafarndai yn nyffryn Gwendraeth, ac eisteddodd gydag un ar ddeg o weinidogion eraill yn llys ynadon Caerfyrddin, gan wrando'n llawen ar y dyfarniad a wrthodai gais y bragwyr. Meddai: 'This was a victory by the united action of the Churches.'[14]

Ni chyfaddawdai ddim wrth ddelio ag aelodau, a darpar aelodau, ei eglwys, gan ei fod yn ystyried dirwest yn elfen hollbwysig o'r hunan-ddisgyblaeth y disgwyliai i bob aelod eglwysig ei hymarfer. Dau o'r pechodau y taranai'r capeli yn eu herbyn yn y cyfnod hwn oedd meddwdod ac anniweirdeb,[15] ac ni chododd yr un arweinydd ei lais yn uwch yn eu herbyn nag Ungoed Thomas. Pan ddaeth 'Mr. S. Nicholas, tafarnwr y *Black Horse*' ato, yn dilyn y *Band of Hope* a'r cyfarfod gweddi ar 15 Hydref 1907, i'w hysbysu o'i fwriad i drosglwyddo ei lythyr aelodaeth i'r Tabernacl, eglurodd y gweinidog nad oedd yn bolisi gan yr eglwys i dderbyn unrhyw dafarnwr yn aelod o'r newydd. Ffromodd Mr. Nicholas, gan dyngu'n groch na ddeuai'n agos i'r capel byth eto, ond ni newidiodd Ungoed Thomas ei farn. Ar 30 Rhagfyr 1907 dywed iddo dreulio llawer o amser gyda William Davies, triniwr gwallt: 'He is addicted to drink. Serious case. He promised well, as several times before. The awful curse of drink.' Ar 3 Ionawr 1910 aeth i'r *Weavers Arms* (un o nifer o'r tafarndai a leolid yn Heol Dŵr), i geisio adfer un a syrthiodd yn ysglyfaeth i'r ddiod feddwol:

I hope to follow him until he is saved. Drink. Drink. Drink. Oh, the awful curse of drink. And yet dealers in the traffic are allowed to be members of Churches. This is unscrupulous, unreasonable, and fetters the Church. Am thankful that such cannot become Members in the Tabernacle.

Eithr nid oedd pob achos yn fethiant. Ar ôl clywed am fwriad Mr. a Mrs. Lewis, Cambrian Place (yr oedd Mrs. Lewis yn aelod yn y Tabernacl), i geisio am denantiaeth y *White Horse*, galwodd y gweinidog i fynegi ei siom, ac i egluro y byddai hyn yn arwain at ddiaelodaeth o gymdeithas yr eglwys, sarhad, ac o bosibl colli cymeriad a dedwyddwch aelwyd.[16] Hawdd synhwyro llawenydd Ungoed Thomas wrth iddo osod y nodyn canlynol yn ei ddyddiadur: 'Mrs. Lewis has been today to the Court, and had against all pressure withdrawn her application. This is a complete victory for Christ'.[17] Yr un yw ei orfoledd wrth iddo glywed gan Mr. Vincent Morgan, pensaer y sir, am un gŵr bonheddig a argyhoeddwyd i gymaint graddau gan bregeth ddirwest a draddodwyd gan weinidog y Tabernacl nes iddo benderfynu troi ei dŷ tafarn trwyddedig yn dŷ annedd, hynny ar golled o £22 y flwyddyn o rent. Ychwanega Ungoed Thomas: 'I only wish my preaching on this and other subjects convinced more people'.[18]

Pa faint o gydymdeimlad a feddai Thomas tuag at y rhai a oddiweddid gan ddrwg-effeithiau'r ddiod sy'n anodd ei fesur. Dengys R. Tudur Jones i lawer o ymgyrchwyr yn y Mudiad Dirwest ddod yn fwyfwy ymwybodol, fel yr âi amser yn ei flaen, fod a wnelo problem alcoholiaeth â chyflyrau seicolegol ac amgylchiadau cymdeithasol,[19] a bod y cyflwr, mewn llawer o achosion, yn glwyf. Prin yr ymdeimlir â'r ymwybyddiaeth hon yn sylwadau Ungoed Thomas; iddo ef yr oedd alcoholiaeth yn bechod – pechod y dylid ei gondemnio'n chwyrn – gyda'r bai yn gorwedd yn gyfan gwbl wrth ddrws y dioddefwr ar gyfrif ei ddiffyg hunanddisgyblaeth. Ni welai fod modd i'r diffyg rheolaeth hwnnw darddu, mewn rhai achosion, nid o ddiffyg ewyllys ar ran yr alcoholic, ond yn hytrach o'i anallu i ymatal oherwydd y ffaith seml fod ei gorff a'i feddwl yn gaeth i'r cyffur, ac yn crefu'n ddiddiwedd amdano. Prin, ychwaith, fod Ungoed Thomas yn barod i gydnabod y gallai'r brotest ddirwestol esgor ar ragrith Phariseaidd gan nad pawb a ymgyrchai'n gyhoeddus yn erbyn y ddiod a ymataliai rhagddi yn y dirgel. I weinidog y Tabernacl, fodd bynnag, yr oedd y mater yn hollol ddu a gwyn.

Pan ymddangosodd i roi tystiolaeth gerbron y Comisiwn Brenhinol ar Eglwys Loegr (1906), fe'i holwyd ynghylch yr arfer o ddiaelodi y sawl a gafwyd yn euog o feddwdod, ac y mae ei atebion yn ddadlennol, ac yn brawf o'i agwedd anhyblyg ac ansensitif, e.e.:

> *Question 931 (Chairman)*: I suppose the sort of charge that is made is a sort of charge that in the Church of England would be covered, perhaps, by the words, 'Notorious evil living'?
> *Answer*: Hardly that. Supposing a man got drunk, or was seen to be drunk, the case would be brought up at once [h.y. yn y cwrdd paratoad yn blaenori'r cymun] ... The final body is the Church in the preparatory meeting ... and the matter would be discussed. If it were the first time – if it were an accident – it is probable that he would be kept back from a communion service or two, but if he falls a second or a third time then we find that it is better to separate the man from membership with us, because our membership means, if it means anything, high-toned morality as far as we can.
> *Question 934 (Chairman)*: You take the view that the best treatment for an intemperate man ... is to put him outside of your communion?
> *Answer*: Oh, yes, because we have the character of the church to look after.

Pan holwyd ef (cwestiwn 932) ynghylch y posibilrwydd o adfer y troseddwr, eglurai na ddigwyddai hynny heb i'r meddwyn edifarhau'n gyhoeddus am ei bechod, ac amlygu arwyddion digamsyniol o ymddiwygio – 'evidence of improvement in conduct'.[20] Dwg yr atebion uchod dystiolaeth i lymder moesol Ungoed Thomas, a'r mesur o ddisgyblaeth gaethiwus a weinyddid yn y Tabernacl o dan ei arweiniad.

Gyda'r un mesur o ddycnwch moesol y cefnogodd Ungoed Thomas frodorion De Affrig yn ystod Rhyfel y Bwyriaid a ddechreuodd ym mis Hydref 1899. Trefnwyd cyfarfod cyhoeddus gan y Rhyddfrydwyr yn Neuadd y Dref, Caerfyrddin ar 27 Tachwedd 1899, ac Alfred Davies (yr ymgeisydd Rhyddfrydol newydd dros sedd Caerfyrddin), a David Lloyd

George, A.S., yn brif siaradwyr. Roedd y neuadd yn orlawn, a bu rhaid atal y dyrfa oddi allan rhag mynd yn rhy agos i'r adeilad rhag ofn y chwelid y ffenestri. Gan fod y rhyfel yn cael ei ystyried yn argyfwng ymerodrol, yn wrthdaro uniongyrchol rhwng y Bwyriaid a drigai yng ngweriniaethau'r Transvaal a'r Orange Free State, a'r Iseldireg yn famiaith iddynt, a llywodraeth Prydain a fynnai gadw'r tiriogaethau hyn oddi mewn i derfynau ei hymerodraeth, bu'n fodd i fwydo fflamau gwladgarwch yng ngwledydd Prydain, ac i ennyn cefnogaeth frwd ar ran gwreng a bonedd fel ei gilydd.[21] Felly, yr oedd Lloyd George (er nad yn heddychwr, a pheth cydymdeimlad ganddo'n wir ag imperialaeth, ond a ystyriai'r rhyfel yn Ne Affrig yn un diangen ac anghyfiawn), ynghyd â gweddill yr aelodau seneddol a bleidiai achos y Bwyriaid, yn hynod amhoblogaidd, ac yr oedd perygl i gynnwrf ffrwydro ar strydoedd Caerfyrddin. Cyn y cyfarfod cafodd Lloyd George de ym mans y Tabernacl, ac oddi yno cerddodd aelodau'r grŵp Rhyddfrydol, ac Ungoed Thomas yn eu plith, i fyny i'r Clos Mawr, â phlismyn yn eu gwarchod. Eisteddodd Ungoed Thomas, a lywyddai'r cyfarfod, ar y llwyfan, a'r ddau siaradwr, ynghyd â saith aelod o Gymdeithas Ryddfrydol Caerfyrddin (gweinidogion Anghydffurfiol, bob un), a nifer o chwiorydd, yn eistedd bob ochr iddo. Braidd yn amwys fu ymateb Alfred Davies (onid oedd peth cyfiawnhad, wedi'r cyfan, dros bolisi Prydain?), ond ymosododd Lloyd George yn eofn a diflewyn-ar-dafod ar y rhyfel yn Ne Affrig. Onid oedd yn enghraifft bellach o 'wallgofrwydd rhyfel', a phe bai'r gwallgofrwydd hwn yn meddiannu enaid y genedl gellid 'dweud ffarwél i ryddid, ffarwél i achos dynoliaeth'.[22] Nid oedd yng Nghymru neb yn fwy selog a theyrngar ei gefnogaeth i safiad Lloyd George nag Ungoed Thomas. Fel pro-Bwyriad ymladdodd wrth ochr Lloyd George yn y dadleuon mawr a ragflaenai'r Rhyfel Byd Cyntaf – Rhyfel De Affrig; addysg; datgysylltiad a dadwaddoliad yr Eglwys Anglicanaidd yng Nghymru; nid tan i Lloyd George wneud tro pedol a chodi ei lef o blaid y rhyfel yn erbyn yr Almaen, a galw am goalisiwn â'r Ceidwadwyr, y trodd ymddiriedaeth Ungoed Thomas ynddo (fel y digwyddodd yn hanes llawer o Ryddfrydwyr eraill) yn ddadrithiad chwerw.

Bu'n rhaid i Ungoed Thomas dalu'n ddrud am ei safiad o blaid y Bwyriaid. 'Hwtiwyd fi', meddai, 'ac anelwyd ataf ar heolydd Caerfyrddin. Peledwyd fi ag wyau (dihangodd fy het silc, ond dwynwyd fy nghot fawr a drylliwyd hi), a chynefin oeddwn â gwatwar pobl wrth fynd heibio, a beunydd llifeiriai llythyron di-enw i'n tŷ ni'.[23] Ac ni ellir peidio â gofyn beth oedd ymateb aelodau'r Tabernacl i ymyrraeth wleidyddol eu gweinidog, oherwydd rhanedig oedd cynulleidfa'r eglwys ar y pryd o ran teyrngarwch pleidiol, ac yn eu plith yr oedd carfan o Dorïaid rhonc a fedrai'n hawdd danseilio sefyllfa'r gweinidog. Roedd yn dda gan Edwin Price, ysgrifennydd yr eglwys, gofnodi'r sylw canlynol: 'Y mae'n gweinidog parchus yn cefnogi achos y Bwyriaid yn frwd, ond fel Bedyddwyr yr ydym yn cydnabod hawliau cydwybod wedi ei oleuo a'i ysbrydoli gan Ysbryd Sanctaidd Duw, ac felly anrhydeddwn safiad ein gweinidog, er iddo fod yn dra amhoblogaidd yn y dref a'r holl ardal'[24] – cofnod sy'n datgelu llawer nid yn unig am unplygrwydd y gweinidog ond hefyd am oddefgarwch ei aelodau, a'r ffaith ei fod, ar ôl saith mlynedd o wasanaeth, wedi ennill eu cefnogaeth lwyraf. Nid pawb a gytunai ag ef, ond nid amheuai neb ei hawl i sefyll dros yr egwyddorion hynny – gwleidyddol a chrefyddol – y credai ef mor ddiysgog ynddynt.

O'r braidd y daeth y rhyfel yn Neheudir Affrig i ben nad oedd Anghydffurfiaeth yn ei chael ei hunan unwaith eto mewn dyfroedd terfysglyd, y tro hwn am iddi herio Deddf Addysg Balfour yn 1902.[25] Ar 24 Mawrth y flwyddyn honno cyflwynodd Arthur Balfour (a apwyntiwyd yn Brif Weinidog yn y Gorffennaf dilynol) fesur gerbron y Tŷ Cyffredin a geisiai sefydlu system integredig yn ysgolion y wlad, i ddisodli'r anrhefn addysgol a oedd yn bodoli ar y pryd. I'r diben hwn bwriedid trosglwyddo'r cyfrifoldeb am weinyddu ysgolion lleol i'r cynghorau sirol a'r prif gynghorau bwrdeisdrefol. Er bod hyn yn golygu diddymu'r byrddau addysg lleol ac etholedig, a oedd yn boblogaidd mewn nifer fawr o ardaloedd, ac yn arbennig yng Nghymru, nid oedd fawr o wrthwynebiad i'r datblygiad. Yr oedd asgwrn y gynnen yn ymwneud â'r hyn a arfaethid ar gyfer yr ysgolion eglwys, Anglicanaidd a Chatholig. Lle cynt, gydag ychydig gymorth o du'r llywodraeth, yr oedd yr ysgolion hyn wedi llwyddo i'w cynnal eu hunain, o hyn ymlaen byddent yn cael eu hariannu gan gyfraniadau trethdalwyr lleol. Er y byddai rheolaeth drostynt yn symud, o leiaf mewn enw, i ddwylo'r cynghorau, i bob pwrpas ymarferol, ar wahân i ychydig fân gyfyngiadau, byddent yn cadw eu hannibyniaeth, yn enwedig yr hawliau a feddent i ddewis aelodau eu byrddau rheoli, i benderfynu eu polisi ynglŷn ag addysg grefyddol ac addoliad ysgol, ac i orfodi profion crefyddol ar eu hathrawon. Golygai y gallent ddiswyddo pwy bynnag a fernid, ar sail ei gyffes – neu ei ddiffyg cyffes – o ffydd, yn anghymwys. Afraid dweud i'r Torïaid, yr Anglicaniaid a'r Catholigion roi eu cefnogaeth ddiamod i'r argymhellion newydd, ac iddynt ymladd nerth deng ewin yn erbyn pob ymgais i'w glastwreiddio. Gwelai'r Rhyddfrydwyr a'r Anghydffurfwyr y mesurau newydd mewn goleuni tra gwahanol, a hwythau a arweiniodd y brotest yn eu herbyn. Nid oedd y gwrthwynebiad i fesur Balfour yn gryfach yn unman nag ydoedd yng Nghymru, oherwydd yma yr oedd dros draean o blant cynradd (a'r mwyafrif ohonynt yn dod o gartrefi Anghydffurfiol) yn byw mewn ardaloedd un ysgol, a'r ysgol honno, gan amlaf, yn ysgol eglwys, fel nad oedd ganddynt ddewis ond i fynychu ysgol a oedd yn eiddo i Eglwys Loegr. Yr hyn a olygai hyn oll yn ymarferol oedd y byddai trethdalwyr Anghydffurfiol o dan orfodaeth i gyfrannu tuag at gynnal ysgolion eglwys. Yn bwysicach, ni fyddai gan rieni Anghydffurfiol ddewis, os oeddent yn byw mewn ardaloedd un ysgol, ond i ddanfon eu plant i sefydliad Anglicanaidd, lle byddai athrawon yn eu trwytho yng nghredoau, defodau ac ymarferion yr eglwys sefydledig. Byddent yn rhwym, felly, o orfod cyfrannu'n ariannol at gyfundrefn addysg a fyddai'n hyrwyddo safbwyntiau crefyddol croes i'w hegwyddorion crefyddol hwy eu hunain. Hefyd, wrth wraidd y cyfan yr oedd anfodlonrwydd mawr fod Eglwys Loegr mewn sefyllfa (gan ei bod, yn wahanol i'r enwadau Ymneilltuol, yn eglwys sefydledig) i dra-awdurdodi ac i orfodi ei hewyllys ar y sawl na chytunai â'i chyfansoddiad a'i chredo.

Bu'r gwrthwynebiad cyhoeddus i'r mesur newydd (a ddaeth yn ddeddf ar 18 Rhagfyr 1902) yn anhygoel. Arweinwyr yr ymgyrch brotest oedd Lloyd George, Dr. John Clifford (radical, a phrif arweinydd y Bedyddwyr yn Lloegr), a Silvester Horne (gweinidog Annibynnol yn Kensington, Llundain, ac un a weithiai'n ddiarbed dros hyrwyddo cydweithrediad rhwng yr Eglwysi Rhyddion),[26] tri y bu Ungoed Thomas yn gohebu'n gyson â hwy trwy gydol yr ymgyrch. Ond er gwaethaf y cyfarfodydd cyhoeddus gorlawn, ac ambell gynnig ar gyfaddawd, gwthiwyd y mesur yn ddiseremoni drwy'r senedd heb unrhyw gonsesiynau o gwbl. Ar 17 Ionawr 1903, cyhoeddodd Lloyd George ei 'Maniffesto i Bobl Cymru', a ddilynwyd ymhen pedwar diwrnod gan araith o bwys ganddo yng

Nghaerdydd. Cyhoeddodd na ddylid gweithredu'r ddeddf heb i rai amodau allweddol gael eu derbyn: dylid dod ag ysgolion eglwys o dan reolaeth y sector cyhoeddus; dylid diddymu profion crefyddol; dylid darparu addysg grefyddol seiliedig ar y Beibl, yn hytrach nag ar unrhyw gredo neilltuol, i bob plentyn; a dylid caniatáu i enwadau unigol yr hawl i gyflwyno i'w plant eu hunain addysg grefyddol a fyddai'n gydnaws â daliadau'r enwad ei hunan. Yng Nghymru yr oedd y Rhyddfrydwyr a'r Anghydffurfwyr mewn sefyllfa fanteisiol i roi'r amodau uchod ar waith gan mai hwy oedd yn rheoli'r rhan fwyaf o'r cynghorau. 'Dim rheolaeth; dim arian' oedd un o sloganau poblogaidd y dydd. Yn wleidyddol, bu'r ymgyrch yn erbyn Deddf Addysg 1902 yn drobwynt. Yn Lloegr a Chymru bu'n fodd i droi'r farn gyhoeddus yn erbyn y Ceidwadwyr; tra oedd y mesur ar ei daith drwy'r senedd, collodd y blaid Geidwadol ddau is-etholiad (un yn Leeds a'r llall yn yr Alban), gan ennill y trydydd (yn Sevenoaks) â chroen eu dannedd yn unig. Yng Nghymru, o ganlyniad i etholiadau'r cynghorau sir ym Mawrth 1904, aeth rheolaeth pob cyngor i ddwylo'r Rhyddfrydwyr. (Y sefyllfa yn gyffredinol oedd: Rhyddfrydwyr, 639 sedd; Ceidwad-wyr, 157 sedd.) Yn addysgol, ni bu effeithiau'r ddeddf gyn amlyced. Er i'r Rhyddfrydwyr ennill etholiad cyffredinol 1905, bu feto Tŷ'r Arglwyddi yn rhwystr iddynt rhag newid cynnwys y ddeddf, ond parhaodd y gwrthwynebiad iddi i fudlosgi am flynyddoedd. Llwyddwyd i wireddu nifer o'r amodau a amlinellwyd ym 'Maniffesto' Lloyd George.

Yng Nghaerfyrddin bu'r gwrthwynebiad i'r ddeddf yn foment ddiffiniol, gan iddo fod yn gyfrwng i drosglwyddo grym politicaidd yn ddiwrthdro i ddwylo'r Rhyddfrydwyr, ac oddi mewn i'r blaid Ryddfrydol i'r adain radical ac Anghydffurfiol. Un o'r symbylwyr amlycaf, odid y prif gatalydd, y tu ôl i'r symudiad hwn oedd Ungoed Thomas. Bu ganddo ran allweddol yn y gwaith o gydlynu lluoedd y brotest, ac yn sgil hynny dringodd i fod yn un o arweinwyr mwyaf dylanwadol y Rhyddfrydwyr yn etholaeth Caerfyrddin. Noda yn ei ddyddlyfr ar Sadwrn, 27 Mehefin 1903:

Attended at 2 p.m. meeting in Guildhall to protest against the County Council putting the voluntary schools [h.y. yr ysgolion eglwys] on the rates. Meeting addressed by Lloyd George, M.P., Brynmor Jones, M.P., and the Rev. Elfed Lewis. Enthusiastic meeting.

Ynghyd ag arwain y gwrthymosodiad yr oedd Ungoed Thomas yn barod hefyd i aberthu'n bersonol ac yn ariannol dros yr achos. Dyma'i gofnod ar gyfer dydd Mercher, 15 Gorffennaf 1903: 'A.L.L. Davies, Rate Collector, called concerning my refusal to pay Education Rate to sectarian schools'. Ac yna'r cofnod am y dydd Mawrth canlynol (21 Gorffennaf): 'Attended memorable County Council meeting at Guildhall. County Council voted by 38 to 13 not to levy rate to sectarian schools, unless handed over to Council. 8 p.m. Spoke at Passive Resistance meeting in Guildhall. Crowded meeting'.[27] Gan i Ungoed Thomas wrthod talu'r dreth addysg gorfu iddo roi cyfrif gerbron ei well: 'Appeared before magistrates as a "Passive Resister". My goods to be distrained and sold for payment of Education Rate. Court crowded. Eight Resisters summoned' (Llun, 27 Gorffennaf 1903) – cofnod sy'n diweddu â'r sylw arwyddocaol: '7 p.m. Prayer Meeting'. Beth bynnag am y cynyrfiadau yn y byd mawr oddi allan, nid oedd dim i amharu ar batrwm defosiwn y gweinidog a'i braidd.

Roedd treial y gwrthwynebwyr goddefol yn achlysur o bwys; wrth ochr Ungoed Thomas safai rhai gweinidogion adnabyddus eraill, megis W.S. Jones (gweinidog Penuel, Caerfyrddin), Edward Davies, A. Fuller Mills a W.W. Lewis.[28] Yn ôl adroddiad y *Welshman* cawsant ddiwrnod i'w gofio (*'a field day'*). Yn gyntaf, gwrthodasant dderbyn tri o'r pedwar ynad gan eu bod yn aelodau o'r cyngor tref, sef y corff a oedd yn gyfrifol am gyhoeddi'r gwysiadau. Yna, ar yr un sail, cwestiynwyd rôl y clerc (ef, yn amlwg ddigon, oedd arweinydd y gwrthwynebwyr); holodd Ungoed Thomas sut y gallai clerc y dref weithredu fel ymgynghorwr cyfreithiol i'r ynadon ac yntau hefyd yn gyfarwyddwr i'r achwynwyr yn yr achos, sef y cyngor tref. Ni symudwyd y clerc, ond tanseiliwyd ei awdurdod yn sylweddol. Wedyn, mynnodd y gwrthwynebwyr eu bod yn bodloni talu'r dreth, ac eithrio'r gyfran a neilltuwyd i ysgolion eglwys. (Yr oedd hyn yn codi problem, gan nad oedd swm penodedig wedi cael ei glustnodi i'r pwrpas, ond amcanai Ungoed Thomas ei fod tua saith ceiniog y pen.) Hawliodd un amddiffynnydd y dylai'r achos gael ei gynnal yn Gymraeg. Crynhowyd natur y brotest gan sylwadau Ungoed Thomas: 'I cannot conscientiously pay 7d. a year to teach a creed that undermines my creed. I am perfectly willing for those who believe in the creeds to teach them, but not at my expense'.[29] Derbyniodd gymeradwyaeth uchel o'r oriel gyhoeddus.

Bu'n rhaid i Ungoed Thomas ymddangos eilwaith gerbron yr ynadon (y tro hwn gyda 27 o'i gyd-wrthwynebwyr), ar 19 Hydref 1903, ac fe'i cafwyd yn euog. Y canlyniad oedd i lawer o'i ddodrefn gael ei symud o'r mans, i'w werthu mewn arwerthiant cyhoeddus. Aed â'i oriawr aur, oedd yn rhodd briodas iddo, a rhai misoedd yn ddiweddarach ei ddesg o'r stydi, sef y ddesg a anrhegwyd iddo ar achlysur ei ymadawiad ag eglwys Moriah, Rhisga. Ar 29 Hydref 1903 cofnoda i ddau heddwas (y Rhingyll Phillips a'r Cwnstabl Ludwig) alw i fynd â'i eiddo i'r arwerthiant; cludwyd peiriant gwnïo Mrs. Thomas yn fen G. Bland Davies. Eithr nid oedd y sefyllfa yn un anadferadwy. Yr oedd cyfeillion y gwrthwynebwyr wrth law yn yr arwerthiannau hyn i brynu peth o'r offer yn ôl, a thrwy hynny adferwyd desg Ungoed Thomas, ynghyd â pheiriant gwnïo ei briod. Cyfeiria yn ei ddyddiadur (29 Gorffennaf 1903), i rai 'Church people' (hynny yw, yn fwy na thebyg, rhai o aelodau eglwys y Tabernacl) dalu drosto y gyfran o'r dreth yr oedd yntau wedi ei dal yn ôl, a'i fod wedi ysgrifennu i un o'r papurau lleol i ddatgan ei anghymeradwyaeth! Yn yr un cofnod nodir bod cyfarfod o bwyllgor y gwrthwynebwyr wedi ei gynnal yn festri'r Tabernacl am 8.30 yr hwyr. Dyma dystiolaeth, felly, fod trwch aelodau eglwys y Tabernacl, beth bynnag am eu daliadau gwleidyddol, yn llwyr deyrngar i'w gweinidog yn ei safiad diwyro.

Nid bod y mater wedi gorffen yn derfynol yn y fan honno yn hanes Ungoed Thomas. Ddydd Gwener, 20 Ebrill 1906, ymddangosodd adroddiad yn y *Welshman* yn tynnu sylw at brotest yr Archddiacon Owen Evans yn erbyn mesur addysg y llywodraeth, yn arbennig yng nghyd-destun y sefyllfa yn ysgol Heol y Prior, Caerfyrddin. Onid oedd yr ysgolion hyn (hynny yw, yr adrannau babanod a chynradd) wedi eu hadeiladu gan eglwyswyr, ar eu traul eu hunain, er mwyn i blant yr Eglwys dderbyn hyfforddiant yn ffydd eu rhieni fel rhan o'r cwricwlwm dyddiol? Aeth yr archddiacon yn ei flaen i ddadlau na fyddai Anghydffurfwyr yn fodlon â sefyllfa debyg pe bai'r esgid ar y droed arall, hynny yw, pe baent hwythau o dan orfodaeth i ymatal rhag dysgu eu hegwyddorion hwythau i blant a dderbyniai eu haddysg mewn ysgol a waddolwyd gan y capeli. Prin y gallai Ungoed Thomas ymadawelu yn wyneb ymosodiad o'r fath, ac ar ddydd Gwener, 27 Ebrill 1906, cyhoeddodd y *Welshman* ei ateb yntau i ensyniadau'r archddiacon. Wedi rhoi'r ystadegau am niferoedd y disgyblion yn ysgol

Heol y Prior (plant o deuluoedd Anghydffurfiol: 197; plant o deuluoedd
Eglwysig: 115), a olygai fod plant o deuluoedd Ymneilltuol, er eu bod yn
y mwyafrif, o dan orfodaeth i dderbyn addysg grefyddol Anglicanaidd, y
mae Ungoed Thomas yn mynd yn ei flaen i ymosod ar agwedd meddwl ei
erlynydd, ac i fynegi syndod bod un a drwythid mor llwyr yn y grefydd
Gristionogol mor barod i ddirmygu Cristionogion o berswâd enwadol
gwahanol:

> It is almost incredible that a public teacher of the Christian religion
> should insult the intelligence of Nonconformists and question the
> morality of Nonconformist leaders ... Free Churchmen have always
> taught from their pulpits to cultivate independence of thought in
> relation to every religious, social, political, national and international
> subject, to accept no statement from any man, whether politician, or
> preacher, or priest, without first of all comparing it with the infallible
> teaching of Christ ... with the result most Nonconformists read,
> think, and act for themselves in an intelligent fashion. Their leaders
> are not 'political agitators for party purposes'.

Y mae sylwadau Ungoed Thomas yn noethlym, ac yn ddangoseg o'r pellter
a fu rhyngddo a ficer eglwys San Pedr am flynyddoedd lawer.

Brwydr bwysig arall yr ymdaflodd Evan Ungoed Thomas iddi â'i holl
egni oedd honno i ddatgysylltu a dadwaddoli Eglwys Loegr yng Nghymru.[30]
Yma eto gwelwyd ei alluoedd fel arweinydd yn dod i'r golwg, sef yr union
ddoniau a amlygwyd ganddo yn ystod y gwrthsafiad yn Rhisga i'r
bwriad o gysegru tir y fynwent newydd yn ôl trefn a defod yr Eglwys
Anglicanaidd. Yr oedd y ddadl o blaid ac yn erbyn y sefydliad eglwysig yn
adlewyrchu gwahanol farnau ynghylch natur y wladwriaeth. A oedd
honno'n sefydliad a urddasolid gan draddodiad ac a sancteiddiwyd gan
grefydd (a'r eglwys, felly, yn llawforwyn iddi, ac yn gyfrwng i hyrwyddo
ei pholisïau), neu, ynteu, a ydoedd yn ddim amgen na threfniant hwylus na
haeddai ond y pwerau lleiaf posibl?[31] Dadleuai'r Anghydffurfwyr y dylai
eglwys a gwladwriaeth fod yn ddau gylch annibynnol ar ei gilydd, ac na
ddylai'r eglwys, ar unrhyw gyfrif, fod megis maneg i'r llywodraeth ei
gwisgo'n esmwyth ar ei llaw. Roedd y sefyllfa yng Nghymru yn creu

annifyrrwch mawr. Mewn llythyr i'r *Welshman* (Dygwyl Dewi, 1912) taerodd Ungoed Thomas fod annhegwch mawr yng Nghymru yn y modd y gweinyddai'r Eglwys Wladol ei gwaddoliadau; yn hytrach na'i bod hithau'n gweithredu fel ymddiriedolwr dros y genedl gyfan, yr oedd dwy ran o dair o bobl Cymru (h.y. yr Anghydffurfwyr) nad oeddent yn elwa dim o'r buddsoddiadau hyn. Ac onid oedd yr Eglwys sefydledig yn ymarweddu'n uchel ael, ac yn rhoi'r argraff bod Anghydffurfwyr yn ddeiliaid ail-ddosbarth, pobl ddirmygedig nad oeddent yn perthyn i'r 'wir eglwys'?[32] Yn 1844 sefydlwyd yr *Anti-State-Church Association*, a adnabuwyd o 1853 ymlaen fel *The Liberation Society* (Cymdeithas Rhyddhau Crefydd oddi wrth y Wladwriaeth),[33] – cymdeithas y bu gwleidyddion o bwys megis Asquith, Campbell-Bannerman a Lloyd George yn gefnogol iddi, ac yn mynychu ei chyfarfodydd blynyddol – a hon oedd y cyfrwng pwysicaf i 'ddenu'r blaengar grefyddol i rengoedd yr actifistiaid radicalaidd, ffaith ganolog yn hanes gwleidyddol Cymru yn ail hanner y bedwaredd ganrif ar bymtheg'.[34]

Ddydd Sadwrn, 20 Hydref 1906, galwyd ar Ungoed Thomas i roi tystiolaeth gerbron y Comisiwn Brenhinol a sefydlwyd gan y Rhyddfrydwyr ym Mai 1906, a'r Arglwydd Ustus Roland Vaughan-Williams yn gadeirydd iddo, i archwilio sefyllfa Eglwys Loegr ynghyd â chyrff crefyddol eraill yng Nghymru. Yn ychwanegol at y cadeirydd yr oedd wyth o gomisiynwyr (pedwar Eglwyswr a phedwar Anghydffurfiwr) yn aelodau o'r panel, sef S.T. Evans, A.S.; Syr John Williams; yr Athro Henry Jones; J.E. Greaves (Arglwydd Raglaw Sir Gaernarfon); Frank Edwards, A.S.; yr Arglwydd Hugh Cecil; yr Archddiacon Owen Evans (yr oedd Ungoed Thomas eisoes wedi croesi cleddyfau ag ef ar dudalennau'r *Welshman*); a'r Prifathro A.M. Fairbairn. Ysgrifennodd Ungoed Thomas yn ei ddyddiadur ar y dyddiad uchod:

9.30 a.m. Left Thackerey Hotel for Palace Yard, Westminster. Sat in the chair as witness from 10 a.m. till 1 p.m. All Commissioners present. Gave evidence in answer to questions re. Nonconformity, Baptist Denomination, Baptist Church, Nonconformists of Carmarthen in general, Tabernacle church in particular.

Ar ddiwedd y sesiwn fe'i canmolwyd am ei 'eglurder a'i loywder', a bu'n wiw gan Dr. John Owen, esgob Tyddewi, ddiolch yn gyhoeddus iddo am ei ddull teg o gyflwyno'r ffeithiau. Cafodd eirda yn y wasg, a'i gymeradwyo fel 'tyst delfrydol'.[35] Yr oedd gan Ungoed Thomas barch mawr i John Owen (mab i wehydd o Sir Gaernarfon, a drodd o fod yn Fethodist Calfinaidd i fod yn Anglican; esgob Tyddewi ers 1897, ac un o'r Eglwyswyr mwyaf dylanwadol yng Nghymru yn y cyfnod hwn), a daeth y ddau i arfer parch mawr at ei gilydd. Yng ngoleuni'r cyfeillgarwch hwnnw, a'r edmygedd dwfn a deimlai'r naill at y llall, lluniodd Ungoed Thomas y frawddeg hon: 'Onid ydyw esgobion yn ddynion mawr, y mae perygl iddynt dyfu'n bechaduriaid bychain'.[36]

Pan oedd y frwydr dros ddatgysylltiad yn ei hanterth adroddir am y Canghellor John Hugh Watkins Jones, ficer Eglwys Crist, Abertawe, ŵyr i'r Parchg. Hugh William Jones, a gor-ŵyr i Titus Lewis, yn cerdded heibio i gapel y Tabernacl yng nghwmni'r Esgob John Owen. Mynegodd y Canghellor ei awydd i ymweld â'r Tabernacl unwaith eto gan iddo dreulio cymaint o'i amser yno pan oedd yn ifanc. Cawsant groeso mawr gan Ungoed Thomas, ac edrydd T. J. Evans am Watkins Jones yn esgyn i'r pulpud, yn agor Beibl ei dad-cu, a darllen ohono gyda dwyster, 'Ac ef a ddaeth i Nasareth, lle y magesid ef: ac yn ôl ei arfer, efe a aeth i'r synagog ar y Saboth, ac a gyfododd i fyny i ddarllen' (Luc 4: 16). Mae'n amlwg i hon fod yn foment deimladwy, ac yn yr awyrgylch defosiynol hwnnw, a'r tri erbyn hynny yn sefyll wrth y bwrdd cymun, offrymodd yr esgob weddi fyrfyfyr, a gweddïodd Ungoed Thomas ar ei ôl. Baich eu gweddïau y diwrnod hwnnw oedd ar i Dduw, er gwaethaf y rhaniadau a'r rhwygiadau a oedd yn nodweddu'r eglwys Gristnogol yng Nghymru ar y pryd, roddi iddynt weledigaeth newydd am y modd y gallent gydweithio'n agosach â'i gilydd yng ngwasanaeth Teyrnas Crist.[37]

Dengys y deipysgrif o gyfweliad Ungoed Thomas o flaen y Comisiwn (sydd yn ffynhonnell werthfawr o wybodaeth nid yn unig am y diffyg perthynas rhwng yr eglwysi a'r capeli, ond hefyd am y modd y gweinyddid eglwys y Tabernacl yn ystod chwarter cyntaf yr ugeinfed ganrif) nad oedd Thomas ar delerau da o gwbl â'r cadeirydd, na'r cadeirydd ag yntau, bod yr holl drafodaeth rhyngddynt yn ffurfiol a ffeithiol, a bod nifer o'i atebion cychwynnol i Syr Roland Vaughan-Williams yn gwta ac unsillafog e.e.:

Question 884 (Chairman): The name of your chapel is Tabernacle?
Answer: Quite so.
Question 897: You were appointed in 1892?
Answer: That is so.
Question 898: I daresay that you have known Carmarthen for some time previously to that?
Answer: Yes.[38]

Bum mlynedd yn ddiweddarach ysgrifennodd Ungoed Thomas sylwadau pur finiog am y Comisiwn, ac yn enwedig am y cadeirydd:

O'r diwedd cyhoeddwyd Adroddiad Dirprwyaeth Ymchwiliadol yr Eglwys yng Nghymru. Cyrddau ystormllyd gafodd, a hynny oblegyd annealltwriaeth rhwng y Dirprwywyr parthed natur y gwaith oeddent i'w wneyd. Mantais oedd cael Eglwyswr yn gadeirydd, ond anfantais fu mai y Barnwr Vaughan-Williams oedd yr Eglwyswr hwnnw. Darllenodd ef dermau appwyntiad y Ddirprwyaeth mewn ffordd gul iawn. Trwy hyn cauodd allan lu o ffeithiau roddent oleu ar y bywyd moesol a chrefyddol yng Nghymru, a'r ymdrechion a wnaed, 'i godi yr hen wlad yn ei hol'. Fel cadeirydd y Dirprwywyr cododd gwendid y Barnwr Vaughan-Williams o'i anallu i anghofio ei swydd fel Barnwr. Barnwr ac nid cadeirydd a fu ymhob eisteddiad o eiddo y Ddirprwyaeth.[39]

Oeraidd a phell hefyd oedd y berthynas rhwng Ungoed Thomas a'r Archddiacon Owen Evans (a'r eglwys a wasanaethai), am flynyddoedd lawer, fel y tystia adroddiad y Comisiwn:

Question 1036 (Chairman): Do you work, as far as objects are concerned, in unison with all the other Christian churches in Carmarthen?
Answer: Formally in unison with all the other Free Churches, but there is no connection, so far as I have been able to find, between the Established Church and the churches of the free order.
Question 1037: You do not quite understand my question. In free

churches the introduction of the adjective 'free' merely describes a political condition; is not that so?

Answer: I include in the word 'free', Congregationalists, Methodists, Wesleyans, and Baptists for this purpose.

Question 1039: You do not include all free churches, because for instance, you do not include Roman Catholics?

Answer: No.

Question 1051. Do you find that you are able to work harmoniously and in a friendly spirit with other Protestant Churches in Carmarthen?

Answer. Decidedly. If I had the opportunity I am prepared any day.

Question 1052. I am not asking if you had the opportunity. Do you in fact do so?

Answer. In fact I do not get the privilege of working with the ministers of the Established Church as I do with the ministers of the four Denominations. I may mention this one fact, some Vicars in Carmarthen I have never met to speak to, that shows that there is separation. Of course I wish I had the privilege of working with them, as I work with other ministers.

Question 1054. Is it a privilege that you desire to have?

Answer. Decidedly, because there is plenty of work there.

Question 1066. Have you had the privilege of the acquaintance of one of our Commissioners, Archdeacon Owen Evans? He has been there some time.

Answer. No, I have not. I know him by sight.

Question 1067. He is the Vicar of St. Peter's in Carmarthen?

Answer. Yes. I know the gentleman by sight, that is all.[40]

Y dieithrwch hwn, a'r gagendor llydan rhwng eglwys a chapel (yn arbennig mewn lle mor draddodiadol Anglicanaidd â Chaerfyrddin), a'r ffaith fod y naill ochr a'r llall mor ddifrïol o'i gilydd, a barodd i Ungoed Thomas lunio'r datganiad canlynol:

> Y mae'r Bedyddwyr yn wrth-esgobol.
> Y mae'r Bedyddwyr yn wrth-glerigol.

> Rhydd y Bedyddwyr y gwerth uchaf
> ar yr Eglwys Gristionogol, ac arddelant hi
> fel creadigaeth Crist ei hun.
> Fel yr Apostol Paul y maent yn
> unigolyddion brwd, ac yn eiddgar
> i amddiffyn breintiau gwerinol yr eglwys,
> os yw gwir ddeunydd y gymdeithas Gristnogol
> yn ddisgyblion cywir yr Arglwydd.

Ac eto, er bod y sefyllfa ryng-eglwysig yng Nghaerfyrddin yn llawn tyndra a thensiwn, bu'n rhaid i Ungoed Thomas gydnabod fod pob enwad a thraddodiad, fel ei gilydd, yn anelu at gyrraedd yr un amcanion:

> *Question 1045 (Chairman)*: I was asking you whether you really did not act in unison with (that is to say, aiming at the same objects and using substantially the same sort of means) all the Protestant Christian Churches in Carmarthen?
> *Answer*: Decidedly. We have the same Gospel; we offer the same Saviour; we try to promote the morality and spirituality of the community and elevate the people.
> *Question 1046*: So that, although your associations are different, you are fellow-workers in one big cause?
> *Answer*: Yes.

Ymhen blynyddoedd, a'r ddadl danbaid ynghylch datgysylltu wedi hen chwythu ei phlwc, 'cafodd Ungoed Thomas ei ymddiddan cyfeillgar a chalonagored cyntaf â'r Archddiacon Owen Evans, er i hwnnw fod yn ficer yng Nghaerfyrddin am flynyddoedd lawer',[41] ac o hynny ymlaen bu mesur o gyd-ddeall rhwng y ddau.

Mae'n ddiddorol nodi fod sawl ffotograff a dynnwyd o Ungoed Thomas yn ei ddangos â choler gron am ei wddf, a honno'n goler reit lydan. Yn hyn o beth, meddir, onid oedd (am un waith yn ei fywyd!) yn tynnu'n groes i'w egwyddorion? Sut y gallai Ymneilltuwr mor ddiedifar ag yntau gyfiawnhau ymwisgo'n glerigol? Er tegwch iddo, dylid nodi dwy ystyriaeth. Yn gyntaf, arferai nifer o weinidogion Bedyddwyr Lloegr fabwysiadu'r goler, ac yr oedd rhai eithriadau yng Nghymru, rhywrai megis T.R. Williams, gweinidog eglwys Maescanner, Dafen, 1909–1953, na welwyd mohono, odid fyth, heb ei goler ci. Ac yn ail, trwy ymddangos mewn lifrai clerigol oni ddatganai gweinidog y Tabernacl fod y weinidogaeth yr ordeiniwyd ef iddi yn gyfwerth, bob gafael, o ran ei hawdurdod a'i phwysigrwydd, â'r offeiriadaeth Anglicanaidd, ac nad oedd y gwaith a gyflawnai, mewn unrhyw fodd, yn llai dilys nac yn llai apostolaidd na'r hyn a gyflawnid o dan y drefn esgobol.

Ynghyd â'i genhadaeth ar lefel genedlaethol (bu'n teithio hyd a lled y wlad yn annerch cyfarfodydd), bu Ungoed Thomas hefyd yn gweithio'n ddiwyd yn ei ardal ei hun. Ar 9 Ebrill 1908 bu'n cadeirio cyfarfod datgysylltu yn Neuadd y Dref; y siaradwr gwadd oedd Howard Evans, ysgrifennydd y Gymdeithas Ryddhau. 'Church people in full force, and organised opposition. At question time, they became very rowdy. Stirred up by Church Defence Lecturer, and a curate or two, and local J.P.' (Mae'n debyg y cymhellwyd myfyrwyr Coleg y Drindod, Caerfyrddin – sefydliad Anglicanaidd – i fynychu cyfarfodydd cyhoeddus ac i annog y dyrfa i wrthwynebu'r mesur arfaethedig.) Ar Sadwrn, 18 Ebrill 1914, bu Ungoed Thomas yn sgwrsio â David Davies, Penarth,[42] a alwodd i'w weld yn y mans ynghylch hynt a helynt y mesur datganoli: 'Rumours of further concessions in the air. He is confident the Bill will go through as it is. He is on very friendly terms with Mr. R. McKenna, the Home Secretary. Rev. D. Davies has worked hard in the Disestablishment campaign, and is the highest authority on the Celtic Church, tithes, endowments, etc.' Y mae cofnod Ungoed Thomas ar y Sadwrn uchod yn gorffen â'r sylw hwn: '6 p.m. Idwal [ei fab hynaf] and I walked to Croesyceiliog to investigate the case of exorbitant charges of vicar of St. Ishmael, Ferryside for burial of Mrs. John Davies, a former member of mine. J. Davies not at home'. Mynnai Ungoed Thomas amddiffyn hawliau Ymneilltuwyr hyd yr eithaf, ac nid oedd yn ôl mewn beirniadu'r eglwys sefydledig os gwelai hi'n ymddwyn yn awdurdodus a thrahaus, a rhai o'i ficeriaid yn cymryd mantais ar deuluoedd anghydffurfiol nad oedd ganddynt ddewis ond i droi atynt am gymwynas.

Ym mis Ebrill 1912 cyflwynwyd gerbron y senedd fesur a ddirymai'r Eglwys Anglicanaidd yng Nghymru o'i statws fel eglwys wladol, a'i hamddifadu o ddeuparth o'i gwaddolion. Derbyniodd y mesur gymeradwyaeth y Tŷ Cyffredin ym mis Chwefror 1913, ond gan i Dŷ'r Arglwyddi ei wrthod ni ddeuai'n ddeddf heb i'r Tŷ Cyffredin ei basio drachefn mewn dau eisteddiad gwahanol. Digwyddodd hynny ym mis Gorffennaf 1913 ac ym mis Mai 1914, ac ar 18 Medi 1914 derbyniodd Mesur Datgysylltu'r Eglwys yng Nghymru y Gydsyniaeth Frenhinol. Erbyn hyn yr oedd y rhyfel rhwng cenhedloedd Ewrop yn 45 diwrnod oed, ac felly penderfynwyd gohirio'r ddeddf, ac ni ddaeth i rym tan 31 Mawrth 1920.[43] Yn wyneb y gohiriad hwn gwelodd yr Anglicaniaid gyfle i wneud un ymdrech fawr, olaf i ddrysu'r ddeddfwriaeth newydd; er eu bod yn derbyn erbyn hyn, fwy neu lai, bod datgysylltiad yn anochel, yr oeddent yn dal i obeithio y byddai modd gwanhau tipyn ar amodau'r ddeddf. Â hyn mewn golwg, yn gynnar yn 1914 buont yn ceisio ysgogi protest anghydffurfiol ar ffurf deiseb yn erbyn y ddeddfwriaeth newydd. Cythruddwyd llawer iawn o aelodau'r Eglwysi Rhyddion gan y fath haerllugrwydd, cam a ystyriwyd ganddynt nid yn unig fel un llechgïaidd, ond hefyd fel un anonest a chwbl ddichellgar. Fel y gellid disgwyl, ni allai Ungoed Thomas ymatal. Ar 13 Mawrth 1914, cyhoeddodd lythyr o dan y teitl, '*The Nonconformist Petition Fraud*', llythyr a agorai ar nodyn o eironi llym:

> This petition was heralded by a blast of trumpets, and the hierarchical proclamation of the spontaneous uprising of brave and pious Nonconformists against the awful sacrilege and vandalism involved in the wicked Welsh Disestablishment and Disendowment Bill … The canvassers of signatures in some places are Church of England parsons … In the town of Carmarthen they are mainly Anglican Church ladies … co-operation is impracticable until the Protestant religion is entirely emancipated from the thraldom of the state. The day of Freedom is about to dawn in Wales![44]

Arweiniodd hyn at storm o brotest, ac at lythyru chwyrn o du'r Anglicaniaid a'r Anghydffurfwyr fel ei gilydd. Yr hyn a brofai'r ohebiaeth hon oedd bod un mater yn ei amlygu ei hun yn anad un arall, sef rheolaeth dros fynwentydd eglwys. Fel y bu am ddegawdau, yr oedd hwn yn fater a oedd yn dal i gynhyrfu teimladau ac i ennyn dicter llawer iawn o bobl. Ar 25 Mawrth 1914, ysgrifennodd Ungoed Thomas lythyr (dau lythyr, i fod yn fanwl gywir), yn ateb sylwadau Griffith Thomas, ficer eglwys Dewi Sant, Caerfyrddin, ac ynddynt gwnaeth ddau osodiad pwysig. Yn gyntaf, bod nifer o ficeriaid (yn sicr ym marn yr Anghydffurfwyr) yn camarfer eu hawdurdod mewn achosion o gladdu aelodau o blith yr Ymneilltuwyr; nid yn unig yr oedd gan Eglwys Loegr hawl gyfreithiol i gladdu plwyfolion, ond yr oedd ganddi hefyd gyfrifoldeb ysbrydol a moesol i drefnu claddedigaeth urddasol i bawb o bobl y plwyf, heb fanteisio'n ariannol ar deuluoedd Ymneilltuol. Ac yn ail, yr oedd yn ofynnol i Eglwys Loegr dderbyn nad oedd hithau, ar ôl deddfwriaeth 1662, ond un ymysg nifer o enwadau yng Nghymru, ac felly bod y buddsoddiadau a'r gwaddoliadau a oedd yn eiddo iddi cyn y dyddiad hwn yn awr yn eiddo i'r genedl Gymreig gyfan. Yn ddiau, 'sicrhau Datgysylltiad oedd buddugoliaeth olaf yr hen Radicaliaeth',[45] buddugoliaeth a danlinellodd yr egwyddor fawr fod terfynau clir i rym gwladwriaeth, ac na ddylai honno fusnesa yn rhyddid crefyddol ei deiliaid.

O 31 Mawrth 1920 ymlaen, peidiodd Anglicaniaeth â bod yn grefydd swyddogol Cymru, daeth aelodaeth esgobion Cymru o Dŷ'r Arglwyddi i ben, a rhoddwyd statws cyfartal i bob enwad fel ei gilydd.[46] Eto i gyd, ni bu datgysylltu mor andwyol ag yr oedd y mwyafrif o Eglwyswyr wedi ofni. Yn gyllidol amddifadwyd yr Eglwys o waddolion gwerth £48,000 y flwyddyn. Y cyrff a elwodd o'r broses oedd y cynghorau sir a Phrifysgol Cymru, ond gan i'r gwaith o ddadwaddoli fod mor gymhleth ac araf, nis cwblhawyd hyd 1947. Bryd hynny trosglwyddwyd swm o £2,466,617 i'r cynghorau sir a swm o £989,196 i'r Brifysgol, a defnyddiwyd yr arian i hybu amrywiaeth o brosiectau diwylliannol. O'r esgobion Cymreig bu A.G. Edwards (Llanelwy) a John Owen (Tyddewi) yn ddigon darbodus i gydnabod bod y datgysylltu yn eu gorfodi i greu talaith Gymreig o'r Cymundeb Anglicanaidd o dan arweiniad ei harchesgob ei hun.[47]

Y RHYFEL BYD CYNTAF

Bu dechrau'r Rhyfel Byd Cyntaf yn Awst 1914 yn achos loes calon a gofid dwfn i Ungoed Thomas. Cofnoda yn ei ddyddiadur yn ystod y mis: 'The Great European Powers are at war. European Nations and Christian

Civilisation are in the melting pot'(4 Awst); ac yna, ar y diwrnod canlynol (5 Awst 1914):

> Germany has refused to keep out of Belgium. This is most unfortunate for Germany and Britain. So, war is declared. The omniscient God only knows the extent of the awful carnage – hell of this greatest war in the history of the world – and what the outcome of it will be. God grant that a nobler, more Christian civilisation may spring up from the ruins, and that Jesus Christ will be acknowledged the King of all nations.

Ar brynhawn Mawrth, 18 Awst, aeth i gyfarfod gweddi undebol yng nghapel y Bedyddwyr Saesneg, a datganodd yn y fan honno: 'There is world war, and war is hell. The gates of hell have been opened, and we must endeavour to build a new world on the firm foundations of the teaching of Jesus Christ. This is a great opportunity for the Christian Church'.[48] Erbyn 28 Mai 1915 y mae ei bryder yn ddwysach nag erioed:

> News of this diabolical war still distressing. Another warship sunk in Dardanelles by German submarine. The mystery of life becomes more entangled than ever. The condition of "civilised" humanity is horrible. Still in the jungle, like wild beasts, men tearing each other to death, all to establish the power of kings. This condition of things is a severe test of faith.

Ac eto nid yw'n llwyr ddiobaith: 'But God still rules, and will work through this "hell" to the redemption of the Race'.

Y foment y rhoddwyd sêl bendith ar y Mesurau Gwasanaeth Milwrol (Ionawr a Mai 1916), lansiodd Lloyd George (a ymhyfrydai yn y pwerau a'r cyhoeddusrwydd a roddwyd iddo fel gweinidog arfau yn llywodraeth glymbleidiol Asquith, ac a wrandawai'n eiddgar ar gri rhyfelgwn y blaid Dorïaidd) ymgyrch gonscriptio, gan ymosod yn ddidrugaredd ar y sawl a heriai egwyddor gwasanaeth gorfodol, ac yn arbennig y rhai a wrthodai ryfela ar dir cydwybod. Tyngodd Lloyd George y gwnâi lwybr y gwrthwynebwyr cydwybodol 'cyn galeted â phosibl'. Fel y newyddiadurwr E. Morgan Humphreys (cyn gyfaill i Lloyd George, a chefnogwr amodol i'r rhyfel ar y cychwyn), a gollodd ei swydd fel golygydd *Y Goleuad* am iddo ddadlau bod Anghydffurfiaeth wedi ei sylfaenu ar hawliau cydwybod, ac na feddai unrhyw lywodraeth yr awdurdod i dreisio'r rhyddid hwnnw trwy orfodi gwŷr a gwragedd i godi arfau dros eu gwlad yn groes i'w hewyllys,[49] barnai Ungoed Thomas fod datganiad Lloyd George yn tanseilio ei gred sylfaenol yntau yn rhyddid yr unigolyn, a'i fod yn gwbl wrthun ac annerbyniol. Ysgrifennodd yn gynnar yn 1916:

> The acknowledgment of the state's right to force its young citizens, against their own reason, conscience and inclination, to maim and kill their fellow men, indicates the extent to which the Kingdom's morals have deteriorated.[50]

Gwrthodai annerch mewn cyfarfodydd ricriwtio, a chondemniai waith gweinidogion megis John Williams, Brynsiencyn, a esgynnai i'r pulpud mewn lifrai milwrol, ac a ddefnyddiai ei ddoniau areithyddol, ysgubol er mwyn dwyn perswâd ar fechgyn Cymru i ymuno â'r lluoedd arfog. Yn wir, i Ungoed Thomas a chyd-Ryddfrydwyr megis Llewelyn Williams,[51] yr oedd penderfyniad y llywodraeth i weithredu polisi gwasanaeth milwrol gorfodol yn arwyddo trobwynt yn hanes gwleidyddiaeth radical. Ys dywed Jasper Ungoed-Thomas:

> The sort of jingoistic liberalism, severed from any anchor of principle, now being espoused by Lloyd George and many other Liberals, could never win the support of radical Nonconformity.[52]

O hyn ymlaen ni fynnai Ungoed Thomas gefnogi Lloyd George, ac oerodd y berthynas rhyngddynt. Er hynny ni leihawyd dim ar ei deyrngarwch i'r blaid Ryddfrydol; ymddangosai'n gyson ar y llwyfan gwleidyddol, ac yr oedd yn un o bersonoliaethau amlycaf y blaid yn Sir Gaerfyrddin, odid yn Ne Cymru, ac etholwyd ef yn gadeirydd Cymdeithas Ryddfrydol Bwrdeistrefi Caerfyrddin a Llanelli, apwyntiad a ddeuai â chryn gyfrifoldeb ynghyd â chryn anrhydedd yn ei sgil.

Fel gweinidog suddai ei galon ym mlynyddoedd y rhyfel wrth syllu ar y seddau gweigion ar flaen oriel y capel, a'r bechgyn a arferai eistedd ynddynt wedi eu galw i'r gad. Noda, ar 16 Medi 1915, iddo ymweld â mamau'r milwyr hynny o'r Tabernacl 'a aeth heddiw i'r Dardanelles'. Ar 1 Hydref 1915, daw'r newydd bod y Rhingyll Ishmael Phillips (mab George Phillips, un o ddiaconiaid y Tabernacl) wedi ei ladd yn Ffrainc: 'A few weeks ago I wished him 'Good bye'. He hoped to return with a V.C. Went to see his parents'. Yn ystod y gwasanaeth ar nos Sul, 24 Hydref 1915, y mae'n darllen rhestr enwau y 49 o filwyr, cysylltiedig â'r Tabernacl, oedd â rhan yn y rhyfel, ac mae'n offrymu gweddi drostynt. Ingol yw'r cofnod ar gyfer y 29 Tachwedd dilynol:

> Letter today asking me to break the news of departure of Robert Jones from "Dublin Barracks" to the front. Went [to his home]. His mother most anxious about him. Failed to break the news to her. Decided to do so through her daughter. This is one of the new difficult duties of Christian Ministers. Hearts are being crushed in homes with sons in the front. "God save the people."

Yr oedd angen ymweliad bugeiliol ar y deunaw cartref lle roedd pryder mawr ynghylch meibion a gwŷr a oedd yn filwyr (16 Ebrill 1917); yr oedd angen cysur ar Mrs. Thomas, Bronhaul, a'i mab, Tom, wedi gadael y diwrnod hwnnw (14 Awst 1918) am Ffrainc. Trwy gydol y rhyfel bu'r gweinidog yn llythyru â bechgyn y Tabernacl oedd ar y maes, yn ymweld â'r cartrefi lle roedd gofid am anwyliaid, ac yn gweini cysur i'r galarus a'r amddifad. Rhwng 1914 a 1918 bu'n pregethu'n ddi-dderbyn-wyneb yn erbyn rhyfel, ac yn galw am gadoediad buan rhwng y gwledydd. Paratôdd bregeth ar y testun, 'Efe sydd yn iacháu y rhai briwedig o galon, ac yn rhwymo eu doluriau' (Salm 147: 3), a'i thraddodi nid yn unig yn ei bulpud ei hun ond mewn llawer o gapeli eraill lle y gwahoddid ef i bregethu, a bu'r neges, yn ôl pob tystiolaeth, yn gyfrwng diddanwch mawr i'w wrandawyr mewn dyddiau blin.

Nid oedd neb yn fwy balch nag Ungoed Thomas o weld bechgyn y Tabernacl yn dychwelyd adref. Ar nos Wener, 18 Ebrill 1919, cynhaliwyd Te Croeso iddynt yn y festri, ac yn ystod y cyngerdd dilynol cyflwynwyd sofran aur i bob un ohonynt yn enw'r eglwys. Y noson honno ysgrifennodd y gweinidog yn ei ddyddiadur:

It was very cheering to see so many returned – some of them have been severely wounded but now nearly well. Some will bear the scars and affliction during their whole life. But alas, five have been left buried in the battlefields. John Griffiths, father of Ivor Griffiths (killed in Egypt) spoke in the meeting. Pathetic.

Eithr nid oedd y gwaith a oedd yn gysylltiedig â'r rhyfel drosodd. Gwahoddwyd Ungoed Thomas i fod yn aelod o ddirprwyaeth o bymtheg o weinidogion Ymneilltuol o Gymru a oedd i dreulio pythefnos yn Ffrainc yn trafod mesurau heddwch, ond ar y funud olaf gohiriwyd yr ymweliad, a bu hyn yn siom fawr iddo.[53] Gofynnwyd iddo ymweld â'r gwrth-wynebwyr cydwybodol a ddaliwyd yng ngharchar Caerfyrddin.

Saw 4 to speak to. They registered as Baptists. About 12–15 there besides. Promised them to write to their homes. I talked about the prison life here. They are comfortable. Humane treatment by Christian officers – and warders. They want me to arrange a preaching service for them. Shall see the governor and chaplain.[54]

Llawenhâi yn fawr am fod Cynhadledd Heddwch Paris wedi cytuno mewn egwyddor y dylid sefydlu Cynghrair y Cenhedloedd:

God's hand is very evident in it all. Dr. [Woodrow] Wilson and Mr. Lloyd George have convinced Mr. Clemenceau, the French Premier, of the need of the League of Nations, against the old plan of "The Balance of Power", in which the French Premier believed. God be praised. This quickens me to more earnest prayer for God's guidance and control in the Peace Conference.[55]

Ffieiddiai Ungoed Thomas y rhyfel, a gwnâi bopeth yn ei allu i liniaru ei effeithiau erch ar bobl ei ofal. Yr oedd conscripsiwn, ffyrnigrwydd y brwydro, y colledion trymion ar faes y gad, a'r chwalfa gymdeithasol a ddeuai yn sgil y drychineb, yn bethau a ysigai ei ysbryd i'r gwraidd, a dyheai am weld terfyn cynnar ar yr ymdaro. Ac eto, yn wahanol i heddychwyr megis y Presbyteriaid J. Puleston Jones (gweinidog dall eglwys Penmount,

Pwllheli), a George M. Ll. Davies; yr Annibynnwr Thomas Rees (prifathro
Coleg Bala Bangor); a'r Bedyddwyr E. K. Jones, Wyre Lewis, Lewis
Valentine (a ddychwelodd o frwydrau'r Somme a Passchendaele wedi ei
argyhoeddi na fedrid cyfiawnhau rhyfel ar unrhyw delerau am ei fod yn
groes i ewyllys Duw, a bod 'rhagrith, budrelwa a hunangarwch ac aflendid
yr eglwysi'[56] a gefnogai'r rhyfel ar y dechrau, yn ddim llai na brad), a Ben
Meyrick (un o fyfyrwyr Coleg y Bedyddwyr, Bangor a safodd fel gwrth-
wynebydd cydwybodol, ac a ddedfrydwyd i ddwy flynedd o lafur caled);
a'r newyddiadurwr a'r academydd, T. Gwynn Jones (a drodd ei gefn ar yr
eglwys, ac ar y ffydd, o ganlyniad i'r jingoistiaeth a bregethid o bulpudau'r
wlad), nid pasiffist absoliwt mo Evan Ungoed Thomas. Yr argraff a geir yw
iddo ddod i'r casgliad – o'i anfodd, mae'n wir, ac eto hon oedd y farn y
daeth iddi – bod y rhyfel yn anorfod o ganlyniad i gyndynrwydd ac
anghymodlondeb yr Almaen ('gwrthododd yr Almaen gadw allan o wlad
Belg'). Yn ôl y propaganda cyfredol ni bu gan Brydain (a hithau'n ddieuog,
ac yn sefyll ar y tir moesol uchel) ddewis ond i gyhoeddi rhyfel er mwyn
achub gwlad fechan rhag rhaib a gwanc gwladwriaeth rymusach. Er nad
oedd Ungoed Thomas yn un i gael ei hudo'n ddifeddwl gan y farn gyhoeddus,
yn yr achos hwn ymddengys iddo gytuno â'r farn honno. Er iddo lefain ar
21 Mehefin 1915, 'O, the terrible war, caused by a few of wicked ambition',[57]
ni ddatganodd unwaith ei anallu, ar dir Cristionogol, i'w gefnogi. I'r
heddychwr o Gristion, ni ellid cyfiawnhau'r drin o dan unrhyw amodau,
gan iddi fod yn groes i egwyddor ganolog y ffydd Gristionogol na fedd
neb yr hawl i ladd ei gyd-ddyn, ac na ddylid fyth ddefnyddio dulliau trais
i wrthsefyll drygioni. Barnai Thomas ar y llaw arall, a hynny mewn gofid
dwfn, fod y rhyfel yn un na ellid ei osgoi, a bu'n barod i gyfaddawdu
ynghylch y mater. Pragmatydd ydoedd, felly, ac nid heddychwr diamod.
Yn yr achos hwn cytunai â safbwynt Gwili a ysgrifennodd yn *Seren Cymru*
ar 11 Awst 1916 (wedi iddo eiriol, 'O Dywysog Tangnefedd, deled dy
deyrnas', a deisyf ar i'r 'angenfilwaith' ddod i ben yn fuan):

> Ofer oedd gobeithio yn erbyn gobaith. Heuid had cynnen yn Ewrop
> ers llawer blwyddyn, ac am na fynnai'r pŵerau mawr ddysgu ffordd
> ragorach brawdgarwch a chydoddef, nid oedd modd, yn wyneb
> cyndynrwydd yr Almaen, droi heibio'r aflwydd …

Nid oedd hyn ond adlais o'r hyn a nodwyd gan Ungoed Thomas yn *Seren Gomer*, 13 Medi 1914, sef mai 'Germani achosodd y cynnydd anfad hwn' (h.y. yn y gwario gorffwyll ar adeiladu llongau rhyfel).

Nid oes unrhyw dystiolaeth i Thomas ymuno â Chymdeithas y Cymod, y mudiad Cristionogol, pasiffistaidd a sefydlwyd yn Rhagfyr 1914 (a'r ddau Gymro, Richard Roberts a G. M. Ll. Davies yn gweithredu fel ei swyddogion cyntaf)[58] er hyrwyddo heddychiaeth, a chrynhoi ynghyd y sawl a ddadrithiwyd gan agwedd *laissez-faire* yr eglwysi tuag at y rhyfel.

ENWAD Y BEDYDDWYR
Er ei holl lafur mewn cylchoedd cyhoeddus ni rwystrwyd Ungoed Thomas rhag cyfrannu'n sylweddol ac yn ddiflino i fywyd ei enwad. Os mai Rhyddfrydwr diwyro ydoedd o ran perswâd gwleidyddol, nid oedd unrhyw amheuaeth nad Bedyddiwr diymddiheuriad ydoedd o ran argyhoeddiad crefyddol, ac ar hyd ei weinidogaeth ymrôdd i hyrwyddo ac i amddiffyn egwyddorion y Bedyddwyr, ynghyd â neilltuo llawer o'i amser i wasanaethu'r enwad oedd mor agos at ei galon. Cyn gynhared â 1904, ac yntau ond yn ei ddeugeiniau, etholwyd ef yn llywydd Cymanfa Caerfyrddin a Cheredigion, anrhydedd a estynnwyd yn arferol i hynafgwyr. Dewisodd draethu o'r gadair ar y testun 'Addysg Grefyddol y Plant', pwnc a oedd wrth fodd ei galon, ac a roes gyfle iddo sôn am y datblygiadau yn ysgol Sul y Tabernacl. Ar 13 Ionawr 1909, bu'n annerch Cyfarfod Chwarterol y Gymanfa yn Ebeneser, Llangynog ar egwyddorion y Bedyddwyr, gan ymdrin yn benodol â dau gwestiwn, sef: (i) 'A ydym erbyn hyn yn enwad o Fedyddwyr Neilltuol?', a (ii) 'A ddylai gweinidog gyda'r Bedyddwyr roi Cymundeb i aelod clwyfedig?' (*afflicted* yn Saesneg, sef aelod a oedd naill ai yn euog o drosedd, neu a oedd yn anffyddlon i'w gydgynulliad, ac felly'n torri amodau'r cyfamod eglwysig). Ofn gweinidogion y cyfnod oedd y gallai caniatáu i berson o'r fath gyfranogi o'r Cymun olygu ei fod yn derbyn bendith ysbrydol nad oedd yn ei theilyngu, a hefyd bod modd i'w bresenoldeb fod yn andwyol i naws ddefosiynol oedfa, ynghyd â bod yn esiampl ddrwg i weddill yr eglwys. Mae'n amlwg fod Ungoed Thomas yn rhannu'r ofn hwn, a'i fod yn amheus ynghylch gadael i aelod anffyddlon dderbyn y Cymun, a hyd yn oed i'w bresenoli ei hun mewn oedfa gymundeb.

Pwysicach na hyn o safbwynt deall y modd y diffiniai, fel Bedyddiwr, gyfansoddiad eglwys, yw ei ateb i'r cwestiwn cyntaf. Rhaid cwestiynu beth yn union a olygai wrth ofyn, 'A ydym erbyn hyn yn enwad o Fedyddwyr Neilltuol?' Er gwaethaf anghydfod William Richards o Lynn, ac ymddangosiad y Bedyddwyr Cyffredinol yn nyddiau Titus Lewis, nid oedd ond un traddodiad, mewn gwirionedd, ymhlith Bedyddwyr Cymru, sef traddodiad y Bedyddwyr Neilltuol, Caethgymunol, gyda phob ehangu ac ystwytho a ddigwyddodd yn ddiweddarach yn digwydd yng nghyd-destun y traddodiad hwnnw. Fel y dengys T. Oswald Williams, 'Ymhen hanner can mlynedd wedi rhwyg Salem [yn 1799] diflannodd Eglwysi'r Bedyddwyr Cyffredinol fel ton ar wyneb y dŵr'.[59] Fodd bynnag, yr oedd y sefyllfa yn Lloegr yn wahanol, gyda'r Bedyddwyr yn y fan honno wedi ymrannu yn ddwy garfan weddol gyfartal yn ôl y modd y diffinient natur eglwys. Yr oedd y Bedyddwyr Cyffredinol yn olrhain eu dechreuad yn ôl at yr eglwys a sefydlwyd gan yr alltudion Piwritanaidd, Thomas Helwys a John Smyth, yn Amsterdam yn 1609. Yn ddiwinyddol dilynent ddysgeidiaeth Jacobus Arminius (1560–1609) gan gredu (yn groes i John Calfin) nad oedd dim yn anghyson rhwng sofraniaeth Duw a rhyddid ewyllys dyn, a bod iachawdwriaeth, felly, yn agored i bawb yn ddiwahân. Ar y pegwn arall credai'r Bedyddwyr Neilltuol (yn unol â dehongliad Calfin) yn athrawiaeth rhagarfaethiad, sef bod bywyd tragwyddol yn eiddo i'r etholedigion yn unig, tra bo tynged y rhai nas etholwyd yn un o ddamnedigaeth dragwyddol. Mae'n wir i'r ddwy garfan gytuno ar ryw fesur o gyfaddawd yn 1891, ond roedd amrywiaeth barn yn dal i rannu'r enwad ar ddechrau'r ganrif ddilynol. Tuedd y Bedyddwyr Neilltuol oedd cyfyngu aelodaeth o'r eglwys i'r sawl a fedyddid trwy drochiad ar broffes o'u ffydd yng Nghrist; hwythau hefyd – a hwythau'n unig – oedd â'r hawl i dderbyn y Cymun. Tueddai'r Bedyddwyr Cyffredinol fabwysiadu agwedd a oedd yn llawer mwy agored, gan dderbyn yn aelodau nid yn unig y rhai a fedyddiwyd trwy drochiad ond hefyd y rhai a daenellwyd yn fabanod. Ac ni chyfyngent yr hawl i gyfranogi o fwrdd y Cymun i'r sawl a dderbyniodd fedydd troch.[60]

Yr oedd y mwyafrif helaeth o Fedyddwyr Cymru yn ffafrio aelodaeth gaeedig, ac yr oedd Ungoed Thomas yn eu plith, ond gan nad Calfiniad uniongred mohono closiai at y Bedyddwyr Cyffredinol, ac arddel cymun agored, hynny yw, agored i bawb a gyffesai ffydd yng Nghrist, sut bynnag a phryd bynnag y bedyddiwyd ef. Eithr er nad Cymunwr caeth mohono, credai'n ddiysgog mewn aelodaeth gyfyngedig; iddo ef nid oedd ond un ffordd i ddod yn aelod o eglwys o eiddo'r Bedyddwyr, sef trwy fedydd crediniol. Dyma'r safbwynt a wnaed yn hollol glir ganddo yn anerchiad Llangynog, a dyma'r polisi a weithredid yng nghymdeithas y Tabernacl. Yn 1912 cyhoeddodd bamffledyn, *Llef yr Oes a Llais y Gair*, a oedd yn gyfrwng arall iddo ddatgan ac i gadarnhau ei safiad.

Yr hyn sy'n ddiddorol yn yr achos hwn yw bod Thomas yn ymagweddu fel Prydeiniwr, hynny yw, fel aelod o Undeb Prydain Fawr, ac nid fel Bedyddiwr nodweddiadol Gymreig. Gweinidogaethai mewn eglwys a oedd, oddi ar y flwyddyn 1885 (sef degfed blwyddyn teyrnasiad John Thomas), yn aelod o'r ddau undeb, yr un Cymraeg a'r un Saesneg, ac y mae'n amlwg ei fod yntau, ynghyd â'i eglwys, yn dymuno chwarae rhan flaenllaw yn y ddau. Caed awydd cryf ymhlith Cymry Oes Victoria i fod yn Brydeinig, i gymaint graddau nes y dymunai llawer gyfrannu at lwyddiannau'r Ymerodraeth, ac ni lwyddodd Ymneilltuaeth Gymreig i osgoi dylanwadu arni gan effeithiau'r ddeuoliaeth. Enghraifft arall o ddeuoliaeth Ungoed Thomas yw ei hoffter, er ei ruglder yn y Gymraeg (prawf o hynny yw ei erthyglau yn *Seren Cymru*, ac yn arbennig yn *Seren Gomer*, sy'n batrwm o Gymraeg rhywiog a safonol), o ddefnyddio'r Saesneg fel cyfrwng mynegiant. Ac eithrio ychydig gymalau prin ar y dechrau, ac ambell frawddeg hwnt ac yma, y mae'r dyddiadur a gadwodd drwy'r blynyddoedd yn uniaith Saesneg. Tra oedd y Gymraeg yn gyfrwng naturiol ac ymarferol ar gyfer yr ymgom ddyddiol (er mai Saesneg oedd iaith bob dydd aelwyd y mans), ynghyd â bod yn iaith mawl ac addoliad ar y Sul, Saesneg oedd iaith statws a grym, a rhaid oedd ei meistroli a'i hymarfer er mwyn dod ymlaen yn y byd. Tarddai'r agwedd daeogaidd hon at y Gymraeg o ddim llai na Sais-addoliad, a'r ymdeimlad fod cenedl y Cymry yn is-radd i'w chymdoges bwerus ar draws y ffin.[61] Ymddengys na lwyddodd gweinidog y Tabernacl i ymddihatru o'r fath waseidd-dra.

Ceir cyfeiriadau mynych yn nyddlyfr Ungoed Thomas at oedfaon bedydd a gynhaliwyd ganddo yn y Tabernacl, achlysuron pryd y gwelid y gweinidog yn gosod pwyslais mawr ar urddas ac arwyddocâd yr ordinhad.[62] O bryd i'w gilydd amlinella gynnwys y bregeth a draddodwyd ganddo mewn oedfa o'r fath, ac y mae hyn yn ddrych o'r modd y dehonglai yntau ystyr bedydd crediniol. Yn y gwasanaeth bedydd a gynhaliwyd ar y Sul, 27 Tachwedd 1927, pregethai ar 1 Pedr 3: 21: 'Yn yr arch fe achubwyd ychydig, sef wyth enaid, trwy ddŵr, ac y mae'r hyn sy'n cyfateb i hynny, sef bedydd, yn eich achub chwi yn awr, nid fel modd i fwrw ymaith fudreddi'r cnawd, ond fel ernes o gydwybod dda tuag at Dduw, trwy atgyfodiad Iesu Grist', a dyma brif osodiadau'r bregeth:

> Yn y Testament Newydd rhagflaenir bedydd gan edifeirwch am bechod, a chan ffydd yn aberth holl-ddigonol, iawnol ein Gwaredwr Iesu Grist.
>
> 1. Y mae bedydd yn symbol o iachawdwriaeth y pechadur yn a thrwy ffydd yn Iesu Grist.
> 2. Y mae bedydd yn Gyffes, yn Gyffes Gyhoeddus, o Iesu Grist fel Gwaredwr a Phatrwm Bywyd. Nid yw'r weithred o fedyddio ynddi ei hunan yn achub yr enaid. Yr Iesu atgyfodedig yn unig a wna hynny.

Y mae'r pwyslais ar y gair 'symbol' yn arwyddocaol, ac yn gyson â dysgeidiaeth y Bedyddwyr am ddiben ac effeithiolrwydd bedydd. Yn wahanol i'r traddodiad Catholig, lle mae'r sacrament ei hunan yn cyfryngu gras, i Ungoed Thomas arwyddlun yw bedydd, darlun o'r hyn a ddigwyddodd eisoes ym mhrofiad y credadun o ganlyniad i'w ffydd yn Iesu Grist. Y Crist atgyfodedig yn unig sy'n achub; yr hyn yw bedydd yw portread o'r hyn a wnaeth Crist, ac a wna Crist, yng nghalon y Cristion unigol. Pan gyfarfu Cyngor Undeb Bedyddwyr Prydain Fawr ac Iwerddon yn 'Baptist Church House', Llundain, 17 Mawrth 1925, i'r diben o adolygu cyfansoddiad yr Undeb, cynigiodd Ungoed Thomas y gwelliant canlynol: '… ac mai credinwyr a fedyddiwyd trwy drochiad yw unig aelodau eglwysi'r Undeb hwn'. Ni chafodd eilydd. Ni ellir ond dyfalu bod yr Undeb yn ofni colli o'i rengoedd yr eglwysi hynny a oedd yn arfer aelodaeth agored; ond ni allai neb amau ble y safai Ungoed Thomas ar y mater.

Bu'n aelod o Gyngor Undeb Bedyddwyr Cymru ar hyd tymor ei weinidogaeth, a llwyddodd i fynychu cyfarfodydd y Cyngor, ynghyd â chyfarfodydd blynyddol yr Undeb, bron yn ddi-fwlch. Gwahoddwyd ef i bregethu yng ngŵyl flynyddol yr Undeb ar fwy nag un achlysur, e.e. yn Lerpwl yn 1903. Etholwyd ef ar y pwyllgor a sefydlwyd yn 1907 i adolygu cyfansoddiad Undeb Bedyddwyr Cymru, ac yn ei ddyddiadur (Sul, 12 Mai 1907) dywed iddo fynd am dro ar hyd y prom yn Aberystwyth (gwasanaethai yn eglwys Bethel yn y dref honno, fore a phrynhawn) yng nghwmni'r Prifathro T.F. Roberts, o Goleg y Brifysgol (Bedyddiwr, a chyd-aelod o'r panel uchod), ac iddynt drafod y newidiadau posibl i'r cyfansoddiad yng ngoleuni 'Gwendidau, Rhagoriaethau a Phosibiliadau Enwad y Bedyddwyr yng Nghymru'. Ddeng mlynedd yn ddiweddarach y mae Ungoed Thomas yn addef fod ganddo bryderon mawr am gyflwr Undeb Bedyddwyr Cymru – 'I am afraid the Baptist Union of Wales is a nest of intrigues, plots and kindred evils'[63] – ond, ysywaeth, nid yw'n manylu ar y diffygion. Ynghyd â bod yn un o gynrychiolwyr Cymru yng nghynhadledd flynyddol Undeb Bedyddwyr Prydain Fawr ac Iwerddon yr oedd hefyd yn aelod o gyngor yr Undeb hwnnw, a phan gyfarfyddai'r cyngor yn 'Baptist Church House' yn Llundain manteisiai ar y cyfle i fynychu'r Tŷ Cyffredin, nid yn unig er mwyn gwrando ar y dadleuon ond hefyd er mwyn cyfarfod â John Hinds, Aelod Seneddol Gorllewin Caerfyrddin, a chyfaill mawr i Ungoed Thomas, ac eraill o aelodau seneddol Cymru.[64] Mor gynnar â 1898 (28 Chwefror) yr oedd yn bresennol yng Nghyngor Undeb Bedyddwyr Prydain Fawr pan roddwyd ystyriaeth i ymddiswyddiad Dr. Samuel H. Booth, ysgrifennydd amser llawn cyntaf yr Undeb, a fu yn ei swydd er 1877. Dengys hyn fod Ungoed Thomas yn cael ei ystyried, o gychwyn ei yrfa, ymhlith y blaenaf o weinidogion Cymru. Ac roedd yn bresennol drachefn yng Nghyngor BUGBI[65] ar ddydd Mawrth, 20 Ionawr 1925, pan enwebwyd Dr. Melbourne Evans Aubrey (mab i weinidog gyda'r Bedyddwyr Cymraeg) ar gyfer ysgrifenyddiaeth yr Undeb, yn olynydd i J.H. Shakespeare a ymddiswyddodd oherwydd salwch nerfol (bu o dan straen mawr am iddo argymell undod rhwng y Bedyddwyr ac Eglwys Loegr).

Cyflawnodd Ungoed Thomas waith mawr fel aelod o Bwyllgor Tŷ Cenhadol y B.M.S. (*Baptist Missionary Society*) , ac etholwyd ef ar y Bwrdd Ymgeiswyr, sef y pwyllgor a adolygai'r gwaith o gymeradwyo cenhadon ifainc ar gyfer y meysydd tramor. Cyfeiria'n rheolaidd at yr hyn a ddigwyddai yn y 'China Committee' neu'r 'India Committee', a'r cenhadon y deuai i gysylltiad â hwy, er enghraifft:

> Baptist Missionary Society. 2 p.m. China Committee. Many China missionaries present. On enforced furlough on account of military condition of the country – civil war. (Mawrth, 19 Gorffennaf 1927).
>
> Had conversation at breakfast table with a Chinaman, student of law from Singapore, and Negro from the Gold Coast, Africa – quite black, but intelligent. We three only at our small table. We discussed world peace, the League of Nations. I stated that Christianity was not national but international, world embracing. (Mercher, 20 Gorffennaf 1927)

Er bod ei sylw am Gristionogaeth mewn termau rhyng-genedlaethol yn brawf o ehangder ei feddwl a'i weledigaeth, hiliol ac annheilwng, a dweud y lleiaf, yw'r cymal, 'quite black, but intelligent'.

Trefnai Ungoed Thomas Sul Cenhadol yn y Tabernacl yn flynyddol (China Sunday; India Sunday; Africa Sunday). Ymhyfrydai ar Sul, 22 Mawrth 1925, am mai Thomas Lewis (cenhadwr yn y Congo, ac un a godwyd ym Mhontyfenni, Hendy-gwyn ar Daf) oedd y gŵr gwadd. Yn sicr, dwysawyd diddordeb Ungoed Thomas yn y gwaith cenhadol gan y ffaith fod ei frawd-yng-nghyfraith, Dr. George Howells (brawd Katherine Ungoed Thomas), yn genhadwr yn yr India (1895–1927), ac iddo wasanaethu am nifer o flynyddoedd fel Prifathro Coleg Serampore (350 o fyfyrwyr; 20 o athrawon – pob un wedi graddio yn M.A.). 'He is one of the finest men I know. Able, educated, self-sacrificing, and humble.'[66]

Yn Awst 1908 cafodd y fraint o gynrychioli Undeb Bedyddwyr Cymru yng Nghyngres Gyntaf Bedyddwyr Ewrop yn Berlin, a chael cyfle i ymweld â Wittenberg ('Saw place where Papal Bull was burnt, the University where Luther was professor'), Leipzig, Eisenach, Castell y Wartburg ('Saw his bedstead, writing table, the wall where he threw the ink, piece of tree under which he preached'), Cwlen a Bonn. Gadawodd anerchiad agoriadol Dr. John Clifford argraff fawr arno, ond gwendid y gyfres (yn nhyb Ungoed Thomas) oedd bod y rhaglen yn orlwythog a gormodedd o bapurau yn cael eu traddodi. Yr oedd hefyd yn un o gynrychiolwyr U.B.C. yng Nghyngres Bedyddwyr y Byd yn Philadelphia, U.D.A., yn 1911, a gofiwyd yn arbennig ar gyfrif pregeth rymus Thomas Phillips (un o feibion eglwys Rhydwilym; gweinidog eglwys Bloomsbury, Llundain oddi ar 1905, a apwyntiwyd yn brifathro Coleg y Bedyddwyr, Caerdydd yn 1928),[67] ar 'Ras a Gogoniant', 'pregeth fwya'r oes'.[68] Tra yn America bu Ungoed Thomas ar daith bregethu. Cadwodd ddyddiadur ychwanegol ar gyfer y daith hon, ond yn anffodus fe'i collwyd. Y mae'r ffeithiau canlynol yn hysbys: roedd ei gyhoeddiad cyntaf yn Slatington, Pennsylvania (23 Ebrill); yna trodd am y gogledd – i Rochester a Youngstown – cyn dychwelyd i Philadelphia; yna bu'n pregethu yn Chicago, Iowa (Long Creek), Missouri (Dawn), a Kansas (Emporia); ar drydedd ran ei daith aeth draw i'r gorllewin, i Los Angeles, Oakland a San Francisco. Ar 24 Gorffennaf bu'n gwasanaethu yn Landsford, Pennsylvania – ei oedfa olaf yn America. Yn ystod ei arhosiad o dri mis a hanner yn yr Unol Daleithiau cynhaliodd 43 o oedfaon mewn 37 o gapeli.[69] Yn 1913 cynhaliwyd Ail Gyngres Bedyddwyr Ewrop yn Sweden, ac unwaith eto yr oedd Ungoed Thomas yn un o'r cenhadon o Gymru:

> The Roll Call Meeting at Immanuelkyrkan, seating about 3,500. Overflow meeting in Bethelkappelet. I addressed both meetings as representative of Wales. (Sadwrn, 19 Gorffennaf)
>
> Evening at Betaniakyrkan to hear Professor Chance, Cardiff, read a paper on Roger Williams and Liberty. The few Welshmen present sang the Welsh hymn 'Gwaed y groes', and this hymn saved the meeting. (Sul, 20 Gorffennaf)

Gofid calon iddo oedd gorfod colli Trydedd Cyngres Bedyddwyr y Byd yn Stockholm yn 1923. Yr oedd y trefniadau wedi eu cwblhau, ond y diwrnod cyn iddo ymadael daeth y newydd am farwolaeth Miss Evans, 36 Teras Waterloo, 'un o'r goreuon o'm haelodau, ac a fu'n aelod yn y Tabernacl am 58 o flynyddoedd', a theimlai Ungoed Thomas bod rheidrwydd moesol arno i wasanaethu yn ei hangladd, yn unol â'i addewid gynharach i'r ymadawedig. Yr oedd colli Stockholm yn achos iddo golli llawer o gwsg, ac yn 'siom chwerw, chwerw'.[70] Amddifadwyd ef o'r cyfle i gyfarfod ag arweinwyr y Bedyddwyr ar draws y byd, rhai y bu yn eu cwmni yn ystod y cynadleddau blaenorol.

Yn ddiau un o uchafbwyntiau ei yrfa oedd iddo gael ei ethol yn Llywydd Undeb Bedyddwyr Cymru, a thraddodi ei anerchiad o'r gadair yng nghapel Penuel, Rhymni (30 Awst 1922) ar y testun, 'Heddiw'. Cyflwynoddodd ei araith o dan dri phrif bennawd: 1. Moesau Heddiw; 2. Bedyddwyr Heddiw; 3. Galwadau Heddiw. Ynddo bu'n ymdrin â dirywiad moesol yr oes, o safbwynt amharch at y Sabath, dylanwad y fasnach feddwol, y cynnydd yn yr achosion a glywid yn y llysoedd ysgar, a phoblogrwydd hapchwarae; tystiolaeth y Bedyddwyr mewn cyfnod o ansicrwydd mawr ynghylch y safonau moesol ac ysbrydol uchaf; a'r alwad i'r eglwys yn gyffredinol i ymateb yn ddewr a goleuedig i her y cyfnod. Cafodd ei sylwadau dderbyniad gwresog. Cyhoeddwyd cynnwys ei anerchiad (hirfaith!) yn gyflawn yn rhifynnau Medi 1922 o *Seren Cymru*. Yn ystod tymor ei lywyddiaeth ymwelodd â saith o'r deg cymanfa yng Nghymru (methodd ymweld â thair o'r cymanfaoedd gan fod eu cyfarfodydd yn cael eu cynnal ar yr un dyddiadau â rhai o'r gweddill), gan ddwyn cyfarchion iddynt yn enw'r Undeb, a'u hannog i beidio â llaesu dwylo mewn gweithgarwch. Fel rhan o'i araith yng Nghymanfa Dwyrain Morgannwg yn Salem, Porth (22 Mehefin 1922) bu'n feirniadol iawn o ffasiynau gwragedd ac o ymddygiad anweddus gwŷr ifainc, a rhoddwyd cyhoeddusrwydd i'w sylwadau yn y *South Wales News* a'r *Western Mail*:

> That the dresses of girls and women today were a positive snare to the virtue of young men, who required greater moral strength to keep themselves pure than did their fathers thirty years ago, was a statement made by the Rev. E. Ungoed Thomas of Carmarthen (president of the Baptist Union of Wales) in the course of a remarkable address at the annual meetings of the East Glamorgan Baptist Association.

Yng nghorff yr un anerchiad apeliodd yn daer ar ei gyd-Fedyddwyr i osgoi'r demtasiwn i gyfaddawdu ynghylch y safonau uchel y dylid eu disgwyl yng nghyd-destun y weinidogaeth Gristnogol:

The speaker urged the denomination to guard against sending weak men into the ministry. The ministry was no place for the man who could do no other kind of work, or for the man who was looking for a 'cushy' job. The claims of the future on ministers would be very severe, to say nothing of the claims of the present. The best possible training was also necessary.

Cadarnhaodd ei apêl wrth ymweld ag athrofeydd yr enwad ym Mangor a Chaerdydd pan fu'n annerch y myfyrwyr ar 'Weinidogaeth y Dyfodol', gan bwysleisio fod gwaith y weinidogaeth yn hawlio defosiwn personol, paratoad trylwyr, pregethu nerthol, ymroddiad bugeiliol ac ymdeimlad creiddiol o 'alwad' i'r gwaith ar ran pawb a fyn ymgymryd â hi. Mae'n amlwg fod hwn yn fater a bwysai'n drwm ar feddwl a chydwybod Ungoed Thomas; mynnai nad ar chwarae bach y dylai neb fentro i'r fath alwedigaeth, nac ychwaith gyflawni ei huchel ddyletswyddau. Ddechrau Mai 1922 mynychodd Gyfarfodydd Blynyddol BUGBI yn Neuadd de Monfort, Caerlŷr, a chael ei groesawu y tro hwn fel llywydd Undeb Bedyddwyr Cymru. Ymatebodd yntau trwy danlinellu egwyddorion sylfaenol y Bedyddwyr, ynghyd â chyfraniad Bedyddwyr Cymru i dystiolaeth fyd-eang yr enwad. Wrth reswm, bu'r galwadau ar ei amser yn drwm a chyson yn ystod tymor ei lywyddiaeth, ac ni bu yn ôl mewn diolch i aelodau'r Tabernacl am eu cefnogaeth a'u graslonrwydd yn ystod cyfnodau ei 'absenoldeb anorfod'.

Ac yntau'n llenor cyn fedrused nid yw'n syndod iddo gyfrannu'n helaeth at gyhoeddiadau ei enwad. Fe'i hetholwyd yn olygydd *Seren Cymru* yn 1928, ond y gwir yw fod ei gyfraniad i wythnosolyn ei enwad yn ymestyn yn ôl ymhellach o lawer na hynny. Bu'n aelod o fwrdd cyfarwyddwyr y papur am lawer blwyddyn (e.e.: 'Attended Annual Meeting of *Seren Cymru* shareholders in English Baptist Schoolroom' – 24 Mehefin 1910); cyfrannai erthygl o dro i dro, fel y gwnaeth yn gyson yn ystod ei ymweliad â'r Unol Daleithiau yn 1911, ac yn 1914 caed o'i law gyfres o erthyglau o dan y pennawd 'Trefna dy Dŷ', lle mae'n ymdrin â phynciau megis 'Eglwys Wag' (h.y. eglwys ddiweinidog, 6 Chwefror 1914), a 'Cwrdd y Bobl Ieuaingc' [*sic*] (20 Mawrth 1914); a gwasanaethai fel trysorydd corff ymddiriedolwyr y papur. Bu ei gyfraniad i *Seren Gomer*

yn fwy sylweddol fyth. Dengys y gyfres 'Trem ar Fyd ac Eglwys' (y bu'n
gyfrifol amdani rhwng 1909 a 1918) nid yn unig ei feistrolaeth o'r
Gymraeg, a'i afael sicr ar bynciau trafod yr oes, mewn byd a betws, ond
hefyd ehangder ei wybodaeth a'i ymgais i gloriannu dwy ochr dadl yn
gytbwys a theg. Wrth ganmol i'r cymylau gyllideb Lloyd George yn 1909
('Yn y Mesur Arianol danghosir fod calon y Canghellydd y Trysorlys yn
uniawn gerbron Duw a thuag at ddynion'), cyfiawnha'r penderfyniad i
'chwilio am dair miliwn ar ddeg o bunnau i alluogi Teyrnas Prydain i dalu
ei ffordd' am mai bwriad y Canghellor yw cymryd yr arian, nid o 'gylch
yr *Angenrheidiau*', ond 'o gylch y *Moethau*', ac fe all 'pob dyn a dinesydd
fyw heb foethau' (Gorffennaf 1909, t. 171) – enghraifft arall o'r haenen
biwritanaidd a welid yn amlwg yng nghyfansoddiad Ungoed Thomas. Iddo
ef (fel i Gwili, a groesawodd y gyllideb fel 'cyllideb werinol, deg a
chyfiawn … arwydd ein bod a'n gwyneb at y wawr'),[71] yr oedd y mesurau
economaidd newydd yn rhoi ar waith yr egwyddor Gristionogol o geisio
codi'r gwan i fyny, ac ymfalchïai yn y ffaith fod arweinwyr yr eglwys yn
Lloegr yn datgan cefnogaeth iddynt:

> Safodd Dr. Gore, esgob Birmingham, a Dr. Percival, Esgob Hereford,
> yn ôl y disgwyliad, yn gryf dros Gyllideb Mr. Lloyd George. Er fod
> y cyntaf o dueddiad Uchel Eglwysig a'r ail o duedd Efengylaidd,
> dealla y ddau amcan ac ysbryd Cristionogaeth, fel y gallu i godi y
> gymdeithas ddynol yn eu holl agweddau. (Ionawr 1910, t. 1)

Wrth gwrs, nid oedd ei drem ar fyd ac eglwys bob amser yn ddiragfarn.
'Y glowyr,' meddai, adeg anghydfod ynghylch cyflog yn 1911, 'safant y
tro hwn ar ochr iawnder, a'u meistraid ar ochr gormes' (Ionawr 1911,
t. 52), ond ddwy flynedd yn ddiweddarach bu'n llawdrwm iawn ei
feirniadaeth o ddulliau torcyfraith y Swffragetiaid:

> Gwneir difrod ar ôl difrod gan y merched a weithiant am y bleidlais
> i fenywod. Rhai wythnosau yn ôl gwnaethant golled o 500p trwy
> osod tan[*sic*] belennau yn nhŷ newydd Mr. D. Lloyd George, ond
> trodd allan mai nid ei dŷ ef ydyw, ac nad oedd wedi cael y brydles
> ar y tŷ oddiwrth y perchennog. Mawrth 20ed. gosododd y menywod

balas Lady White (gweddw Syr George White, y cadfridog, amddiffynnydd tref Ladysmith yn rhyfel De Affrica) ar dân. Llosgodd yn ulw. (Mai, 1913, t. 162)

Ymddengys nad oedd yn llwyr gefnogol i'w crwsâd, ac yntau'n ychwanegu, 'Teilwng yw eu hymdrech o well achos'.

Ni bu yn ôl mewn taro ergyd blaid-wleidyddol. Ym Mai 1911 y mae'n dadlau mai 'anfoddhaol iawn y parhâ penodiad Ynadon Heddwch gan yr Arglwydd Ganghellydd', o ystyried i naw Ceidwadwr a phedwar Rhyddfrydwr gael eu hapwyntio i'r fainc yn Sir Gaerfyrddin, 'mewn Sir a anfona dri Rhyddfrydwr a dim un Ceidwadwr i'r Senedd'. Ychwanega: 'Ceir yma lu o ddynion profedig wnelent well Ynadon na nifer o'r rhai a bennodwyd' (t. 165).

Casâi unrhyw ystryw a fanteisiai'n annheg ar y gwan a'r diamddiffyn. Cymeradwyai 'Mesur y Caethion Gwynion' (1912) a geisiai rwystro merched ifainc o'r Cyfandir a ddeuai i'r prifddinasoedd megis Llundain o dan y dybiaeth y cyflogid hwy fel morynion, ond a dwyllid gan 'bobl ddigydwybod a gwael i fyned i dai lle y llygrid eu purdeb' (Tachwedd 1912, t. 327), sef gan '… ddynion ymwleddant, ymloddasant, ac a dreisiant y diniwed trwy dwyll' (Ionawr 1913, t. 50). Ymfflamychai yn erbyn y cwmnïau busnes mawrion a ymelwai'n anghymesur o'r rhyfel: 'Bara drud i'r tlodion, miloedd o'u meibion wedi eu claddu yn nhir Ffrainc, a Chwmni Spiller and Baker yn gwneud £275, 513 yn fwy o elw na'r flwyddyn cyn hyn' (Mai 1915, t. 163). Protestiai am nad oedd Prydain yn barod i ganiatáu ymreolaeth lwyr i'r India, 'er i'r Indiaid diwylliedig brofi ac arddangos cymaint os nad mwy o allu llywodraethol na'r Saeson, Ysgotiaid ac Iwropeaid eraill a anfonir i India i lanw swyddi'r cyflogau uchel dan y Llywodraeth' (Ionawr 1918, t. 54).

Mor bell yn ôl ag Ebrill 1914 fe'i cymhellwyd gan Gomer Lewis, Abertawe, i gynnig am olygyddiaeth *Seren Cymru*, a'i anogwr yn addo ei gefnogaeth iddo. Yr ymgeisydd arall oedd Gwili, sef John Jenkins – prifardd coronog, a apwyntiwyd yn 1923 yn Athro Groeg y Testament Newydd yng Ngholeg y Bedyddwyr, Bangor. Yr oedd dwy ran i'r broses bleidleisio, ac yn ystod y ddwy pleidleisiodd Ungoed Thomas iddo'i hunan; yn y diwedd bu'n rhaid i'r cadeirydd, Gomer Lewis, roi pleidlais fwrw, a gwnaeth hynny o blaid Gwili, er dirfawr siom i Ungoed Thomas. ('He turned traitor. I forgive him, and will do my other work. I have not been ruffled at all by my failure, thank God').[72] Mae'n amlwg mai'r hyn a amlygai'r ffrwgwd oedd y gwrthdaro a fodolai rhwng dau unigolyn galluog, craff – dwy bersonoliaeth gref – y ddau yn mwynhau parch mawr a statws uchel oddi mewn i'r enwad, ac yn ymgiprys â'i gilydd am awdurdod a dylanwad, gan brofi'n eglur haeriad Thomas fod Undeb Bedyddwyr Cymru yn 'nest of intrigues'. Ynghyd â'r helynt ynghylch golygyddiaeth *Seren Cymru* yn 1914 yr oedd nifer o ffactorau eraill yn cyfrannu at y tyndra rhwng Ungoed Thomas a Gwili. Tra y parhâi Thomas yn Rhyddfrydwr radical a ystyriai unrhyw beth a fyddai'n debyg o wanhau y Blaid Ryddfrydol yn frad ar egwyddorion, yr oedd cefnogaeth Gwili (fel ei gyd-Fedyddiwr Herbert Morgan a safodd fel ymgeisydd (aflwyddiannus) Llafur yng Nghastell-nedd yn etholiad 1918),[73] i'r Mudiad Llafur newydd yn wybyddus i bawb.[74] Ym marn Gwili yr oedd y Blaid Ryddfrydol y tu hwnt i adferiad, gan ei bod (fel y tybiai ef), ynghlwm wrth yr anghenfil Prydeinig, ei haelodau o Gymru yn porthi uchelgais drwy chwennych uchel swyddi yn Llundain, a'i pholisïau yn hen-ffasiwn ac yn amherthnasol i anghenion yr oes newydd a ddaethai i fod yn dilyn y Rhyfel Byd Cyntaf.[75] Ar ben popeth arall, tra oedd Thomas yn Brydeiniwr o Gymro, ac iaith ei aelwyd, ei ddyddiadur, a'i areithiau gwleidyddol yn Saesneg, yr oedd Gwili yn genedlaetholwr Cymraeg, a'i gyfraniad i lenyddiaeth Gymraeg (trwy ei lyfrau a'i erthyglau), i'r Eisteddfod Genedlaethol (fel bardd arobryn), ac i Orsedd y Beirdd (fel archdderwydd, 1932–36), yn ennyn cydnabyddiaeth genedlaethol. Yn ddiwinyddol, hefyd, yr oedd y ddau ymhell o weld lygad yn llygad â'i gilydd; er nad llythyrenolwr mo Ungoed Thomas, ac er na châi unrhyw anhawster i dderbyn bod rhaid rhoi meddwl goleuedig, annibynnol ar waith er mwyn cywir ddehongli'r Beibl, ni fyddai wedi cytuno â llawer o gynnwys esboniad Gwili ar Lyfr Eseia (a gyhoeddodd ar y cyd â Herbert Morgan yn 1908), nac ychwaith gyda'i ddehongliad o rai agweddau ar hanes Israel yn *Llin ar Lin* (1909), a brofai fod yr awdur wedi drachtio'n ddwfn o ffynhonnau yr uwchfeirniadaeth newydd.[76]

Hyn oll, felly, sy'n egluro pam y bu Ungoed Thomas a Gwili mor ddrwgdybus o'i gilydd ar hyd yr amser, a chafwyd sawl enghraifft o'r ddau yn croesi cleddyfau. Ym Medi 1927 cythruddwyd Ungoed Thomas gan lythyr o eiddo 'Meiler' a gyhoeddwyd ar dudalennau *Seren Cymru* (a Gwili'n olygydd) yn cymell y darllenwyr i fwrw pleidlais dros W.P. Thomas, Treorci, yn yr etholiad ar gyfer is-lywyddiaeth yr Undeb. Yn gwbl nodweddiadol ohono'i hun, lluniodd Ungoed Thomas lythyr miniog yn beirniadu'r defnydd o ofod y *Seren* er ceisio dylanwadu ar eglwysi ac unigolion yng nghyd-destun ethol llywydd newydd. O ganlyniad, ymddangosodd llythyr swta o eiddo Gwili yn y *South Wales News* (Llun, 12 Medi 1927), yn ymosod yn llym ar Ungoed Thomas am iddo fod mor ddilornus o lith 'Meiler'. Ar blacardiau'r *South Wales News* ar strydoedd Caerfyrddin y dwthwn hwnnw caed y pennawd noethlwm 'Y Parchg. E. Ungoed Thomas *versus* Gwili' mewn llythrennau breision, yn ddatganiad o'r ffaith mai ychydig iawn o dir cyffredin a fodolai rhwng gweinidog y Tabernacl a golygydd *Seren Cymru*, a bod yr enwad yntau wedi ei rannu'n garfanau.

Sut bynnag, yn 1928 gwnaed iawn am y cam a ddioddefodd Ungoed Thomas yn 1914, ac apwyntiwyd ef yn olygydd *Seren Cymru*, gwaith a roes iddo'r boddhad pennaf. Ei dasg yntau oedd cymell cyfraniadau gan ysgrifenwyr, crynhoi deunydd, casglu newyddion, llunio'r golofn olygyddol, tywys y papur drwy'r wasg (roedd swyddfa *Seren Cymru* yn Heol y Brenin, Caerfyrddin yr adeg honno), a chywiro'r proflenni. Erbyn 1928 yr oedd arwyddion bod cyflwr iechyd Ungoed Thomas yn dechrau gwanhau, ac wedi derbyn ohono ei ddyletswyddau newydd bu'n ystyried rhoi'r gorau i'w waith fel gweinidog er mwyn canolbwyntio'n gyfan gwbl ar ei gyfrifoldebau golygyddol. Yn wir, aeth mor bell, ar 1 Ionawr 1928, â chyflwyno ei ymddiswyddiad i ddiaconiaid y Tabernacl – 'yr oeddent i gyd yn eu dagrau, ac mewn gofid mawr oherwydd y newydd' – ond pwyswyd arno i ailystyried, ac felly bu. Yn ystod yr ysbeidiau o anhwylder a ddioddefai, câi gymorth gan yr Athro M.B. Owen (athro Athroniaeth Crefydd yng Ngholeg Presbyteraidd Caerfyrddin (1907–1948) – y Bedyddiwr cyntaf i'w apwyntio i swydd academaidd yn y coleg),[77] er sicrhau bod gwaith y *Seren* yn cael ei gwblhau yn brydlon.

Ni cheir oddi mewn i enwad y Bedyddwyr ddim tebyg i drefn esgobol, ond mae'n amlwg i Ungoed Thomas weithredu fel esgob answyddogol (buasai yntau ei hun yn arswydo at y fath ddisgrifiad!) i lawer iawn o eglwysi a gweinidogion, yn yr ystyr iddynt droi ato am gyngor a chyfarwyddyd. Ymwelai ag eglwysi er mwyn tawelu cynnwrf; roedd ei stydi yn y mans yn fan lle rhannwyd llawer iawn o gyfrinachau a gofidiau brodyr yn y weinidogaeth; a gwnâi bopeth yn ei allu, oddi mewn i fframwaith yr undeb, i wella amgylchiadau tymhorol gweinidogion a'u teuluoedd. Ar 21 Mawrth 1905, galwyd ef (ynghyd â John Williams, Aberteifi, a J.S. Morgan, Castellnewydd Emlyn) i geisio cyfannu'r rhwyg a agorodd yn eglwys Bethel, Drefach rhwng y diaconiaid a rhywrai a oedd yn cadw draw o'r gwasanaethau. Aflwyddiannus fu'r ymgais i gymodi oherwydd amharodrwydd un o'r pleidiau yn yr anghydfod i dderbyn dyfarniad y ddirprwyaeth o dri fel un terfynol. Ar 15 Mawrth 1921 derbyniodd lythyr truenus oddi wrth W. Davies, gweinidog y Graig, Castellnewydd Emlyn, yn achwyn ei gŵyn oherwydd agwedd ei ddiaconiaid tuag ato; er bod ganddo wraig a chwech o blant i'w cynnal, nid oedd arweinwyr ei eglwys yn barod i ystyried codi ei gyflog, nac i gyfarfod ychwaith â gofynion cronfa gynhaliol yr enwad. Daeth Ungoed Thomas (fel y gweinidog ei hunan) i'r casgliad mai eu bwriad oedd ei newynu allan o'i swydd, ac y mae ei sylw yn y cyswllt hwn yn ddadlennol, ac yn profi ei fod yntau'n ymwybodol iawn, er cymaint Bedyddiwr mohono, o wendidau gweinyddol ei enwad, ac o ddiffygion y drefn gynulleidfaol:

The Baptist church Polity – Congregational and Independent – is a failure in such cases. I believe in the five year pastorate for all. Salaries [should be] paid out of a central fund furnished by a levy on the Churches.[78]

Yr hyn a wnaeth Ungoed Thomas er ceisio lleddfu gofidiau gweinidog eglwys y Graig oedd ysgrifennu at ddiaconiaid eglwys Cwmifor, Llandeilo, er mwyn ei gymeradwyo iddynt, a phwyso arnynt i ystyried estyn gwahoddiad iddo ddod atynt yn weinidog. Hynny a fu.

Yr un yw'r cefndir i'r hyn a gofnodir ganddo yn ei ddyddiadur gogyfer â dydd Sadwrn, 11 Medi 1926:

Afternoon. Rev. D. Roberts called. We indulged in reminiscences of his great trouble in Bethania, Talog, about 30 years ago, when I arranged a committee of five to investigate charges against him by some members. The charges were proved to be groundless and malicious. He was spotless. It was a 'fiery trial', but he came out pure gold. A village autocrat – not a Church member – a disappointed candidate for the County Council, wreaked his vengeance upon the prophet of God.

Yn 1912, ar anogaeth J.H. Shakespeare, yr Ysgrifennydd Cyffredinol, sefydlodd Undeb Bedyddwyr Prydain Fawr ac Iwerddon, mewn ymgynghoriad ag Undeb Bedyddwyr Cymru, gronfa gynnal er mwyn ceisio sicrhau lleiafswm cyflog i bob gweinidog. Roedd angen dybryd am gronfa o'r fath, gan fod llawer iawn o weinidogion, yn arbennig yng Nghymru, yn byw ar y gwynt. Llwyddodd y gronfa i gyrraedd y nod erbyn 1914, a chynhaliwyd gwasanaeth diolchgarwch yn Neuadd Albert, Llundain. Fodd bynnag, erbyn 1919 roedd y ddarpariaeth unwaith eto yn annigonol, a lansiwyd ail apêl. O'r cyfraniadau a ddaeth i law trosglwyddwyd y swm o £5,000 i Undeb Cymru, i'w rannu yn ôl y galw. Disgwylid i eglwys wneud cais am gymorth i'w gweinidog, gan brofi ei bod yn brin o adnoddau i'w gynnal yn anrhydeddus. Yng Nghymanfa Caerfyrddin a Cheredigion, gan mai bach oedd diddordeb yr arolygwr swyddogol yn y cynllun newydd, ymddiriedwyd y gwaith o weinyddu'r gronfa, i bob pwrpas, i Ungoed Thomas. Cadeiriai yntau bwyllgor bychan o weinidogion profiadol a ystyriai deilyngdod pob cais unigol a gyflwynid iddynt. Roedd angen mesur helaeth o ddoethineb wrth gyflawni'r dasg, nid yn unig am fod diogelu cysondeb yn hanfodol bwysig, ond hefyd oherwydd natur hunanlywodraethol yr eglwysi. Heb ymarfer gofal mawr gallasai'r cyfan sawru o ymyrraeth ar ran Cymanfa ac Undeb ym mywyd yr eglwys leol. Daliai Ungoed Thomas i amau effeithiolrwydd ymarferol y drefn gynulleidfaol:

> 2.30. By bus to Meinciau. Presided in Association committee of Sustentation Fund, with a view of grouping churches in Llangyndeyrn and Pontyates area. Very good committee. Hope success will follow. Church independence polity has its difficulties.[79]

Brwydr arall y bu Ungoed Thomas â rhan flaenllaw ynddi oedd honno i gael enw pob gweinidog a gydnabuwyd gan Undeb Bedyddwyr Cymru yn gynwysedig hefyd ar y rhestr o weinidogion cydnabyddedig a ymddangosai'n flynyddol yn llawlyfr Undeb Bedyddwyr Prydain Fawr. Byddai hyn nid yn unig yn diogelu statws gweinidogion Cymru ond hefyd yn agor y drws iddynt ymuno â chronfa gynnal a chynllun pensiwn Undeb Lloegr, a oedd yn cynnig amgenach telerau nag eiddo'r Undeb Cymraeg. Yn y diwedd llwyddwyd i gael y maen i'r wal, a dylanwad personol Ungoed Thomas yn eithriadol bwysig yn hynny o beth.[80] Meddai ar gydymdeimlad dwfn â'i gyd-weinidogion, yn enwedig y rhai a ddioddefai galedi materol:

> Rev. George Williams, Pontardulais, came to consult me re his possible joining of Eng. Superannuation fund. The £325 from each church towards capital sum of £300,000 shuts out many brethren. After that, we had a talk re the financial struggles of Welsh Baptist Ministers. He began at £1 a week then £1–5-0, and raised a large, respectable family.[81]

Gwelwyd eisoes pa mor feirniadol oedd Ungoed Thomas o'r gyfundrefn Anglicanaidd. Daeth y Pabyddion, hwythau, o dan ei lach ar fwy nag un achlysur. Ar brynhawn Iau, 30 Hydref 1902, mynychodd gyfarfod agored yn y Clos Mawr, Caerfyrddin, i ddadorchuddio cofeb i'r merthyr Dr. Robert Ferrar,[82] ac yn yr hwyr bu'n annerch cyfarfod cyhoeddus yn Neuadd y Dref ar y testun, 'Pabyddiaeth a Rhyddid', pryd y cystwyodd yr Eglwys Gatholig am lesteirio barn ei haelodau, ac atgoffa'r gynulleidfa mai caniatáu rhyddid meddwl a chydwybod i'w deiliaid oedd un o egwyddorion sylfaenol Anghydffurfiaeth. Yn 1908 aeth yn wrthdaro cyhoeddus rhyngddo a'r Tad Wilfred O'Hagan, offeiriad eglwys Gatholig y Santes Fair yn y dref, hynny am i'r Pabydd feirniadu'r ymosodiadau maleisus a fu ar Gatholigion – yn lleygwyr, offeiriad a lleianod – mewn cyfarfod yn Neuadd y Dref (a logwyd gan y trefnwyr oddi wrth y cyngor tref). Cafodd ateb syth a swrth (na ellid ei ddisgrifio, o dan unrhyw delerau, fel un diragfarn!) oddi wrth Ungoed Thomas:

> Mr. O'Hagan is a faithful son of his Church, a genuine product of the papal system. His whole letter is permeated with the intolerant,

persecuting spirit of the Romish Church, for he would close the door of the Guildhall – a public building – against a Protestant lecturer in a Protestant town. Mr. O'Hagan wishes to throttle free speech, and this is quite natural, for intolerance of free speech is essential to the Romish Church.

Gwahanol iawn oedd ei agwedd tuag at yr enwadau Ymneilltuol, a chredai'n gryf ym mhwysigrwydd tystiolaeth y Cyngor Eglwysi Rhyddion. Yn 1911 apwyntiwyd ef yn un o dri is-lywydd Cyngor Eglwysi Rhyddion De Cymru, ac yna yn 1914 yn llywydd. Yn 1913 etholwyd ef yn ysgrifennydd, ac yng nghwmni cyfaill a chyd-weithiwr ag ef yn nhref Caerfyrddin, W.D. Rowlands, gweinidog eglwys Bresbyteraidd Heol Dŵr (a ddyrchafwyd yn llywydd y flwyddyn honno), teithiodd ymhell ac agos o gwmpas De Cymru er sefydlu canghennau lleol, newydd o'r Cyngor Eglwysi Rhyddion. Yn 1921, pan roes y gorau i fod yn ysgrifennydd, teimlai fod y cynghorau 'yn gwneud gwell gwaith nag erioed'. Iddo ef yr oedd y Cyngor Eglwysi Rhyddion yn arf pwysig i ddiogelu rhyddid barn, i ddinoethi pechodau cymdeithasol, ac i gynnal y traddodiad radicalaidd. Yn dilyn datgysylltiad yr Eglwys yng Nghymru cafwyd symudiad tuag at fwy o gydweithredu ar draws y spectrwm Protestannaidd, a phan gyfarfu Cyngor Eglwysi Efengylaidd Cymru am yr eildro'n unig yn ei hanes, cytunwyd y dylid cydweithio â'r Eglwys yng Nghymru i'r diben o drefnu maes llafur cytûn mewn Addysg Grefyddol ar gyfer holl ysgolion cynradd Cymru. Yr enw a roddwyd, maes o law, ar y cynllun hwn oedd 'Concordat', ac fel llywydd y pwyllgor addysg (o dan adain yr Eglwysi Rhyddion), a oedd yn delio â'r argymhelliad, chwaraeodd Ungoed Thomas ran bwysig yn y datblygiadau. Aflwyddiannus fu'r ymgais yn y diwedd, a bu'r Bedyddwyr yn fwy drwgdybus na neb o'r cynllun arfaethedig. Ni fedrent gynhesu at y syniad o'r wladwriaeth yn ymyrryd mewn crefydd (mewn nac eglwys nac ysgol), ac ni allent oddef y syniad y buasai eu plant o dan orfodaeth i ddysgu credo a chatecism Anglicanaidd – sef yr union ddadl a leisiwyd yn groch gan Ungoed Thomas yn ystod brwydr datgysylltu. Unwaith eto rhannodd yntau ofidiau ei enwad. Yn y gwraidd, Bedyddiwr diedifar oedd Ungoed Thomas, fel y dengys y llyfryn a gyhoeddodd yn 1912, *One Baptism and the Union-fusion of the Denominations*. Y gwir amdani oedd na fedrai Ungoed Thomas arddel unrhyw fedydd ar wahân i fedydd crediniol, trwy drochiad; dyna, iddo ef, oedd diffiniad y Testament Newydd o'r hyn yw bedydd, ac felly yr oedd pob dull arall o fedyddio yn gyfeiliornus. Yn anochel, lliwiodd ei safiad ar y mater hwn y modd yr ymagweddai tuag at y traddodiadau Cristionogol eraill; er ei barodrwydd i gyd-weithio, ni allai ar unrhyw delerau gyfaddawdu ar gwestiwn bedydd, mater y teimlai'n gryf ac yn gwbl argyhoeddedig yn ei gylch.

GWEINIDOG EGLWYS

O ystyried yr amser a'r egni sylweddol a roddasai i wasanaethu cylchoedd gwleidyddol, enwadol a threfol, buasai'n hawdd deall pe bai Ungoed Thomas wedi esgeuluso rhyw ychydig ar ei ddyletswyddau fel gweinidog, ond ni allai dim fod ymhellach o'r gwir. Er iddo amau ar derfyn ei yrfa ai doeth oedd rhoi cymaint o bwyslais ar waith cyhoeddus, ac iddo gynghori gweinidogion ifainc i ganoli eu sylw ar waith y weinidogaeth ('Yr eglwys sydd â'r hawl gyntaf arnoch, a geilw ymroddiad teilwng i waith y weinidogaeth am eich holl amser'), yr hyn a gafwyd yn ei achos yntau oedd cyfuniad delfrydol o'r ffigwr cyhoeddus a'r bugail ymroddedig. Un prawf sicr o'i ymgyflwyniad llwyr i'w waith fel gweinidog oedd iddo roi'r gorau i'r bwriad o ennill gradd er mwyn canolbwyntio ar fugeiliaeth y Tabernacl. Yn fuan wedi iddo ymsefydlu yng Nghaerfyrddin, bu'n fwriad ganddo ymgeisio am le fel fyfyriwr ym Mhrifysgol Rhydychen, ar y ddealltwriaeth y buasai'n mynychu'r coleg o ddydd Llun i ddydd Gwener, ac yna'n treulio'r penwythnosau ymhlith ei bobl. Buan y sylweddolodd mor amhosibl fyddai hyn os oedd i gyflawni ei waith fel gweinidog i'w fodlonrwydd ei hun (heb sôn am reolau sefydlog y Brifysgol, a fynnai fod pob myfyriwr israddedig yn aelod llawn amser), a rhoes y gorau i'r syniad o ennill gradd academaidd, colled y bu yntau'n ymwybodol iawn ohoni am weddill ei yrfa.

Yr oedd yn bregethwr tra sylweddol a heriol, a'i waith paratoi ar gyfer ei bulpud yn feddylgar a thrwyadl. Cas beth ganddo oedd bod ymwelydd dirybudd yn torri ar draws ei fyfyrdodau, a cheir mwy nag un cyfeiriad yn ei ddyddiadur at ei arfer o neilltuo i'w ystafell yn y capel, o dan siambr yr organ, er mwyn cael llonyddwch (e.e., Llun, 30 Ionawr 1905: 'Did more work that usual today because not called from it.'). Meddai T. J. Evans amdano, 'Droeon y clywais ef yn pregethu gyda her y gwir broffwyd, a deuai'r gair fel darn o fflam noeth o'i enau'.[83] Yn ei ddull o bregethu ymwrthodai'n llwyr â'r hwyl boblogaidd (noda yn ei ddyddlyfr, 20 Mehefin 1927, 'I loathe 'pulpiteers', professional preachers' – pregethwyr perfformiadol megis T. Charles Williams (y cyfeiria ato'n benodol yn y cofnod uchod), a oedd yn arbennig o wrthun ganddo);[84] ei brif amcan yntau mewn oedfa oedd creu naws dawel, addolgar, fyfyrgar, a chyflwyno i ystyriaeth ei wrandawyr yr hyn a oedd iddo ef yn 'wirionedd y Gair'. Pregeth a draddodai yn bur aml ar un cyfnod (ynghyd â'i phregethu yn y Tabernacl, fe'i rhoddwydd ganddo, er enghraifft, yng nghapel y Bedyddwyr Saesneg yn Greenfield, Llanelli, ar Sul, 23 Ionawr 1910, ac mewn nifer o eglwysi eraill) oedd honno a ymdriniai â'r thema, 'Apêl Driphlyg Crist' yn seiliedig ar Mathew 16: 15 ac Ioan 9: 35–38. Meddai: 'The threefold appeal of Christ is an appeal to human reason, to the will, and to our affections', ac yr oedd ei ddull yntau o gyflwyno'r efengyl yn adlewyrchu hynny. Nid anwybyddai bwysigrwydd apêl Crist i'r galon a'r teimladau, ond nid ar draul rheswm a'r ewyllys.

Blinwyd ef gan yr oedfaon pregethu a gynhaliwyd yng Nghymanfa Castellnewydd Emlyn, 7 Mehefin 1905, pan fu'n gwrando ar chwech o bregethwyr. O ran areithyddiaeth a huodledd pregethwrol bu'n ddiwrnod llwyddiannus, ond 'o safbwynt Iesu Grist, ac eneiniad ysbrydol, bu'n ddiwrnod a wastraffwyd i bob pwrpas', ac aeth Ungoed Thomas adref yn ddyn siomedig, heb dderbyn maeth i'w enaid. Nodweddid ei bregethu ef ei hunan gan onestrwydd, eglurder, diffuantrwydd ac uniongyrchedd, ac ymatebai'n sensitif i effaith yr hyn a ddywedai.[85] Weithiau teimlai iddo gyrraedd tir uchel: 'Cefais ryddid i lefaru. Teimlo Duw o'm mewn ac o'm cwmpas, a'm pobl yn gynorthwyol iawn'. Bryd arall ymglywai â methiant: 'Dim eneiniad. Dim gyrru na grym yn y genadwri. Trueni! Nid wyf wedi bod yn ddigon agos at Dduw yn ystod yr wythnos. Rhodded imi gyfle arall'.[86] I Ungoed Thomas nid cyffur melys i suo cynulleidfa i drwmgwsg oedd yr Efengyl; yn hytrach yr oedd 'yn llymach na chleddyf daufiniog, ac yn treiddio hyd at wahaniad yr enaid a'r ysbryd, y cymalau a'r mêr; ac y mae'n barnu bwriadau a meddyliau'r galon' (Hebreaid 4: 12) – geiriau a ystyrid ganddo yn ddiffiniad o wir dasg y pregethwr. Ar y Sul, 16 Ionawr

1916, bu'n gwasanaethu yn eglwys Heol y Castell, Llundain i gynulleidfa a oedd (yn oedfa'r hwyr) yn 'niferus a deallus'. Ychwanega yn ei ddyddiadur: 'Some said their conscience was aroused. This is the purpose of preaching'.

Fel bugail yr oedd yn eithriadol ofalus o'i braidd, ac yn ymwelydd cyson ag aelwydydd ei aelodau. Ar 10 Hydref 1905, treuliodd y prynhawn cyfan yn ymweld; ar 23 Ionawr 1913, galwodd i weld nifer o'i aelodau a oedd yn amlygu arwyddion o lacrwydd yn eu bywyd ysbrydol; ar 26 Chwefror 1913, wedi treulio'r bore yn ei stydi, neilltuodd y prynhawn i fugeilio:

> Saw Joseph Edwards, 34, very ill with consumption. Had been callous, hardened, willing to take the risk of disobedience to God. Had led a rough life in the navy, and afterwards. Today, asked me to pray for him, and collapsed in tears. Strong man, broken in spirit. God in his mercy melted his heart. Read and prayed, and promised to pray in study for him.

Dywed ar 12 Tachwedd 1920 iddo dreulio'r pythefnos blaenorol yn ymweld ag 83 o aelwydydd y Tabernacl. Y mae'r cofnod canlynol yn datgelu llawer, nid yn unig am sefyllfaoedd anodd a fedrai godi, o bryd i'w gilydd, yn ymwneud aelodau'r eglwys â'i gilydd, ond hefyd am natur gwaith gweinidog:

> 9 p.m. To Glannant House to see Mrs. Lovell re. Church matters. Hope she will overlook the offence given her by another Church member. A Christian minister has all sorts of work to do – one is to maintain peace and love in the Church. May God fill me more and more with these qualities. I had been to see the member who had made the offensive remarks.[87]

Weithiau, ar lefel bersonol, gallai Ungoed Thomas ymddangos yn ffurfiol a phell, ond gwyddai ei aelodau yn ddigon da fod ganddynt weinidog yr oedd modd ymddiried ynddo'n ddibetrus, a throi ato ar unrhyw awr am gyfarwyddyd a chymwynas. Pan ddaeth y newydd fod Idwal S. Jones, bachgen ysgol, mab David a Rachel Jones, Orchard Street, wedi boddi,

aeth y gweinidog ar ei union i geisio rhoi balm ar y clwyf dychrynllyd
(5 Gorffennaf 1906); pan alwodd Mr. Davies, pennaeth yr ysbyty meddwl,
i ofyn iddo gysuro David Jordan, oedd ar ei wely angau ac mewn cyflwr
emosiynol enbyd, nid oedodd eiliad cyn ymateb (27 Ebrill 1907); pan
ddaeth cais oddi wrth Mr. Cole, a oedd yng ngharchar ar y pryd, i ymweld
ag ef yn ei gell, aeth yn unionsyth i'w ymgeleddu (19 Mehefin 1908).

Ymboenai'n gyson ynghylch cyflwr iechyd ysbrydol ei aelodau. Nid y
ffaith mai 'ychydig' a ddaeth i'r cyfarfod gweddi diafael ar nos Fercher, 26
Ebrill 1905 (hynny, sylwer, ym mlwyddyn fawr y Diwygiad!) a'i blinai
fwyaf, ond yn hytrach bod gafael pobl ar Dduw mor llac:

> Insipid (Prayer) Meeting. The people do not come unto close grip
> with God. The morality of the Church is high toned, but communion
> with God is enjoyed by the few only. O God, direct me to lead them
> into the Holy of Holies of thy Presence, and delight to be there.

Fel y bu llawer o arweinwyr Cristionogol yn ymboeni, cyn toriad gwawr
Diwygiad 1859, ynghylch y dirywiad ysbrydol a barlysai gynifer o
eglwysi, ymddengys i'r un pryder nodweddu'r cyfnod a flaenorodd
Ddiwygiad 1904–5, ac y mae'r sylw uchod o eiddo Ungoed Thomas
(er nad oedd yntau ei hunan yn cytuno â ffurf a dulliau'r diwygiad hwnnw),
yn cadarnhau hynny. Fe'i ceir yn mynegi'r un gofid ugain mlynedd yn
ddiweddarach, sef yn nechrau 1927. Yn dilyn yr oedfa gymun ar 2 Ionawr
y flwyddyn honno, galwodd y diaconiaid i'w ystafell er mwyn eu hatgoffa
o'r cyfrifoldeb a osodwyd arnynt i fod yn arweinwyr yr eglwys mewn
materion ysbrydol, yn ogystal â materion materol ac ariannol. Mae'n
pwyso arnynt i bresenoli eu hunain yn y cyfarfod gweddi wythnosol, gan
fod yn esiampl i eraill. Rhoddai Ungoed Thomas bwyslais mawr ar
ymarfer duwioldeb, ac ar fyfyrdod a defosiwn; o ganlyniad i'w fyfyrdodau
personol teimlai'n aml fod y 'tân' (sef tân yr Ysbryd) yn llosgi o'i fewn
('Enjoyed the meditation [ar Sechareia 1–4], and the fire burned within'),[88]
a gofidiai am fod yr union dân hwnnw wedi diffodd, i bob golwg, yng
nghalonnau cynifer o'i aelodau. Yn dilyn ei astudiaeth o Effesiaid 1 a 2 y
mae'n dwys ymholi:

How can my heart be anything but afire with the love of God, in view
of his wonderful love. Lord, touch my heart anew. May the fire burn
as the result of this meditation.[89]

Eithr fel y nodwyd eisoes, ac fel y byddid yn disgwyl, o gofio pa mor
amheus oedd Ungoed Thomas o unrhyw elfennau ffuantus, arwynebol
mewn crefydd, drwgdybiai'n fawr amlygiadau ac effeithiau Diwygiad
1904–5. Hawdd dyfalu y cytunai bob gair â barn D. Wyre Lewis
(gweinidog y Bedyddwyr yn Rhosllannerchrugog) y dylid crogi maen
melin am wddf y diwygwyr hynny oedd 'wedi colli cymaint arnynt eu
hunan, fel mai eu hunig syniad am ddiwygiad ydyw gwaeddi [sic], anrhefn,
a phangfeydd ymddangosiadol'.[90] Cynhaliwyd cyfarfodydd dyfnhau'r
bywyd ysbrydol yng Nghaerfyrddin ar 30 Tachwedd a 1 Rhagfyr 1904,
gyda R. B. Jones[91] a Jessie Penn-Lewis[92] yn brif siaradwyr, a W.W. Lewis,
Keri Evans (Priordy) a W.S. Jones (Penuel) yn eu cynorthwyo. Dywed
R. Tudur Jones: 'Er i'r gynhadledd gyffroi unigolion ac ysbrydoli mil o
bobl i orymdeithio drwy'r dref, ni bu'n foddion uniongyrchol i danio'r
eglwysi. Ond fe ddaeth y tywalltiad ar 11 Rhagfyr.'[93] Mae'n arwyddocaol
na wna Ungoed Thomas unrhyw gyfeiriad o gwbl at hyn yn ei ddyddiadur,
a gellir casglu nad oedd yn bresennol yn y cyfarfodydd uchod.
Ysgrifennodd yn 1909:

Ar ôl llanw mawr y 'Diwygiad yng Nghymru', dioddefir oddiwrth y
trai. Angen y wlad yw diwygiad arall o'r nef heb ymyriad neb a [sic]
gweithrediadau yr Ysbryd Glân. Mynegir dyhead dwfn miloedd o
grefyddwyr heddyw yng ngeiriau y Salmydd: 'Sychedig yw fy enaid
am Dduw, am y Duw byw'. Pan ddaw Efe, priodol fydd beunyddiol
gofio cyngor Paul, 'Ac na thristewch Lân Ysbryd Duw, trwy yr hwn
y'ch seliwyd hyd ddydd prynedigaeth'.

Y mae'r geiriau, 'diwygiad arall o'r nef' yn awgrymu na chredai Ungoed
Thomas fod Diwygiad Evan Roberts (fel y'i gelwid) yn un cwbl ddilys, a'r
cymal 'Pan ddaw Efe' (sef yr Ysbryd Glân) nad yr Ysbryd oedd ar waith
yng nghyffroadau y diwygiad hwnnw, ond yn hytrach ryw ddylanwadau
emosiynol, estron. Efallai nad oedd ymateb Thomas mor wahanol â hynny

i eiddo Peter Price (gweinidog gyda'r Annibynwyr yn eglwys Bethania, Dowlais), a haerodd mewn llythyr yn y *Western Mail* fod dau ddiwygiad yn y wlad, y naill o Dduw (gweithiai Price ei hunan ar linellau diwygiad, a gwelodd gyfanswm aelodau ei eglwys yn cynyddu i dros fil), a'r llall, 'a sham revival, a mockery, a blasphemous travesty of the real thing'.[95] Hwyrach na ddefnyddiai Ungoed Thomas eiriau cyn gryfed i fynegi ei feddwl, ond yn sicr yr oedd yntau yn hiraethu gymaint â neb am weld diwygiad mwy sylweddol a deallusol ei gynnwys, a mwy parhaol ei effeithiau nag a gafwyd yng nghynnwrf 1904–5, yn torri allan yng Nghymru.

Gadawodd ei weinidogaeth ei hôl yn drwm ar eglwys y Tabernacl, ac erys ei ddylanwad hyd heddiw ar lawer gwedd ar ei bywyd. Yn fuan ar ôl iddo ddechrau ar ei weinidogaeth aeth ati i ad-drefnu gwaith yr ysgol Sul. Dosbarthwyd y disgyblion yn ôl oed; paratowyd gwersi gan y gweinidog; cynhaliwyd dosbarthiadau wythnosol i'r athrawon a chyflwynwyd iddynt y gwersi a gynlluniwyd ymlaen llaw; mor rhagorol oedd y gwersi hyn fel y rhwymwyd hwy yn gyfrol a fu'n gymorth mawr a hylaw i nifer o ysgolion Sul eraill yn yr ardal. Yn y gwaith hwn cafodd y gweinidog gefnogaeth neilltuol gan ei briod a lafuriodd yn hynod ddiwyd gyda'r plant a'r ifanc. Yn 1919 (o ganlyniad i drefniant ar y cyd rhwng Cyngor yr Eglwysi Efengylaidd ac Undeb yr Ysgolion Sabothol), gwahoddwyd George Hamilton Archibald i Gaerfyrddin i draddodi cyfres o ddarlithoedd ar y cynlluniau newydd, blaengar ar gyfer gwaith yr ysgol Sul. Darganfuwyd yn fuan nad oedd ysgoldy Heol Dŵr o faint digonol i gynnal y gynulleidfa; symudwyd y man cyfarfod i gapel y Tabernacl, a llanwyd y lle bob nos am bythefnos. O ganlyniad penderfynwyd ffurfio ysgolion Sul yn eglwysi Caerfyrddin ar y cynllun newydd, ac etholwyd Katherine Ungoed Thomas yn gadeiryddes gyntaf y mudiad. Yn y Tabernacl dechreuwyd rhoi'r cynlluniau newydd ar waith rhag blaen, sef ar y Sul, 9 Ebrill 1909. Yr arolyges oedd priod y gweinidog, yn cael ei chynorthwyo gan y chwaer M.A. Davies a'r brawd T.O. Griffiths. Symudwyd dosbarthiadau'r oedolion i'r capel, gan neilltuo'r festri yn un swydd ar gyfer gwaith y plant. Cliriwyd y dodrefn arferol allan o'r ysgoldy, a gosod yno gadeiriau crwn, bychain yn gylchoedd i'r plant gael eistedd. Rhoddwyd crud bychan ar y bwrdd yn cynnwys enwau'r plant, ac yna trosglwyddwyd eu henwau (ynghyd â'u dyddiad geni a'u cyfeiriad) i restr Rhôl y Crud. O'r arfer hwn y datblygodd Gwasanaeth Rhôl y Crud (a gynhelir hyd heddiw yn y Tabernacl), pan ddaw rhieni i ddiolch i Dduw am y rhodd o blentyn, ac i gyflwyno'r plentyn i gymdeithas yr eglwys. Dyma'r peth agosaf a geir yn y Tabernacl at wasanaeth taenellu plentyn, eithr ni ddefnyddir dŵr (nid bedydd mo'r ddefod), a rhoddir y pwyslais yn llwyr ar ddiolchgarwch ac ymgysegriad. Katherine Ungoed Thomas oedd hefyd yn gyfrifol am ddechrau'r arferiad o osod nifer o faneri bychain (un am bob blwyddyn o oed y plentyn) mewn pentwr bychan o dywod pan yw un o'r plant yn dathlu pen blwydd, i gyfarch y plentyn ar gân, ac i ddanfon cerdyn ato yn enw'r ysgol Sul. Peth arall a wnaed yn Ebrill 1909 oedd gosod Beibl agored ar y bwrdd yn arwydd i'r plant mai'r gyfrol hon sydd yn llusern i'w traed ac yn llewyrch i'w llwybr. Ynghyd â hyn gosododd Mrs. Thomas fwrdd isel (yn cynnwys cregyn a thywod y môr) yn un o ragystafelloedd y festri er mwyn i'r plant lleiaf greu golygfeydd o gyfnod y Beibl. Roedd y wers i apelio nid yn unig i'r glust, ond hefyd i'r llaw a'r llygad a'r dychymyg.

Tra oedd ei briod yn ysgwyddo cyfrifoldeb am y gwaith ymhlith y plant, canolbwyntiodd y gweinidog ei sylw ar y ddarpariaeth ar gyfer yr ifanc. Paratôdd nifer o werslyfrau ar gyfer disgyblion rhwng deuddeg a deunaw oed, er enghraifft, yn 1922 *Yr Eglwys Apostolaidd* (y gwersi'n seiliedig ar adroddiad Llyfr yr Actau am y genhadaeth Gristionogol gynnar; gwerthwyd dros 5,000 o gopïau), ac yn 1927 lyfryn ar *Hanes Bywyd Iesu Grist* a fu'n llyfr gosod yn ysgolion Sul Bedyddwyr Cymru am nifer o flynyddoedd. Ac âi o gwmpas yr eglwysi (e.e. ymwelodd â Saron, Capel Hendre, Tachwedd 5, 6 a 7, 1917) i gyflwyno cyfres o dair darlith ar waith yr ysgol Sul, sef: 1. Y Plentyn a'r Oedolyn; 2. Y Disgybl, y Llyfr a'r Athro yn yr Ysgol Sul; 3. Methodoleg Gwaith yr Ysgol Sul. Ynghyd â darlithio'n ffurfiol, rhoddasai hefyd wersi enghreifftiol i athrawon batrymu eu cyflwyniadau hwythau arnynt. Mae'n amlwg i nifer o ysgolion Sul yn ne Cymru fanteisio ar ei arbenigedd yn y maes, ac elwa ohono.

Rhwng y blynyddoedd 1887 a 1897 cyhoeddwyd cylchgrawn gan eglwys y Tabernacl yn dwyn y teitl, *Yr Ymwelydd Misol*. Ynddo ceir cyfeiriadau mynych gan y gweinidog at bwysigrwydd distawrwydd defosiynol mewn addoliad cyhoeddus. Mae'n apelio am brydlondeb i'r cyfarfodydd, ac am ymddygiad priodol oddi mewn i'r cysegr. Mae'n amlwg na allai yntau oddef unrhyw sŵn neu symud a fedrai aflonyddu ar awyrgylch oedfa, fel y tystia'r sylw canlynol gan T.J. Evans: 'Nid apeliai y teimladol a'r synhwyrus nemor ddim at Mr. Thomas, gan y gwyddai am y peryglon a lechai yno. Gwell oedd ganddo fyfyrdod tawel ar bethau'r byd ysbrydol'.[96] Hyn a barodd iddo drefnu i'r casglu o'r offrwm ddigwydd yn ystod canu yr ail emyn yn y gwasanaeth (fel sy'n dal i ddigwydd yn oedfaon y Tabernacl), rhag i sŵn yr arian yn disgyn i'r blychau, a mân siarad ymhlith y gynulleidfa, dorri ar draws y naws a grewyd yn y rhannau defosiynol. Hyn, hefyd, a barodd iddo amau'r pwyslais a roddwyd yn Niwygiad 1904–1905 ar emosiwn a theimladrwydd. Mae'n debyg i nifer o eglwysi yng Nghaerfyrddin brofi o rym y deffroad hwnnw, 'eithr ni chyffrowyd y Tabernacl i'r un graddau â'r lleill'.[97]

Bu nifer o ddatblygiadau pwysig yn hanes yr eglwys yn ystod cyfnod gweinidogaeth Ungoed Thomas. Ddechrau'r ganrif aethpwyd ati i bwrcasu organ bib newydd, a'i lleoli mewn siambr a adeiladwyd yn unswydd y tu ôl i'r pulpud er mwyn cynnal yr offeryn. Disodlodd yr organ y *seraphim* (sef fersiwn cynnar o'r harmoniwm) a ddefnyddiwyd yn y Tabernacl oddi ar 1854. (Dylid egluro y pwrcaswyd offeryn arall ar ôl i'r *seraphim* gwreiddiol gael ei luchio allan yn ddiseremoni gan Hugh William Jones yn 1851.) Agorwyd yr offeryn newydd yn swyddogol ar nos Iau, 21 Mawrth 1901, gydag organydd eglwys San Pedr yn y dref, sef E.J. Silver, F.R.C.O., yn rhoi datganiadau arni am 3 y prynhawn a 7.30 yr hwyr. Ar y Sul cyntaf yn Awst 1911 dathlwyd canmlwyddiant capel y Tabernacl; pregethwyd gan D.S. Davies, Login a Hermas Evans, Abertawe. Yn Hydref 1916 dechreuwyd ar yr arfer o ddefnyddio llestri Cymun unigol yn lle'r llestri arian (a oedd yn cynnwys yr un cwpan mawr yr arferai pawb yfed ohono) a gyflwynwyd yn rhodd gan Evan Morgans, y Clos Mawr, yn ystod gweinidogaeth John Thomas. Cynhaliwyd cyfarfodydd blynyddol Cymanfa Caerfyrddin a Cheredigion yn y Tabernacl ym Mehefin 1918, pan fu'n rhaid cwtogi ar y trefniadau arferol oherwydd yr amgylchiadau eithriadol a grewyd gan y rhyfel: pregethwyd gan Alfred Morris, Llangennech; Thomas Thomas, Carmel; Joseph Edwards, Aberystwyth; a James Nicholas, Llundain; traddododd y llywydd, R.H. Jones, Llangyndeyrn, anerchiad ar y testun 'Yr Eglwys a'r Weinidogaeth a'r

Dydd Newydd'. Ddechrau Hydref 1918 dathlwyd chwarter canrif gweinidogaeth Ungoed Thomas yn y Tabernacl, a phregethwyd ar Sul y dathlu gan William Morris, Treorci. Y nos Lun ganlynol cynhaliwyd cyfarfod cyhoeddus dan lywyddiaeth yr Henadur John Lloyd, Y.H., Penybanc pan gyflwynwyd anerchiad goreurog a swm anrhydeddus o arian i'r gweinidog gan y brodyr Thomas Evans a Joseph Thomas, a phan siaradwyd gan amryw eraill o frodyr a ymfalchïai yng ngalluoedd a chymeriad gloyw gweinidog yr eglwys. Yn 1922 mynegwyd awydd unfrydol gan yr aelodau i fynd ati i glirio'r ddyled o £500 a oedd yn dal i bwyso ar yr eglwys; cafwyd nifer o addewidion (rhai o £25 yr un oddi wrth yr ieuengaf o blith yr aelodau, sef A.J. Davies, Heol Undeb; T. Davies, Heol Spilman; Livingstone Thomas, Teras Richmond; a T.J. Evans, Teras Waterloo – pob un ohonynt yn aelod o ddosbarth ysgol Sul Herbert Rees) am gyfraniadau sylweddol i'r gronfa apêl, a thrwy gyd-ymdrech llwyddwyd i glirio'r cwbl o'r baich ariannol. Dathlwyd y Jiwbili (sef gŵyl neilltuol a gynhaliwyd gan eglwysi'r cyfnod ar achlysur diddymu dyled) ar y Sul, 2 Gorffennaf 1922, pan bregethwyd gan John Griffiths, Rhydaman, a phan roddwyd datganiad lleisiol gwir effeithiol gan yr unawdydd ifanc Mair Jones. Bu'n rhaid clirio dyled bellach (o £300) yn 1930; y tro hwn ymwelodd y gweinidog â phob aelod a phob aelwyd yn unigol, a llwyddodd o fewn dim i gyrraedd y nod.

Yn 1925 aed ati i wneud atgyweiriadau helaeth i'r capel. Adnewyddwyd ef bron yn llwyr oddi mewn – gosodwyd ynddo ffenestri o wydr tywyll a gwnaed llawer o welliannau i'r organ a'r fedyddfa (ar gost o £1800) – a'i ailagor ar 21 Chwefror 1926. Dyma'r adeg y cyflwynodd y chwaer Hannah Davies, a fedyddiwyd gan Hugh William Jones, ac a oedd erbyn hyn yn ddall, ddesg ddarllen i'w gosod yn y pulpud, lle y saif hyd y dydd heddiw. Ceir cyfeiriad diddorol yng nghofnodion yr eglwys am 1928 at sefydlu'r 'Fellowship', sef cymdeithas y brodyr a gyfarfyddai ar brynhawn Sul. Roedd y gymdeithas hon i chwarae rhan allweddol ym mywyd yr eglwys mewn cyfnod diweddarach.

Digwyddiad o bwys oedd y gwahoddiad a estynnwyd i'r eglwys gan y B.B.C. i ddarlledu'r gwasanaeth hwyrol ar nos Sul, 19 Ionawr 1930. Ar ôl ychydig betruster penderfynodd Ungoed Thomas ymateb yn gadarnhaol, gan awgrymu y dylai'r oedfa ddechrau'n hwyrach nag arfer, sef am 8 o'r gloch, er mwyn iddi beidio ag amharu ar wasanaethau cyhoeddus eglwysi eraill, ond atebodd awdurdodau'r gorfforaeth na fyddai hyn yn ymarferol bosibl. Yn y modd hwn y cofnoda'r gweinidog (yn ei ddyddiadur gogyfer â'r dyddiad uchod) hanes yr oedfa:

> Evening service by wireless from Tabernacle to the whole country. 6.30 p.m. Service broadcast by the B.B.C. First in West Wales. Chapel full. Fairly good service. Miss Annie Davies sang beautifully 'Jerusalem' in Welsh. My Text: John 14: 6. 'I am the way ... No man cometh unto the Father, but by me'. Intro – The self assertiveness of Christ. Who is He? Son of God. His Revelation of God the Father. Human race a wandering prodigal son. Deterioration, Transgression, Disqualification. Jesus the 'Way' to secure 1. Forgiveness, 2. Godliness, 3. Fellowship, 4. Joy. Here, to be perfected in the Hereafter.

Er mai un i ffrwyno'i deimladau, fel arfer, oedd Ungoed Thomas, ni lwyddodd i guddio'i falchder y tro hwn yn sgil y derbyniad gwresog a gwerthfawrogol a roddwyd i'r darllediad. Ar y dydd Mawrth dilynol yr oedd y post a gyrhaeddodd y mans 'yn drwmlwythog o lythyron' (o Gymru, de a gogledd; o Gaerfaddon, Llundain a Birmingham) yn datgan diolch am y 'fendith a brofwyd gan y gwrandawyr'. Ac roedd llythyron tebyg yn dal i gyrraedd ar y dyddiau Mercher ac Iau canlynol! Rhaid cofio fod darlledu oedfa yn 1930 yn arbrawf cymharol newydd (a'i darlledu, yn y cyswllt hwn, nid i Gymru yn unig, ond i Loegr hefyd – hynny sy'n esbonio'r ffaith mai Saesneg oedd cyfrwng iaith yr oedfa), ac i Ungoed Thomas fod ymhlith y cyntaf yng Nghymru i ymgymryd â'r dasg.

Pregethodd Evan Ungoed Thomas am y tro olaf o'i bulpud yn y Tabernacl ar 4 Mai 1930. Bu farw ddydd Sul, 18 Mai 1930, a'i gladdu ar y dydd Iau canlynol ym mynwent y capel, yn dilyn gwasanaeth a arweiniwyd gan Waldo Lewis, Penuel, ac a anerchwyd gan E.T. Jones, Seion, Llanelli, a James Nicholas, Heol y Castell, Llundain. Buasai Katherine Thomas (cymar delfrydol i'w gŵr, ac un a'i cefnogai ym mhob rhan o'i waith) farw bedair blynedd ynghynt, ar 17 Chwefror 1926. Felly y daeth i'w therfyn un o'r penodau mwyaf arwyddocaol yn hanes yr eglwys. Yr oedd Evan Ungoed Thomas, er yn eiddil o gorff, a chyflwr ei iechyd yn bur fregus ar rai adegau, yn ŵr unplyg, cadarn o ran meddwl ac ewyllys, yn meddu ar alluoedd digamsyniol. Ar ddiwedd ei rawd fe'i disgrifiwyd gan Dr. Thomas Phillips, a ddyrchafwyd erbyn hynny yn brifathro Coleg y Bedyddwyr, Caerdydd, fel un a feddai ar 'feddwl cyfreithiwr, ewyllys merthyr a chalon Cristion'.[98] Yn dilyn ei farwolaeth talwyd llu o deyrngedau uchel iddo, ac nid y lleiaf ohonynt oedd honno a gyflwynwyd yn enw Undeb Bedyddwyr Prydain Fawr ac Iwerddon:

At a largely attended meeting of the Council of the Baptist Union of Great Britain and Ireland, in London on Tuesday, glowing tributes were paid by Mr. Arthur Newton (President of the Baptist Union), Dr. Aubrey, Dr. Carlisle, Dr. S.W. Hughes and others to the memory of the Rev. E. Ungoed Thomas, who was the representative for Wales on the Baptist Council of Great Britain. It was resolved to place on record in the minutes "the great appreciation of the Council at his loyal service to the Baptist denomination, to his Church and to God in so many capacities. His sterling sincerity, great industry, wide interest, transparent honesty and courageous utterances indicated his lofty character, which will be greatly missed and mourned by the whole of the Baptist denomination throughout the country". The late reverend gentleman was in many ways the voice of Baptist Wales on this important committee, and his passing is sadly regretted.[99]

Ddeng mlynedd ar hugain ar ôl ei farwolaeth ymddangosodd yn *Seren Gomer* (Cyfrol 52, Rhif 3, Hydref 1960) yr erthygl deyrnged i Ungoed Thomas y cyfeiriwyd ati fwy nag unwaith yng nghorff y bennod uchod. Danfonodd awdur yr ysgrif, sef T.J. Evans, gopi ohoni at John Richards, esgob Tyddewi, ac y mae ymateb yr esgob i gynnwys yr erthygl yn arwyddocaol:

From: The Bishop of St. Davids.
The Palace.
Abergwili,
Carmarthenshire.

4/10/1960
Annwyl Mr. T.J. Evans,
    Diolch am y copi o 'Seren Gomer' yn cynnwys eich erthygl ar y
Parchedig E. Ungoed Thomas. Yr wyf eisoes wedi ei ddarllen â blas
a diddordeb.
    Nid ydwyf, yn naturiol, yn cyd-weld â'i holl syniadau. Credaf, er
enghraifft, ei fod yn hollol anghywir pan yw'n sôn am yr Apostol
Paul fel un o'r 'unigolyddion brwd', ond er hynny yr oedd, yn
ddiamau, yn Gristion gwrol, ac yn batrwm o ffyddlondeb i
egwyddorion i ni oll.
    Diolchaf i chwi am ysgrifennu'r erthygl ac am eich caredigrwydd
yn danfon copi i mi.
Yn bur,
John St. Davids

Prin y gellid disgwyl i Eglwyswr mor deyrngar â John Richards gytuno
bob cam â safiad radicalaidd a chwyldroadol cyn-weinidog y Tabernacl,
ond, serch hynny, ni phetrusai ddatgan ei barch at ei wroldeb Cristionogol,
a'i barodrwydd i sefyll, hyd at aberth, dros yr egwyddorion hynny y credai
ynddynt gyda'r fath angerdd. Er yn anghytuno â llawer o'i ddaliadau ni
allai hyd yn oed un o'i wrthwynebwyr mwyaf chwyrn beidio â mynegi
edmygedd o deyrngarwch Evan Ungoed Thomas i'r gwerthoedd hynny a
oedd, iddo ef, yn rhan annatod o hanfod y ffydd Gristionogol, egwyddorion
na fynnai ef, ar unrhyw delerau, gyfaddawdu yn eu cylch.

Y SEILIAU DIWINYDDOL

Prin y gellir cloriannu gwaith a thystiolaeth Ungoed Thomas heb aros i
ystyried beth yn union oedd yr ysgogiadau sylfaenol a orweddai y tu ôl i'r
cyfan. Ar ba sail yn union yr adeiladai ei genadwri a'i egwyddorion? Heb
unrhyw amheuaeth, cyweirnod bywyd a gweinidogaeth Ungoed Thomas,

o'r dechrau hyd y diwedd, oedd 'Teyrngarwch i'r Gwirionedd', sef teitl ei anerchiad i Gwrdd Chwarter Blaenau Gwent mor bell yn ôl â 27 Awst 1890. Ddeugain mlynedd yn ddiweddarch ymron, pan fu'n annerch ysgol Sul y Tabernacl ar y Sul 9 Ionawr 1927, ei destun drachefn oedd y 'Gwirionedd', a'r modd y mae hwnnw'n argyhoeddi'r meddwl, yn dylanwadu ar yr ewyllys, yn cyffroi'r emosiynau, ac yn ei fynegi ei hunan mewn gair a gweithred. Ac yntau'n nesáu at ben y dalar, pan yw'n asesu effeithiolrwydd ei waith, ei linyn mesur yw'r graddau y bu'n ffyddlon, neu'n anffyddlon, i'r gwir:

> God pardon the imperfection in proclaiming the Gospel of Christ. I am anxious in every service that the truth shall enter the intellect, will, conscience, and emotion of the people. Spiritual results cannot be tabulated.[100]

Ond sut yn union y deallai ac y dehonglai y 'gwirionedd' hwn? Nid yw'r ateb i'r cwestiwn mor uniongyrchol ag yr ymddengys ar yr olwg gyntaf, gan nad oedd meddwl Ungoed Thomas yn cydymffurfio â'r patrwm traddodiadol, hynny am iddo geisio cyfuno'r hyn a ystyrir yn aml yn ddau eithaf, sef ceidwadaeth neu uniongrededd diwinyddol, ar un llaw, ac ar y llaw arall y radicaliaeth wleidyddol honno a gysylltir â'r 'efengyl gymdeithasol'. Gwir nad ef oedd yr unig weinidog o blith y Bedyddwyr i geisio cyfuno'r elfennau hyn (cerddai ceidwadaeth credo a chydwybod gymdeithasol law yn llaw â'i gilydd yn nhystiolaeth y rhan fwyaf o weinidogion ac eglwysi'r cyfnod), ond nid pawb a ymaelodai'n agored â phlaid wleidyddol, a chwaraeai ran gyn bwysiced yn ei gweithgareddau, ac a safai'n ddi-dderbyn-wyneb ar lwyfannau cyhoeddus y blaid honno er mwyn hyrwyddo ei pholisïau. Hyn a wnâi Ungoed Thomas yn wahanol i'r mwyafrif o'i gyfoeswyr. Yn ei farn yntau yr oedd ffydd i'w gosod ar waith ym myd dynion, er diwygio a thrawsnewid y byd, ac yr oedd yn rhaid wrth arfau gwleidyddol i wireddu'r ddelfryd. Felly, yr oedd gofyn i aelodau eglwys Crist, a oedd yn ei hanfod yn gymuned foesol, wneud defnydd llawn o'r arfau hynny, a'u sancteiddio a'u gloywi er mwyn brwydro yn erbyn anghyfiawnderau'r oes a dwyn amgenach trefn ar fyd pechadurus.

Yng nghyd-destun Rhyfel 1914–18, gwelai Ungoed Thomas fod dau bwnc diwinyddol o'r pwys mwyaf yn hawlio sylw, ac mae'n ymdrin â hwy yn *Seren Gomer*, Mai 1916 (tt. 162–3). Y cyntaf ohonynt oedd anfarwoldeb yr enaid. Gan fod y brwydro yn 'gyflafan ofnadwy ar gyrff y milwyr a ddarniwyd i farwolaeth o ganol eu cryfder', tybiodd llawer mai dyna eu diwedd, megis anifeiliaid, tra gobeithiai eraill fod angau yn 'gyflwyniad … i gyflwr arall o fywyd'. Yn wyneb ansicrwydd a dryswch o'r math, yr oedd Thomas yn ymwybodol iawn o'r angen am arweiniad clir o du'r eglwys, a theimlodd iddo ei gael mewn pregeth a gyhoeddodd yr esgob Barnes ar Sul y Pasg 1916. Cyfeiriodd yr esgob at rai damcaniaethau poblogaidd ynghylch anfarwoldeb dyn, sef bod yr unigolyn, wedi iddo farw, yn parhau i fyw drwy'r cof a adewid amdano, trwy ei enwogrwydd, ac yn a thrwy ei lyfrau a'i blant. Ac oni phlannwyd ym mhob dyn wreichionen ddwyfol, ddifarw a ddychwelai at Dduw, ac a ymgollai yn Nuw, yn dilyn marwolaeth? Yr hyn a wnaeth yr esgob, er mawr fodlonrwydd i Ungoed Thomas, oedd ymwrthod yn llwyr â'r syniadaeth ffasiynol hon, a dangos na ellid, ar unrhyw gyfrif, ei hystyried yn gydnaws â'r datguddiad Cristionogol. Oherwydd, medd Thomas, gan aralleirio pwynt canolog pregeth yr esgob, 'Dysgodd Crist y cawn oroesi marwolaeth, fel y goroesodd Crist ei hun farwolaeth'. Iddo ef, felly, nid oedd bywyd tragwyddol i'w ddeall yn nhermau parhad di-dor enaid anfarwol mewn arall fyd, neu ryw ymgolli niwlog, amhersonol yn y Duwdod, ond yn hytrach yn nhermau buddugoliaeth a sicrhawyd trwy oruchafiaeth Crist ar angau a'r bedd. Megis y cyfodwyd Crist gan Dduw o afael tywyllwch marwolaeth, felly hefyd yng Nghrist y cyfodir y credadun i fywyd newydd, gwynfydedig. Y mae'n dilyn felly, nad yn y syniad o anfarwoldeb y gorffwys gobaith y Cristion, ond yn hytrach mewn atgyfodiad, sef gweithred benodol, achubol o eiddo Duw ei hun. Dyna Ungoed Thomas, felly, yn cerdded ar ganol llwybr uniongrededd Cristionogol.

Yr ail bwnc a ddaeth i amlygrwydd yn sgil y rhyfel oedd cadwedigaeth pechadur:

Trwy bwy y cedwir pechadur? Yn fynych ysgrifenna Capteniaid lythyrau at berthynasau milwyr a syrthiasant trwy y *shell* neu y cledd, gan awgrymu a dweyd weithiau fod y bechgyn yn dragwyddol gadwedig oblegid eu gwaith hunanaberthol yn y brwydrau. [Nid yw hyn] ond iachawdwriaeth trwy hunanaberth heb gyfrif ar Grist o gwbl.[101]

I Thomas yr oedd hyn yn gyfeiliornad peryglus a chamarweiniol, oherwydd iddo ef ni sicrheid, ac ni sicrheir, iachawdwriaeth i ddyn ond trwy farw iawnol, dirprwyol Crist ar y groes. (Nodwyd eisoes sut y pwysleisiai Ungoed Thomas y dylai ordinhad bedydd gael ei ragflaenu nid yn unig gan edifeirwch ar ran y credadun, ond hefyd gan 'ffydd yn aberth holl-ddigonol, iawnol ein Gwaredwr Iesu Grist'.) Ymwrthyd yn llwyr ag athrawiaeth 'cyfiawnhad trwy weithredoedd' (hyd yn oed drwy'r act ddewraf a mwyaf dyngarol posibl, sef aberthu bywyd er mwyn eraill ar faes y gad), gan nad ennill iachawdwriaeth iddo'i hun a wna dyn ond yn hytrach ei derbyn gan waredwr a'i 'dodes ei hun drosom' ar y groes, ac a sefydlodd gymod, trwy ei farw aberthol, rhwng Duw a dyn. Nid goddrychol ac unigolyddol mo iachawdwriaeth, felly, ond gwrthrychol a phersonol, gyda'r credadun yn ymateb yn gadarnhaol, ac yn ddiolchgar, i'r hyn a wnaed drosto, ac yn ei le, gan Grist. Unwaith eto, felly, y mae Thomas yn ei osod ei hun yn sgwâr ynghanol y traddodiad uniongred.

Cyfeiria yn *Seren Gomer*, Mawrth 1912, at ymweliad R.J. Campbell – gweinidog eglwys y City Temple, Llundain, ac awdur *The New Theology*, cyfrol dra dadleuol a achosodd gynnwrf mawr yn y dyfroedd diwinyddol pan gyhoeddwyd hi gyntaf yn 1907 (ar gyfrif diffiniad anuniongred ei hawdur o berson Crist) – ag America, ac at gynnwys rhai o'i bregethau a'i ddarlithoedd yn y wlad honno:

Hawliai fod ei ddiwinyddiaeth 'eang' ef yn rhagori ar yr hen ddiwinyddiaeth 'eang' a gyflwynai Iesu yn unig 'fel Esiampl, Arweinydd, Athraw a dim mwy'. Dyna Undodiaeth syml … Daliai Dr. Campbell fod y ddiwinyddiaeth 'eang' bresennol yn 'rhoddi amlygrwydd i'r Iawn yn cymodi dyn a Duw a dyn a dyn trwy weithrediad egwyddorion hunanaberthol a chariad. (t.110)

Ymgysura Ungoed Thomas yn y ffaith i apologia Campbell ennyn ymateb oddi wrth Ebenezer P. Davies, gweinidog gyda'r Bedyddwyr yn Scranton

(gŵr y bu yntau yn ei gwmni yn ystod ei ymweliad â'r Unol Daleithiau –
'a dymunol yw yr adgof'), yn y *Journal and Messenger* (cylchgrawn
Bedyddwyr America y derbyniai Ungoed Thomas gopi ohono yn
rheolaidd), lle y dangosodd 'nad yw Iesu, yn ôl Campbell, ond yn rhoddi
Iawn fel pob hunan-aberthwr arall, yn unig i Iesu wneyd fwy o weithred-
oedd da nag eraill – mai dim ond mewn graddau y rhagorai Iesu'.
Ymwrthodai E. P. Davies, ac Ungoed Thomas gydag ef, â'r syniad
Campbellaidd nad oedd y gwahaniaeth rhwng Crist a ninnau, a'r
gwahaniaeth rhwng ei farw iawnol yntau ac unrhyw weithred hunan-
aberthol arall o eiddo dyn, yn unig yn fater o radd. Myn Cristoleg
uniongred fod gwahaniaeth hanfodol rhyngom a Christ; nid gwahaniaeth
o ran gradd mohono, ond gwahaniaeth o ran natur a hanfod, gan mai Iesu
yw Gair tragwyddol Duw yn gwisgo cnawd. Nid yw ei berson i'w
amgyffred yn unig yn nhermau y dyn perffeithiaf, y model cywiraf o
ddynoliaeth ar ei llawn dwf, neu ddyn yn cyrraedd ei anterth esblygiadol;
ef, yn hytrach, yw neb llai nag Emanŵel ('Duw gyda ni'), ail berson y
Drindod. Buasai Ungoed Thomas (yn erbyn rhyddfrydwr megis Miall
Edwards a ddadleuai fod Iesu'n unigryw ar gyfrif natur a dyfnder ei
ymwybyddiaeth fabol o Dduw),[102] yn llwyr gytuno â chwpled Cristolegol-
gadarn ei ragflaenydd disgleiriaf yn rhengoedd gweinidogaethol eglwys y
Tabernacl, Titus Lewis:

> Mawr yw Iesu yn ei Berson,
> Mawr fel Duw, a mawr fel dyn.

Er prinned y cyfeiriadau yn ei ysgrifau a'i nodiadau at brif athrawiaethau'r
ffydd Gristionogol, nid oes unrhyw dystiolaeth i Ungoed Thomas wamalu
erioed yngylch cenhedlu gwyrthiol Iesu, ei ymgnawdoliad, ei farwolaeth
iawnol dros bechaduriaid, a'r ffaith i Dduw ei atgyfodi'n gorfforol o
grafangau angau. Yn wir, gellir cymryd ei dawedogrwydd cymharol
ynghylch yr athrawiaethau hyn yn brawf o'r ffaith ei fod yn eu derbyn yn
ddigwestiwn.

   Fodd bynnag, i Thomas yr oedd y cymhwysiad ymarferol, cymdeithasol
o'r efengyl gyn bwysiced â'r gyffes uniongred o'i phrif erthyglau – yr
orthopraxis gyn bwysiced â'r *orthodoxy* – ac yn y fan hon yr amlygid ei

radicaliaeth. Fe'i hargyhoeddwyd fod a wnelo efengyl Crist ag adfer dyn trwy ras o'i gyflwr pechadurus, a thrwy hynny chwyldroi y byd trwy gyfiawnder a chariad, er mwyn iddo gydymffurfio drachefn ag amcanion gwreiddiol Duw ar ei gyfer. Gwir fod yn rhaid wrth ymgyrchu gwleidyddol er ymgyrraedd at y nod, ond y cyfrwng a ddefnyddia Duw, yn anad unrhyw un arall, i gyflawni ei amcanion yw'r Eglwys, sydd i weithredu fel cydwybod cymdeithas – 'Eglwys bur o ddynion ailanedig yn y byd, a ddylanwada ar gymdeithas yn ysbrydol, feddyliol ac amgylchiadol, yna y daw Paradwys i'r ddaear'[103] – a hithau'n gwasanaethu'r Deyrnas a sefydlwyd gan Grist er gwrthsefyll y drwg a gorseddu'r da. (Y mae'r cyfeiriad at 'ddynion ailanedig' yn allweddol; nid am eiliad y gwadai Ungoed Thomas yr angen am adenedigaeth ysbrydol, trwy nerth yr Ysbryd Glân, a'i gwnâi'n bosibl i ddyn dderbyn yr iachawdwriaeth a ddarparwyd ar ei gyfer gan Dduw yng Nghrist, a chael ei achub drwyddi.)

Y mae'r cysyniad o'r Deyrnas yn ganolog i *schema* diwinyddol Ungoed Thomas, ac fe ellir crynhoi ei ddiffiniad ohoni o dan y chwe phwynt canlynol:

(i)   Y mae'r Deyrnas yn rym mewnfodol, deinamig sydd ar waith yn y byd er gorchfygu drygioni.

(ii) Deiliaid y Deyrnas yw'r sawl sy'n bur o galon ac o feddwl, ac sydd â'u gweithredoedd yn adlewyrchu'r purdeb hwnnw.

(iii) Y Deyrnas yw'r cylch lle y teyrnasa cyfiawnder. Y mae drwgweithredwyr yn cael eu cloriannu, eu diaelodi, a'u gwahardd rhag bod yn aelodau ohoni hyd nes iddynt edifarhau am eu pechodau, ac ymddiwygio.

(iv) Y mae dylanwad y Deyrnas i hydreiddio allan o'r ganolfan ysbrydol (h.y., yr eglwys), i'r byd cyfan, er mwyn ei achub a'i drawsffurfio.

(v)   Y mae a wnelo'r weledigaeth hon am y Deyrnas â gobaith y Cristion am berffeithrwydd personol a chymdeithasol. Er i'r ddelfryd hon ymddangos ar brydiau yn anghyraeddadwy, fe'i gwireddir ryw ddydd pan unir yn derfynol y dwyfol a'r dynol, ac y sefydlir gan Dduw, yn a thrwy Grist, nef newydd a daear newydd.

(vi) Un o brif arfau'r Deyrnas hon yw gwirionedd, a rhaid i'r eglwys ymdrechu'n ddiflino i'w hyrwyddo a'i ddyrchafu. Ym mrwydr y gwir yn erbyn y gau y mae rhyddid cydwybod, yn bersonol, yn ddiwinyddol ac yn wleidyddol, yn hanfodol bwysig, a rhaid sicrhau i bob unigolyn hawl i weithio allan ei iachawdwriaeth ei hun, yn unol â'i ddehongliad yntau o ddysgeidiaeth y Beibl, o dan gyfarwyddyd yr Ysbryd Glân. Y mae'n dilyn, felly, fod goddefgarwch, a pharodrwydd i barchu daliadau a safbwyntiau y sawl yr anghytunir â hwy, yn anhepgor.[104]

Yn *Seren Gomer*, Mawrth 1911, cyfeiria Thomas at ymweliad yr Athro Adolf Harnack â Phrydain fel un o ddirprwywyr Cymdeithas Heddwch Rhyng-genedlaethol yr Almaen:

Traddododd annerchiad cryf, hyawdl dros wneud yr angen am ryfel yn anmhosibl, ar linell dysgeidiaeth y Testament Newydd. Rhaid difetha yr ysbryd hunan-geisiol am awdurdod, a'r gallu i'w ddifetha yw Ysbryd Crist. (t.108)

Yn ei lyfr, *What is Christianity?*, dadleuodd Harnack fod tair gwedd ganolog i'r efengyl, sef (1) dyfodiad Teyrnas Dduw; (2) tadolaeth Duw, a gwerth anfeidrol yr enaid dynol; a (3) gofynion y cyfiawnder uwch, a'r gorchymyn i garu.[105] Wrth wraidd y ddiwinyddiaeth hon gorweddai damcaniaethau Immanuel Kant, G.W.F. Hegel a Friedrich Schleiermacher y ceir ynghudd yn y bydysawd foesoldeb gynhenid yn adlewyrchiad o'r grym moesol a'i creodd, a bod Ysbryd Absoliwt, mewnfodol (*Geist*) yn treiddio drwy bopeth, gan uno'r holl elfennau gwahanol â'i gilydd.[106] Felly fe berthyn i'r cread, ac i ddyn yn fwyaf arbennig, botensial di-ben-draw, ac oddi mewn i'w gyrraedd y mae'r gallu i wella ei amgylchfyd a'i amgylchiadau nes gweddnewid ei fyd yn gyfan gwbl.

Fel y dengys D. Densil Morgan, roedd y ddealltwriaeth hon o'r efengyl yn nhermau tadolaeth Duw a brawdoliaeth dyn, a'r ymgais i gyfaddasu 'egwyddorion y Deyrnas' er mwyn datrys problemau'r oes, yn nodweddiadol iawn o'r ddiwinyddiaeth ryddfrydol a apeliai at gynifer o bregethwyr Ymneilltuol Cymru yn y 1920au. I ddiwinyddion megis

Thomas Rees a John Morgan Jones (Coleg Bala-Bangor), ac eraill o gyffelyb feddwl, nid oedd y Deyrnas i'w chyfystyru ag ymyrraeth apocalyptig Duw ar derfyn hanes er trawsffurfio'r byd, ond yn hytrach â 'ffrwyth yr ymdrech ddynol i greu trefn gyfiawn ar y ddaear'.[107] Dyfynna Robert Pope[108] eiriau Herbert Morgan sy'n enghreifftio'n berffaith drywydd meddwl y rhyddfrydwr:

> From the religious point of view it [h.y. Teyrnas Dduw] is a gift to be enjoyed: from the ethical point of view it is a task to be accomplished – not in another life, but here and now.[109]

Nid yw'n hawdd penderfynu ym mha wersyll y safai Ungoed Thomas. A oedd mewn unrhyw fodd o dan ddylanwad Harnack a gweddill y rhyddfrydwyr? Trawiadol yw'r ffaith ei fod yn sôn am y Deyrnas yn nhermau 'grym mewnfodol, deinamig' (pwynt (i)), a'i fod yn tanlinellu cyfrifoldeb yr eglwys 'i ymdrechu'n ddiflino' i gynnal y gwirionedd sy'n un o'i phrif arfau (pwynt (vi)), gan ddefnyddio, felly, union derminoleg rhyddfrydiaeth. Nid llawer yng Nghymru a fu'n synio am y Deyrnas yn y fath fodd cyn hyn. Diddorol hefyd yw ei agwedd eangfrydig; rhydd bwyslais mawr ar ryddid yr unigolyn i weithio allan ei iachawdwriaeth ei hunan, ac ar yr angen am oddefgarwch, gan nad yr un yw profiad ac amgyffrediad pawb o'r Ysbryd sydd ar waith drwy'r byd yn gyffredinol. Tybed, wedi'r cyfan, a oedd mwy o ddylanwad Harnack arno nag oedd yn barod i gydnabod? Eithr ar ôl ystyried hyn oll, ni ellir gorbwysleisio'r ffaith nad mewn termau dynol, di-Dduw y dehonglai Ungoed Thomas darddiad a dylanwad y Deyrnas; ni allai ef beidio â meddwl amdani, o ran ei chraidd, ei chenadwri a'r chwyldro cymdeithasol a ysgogai, ond fel Teyrnas Dduw. Fel yr eglura, Duw, ac nid dyn, a fydd yn niwedd yr amserau yn sefydlu 'nef newydd a daear newydd' (pwynt (v)). Offeryn Duw ydyw i ddwyn iawnder a heddwch i'r byd, ac wrth ymroi i hyrwyddo ei ddelfrydau, yr hyn a wna'r Cristion unigol, ynghyd â'r eglwys fel cymdeithas, wrth wrthsefyll anghyfiawnder a diwallu angen cyd-ddyn, yw rhoi gwasanaeth i neb llai na'r Arglwydd ei hun.

Teflir goleuni ar hyn oll wrth ystyried agwedd Thomas at y Sosialaeth newydd, a fyddai, maes o law, yn disodli'r Blaid Ryddfrydol yng ngwleidyddiaeth Cymru. Yn ei farn yntau (ac yr oedd ei safiad yn yr achos hwn yn ddigon tebyg i eiddo W. F. Phillips, a ddadleuai fod yr athroniaeth wleidyddol newydd yn wrth-Gristnogol),[110] yr oedd y Sosialaeth hon yn fudiad atheistaidd a anelai at achub dyn trwy ymdrechion dyn ei hunan, heb gymorth gras Duw, ac at sefydlu teyrnas Dduw heb ymyrraeth Duw yn yr argyfwng dynol. Ar ôl ei ddiffinio – 'Enw yw hwn ar ymdrech y bobl orthrymedig i hawlio eu hiawnderau oddi ar law eu gorthrymwyr' – â yn ei flaen i ddinoethi gwendid sylfaenol y mudiad, fel y gwelai yntau ef:

> Ond nis gall Sosialaeth Atheistaidd achub y wlad. Hanfodol i lwyddiant yw y cydnabyddiaeth o'r DWYFOL i gael 'daear newydd' lle mae cyfiawnder yn cartrefu. Egwyddorion ac Ysbryd Crist a dry yr anialwch yn ardd.[111]

Cyhoeddodd Ungoed Thomas 'Bregeth ar Sosialaeth' (yn Saesneg) yn seiliedig ar y cwestiwn "Ble mae dy frawd Abel?" (Genesis 4: 9) sy'n crynhoi ei safbwynt yn berffaith. Ynddi cydnebydd undod yr hil ddynol, y berthynas waelodol rhwng dyn a'i gyd-ddyn ('Mae Abel dy *frawd*?'), a'r cyfrifoldeb sydd ar ddyn i gynorthwyo ei gymydog er diwallu ei anghenion a gwella ei amgylchiadau ('*Ble* mae Abel dy frawd?):

> The germ of Truth in this text [Gen. 4: 9] denotes:
> 1. A relationship: 'Thy brother'
> 2. A responsibility: 'Where is Abel?'
> This relationship embodies the oneness and solidarity of the human race.
> The germ of truth to reform society is found in this text [Gen.4: 9]. Its fuller growth is seen in the Mosaic Dispensation, while its fullest, perfect growth is seen in Jesus Christ. Stages in the revelation of this truth are marked thus:
> 1. The Patriarchal: 'Where is Abel, thy brother?'
> 2. The Mosaic: 'Thou shalt love thy neighbour as thyself.'
> 3. The Christian: 'Therefore in all things, whatsoever ye would that men should do to you, do even so to them.' 'But I say unto you, love your enemies.'

The king, the pauper, the Briton and the Zulu, are all of one blood.
Every Abel is a brother to every Cain.

Eithr prysura'r pregethwr i bwysleisio na all dyn ohono'i hun, ac ar
ei ben ei hun, greu amgenach, tecach byd. Gorwedd yr amod fawr,
sylfaenol ar gyfer sefydlu gwell byd yn neisyfiadau Gweddi'r Arglwydd,
'Deled *dy* Deyrnas, gwneler *dy* ewyllys'. Oddi fry ac nid oddi isod
y daw'r waredigaeth. Er ei bod yn ofynnol i ddyn ac i'r eglwys hithau
weithio'n ddiarbed er mwyn hyrwyddo amcanion Teyrnas Dduw, y mae
cydnabod bod y Deyrnas honno yn rhodd, a'i grym yn tarddu uwchlaw
dyn, ac o'r tu allan iddo, yn gwbl angenrheidiol. Dywed ymhellach:

> Y ffordd orau i ddadlau hawliau amgylchiadol dyn yw yng ngoleuni
> Gair Duw, gan wrandaw nid ar arweinyddion agnosticaidd a di-
> Dduw, ond ar broffwydi y Goruchaf.[112]

Ymddengys bod Ungoed Thomas yn dewis anwybyddu'r ffaith fod llawer
o bleidwyr y Sosialaeth newydd (er bod lleisiau Marcsaidd ac anffyddiol
i'w clywed yn uchel oddi mewn i'r mudiad), yn Gristionogion ac yn
'broffwydi', gyda Gwili, Herbert Morgan, James Nicholas (Tonypandy –
eglwys Heol y Castell, Llundain ar ôl hynny), a T.E. Nicholas (Y Glais, a
ddadleuai bod Sosialaeth yn hyrwyddo'r 'delfrydau agosaf at ddysgeid-
iaeth Iesu', gan roi iddynt 'fynegiant ymarferol'),[113] ymhlith yr amlycaf
ohonynt. Dywed Robert Pope amdanynt:

> They tended to support Socialism's call for greater justice and
> equality … but were wary of its political and materialistic implications.
> Given this dual tendency, it was natural that Nonconformists sought
> to demonstrate Christianity's superiority over Socialism and to affirm
> that the latter could never succeed without the unique message and
> dynamism of the former.[114]

Nid oedd hyn yn annhebyg i'r safbwynt a goleddid gan Ungoed Thomas,
ond prin, ac yntau'n Rhyddfrydwr i'r carn, y gallasai yn hawdd gydnabod

rhinweddau rhywrai oddi mewn i blaid wleidyddol arall nad oedd o'r un lliw â'r blaid y rhoes ef ei hunan iddi ei deyrngarwch llwyraf.

Ac eto, i fod yn deg ag Ungoed Thomas, rhaid cydnabod nad oedd yn hollol unllygeidiog yn y modd yr ymagweddai tuag at y Blaid Lafur. Fel yr âi'r blynyddoedd yn eu blaen, deuai'n barotach i gydnabod dilysrwydd safbwynt a chyfraniad yr unigolion hynny o'i mewn a oedd yn Gristionogion o argyhoeddiad. Cadarnheir hyn gan ddau gofnod hynod ddiddorol ar dudalennau ei ddyddlyfr:

> Attended United Young people's Society meeting in Tabernacle Schoolroom. Schoolroom very full. Speaker Mr. C.G. Amon, M.P. (Labour), on 'New wine in old bottles'. Good, eloquent speaker. Christian worker. Wesleyan local preacher. Bible student. He pleaded for the application of the Teaching of Jesus Christ to the social and industrial problems of today. A very fine statement. If all M.P.s had his ideas and spirit, Britain would become a Paradise. (17 Hydref 1922)
>
> 7.55 p.m. To Penuel Chapel to hear Mr. Morgan Jones, M.P. on 'Religion and Politics' from the Labour standpoint. An excellent, well thought out, fair, logical, thrilling address, a plea for the application of the teaching of Jesus Christ to the government of the country in formulating the laws. He is a well educated young man, of deep convictions, and has a fine future – an active Christian worker in the Baptist denomination. (22 Ionawr 1923)

Er bod Evan Ungoed Thomas, ar lawer cyfrif, yn gymeriad unplyg, anhyblyg, diwyro, a disyflyd ei farn, gwelir serch hynny nad oedd ei feddwl yn hollol gaeedig, a bod ynddo barodrwydd, yn arbennig erbyn diwedd ei rawd (mae'n arwyddocaol mai yn 1922 a 1923 y gwnaed y sylwadau uchod), i ymaddasu yn wyneb cyfnewidiadau'r cyfnod. Yn y diwedd yr oedd egwyddorion y Deyrnas yn llawer pwysicach yn ei olwg na theyrngarwch i blaid – hyd yn oed y blaid a gafodd o orau ei ddawn a'i ddycnwch ar hyd y blynyddoedd, ac y bu'n ffyddlon iddi hyd ddiwedd oes.

Gellir yn hawdd wneud cam ag Ungoed Thomas trwy orgymhlethu ei feddyliau. Er iddo ysgrifennu cymaint ar bynciau cyfredol yn ymwneud â'r eglwys, datblygiadau gwleidyddol, a helyntion y gwledydd, bach iawn, mewn cymhariaeth, a gafwyd o'i ysgrifbin ar destunau diwinyddol. Er iddo sôn am ymweliad Harnack â Phrydain, ni wnaeth unrhyw ymgais i ddadelfennu ei ddiwinyddiaeth, a chynnig beirniadaeth gytbwys arni. Ac eithrio'r athrawiaeth Galfinaidd am ragordeiniad, bodlonai ar y dehongliad Protestannaidd, clasurol o'r ffydd, ac nid oes unrhyw dystiolaeth iddo erioed wyro oddi wrtho. Pwysicach yn ei olwg ef nag ymboeni'n ormodol ac yn ddadleugar gyda chorff o ddiwinyddiaeth gyfundrefnol, systematig (dylid cofio na ddilynodd erioed gwrs gradd mewn Diwinyddiaeth, ac iddo gael ei amddifadu, felly, rhag astudio'r pwnc o dan amodau academaidd, disgybledig) oedd credu a chyhoeddi'r efengyl fel y tystir iddi yn y Testament Newydd, ac yng ngoleuni hynny weithredu'r egwyddorion Cristionogol a oedd i'w canfod yn eglur, fel y gwelai yntau, yn yr Ysgrythurau, ac yn arbennig yn nysgeidiaeth Iesu. Yr anghenraid mawr oedd gosod yr egwyddorion hynny ar waith mewn byd a chymdeithas, yn union fel y gosodir lefain yn y blawd nes 'lefeinio'r holl does'.

Ysgrifennodd Waldo Lewis (a fu'n weinidog Penuel, Caerfyrddin), am ei gyfaill Herbert Morgan:

> The two great passions of Herbert Morgan's life were: *First*, the passion for Truth, in thought, word and action. *Second*, the passion for Righteousness, personal and social. Religion, he believed must be expressed in life, in individual right-living and in social and economic justice, and these two passions ... were based on his profound Faith, for he was above everything a man of great faith.[115]

Er na welai Ungoed Thomas lygad yn llygad â Herbert Morgan yn wleidyddol, gellir yn hawdd addasu'r geiriau uchod ar ei gyfer yntau. Er i Thomas, y Rhyddfrydwr, a Herbert Morgan (a gweddill y Sosialwyr Cristionogol), ymffurfio'n ganghennau gwahanol, y mae'n amlwg y perthynent i'r un gwraidd, a'r gwreiddyn hwnnw wedi ei blannu'n ddwfn ac yn gadarn yn naear y datguddiad Cristionogol, a'r amlygiad ymarferol ohono.

Ni simsanodd Thomas erioed ynghylch yr egwyddorion mawr y credai mor angerddol ynddynt. Chwifiai faner titotaliaeth; disgwyliai safon ymddygiad uchel ar ran ei aelodau; gwrthwynebai ormes yn Ne Affrica; ochneidiai yn wyneb colledion a dioddefaint creulon y Rhyfel Mawr; mynnai i'r Ymneilltuwr hawliau cydradd â'r Eglwyswr; pregethai o'i bulpud, ac oddi ar lwyfan ei blaid, bwysigrwydd rhyddid, crefyddol a gwleidyddol, gan fod gwneud hynny yn ei olwg ef yn gyfystyr â hyrwyddo dibenion teyrnas nef ynghanol teyrnasoedd y byd.

Mae'n ffaith drawiadol na cheir yng nghofnodion cyfnod olaf ei ddyddiadur (sef y degawd rhwng 1920 a 1930) unrhyw awgrym o amheuaeth neu ddadrithiad, nac ychwaith o boen meddwl ynghylch cyflwr argyfyngus y dystiolaeth Ymneilltuol. Ceir ambell gyfeiriad hwnt ac yma at ddiffyg dirnadaeth ysbrydol rhai o'i aelodau, ac at yr 'ychydig' a oedd yn bresennol mewn cyfarfod gweddi, ond dim mwy na hynny. Fel y dengys D. Densil Morgan, gwahanol iawn fu profiad Lewis Valentine, a sylweddolodd yn fuan wedi iddo gael ei ordeinio a'i sefydlu'n weinidog yn eglwys y Tabernacl, Llandudno yn 1920, fod Ymneilltuaeth yng nghrafangau dirywiad affwysol a thrasig. Yr oedd 'marweidd-dra, diymadferthedd a chysgadrwydd' yr eglwysi yn wewyr enaid iddo, ac yntau'n cael ei orfodi i ddod i'r casgliad chwerw, 'Y mae Cristionogion yn rhy ddychrynllyd o faterol a dihidio, a'r eglwysi yn rhy farw a mud'.[116] Yn 1929 yr oedd hynny. Diwedda dyddiadur Ungoed Thomas yn 1930, a'r cofnod olaf un yn darllen fel a ganlyn:

> Tabernacle, Carmarthen. 10 a.m. Isaiah 26. 3 p.m. The restful soul. Good, appreciative attention. 11.05 a.m. – 12.10 p.m. Deacons' Meeting. 2.30 p.m. Took Young Women's Class. John 1 : 14–18. Interesting, intelligent replies. 6 p.m. Isaiah 58: 13–14. Sabbath Observation Association Sunday for emphasising Sabbath Observance. Good congregation and attention. People seemed absorbed in the message. Lord, bless the Gospel Message. (Sul, 27 Ebrill, 1930)

Gwir fod eglwys y Tabernacl, Caerfyrddin, yn sicr mewn cymhariaeth â llawer o achosion bychain gogledd Cymru lle y gweinidogaethai Lewis Valentine (er bod eglwys y Tabernacl, Llandudno yn dal ar y pryd â'i haelodaeth yn rhifo ymhell dros 300), yn parhau yn llewyrchus o ran ei chynulleidfaoedd ac yn brysur o ran gweithgarwch, a gwir hefyd mai edrych ymlaen yn betrus i'r dyfodol a wnâi Lewis Valentine, ac yntau ar ddechrau ei yrfa, tra oedd Ungoed Thomas yn edrych yn ôl, ar ddiwedd ei yrfa, at frwydrau'r gorffennol, ond nid yr ystyriaethau hyn yn unig sy'n esbonio'r gwahaniaeth yn agwedd y ddau. Fe ellid cyhuddo Ungoed Thomas o ymarfer Stoiciaeth haearnaidd, ansensitif, neu orchestiaeth afreal yn wyneb dadfeiliad crefydd, tra oedd adwaith Valentine yn llawer mwy realistig a dynol, ond prin y byddai hynny'n gwbl deg. Gŵr ydoedd Thomas a feddai ar ffydd ddiysgog ac anghymhleth yn yr egwyddorion y sylfaenodd holl waith ei fywyd arnynt. Yn ei farn ef yr oedd yr egwyddorion hynny o Dduw ac yn ymgorffori'r gwirionedd, ac felly yn ddigyfnewid. Beth bynnag fyddai tynged y gyfundrefn enwadol y perthynai iddi, beth bynnag yn wir fyddai hynt a helynt Ymneilltuaeth ei hun, nid oedd gan Ungoed Thomas unrhyw betruster yn ei feddwl mai yn unig trwy weithredu'r egwyddorion Cristionogol hynny y deuai'r byd i'w le. Ymrodd, felly, i'r frwydr, ac ni thynnodd ei lygaid gymaint ag unwaith oddi ar y nod.

NODIADAU

[1] T.J. Evans, 'Evan Ungoed Thomas', *Seren Gomer*, Hydref 1960, 93.

[2] Ibid., 92.

[3] Jasper Ungoed-Thomas (gol.), *The Fire Within: The Diaries 1878–1930 of Evan Ungoed Thomas, Baptist Minister and Radical* (2003, cylchrediad preifat) (sef detholiad o gynnwys Dyddiaduron E.U.T.), 6.

[4] Copïwyd o'r gwreiddiol, a hefyd o Jasper Ungoed-Thomas, *The Fire Within*, 86–87.

[5] T.J. Evans, 'Evan Ungoed Thomas', *Seren Gomer*, Hydref, 1960, 93.

[6] Dyddiadur Evan Ungoed Thomas, 30 Medi 1895.

[7] Ibid., 1 Mawrth 1901.

[8] Ibid., 26 Ionawr 1903.

[9] Ibid., 9 Chwefror 1906.

[10] Mudiad anenwadol oedd y *Band of Hope* a sefydlwyd yn 1847 er addysgu plant a phobl ifanc ynghylch peryglon diota. Erbyn diwedd y G.19 yr oedd ei aelodaeth yn 3,500,000. Cyhoeddai'r mudiad *The Boys' Own Paper*, a ddaeth â chryn gyhoeddusrwydd iddo. Yn amlach na pheidio cynhaliwyd y cyfarfodydd yn ystod yr wythnos ar ôl oriau ysgol, a darparwyd sgyrsiau, cyflwyniadau gyda'r *Magic Lantern*, cystadlaethau a gweithgareddau hamdden, ynghyd â gorymdeithiau cyhoeddus, er gyrru'r neges ddirwestol adref. Yr oedd cysylltiad agos rhwng y *Band of Hope* a'r Mudiad Ysgolion Sul.

[11] Dyddiadur Evan Ungoed Thomas, 25 Tachwedd 1913.

[12] Yn ystod ymgyrch etholiadol 1905/6 addawodd yr arweinydd Rhyddfrydol, Campbell-Bannerman, y buasai, pes etholid, yn cyflwyno Mesur Trwyddedu newydd i ddadwneud drwgeffeithiau Deddf 1904 o eiddo'r Torïaid. Pan gyhoeddwyd y mesur yr oedd yn ddogfen resymegol a sylweddol, a derbyniodd lawer o gefnogaeth amhleidiol, e.e. oddi wrth Archesgob Caergaint. Ym Mehefin 1905 cynullodd tua 50,000 o bobl ym Mharc Heaton, Manceinion, i gefnogi'r mesur; buont yn gwrando ar nifer fawr o areithiau o 25 o lwyfannau, ac yn gorymdeithio y tu ôl i 25 o fandiau pres. Wrth reswm, yr oedd gwrthwynebiad y bragwyr yn ffyrnig. Pan ddaeth yn amlwg y buasai'r Tŷ Cyffredin yn debygol o wrthod y mesur, apeliodd y brenin Edward VII ar Arglwydd Lansdowne (un o brif ddynion y Ceidwadwyr) am ei gefnogaeth, ond yn ofer. Er i'r mesur ennill cefnogaeth mwyafrifoedd mawr yn y Tŷ Cyffredin, gwrthodwyd ef gan Dŷ'r Arglwyddi ar yr ail ddarlleniad. (Gw. Jasper Ungoed-Thomas (gol.), *The Fire Within*, 202.)

[13] Ibid., 314.

[14] Dyddiadur Evan Ungoed Thomas, 2 Ebrill 1927.

[15] Gw. R. Tudur Jones, *Yr Undeb*, 166, 172; *Ffydd ac Argyfwng Cenedl*, II, 256–257.

[16] Dyddiadur Evan Ungoed Thomas, 17 Ebrill 1922.

[17] Ibid., 18 Ebrill 1922.

[18] Ibid., 3 Awst 1912.

[19] R. Tudur Jones, *Ffydd ac Argyfwng Cenedl*, II, 259.

[20] Gw. *Royal Commission on the Church of England and Other Religious Bodies in Wales and Monmouthshire*, Vol. II, Book 1 (London, 1910), 53.

[21] Gw. Kenneth O. Morgan, *David Lloyd George 1863–1945* (Cardiff: University of Wales Press, 1981), 18.

[22] Dadleuai Lloyd George fod y rhyfel yn Ne Affrig nid yn unig yn gostfawr (oni allesid defnyddio'r arian a wastreffid i roi pensiynau teg i'r henoed?), ond hefyd o ran bywydau. Roedd ei brif bwyslais ar y ffaith fod y llywodraeth Geidwadol, wrth ymladd Bwyriaid y Transvaal, yn sathru ar obeithion dilys cenedl fechan am ryddid ac annibyniaeth.'Yr ydym yn ymladd yn erbyn cenedl fechan sydd â'i phobl yn llai mewn nifer na phoblogaeth Sir Gaerfyrddin. Yr Ymerodraeth Brydeinig yn erbyn Caerfyrddin!' (Gw. Jasper Ungoed-Thomas (gol.), *The Fire Within*, 112–113.)

[23] Dyfynnir gan T.J. Evans, 'Evan Ungoed Thomas', *Seren Gomer*, Hydref 1960, 94.

[24] Ibid., 94.

[25] Am Ddeddf Addysg 1902, gw. R. Tudur Jones, *Yr Undeb*, 180–182; *Ffydd ac Argyfwng Cenedl*, II, 110–113.

[26] Gyda C.H. Spurgeon, Dr. John Clifford oedd prif arweinydd Bedyddwyr Lloegr, ac yn dilyn marwolaeth gymharol gynnar Spurgeon yn 1892, safai Clifford ar ei ben ei hun ymysg arweinwyr ei enwad. Fe'i ganed yn Swydd Derby i deulu cyffredin, Bedyddiedig. Dechreuodd weithio mewn ffatri les yn 11 oed. Yn 16 oed cafodd dröedigaeth grefyddol ddofn, ac yn 19 oed dechreuodd ar ei gwrs yn y 'Midland Baptist College', Caerlŷr. Bu'n weinidog am flynyddoedd lawer yng Nghapel Heol Westbourne Park yn Llundain, a oedd yn un o brif ganolfannau addoliad yr Anghydffurfwyr. Yr oedd Clifford yn ysgolhaig galluog, ac enillodd nifer o raddau Prifysgol Llundain, ac yntau'n dal yn weinidog eglwys. O ran ei ddiwinyddiaeth yr oedd yn rhyddfrydol; yn wleidyddol yr oedd ei gydymdeimlad â dyheadau'r dosbarth gweithiol; yr oedd yn oddefgar at grefyddau eraill. Trwy ei bersonoliaeth, ei bregethu a'i waith llenyddol bu ganddo ddylanwad mawr yn ei ddydd, nid yn unig oddi mewn i'r cylchoedd Anghydffurfiol, ond hefyd drwy'r wlad yn gyffredinol – yn foesol ac yn wleidyddol.

Yr oedd Silvester Horne yn weinidog eglwys Annibynnol Kensington, Llundain. Gweithiai'n ddiarbed dros gydweithrediad rhwng yr Eglwysi Rhyddion, a thros achosion cymdeithasol. Mynnai mai nod mawr ei fywyd oedd amddiffyn y tlawd a'r difreintiedig. (Am Silvester Horne, gw. *Seren Cymru*, 15 Mai 1914, 9.)

Ynghyd â bod â rhan flaenllaw yn yr ymgyrch ddirwest, yr oedd Clifford a Horne o blaid y Bwyriaid yn rhyfel De Affrig. Felly, pleidient yr un egwyddorion yn union ag Ungoed Thomas.

[27] Bu'r cyfarfod hwn o'r cyngor yn hynod stormus. Aeth pethau o ddrwg i waeth gyda chynnig yr Athro Jones, y Coleg Presbyteraidd, Caerfyrddin a chadeirydd y pwyllgor addysg, y dylid derbyn argymhelliad ei bwyllgor a chyfarfod â holl ofynion y mesur newydd. Yn ystod y terfysg dilynol bu bron i Iarll Cawdor (tirfeddiannwr cyfoethog; cynghorydd sir; ynad heddwch; cyfaill agos i esgob Tyddewi; a chadeirydd cwmni rheilffordd y *Great Western*), a Dr. Thomas o Sanclêr, ergydio'i gilydd. Llwyddwyd i dawelu'r cynnwrf gan John Lloyd, Penybanc – cynghorydd sir; Bedyddiwr cadarn; un o ddiaconiaid eglwys y Tabernacl ac un o gyfeillion pennaf Ungoed Thomas. Cynigiodd yntau y dylid gohirio trafod adroddiad y pwyllgor addysg hyd nes i gynnig y Parchg. William Thomas, Hendy-gwyn ('Bod y cyngor hwn ym ymwrthod am y tro

â defnyddio trethi i gynnal ysgolion nad ydynt o dan reolaeth y cyngor') yn cael ei osod gerbron. Pleidleisiwyd o blaid. Felly, datganodd Cyngor Sir Caerfyrddin ei wrthwynebiad agored ac anghyfreithlon i'r Mesur Addysg, gan herio llywodraeth y dydd. Er bod Iarll Cawdor o'i gof, bu'n rhaid iddo dderbyn dyfarniad terfynol y Cyngor Sir.

[28] Gw. R. Tudur Jones, *Ffydd ac Argyfwng Cenedl*, II, 116.

[29] Jasper Ungoed-Thomas (gol.), *The Fire Within*, 134.

[30] Am ddatgysylltiad yr Eglwys yng Nghymru, gw. David Walker, 'Disestablishment and Independence', yn David Walker (gol.), *A History of the Church in Wales*, 164–187; R. Tudur Jones, *Yr Undeb*, 185–187; idem, *Ffydd ac Argyfwng Cenedl,* II, 231–243; D. Densil Morgan, *The Span of the Cross: Christian Religion and Society in Wales 1914–2000* (Cardiff: University of Wales Press, 1999), 30–37.

[31] John Davies, *Hanes Cymru* (Llundain, 1990), 379.

[32] Bu diwygiad 1904–5 yn hwb i'r ymgyrch ddatgysylltu. O ganlyniad i lanw 1904–5 cyrhaeddodd aelodaeth y capeli ei man uchaf ar yr union adeg pan oedd y Comisiwn Eglwysig yn crynhoi ystadegau ynghylch sefyllfa'r enwadau. Er gwaethaf y cynnydd a wnaed gan yr Anglicaniaid oddi ar 1851, adroddodd y Comisiwn fod tri Anghyd-ffurfiwr yng Nghymru am bob un aelod o'r Eglwys Wladol. Gw. John Davies, ibid., 487.

[33] Un o Gymry Llundain, J. Carvell Williams, a benodwyd yn ysgrifennydd cyntaf y gymdeithas, ac o dan ei arweiniad ef plannwyd celloedd ohoni yng Nghymru. Am *The Liberation Society*, gw. Ieuan Gwynedd Jones, 'The Liberation Society and Welsh Politics, 1844 to 1868', yn *Explorations and Explanations*, 236–268.

[34] John Davies, *Hanes Cymru*, 379.

[35] *South Wales Daily News*, 22 Hydref 1906.

[36] Dyfynnir gan T.J. Evans, *Seren Gomer*, Hydref 1960, 95.

[37] Ibid., 95–96. Gw. hefyd, idem, *Fragrant Memories*, 30.

[38] *Royal Commission on the Church of England*, Vol. II, Book 1, 56–57.

[39] Dyfynnir gan T.J. Evans, *Seren Gomer*, Hydref 1960, 95.

[40] *Royal Commission on the Church of England*, Vol. II, Book 1, 56.

[41] T. J. Evans, *Seren Gomer*, Hydref 1960, 95.

[42] Ganed 'Davies o Benarth' yn Sir Gaerfyrddin, ond fe'i maged gerllaw Pontypridd. Yr oedd yn weinidog gyda'r Bedyddwyr ac yn gyfaill agos i C.H. Spurgeon. Ar ôl gweinidogaethu mewn nifer o fannau yn Lloegr (gan gynnwys Brighton), gwahoddwyd ef i Benarth yn 1908. Un o arweinwyr mwyaf gwybodus a gweithgar yr ymgyrch Ddatgysylltu yng Nghymru.

[43] John Davies, *Hanes Cymru*, 487.

[44] Jasper Ungoed-Thomas (gol.), *The Fire Within*, 262.

[45] R. Tudur Jones, *Ffydd ac Argyfwng Cenedl*, II, 243.

[46] John Davies, *Hanes Cymru*, 515.

[47] Ibid, 516.

[48] Gw. Jasper Ungoed-Thomas (gol.), *The Fire Within*, 268; T.J. Evans, *Seren Gomer*, Hydref 1960, 96.

[49] D. Densil Morgan, *The Span of the Cross*, 60.

[50] Jasper Ungoed Thomas (gol.), *The Fire Within*, 291.

[51] Daeth W. Llywelyn Williams i'r amlwg yng Nghymru fel un o wrthwynebwyr mwyaf digyfaddawd polisïau Lloyd George. Yr oedd yn un o'r tri aelod seneddol Rhyddfrydol Cymreig a bleidleisiodd yn erbyn darlleniad cyntaf y Mesur Gwasanaeth Milwrol yn Ionawr 1916. Pan ddaeth Lloyd George yn arweinydd y llywodraeth glymblaid yn Rhagfyr 1916 (gan ddisodli Asquith), cynigiodd swydd uchel (Twrnai Cyffredinol) i Williams, ond fe'i gwrthodwyd ganddo, ac i bob pwrpas ymarferol daeth y cyfeillgarwch agos a phersonol a fu rhwng y ddau i ben. Yr oedd Llywelyn Williams yn un o'r gwleidyddion Rhyddfrydol a edmygid yn fawr gan Ungoed Thomas.

[52] Gw. Jasper Ungoed-Thomas (gol.), *The Fire Within*, 291.

[53] Dyddiadur Evan Ungoed Thomas, 13 Ionawr 1919.

[54] Ibid., 24 Ionawr 1919.

[55] Ibid., 27 Ionawr 1919.

[56] Gw. D. Densil Morgan, *Cedyrn Canrif: Crefydd a Chymdeithas yng Nghynru'r Ugeinfed Ganrif* (Caerdydd: Gwasg Prifysgol Cymru, 2001), 76.

[57] Gw. Jasper Ungoed-Thomas (gol.), *The Fire Within*, 282.

[58] D. Densil Morgan, *The Span of the Cross*, 59.

[59] T. Oswald Williams, *Undodiaeth a Rhyddid Meddwl*, 224. Gw. hefyd tt. 169–194, 195–225.

[60] Am y sefyllfa yn Lloegr gw. A.C. Underwood, *A History of the English Baptists* (London: The Carey Kingsgate Press, 1947), 149–200; R. Tudur Jones, *Ffydd ac Argyfwng Cenedl*, 1, 80 – 81. Un o brif amddiffynwyr cymundeb agored ymhlith Bedyddwyr Lloegr oedd Robert Hall (1764–1831), gweinidog eglwys Broadmead, Bryste. Fe'i gwrthwynebwyd gan Joseph Kinghorn (1766–1832), gweinidog eglwys y Bedyddwyr Neilltuol yn Norwich, awdur *Baptism a Term of Communion at the Lord's Supper*, ac un a lynai'i ddigyfawddawd wrth safbwynt y Bedyddwyr Caeth. (Gw. A.C. Underwood, *A History of the English Baptists*, 169–172.)

[61] Gw. Gwynfor Evans, 'Ein dyled i Emrys ap Iwan', Darlith Flynyddol Cymdeithas Emrys ap Iwan (1982), 35.

[62] Er enghraifft: 'bedyddiais naw' (17 Mai 1903); 'Derbyniais yr 11 a fedyddiwyd y Sul blaenorol yn aelodau o'r eglwys.' (24 Mawrth 1907); 'Bedyddiais 13 o ymgeiswyr. Cyfarfod trawiadol iawn. Y capel yn llawn. Ymddygiad yn ardderchog. Neb yn sibrwd' (12 Ionawr 1913); 'Bedyddiais ddeg o wŷr ieuainc. Bedydd urddasol iawn.' (28 Mai 1922); 'Ar ôl y bregeth bedyddiais 18 o wŷr a merched ieuainc. Rhoddodd Duw nerth neilltuol i mi, ac i'r ymgeiswyr…ac 'roedd yn wasanaeth bedydd gogoneddus.' (16 Rhagfyr 1928).

[63] Dyddiadur Evan Ungoed Thomas, 2 Hydref 1917.

[64] Dau gofnod o Ddyddiadur Ungoed Thomas:

    a. 10.30 a.m. Baptist Council Meeting at Church House. 2.30 p.m. To House of Commons. Had received tickets from Mr. J. Hinds, M.P. Got in at the opening of the House, and remained until 7 p.m. when it was adjourned. Heard Mr. D. Lloyd

George's Special War Budget Speech, for nearly two hours. Heard also the Prime Minister (Mr. Asquith) on the death of Lord Roberts, also Bonar Law, Austin Chamberlain [ai Sir Austen Chamberlain a olygir?], John Redmond, Tim Healy. I met in Gallery of the House Rev. D. Wynne Evans (C), Hammersmith, late of Llanelly and Llandrindod. Took tea together, then to the Opera House, Kingsway Road, to see the 'Drama of Creation'. Pictures and gramophone lecture by Pastor Russell. Very fine pictures. (Dydd Mawrth, 17 Tachwedd 1914.)

b. London Baptist Council Meetings. 5 p.m. To the House of Commons. Mr. J. Hinds found me room above the clock. Sat until 8 p.m. He took me to dinner in the House. Back in the Gallery until; 10 p.m. Debate on Agriculture Bill. Rather uninspiring. Met a few Welsh M.P.s in the House. (Dydd Mawrth, 16 Tachwedd 1920.)

[65] Talfyriad o *The Baptist Union of Great Britain and Ireland*.

[66] Dyddiadur Ungoed Thomas, 8 Medi 1915 a 10 Ebrill 1920.

[67] Gw. E. Llwyd Williams, *Thomas Phillips (1868–1936)* (Abertawe: Gwasg Ilston. Ni roddir dyddiad.) Codwyd Thomas Phillips yn eglwys Rhydwilym; bu'n weinidog yn Kettering, Norwich, ac eglwys Bloomsbury, Llundain, lle'r ydoedd adeg traddodi ei bregeth yng Nghyngres Bedyddwyr y Byd; yn 1928 etholwyd ef yn Brifathro Coleg y Bedyddwyr, Caerdydd.

[68] Ibid., 58.

[69] Jasper Ungoed-Thomas (gol.), *The Fire Within*, 226.

[70] Dyddiadur Evan Ungoed Thomas, 17–20 Gorffennaf 1923.

[71] *Seren Cymru*, 31 Rhagfyr 1909.

[72] Dyddiadur Evan Ungoed Thomas, 2 Ebrill 1914.

[73] Am Herbert Morgan, gw. *Y Bywgraffiadur Cymreig 1941–1950* (Llundain: Anrhydeddus Gymdeithas y Cymmrodorion, 1970), 44; Waldo Lewis (gol.), *Herbert Morgan 1875–1946* (Carmarthen. No date given); Robert Pope, *Building Jerusalem: Nonconformity, Labour and the Social Question in Wales, 1906–1939* (Cardiff: University of Wales Press, 1998), 16, 28, 41, 132–137, 155, 166–179.

[74] Gw. R. Tudur Jones, *Ffydd ac Argyfwng Cenedl*, II, 265–266; T.M. Bassett, 'Golwg ar Ganrif', *Trafodion* (1992), 42–43; Robert Pope, *Building Jerusalem*, 37.

[75] T.M. Bassett, *Bedyddwyr Cymru*, 373.

[76] Am John 'Gwili' Jenkins (1872–1936), gw. E. Cefni Jones, *Gwili, Cofiant a Phregethau* (Llandysul: Gwasg Gomer, 1937); *Y Bywgraffiadur Cymreig hyd 1940*, 410; J. Beverley Smith, 'John Gwili Jenkins 1872–1936', *Transactions of the Honourable Society of Cymmrodorion* (1974–5), 191–214; Robert Pope, *Building Jerusalem*, 40–42. Am Uwchfeirniadaeth, gw. R. Tudur Jones, *Ffydd ac Argyfwng Cenedl*, II, 96.

[77] Gw. Dewi Eirug Davies, *Hoff Ddysgedig Nyth*, 210.

[78] Dyddiadur Evan Ungoed Thomas, 15 Mawrth 1921. Am ffurflywodraeth y Bedyddwyr, gw. *Trafodion* (1930), 36; E.T. Jones, 'Ein Ffurf-Lywodraeth Eglwysig, a Chydweithrediad Cyfundrefnol: Eu Hystyr a'u Cysondeb' yn Huw Roberts (gol.), *Atgofion am E.T. Jones* (Llandysul: Gwasg Gomer, 1967), 9–42.

[79] Dyddiadur Evan Ungoed Thomas, 15 Ionawr 1927.

[80] Ibid., 26 Medi 1927:

> Left for Bristol. Met Rev. E. Edmunds [Ysgrifennydd Cyffredinol U.B.C.] in Swansea Station. We travelled together to Bristol. 2 p.m. We made our way to Bristol Baptist College. Committee to arrange the accredited list of Welsh Baptist Ministers in the English Baptist Handbook. This list is a qualification for Welsh Ministers to join the English Superannuation Fund. I was there invited as a consultant member of the English Ministerial Recognition Committee. Good work done.

> Am gydnabod gweinidogion Bedyddwyr Cymru gan BUGBI, gw. T.M. Bassett, *Bedyddwyr Cymru*, 342, 372 ; idem., 'Golwg ar Ganrif', *Trafodion* (1992), 47.

[81] Dyddiadur Evan Ungoed Thomas, 8 Hydref 1927. Mewn cymhariaeth, gw. R. Tudur Jones, *Yr Undeb*, 162, am ddadansoddiad J. Dyfrig Owen o gyflogau gweinidogion isa'u tâl ymhlith yr Annibynwyr yn 1915.

[82] Apwyntiwyd Dr. Robert Ferrar yn Esgob Tyddewi gan yr Archesgob Thomas Cranmer. Carcharwyd ef oherwydd ei gydymdeimlad â Phabyddiaeth. Tra oedd yn disgwyl ei brawf bu farw'r Protestant Edward VI, a gorseddwyd y frenhines Babyddol Mari yn ei le. Er ei dueddiadau Pabyddol gorfodwyd Ferrar i gyfaddef ei fod yn euog o heresi, ac i gydymffurfio'n agored â'r ffydd Gatholig. Am iddo wrthod cyfaddawdu fe'i llosgwyd wrth y stanc ar safle hen farchnad Caerfyrddin lle, erbyn hyn, y saif y Clos Mawr. Ar y gofeb iddo yn y fan honno ceir y geiriau isod:

> The noble army of the Martyrs praise thee.
> Near this spot suffered for the truth,
> Saturday, March 30th 1555,
> Dr. Robert Ferrar, Bishop of St. David's.
> We shall by God's grace light such a candle
> In England, as shall never be put out.
> Erected by a Protestant of this town.

[83] T.J. Evans, *Seren Gomer*, Hydref 1960, 97.

[84] Cym. y cofnod canlynol (7 Hydref 1926):

> Rev. Penry Jones (C) preached in English Cong. Chapel. Elaborate sermon, well thought out, clever, flippant, bordering on the irreverent. Impression made in me that he is a 'professional'. Good platform speaker on any subject, whether he knows the subject or not. A display, but not preaching. Just the kind of display…as to create doubts and weaken faith.

[85] T.J. Evans, *Fragrant Memories*, 32.

[86] Dyfynnir gan idem, *Seren Gomer*, Hydref 1960, 97.

[87] Dyddiadur Evan Ungoed Thomas, 17 Mai 1924.

[88] O'r dyfyniad hwn y cafodd Jasper Ungoed-Thomas y teitl i'w ddetholiad o ddyddiaduron E.U.T., *The Fire Within*.

[89] Dyddiadur E.U.T., 26 Ionawr 1925.

[90] D. Wyre Lewis, 'Y Diwygiad Crefyddol a Beirniadaeth Feiblaidd', *Y Greal*, Tachwedd 1905.

[91] Am R. B. Jones, gw. *Seren Cymru*, 10 Chwefror 1905.

[92] Merch i Samuel Roberts, gweinidog gyda'r Methodistiaid Calfinaidd, oedd Jessie Penn-Lewis (1861–1927). Bu'n ddylanwadol iawn ym mudiad Keswick, ac yn un o sylfaenwyr y 'Keswick Cymraeg'.

[93] Gw. R. Tudur Jones, *Ffydd ac Argyfwng Cenedl*, II, 149.

[94] *Seren Gomer* 1909, 7.

[95] Gw. R. Tudur Jones, *Ffydd ac Argyfwng Cenedl*, II, 158, 180.

[96] T.J. Evans, *Llawlyfr 1937*, 79.

[97] Ibid., 79.

[98] Dyfynnir gan T.J. Evans, 'Evan Ungoed Thomas', *Seren Gomer*, Hydref 1960, 97.

[99] Gw. *Welshman*, Caerfyrddin, 20 Mehefin 1930.

[100] Jasper Ungoed-Thomas (gol.), *The Fire Within* , 472.

[101] *Seren Gomer*, Mai 1916, 162–163.

[102] Gw. D. Miall Edwards, *Bannau'r Ffydd* (Wrecsam: Hughes a'i Fab, 1929), 208–10, lle mae'r awdur yn ymwrthod â'r term *hypostasis* (=sylwedd), a fabwysiadwyd gan y cynghorau eglwysig i ddiffinio person Crist, gan ddadlau ei bod yn ofynnol, bellach, 'inni ddechrau gyda'i ymwybod [sef Iesu] o'i berthynas â Duw'r Tad'.

[103] *Seren Gomer*, Tachwedd 1912, 325.

[104] Jasper Ungoed-Thomas (gol.), *The Fire Within*, 7.

[105] Adolf Harnack (English translation: Thomas Bailey Saunders), *What is Christianity?* (London: Williams & Norgate, 1912), 59–76.

[106] Robert Pope, *Codi Muriau Dinas Duw: Anghydffurfiaeth ac Anghydffurfwyr Cymru'r Ugeinfed Ganrif* (Caernarfon: Gwasg y Bwthyn, 2005), 67.

[107] Gw. D. Densil Morgan, *Cedyrn Canrif*, 79–80.

[108] Robert Pope, *Codi Muriau Dinas Duw*, 134.

[109] Herbert Morgan, *The Social Task in Wales* (London, 1919), 87.

[110] Robert Pope, *Codi Muriau Dinas Duw,* 90–111.

[111] *Seren Gomer*, Tachwedd 1909, 283.

[112] Ibid., Medi 1911, 277.

[113] *Y Geninen* (1912), 14.

[114] Robert Pope, *Building Jerusalem*, 31.

[115] Waldo Lewis (gol.), *Herbert Morgan, 1875–1946* (Carmarthen: Spurrell. No date given), 25.

[116] Gw. D. Densil Morgan, *Cedyrn Canrif*, 82.

BUGEILIAETH A BRAWDOLIAETH
(1931–1968)

Wrth i James Thomas ymgymryd â bugeiliaeth eglwys y Tabernacl cafwyd newid nid bychan yn natur a chymeriad ei weinidogaeth. Gellid dadlau i'w ddyfodiad brofi'n gefndeuddwr yn hanes yr eglwys gan i'w ddehongliad ef o gyfrifoldebau a swyddogaeth gweinidog, ynghyd â'r modd y syniai am le'r eglwys mewn cymdeithas, fod hytrach yn wahanol i eiddo'i ragflaenydd. Er cywirdeb gosodiad Emrys G. Bowen fod 'James Thomas yn dal i ddilyn y patrwm gweinidogaethol ysbrydoledig'[1] a gafwyd gan Ungoed Thomas, y mae'n bwysig deall nad oedd yntau yn ŵr cyhoeddus, yn yr ystyr ei fod yn chwennych ei amlygu ei hun fel arweinydd mewn materion trefol, enwadol neu genedlaethol, ac yn sicr nid oedd yn berson gwleidyddol, radical. A chymryd ei fod yn meddu ar berswâd gwleidyddol fe'i cadwai'n gyfrinach iddo'i hun; yn wir, gwnâi ei orau i osgoi datgan barn ar unrhyw bwnc dadleuol, a phe ceisid y farn honno, gan rywrai mwy beiddgar na'i gilydd, yna, yn amlach na pheidio, digon dywedwst fyddai yntau, a'i ateb, gymaint ag ydoedd, yn anymrwymol. Nid un oedd ef i annerch o lwyfan gwleidyddol, nac ychwaith i ohebu â'r wasg er mwyn ymateb yn hyglyw i un o bynciau llosg y dydd. Yng ngolwg James Thomas hanfodion y weinidogaeth Gristionogol oedd bugeilio'r praidd, pregethu'r Gair a gweinyddu'r ordinhadau, ac fe gyflawnodd y weinidogaeth driphlyg honno gyda'r urddas, y ddoethineb a'r ymroddiad pennaf. Yr oedd ei ofal am ei bobl – yn wir, ei gonsýrn am bwy bynnag a ddeuai ato mewn angen a thrallod – yn gwbl eithriadol, ac yr oedd ei baratoad ar gyfer ei bulpud yn gydwybodol a sylweddol. Diwallu anghenion ei eglwys ei hun oedd prif ffocws y weinidogaeth Gristionogol i James Thomas, ac yn enw'r eglwys honno, gweinidogaethu hefyd, pe medrid, i gyfarfod ag anghenion y gymdeithas ehangach oddi allan. Oddi mewn i gymuned yr eglwys mynnai drefn a chydweithrediad, ac o gofio iddo gael o wasanaeth T.J. Evans fel ysgrifennydd y Tabernacl am y rhan helaethaf o gyfnod ei weinidogaeth, nid yw'n syndod i olwynion gweinyddiaeth yr eglwys droi'n dra esmwyth trwy gydol yr amser. Trefnid oedfaon y Sul, cyfarfodydd yr wythnos, y gweithgareddau a oedd yn gysylltiedig â chymdeithasau'r eglwys, a holl ddyletswyddau'r diaconiaid, y swyddogion a'r stiwardiaid gyda'r gofal manylaf posibl. Ac yntau'n ŵr o natur hynaws, heddychlon, mynnai ymgadw hyd eithaf ei allu rhag cynnen a chynnwrf, ac ystyriai fod 'cadw, â rhwymwyn tangnefedd, yr undod y mae'r Ysbryd yn ei roi' (Effesiaid 4:3) yn un o brif amcanion ei arweinyddiaeth i'r eglwys. Dengys pob tystiolaeth i'r Tabernacl yn ystod blynyddoedd ei weinidogaeth fod yn eglwys unedig a chytûn, lle na chaniateid i neb na dim aflonyddu ar heddwch pobl Dduw. Cwbl briodol yw'r ffaith mai "tangnefedd" yw'r union air a gerfiwyd o dan ei enw ar y maen coffa iddo ar fur y capel.

Ni phetrusai Titus Lewis, Hugh William Jones ac Evan Ungoed Thomas ddiarddel unigolion am esgeuluso'r moddion, neu ymarweddu mewn ffordd a ystyrid yn annheilwng o'r efengyl, ond ni cheir yn adroddiadau blynyddol cyfnod James Thomas odid un enghraifft o ddisgyblu neu ddiaelodi. Eu diarddel eu hunain a wnâi aelodau yn awr (yn bennaf trwy beidio â chyfrannu'n ariannol i'r eglwys am gyfnod o dair blynedd), yn hytrach na derbyn cerydd swyddogol gan gorff yr eglwys a'i harweinydd. Rhoddwyd pwyslais ar drugaredd ar draul disgyblaeth, gyda'r canlyniad posibl i'r llinell derfyn rhwng byd ac eglwys fynd yn fwy a mwy aneglur. Fel y gwelwyd, bu Rees Gibbon, Hugh William Jones ac Ungoed Thomas yn cystwyo'n gyhoeddus, drwy gyfrwng y wasg, yr arweinwyr gwleidyddol, y penaethiaid crefyddol a'r cynghorwyr trefol yr anghytunent â hwy ar fater o egwyddor, ond cyndyn iawn fyddai James Thomas i lunio llythyr protest. Gwir iddo fod yn hael anghyffredin â'i eiddo (gan roi ei law yn ddwfn yn ei boced laweroedd o weithiau er mwyn cynorthwyo'r tlotyn a'r truan ynghyd â nifer o fudiadau elusennol, neb yn fwy na Chymdeithas Genhadol y Bedyddwyr), ond ni bu erioed achlysur pan glywid gwŷr o awdurdod yn curo wrth ddrws ei dŷ er atafaelu ei eiddo, yn gosb am weithredu anghyfreithlon.

Cafwyd ymhlith gweinidogion y Bedyddwyr y cyfnod hwn rai ymgyrchwyr di-ildio – unigolion megis Lewis Valentine, un o sylfaenwyr Plaid Genedlaethol Cymru, y cyntaf i ymladd sedd yn ei henw mewn etholiad cyffredinol, sef Sir Gaernarfon yn 1929, un o driawd Penyberth a ddifrododd yr Ysgol Fomio yn Llŷn yn 1936, a golygydd *Seren Gomer*, 1951–74;[2] W.M. Rees, dirwestwr cadarn a godai lef yn gyson yn y sesiynau trwyddedu yn erbyn cais y bragwyr am estyn oriau yfed ac a etholwyd yn ysgrifennydd Pwyllgor Dirwest a Phynciau Cyhoeddus Undeb Bedyddwyr Cymru, ac ysgrifennydd y Pwyllgor Amddiffyn a gynullwyd yn Llangyndeyrn ar nos Wener, 26 Mawrth 1960 i'r diben o wrthsefyll bwriad Corfforaeth Abertawe i foddi Cwm Gwendraeth er mwyn adeiladu cronfa ddŵr 'ar gyfer anghenion diwydiant';[3] D. Eirwyn Morgan, Pleidiwr hyglyw a safodd, bedair gwaith rhwng 1950 a 1959, fel ymgeisydd Plaid Cymru yn etholaeth Llanelli, a heddychwr digymrodedd a wasanaethodd fel llywydd Cymdeithas Heddwch ei enwad, ynghyd ag ysgrifennydd Cymdeithas Heddwch Cymru;[4] a J.S. Williams, gweinidog eglwys Bethel, y Tymbl, 1939 –1966, Llafurwr o argyhoeddiad, cymwynaswr parod â gweithwyr y diwydiant glo caled, ac un nad ofnai godi llais yn groch dros yr egwyddorion sosialaidd a goleddai[5] – ond nid yn y modd hwn y dewisai gweinidog eglwys y Tabernacl ddehongli amcan ei briod waith. O fwriad, cadwai ef draw rhag ysgarmesoedd yr arena wleidyddol lle oedd pynciau llosg y dydd yn destun ymryson.

Yn hyn o beth nid oedd James Thomas yn wahanol i amryw eraill o weinidogion y cyfnod, ac nid yw'n deg ei farnu'n anghymesur am ymwrthod â'r dull uniongyrchol, cyhoeddus o weithredu. Yr hyn na ellir ei osgoi, fodd bynnag, yw'r ffaith fod yr elfen heriol, feiddgar, herfeiddiol yn diflannu i raddau helaeth iawn o dystiolaeth gymdeithasol ei eglwys – elfen a fu gyn amlyced yn ystod tymor ei ragflaenydd. Medd D. Densil Morgan, wrth adolygu cyflwr crefydd a chymdeithas yng Nghymru yn y cyfnod rhwng 1914 a 2000, a bwrw trem ymlaen at yr hyn a fyddai'n ofynnol yn yr unfed ganrif ar hugain mewn perthynas â'r dystiolaeth Gristionogol:

> Evangelism divorced from radical and wholehearted social responsibility will fail, and will deserve to fail. All our faith

communities ... will be called to incarnate a Christian presence which is both pastoral and prophetic.[6]

Golyga hyn na ddylid, ar unrhyw gyfrif, ysgaru'r bugeiliol oddi wrth y proffwydol; heb i'r ddwy elfen gerdded law yn llaw â'i gilydd ni chyflawna'r eglwys ei gwir swyddogaeth. Cam dybryd â James Thomas fyddai ei gyhuddo o anwybyddu'n llwyr yr ochr broffwydol; mewn pregeth ac anerchiad ni phetrusai gyfeirio at rai o faterion cyfredol y byd a'r betws (pe barnai fod hynny'n briodol), a phe bai galw ar ei bobl (mewn ymateb, dyweder, i gais gan Undeb Bedyddwyr Cymru neu Gymdeithas Cadwraeth Dydd yr Arglwydd yng Nghymru) i godi llais yn erbyn yr hyn a ystyrid yn anghyfiawnder, nid oedai'r gweinidog rhag eu cymell i wneud hynny. Eithr yn y gwraidd, nid galw ei bobl i grwsâd a wnâi James Thomas ond yn hytrach eu cynnull ynghyd i ddiogelwch y gorlan, gan fod ar gael iddynt, fel bugail ffyddlon, cwbl ddibynadwy a ymatebai'n ddi-oed ddydd a nos i unrhyw alwad o'u heiddo.

Diddorol yw holi yn y cyswllt hwn pa mor wleidyddol-ymwybodol oedd eglwys y Tabernacl fel eglwys. Ai eithriad oedd Ungoed Thomas yn ei ymwneud â gwleidyddiaeth, neu a oedd gan ei bobl, fel corff o gredinwyr, gyffelyb weledigaeth? Yn ddiamau yr oedd gan yr aelodau eu barn bersonol (gellir dyfalu fod y mwyafrif yn bwrw pleidlais dros y Rhyddfrydwyr), ac mae'n bwysig nodi i ambell un o'u plith chwarae rhan amlwg yn y maes politicaidd, neb yn fwy na'r diacon David Owen, gyrrwr trên wrth ei alwedigaeth, ysgrifennydd cangen leol undeb ASLEF am ddeuddeng mlynedd, ynghyd â changen Caerfyrddin o'r Blaid Lafur, ynad heddwch ar fainc y dref a henadur ar y cyngor sir, un a fu'n faer tref Caerfyrddin ac a apwyntiwyd yn MBE yn 1947, awdur y *Guide to The National Insurance Act 1946* a gyhoeddwyd gan y *News Chronicle* yn 1948 ac a fu'n gymorth cyfamserol i lawer iawn o unigolion a theuluoedd ymgydnabod â gofynion y ddeddf newydd (ymddangosodd wyth adargraffiad o'r llyfryn yn ystod y flwyddyn gyntaf, ynghyd ag argraffiad diwygiedig yn 1949), ac un a fu o fewn trwch blewyn (467 o bleidleisiau yn unig oedd ynddi) i gipio sedd Gorllewin Caerfyrddin i'r Blaid Lafur oddi ar y Rhyddfrydwr Rhys Hopkin Morris[7] yn Etholiad Cyffredinol 1951.[8] Cafodd David Owen yrfa eithriadol, a dweud y lleiaf, yn enwedig o ystyried iddo adael yr ysgol, fel cynifer o'i gyfoeswyr, yn bedair ar ddeg oed.

Os prin oedd y manteision addysgol a gafodd David Owen, breintiwyd Syr Lynn Ungoed-Thomas, sef ail fab Evan a Katherine Ungoed Thomas (yr oedd hefyd ddwy chwaer, Gwladys a Blodwen), a aned ar 26 Mehefin 1904, ac a godwyd, wrth reswm, yn eglwys ac ym mans y Tabernacl, â gyrfa academaidd ddisglair (Ysgol Ramadeg y Frenhines Elisabeth, Caerfyrddin; Ysgol Haileybury; Coleg Magdalen, Prifysgol Rhydychen) a ddilynwyd gan yrfa nodedig fel bargyfreithiwr; fe'i hapwyntiwyd yn Dwrnai Cyffredinol, 1949–51, ac yn Farnwr yn yr Uchel Lys yn Ebrill 1962. Cyfunodd yr uchel ddyletswyddau hyn ym myd y gyfraith â rhan nodedig mewn gwleidyddiaeth, gan iddo gael ei ethol yn Aelod Seneddol Llandaf a'r Barri, 1945–50, a Gogledd-Orllewin Caerlŷr, 1950–62. Fodd bynnag, fe'i cofir yn bennaf yn nhref Caerfyrddin fel yr ymgeisydd Llafur a fu o fewn dim i gael y trechaf ar Rhys Hopkin Morris yn Etholiad Cyffredinol 1950. Os colli o ychydig dros bedwar cant a hanner o bleidleisiau a wnaeth David Owen yn 1951, colli o ddim mwy na 187 o bleidleisiau a wnaeth Syr Lynn Ungoed-Thomas yn etholiad y flwyddyn flaenorol.[9] Dichon nad pob eglwys a all ymffrostio yn y ffaith i ddau o'i meibion, mewn ysbaid fer o flwyddyn, ddod cyn agosed at sicrhau buddugoliaeth mewn brwydr seneddol yn eu hetholaeth enedigol!

Dylid cofio i rai eraill o aelodau'r Tabernacl gael eu hethol yn gynghorwyr trefol a sirol, ac eraill yn feiri tref Caerfyrddin. Eithr eithriadau oedd y cyfryw unigolion. Oddi mewn i furiau'r Tabernacl (a phrin, prin iddi fod yn wahanol i'r rhelyw o eglwysi mewn hyn o beth) yr oedd y pwyslais canolog ar y wedd ysbrydol a defosiynol i fywyd eglwys, yn hytrach nag ar y proffwydol a'r cyhoeddus. Fe gofiwn i hyd yn oed Ungoed Thomas (neb llai) ddyfarnu erbyn diwedd ei yrfa mai'r fugeiliaeth ddyddiol a ddylai hawlio'r flaenoriaeth ar amserlen y gweinidog, a'r sylw hwnnw'n lled awgrymu iddo fod hytrach yn edifar am dreulio cymaint o'i amser a'i egni yn ymhél â gwleidyddiaeth. Prin y bu gan ei olynydd yn eglwys y Tabernacl achos i edifarhau ar gyfrif hynny. Fe'n temtir yn gryf i ychwanegu, o gofio am ei ddiwydrwydd di-ball, mai cwbl ddi-sail oedd ofnau Ungoed Thomas iddo yntau mewn unrhyw fodd esgeuluso ei ddyletswyddau gweinidogaethol; yn sicr ddigon yr oedd barn ei aelodau yn hollol i'r gwrthwyneb.

Fe ellid dadlau nad oedd hyn oll ond yn gyfystyr ag ailgydio yn nehongliad Titus Lewis a'i gyd-Fedyddwyr cynnar o'r eglwys yn nhermau eglwys gynnull sydd wedi ei 'galw allan' o'r byd, ac sydd wedi ymneilltuo ohono. Yr hyn na ddylid ei anghofio, fodd bynnag, yw'r ffaith i Ymneilltuaeth, gyda threigl y blynyddoedd, ddod i ddehongli ei swyddogaeth fwyfwy yn nhermau cydwybod cymdeithas; er nad yw'r eglwys *o'r* byd, fe'i gelwir i fod *yn* y byd, yn halen y ddaear, yn oleuni dynion ac yn lefain yn ymdreiddio drwy'r holl does. Ar ôl iddo egluro y tardd y gair 'radical' o'r Lladin *radix*, a olyga 'gwraidd' neu 'gwreiddyn', ac iddo gael ei ddefnyddio mewn cyd-destun gwleidyddol am un sy'n anfodlon ar bethau fel y maent, ac sy'n ewyllysio eu newid, dywed E. Stanley John am Ymneilltuaeth:

> Er y gall pob traddodiad crefyddol ymffrostio yn ei radicaliaid, y mae radicaliaeth yn perthyn i hanfod Ymneilltuaeth a phan nad yw Ymneilltuaeth yn radical, yna nid Ymneilltuaeth mohoni.[10]

Yn anochel, pan anghofir hyn fe fydd y dystiolaeth Ymneilltuol yn rhwym o gael ei gwanhau.

O ystyried anwyldeb James Thomas (barnai T. J. Evans i John Thomas gael ei fawrhau gan ei bobl; i Ungoed Thomas gael ei barchu ganddynt; ac i James Thomas gael ei anwylo ganddynt),[11] a'r ffaith iddo ei roi ei hun yn gyfan a diamod i wasanaethu anghenion ei braidd, nid yw'n syndod iddo fynd yn ddwfn i serch ei bobl. Er na châi neb fynd yn rhy eofn arno, ac er y teimlid, ar adegau, y perthynai iddo ryw neilltuaeth neu arwahanrwydd, rhyw awra aniffiniol (a oedd yn gweddu, o bosibl, i'r ddelwedd boblogaidd o weinidog Ymneilltuol yn ystod hanner cyntaf yr ugeinfed ganrif), heb amheuaeth bu'r berthynas rhyngddo a'i bobl yn un agos i'w rhyfeddu.

Y CEFNDIR

Ganed James Thomas ar 4 Awst 1891 mewn bwthyn o'r enw Crugiau a arferai sefyll nid nepell o safle capel Blaenconin ym mhentref Llandysilio, Sir Benfro, yn ymyl y fan lle claddwyd y bardd Waldo Williams yn ddiweddarach. Nid ef oedd yr unig un o'r aelwyd ddefosiynol honno i'w gyflwyno'i hun i waith y weinidogaeth; o'r tri brawd (collodd William ei fywyd yn y Rhyfel Mawr), yr hynaf oedd John Thomas (1886–1975) a fu'n weinidog llwyddiannus yn eglwysi Ruhamah, Pen-y-bont ar Ogwr; Bethesda, Glanaman; a Blaen-y-waun, Llandudoch, ac a ddyrchafwyd, yn 1957, yn llywydd Undeb Bedyddwyr Cymru. Collasant eu mam yn ifanc, a'u magwraeth o ganlyniad (yn enwedig yn hanes y ddau frawd iau), yn ddigon trafferthus a chaled.[12] Yn eu harddegau cynnar bu'r brodyr yn weision fferm yn ardal eu cynefin, gyda James yn gweithio fel gwas bach i Enoch James ar fferm Dyffryn Trogyn. Symudodd John ymhen y rhawg i weithio fel glöwr yn Nhreharris, a'i fedyddio yn eglwys Brynhyfryd, ac yn ddiweddarach aeth James yn brentis gwehydd i'r Gelli, Sir Benfro, a'i fedyddio gan weinidog y Gelli, W.R. Lewis. Megis ei frawd hŷn yr oedd James â'i fryd ar y weinidogaeth, ac yn 1913 fe'i derbyniwyd yn fyfyriwr yng Ngholeg y Bedyddwyr, Caerdydd. Ar ddechrau ei gwrs taflwyd y byd i ganol cyflafan y Rhyfel Byd Cyntaf, a chafodd yntau, ynghyd â deg o'i gyd-fyfyrwyr, wŷs i ymuno â'r fyddin.[13] Fel llawer eraill o fyfyrwyr diwinyddol y cyfnod, ymunodd ag uned Gymreig y *Royal Army Medical Corps*, a ffurfiwyd yn unswydd ar gyfer efrydwyr diwinyddol a gweinidogion Cymraeg a fodlonai gael eu danfon i ble bynnag yr oedd angen cario clwyfedigion o faes y gad, a gweini i'w hanghenion, gan fyw o dan yr un amodau disgyblaeth â milwyr eraill, ar wahân i'r ffaith na ddisgwylid iddynt gludo arfau na'u defnyddio i niweidio neu ladd y gelyn.[14]

Cadwodd James Thomas ddyddiadur yn ystod blynyddoedd y rhyfel (hyd y gwyddys ni chadwodd ddyddlyfr yn ystod ei flynyddoedd fel gweinidog, ac eithrio llyfrau nodiadau yn cofnodi ble y pregethai ar y Suliau, a thestunau ei bregethau), dyddiadur y dyfynnodd W.J. Gruffydd yn helaeth ohono wrth lunio cofiant i'r ddau frawd, sef *James a John: Dau Frawd – Dau Broffwyd* (1976). Dengys y dyfyniadau a godwyd gan W.J. Gruffydd fel y bu cyfnod y rhyfel yn adeg ddirdynnol i James Thomas – ymuno â'r fyddin (yn un o 220 o fyfyrwyr) ar bromenâd y Rhyl ar 29 Ionawr 1915; ei symud oddi yno i Hillsborough Barracks, Sheffield ('Mynd i Barracks am y tro cyntaf yn fy mywyd'),[15] a'i orfodi i 'wisgo dillad Khaki' ('Yn anfodlon eu gwisgo nes cael gorchymyn i ymddangos mewn Khaki cyn y prynhawn').[16] Profiad chwithig oedd cael dychwelyd adref ar '*leave*' am y tro cyntaf (ar 4 Mawrth 1915), a mynychu gwasanaethau'r Sul yng nghapel y Gelli. Fe'i gwahoddwyd yn oedfa'r hwyr i 'ddechrau'r cwrdd' (hynny yw i gymryd at rannau defosiynol yr oedfa) – 'y tro cyntaf i filwr fod ym mhulpud y Gelli'.[17]

Dengys cofnodion ei ddyddiadur yn eglur ddigon nad o'i fodd, ond o'i anfodd llwyraf a dwysaf, yr ymunodd â'r fyddin, ac iddo weld y cyfan nid yn nhermau galwad i ymosod ar y gelyn, er mwyn ei ddolurio a'i ddifa, ond yn hytrach fel cyfle i weini i anghenion cyd-ddyn. Cofnoda yn ei ddyddiadur, 15 Awst 1916:

> Gwella'r clwyfedigion yw ein cenhadaeth ni … Gweddïaf am i'w ysbryd Ef (sef yr Iachawdwr Dwyfol) lenwi fy nghalon ac y bydd popeth a wnaf yn gogoneddu ei enw Ef.[18]

Er hyn, mae'n arwyddocaol na ddewisodd droedio llwybr y gwrthwynebwr cydwybodol (fel y gwnaeth eraill o'i genhedlaeth, megis Ben Meyrick a Harding Rees),[19] gan ymwrthod yn llwyr ac yn ddiamod â rhyfel. Er nad oedd anghydffurfio yn rhan o anian James Thomas, ac iddo deimlo nad oedd ganddo ddewis ond ufuddhau i'r wŷs filwrol, ni ellir gorbwysleisio'r ffaith mai cyflawni gweinidogaeth tosturi oedd ei nod fel milwr. Dyna a wnâi yn y barics yn Sheffield, tra'n disgwyl dydd ei symud i wlad dramor:

> Clwyfedigion yn dod i'r ysbyty. Bûm yn ymgeleddu un truan, a rhoi bwyd a sigaret iddo. Ei ddwylo wedi cael eu chwythu i ffwrdd ac eithrio bawd a bys ar ei law dde. (6 Mehefin 1915)[20]
>
> Cyn-filwr yn gofyn am bâr o esgidiau. Wedi colli ei fraich, a'i ryddhau o'r fyddin. Mae ganddo wraig a chwech o blant ac yn derbyn 12/6 yr wythnos oddi wrth y Llywodraeth. Nid felna y dylid trin arwr. Rhoddais bum swllt iddo i'w helpu ar y ffordd, a phâr o sgidiau a sanau. Duw a'i bendithio, a rhoddi iddo ddyddiau gwell. (15 Awst 1915)[21]
>
> Cyn-filwr yn rhoi darn o shrapnel a dynnwyd allan o'i ysgwydd dde i mi. Ni fedr y truan ddefnyddio'i fraich. Rhoddais ddau swllt a chrys iddo. (19 Awst 1915)[22]

Dengys y cyfeiriadau uchod pa mor barod oedd James Thomas i wneud cymwynas ymarferol â'r adfydus, ac i ymarfer mesur nid bychan o hunanaberth er estyn ymgeledd i rai gwaeth eu byd. Deuai hyn, yn y man, yn un o brif nodweddion ei weinidogaeth eglwysig. Wrth weini cysur yn y modd hwn llechai gobaith tawel yn ei galon fod rhyw ddwylo caredig wedi gofalu am ei frawd William (a glwyfwyd yn angheuol ar 12 Awst 1915 ym mrwydr y Dardanelles, ac a fu farw o'i glwyfau yn y Medi canlynol), a gollwng ei gorff yn dyner 'i'w fedd yn Alexandria'.[23]

Am 4.30 y bore ar 10 Medi 1915 gadawodd y barics yn Sheffield, a theithio mewn 'trên cyflym' i Southampton, er mwyn ymuno â'r llong *Essequibo* (llong ysbyty), a hwylio, am 3 o'r gloch y prynhawn, am y Dwyrain Canol. Bu'n gwasanaethu yn Salonica a Macedonia, a'i fryd fel ag o'r blaen ar fod yn gyfrwng i ymgeleddu'r clwyfedig. Yn y modd hwn y cofnoda rai o'i brofiadau:

> Sul. Diwrnod braf iawn. Y maent yn cwrdd i gyd-addoli yng Nghymru heddiw, a mawr yw eu braint. Euthum mewn wagen ag wyth o glwyfedigion i'r 27 C.C.S. (Casualty Clearing Station). (15 Hydref 1916)[24]

> Euthum i fyny i Barakli gyda'r amcan o gludo hen ŵr a gwraig o'u cartref, a rhoi ymgeledd iddynt yn nes i lawr, allan o gyrraedd y gynau. Wedi cyrraedd y tŷ lle disgwyliem eu gweld, cawsom y lle yn wâg; ymddengys eu bod wedi dianc er eu bod yn hen a methedig ... Gwelais ddarluniau o'r Iesu'n faban ac ar y Groes yn hongian ar y mur. Nis gallwn lai na theimlo ei fod yn gondemniad ar ryfel fod cartref hen bobl, oedd ar ymyl y bedd, yn cael ei dorri i fyny. (3 Tachwedd 1916)[25]

Heb amheuaeth, cafodd James Thomas ei ysgwyd i'r byw gan brofiadau erchyll y rhyfel. Ar 7 Tachwedd 1915 clywodd 'saethu ofnadwy ganol nos, a'r ysgubor lle'r oeddem yn cysgu yn cael ei siglo gan y gynnau'.[26] Gwelodd ddynoliaeth ar ei gwaethaf, megis pan osodwyd ffrwydron mewn *balloon basket* i ladd un o beilotiaid ifainc y gelyn, ac yna fynd ati i roi baner ei wlad, a thorch o flodau ar ei fedd. Dengys dyfarniad James

Thomas nid yn unig y graddau y casâi ddichellion rhyfel, ond hefyd pa mor sensitif oedd ei deimladau tuag at gyd-ddyn, waeth i ba ochr bynnag y perthynai yn y frwydr. 'Mae hyn yn rhagrith. Defnyddio *trick* i'w ladd, ac yna gosod *wreath* arno' (Mehefin 1916).[27] Pennaf ddymuniad James Thomas oedd gweld y brwydro yn dod i ben, a'r gwledydd yn dod i gymod â'i gilydd:

> Amryw *shells* yn dod drosodd heb achosi niwed na dinistr. Haul allan yn y prynhawn. Gwelais y bwa yn y cwmwl. Yr oedd yr un pen iddo yn ein cyffiniau ni a'r pen arall yn nhiriogaeth y gelyn. O na bai yn fwa cyfamod rhwng y gwledydd. (8 Rhagfyr 1916)[28]

Drwy'r cyfan, ac er gwaethaf y temtasiynau amrwd a ddaw yn sgil rhyfel, ni chyfaddawdodd fodfedd ynghylch ei safonau personol a'i hunan-ddisgyblaeth lem, ac ni lwyddodd y creulondeb a'r anlladrwydd a'i hamgylchynai lychwino dim ar ei gymeriad. Ychwanega W.J. Gruffydd yn goeglyd: '… yn wir ar brydiau y mae'n bryfoclyd o gywir'.[29] Wele'r 'Penderfyniad' a wnaeth ar 10 Tachwedd 1916:

> Nid wyf wedi yfed gwirodydd erioed, ac yr wyf yn ail-ymrwymo i beidio gwneud. Mae *rum issue* yma rhyw ddwy neu dair gwaith yr wythnos; wn i ddim faint yw rhan pob un, ond gwn ei fod yn ddigon i wneud ffolyn o ambell un.[30]

Yr hyn a gynhaliai ei ysbryd yn nyddiau'r drin oedd cwmni ei gyd-ddarpar-weinidogion, y gwasanaethau Cymraeg a gynhelid yn rheolaidd (cafodd fudd mawr un tro wrth wrando ar Cynan yn pregethu ar Iesu'n porthi'r miloedd, gan rannu cynnwys ei bregeth o dan y penawdau canlynol: 1. Angen y dyrfa; 2. Annigonedd y byd; 3. Llawnder Crist; 4. Cyfrifoldeb y disgybl),[31] ac yn arbennig yr emynau Cymraeg a Chymreig (megis 'Iesu, Iesu 'rwyt Ti'n ddigon' a 'Guide me, O Thou great Jehovah') yr unwyd i'w canu yn y cyfarfodydd. Bu darllen papurau a chylchgronau megis *Y Geninen*, *Y Deyrnas* a *The British Weekly* (a ddanfonid yn becynnau o Gymru), ynghyd â llyfrau megis *Bleak House* ('A very good impression of *Bleak House* by Dickens: Miss Summerson a fine character'), *Heart of a*

Hero (hanes Wolfe), a chyfrol H. Begbie, *Ordinary Man* ('Excellent theme') yn faeth i'w feddwl. Yn nyfnder ei enaid yr oedd yr ymwybyddiaeth – ymwybyddiaeth y gallesid yn hawdd ei dehongli fel un or-syml, ond a oedd i James Thomas yn angor gadarn yn nyddiau'r drin – fod rhagluniaeth Duw o'i blaid, a bod honno'n ei ddiogelu rhag perygl:

> Mae fy ysbryd yn ysgafn gan lawenydd, heb ofal na phryder, gan fy mod yn gwybod fod pob peth yn cyd-weithio er daioni. I Dduw y byddo'r clod am fy nghadw yn ddiogel ac wedi estyn i mi iechyd a phopeth sy'n angenrheidiol.[32]

Ni cheir odid un cyfeiriad yn ei ddyddiadur at unrhyw fesur o golli ffydd, at unrhyw ymholi, yn wyneb yr erchyllterau barbaraidd y bu'n dyst iddynt, ynghylch gofal rhagluniaethol Duw, heb sôn am y cwestiwn ingol, a mwy sylfaenol fyth, am fodolaeth y Duw yr arferid credu ei fod yn Dad tosturiol. Dychwelodd llawer milwr, drannoeth y drin, wedi ei ddadrithio'n llwyr, gan ymdynghedu i beidio â thywyllu drws capel byth mwy, ond nid felly James Thomas. Rhywsut mae'n anodd peidio â theimlo, o ddarllen ei sylwadau amser rhyfel, ei fod fel petai uwchlaw'r cyfan; er iddo gael ei ysigo gan y dioddefaint a welai o'i gwmpas, ni phallodd ei ymddiriedaeth seml, simplistaidd yn nhrefn rhagluniaeth, ac i honno roi iddo'r hyder y deuai drwy'r gyflafan yn ddiogel ryw ddydd. Meddai ar 7 Ionawr, 1917:

> Heddiw mae'r Bwlgariaid yn dathlu'r Nadolig. Pobman yn dawel. Pregethais ar y testun: 'Ti, Arglwydd, fuost yn breswylfa i ni ym mhob cenhedlaeth'.[33]

A thrachefn ar 26 Ionawr, 1918:

> Clywir sŵn y clychau sydd am yddfau'r geifr yn llenwi'r awyr. Daw'r bugeiliaid â llaeth yma yn y bore. Dyma baradwys o brydferthwch.[34]

Hynny pan oedd y byd yn wenfflam, a gwareiddiad Ewrop gyfan yn gwegian! Bob blwyddyn, wrth ddathlu ei ben blwydd ar 4 Awst, fe'i ceir yn diolch i'r Arglwydd 'am ei drugaredd tuag ataf'.

CWM RHONDDA

Ar derfyn y rhyfel dychwelodd i goleg y Brifysgol, a choleg ei enwad, yng Nghaerdydd gan raddio gydag anrhydedd yn y Gymraeg (dosbarth 2:1) yn 1922, a dechrau ar ei weinidogaeth yn eglwys Seion, y Maerdy ym mis Mai y flwyddyn ganlynol, wedi pregethu yno deirgwaith (21 Hydref 1921; 9 Gorffennaf 1922; 12 Tachwedd 1922) cyn derbyn 'galwad' swyddogol. Nid oedd prinder gweinidogion gyda'r Bedyddwyr yn nechrau'r dauddegau; yn 1919 yr oedd 590 ohonynt yn gofalu am 126,865 o aelodau mewn 950 o eglwysi, a chyfanrif o ddeugain o fyfyrwyr diwinyddol yng ngholegau'r enwad ym Mangor a Chaerdydd.[35] Eglwys gymharol ifanc, pump a deugain mlwydd oed oedd Seion, Maerdy ar y pryd (fe'i corfforwyd yn 1878), a chynhaliwyd y cyfarfodydd ordeinio a sefydlu ar 27, 28 Mai 1923. Gadawodd James Thomas ei ôl yn drwm ar yr eglwys a'r gymuned yn ystod wyth mlynedd ei arhosiad yno. Cynyddodd nifer yr aelodau o 230 yn 1923 i 320 yn 1931, a hynny, i raddau, yn sicr (heb anghofio'r ffaith yr ystyrid ymaelodi mewn eglwys yn gam naturiol a disgwyliedig yn yr oes honno), ar gyfrif pregethu enillgar a defosiynol y gweinidog, ynghyd â'i ofal eithriadol am y praidd. Llwyddodd i fedyddio 153 o aelodau newydd, ac adfer 53 o'r sawl a gefnodd ar yr achos.

Eithr nid oedd gweinidogaeth James Thomas yn gyfyngedig i gylch ei eglwys. Yn ystod Streic Fawr 1926, a'r dirwasgiad cymdeithasol enbyd a ddaeth yn ei sgil, bu'n gweinidogaethu i anghenion clwyfedigion y cwm yn ddiwahân, ac nid heb reswm y llysenwyd ef yn 'Thomas Maerdy'. Bu wrthi'n rhannu'r elusennau a ddanfonwyd o Loegr i liniaru tipyn ar gyni'r glowyr a'u teuluoedd; bu'n llythyru â'r awdurdodau, gan bwyso arnynt yn garedig i weithredu trugaredd; bu'n apelio ar ei gyd-weinidogion mewn meysydd brasach (er enghraifft, Thomas Phillips, Bloomsbury, Llundain; James Nicholas, Heol y Castell, Llundain; Emlyn Thomas, Bryste), i gymell eu heglwysi i noddi trueiniaid y Rhondda; ond yn fwy na dim rhoes ei law yn ddwfn yn ei boced ei hun, mynnodd fod ei gyflog yn cael ei haneru, cyfrannodd yn helaeth o'r arian a oedd yn weddill, ac aeth yn dlawd er mwyn ei bobl. Eithr er yr enw da a enillodd iddo'i hun ar gyfrif ei gymwynasgarwch Cristnogol mewn dydd o galedi, go brin y'n hargyhoeddir gan y goel i Arthur Horner (Comiwnydd, ac un o arwyr mawr y glowyr), gyffesu un tro mewn cwmni dethol i James Thomas ddod o fewn dim i'w berswadio i gefnu ar Gomiwnyddiaeth a throi'n Gristion, hynny 'nid â'i eiriau, ond â'i fywyd'.[36] Mae'n llawer mwy tebygol i bregethwr anwleidyddol a chydymffurfiol fel James Thomas fod yn fwy o destun dirmyg i Horner nag yn wrthrych edmygedd, ac eto pwy a wad i ymarweddiad bonheddig ac anhunanol y gweinidog syml ddylanwadu'n ddwfn ar feddwl y Marcsydd diedifar?

Un peth y gellir bod yn weddol sicr ohono yw na chlywodd neb air o wleidyddiaeth o enau'r pregethwr yn ei bulpud. Yr oedd ei bregethu, fel ei haelioni, wedi ei ysgaru oddi wrth unrhyw weithredu gwrthdystiadol, uniongyrchol. Yn hyn o beth yr oedd ei ymateb yn wahanol iawn i eiddo T. Alban Davies, gweinidog yr Annibynwyr ym Methesda, Ton Pentre, a fu'n aelod o'r ddirprwyaeth a ddanfonwyd gan weinidogion y Rhondda at y Prif Weinidog, Ramsay MacDonald, yn 1935, er pledio achos yr ardaloedd dirwasgedig, cyfarfod a arweiniodd maes o law at sefydlu Cyngor Cymdeithasol Eglwysi'r Rhondda, gyda'r bwriad o grynhoi a chydlynu gwybodaeth am yr argyfwng cymdeithasol ac economaidd. Testun gofid i Alban Davies oedd tawedogrwydd yr eglwysi yn wyneb y wasgfa gymdeithasol, a'r ffaith na feddai'r Anghydffurfwyr ar lais gwleidyddol digon cadarn i ymateb i broblemau a oedd yn y bôn yn wleidyddol eu tarddiad.[37]

Os bernir ar un llaw mai braidd yn ddidramgwydd oedd ymateb James Thomas (er gwaethaf ei ofal tosturiol a'i haelioni diamheuol) i'r tlodi a'r dioddefaint affwysol a welai o'i gwmpas yn y cymoedd, ar y llaw arall y mae'r ffaith i Daniel Davies, ysgrifennydd eglwys Seion, weld yn dda i deithio bob cam o'r Maerdy – ef a dau neu dri arall o'r aelodau – i gyfarfod ymadawol James Thomas yn y Tabernacl, Caerfyrddin yn 1968, i dystio i ddylanwad ei fugeiliaeth yn y Rhondda, a'r ffaith fod ei enw yn dal i berarogli yn y cwm, yn adrodd cyfrolau. Gallasai wirio nad oedd plentyn yn y pentref na wyddai Mr. Thomas ei enw, ac iddo ennill parch pawb o bob oed yn ddiwahân, beth bynnag eu lliw gwleidyddol a'u perswâd crefyddol. Bum mlynedd ynghynt, sef yn ystod ei araith o gadair Cymanfa Caerfyrddin a Cheredigion yn 1963, cyfeiriodd James Thomas at ei faes cyntaf yn y modd hwn:

Goddiweddwyd y Rhondda a chylchoedd eraill gan ddirwasgiad blin. Daeth cyfyngder mawr i ran ardaloedd cyfain. Ni ellir anghofio yr agwedd ymarferol ar ysbryd yr efengyl a ddaeth i'r amlwg. Llifai tosturi o'r ardaloedd llwyddiannus i'r ardaloedd anghenus. Sonnir heddiw am *Inter-Church Aid* – gwelais y peth yn gweithredu cyn ffurfio'r ymadrodd. ... Braint i ni yn Seion, Maerdy oedd gweithredu i ddosbarthu'r help yma i bawb yn ddiwahân. Ymgynhaliai'r bobl yn rhyfeddol o dan feichiau'r amseroedd, a chynhaliwyd Cymanfa Ganu yn wythnosol yn y capeli yn eu tro.[38]

Trawiadol yw'r ffaith mai 'gweithredu' yn hytrach na 'gwrthdystio' yw'r gair allweddol yn y dyfyniad, ac mai trwy gynnal cymanfaoedd canu (a roddai gyfle i gynulleidfaoedd anghofio eu cyfyngderau, am ysbaid fer, wrth ei morio hi yn y mawl), yn hytrach na thrwy arwain protestiadau cyhoeddus, y ceisiai'r mwyafrif o eglwysi a gweinidogion leddfu rhyw gymaint ar boen eu pobl yn nydd y ddrycin.

Yn ei ymdriniaeth â barddoniaeth Idris Davies, un o awduron Cwm Rhymni yn y de diwydiannol, dywed M. Wynn Thomas:

Several times, too, he [Idris Davies] recalled his disillusionment upon coming to realise how chapel and Gymanfa functioned only 'to make smooth the way without imagination'; in other words they served to reconcile the people meekly to the grotesque unfairness of the established order.[39]

O ystyried dirywiad syfrdanol eglwysi'r cymoedd yn ystod y degawdau diwethaf, y mae hwn yn sicr ddigon yn sylw na fedrir ei anwybyddu.

CAERFYRDDIN

Pregethodd James Thomas am y tro cyntaf yn y Tabernacl, Caerfyrddin ar y Sul, 2 Tachwedd 1930, ac y mae'r camau a arweiniodd at hynny wedi eu cofnodi'n fanwl.[40] Yn dilyn marwolaeth Ungoed Thomas ym mis Mai 1930, barn unfrydol y swyddogion a'r diaconiaid oedd na ddylid hyrwyddo unrhyw ysbryd cystadleuol wrth ymgeisio i sicrhau olynydd iddo, ac y dylai'r arweinyddiaeth osod un enw, ac un enw yn unig, gerbron corff yr eglwys, er derbyn cymeradwyaeth (neu anghymeradwyaeth) yr aelodau. Cytunwyd hefyd na ddylai'r gydnabyddiaeth ariannol i'r gweinidog newydd fod yn uwch nag eiddo'i ragflaenydd, hynny'n unol â chanllawiau Undeb Bedyddwyr Cymru ynghylch cydnabod gweinidogion. Ganol Awst 1930 bu John Williams Hughes,[41] gweinidog eglwys y Tabernacl, Caerdydd, yn arwain yr addoliad yn y Tabernacl, Caerfyrddin, a chytunwyd yn frwd i estyn 'galwad' iddo yn ddiymdroi. Tra'n cydnabod ymddiriedaeth y blaenoriaid, eglurodd Williams Hughes nad oedd mewn sefyllfa i ystyried newid maes, ond cymeradwyodd yn wresog gyfaill agos iddo, gweinidog eglwys Seion, Maerdy, fel un a fyddai'n fugail delfrydol i'r praidd yng Nghaerfyrddin. O ganlyniad danfonwyd gwahoddiad i James Thomas i ddod i bregethu yn y Tabernacl ar y cyfle cyntaf posibl, ond atebodd yntau, er mawr siom i'r diaconiaid, nad oedd ganddo Sul 'rhydd' i'w gynnig iddynt am fisoedd lawer. Yn wyneb hyn penderfynodd y pwyllgor diaconiaid y dylai'r ysgrifennydd deithio i Gaerdydd i gael gair pellach â Williams Hughes, a chanlyniad y cyfweliad hwnnw oedd iddo yntau addo gwasanaethu ym mhulpud Seion, Maerdy, mor fuan ag a oedd yn ymarferol bosibl, er mwyn hwyluso'r ffordd i'w gyfaill ymweld ag eglwys y Tabernacl.

Cyrhaeddodd James Thomas orsaf Caerfyrddin ar y nos Sadwrn cyn y Sul (fel yr oedd arfer pregethwyr bryd hynny), ac aeth T.J. Evans, ysgrifennydd yr eglwys, i'w gyfarfod. Erbyn hyn y mae hanes y cyfarfyddiad hwnnw yn rhan o chwedloniaeth yr eglwys. Mawr oedd gofal y gennad am wraig oedrannus y bu'n cyd-deithio â hi ar y trên, hithau ar ei ffordd i Abergwaun ac yn gorfod aros am ddwy awr cyn y câi drên arall i fynd â hi i ben ei thaith. Mynnodd James Thomas fod tân yn cael ei gynnau iddi yn yr ystafell aros, a'i bod yn cael ychydig ymborth a the cynnes. Holodd T.J. Evans ai un o'i aelodau yn y Maerdy oedd y wraig a oedd yn wrthrych ei gonsyrn, ond negyddol oedd ateb y gweinidog, ac eglurodd nad oedd ganddo syniad pwy ydoedd, yn unig ei fod yn digwydd cyd-deithio â hi a sylwi bod baich pryder a gofid yn ei llethu, gan feddwl wedyn y gallai ei helpu. Trwy'r weithred seml ond cwbl nodweddiadol hon cafwyd cip ar natur y weinidogaeth newydd oedd ar fin dechrau yn eglwys y Tabernacl.

Treuliodd James Thomas y penwythnos ar aelwyd Glan-nant, sef cartref Mrs. Lovell, yn Heol y Coleg. Ar y Sul pregethodd yn 'rymus a chydag arddeliad'[42] i gynulleidfaoedd niferus, gan rannu gair â dosbarthiadau'r Ysgol Sul yn y prynhawn ac ymweld hefyd â'r cyfarfod lluosog o'r *Fellowship* yn ystafell y gweinidog. Ar derfyn y Sul, mewn cyfarfod anffurfiol o'r diaconiaid, cyflwynwyd iddo eu dymuniad unfryd iddo roi iddynt yr hawl i osod ei enw gerbron yr eglwys fel darpar weinidog. Gofynnodd yntau am amser i ystyried y mater ymhellach, ac ymhen pythefnos ymatebodd yn gadarnhaol. Pan osodwyd ei enw gerbron y gynulleidfa dyfarnwyd yn unfrydol o'i blaid.

Cychwynnodd ar dymor ei weinidogaeth yn y Tabernacl ar y Sul, 1 Chwefror 1931, a'r Cyfarfodydd Sefydlu (yr oedfa sefydlu ei hunan o dan lywyddiaeth D.E. Williams, Salem, Blaina) yn cael eu cynnal ar nos Fercher a dydd Iau, 25–26 Chwefror. Lluniwyd adroddiad ffeithiol-fanwl o'r cyfarfodydd gan R.H. Jones, San Clêr; fe'i cyhoeddwyd yn *Seren Cymru*, 13 Mawrth 1931, a chynhwyswyd ynddo y sylwadau canlynol a gyflwynwyd gan Lynn Ungoed-Thomas yn y cwrdd sefydlu:

> I have been asked to speak in English in order to enable those present who have no knowledge of Welsh to take a living part in this service … Let us put our hand to the plough. Let us not, by looking back, become embittered pillars of salt. The column of fire and the pillar of cloud go on ahead. Yes, the message from the past is '**carry on – on**', till the day breaks and the shadows flee away.[43]

Pan ddywed y gohebydd i hyn oll adael 'argraff ddofn' ar feddwl y gynulleidfa, gellir cymryd yn ganiataol mai cynnwys sylweddol a chyffrous yr araith (rhywbeth a oedd yn ddiamheuol wir), a'r anogaeth i 'ddal ymlaen' (ar ddechrau pennod newydd yn hanes yr eglwys, yn dilyn gweinidogaeth hirfaith tad y siaradwr), oedd yn gyfrifol am hynny. Yr oedd Lynn Ungoed-Thomas yn areithydd grymus, yn 'bresenoldeb' o flaen cynulleidfa, a dawn ganddo i hoelio sylw ei wrandawyr, hynny pe safai mewn pulpud, ar lwyfan gwleidyddol, neu o flaen ei gyd-aelodau yn y Tŷ Cyffredin. Eithr fe'n temtir i ofyn a oedd y ffaith i'r anerchiad yn y cyfarfod sefydlu gael ei gyflwyno mewn Saesneg coeth ac urddasol yn ychwanegu at ei ddylanwad? Nid peth anghyffredin ymhlith eglwysi trefol a dinesig y cyfnod, yn enwedig os oeddent luosog o ran nifer aelodau, oedd mawrhau'r Saesneg ac ymhyfrydu yn y ffaith eu bod yn 'eglwys ddwyieithog'. Yr oedd Sais-addoliaeth yn atyniad parod i nifer o achosion Ymneilltuol, ac ymddengys na lwyddodd rhai o aelodau'r Tabernacl ddianc rhag y dwymyn.

Daethai'r gweinidog newydd i eglwys a oedd yn byrlymu o weithgarwch, a'i hamserlen, gŵyl a gwaith fel ei gilydd, yn llawn, yn orlawn yn wir, o gyfarfodydd a digwyddiadau amlochrog, fel y dengys y rhestr isod o'r gwasanaethau yr arferid eu cynnal yn y cyfnod hwn:

Y SUL : DYDD YR ARGLWYDD

10.00 – Cyfarfod Pregethu
11.15 – Cwrdd Gweddi'r Bobl Ifanc
2.30 – Yr Ysgol Sul a'r *Fellowship*
6.00 – Cyfarfod Pregethu
7.15 – Ysgol Gân
Bore Sul y Cymundeb – Oedfa Urdd y Seren Fore

YR WYTHNOS

Nos Lun am 5.30 – Y Gobeithlu
Nos Lun am 6.30 – Y Banc Cynilo
Nos Fawrth am 7.00 – Yr Oedfa Weddi
Nos Fawrth am 8.00 – Cymdeithas yr Ifanc

BOB YN AIL WYTHNOS

Nos Fercher am 7.00 – Cymdeithas y Chwiorydd
Nos Fercher am 6.30 – Cymdeithas Genhadol y Chwiorydd

Nos Fawrth cyn Sul y Cymun – Cwrdd Paratoad

Nos Lun cyntaf y mis am 7.00 – Cwrdd misol y Gweinidog
a'r Diaconiaid

Yn adroddiad yr eglwys am 1956 rhestrir cymdeithasau'r eglwys, ynghyd â dyddiad eu sefydlu: Yr Ysgol Sul, Adran yr Oedolion (1814); Yr Ysgol

Sul, Adran y Plant (1814; aildrefnwyd yn 1909); Y Gymdeithas Ddrama (1909); Cymdeithas Genhadol y Chwiorydd (Senana) (c.1922); Cymdeithas y Chwiorydd (c.1953); Urdd y Seren Fore (c.1931); Operetta'r Plant (c.1919); Ffilmiau; Y Banc Cynilo (c.1884); Y Gobeithlu (c.1884); Cymdeithas y Bobl Ifanc (c.1872); *Fellowship* y Brodyr Ifainc (1928); Y Gymdeithas Genhadol. Enwir y dosbarthwyr llên, ynghyd â'r cylchgronau y dosbarthwyd rhifynnau ohonynt ymhlith yr aelodau: *Seren Cymru, Seren Yr Ysgol Sul, Seren Gomer, International Daily Bible Readings, Missionary Herald, Wonderlands* (sef cylchgrawn cenhadol i blant a phobl ifanc). Yn adroddiad 1938 cyfeirir at y cymdeithasau canlynol: Cymdeithas Hanes yr Eglwys; Undeb Cynghrair y Cenhedloedd – Adran y Tabernacl; a Phwyllgor yr Ysbyty.

Yn ychwanegol at hyn oll cynhelid nifer o gyfarfodydd neilltuol yng nghwrs y flwyddyn: nos Galan – cyngerdd dan nawdd yr ysgol Sul; wythnos gynta'r flwyddyn – cyfres o gyfarfodydd gweddi; Gŵyl Ddewi – Cyngerdd Blynyddol y Plant; nos Iau Cablyd – Swper yr Arglwydd; dydd Gwener y Groglith – oedfaon pregethu, a oedd yn gyfystyr â chyfarfodydd blynyddol yr eglwys; Sul y Pasg – oedfa weddi am 7.30 y bore, oedfaon pregethu am 10 y bore a 6 yr hwyr (y gweinidog yn gwasanaethu); nos Sadwrn a'r Sul cyntaf yn Hydref – cyrddau pregethu hanner blynyddol; Sul cyntaf Awst – cyfarfodydd gweddi; trydydd Sul ym Medi, a'r nos Lun a'r dydd Mawrth dilynol – cyrddau diolchgarwch am y cynhaeaf; Sul canol Hydref – Gŵyl Flynyddol y Plant a'r Ifanc; dydd Iau, ddiwedd Hydref – Cymanfa Ganu yn y Tabernacl; adeg y Nadolig – opereta gan y plant. Yr oedd yr eglwys megis nyth gwenyn o brysurdeb, ac ymdaflodd y gweinidog newydd, gyda chefnogaeth lwyr ei bobl, i ganol y gweithgarwch eithriadol hwn gydag egni a brwdfrydedd mawr. Llwyddodd eto, fel yn y Maerdy, i gynyddu nifer ei aelodau: erbyn 1963 yr oedd cant yn fwy o aelodau yn y Tabernacl nag a oedd yno yn 1931. Fel hyn y tystia Robert Morgan, pennaeth adran y Clasuron yn Ysgol Ramadeg Llandysul, a diacon yn eglwys y Tabernacl oddi ar y flwyddyn 1949:

Yn ôl cyfeillion a'i adnabu ar ddechrau ei yrfa yn y Tabernacl, roedd ar fyrder yn llywio'r llong fel pe buasai yno trwy gydol ei oes. Ef ei hun a fyddai'r cyntaf i gydnabod y cynhorthwy parod a gafodd gan ei ddiaconiaid, ac yn arbennig gan T.J. Evans, ysgrifennydd ymroddgar yr eglwys. Afraid yw dweud i'r swyddogion leihau byrdwn eu bugail ifanc trwy ei rannu gydag ef.[44]

I bob golwg allanol, felly, ymddangosai sefyllfa'r Tabernacl yn y flwyddyn 1931 yn un bur ffyniannus, fel yr oedd yn wir am y mwyafrif helaeth o gapeli Cymru yn y cyfnod rhwng y ddau ryfel byd. Ac eto ni ellir llai na gofyn beth oedd diben y lluosogrwydd syrffedus hwn o gyfarfodydd? Dylid cadw mewn cof mai ychydig, mewn cymhariaeth, oedd nifer cyfarfodydd 'eglwys gynnull' Titus Lewis; yr oedd y pwyslais bryd hynny'n gyfan gwbl ar addoli ac astudio'r Gair, ac ar ddiben ac ansawdd yr ymgynnull yn fwy o lawer nag ar nifer y troeon y deuid ynghyd mewn wythnos. Daeth amser pan oedd prysurdeb afresymol fel petai'n cael ei ystyried yn rhinwedd ynddo'i hun, ac eglwysi a chapeli'n cystadlu â'i gilydd am y mwyaf o gyfarfodydd a gynhaliwyd o dan eu cronglwyd. Rhwng popeth yr oedd y gweithgarwch enfawr hwn yn cyffwrdd â phob agwedd ar fywyd cymdeithasol a diwylliannol pobl y capel. Eithr fel y dengys R. Tudur Jones yr oedd y broses o seciwlareiddio ar droed yn yr eglwysi cyn cynhared â chanol y bedwaredd ganrif ar bymtheg, gyda phobl yn dangos 'mwy o frwdfrydedd tros yr ochr ddiwylliannol neu gymdeithasol neu adloniadol i fywyd yr eglwysi nag i'r ochr ddefosiynol, ysbrydol a Beiblaidd'.[45] Erbyn tridegau a phedwardegau'r ganrif ddilynol yr oedd y broses hon wedi magu momentwm diymatal. Er bod cyfarfodydd y Sul yn y Tabernacl â nifer sylweddol yn eu mynychu, ac er bod gŵyl bregethu'r Groglith (a oedd, ar wahân i ddim arall, yn 'ddigwyddiad' cymdeithasol), yn dal i ddenu cynulleidfa, ac er gwaethaf ymdrechion dyfal y gweinidog i gynnal cyfarfodydd defosiynol trwy gydol yr amser, y gwir amdani oedd (ac fe ddaeth hyn yn fwy a mwy gwir wrth i'r blynyddoedd fynd yn eu blaen) mai'r dramâu, y cyngherddau, y cantatas a'r operetas, y cyfarfodydd difyrrus, diddanol eu naws oedd yn cynyddu mewn poblogrwydd. Dyma'r adegau pan lenwid y capel a'r festri i'r ymylon, ac er i hyn oll greu argraff o lewyrch a ffyniant (a phwy fyddai'n gomedd i grefyddwyr yr hawl i fwynhau awr o ddifyrrwch pleserus a diniwed mewn awyrgylch festrïaidd) ni allwn lai na holi ai ar draul ysbrydolrwydd a defosiwn y digwyddai hyn. Nid bob

amser y bydd gor-brysurdeb a gweithgarwch di-ben-draw yn llesol i'r
bywyd ysbrydol.

ANERCHIADAU'R GWEINIDOG

Ceir tystiolaeth bellach i'r hyn a ystyrid yn llwyddiant y blynyddoedd hyn
yn anerchiadau'r gweinidog yn llawlyfr blynyddol yr eglwys. Yn rhifyn
1932 diolchir am 'lafur cariad holl swyddogion yr eglwys, yr Ysgol Sul,
a'r gwahanol gymdeithasau', a chanmolir eu 'haberth a'u hymroddiad'.
Cofir am y bererindod i Flaen-y-waun a Rhosgerdd, 'cysegrleoedd enwog
ynglŷn â choffa'r anfarwol Titus Lewis', a chanmolir y plant am eu
teyrngarwch i amodau Urdd y Seren Fore, a'u gwasanaeth ar lafar ac ar gân
yn y cysegr a fu'n 'llonder i ysbryd pawb'. Yn 1935 buwyd yn dathlu can
mlynedd cychwyn gweinidogaeth rymus Hugh William Jones, a chafwyd
'llawer o ysbrydiaeth o gydnabyddu gorchestion y dyddiau hynny'.
Ddechrau 1936, yn lle'r gyngerdd fawreddog yr arferid ei chynnal ar nos
Galan (ac a ddirywiodd yn ei hapêl yn ystod y blynyddoedd cynt, oherwydd
'diffyg diddordeb'), cynhaliwyd 'ymgomwest' (sef noson gymdeithasol
–*social* oedd yr enw cyffredin arni) yn y festri, gyda'r gweinidog yn
eistedd yn ei ystafell drwy'r bore a'r prynhawn blaenorol, er mwyn derbyn
rhoddion gan yr aelodau tuag at leihau'r ddyled. Casglwyd cyfanswm o
£130.0.0 yn ystod y dydd. Meddir yn adroddiad yr eglwys am 1936:

> Daeth llawer ohonom a'n rhodd i'r allor, gyda chalonnau diolchgar
> i'r Arglwydd am iechyd a phob cysuron, ac eraill yn yr un ysbryd
> am adferiad nerth ac iechyd, ac am bob cyfoeth ysbrydol a ennillwyd
> mewn trallod, a daeth rhywrai gydag atgofion annwyl a chysegredig
> am rai annwyl a hunodd, hwythau hefyd wedi caru'r Tabernacl ....[46]

Yn 1938 y mae'r gweinidog mewn sefyllfa i ddiolch am 'ffyddlondeb a
diwydrwydd ynglŷn â phob rhan o waith yr eglwys', ac am fod gwedd
lewyrchus ar yr holl gymdeithasau perthynol iddi. Yn ystod blynyddoedd
yr Ail Ryfel Byd ceir cyfeiriadau cyson at y gyflafan, at rôl yr eglwys
wyneb yn wyneb â'r argyfwng, ac at fechgyn a merched yr eglwys oedd
yn aelodau o'r lluoedd arfog, a'u bywydau mewn perygl:

Cofiwn gyda serch a pharch ein hieuenctid annwyl sydd ar wasgar. Cafodd rhai ohonynt brofiadau o'r ymwared ryfeddol o draethau Ffrainc. Derbynnir llythyron yn aml oddi wrthynt yn rhoi eu hanes a'u helynt. Mae'r brawd ieuanc Moelwyn Jones wedi bod yn agos i flwyddyn ym Mhalesteina, ac ymwelodd â lleoedd hanesyddol a chysegredig. (1941)

Daeth cyfle i nifer o deuluoedd y Tabernacl i agor drws eu cartref i dderbyn faciwîs o rai o ddinasoedd Lloegr, ac y mae'r gweinidog yn ymwybodol iawn nid yn unig o gymwynasgarwch yr aelodau ond hefyd o gyfraniad y newydd-ddyfodiaid, rhai ohonynt wedi meistroli'r Gymraeg mewn byr amser:

Cafodd llu o blant o'r ardaloedd peryglus loches a chysur yn ein plith. Maent yn ymgartrefu yn hyfryd, a chymerant ran yng nghyfarfodydd y plant, gan roi boddhad cyffredinol. (1941)

'Pan yw'r byd ar ei waethaf bydded yr eglwys ar ei gore' yw'r anogaeth yn 1940. Yn 1944 llawenychir o weld amryw yn dychwelyd yn iach ddianaf o'r rhyfel, a'r flwyddyn ganlynol diolchir i Dduw am yr ymwared a gafwyd – 'A'r wlad a orffwysodd heb ryfel' – ond pwysleisir cyfrifoldeb y cenhedloedd i ddysgu gwersi 'mewn cydfod', onide 'daw dydd barn a diwedd byd'. Y mae James Thomas yn gwbl glir ei feddwl ynghylch yr hyn y dylai'r eglwys dystio iddo yn y dyddiau dreng:

Pan yw'r byd yn cael ei flino gan ymraniadau, mae gan yr Eglwys Weinidogaeth y Cymod, sef fod Duw yng Nghrist yn cymodi y byd ag Ef ei hun. (1949)

Er nad yw'n egluro'n fanwl ymhlygiadau gwleidyddol a chymdeithasol y cymod yng Nghrist, nac ychwaith yn awgrymu sut y dylai'r eglwys hyrwyddo ei amcanion mewn moddion ymarferol yn y byd, dengys y frawddeg uchod pa mor wrthwynebus ydoedd i'r holl syniad o ryfel, ac fel y dyheai â'i holl galon am weld heddwch rhwng y cenhedloedd.

Nid yw'r gweinidog yn ddall i sgil-effeithiau rhyfel ar fywyd crefyddol a chymdeithasol Cymru yn gyffredinol, a thre Caerfyrddin yn benodol, a hynny o un cyfeiriad yn fwyaf arbennig:

> Gwelsom gyfyngu ar y Fasnach feddwol trwy Fesurau Seneddol yn ystod y rhyfel o'r blaen, ond nid oes unrhyw ymdrech debig [*sic*] yn awr. Syrth miloedd o ieuenctid yn ysglyfaeth i arferion niweidiol. Mae'r hen safonau moes, fu'n gymaint nerth i'n cenedl, yn mynd i golli gyda chanlyniadau echrydus. Peryglir y Saboth, ein treftadaeth werthfawr. Blin iawn fydd gennym i'n bechgyn a'n merched ddychwelyd i'n cyhuddo o fod wedi colli'r frwydr gartref. (1943)

Er gwaethaf tawedogrwydd arferol James Thomas mewn perthynas â phynciau llosg y dydd, dengys y cyfeiriadau uchod nad oedd yn brin o ymwybyddiaeth gymdeithasol, ac na phetrusai, mewn rhai sefyllfaoedd, alw ar yr eglwys i weithredu fel cydwybod cymdeithas ar bynciau megis dirwest a chysegredigrwydd y Sul. Yn 1961 fe'i ceir yn adweithio'n chwyrn yn erbyn y bwriad i ddiddymu'r deddfau ynghylch cau'r tafarndai ar y Sul, ac y mae'n rhagweld 'brwydr boeth' yn ystod y flwyddyn ganlynol i amddiffyn 'Dydd yr Arglwydd' yn erbyn cynllwynion y bragwyr a pholisi'r llywodraeth. Nid oes ganddo unrhyw amheuaeth ynghylch cyfiawnder moesol y frwydr:

> Ffrwyth defosiwn ac ymgysegriad ein tadau yw'r etifeddiaeth hon. Bydd ei cholli yn gondemniad ar ein difrawder a'n hesgeulustod ni. Yr alwad yw i 'ddiogelu i'r oesoedd a ddel y glendid a fu'. (1961)

Anogodd yr eglwys i ddanfon gair at Megan Lloyd George, yr aelod seneddol dros ranbarth Caerfyrddin, yn galw arni i gefnogi'r ymgyrch o blaid cau'r tafarndai ar y Sul, a derbyniwyd ateb oddi wrthi yn mynegi ei chydymdeimlad llwyr â safiad y gweinidog a'i aelodau. Yr hyn sy'n arwyddocaol am yr ohebiaeth hon yw mai enw T.J. Evans sydd ynghlwm wrth lythyr yr eglwys, ac nid enw'r gweinidog; ni fyddai Evan Ungoed Thomas wedi petruso danfon gair personol, ynghyd â chael ei eglwys i gefnogi'r gwrthdystiad, ond nid dyna ffordd James Thomas o weithredu.

Yn anerchiad 1962 fe'i llonnir yn fawr gan y bleidlais dros ddiogelu 'Dydd yr Arglwydd', a geilw ar aelodau'r eglwys 'drwy ein ffyddlondeb i brofi ein safiad dros yr etifeddiaeth gysegredig a ddaeth i ni'.

Yn 1942 ymfalchïa'r gweinidog ym mhenderfyniad y brawd ieuanc Glanmor Jones i 'ymgyflwyno i waith y Weinidogaeth', a'r ffaith ei fod eisoes yn astudio ar gyfer sefyll arholiad mynediad i goleg Caerdydd.[47] Er bod James Thomas yn bwrw'i ofid yn 1944 oherwydd arafwch y gwaith, a bod nifer y ffyddloniaid yn lleihau, a thrachefn yn 1948 mai 'araf fu symudiad y gwersyll; ni fu cyffroadau mawr', eto i gyd yn 1942 teimla fod y ffaith fod yr eglwys yn codi ymgeisydd ar gyfer y weinidogaeth Gristionogol yn brawf o'i bywiogrwydd ysbrydol. Meddai ar syniad tra uchel am natur a swyddogaeth y weinidogaeth – 'y barchus, arswydus swydd', fel y cyfeiria ati gan amlaf yn ei ysgrifau, gan ddefnyddio ymadrodd a drodd bellach yn ystrydeb nawddoglyd – a chyda thristwch dwfn, felly, a gwerthfawrogiad mawr o'u llafur, y cyfeiria yn 1948 at farwolaeth dau weinidog a godwyd yn y Tabernacl:

> Bu farw dau weinidog a alwyd ac a godwyd i'r weinidogaeth yn y Tabernacl, sef y Parch. Lewis Morgan Thomas, mab y Parch. John Thomas, a'r Parch. David Evans Williams, M.A., Blaenau Gwent. "Eu henwau'n perarogli sydd."

Manteisiai'r gweinidog ar bob cyfle i gydnabod ymdrechion y sawl a weithiai gyda'r plant a'r ifanc, er enghraifft: 'Yr ydym yn ffodus iawn fod gennym arweinwyr mor fedrus' (1944). Yn Hydref 1944 ceisiodd yr arweinwyr hyn, o dan adain Cymdeithas y Bobl Ieuanc, ddarganfod ffyrdd newydd a mwy effeithiol o ddwyn bechgyn a merched ieuanc i gyfeillach yr eglwys, a thrwy'r gyfeillach honno 'i gwmni cyfeillion Iesu Grist', gan weithredu ar yr egwyddor y dylai'r eglwys fod 'yn gartref lle y gall y bobl ieuanc dreulio eu horiau hamdden'. Ffurfiwyd naw cwmni o dan y categorïau Ymgeledd, 'Tonic Solffa', Llenyddiaeth Gymraeg, Y Ddrama, Astudiaeth Feiblaidd, Ymdrafodaeth, Athrawon Ysgol y Plant, Gwau a Gwnïo a Chwaraeon, er cynnig dewis amrywiol o weithgareddau i'r ifanc ymhél â hwy. Bu'r ymateb i'r drefn newydd yn 'ddramatig' (1944), gyda thros gant a hanner yn ymaelodi ar y cychwyn yn deg (naw deg ohonynt o dan ugain oed), ac eraill yn ymuno â'u rhengoedd yn gyson. Trefnwyd yr wythnos yn y fath fodd fel bod mwy nag un dosbarth yn cyfarfod bob nos, pob un yn gorffen ar yr un amser er mwyn i bawb ymuno â'i gilydd ar ddiwedd y gweithgareddau mewn addoliad, sef 'yr edifyn [*sic*] aur sy'n rhedeg drwy holl waith yr wythnos'.[48] Ym marn y gweinidog nid oedd hyn ond dechrau: 'y gaeaf nesaf dymunwn gael cyfres mwy amrywiol hyd yn oed nag sydd gennym ar hyn o bryd'.[49] Gwnaed arolwg ystadegol a darganfod fod dros fil o ieuenctid rhwng pedwar ar ddeg ac ugain mlwydd oed yn nhref Caerfyrddin. Er bod naw deg ohonynt yn mynychu dosbarthiadau'r Tabernacl, onid oedd gan yr eglwys gyfrifoldeb tuag at y gweddill yn ogystal? Onid ei dyletswydd hithau oedd darparu cartref ysbrydol iddynt er mwyn eu harbed rhag mynd i'r '*Cinema*, y dafarn, yr *Army Cadet Corps* a'r *Air Training Corps*'? Dylai'r cartref ysbrydol hwn fod ag 'awyrgylch cyfeillgar' ynddo, a chyfle i gael 'ychydig luniaeth'; yn fwy na dim dylai'r gwahanol ddosbarthiadau arwain at 'ddealldwriaeth dwysach' [*sic*] o ryfeddodau byd Duw ac at 'ymgysegriad llawnach yn ei wasanaeth'.[50]

Gwnaed trefniadau arbennig ar gyfer y plant. Bu côr y plant yn anarferol o brysur yn ystod y cyfnod hwn. Yng ngwanwyn 1949 cynhaliwyd cantata'r plant, ac adeg y Nadolig cyflwynwyd y pasiant 'Baban Bethlehem' ganddynt. Bu hon yn drefn flynyddol yng nghalendr yr eglwys am flynyddoedd lawer, a hyd heddiw cyfrifir pasiant Nadolig y plant yn un o ddigwyddiadau pwysicaf y flwyddyn. Yn ychwanegol at eu hysgol Sul yn y prynhawn, sefydlwyd cyfarfod i'r plant yn yr ysgoldy ar nos Sul, i gydredeg o ran amseriad ag amser oedfa'r oedolion yn y capel. Profodd yr oedfa hon yn 'llwyddiant mawr' (1944). O dro i dro dygwyd y plant i mewn i brosiectau arbennig, megis yr ymgyrch yn ystod dathliadau Trydydd Jiwbilî Cymdeithas Genhadol y Bedyddwyr yn 1942 i godi swm o 150,000 gini o du'r eglwysi. Meddai gweinidog y Tabernacl:

> Gosodwn o'n blaen fel nod y swm o gan gini. Gwnaeth y plant eu rhan yn odidog trwy gasglu rhan helaeth at y swm uchod. Bydd ganddynt Album hardd, bob un yn dystiolaeth o'u hymdrech o blaid y Genhadaeth. (1942)

Fel y tystia rhifyn 8 Mehefin 1961 o *Seren Cymru*, yr oedd cantata'r plant yn dal yn boblogaidd yn y Tabernacl yn y chwedegau:

> Gwledd arall a gawsom yma yn ddiweddar oedd clywed a gweld y plant lleiaf yn rhoddi perfformiad o'r cantata, 'Y Gwanwyn a'r Blodau', o dan arweiniad Mr. Emlyn Richards [diacon ac organydd, ac arweinydd côr y plant am flynyddoedd lawer]. Yr oedd yn wledd nas anghofiwn am beth amser. Mwynhawyd cymaint nes gofyn am ail-ddatganiad yr wythnos wedyn, a'r elw i fynd i'r Cheshire Homes [yn Llanybri]. Llongyfarchiadau i bawb a fu'n gyfrifol am y gwaith godidog.

Fel yn ystod cyfnod Ungoed Thomas, felly hefyd yn ystod gweinidogaeth James Thomas, bu'r eglwys yn ymwybodol iawn o'i dyletswydd i gefnogi cymdeithas genhadol yr enwad, a chyfrannu'n flynyddol i'w choffrau. O dro i dro gwnaed apêl neilltuol gan y gweinidog, megis ym Mai 1935 pan ddanfonodd lythyr at bob un aelod yn gofyn am gyfraniad i'r blychau cenhadol a ddosbarthwyd i bob cartref.

Bu hefyd yn arferiad i drefnu cyfarfodydd cenhadol yn flynyddol, megis ar Sul, 26 Chwefror 1956 pan gynhaliwyd 'Special Missionary Services' ar y cyd gydag eglwys Penuel ac eglwys y Bedyddwyr Saesneg yn Heol Awst, pan anerchwyd gan y chwaer C.A. Hawkins, Bhiwani, India, a'r Parchedig a Mrs. A.A. Lambourne, Kibentele, Congo. Cynhaliwyd oedfa foreol ac oedfa hwyrol ym mhob un o'r tri chapel, a rota gwasanaeth i bob un o'r cenhadon, ac yna oedfa undebol ym Mhenuel yn y prynhawn am 2.30 o'r gloch pan fu'r tri chenhadwr yn annerch. Cynhaliwyd Sul tebyg ar 19 Chwefror 1961, gydag A.S. Clement, prif gyfarwyddwr y B.M.S. yn Llundain, yn gennad gwadd.

Yn 1958 cafwyd yr 'hyfrydwch mawr o groesawu adref y Parchedig a Mrs. Evan Howells o'r maes cenhadol yn Angola, Africa', a'r ddau, yn dilyn eu hymddeoliad, yn ymaelodi yn eglwys y Tabernacl. Un a godwyd yn yr eglwys oedd Evan Howells, ond hanai ei briod, Florence, o Shirehampton, Bryste; daeth i Gaerfyrddin yn eneth ifanc, ac o fewn ychydig iddi gyrraedd y dref ymaelododd yn y Tabernacl. Meistrolodd Gymraeg, ac ar fyr o dro fe'i penodwyd yn ysgrifenyddes adran iau yr

Ysgol Sul. Aeth hithau a'i phriod i'r maes cenhadol (yn Angola, i ddechrau, ac yna i'r Congo) yn 1923, gan weinidogaethu yno am gyfnod o bymtheng mlynedd ar hugain. Haerai'r fam mai ei 'Gethsemane' hithau oedd yr orfodaeth a osodwyd arni wrth hwylio i'r Affrig i adael ei hunig blentyn, Gladys, a oedd yn ddwy flwydd oed ar y pryd, yng ngofal perthnasau ym Mryste oherwydd y gwaharddiad ar blant i fynd gyda'u rhieni i'r meysydd cenhadol yn y cyfnod hwnnw. Bu farw Evan Howells yn ei gartref yn Arosfa, Heol Llandeilo, Cross Hands yn 1967, a'i briod dair blynedd yn ddiweddarach. Yr oedd James Thomas eisoes wedi talu'r deyrnged ganlynol iddynt:

> Buont ar y maes o 1923 hyd yn awr a bu llwyddiant mawr ar eu hymdrechion … gwelsant yr anialwch a'r anghyfaneddle yn blodeuo fel rhosyn. (1958)

Yn ôl un gohebydd o'r Tabernacl yr oedd gwrando arnynt wedi iddynt ddychwelyd i Gaerfyrddin, yn sôn am eu hamrywiol brofiadau ar y meysydd cenhadol, yn cynnwys y lleddf a'r llon, y 'nerth oddi uchod' a brofwyd ganddynt, a'u gorfoledd o weld eneidiau yn troi at Grist, yn 'foddion gras'.[51]

Dau o sefydliadau mwyaf llwyddiannus yr eglwys oedd y Cwmni Drama a'r Côr. Cyflwynai aelodau'r Cwmni Drama berfformiad blynyddol, yn amlach na pheidio yn ystod wythnos(au) cyntaf y flwyddyn newydd. Ddiwedd Ionawr 1951 llwyfannwyd y ddrama grefyddol *Medi'r Corwynt*, o waith I.D.E. Thomas (gweinidog eglwys Bethesda, Glanaman ar y pryd), i gynulleidfa a orlenwai'r festri, ac ar 3 Chwefror ymddangosodd llun o'r actorion, ynghyd â James Thomas; yr awdur; maer Caerfyrddin, y Cynghorwr W.D. Jones; y cynhyrchydd, Blodwen Lewis; D. Hefin James (ysgrifennydd y cwmni) a Joseph John (un o'r swyddogion) yn y *Western Mail & South Wales News*, yn brawf o'r bri a enillodd y cwmni iddo'i hun. Arferai'r côr gyflwyno un o'r gweithiau corawl, crefyddol, cydnabyddedig adeg y Pasg, yn amlach na pheidio ar nos Sul y Blodau. Er enghraifft, ar 9 Ebrill 1933, rhoddodd *The Tabernacle Augmented Choir* ddatganiad o *The Crucifixion: A Meditation on the Sacred Passion of the Holy Redeemer* (J. Stainer). Ar nos Sul, 5 Ebrill 1936, perfformiwyd *Creation* (Haydn), a chyflwynwyd yr elw y tro hwn i gronfa estyniad Ysbyty Heol Prior, Caerfyrddin.

Heb amheuaeth ystyrid cyfres oedfaon y Pasg yn uchafbwynt ysbrydol y flwyddyn yn eglwys y Tabernacl. Yn 1922 cychwynnwyd ar yr arfer o gynnal cyfarfodydd pregethu ar ddydd Gwener y Groglith 'i gofio am farwolaeth ein Harglwydd Iesu Grist'; cyn hynny arferid cynnal te parti i'r ysgol Sul ar Wener y Grog, ond penderfynwyd yn nechrau'r dauddegau nad oedd hyn yn gweddu i 'ddydd cysegredicaf y flwyddyn' (fel y daethpwyd i'w alw), ac y dylid darparu cyfarfodydd o naws mwy defosiynol a dwys.[52] Nid oedd y datblygiad hwn yn y Tabernacl heb ei arwyddocâd ehangach. Ar y dechrau, ymwrthododd y tadau Ymneilltuol â Blwyddyn Eglwysig y traddodiad Catholig ar sail y gred fod pob dydd o addoliad yn gysegredig, pob gwasanaeth cymun yn gyfwerth o ran ystyr a phwysigrwydd â chymun Gwener y Groglith, a phob Sul yn ŵyl yr Atgyfodiad.[53] Felly, ni phriodolwyd mwy o bwysigrwydd i'r Pasg nag i unrhyw Sul arall yn y flwyddyn; ni olygai hynny ddiraddio'r Pasg, fel y cyfryw, ond yn hytrach ddyrchafu gwerth pob Sul yn ddiwahân. Go brin y byddai Titus Lewis wedi cyfeirio at Wener y Grog fel 'y dydd cysegredicaf', ond dyma a ddatblygodd yn arfer yn awr ymhlith ei ddisgynyddion yn y Tabernacl.

Dathlwyd y Groglith trwy gynnal cyfarfodydd pregethu[54] a ddatblygodd, ymhen amser, yn uchel ŵyl y tyrrai'r tyrfaoedd iddi. Paratowyd taflenni cyhoeddusrwydd, a'u dosbarthu i eglwysi Cymraeg y dref, ynghyd â llawer iawn o gartrefi, gan sicrhau cynulleidfaoedd mawrion. Gofalwyd gwahodd yn unig y rhai disgleiriaf eu dawn o blith pregethwyr yr enwad i gyhoeddi'r Gair; o'r pedwardegau ymlaen, Jubilee Young, J. Williams Hughes a W.P. John oedd y ffefrynnau, pob un yn dilyn ei gilydd o flwyddyn i flwyddyn yn ôl y rota a gynlluniwyd yn ofalus gan ysgrifennydd yr eglwys. 'Mae'r gwasanaethau hyn yn dal i ddenu cannoedd o addolwyr',[55] oedd sylw T.J. Evans yn 1965. Erbyn hynny yr oedd cyrddau'r Groglith wedi datblygu'n 'achlysur' tra phoblogaidd, yn gyfle i eglwys y Tabernacl chwifio ei baner, ac i argraffu ar feddyliau pobl y dref ei bod ymhlith eglwysi grymusaf a mwyaf ffasiynol ei dydd. Cwbl amhosibl yw mesur gwerth ysbrydol yr achlysuron hyn yn fathemategol-wyddonol (nid ar gyfrifiannell y mae cyfrif bendithion oedfa), a byddai awgrymu na châi neb fudd a bendith o'u mynychu yn gam dybryd â'r gwir. Yn ddi-os, yr oedd y pregethu ar ei orau yn eneiniedig, a'r oedfaon yn gyfryngau gras. Ar y llaw arall, prin y gellir gwadu na pherthynai iddynt elfennau o ddiddanwch a difyrrwch – diddanwch o radd uchel, mae'n wir, ond diddanwch serch hynny. Pan wnaed eilun o'r pregethwr 'mawr' yr oedd gwir berygl i gynnwys ei genadwri fynd yn eilbeth mewn cymhariaeth â huodledd ei ymadrodd a chyfaredd ei bersonoliaeth o flaen cynulleidfa. Meddai R. Tudur Jones am y cymanfaoedd canu ffasiynol: 'Yn y maes hwn, fel mewn meysydd eraill, yr oedd didwylledd defosiynol yn cael ei beryglu gan sentiment a gormod pwys ar hyfrydwch goddrychol',[56] ac yr oedd yr hyn a oedd yn wir am y mawl hefyd yn wir am y pregethu. Parheir i gynnal cyfarfodydd y Groglith, a hwythau'n un o'r adegau yn y flwyddyn pan fydd Ymneilltuwyr Cymraeg tref Caerfyrddin yn cydaddoli; yr arfer erbyn hyn yw gwahodd gweinidogion o bob enwad i arwain yr addoliad, ac nid yw'r gwahoddiad yn gyfyngedig i un neu ddau yn unig.

Un arall o gyfarfodydd pwysig y Pasg oedd yr oedfa Gymun ar nos Iau Cablyd; fe'i sefydlwyd yn wreiddiol yn 1923, a'i chynnal yn yr ysgoldy, cyn symud y man cyfarfod i'r capel. Rhoddai James Thomas bwysigrwydd mawr ar y cymun hwn. Fe'i disgrifir gan T. J. Evans:

It is a most impressive Communion Service. A full attendance, and its Atmosphere is linked with the 'Upper Room'.[57]

Unwaith eto fe'n cymhellir i ofyn beth oedd yn wahanol am y gwasanaeth hwn i weddill cymundebau'r flwyddyn? Onid oedd pob oedfa Gymun yn 'linked with the Upper Room'? Dyma enghraifft arall o golli golwg ar y symlrwydd Piwritanaidd a nodweddai eglwys Titus Lewis, ac i raddau helaeth eglwys Hugh William Jones.

Yna yn 1934 dechreuwyd ar yr arfer o gynnal cyfarfod gweddi yn blygeiniol am 7.30 ar fore Sul y Pasg, gan adfer ar un bore Sul yn y flwyddyn yr hyn a fu'n arferiad yn ystod gweinidogaeth Hugh William Jones o gynnal oedfa weddi bob bore Sul drwy'r flwyddyn er mwyn dyfnhau bywyd ysbrydol yr eglwys. Dyma eto enghraifft o'r modd y cyfyngwyd yr hyn a arferai ddigwydd *bob* Sul i *un* bore Sul yn unig, gan briodoli felly i'r un diwrnod hwnnw ryw arwyddocâd uwch a dyfnach nag i weddill Suliau'r flwyddyn. Daeth tua chant o weddïwyr ynghyd i'r oedfa weddi yn 1934; fe'i llywyddwyd gan y gweinidog ('a draddododd anerchiad pwrpasol ar y Crist Atgyfodedig'), ac arweiniwyd yn y darlleniadau Beiblaidd a'r gweddïau cyhoeddus gan rai o'r aelodau. Deil yr eglwys i gynnal y gwasanaeth hwn yn flynyddol, ond lle gynt y deuai nifer dda ynghyd iddo, prin ddwsin a'i mynycha y blynyddoedd hyn. Parha'r oedfa gymun ddeg y bore i ddenu cynulleidfa dda (yr orau o bosibl o holl gyfarfodydd y flwyddyn – ffaith sydd eto'n ddrych o'r pwysigrwydd anghymesur a briodolir i'r Pasg), ond collodd y cyfarfod defosiynol am 7.30 ei apêl.

Ar derfyn ei adroddiad o oedfa weddi'r Pasg yn 1934, gwna T. J. Evans y sylw hwn:

> Everybody testified, as they left the sacred edifice, as to the beautiful service and the splendid attendance ... together, anew, we worshipped the Risen Christ, and the influence of the service 'hangs on'.[58]

Y mae'r ffaith fod yr ysgrifennydd yn disgrifio'r Tabernacl yn nhermau 'sacred edifice' yn wirioneddol ddadlennol. Y mae'n wir i Titus Lewis bwysleisio'r angen am gapel newydd, ehangach, ond fe wnaeth hynny am reswm cwbl ymarferol, sef bod galw am adeilad lletach er mwyn cynnal cynulleidfa a oedd yn gyson ar ei thwf; prin y breuddwydiodd yntau erioed am adeilad ysblennydd a dynnai sylw ato'i hun ar gyfrif ei wychder pensaernïol, artistig. Er bod y Tabernacl gwreiddiol yn fwy o faint nag adeilad cyfyng y Porth Tywyll, nid oedd yn fwy o ran crandrwydd esthetig. Plaen oedd y seddau, a chyfyng a chul lwyfan y pulpud, hyd nes i John Thomas droi'r blwch sgwâr, diaddurn yn deml rodresgar. Nid 'chapel' yw dewisair T.J. Evans ond 'edifice', term sy'n bradychu'r ffaith na fedrai guddio'r balchder (digon diniwed, mae'n siwr) a deimlai tuag at ei 'Dabernacl hoff' (fel y mynych gyfeiriai ato) – 'that spacious Tabernacle Chapel'.[59] Erbyn 1941 yr oedd ei ymffrost yn fwy fyth:

> Indeed the Tabernacle, Carmarthen, can boast of a frontage of property which ranks with the best of the whole of the Welsh Baptist Denomination, and the life of the church is such that it can verily be called "a hive of industry".[60]

Prin yr oedd atal ar y brolio! Yn 1956, wrth iddo gofnodi'r ffaith fod James Thomas, y flwyddyn honno, yn dathlu pum mlynedd ar hugain o 'weinidogaeth ddisglair' yng Nghaerfyrddin, â T.J. Evans yn ei flaen i ddisgrifio'r Tabernacl fel 'Eglwys Gymraeg gorau'r [sic] Bedyddwyr yng Nghymru'.[61] Os mai'r Annibynwyr, ar ffurf capel y Tabernacl Treforus, oedd biau'r 'Cathedral Anghydffurfiol Cymraeg',[62] fe allai T.J. Evans ddadlau fod 'Tabernacl' y Bedyddwyr yn nhref Caerfyrddin yn adeilad o wychder cyffelyb! Pwy yn wir a fedrai amau hynny!

Agorwyd drysau'r Tabernacl ar fwy nag un achlysur yn ystod gweinidogaeth James Thomas i'r diben o gynnal oedfa ddinesig, hynny'n bennaf ar gyfrif y ffaith fod un o aelodau'r eglwys wedi ei anrhydeddu â maeryddiaeth tref Caerfyrddin, a bod ei weinidog yn gwasanaethu fel caplan iddo. Digwyddodd hynny ar fore Sul, 10 Tachwedd 1935, pan ddaeth y maer, y Cynghorydd John Owen Morgans, a'r Gorfforaeth a phrif ddinasyddion Caerfyrddin i ymuno yn yr addoliad yn y Tabernacl. Ymhell cyn hynny danfonwyd gwahoddiadau ffurfiol i holl eglwysi Cymraeg a Saesneg y dref, gyda'r canlyniad fod y capel ar y dydd o dan ei sang. Seiliodd y gweinidog ei genadwri ar eiriau yn Eseia 2: 3: 'Canys y gyfraith a â allan o Seion, a gair yr Arglwydd o Jerwsalem', gan roi pwyslais ar yr anghenraid i werthuso bywyd cyhoeddus, nid yn ôl y gymeradwyaeth (neu'r anghymeradwyaeth) boblogaidd, ond yn hytrach yng ngoleuni Gair Duw a dysgeidiaeth y Testament Newydd. Dyna brawf na fyddai James Thomas, pan ddeuai cyfle – hynny mewn pregeth, yn amlach na pheidio (y bregeth, yn hytrach na'r llythyr a'r erthygl oedd ei briod gyfrwng) – yn ôl mewn atgoffa swyddogion a chynghorwyr tref, a hynny'n ddigamsyniol blaen, o'u dyletswydd i wasanaethu eu hetholwyr, ac o'u hatebolrwydd i'w pobl ac i Dduw. Yr oedd y maer yn un o blant y Tabernacl, a'i deulu o'i flaen yn aelodau blaenllaw a gweithgar; ei dad, Evan Morgans, yn ddiacon ac yn drysorydd, a'i frawd, Dudley Morgans Y.H., Abertawe, yn un a roddai wasanaeth gwerthfawr i'r enwad trwy fod yn aelod o nifer o bwyllgorau pwysig ym mhencadlys yr enwad yn Nhŷ Ilston. Ewythr iddo (sef brawd ei fam) oedd W.R. Edwards, maer Caerfyrddin yn 1887, sef y maer a fynnodd fod y gwasanaeth dinesig ar ddydd Nadolig yn cael ei gynnal y flwyddyn honno nid yn eglwys San Pedr (eglwys hynaf Caerfyrddin, a ystyrir o hyd yn 'eglwys blwyf' y dref) yn ôl yr arfer, ond yn hytrach yn y Tabernacl, a bod ei weinidog ef ei hun, sef John Thomas, yn arwain yr addoliad ac yn traddodi'r bregeth. Cafwyd achlysur tebyg ar fore Sul, 20 Tachwedd 1938, pan oedd un arall o aelodau'r Tabernacl, sef J. Islwyn Davies, yn faer, a'i chwaer, Irene Davies, yn faeres. Cofnodir yn adroddiad yr eglwys am 1939:

> Diddorol yw nodi fod plant y Tabernacl wedi llanw y swydd bwysig o Faer y Dref am y saith mlynedd ddiwethaf [*sic*]. Bu y Cynghorwr Tom Lloyd yn Faer o 1932–1935, ei gyfaill agos, y Cynghorwr John Owen Morgans, yn Faer o 1935 hyd 1938, a'r Cyngorwr J. Islwyn Davies yn dechreu ar ei swydd yn Nhachwedd 1938. Ffaith ddiddorol arall yw fod un o Ddiaconiaid y Tabernacl, yr Henadur William Henry Evans wedi ei ethol yn Siryf y Dref am 1938–39, a Diacon arall, sef Mr. Idwal Hywel Ungoed-Thomas, yn Is-Siryf. Boed bendith arnynt, ac ar bawb sydd yn gwasanaethu bywyd cyhoeddus y Dref bwysig hon.

Yn ddiau buasai ei dad yn ymfalchïo'n fawr yn y ffaith i'w fab hynaf, sef Idwal Ungoed-Thomas, gael ei ddyrchafu'n un o brif swyddogion y cyngor, ac yn uchel gymeradwyo'i barodrwydd i roi o'i amser a'i brofiad i wasanaethu bwrdeistref Caerfyrddin yn y modd hwn. Wrth ei alwedigaeth yr oedd Idwal Ungoed-Thomas yn gyfreithiwr, ac yn un o sefydlwyr cwmni 'Ungoed-Thomas & King', sef cwmni o dwrneiod sy'n dal hyd heddiw â'i brif swyddfa yn 7 Heol y Cei, Caerfyrddin. Drachefn yn 1953 bu un arall o swyddogion yr eglwys (sef ei hysgrifennydd ariannol) yn faer Caerfyrddin, a chyfeiria'r gweinidog at hynny'n llawen:

> Llongyfarchwn yn galonnog iawn y Cynghorwr Charles W. Griffiths ar ei ethol yn Faer y Dref, a'i chwaer, Mrs. Gwendoline Neal, yn Faeres, ac y maent yn llenwi'r swydd gydag urddas, ac iddynt glod cyffredinol yn eu gwaith.[63]

Maer y dref y flwyddyn yr ymddeolodd James Thomas oedd Leslie Hyde Howells, a ysgrifennodd lythyr swyddogol (dyddiedig 4 Awst 1968) i

gydnabod y gefnogaeth a gafodd fel uchel swyddog, ac i dalu gwrogaeth
i'w gaplan:

> Today we can look back and reflect upon the changes which have
> taken place in Carmarthen since you first come among us … In all
> these activities, there are to be found men and women, giving of their
> best, in applying their intellect, skills and charity. You have played
> your part – the words of the preacher were heard, and the seed was
> sown in good ground.
>
> As a member of Tabernacle Chapel, I hold the opinion that your
> stewardship has been without flaw. As Mayor of the town, I can truly
> say that your place is well secured in the hearts and minds of all the
> citizens with whom you have associated throughout a long and
> honourable Ministry.[64]

Os tuedd y gweinidog oedd bod yn dawedog ynghylch materion
gwleidyddol, gan ymwrthod yn fwriadol ag unrhyw ymgyrchu politicaidd
uniongyrchol, boed leol neu genedlaethol, yr oedd ei eglwys, trwy gyfrwng
nifer o'i harweinwyr, yn chwarae rhan bwysig yng ngweinyddiaeth y dref,
ac o'r braidd y gellid ei chyhuddo o guddio ei goleuni o dan lestr. Wrth
gwrs, a hynny'n anochel mae'n siwr, yr oedd yr achlysuron dinesig hyn yn
gyfrwng pellach i hyrwyddo statws y Tabernacl fel eglwys drefol, rymus
a fedrai ymfalchïo yn ei statws uwchraddol fel un o'r prif sefydliadau
crefyddol yn nalgylch tref Caerfyrddin. Nid eiddo hithau bellach
ddistadledd dirodres y tadau Ymneilltuol. Yn wir, byddai ambell bwt mewn
papur newydd (er enghraifft, 'Tabernacle is acknowledged to be one of the
leading Baptist Churches in Wales'),[65] yn fodd i gadarnhau ei safle
anrhydeddus.

Dengys adroddiadau blynyddol yr eglwys, ynghyd â chofnodion y
cyfarfodydd diaconiaid, mai un wedd bwysig arall ar brysurdeb cyfnod
James Thomas oedd yr awydd i ddathlu pob math o achlysuron, lleol,
cymunedol ac enwadol. Yn 1951 dathlwyd y ffaith i'r Tabernacl gael ei
lanhau a'i baentio oddi mewn, 'ac ar ei newydd wedd y mae yn wir yn
degwch bro'.[66] Cynhaliwyd cyfres o gyfarfodydd arbennig i nodi'r ail-
agoriad. Yr un flwyddyn llongyfarchwyd yr hynafgwr Herbert Rees ar

dderbyn ohono fedal goffa Thomas Gee 'am ei ffyddlondeb ar hyd ei oes i'r Ysgol Sul'.[67] Ar 4 Mawrth 1956 cynhaliwyd 'Cyfarfodydd Arbennig' i ddathlu chwarter canrif gweinidogaeth James Thomas pryd y gwasanaethwyd gan Mathias Davies, Gelli, yn oedfa'r bore, a chan D.J. Michael, Blaenconin, a John Thomas, Blaen-y-waun, yn oedfa'r hwyr, a phryd y derbyniwyd llythyron o rai o eglwysi'r dref yn cyfarch y gweinidog ar gyrraedd ohono garreg filltir mor nodedig. Yn ddiweddarach yn y mis cynhaliwyd oedfa ddathlu pedwar canmlwyddiant merthyrdod Robert Ferrar.[68] Ym mis Gorffennaf y flwyddyn honno dathlwyd ymweliad Dr. V. Carney Hargraves, Philadelphia, U.D.A., â'r Tabernacl, ac yntau ar ymweliad â Lloegr a Chymru ar achlysur cynnal cynhadledd Cyngres Bedyddwyr y Byd yn Llundain, ac yntau'n llywydd. Yn 1956 gwariwyd swm sylweddol o arian, yn agos i £1000 (bu'n rhaid benthyca £400 oddi wrth Undeb Bedyddwyr Cymru i gyfarfod â'r gost), ar ail baentio y rhan fwyaf o adeiladau'r Tabernacl, gan gynnwys y capel, y festri a'r mans, a gwnaed apêl arbennig gan T. Idris Davies, y trysorydd, am ymateb hael ar ran yr aelodau i gronfa'r adeiladau. Yng nghyfrifon llawlyfr 1957 gwelir i'r aelodau gyfrannu cyfanswm o £522.16.6 yn ystod y flwyddyn flaenorol, ac i'r ddyled gael ei chlirio mewn byr amser. Ac nid yn unig yr oedd cadw'r adeiladau'n ddiddos ac mewn cyflwr derbyniol yn flaenoriaeth; ni bu'r gweinidog a'r diaconiaid yn swil o atgoffa'r aelodau o'u haddewid (yn unol ag amodau'r cyfamod eglwys) i gyfrannu'n wythnosol ac mewn modd realistig at yr achos yn gyffredinol. Gwnaed mwy nag un apêl i'r perwyl hwn; er enghraifft, yn 1961 lluniwyd cylchlythyr i bob aelod yn apelio am gyfrannu teilyngach.

Yn 1961 dathlwyd deng mlynedd ar hugain o weinidogaeth James Thomas yn y Tabernacl. Dyma'r deyrnged a dalwyd iddo yn llawlyfr yr eglwys y flwyddyn honno:

1931–1961

Dechreuodd ein Gweinidog annwyl ei weinidogaeth gyfoethog yn y Tabernacl, Caerfyrddin, y Sul cyntaf o Chwefror, 1931. Bydd yn cwblhau 30 mlynedd o'i weinidogaeth ar y Sul olaf o Ionawr, 1961. Diolchwn i Dduw am gyfnod rhyfeddol o lwyddiannus, ac am arweinyddiaeth ein Gweinidog ymhob adran o waith y Tabernacl.

Gweddïwn am barhad o'i wasanaeth yma am lawer blwyddyn eto. Diddorol ydyw nodi y bedyddiwyd 295 yn ystod y cyfnod 1931–1961 (*ni fu un flwyddyn heb fedydd*). Derbyniwyd 329 trwy lythyrau aelodaeth ac adferiad. Bu farw 216 o aelodau. Gollyngwyd 215 trwy lythyrau aelodaeth, a 101 heb lythyrau. Saif aelodaeth yr eglwys yn awr yn 472, cynnydd o 92, oddi ar i Mr. Thomas ymgymeryd â'r fugeiliaeth yn 1931.

Danfonwyd hefyd air i'r wasg leol yn cyfleu llongyfarchion aelodau'r eglwys i'w gweinidog, gan ymhyfrydu yn ei benderfyniad i barhau â'i weinidogaeth yn eu plith.

Yn 1962 dathlwyd canmlwyddiant a hanner adeiladu ac agor y Tabernacl, a'r symud o'r Porth Tywyll ar Sul, 25 Mawrth 1812. 'Erys y Tabernacl yn gofgolofn i weledigaeth Titus Lewis, ac aberth y ffyddloniaid dewrion gynt',[69] yw sylw'r gweinidog. Yn ystod yr un flwyddyn trefnwyd cyfres o oedfaon i ddathlu trichanmlwyddiant Troad Allan 1662, gyda'r gweinidog yn ychwanegu y tro hwn: 'Bu ymneilltuaeth yn ddylanwad iachusol yn ein gwlad, a da fydd inni ddrachtio o'r hen ffynhonnau'. Gwêl mai dau elyn mawr Ymneilltuaeth mewn cyfnod o ddirywiad yn ei hanes yw anwybodaeth ynghylch ei hegwyddorion, a diffyg arweiniad. Felly, 'gelwir ni yn ôl at y dechreuadau, er mwyn i ni gael syniad llawnach am bris ein rhyddid'.[70] Yn 1964 buwyd yn ail-doi'r capel, ac yn diogelu ac addurno'r adeilad oddi allan. Ni adawyd i'r achlysur fynd heibio heb gynnal agoriad swyddogol ac oedfa ddiolchgarwch. Ar ddau achlysur gwahanol yn ystod cyfnod James Thomas gwahoddwyd yr eglwys i ddarlledu oedfa'r bore, sef ar Sul cyntaf Hydref 1955 a 19 Ebrill 1964. Ar y ddau dro fel ei gilydd yr oedd y darllediad yn fyw (nid oedd yn arferiad i recordio a golygu oedfa ymlaen llaw yn y dyddiau hynny); y gweinidog a lywyddodd y ddwy oedfa, ac yntau hefyd a draddododd y bregeth. Diogelwyd sgript gyflawn pregeth 1955, ond nid oes unrhyw gofnod am genadwri 1964; yr unig fanylion a gynhwysir ar daflen emynau oedfa 1964 yw mai Hywel Grey (a ddisgrifir ar y plac coffa a osodwyd iddo ar offeryn y Tabernacl fel un "a wasanaethodd yn gydwybodol wrth yr organ hon, 1923–72", sef am hanner canrif gron) oedd yr organydd ac mai Emlyn Davies oedd arweinydd y gân.

Arwydd arall o brysurdeb y blynyddoedd hyn oedd yr angen i ethol diaconiaid newydd yn gyson: chwech yn 1934 (Evan Evans; Charles Wright Griffiths; William Stanley Hodges; Thomas Jones; Gomer Llewellyn; Idwal Hywel Ungoed-Thomas); naw yn 1938 (Alfred James Davies; Idris Davies; Lynn Davies; William Henry Evans; J. Tom Jones; Joseph Johns; Arthur T. Phillips; Gwynfor Rees ac Emlyn Richards); naw yn 1949 (David Henry Davies; Thomas Idris Davies; Richard Edwards; James Harries; David Hefin James; Evan Jones; Thomas Moelwyn Jones; Robert Morgan a David Owen); chwech yn 1955 (D.Rees Davies; Emlyn Davies; D. Denzil Harries; John Jones; J. Osborne King Morgan; W.R. Thomas); a chwech yn 1965 (Gwynne P.M. Davies; Thomas Jones; T. Moelwyn Jones – am yr ail dro (symudodd i fyw o Gaerfyrddin am gyfnod); John D. Scourfield; Cyril Walters a John Williams). Er mai'r drefn a fabwysiedir yn y Tabernacl yw ethol diaconiaid am oes – ni bu'n arfer erioed, fel y gweithredir mewn rhai eglwysi, i ethol diacon am gyfnod penodol – eto i gyd bu'n rhaid llenwi'r bylchau o bryd i'w gilydd (oherwydd marwolaeth, gan amlaf), ac yr oedd hefyd yn bolisi i gadw nifer y diaconiaid yn gymharol uchel, rhyw ddeunaw i ugain ar y tro. Y mae'r ffaith fod digon o wrywod o galibr ar gael i fedru cadw niferoedd y diaconiaid yn uchel yn dweud llawer am gyfansoddiad yr eglwys, ond o'r tu arall mae'n drist nodi nad etholwyd yr un chwaer yn ddiacon yn eglwys y Tabernacl hyd at y cyfnod diweddar (Margaret Matthews a Gillian Parnell oedd y ddwy chwaer gyntaf i'w neilltuo i'r swydd, hynny yn y flwyddyn 2000), ffaith sy'n adlewyrchu'r tueddiadau ceidwadol a welid yn brigo i'r wyneb, bob hyn a hyn, yng ngweinyddiaeth yr eglwys. Fel yn hanes llawer iawn o eglwysi, nid ar frys, ac nid ar chwarae bach, y torrid ar draddodiad a mentro ar hyd ffyrdd newydd, arbrofol.

DAU UNDEB A DWY GYMANFA

Yn ddiamau, ymhlith uchelfannau gweinidogaeth James Thomas yr oedd y ddau Undeb a'r ddwy Gymanfa a gynhaliwyd yn y Tabernacl yn ystod tymor ei oruchwyliaeth. Eisoes yn 1936 yr oedd y gweinidog yn dechrau hogi ei arfau:

Hyfrydwch yw cofio fod yr Undeb i ymweld â'r Tabernacl yn 1937. Rhydd y paratoadau gyfle i'r doniau oll a fedd yr eglwys, a phroffwydwn y 'bydd gan y bobl galon i weithio'.[71]

Gwireddwyd proffwydoliaeth y gweinidog, fel y cydnebydd yn ddiolchgar yn anerchiad 1938:

Bu ymweliad yr Undeb yn binacl i ddisgwyliadau, paratoadau a gweddïau yr eglwys. Cafwyd cynrychiolaeth luosog iawn, y mwyaf fe ddichon yn holl hanes yr Undeb; cynadleddau tangnefeddus; cyfarfodydd cyhoeddus o'r radd uchaf; a phregethu eneiniedig. Enillodd yr eglwys a theuluoedd y dref a'r cylch, gymeradwyaeth gynnes ac unfrydol yr ymwelwyr.

Gallwn gymryd wrth y cyfeiriad at 'gynadleddau tangnefeddus' fod Undeb 1937 dipyn yn llai cynhyrfus na Chymanfa Meidrum yn 1799! Prin, os o gwbl, oedd y dadlau ar dir diwinyddol, a'r cynadleddwyr yn ddigynnwrf-gytûn ymysg ei gilydd.

Testun cyffredinol Undeb 1937 oedd 'Hyd yma y cynorthwyodd yr Arglwydd nyni', ac yr oedd y rhaglen yn un lawn ac amlweddog. Yr oedd swyddogion y pwyllgor lleol (cadeirydd: James Thomas; trysorydd: Tom Davies; ysgrifennydd: T.J. Evans), ynghyd ag aelodau'r amrywiol bwyllgorau yn brofiadol yn eu gwaith, a chyflawnodd yr ysgrifennydd orchest nid bychan trwy baratoi ysgrif hynod fanwl i'r llawlyfr yn olrhain hanes y Tabernacl o'r dechreuadau cyntaf. Medd James Thomas yn y rhagair i lawlyfr 1937:

Casglwyd y ffeithiau gan Mr. T.J. Evans, Ysgrifennydd y Tabernacl, ac y mae ganddo ddawn ryfeddol i drysori popeth perthynol i'r Tabernacl. Nid gormod ganddo ymdrafferthu a chymryd teithiau pell i ategu a chadarnhau pob ffaith. Cofeb i'w ddiddordeb a'i lafur ef yn bennaf yw'r traethawd yma.

Heb os, dyma un o gyfraniadau pwysicaf T.J. Evans i eglwys y Tabernacl, sef y ffaith iddo gofnodi ei hanes o gyfnod y dechreuadau cynnar i fyny at

1937 mewn modd ffeithiol a darllenadwy, ac mewn Cymraeg safonol. Er bod ei ymdriniaeth yn amlach na pheidio yn glodforus ac anfeirniadol (prin y gallasai'r awdur dderbyn y perthynai i'r Tabernacl unrhyw wendid neu ddiffyg!), cafwyd ganddo gronicl o brif ddatblygiadau'r eglwys a ddeil hyd heddiw yn ddogfen werthfawr a defnyddiol.

Yr oedd nifer y cynrychiolwyr yn Undeb 1937 fel a ganlyn:

Cyn-lywyddion: 6
Swyddogion presennol yr Undeb: 5
Siaradwyr a llywyddion y Cyrddau Cyhoeddus: 25
Cynrchiolwyr y Cymanfaoedd a'r Colegau: 14
Aelodau'r Cyngor a Phwyllgorau arbennig: 63
Gweinidogion a Chenhadon: 220
Cynrychiolwyr yr eglwysi (lleygwyr): 309
Staff swyddfa Tŷ Ilston: 2
Myfyrwyr diwinyddol: 16

Felly, yr oedd cyfanswm o 660 o gynrychiolwyr swyddogol; yn ychwanegol atynt yr oedd y sawl (nad oedd modd eu cyfrif) a fynychai'r oedfaon cyhoeddus, a'r capel ar yr achlysuron hynny yn llawn i'r ymylon. Dywed hyn lawer am gryfder ymddangosiadol Ymneilltuaeth yn nhridegau'r ganrif ddiwethaf, grym a oedd i raddau yn rhoi darlun camarweiniol o wir gyflwr yr eglwysi ac o'r argyfwng ysbrydol a ddeuai i'w hergydio yn y man. Prin y câi mynychwyr Undeb 1937 achos i ragweld y deuai'n ddydd o brysur bwyso ar Ymneilltuaeth yn ystod y degawdau canlynol. Pan gynhaliwyd yr Undeb yn y Tabernacl yn y flwyddyn 2001 yr oedd 10 o swyddogion yr Undeb, 35 o weinidogion, 71 o gynrychiolwyr eglwysi, a chwe chyfaill (cyfanswm o 122), yn bresennol, a'r ystadegau yn ddrych o'r dirywiad a ddigwyddodd yn hanes yr enwad dros gyfnod o drigain mlynedd.

Yr oedd Undeb 1967 yn un hanesyddol. Nid yn unig yr oedd yn achlysur dathlu canmlwyddiant Undeb Bedyddwyr Cymru, ond yr oedd hefyd yn un o'r troeon prin hynny pan gydgyfarfu'r ddwy adran, yr Adran Gymraeg o dan lywyddiaeth Syr Ben Bowen Thomas, a'r Adran Saesneg o dan lywyddiaeth J. Watts Williams, a'r ddau a ddaethai i'r gadair, sef M.J.

Williams, Ysgrifennydd Cyffredinol yr Undeb (llywydd newydd yr Adran Saesneg), a'r Prifathro J. Williams Hughes (llywydd newydd yr Adran Gymraeg), yn traddodi eu hanerchiadau yn yr un cyfarfod. Dylid nodi mai T.J. Evans, cyn-ysgrifennydd y Tabernacl, trysorydd ac is-Lywydd yr Undeb, oedd i'w anrhydeddu'n llywydd yr Adran Gymraeg, ond bu farw'n ddisyfyd y Mawrth blaenorol. Pwnc cyffredinol Undeb 1967 oedd 'Crist, yr Alffa a'r Omega', ac unwaith eto paratowyd rhaglen amrywiol a pherthnasol. Yr oedd y llawlyfr yn wahanol y tro hwn i ddim a fu o'r blaen gan nad hanes yr eglwys(i) a oedd yn gwahodd yr Undeb a argraffwyd ynddo, ond yn hytrach draethawd academaidd a dadansoddiadol yn dwyn y teitl 'Bedyddwyr Tre Caerfyrddin, 1867–1967', o waith yr Athro E.G. Bowen, Aberystwyth. Erys ei gymhariaeth o aelodau eglwysi Penuel, y Tabernacl a'r Bedyddwyr Saesneg, nid yn unig o ran niferoedd ond hefyd o safbwynt eu statws cymdeithasol, ynghyd â'i ddadansoddiad o dwf ac o ddirywiad yr eglwysi hyn, yn waith safonol ac ysgolheigaidd. Yr oedd nifer y cynrychiolwyr y tro hwn yn llai nag a gafwyd yn 1937 (y cyfanswm oedd 383, gyda lleihad, felly, o 277), ac eto'n ddigon boddhaol o ystyried y dirywiad syfrdanol a ddigwyddodd yn aelodaeth Undeb Bedyddwyr Cymru yn ystod y deng mlynedd ar hugain o dan sylw; swyddogion yr Undeb: 6; aelodau'r Cyngor: 23; gweinidogion: 137; cynrychiolwyr yr eglwysi: 217. Ymddangosodd adroddiadau llawn am weithgareddau, anerchiadau a phenderfyniadau Undeb 1967 yn rhifynnau 15 a 22 Medi o *Seren Cymru*, ac yn dilyn y cyfarfodydd derbyniodd T. Moelwyn Jones, ysgrifennydd yr eglwys, lythyr oddi wrth M.J. Williams, ysgrifennydd cyffredinol Undeb Bedyddwyr Cymru, yn datgan gwerthfawrogiad swyddogol, ond tra chynnes, o ddarpariaeth a chroeso aelodau'r Tabernacl:

> Ar ran Swyddogion a Chyngor Undeb Bedyddwyr Cymru ysgrifennaf i ddatgan ein gwerthfawrogiad o garedigrwydd eglwys y Tabernacl ar achlysur ymweliad y Gynhadledd Flynyddol â'r dref.
>
> Yr oedd y cyfarfodydd eleni o ddiddordeb mawr a disgwyliadau'r eglwysi'n uchel. Ni chawsant eu siomi. Tystiolaeth y cynrychiolwyr oedd i'r cyfarfodydd yn y Tabernacl fod yn goron ar waith Dathlu Canmlwyddiant yr Undeb.
>
> Am bedwar diwrnod prin y bu'r ŵyl, ond bu aelodau'r Tabernacl

wrthi'n ddygn am ddwy flynedd yn paratoi ar ein cyfer, a dichon bod llawer eto i'w wneud i ddwyn y llinynnau ynghyd. Sail llwyddiant y Cyfarfodydd Blynyddol bob amser yw llafur cariad aelodau'r eglwys leol. Mawr yw ein dyled felly i'r brodyr a'r chwiorydd, yn arbennig swyddogion ac aelodau'r pwyllgorau lleol, a phawb arall a roddodd ddawn ac egni ar waith i sicrhau y byddai holl olwynion y trefniadau yn troi yn esmwyth.

Cynhaliwyd gŵyl flynyddol Cymanfa Caerfyrddin a Cheredigion yn y Tabernacl yn 1952 (Mehefin 17–19) o barch i'r llywydd y flwyddyn honno, sef T.J. Evans. Testun ei anerchiad yntau o'r gadair oedd 'Yng nghanol y blynyddoedd', ac ynddo aeth ati i danlinellu pwysigrwydd a pherthnasedd y dystiolaeth Fedyddiedig ar gyfer canol y pumdegau, ac ymlaen i'r dyfodol, ac yntau wedi ei argyhoeddi 'na fu adeg pan oedd yr angen am ein tystiolaeth yn fwy na heddiw'.[72] Iddo ef, conglfaen tystiolaeth y Bedyddwyr o'r cychwyniadau cyntaf yn eu hanes fu eu safiad dros ryddid, a hwnnw'n rhyddid personol, crefyddol a gwleidyddol. 'Ni ymladdodd un adran o'r Eglwys Gristnogol yn fwy na'r Bedyddwyr dros hawl pob dyn i feddwl drosto'i hunan mewn materion crefyddol, a hawlfraint pob dyn i gredu drosto'i hunan',[73] yw un o haeriadau gwaelodol yr anerchiad, ac er y cydnabyddir bod rhai traddodiadau Ymneilltuol eraill (megis yr Annibynwyr a'r Crynwyr) wedi chwarae rhan bwysig yn y frwydr dros ryddid, myn T.J. Evans mai'r Bedyddwyr a fu ar y blaen yn y crwsâd. Geilw ar sylwadau'r Wesle, Hugh Price Hughes, a aned yng Nghaerfyrddin, i gadarnhau ei ddadl:

> Rhaid talu pris uchel am ryddid, dim llai na gwyliadwriaeth gyson, diflino a pharhaus. Ac yn y frwydr dros ryddid crefyddol saif y Bedyddwyr ar flaen y gâd, a hwy fydd yr olaf i ildio'r maes. Dewisant farw yn hytrach nag ildio.[74]

Wrth reswm, nid yw diffiniad T.J. Evans o ryddid y Cristion uwchlaw beirniadaeth, oherwydd fe all 'hawl pob dyn i feddwl drosto'i hun' arwain maes o law at benrhyddid ac anarchiaeth grefyddol, gan adael y drws yn agored i bob math o gamddehongli cyfeiliornus. Dengys Densil Morgan fel

y syniai J.E. Daniel yn niwedd y tridegau mai gwendid Protestaniaeth oedd
iddi goleddu'r syniad o awdurdod a oedd yn gyfan gwbl seiliedig ar y
Beibl, ond iddi wedyn ddadlau hawl pob Cristion i ddehongli cynnwys y
Gair hwnnw yn unol â'i grebwyll a'i gydwybod ei hun. Gan gydnabod ar
un llaw ddilysrwydd pwyslais y gyfundrefn Rufeinig ar anffaeledigrwydd
gwrthrychol, canolog, ac ar y llaw arall rym cred y Crynwr mewn rhyddid
barn goddrychol (yn deillio o brofiad y credadun), mynnai Daniel mai
gwendid Protestaniaeth oedd ei bod yn syrthio yn y canol rhwng y ddau.
Tra'n dal Beibl agored o flaen llygaid y Cristion, gan bwyso arno i
ymostwng i'w awdurdod, ni rydd iddo ddiffiniad pendant, terfynol, o'i
gynnwys. Yn ôl Daniel, yr hyn a flagurodd mewn awyrgylch o'r fath oedd
Moderniaeth a'i phwyslais nad oes angen diffinio dim, mewn gwirionedd,
yn fanwl ac absoliwt, gan nad cytundeb dogmataidd, athrawiaethol yw
hanfod y ffydd Gristionogol ond 'mater o deimlad crefyddol neu brofiad
ysbrydol a moesol'.[75]

Annheg fyddai disgwyl dim tebyg i'r ymdriniaeth uchod yn anerchiad
T.J. Evans, ac eto nid di-sail oedd ei ddadl gan fod modd olrhain y pwyslais
ar hawl pob unigolyn i ddehongli Gair Duw drosto'i hun yn ôl at Ail-
Fedyddwyr y Cyfandir yn yr unfed ganrif ar bymtheg. Ac y mae'r
drafodaeth yn parhau. Er iddi ddadlau mewn un man fod *sola scriptura*
yn ddelfryd aruchel, ond dadleuol ('But in practice it meant that everybody
had a God-given right to interpret these extremely complex documents
[dogfennau'r Beibl] as they chose'),[76] gan gydnabod peryglon yr hyn a
elwir ganddi yn 'unbridled individualism',[77] y mae Karen Armstrong hefyd
yn llwyr ymwybodol o beryglon ymlyniad dall a difeddwl wrth ddogma:

> Blind obedience and unthinking acceptance of authority figures may
> make an institution work more smoothly, but the people who live
> under such a regime will remain in an infantile, dependent state.[78]

Eglura T.J. Evans sut y rhoddir mynegiant i'r rhyddid y traetha amdano
trwy gyfrwng y bedydd a weinyddir gan y Bedyddwyr, lle mae'r prif
bwyslais 'nid ar y *dull* ... ond ar y *deiliaid*'.[79] Cam â'r bedydd hwn,
meddai, yw ei alw'n 'fedydd trochiad', gan mai'r hyn ydyw mewn
gwirionedd, a'r hyn sy'n enw cywir arno, yw 'bedydd y credinwyr', sef

ordinhad lle mae'r credadun o'i wirfodd, heb fod unrhyw orfodaeth arno
ac eithrio cymhelliad cariad Crist, yn ymostwng i alwad ac i orchymyn ei
Arglwydd. 'Gweithred wirfoddol yw'n bedydd ni, bedydd y crediniol.'[80]

Yn ôl dadansoddiad y llywydd, y pwyslais hwn ar ryddid y credadun
gerbron Duw sy'n arwain, yn gwbl gyson a rhesymegol, at y modd y
synia'r Bedyddwyr am yr eglwys a'i hawdurdod:

> Fel Bedyddwyr, ni chydnabyddwn nac Offeiriad na Phab.
> Cydnabyddwn a chyhoeddwn Arglwyddiaeth hollol Iesu Grist.
> Golyga hynny y credwn yn offeiriadaeth pob crediniwr. Syniwn am
> yr eglwys fel cymdeithas sanctaidd, cymdeithas o bobl sydd yn credu
> yn yr Arglwydd Iesu. Crist yw sylfaenydd yr Eglwys, efe yw ei Phen,
> ac efe drwy yr Ysbryd Glân yw ei harweinydd.[81]

Felly, nid yw'r eglwys – y gymuned grediniol a gynullir o dan gyfarwyddyd
yr Ysbryd Glân – yn atebol i unrhyw awdurdod allanol, boed frenin neu
senedd, boed bab neu gardinal. Y mae'r eglwys yn rhydd i gael ei harwain
gan Grist ei Phen, ac y mae'r aelod unigol o'i mewn yn rhydd i ymateb i'r
modd y gwêl yr Ysbryd yn ei dywys. Y tro hwn teimlir bod diffiniad Evans
o'r hyn yw rhyddid yn fwy cymesur, gan ei fod yn pwysleisio nad rhyddid
i wneud fel y myn a fedd y gynulleidfa leol, yn unol â chwiw neu fympwy
ei haelodau, ond yn hytrach ryddid i ddilyn arweiniad yr Ysbryd. Yn ôl
T.J. Evans, deil y Bedyddwyr y dylai'r eglwys fod yn rhydd rhag gormes
awdurdod allanol, gwleidyddol, er mwyn iddi fedru bod yn rhydd i
ufuddhau i gyfarwyddiadau ei Harglwydd, ac yn hyn o beth y mae'n hollol
gywir. Yn rhy aml o lawer, ac yn arbennig yn y cyd-destun Ymneilltuol,
rhoddwyd y fath bwyslais ar y rhyddid a fedd yr eglwys rhag ymyrraeth
allanol o du llywodraeth a senedd, nes mynd yn ddibris o'r ffaith mai
rhyddid i ymostwng i orchmynion Crist, o dan gyfarwyddyd yr Ysbryd
Glân, yw hanfod y rhyddid hwnnw. Yn ddi-os, yr oedd llywydd Cymanfa
1952 yn llygad ei le wrth danlinellu'r gwirionedd holl-bwysig hwn.

Ymfalchïa ymhellach yn yr hyn a eilw 'y gydwybod gymdeithasol', ac
anoga'r enwadau oll, a'r Bedyddwyr yn arbennig, i hyrwyddo'r gydwybod
hon ym mhob modd posibl:

Mewn byd lle mae difrawder, ac ofn, a drwgdybiaeth ac eiddigedd yn
bygwth pethau gorau bywyd, gwaith yr eglwys yw gorseddu cariad
yn lle casineb; maddeuant yn lle dial; undeb yn lle anghytgord; ffydd
yn lle amheuaeth; gobaith yn lle anobaith; goleuni yn lle tywyllwch,
a llawenydd yn lle tristwch. Ond nid heb aberth y sylweddolir hyn,
ac oni ddaeth y dydd i'r eglwys ymnerthu a cherdded i'w Jerwsalem
a'i Chalfaria hithau, fel y delo'r peth newydd hwn i ben, y peth y
mae'r byd yn ymbalfalu amdano; yn ymdrechu gyda'r fath boen i'w
sicrhau, ond yn gwbl ofer, oblegid ni ddaw y peth newydd hwn ond
gyda dyfodiad Teyrnas Dduw ar y ddaear.[82]

Ni phetrusa'r llywydd alw ar ei enwad, a gweddill yr eglwysi, i rymuso eu
safiad o blaid heddwch byd. 'Relics barbareiddiwch yw rhyfel. Pan gaiff
yr Arglwydd Iesu ei le ym mywyd y gwledydd, fe dderfydd sôn am
ryfeloedd, ac fe droir y cleddyfau'n sychau a'r gwaywffyn yn bladuriau.'[83]
Gwêl hefyd y perygl, yn wyneb llwyddiant materol, masnachol a
diwydiannol y cyfnod, i'r unigolyn gael ei ddiraddio, ac i'r berthynas
gysegredig, hanfodol rhwng dyn a'i gyd-ddyn, rhwng y person unigol a'i
gymydog – mewn oes ddi-dostur o gystadleuol, lle mae 'cynnyrch dwylo
dyn wedi ennill y feistrolaeth arno'[84] – droi'n elyniaeth ac yn ysbryd
cenfigennus. Onid cenhadaeth yr eglwys mewn sefyllfa o'r fath yw rhoi
pwyslais digamsyniol ar 'werth dyn fel bod personol', ac ar y rhyddid a
ymddiriedwyd iddo gan ei greawdwr?

> Hawlfraint gysegredig Duw iddo yw ei ryddid, ac nid oes gan arall
> hawl i'w amddifadu ohono; neb – na rhieni, na gwladwriaeth, na hyd
> yn oed yr eglwys.[85]

Ar wahân i ddim arall, prawf y sylwadau uchod nad oedd pobl y Tabernacl
yn llwyr amddifad o ymwybyddiaeth wleidyddol. Yr oedd hynny'n sicr
yn wir am eu hysgrifennydd, ac nid syndod hynny o gofio iddo fod, yn
ifanc, wrth draed Evan Ungoed Thomas.

Neilltuodd T.J. Evans ran allweddol o'i anerchiad i ymdrin â pherthynas
y Bedyddwyr â'u cyd-Gristionogion o draddodiadau eraill, gan bwysleisio'r
angen – y ddyletswydd, yn wir – i gydweithio â hwy ym mhob modd

posibl. Er nad yw'r llywydd yn ewyllysio cyfaddawdu hyd at y fodfedd leiaf ynghylch yr egwyddorion a'i gwnâi'n Fedyddiwr, cred yr un mor angerddol fod 'cyd-weithio â Christionogion eraill yn fraint amhrisiadwy'.[86] Wrth fynd i'r afael â'r cwestiwn, 'A ellir cyfiawnhau ein parhad fel enwad?', etyb y llywydd fod ei gyffes ffydd yn seiliedig ar ddwy egwyddor, sef:

> (i) Ni chredaf i Iesu Grist gyfyngu Ei weledigaeth a'i ddatguddiad i ni. Un fintai o dystion yr Arglwydd ydym ni.
> (ii) Credaf hefyd, na all un enwad golli y weledigaeth a'i dug i fod, heb golli rhywbeth sy'n hanfodol i Deyrnas Iesu Grist. Nid yw y cwbl yn eiddo i ni, ond y mae gyda ni rywbeth na all y byd fod hebddo.[87]

Nid sefydlu 'rhyw unffurfiaeth arwynebol' yw ei amcan; nid yw am weld ei enwad yn cael ei ddifodi'n llwyr wrth iddo gael ei lyncu gan strwythur eciwmenaidd newydd o waith dynion, ond yn hytrach bod yr enwadau, yn eu ffurf bresennol, yn cyd-dynnu a chyd-wasanaethu er mwyn i lais yr eglwys fod yn hyglyw ac effeithiol:

> Yr wyf yn dra awyddus i wneud fy hun yn glir yn y peth hwn. Gwyliwn rhag gwneud unoliaeth yn gyfystyr ag unffurfiaeth. Byddwn eiddgar dros unoliaeth ond yn enw rhyddid, byddwn yn ochelgar ynglŷn ac [sic] unffurfiaeth. Cynnyrch gorfodaeth beiriannol yw unffurfiaeth, ond cynnyrch bywyd yw undeb ac undod.[88]

Ni pherswadiwyd T.J. Evans y dylai'r enwadau Ymneilltuol, ar gyfrif y gostyngiad mewn niferoedd, uno i greu un corff neu enwad newydd. Er nad yw'r eglwys bellach yn ddim amgen na 'gweddill dibwys yng ngolwg y byd', nid trwy sylwi'n unig ar ystadegau a ffigurau yw'r 'ffordd iawn i fesur ei nerth', oherwydd 'nerth argyhoeddiadau ei haelodau yw ei gwir gryfder'.[89]

Gwelir felly i lywydd Cymanfa 1952 lunio anerchiad treiddgar a gonest. Mae'n amlwg o'i ddarllen fod yr awdur wedi ymdrwytho yn hanes ei enwad, ac yn arbennig yn hanes y Tabernacl, a'i fod hefyd nid yn unig yn

meddu ar argyhoeddiadau efengylaidd dyfnion, ond yn ychwanegol at
hynny ar feddwl clir a disgybledig. Erbyn hyn byddai rhywrai hyd yn oed
o blith y Bedyddwyr yn barod i anghytuno ag ef ynglŷn â'r ffordd
ymwared a gynigiai i'r enwadau, ond teg yw nodi mai'n union fel y gwelai
T.J. Evans ddyfodol ei enwad, felly hefyd yr ymatebodd yr enwad hwnnw
pan gafodd gyfle i bleidleisio ar argymhellion y ddogfen *Tuag at Uno:*
Braslun o Gynllun Undeb Eglwysig yng Nghymru (cyhoeddedig gan Gyd-
Bwyllgor y Pedwar Enwad) a gyhoeddwyd ychydig dros ddeng mlynedd
yn ddiweddarach, sef yn 1963. Tra'n cymeradwyo cydweithio rhwng yr
enwadau, er mwyn hybu'r genhadaeth Gristionogol yng Nghymru, ni
welai'r Bedyddwyr eu ffordd yn glir i ymuno'n ffurfiol ag 'Eglwys Unedig
Cymru'. Dyna hefyd ddyfarniad trwch aelodau y tri enwad arall, sef yr
Annibynwyr, y Methodistiaid a'r Presbyteriaid.

Ymgais i 'esbonio'r sefyllfa gyfoes a thynnu sylw at yr hanfodion'[90] a
gafwyd yn anerchiad James Thomas o gadair Cymanfa Caerfyrddin a
Cheredigion yn y Tabernacl, nos Fercher 12 Mehefin 1963. O'r braidd y
ceir ynddo unrhyw sylw beirniadol, dadleugar, nac unrhyw awgrym
chwyldroadol, a gellir dyfalu mai'r peth olaf y dymunai'r siaradwr ei
wneud oedd cynhyrfu'r dyfroedd diwinyddol, cymanfaol, enwadol neu
wleidyddol mewn unrhyw ffordd. Bwrw trem yn ôl yn atgofus-hiraethus
a wna, hynny 'dros y cyfnod o ddechrau'r ganrif'. Wedi iddo ddymuno
'gras ... a heddwch' i'w gynulleidfa, fe'i ceir yn rhamantu ynghylch
dyddiau mebyd a 'bywyd hamddenol y wlad ... arogl blodau a chân yr
adar, cadernid y mynydd a bwrlwm y ffynnon'.[91] Iddo ef yr oedd dechrau'r
ugeinfed ganrif yn 'adeg hyfryd', yn 'wynfyd' yn wir, pan nodweddid
bywyd gan ryw 'hamdden a thawelwch', cyn dyfod dyddiau blin y rhyfel.
Onid oedd 'teuluoedd lluosog ym mhob cymdogaeth, a gwaith i bawb'?
Â yn ei flaen i olrhain hanes 'hen dref Caerfyrddin', a'i rannu yn bedwar
cyfnod, sef yn gyntaf, oes y Rhufeiniaid; yn ail, y cyfnod pan godwyd
Priordy Sant Ioan ('yr ydym yn ddyledus iddo am drysor pennaf
llenyddiaeth fore ein cenedl, sef *Llyfr Du Caerfyrddin*') a Chwrt y Brodyr
('pryd y meithrinwyd meddygaeth ac addysg, a llawer o hen grefftau'); yn
drydydd, cyfnod y Tuduriaid ('pan sefydlwyd Ysgol Ramadeg y Frenhines
Elisabeth, a Chaerfyrddin yn dod yn ganolfan bwysig i'r Argraffwasg, a
hynny, o bosibl, yn denu Morgan John Rhys i'r dref, ac yn ennyn

gweithgarwch llenyddol rhyfeddol y Parchedig Titus Lewis'); ac yna'r cyfnod modern, pan ddaeth y rheilffordd a'r modur a'r peiriannau diweddaraf i wneud Caerfyrddin yn 'ganolfan masnachol llwyddiannus iawn'.

Yn dilyn yr arolwg hanesyddol aeth y siaradwr yn ei flaen, eto yn y cywair anfeirniadol, i asesu effeithiau Diwygiad 1904–5 ar Gymru. 'Yr oeddwn yn llanc tair-ar-ddeg oed pan glywid yr ymadrodd am Sŵn ym Mrig y Morwydd.'[92] Dyma'r cyfnod pan oedd 'yr allor deuluaidd mewn bri',[93] a'r teulu cyfan, haf a gaeaf, er gwaethaf aml alwadau gwaith bob dydd, a chyn dechrau ar orchwylion llafurus y diwrnod, yn 'cyfarfod i ddarllen y Gair a gweddïo', a phan 'nad oedd mynd dair gwaith y Sul i'r capel yn faich o gwbl'.[94] Dyfynna o un o gerddi Crwys i grynhoi ei brofiad llesmeiriol:

> Amser i'w gofio oedd hwnnw gynt
>   Pan aem i addoli ynghyd,
> Heb gyfri'r milltiroedd trwy law a gwynt,
>   Na dim i gymylu'n byd.

Na, nid oedd cwmwl yn y ffurfafen i guddio'r haul yn 'yr amser dedwydd a gorfoleddus hwnnw', hyd nes i'r Rhyfel Byd Cyntaf chwalu'r baradwys. 'Llifodd dilyw dinistriol dros y byd a chipiwyd miliynau o ieuenctid i'r Gâd'.[95] Cyfiawnha James Thomas ei benderfyniad i ymuno â'r fyddin – 'nid i ryfela, ond i ymgeleddu'r dioddefus'[96] – trwy haeru, 'nid oedd i ni ddewis – rhai dan awdurdod oeddem'.[97] Ymgysura yn y ffaith iddo ei gael ei hun ym Macedonia, 'mewn rhan o ddaear a gysegrwyd gan draed yr Apostolion', oherwydd 'dyma ddyfodiad cyntaf Cristnogaeth i Ewrob yn swyddogol'. Deil i gofio 'boethed y frwydr o'r neilltu a'r llall'.

Yn y rhan olaf o'i anerchiad olrhain ei lwybr yn y weinidogaeth a wna James Thomas, o ddyddiau'r cyfarfodydd sefydlu yn Seion, Maerdy, hyd at y cyfle a gafodd (yng nghyfarfodydd blynyddol y *Fellowship*) i groesawu cewri byd-enwog i bulpud y Tabernacl, Caerfyrddin. Ni wna unrhyw ymgais i ddadansoddi'n feirniadol y cyfnewidiadau a'r cyffroadau y bu byw drwyddynt (er enghraifft, y ffug deimladrwydd a oedd yn gysylltiedig â diwygiad Evan Roberts, a thawedogrwydd cynifer o eglwysi

Cymru yn wyneb erchyllterau rhyfel), ond yn unig i amlinellu ei brofiad ei hun a'i ffydd sylfaenol fod rhagluniaeth Duw ar waith er daioni ym mhob cyffro ac ym mhob argyfwng. Pwysicach iddo ef na cheisio rhoi cyfrif am y ffactorau hynny a roes fod i'r 'dirwasgiad blin' a ddaeth i ran glowyr y Rhondda, a galw i gyfrif berchenogion y pyllau glo a wnâi elw anhygoel o'u menter entrepreneuraidd ond a roddai dipyn llai o sylw i ddiogelwch eu gweithwyr ac i amgylchiadau byw eu teuluoedd, yw nodi 'na ellir anghofio yr agwedd ymarferol ar ysbryd yr efengyl a ddaeth i'r amlwg' yn ystod y dyddiau du.[98] Yr unig rith o feirniadaeth a geir yng nghorff ei anerchiad yw bod y chwedegau wedi esgor ar 'ormod o amser segur', a 'gormod o arian heb unrhyw syniad sut i'w wario'n fuddiol'.[99] Canlyniad hyn oedd y cynnydd syfrdanol mewn 'difyrion di-chwaeth a hap-chwarae o bob math', a'r rheiny'n andwyo ffyniant moesoldeb ac ysbrydolrwydd. Priodola achos llawer o broblemau moesol y dydd (fe ddylid cofio mai'r chwedegau oedd cyfnod y *Beatles* a'r *beatniks* a *flower-power*, a'r chwyldro mawr yn arferion rhywiol yr ifanc, gyda llawer yn ymbleseru mewn penrhyddid dilyffethair) i arferion a oedd yn gymharol ddiniwed, ac o'r braidd fod ei ddadansoddiad yn argyhoeddi. Pwysicach o lawer na'r amser hamdden ychwanegol a'r sylltau sbâr y gellid eu mentro ar geffyl a pheiriant gamblo, oedd y ffaith fod cymdeithas yn prysur seciwlareiddio, yn ymwrthod â'r gwerthoedd Cristionogol ac yn cefnu ar Dduw, ond nid ymdrinia'r llywydd â'r materion hyn o gwbl.

Dengys ei anerchiad o gadair y gymanfa mai syml ac anghymhleth oedd yr olwg ddu-a-gwyn a gymerai James Thomas ar fyd a betws fel ei gilydd. Nodweddir ei sylwadau nid gan finiogrwydd y proffwyd ond yn hytrach gan ddwyster a diniweidrwydd y sant. Mae'n rhaid bod yn corddi yn nwfn ei enaid ddicter cyfiawn at y lladd a'r dolurio a fu ar gynifer o fywydau ifanc ar feysydd y gad, ac at yr ecsbloetio didostur a fu ar deuluoedd y Rhondda, ond ni rydd fynegiant i hynny yn ei araith, ac ni wna ymgais i ddinoethi achosion y trychinebau hyn, nac ychwaith i gystwyo'r euog. Mae'n arwyddocaol mai Elfed a Crwys, telynegol a theimladwy eu cân, oedd ei hoff feirdd, ac nid Gwenallt ysgythrog, rhegllyd, protestgar sy'n dipyn llai neis a dof, ond sy'n sefyll yn sicr ddigon ar ganol llwybr y traddodiad proffwydol Hebreig-Cristnogol. Fel patrwm i'w efelychu, dynoliaeth ymarferol dameg y Samariad Trugarog a apeliai at James

Thomas yn fwy o lawer na threiddgarwch meinllym oraclau Amos. Diosgodd fantell y proffwyd, a chlymu am ei ganol dywel gwasanaeth. Ni fynnai godi dwrn y cystwywr, ond yn hytrach estyn llaw agored y cymwynaswr. Byddai llawer o'i braidd yn y Tabernacl, fel yn Seion, Maerdy, yn barod i'w amddiffyn i'r carn am iddo ddewis y ffordd hon o weinidogaethu, hynny am iddynt ganfod ynddi barodrwydd i aberthu'r hunan i'r eithaf er mwyn eraill, ac ymgais i roi'r foeseg Gristionogol ar waith mewn modd cwbl ymarferol. Iddynt hwy yr oedd eu gweinidog yn ŵr Duw, a dylanwad graslonrwydd ei Arglwydd i'w weld yn amlwg ar ei eiriau a'i weithredoedd.

Y BUGAIL A'R PREGETHWR

Heb unrhyw amheuaeth cuddiad llwyddiant a dylanwad James Thomas fel gweinidog oedd ei ofal bugeiliol cwbl eithriadol am y praidd. Afraid dweud nad Pabydd mohono (buasai ef ei hunan yn sicr o arswydo at gymhariaeth o'r fath, oherwydd prin oedd ei gydymdeimlad ag awdurdodaeth a defodaeth eglwys Rufain, er iddo orfod cydnabod ar ôl ymweld ag eglwys Babyddol orwych yn Salonica, 'Yr oedd myned i fewn i'r adeilad yn peri i ddyn deimlo ysbryd defosiynol'),[100] ac eto nid amhriodol yw ei ddisgrifio fel ymgorfforiad Bedyddiedig o'r offeiriad Pabyddol, di-briod. Ac yntau'n ddyn sengl (a fu'n hynod ffortunus i gael Bessie James, 'y foneddiges berffaith',[101] o bentref Llandudoch ac o eglwys Blaen-y-waun, i gadw tŷ iddo, a'i gofal amdano yn ddibrin), ymdynghedodd i weini'n ddiarbed ohono'i hun i anghenion ei bobl, gan gymryd arno'i hun agwedd gwas. Yr oedd yn ymwelydd cyson ag aelwydydd ei aelodau, yn un a gerddai'n ddyddiol bron i ymweld â'r cleifion yn ysbytai Heol y Prior a Glangwili (gan gyflwyno anrheg fechan o ffrwyth neu ddeunydd darllen, ac weithiau swm o arian, i'r dioddefus), ac a rodiai strydoedd Caerfyrddin gan gyfarch pawb ar y ffordd, a holi'r cyfarwydd ynghylch eu hynt a'u helynt, a'r un modd eu perthnasau a'u cydnabod. Nid gormod iddo fyddai eistedd drwy'r nos wrth erchwyn gwely angau, gan gynorthwyo aelodau'r teulu i wylied y claf yn ystod ei oriau olaf, a sonnir hyd heddiw gan rai o aelodau hŷn yr eglwys am yr adnodau pwrpasol o'r Beibl a adroddai (yn amlach na pheidio o Salm 23 a Ioan 14), a'r weddi

gysurlawn a offrymai ar adegau argyfyngus . Yr oedd yn 'angladdwr' di-
feth, nid yn unig yng nghynebryngau ei aelodau ei hun, ond hefyd yn
arwyliau y sawl a arddelai gyswllt â'r Tabernacl. Ac nid cysuro'r hen a'r
llesg yn unig a wnâi: meddai ar ddiddordeb dwfn yn yr ifanc a'u
gyrfaoedd, a phan ddeuai'r amser i un ohonynt ymadael â chartref am y tro
cyntaf i ddechrau ar gwrs coleg, gallai hwnnw neu honno ddisgwyl
gwahoddiad i'r mans er derbyn dymuniadau da y gweinidog, a chyfrol a
swmyn o arian yn rhodd.

Dengys y cyfeiriadau personol a ddigwydd yn fynych yn anerchiadau'r
gweinidog a hefyd yng nghorff adroddiadau'r Tabernacl, ddyfned ei
ddiddordeb mewn pobl: Thomas Jones a'i briod, 6 Chapel Street, yn dathlu
priodas ddiamwnt ar 2 Rhagfyr, 1935; Gwilym Richards a'i briod, John
Street, yn dathlu priodas aur ar 3 Mai yn yr un flwyddyn; George C.
Hodges yn teithio i Awstralia yn 1938 i gyfarfod cydwladol o'r Scowtiaid;
Lynn Ungoed-Thomas yn cael ei ethol i'r senedd, yn enw'r Blaid Lafur,
dros ranbarth Llandaf a'r Barri, Morgannwg ('traddododd anerchiad
rhagorol yn y Senedd rai wythnosau yn ôl, mewn perthynas ag amodau
heddwch')[102] yn 1945; yn 1964, Melba Griffiths yn cael ei hanrhydeddu
â'r M.B.E., W.R. Thomas yn ymddeol o brifathrawiaeth ysgol gynradd
Pentrepoeth, a Lilian Williams yn cael ei phenodi'n bennaeth yr adran iau
yn yr un ysgol; ac yn 1965 John Jones yn cael ei ethol yn is-lywydd Cwrdd
Chwarter Gorllewin Myrddin, a David Owen (un arall a anrhydeddwyd
â'r M.B.E.) yn cael ei apwyntio'n gadeirydd Bwrdd Afonydd Cymru. Ond
nid y disgleiriaf a'r mwyaf adnabyddus ymhlith yr aelodau oedd yr unig
rai i ennill ei sylw. Ni chadwyd cofnod o'r bobl gyffredin, syml eu byd
a'u hamgylchiadau, y bu gweinidog y Tabernacl yn angel gwarcheidiol
iddynt, ond gwyddys i sicrwydd fod sawl teulu a oedd yn byw yng
nghyffiniau'r capel, ac a gâi anhawster i glymu deupen ynghyd, wedi
derbyn cymorth ariannol ganddo. Tystia rhai o ddiaconiaid hynaf yr eglwys
ar hyn o bryd i'r adeg honno yng nghanol y chwedegau pan fuwyd yn
adolygu cyflog y gweinidog, ac iddo ymateb i benderfyniad y cyfarfod
eglwys i ychwanegu'n sylweddol at ei dâl trwy fynnu bod yr eglwys yn
trosglwyddo swm y codiad ychwanegol i goffrau'r gymdeithas genhadol.
Golygai ei agwedd ddi-hunan, ddi-uchelgais a hunanaberthol mai prin
oedd ei ddiddordeb mewn pethau materol, boed hynny'n eiddo, yn gyflog,

yn enillion neu hyd yn oed yn dŷ i fyw ynddo. Bu James Thomas fyw er mwyn ei waith ac er mwyn ei bobl, ac fe'i profodd ei hunan yn fugail eneidiau heb ei hafal.

Er ei dynerwch, yr oedd ar lawer cyfrif yn ddyn penderfynol, a'i ystyfnigrwydd yn brigo i'r wyneb ar brydiau mewn cyfarfod diaconiaid os teimlai fod egwyddor bwysig yn y fantol, neu pe bai rhywrai'n ceisio'i berswadio i ailystyried rhyw gynllun neu drefniant y rhoes ei feddwl arno. Nid bob amser y teimlai pobl fod ei ddull o'u cyfarch (ac fe gyfarchai bawb ar y stryd yn ddiwahân) yn argyhoeddi; yr oedd rhywbeth nawddoglyd, ymhell o realiti bywyd bob dydd, mewn geiriau fel, 'Bore braf. Beautiful. Bendigedig. Diolch iddo'.[103] Perthynai iddo hefyd haenen gref o ddirgelwch, nes i lawer gael anhawster i agosáu ato, gan na fedrent ddatrys plygion ei feddwl nac amgyffred ei ffordd wahanol-i-bawb o ymddwyn. Dyfynna W.J. Gruffydd dystiolaeth gweinidog (nas enwir) a fu'n gymydog iddo am flynyddoedd: 'Yr oedd James Thomas yn ddyn da, ac eto yr oedd yn ddirgelwch i'w gyfeillion agosaf, a chredaf erbyn heddiw fod James yn ddirgelwch iddo ef ei hun'.[104] Eithr er y dirgelion oll, ac efallai o'u herwydd (o bosibl yr oedd y *mystique* yn ychwanegu at rin ei bersonoliaeth ac apêl ei weinidogaeth), y syniad gwaelodol am James Thomas oedd ei fod yn ŵr a haeddai uchel barch. Cyfeirid ato gan drwch ei aelodau fel 'Y Parch', ac y mae'r teitl hwnnw wedi glynu hyd heddiw.

Cafodd un sefydliad yn nhref Caerfyrddin, sef ysbyty seiciatryddol Dewi Sant, brofi mewn modd arbennig o'i gyfraniad a'i gefnogaeth fel gweinidog. Yn y dyddiau cyn bod caplaniaid swyddogol yn cael eu hapwyntio i gyfarfod ag anghenion ysbrydol y cleifion yn ysbytai'r wlad, gwasanaethodd James Thomas fel caplan answyddogol ysbyty Dewi Sant, a hynny heb iddo dderbyn unrhyw fath o gydnabyddiaeth ariannol am ei lafur. Yn ddiweddarach yn unig yr apwyntiwyd ef yn swyddogol yn gaplan rhan-amser. Treuliai oriau bob wythnos yn cerdded y coridorau, yn ysgwyd llaw a rhannu gair o anogaeth â'r deiliaid, ac yn fynych ar b'nawn Sul, yn yr amser prin rhwng yr ysgol Sul ac oedfa'r hwyr yn y Tabernacl, cynhaliai oedfa yn eglwys yr ysbyty, gan dderbyn o wasanaeth J.O. Morgan (fferyllydd wrth ei alwedigaeth, ac un o organyddion y Tabernacl) wrth yr offeryn. Cadwodd James Thomas gofnod o destunau ei bregethau yng ngwasanaethau Dewi Sant, ac ni ellir peidio â sylwi sut y cafodd sawl

pregeth a draddodwyd yn ddiweddarach mewn gŵyl bregethu ar hyd ac
ar led y wlad, ei phrofi yn gyntaf oll yn yr ysbyty. Rhoes gynnig ar
ei bregethau ar Genesis 20: 16; 2 Samuel 7: 2; Luc 1: 78; Actau 16: 9;
1 Thesaloniaid 5: 19 a Hebreaid 12: 28 yn y 'Mental Hospital' (fel y
cofnodir ganddo yn ei ddyddlyfr), ac ym mhulpud y Tabernacl mae'n siwr,
cyn eu cyflwyno yng nghyrddau pregethu Coedybrain; Clydach Vale; Soar,
Llandyfan; Noddfa, Llanbedr Pont Steffan a Seion, Glynceiriog. Yn
eironig ddigon, y tu mewn i furiau ysbyty Dewi Sant y treuliodd James
Thomas fisoedd olaf ei fywyd, a'i feddwl erbyn hynny yn ffwndrus a
dryslyd, ac yntau'n cael anhawster i adnabod y cyfeillion o'r Tabernacl a
roddai dro amdano. Ys dywed Robert Morgan: 'Trist iawn fu gweld y
'blinion, hwyrion oriau … yn ymnesáu'.[105]

Disgrifiodd W.J. Gruffydd ymroddiad bugeiliol James Thomas yn
nhermau 'bisibodieiddiwch',[106] ond prin fod y gair yn gweddu, gan ei fod
yn rhoi'r argraff mai busneswr oedd y gweinidog, un oedd â'i fys ym
mrwes pawb, a diddordeb afiach ganddo yn sefyllfaoedd ac amgylchiadau
mwyaf preifat a phersonol ei bobl. Yn wir fe all y term alw i gwestiwn
ddilysrwydd a chywirdeb y fugeiliaeth Gristionogol yn gyffredinol, a
hwnnw yn aml yn waith anodd sy'n hawlio sensitifrwydd ac onestrwydd
mawr ar ran y sawl a'i cyflawna. Hawdd cyhuddo unrhyw weinidog o
ymyrryd yn ddigywilydd, ac yntau ond yn dymuno estyn cymorth a
chyfarwyddyd. Yn sicr yn achos James Thomas ni allai dim fod ymhellach
o'r gwir. Ys dywed Robert Morgan, a oedd yn adnabod ei weinidog gystal
â neb, 'cael gwasanaethu … oedd nod ei fywyd a chraidd ei athrawiaeth',[107]
ac o'r herwydd ymrôdd gyda'r didwylledd pennaf i ddiwallu angen, i
leddfu gofid ac i ddwyn cysur ar bob cyfle posibl, a hynny yn enw'r
efengyl yr ymgysegrodd iddi'n llwyr. Gwnaeth W.J. Gruffydd lawer mwy
o gyfiawnder â gwrthrych ei sylwadau yn y gerdd deyrnged gofiadwy a
luniodd iddo:

JAMES

Tramwyodd y strydoedd ar fyrgam hast
Rhag ofn i funud o'r dydd fynd yn wast.

Llysgennad ei Feistr, otomatig ei wên,
'Bore da' wrth bawb ar y bws a'r trên.

Canmol yr heulwen, gogoneddu'r glaw,
A'i optimistiaeth yn fwrlwm di-daw.

Maldodi hen wragedd, anwylo plant,
A chodi ei het i'r pagan a'r sant.

O ward i ward yn ysbytai'r dre,
Mewn bywyd ac angau, pwy fel efe?

Gwario'i holl fywyd ar drafferthion ei bobol,
'Da iawn' ydoedd popeth yn ei fuchedd nobl.

Ar y Cyntaf o Ebrill pan gyflawnwyd ei awr
Fe wnaeth yntau ffŵl o'r Gormeswr Mawr.

Ar drothwy'r nefoedd ni frysiodd i mewn,
Rhaid oedd ysgwyd llaw â Phedr yn ewn.

Beth wnei di Jâms, â'th dragwyddol haf,
Heb neb mewn tlodi, heb neb yn glaf?[108]

Oherwydd y demtasiwn barod sydd i weinidog i swcro a mwytho ei bobl
i ormodedd, ac weithiau i ymgadw rhag dweud y cyfiawn wir er mwyn
osgoi tarfu ar heddwch ei eglwys a'i les personol, ac am ei bod yn anochel
i James Thomas, fel pob meidrolyn o weinidog, syrthio i'r fagl honno ar
adegau (ond nid bob amser!), dichon fod mwy na rhithyn o wir yn perthyn
i'r ansoddair 'otomatig' (yn yr ail bennill) a'r ferf 'maldodi' (yn y pedwerydd
pennill). Er hyn oll, nid oes unrhyw gyfiawnhad dros gwestiynu cywirdeb
sylfaenol bwriadau gweinidog y Tabernacl, na thynnodd erioed ei lygaid
oddi ar y nod a osododd iddo'i hun, sef bod yn was ffyddlon ac unplyg i
Dduw, ac i'w bobl.

Er gwaetha'r ffaith i James Thomas gael ei wahodd yn gyson i wasanaethu yn uchel wyliau'r eglwysi mae'n amheus a gyfrifid ef ymhlith y rheng flaenaf o bregethwyr ei gyfnod gydag enwad y Bedyddwyr. Yn un peth bu'n rhaid iddo draethu ei genadwri yng nghysgod huodledd anhygoel ei frawd hŷn, a hwnnw'n cael ei ystyried yn un o 'ddoniau mawr' y pulpud Ymneilltuol. Disgrifia W. J. Gruffydd y pregethwr poblogaidd ym mhedwardegau a phumdegau yr ugeinfed ganrif yn nhermau 'meistri'r gynulleidfa … pencampwyr parabl a dychymyg, diddanwyr a difyrwyr yr eneidiau sychedig; testunau trafod chwarel a glofa, a phob cadarnle diwylliant',[109] ac ni fedd unrhyw amheuaeth nad oedd John Thomas yn un o'u plith. Cyfareddid cynulleidfa'r Sul yng nghapel Blaen-y-waun, ynghyd â chapeli trwy Gymru benbaladr, Saboth a chanol wythnos, gan y llifeiriant geiriau, yr ymadroddi gwibiog, y fflachiadau sydyn, y cyflythrennu a'r cynganeddu a nodweddai gynifer o'i ddywediadau (e.e., 'ystod barn ar wastad byd'; 'cymylau fel camelod'; 'hen heuliau wedi oeri fel cwrens llosg' – er mwyn profi oed annirnad y byd creëdig; 'dyn oedd ris yn is na'i asyn', sef cyfeiriad at Balaam), y dyfyniadau o farddoniaeth Gymraeg (megis 'sŵn yr hoelion yn synnu'r heuliau', o awdl fuddugol Evan Rees, 'Dyfed'), ynghyd â phennau'r bregeth a oedd, gan amlaf, yn clecian yn gywrain ac yn gofiadwy.[110] Gyrrwyd y cyfan hyn adref gydag egni corfforol a lleisiol cwbl eithriadol, a John Thomas, heb unrhyw fath o ymddiheuriad, yn troi ei bulpud yn llwyfan – llwyfan y byddai'n cerdded ar hyd-ddo, yn ôl a blaen, ganwaith a mwy yn ystod y cyflwyniad. O adolygu'r math hwn ar bregethu, prin y gellir osgoi'r casgliad i lawer ohono ymylu ar fod yn berfformiad dramatig, emosiynol, yn dibynnu ar rethreg y pregethwr a'i ddawn i gynhyrfu teimladau ei wrandawyr.

Nid hwn oedd y math ar bregethu a glywid o bulpud y Tabernacl, Caerfyrddin. Yn ôl W.J. Gruffydd, 'dwyster y gair llafar oedd cyfrinach pregethu James Thomas',[111] a rhaid cytuno â'i sylw. Amcan James Thomas mewn oedfa oedd creu naws addolgar, a'r moddion a feddai i greu y naws honno oedd ei lais mwynaidd, ei ymddygiad defosiynol, a'i urddas cynhenid. Meddai Robert Morgan amdano:

Pregethai'n rymus ac ysbrydoledig. Amhosibl bod yn ei gwmni heb deimlo dyfnder ei ffydd a grym ei argyhoeddiad, ac amlygid y rhinweddau hyn yn ei bregethu. Cadwai safon gyson wrth draethu, a honno'n safon uchel.[112]

Ni chaed yn ei bregeth yntau ddim o'r elfennau ffuantus, ymhongar, a'r arddull strocllyd, a fedrai nodweddu'r bregeth 'boblogaidd'. Ni phoenai James, fel ei frawd John, am lunio pennau cyflythrennol, cofiadwy i'w neges. Y mae cynllun y bregeth a ddarlledwyd ganddo yn 1956 ar y testun, 'Nac ofna braidd bychan, canys rhyngodd fodd i'ch Tad roddi i chwi y deyrnas' (Luc 12: 32) yn gelfydd ond heb fod yn rhwysgfawr na rhodresgar. Fe gwyd y tri darlun, sef o'r bugail a'i braidd, y tad a'i deulu, a'r brenin a'i ddeiliaid yn uniongyrchol o'r cyd-destun, ac nid oes dim ymwthgar ynglŷn â'r penawdau. Yn ôl dadansoddiad y pregethwr, y mae Iesu, wrth galonogi ei ganlynwyr, yn tanlinellu tri gwirionedd:

(1) Mae'r term 'praidd bychan' yn disgrifio eu cyflwr yng nghyfrif y byd. Ychydig ydynt o ran nifer, a di-nod yng ngolwg dynion.

(2) Mae'r gair nesaf yn dangos eu gwerth yng nghyfrif Duw: "Rhyngodd fodd i'ch Tad …". Y maent yn blant i Dduw. Hon yw'r berthynas anwylaf ac agosaf posibl.

(3) Rhagorfraint y praidd bychan, trwy ewyllys da y Tad, yw meddiannu'r Deyrnas, sy'n rhodd, nid yn unig oddi wrth y Brenin i'w ddeiliaid ond hefyd oddi wrth y Tad i'w deulu.

Yn yr un modd, fel y dengys y dyfyniadau isod, yr oedd rhaniadau ei bregeth ar 'Y Gofal Dwyfol' (yn seiliedig ar Mathew 10: 29, 30: 'Oni werthir dau aderyn y to er ffyrling, ac ni syrth un ohonynt ar y ddaear heb eich Tad chwi') yn syml, yn seiliedig ar yr Ysgrythur, ac yn codi'n naturiol o'r testun ei hunan:

(a) *Yr aderyn tlawd*. Nid yw o dras pendefigaeth yr adar. Gwerinwr bach tlawd, yr isaf ei dras o'r llu adeiniog. Nid yw ei wisg yn addurn i unrhyw deulu, nid oes arno bluen dlos i'r llygad. Gwisg fach yn gweddu i'r baw a'r domen sydd ganddo, ac ni welir ei adain lwyd yn addurno unrhyw bared. Pwy erioed gafodd ei swyno i wrando ar ei ddawn. Mae ei fron yn rhy gyfyng i ganu, a'i dannau yn rhy gryg i roi cân – rhyw beswch, ar y gorau, yw ei folawd ef. Rhygnu ar dannau toredig y mae. Ac eto y mae'n wrthrych gofal Duw.

(b) *Gofal Duw am yr unigolyn yn ei argyfwng* – 'Syrth'. Dyna addewid sydd yn cynnwys gorau gofal Duw: 'ni syrth yr un i'r llawr'. Efallai nad wyt yn ymwybodol o agosrwydd Duw am dy fod yn ehedeg o gwmpas a'th adenydd yn dal pob awel. Ond pan ddaw awr dywyll i'th brofiad, a'th adain yn gwrthod esgyn o'r domen fe gei fod dy Dad yn agos i'th gynnal.[113]

Yn y bregeth or-syml hon tynnai sylw at y ffaith fod Iesu'n pwysleisio gofal rhagluniaethol Duw am *un* aderyn y to, gan ddangos yn sgil hynny fod pob unigolyn o anfeidrol werth yn ei olwg. Y mae adar yn cyfrif yng ngolwg y Tad nid *er* eu gwahaniaethau ond *oherwydd* eu gwahaniaethau, ac y mae'r un peth yn wir am bobl yn gyffredinol. Ni allai James Thomas gydsynio â safbwynt diwinyddion megis Søren Kierkegaard a Karl Barth (dau ysgolhaig yr oedd ganddo barch mawr i'w cyfraniad, a nifer o'u cyfrolau ar silffoedd ei stydi), fod gwahaniaeth ansawdd anfeidrol, amhontadwy rhwng Duw a dyn, a gagendor llydan rhwng nef a daear. Iddo ef, yr oedd ei brofiad personol o gariad y Tad, ei argyhoeddiad fod Duw 'wrth law o hyd i wrando cri', ac yn estyn 'cymorth hawdd ei gael mewn cyfyngder' i bwy bynnag a ymddiriedo ynddo, yn ei alluogi i gredu fod *analogia entis* rhwng Duw a dyn, a bod Duw yn agos iawn at ddyn ynghanol holl drallodion bywyd.

Y mae naws delynegol i'r bregeth hon ar ofal Duw, ac y mae'n enghraifft dda o hoffter James Thomas o elfennau tlws byd natur. Y mae ei ddyddlyfr yn frith o gyfeiriadau at olygfeydd naturiol (e.e., 29 Chwefror 1916: 'Cefais y mwynhad o dynnu mamog allan o'r eira mawr – ond oen bach ac aderyn y to wedi marw'; 13 Medi 1916: 'Gwelsom heigiau o lamhidyddion'; 14 Tachwedd 1916: 'Ehedant [h.y. colomennod] o gwmpas fel pe baent yn croesawu heddwch a thangnefedd'; 17 Tachwedd 1916: 'Canodd y robin ddoe yn yr haul, mae heulwen heddiw yn ei gân'; 1 Mai 1917: 'Blodau'r pabi coch yn edrych yn hardd'; 25 Mai 1917: 'Clywais yr eos yn canu'n fendigedig yn nyfnder nos'; 12 Ebrill 1918: 'Clywais y gwcw heddiw'), a'r hyn a wnâi yn rheolaidd yn ei bregethau oedd troi'r rhyfeddodau hyn yn ddamhegion bychain er mwyn gyrru ei neges adref yn effeithiol. Cyfeiria ym mhregeth y darllediad yn 1956 at y modd y byddai Iesu'n 'troi i fyd natur, ac i fywyd yr aelwyd a'r cartref, ac yn cael yno eglurebau i'r pwrpas'. Dyna hefyd oedd y dull a fabwysiadodd ef ei hunan, nes creu ohono, yn a thrwy ei bregethau, ryw ymdeimlad o agosatrwydd cartrefol, didramgwydd. Y mae Duw y Tad yn y nefoedd, a'i ofal cariadus am ddyn yn ddi-feth a phersonol; felly nid oes raid i neb o drigolion y ddaear frawychu a gofidio. Dyma athrawiaeth am fywyd sy'n sicr yn adleisio cwpled enwog Robert Browning: "God's in his Heaven – All's right with the world!" Yng ngolwg y pregethwr yr oedd y cyfan mor eglur ac annyrys â hynny.

Yr hyn sy'n drawiadol am y bregeth 'Y Gofal Dwyfol' – a'i thema'n ymwneud yn uniongyrchol â gofal rhagluniaethol y Tad nefol am ei greadigaeth a'i blant – yw'r ffaith na chyfeirir ynddi gymaint ag unwaith at yr elfennau trasig a dirdynnol ym mhrofiad dyn. Fe all gweld mam ifanc yn marw'n annhymig o glefyd y cancr, neu ystyried y dioddefaint enbyd a achosir i filiynau diniwed gan effeithiau ffrwydradau a chynyrfiadau byd natur, ysgwyd ffydd y cryfaf, gan beri amheuaeth am ofal cariadus Duw. Bu James Thomas yn llygad-dyst i erchyllterau rhyfel – creulonderau a barodd i lawer o wŷr ifainc droi eu cefn yn llwyr ar grefydd wedi dychwelyd o'r drin – ond ni cheir cyfeiriad at y trychinebau hyn ychwaith. Ac ni sonnir am her yr argyfwng cred, a'r broses o seciwlareiddio a ddaethai'n fwyfwy amlwg yng ngwledydd Ewrop fel yr âi'r ugeinfed ganrif yn ei blaen. Yr oedd Darwiniaeth (a roddai gyfrif am fodolaeth dyn nid yn nhermau creadigaeth unigryw o eiddo creawdwr hollalluog ond yn hytrach yn nhermau esblygiad graddol o ffurffiau is ar fywyd i ffurfiau uwch), Freudiaeth (a geisiai esbonio'r anian grefyddol yn nhermau angen seicolegol dyn am nodded a swcwr), a Marcsiaeth (a ddehonglai grefydd yn nhermau cyffur peryglus a roddai ffug-gysur i'r proletariat yn wyneb gormes a gorthrwm) yn erydu cred cenhedlaeth gyfan ac yn gosod ffydd yn y ffau. Ac onid oedd uwchfeirniadaeth, a'r alwad i ailddehongli llawer o gynnwys y Beibl yng ngoleuni'r ysgolheictod newydd, yn hawlio sylw cynyddol? Dyma'r her yr oedd Bedyddwyr megis Gwili a Herbert Morgan yn dra ymwybodol o'i pherthnasedd; ys dywed Robert Pope, 'Gwili's greatest desire was to make the latest developments in scholarship accessible to ordinary chapel-goers, not in order to disprove the traditional doctrines but to help them deepen their Christian life'.[114] Nid ymddengys i'r dyfnion bynciau hyn bwyso am eiliad ar feddwl James Thomas, ac o'r herwydd nid yw'n ceisio ymgodymu â hwy yn ei bulpud, gan roi arweiniad i'w gynulleidfa ar sut y dylai'r Cristion ymateb i'r sialens. Digon iddo ef oedd ymddiried yn ddigwestiwn yn rhagluniaeth ddoeth y Tad nefol, a'i anogaeth gyson i'w bobl oedd iddynt hwythau wneud yn gyffelyb, heb boeni'n ormodol am anawsterau cred.

Y mae'r frawddeg ganlynol o eiddo W.J. Gruffydd (mewn paragraff lle mae'n cymharu defnydd John Thomas yn ei bregethau o ddychymyg llachar a orfodai'r gwrandäwr i ddefnyddio ei ddeall a'i ddychymyg yntau wrth ymateb iddi, â dull mwy pedestraidd James Thomas), yn ddadlennol: 'Pe bai James yn y pulpud [h.y. o'i gyferbynnu â John], ni fyddai cymaint o straen ar grebwyll a deallusrwydd, a chaem wrando ar rhythm soniarus sonata nant y mynydd groyw, loyw yn ymdroelli tua'r pant'.[115] Ac yntau'n ddedwydd yn ei fyd ei hun, nid aflonyddwyd arno'n ormodol gan helyntion y byd mawr oddi allan.

Er hyn oll, ni ddylid amau am foment allu James Thomas i draethu'n afaelgar ac effeithiol. Cydbregethai â James Nicholas, Llundain yng nghapel Bethsaida, Llandudoch yn yr oedfa ddeg ar fore Gwener Undeb Blaen-y-waun yn Ebrill 1957 (yn yr Undeb hwn, oedd â 'Yr Haul wedi Codi' yn brif thema iddo, y traddododd John Thomas ei anerchiad o'r gadair ar y testun, 'Cymrodoriaeth y Mynydd') ar Iesu, yn dilyn ei atgyfodiad, yn ymddangos i'r saith disgybl a fu'n pysgota'n aflwyddiannus drwy oriau'r nos, a'u hannog, 'Bwriwch y rhwyd i'r ochr dde i'r llong ac fe gewch helfa' (Ioan 21: 6). O ddilyn cyfarwyddyd y Meistr bu'n rhaid wrth ymdrech fawr i dynnu'r rhwyd i mewn i'r cwch drachefn 'gan gymaint y pysgod oedd ynddi'. Eglurai'r pregethwr mai lled cwch yn unig oedd rhwng methiant a llwyddiant, a'i bod yn amhosibl rhagweld yr hyn a fedr ddigwydd yn hanes y genhadaeth Gristionogol pan fydd y disgybl yn ufuddhau i orchymyn ei Arglwydd. Aeth llawer o'r oedfa honno yn teimlo iddynt gael eu dyrchafu i dir uchel a'u hysbrydoli.[116] Ac yn sicr ddigon fe fyddai ambell eglureb yn cydio, megis honno y bu'r pregethwr ei hun yn dyst iddi, am robin goch yn disgyn ar weiren bigog yn nhir neb ar faes y gad, a'r milwyr o'r ddau du, yn Brydeinwyr ac Almaenwyr, yn clywed nodau ei gân. Er gwaetha'r rhwygiadau creulon a gynhyrchir gan elyniaeth rhyfel, un yw pawb o'r ddynolryw yn y bôn, a phlant dynion yn frodyr a chwiorydd i'w gilydd. Nid llai trawiadol yw'r darlun a'r wers a dynnai James Thomas o weld enfys yn y cwmwl, gydag 'un pen ohono yn ein cyffiniau ni, a'r pen arall yn nhiriogaeth y gelyn'. Onid oedd yn arwydd o'r cyfamod yr ewyllysia Duw ei sefydlu rhwng y gwledydd? Dyma eglureb arall a darddai'n uniongyrchol o'i brofiad milwrol.

Dengys ei bregethau a'i anerchiadau ei hoffter o ddyfynnu barddoniaeth Gymraeg (fel arfer eiddo beirdd telynegol pêr a soniarus eu cân megis Wil Ifan, Ceiriog, Crwys, Hedd Wyn a Cynan yn amlach na neb), ac ni cheir gwell enghraifft o hyn na'r bregeth a luniwyd ganddo ar ddameg y mab afradlon, a honno'n seiliedig bron yn gyfan gwbl ar bryddest Cynan, 'Mab y Bwthyn'. Ar ôl iddo atgoffa'r gynulleidfa o'r modd y bu'n rhaid iddo yntau, megis y bardd, adael cartref – am resymau tra gwahanol i'r afradlon – ac i hynny fod yn brofiad dirdynnol, disgrifia drueni'r mab yn y wlad bell a'r hyn a'i cymhellodd i ddychwelyd adref. Yr hyn a geir o dan bob pennawd yw dyfyniad (maith weithiau) o rannau o'r bryddest, er disgrifio adfyd y mab a'r modd yr adferir ef:

1. *Y mab yn disgrifio'i gartref a'r hapusrwydd a fu*:
>   O gwyn fy myd pan oeddwn gynt
>   Yn llanc di-boen ar lwybrau'r gwynt!
>   Gan Dduw na chawn i heddiw'r hedd
>   A brofai'r hogyn gyrru'r wedd.

2. *Ei gyflwr truenus yn y brifddinas*:
>   Pwy bynnag rifir heddiw'r tlota
>   Yn Llundain, tlotach wyf. Cardota
>   Am friwsion gweddill byrddau'r byd,
>   A Duw'n arlwyo gwleddoedd drud
>   Ar gyfer f'enaid yn y wlad.

3. *Yr ateb i'w broblemau oll*:
>   'Does dim wna f'enaid blin yn iach
>   Ond dŵr o Ffynnon Felin Bach.

'Does neb a ŵyr pa bryd y tarddodd
Na pha sawl calon drom a chwarddodd
Dan bistyll Duw…
Ond digon yw er llifo cyd
I lenwi holl galonnau'r byd.[117]

Ni chyflwynir yn y bregeth hon unrhyw ystyriaethau athronyddol astrus, nac unrhyw ymgais i ddatrys anawsterau ymenyddol. I'r pregethwr y mae cynsail ei genadwri yn gwbl eglur: nid hyd nes y dychwel dyn at ei Dad, a derbyn yr iachawdwriaeth y mae ef wedi ei ddarparu ar ei gyfer yng Nghrist, y bodlonir anghenion dyfnaf ei enaid. Am y 'Tad' hwnnw, gellir bod yn sicr nad oes ball ar ei gariad. Gwelir unwaith eto mai syml, uniongred, uniongyrchol a didramgwydd yw diwinyddiaeth James Thomas. Pan yw'n mynd i'r afael â phwnc megis athrawiaeth yr ymgnawdoliad, a'r cwestiwn sylfaenol am y modd y mae'r Mab yn datguddio gogoniant y Tad, etyb, yn gryno a diwastraff: (i) 'trwy ei weithredoedd'; (ii) 'trwy ei eiriau'.[118]

Er nad oedd yn cytuno â safbwynt Kierkegaard a Barth ynglŷn â'r gagendor sylfaenol rhwng Duw a dyn, yr oedd yn llwyr gytûn â hwy mai trwy ddatguddiad y daw dyn i wybod nid yn unig am fodolaeth Duw ond hefyd am ei briodoleddau a'i natur. Oni bai fod Duw wedi dewis ei ddatguddio ei hunan yn a thrwy ei Fab, Iesu, ni fyddem yn gwybod odid dim amdano, a'n gwybodaeth dybiedig yn ddim ond cyfres o ddyfaliadau niwlog. Dywed Robert Morgan am bregethu James Thomas:

Roedd ei bregethau yn efengylaidd eu hathrawiaeth, hytrach yn ffwndamental eu harddull. Canolai bob amser ar y datguddiad o Dduw yn Iesu Grist, ac mai pwrpas bywyd yw ei ddangos Ef i'r byd. At bwysleisio'r ffeithiau hyn yr ymdrechai ymhob pregeth. Eithr nac anwybydder y ffaith ei fod yn ysgolhaig trylwyr ac yn ddarllenwr diwyd.[119]

Eithr er diwydrwydd ei ddarllen a thrylwyredd ei astudiaethau, yr oedd ei bregeth bob amser yn seiliedig ar y testun Beiblaidd. Egluro cynnwys yr Ysgrythur oedd ei nod, a hynny mewn modd anfeirniadol ac

anghwestiyngar, heb ymgeisio i ddelio â'r anawsterau a gyfyd wrth geisio
dehongli'r Beibl yng ngoleuni profiad a dirnadaeth y dyn modern. Y mae
defnydd Robert Morgan o'r gair 'ffwndamental' yn y dyfyniad uchod yn
hollol briodol; er nad yn llythrenolwr, eto i gyd yr oedd agwedd James
Thomas at yr Ysgrythurau yn sicr yn ffwndamentalaidd, yn yr ystyr ei fod
yn credu'n gydwybodol yng ngeirwiredd y Beibl fel Gair Duw, ac mai ei
le yntau fel pregethwr oedd rhannu ei wirionedd diamheuol â'i gynulleidfa.
Yn ôl tystiolaeth y rhai a fu'n gwrando arno o Sul i Sul, yr oedd ganddo
ddull arbennig o godi ei destun; trwy osod pwyslais ar eiriau'r adnod a'u
hailadrodd, a rhoi hefyd gyfieithiad Saesneg (gan ddefnyddio yn fynych
iawn drosiadau James Moffat a J.B. Phillips), creai'r argraff fod cynnwys
yr hyn a ddyfynnai o'r Beibl o werth amhrisiadwy, trysor amheuthun yr
oedd y pregethwr yn rhoi cyfle i'w gynulleidfa graffu arno a'i feddiannu.
Y mae'n arwyddocaol fod y bregeth ar 'Y Praidd Bychain' yn cynnwys
dau a deugain o ddyfyniadau o'r Ysgrythur, sy'n ymddangos yn nifer
anarferol o uchel ar gyfer un bregeth, ac eto y mae'r cyfan yn llifo'n
esmwyth a rhesymegol, a phob dyfyniad wedi ei ddethol yn ofalus ac yn
bwrpasol er cadarnhau yr hyn a ddywedid yn flaenorol, ac yn talu'n llawn
am ei le. Ar wahân i ddim arall y mae mynych ddefnydd James Thomas o
ymadroddion Ysgrythurol yn brawf sicr o'i feistrolaeth ar lenyddiaeth y
Beibl. Fe'i trwythodd ei hun yn yr Ysgrythurau, a llawer rhan ohonynt yn
ddiau wedi eu diogelu ganddo ar ei gof. O ganlyniad ni châi unrhyw
anhawster i alw darnau addas at ei wasanaeth yn y pulpud, na chwaith wrth
ymweld â theuluoedd galar neu gleifion yn yr ysbyty. Yr oedd ei holl
weinidogaeth yn wir yn Feibl-ganolog. Os oedd y Beibl drwyddo draw,
fel y credai ef, yn Air Duw, yn ddatguddiad dilys o'r gwirionedd am Dduw
ac am ddyn, yna derbyniai mai ei ddyletswydd yntau oedd nid yn unig i
gyhoeddi ei gynnwys mewn pulpud, ond hefyd i fyw ac ymddwyn yng
ngoleuni ei ddysgeidiaeth o ddydd i ddydd.

   Byddai'n paratoi ei ddefnydd yn ofalus iawn ar gyfer y Sul, ffaith na
ellir ond rhyfeddu ati o gofio am ei holl brysurdeb bugeiliol yn ystod yr
wythnos. Ac yn ôl tystiolaeth Bessie James a gadwai dŷ iddo, arferai hefyd
baratoi pregethau ymlaen llaw, gan neilltuo i'w stydi ar ddiwrnodau oer a
glawog ganol gaeaf (hynny yw, os nad oedd gorchwyl arall yn hawlio'i
amser) er crynhoi deunydd i'w draddodi'n ddiweddarach yn y gwanwyn

a'r haf. Pregethai heb ddibynnu dim ar nodiadau, gan roi'r argraff fod y
cyflwyniad yn fyrfyfyr, a llawer ohono'n dod i feddwl y pregethwr ar adeg
y traethu, ac yntau wrth reswm yn tynnu oddi ar ffrwyth ei brofiad a'i
fyfyrdod, ac yn pwyso'n drwm ar ei gof eithriadol. Nid oedd hyn ond
camargraff. Dywed W.J. Gruffydd iddo ddarganfod ymhlith papurau James
Thomas (nad ydynt, bellach, ar gael) fwndeli o nodiadau pregethau, a'r
rheiny wedi eu hysgrifennu'n fanwl a chyflawn, a'u dosbarthu a'u
dyddio'n ofalus.[120] Mae'n amlwg ei fod yn arfer cofnodi ei bregeth yn
llawn wrth ei chyfansoddi, ond ei fod yn ei thraethu'n rhydd o unrhyw
ddibyniaeth ar bapur, a'r nodiadau gwreiddiol ynghudd naill ai yn ei boced
neu yn nrôr ei ddesg yn y stydi. Cafodd W. J. Gruffydd gyfle i weithio'i
ffordd drwy'r nodiadau hyn, a dyma ei farn amdanynt:

> Gwych a gwachul yw saernïaeth dybiedig ei bregethau ysgrifenedig,
> gydag ambell flewyn glas yn y cysgodion i gadw darllenwr o lenor
> rhag llwgu.[121]

Wrth reswm, pan ddeuai'r amser i draddodi'r deunydd mewn oedfa yr hyn
a roddai fywyd yn yr esgyrn sychion oedd personoliaeth James Thomas ei
hunan, a'i ffydd a'i ddiffuantrwydd diamheuol. Llwyddai bryd hynny i
droi nodiadau sychlyd yn brofiad dyrchafol i'w gynulleidfa, a thystia nifer
o aelodau a fu'n gyfrannog o'i weinidogaeth, ac sy'n dal ar dir y byw,
iddynt ei glywed yn pregethu mewn modd gwir eneiniedig ar lawer iawn
o achlysuron. Peth arall a erys ar gof yw'r modd y pregethai i'r plant yn
yr oedfaon a neilltuwyd iddynt yn fisol ar fore Sul cymundeb. Cyfathrebai'r
gweinidog â hwy mewn modd diddorol a deheuig (yn fwy felly, o bosibl,
nag a wnâi wrth bregethu i oedolion), gan fynd i mewn i'w byd a hoelio'u
sylw trwy seilio'i neges yn fynych iawn ar ddigwyddiad neu achlysur a
oedd yn y newyddion ar y pryd.[122]

Eithr er dyfaled y paratoi ar gyfer y Sul, er effeithioled y traethu
defosiynol, sylweddol o'r Gair, er amled yr ymweliadau ag aelwyd ac
ysbyty, er cysoned y gofal am rai mewn angen a thrallod, er cymaint yr
haelioni a'r cymwynasgarwch, yr hyn a adawai'r argraff ddyfnaf ar bobl
ei ofal ac ar gylch ehangach y tu allan i ffiniau'r eglwys, oedd yr hyn oedd
James Thomas ei hunan, fel unigolyn ac fel gweinidog. Yn ôl geirda T.J.

Evans iddo yng nghorff ei anerchiad yntau o gadair Cymanfa Caerfyrddin a Cheredigion yn 1952:

> Ategir ei genadwri gan berarogl ei gymeriad, ac y mae mwyneidd-dra ei bersonoliaeth yn dwyn i fywyd a chalon ei bobl ymdeimlad o'r prydferthwch hwnnw a welir yn ei berffeithrwydd yn Iesu Grist.[123]

A thrachefn gan deyrnged Robert Morgan:

> Difesur oedd y fendith a dderbyniodd llaweroedd o'i ymweliadau, ond uwchlaw'r rhain i gyd, yn ei fywyd rhinweddol ac anhunanol, bu'n esiampl i eraill ... Roedd dyled pob un ohonom iddo yn anfesurol. Ni all geiriau gyfleu maint y ddyled honno. Rhoddwyd i ni gariad tirion ei galon dyner, arweiniwyd ni gan ei esiampl ffyddlon, cynorthwywyd ni gan ei weddïau dwys, a cheryddwyd ni'n dadol pan wanychem yn ein haddunedau. Ei gyfrinach yn ddiau oedd ei argyhoeddiad mai rhywbeth i'w fyw, yn anad dim arall yw crefydd. Derbyniwyd gan ei wrandawyr wirioneddau tragwyddol Cristionogaeth, canys gwelsent ef yn byw'r egwyddorion hynny yn ei fywyd Crist-debyg ei hun.[124]

Daeth ei weinidogaeth yn y Tabernacl i ben yng Ngorffennaf 1968, ac y mae yntau ei hunan yn olrhain y camau a arweiniodd at hynny yn 'Anerchiad y Cyn-Weinidog' a argraffwyd yn adroddiad yr eglwys am 1969, ac sy'n diweddu â'r sylwadau canlynol:

> Yn nechrau mis Gorffennaf symudwyd fi i Ysbyty Glangwili, lle cefais driniaeth lawfeddygol gan Dr. Owen, a bu gofal y Matron a'r Staff yn fawr ohonof, ac allan o'r Ysbyty ar ôl deg diwrnod i fynd i Rydwilym i ddathlu Tri-Chanmlwyddiant yr Eglwys. Yna mynd i'r Barri i'r Eisteddfod Genedlaethol, a chofio mynd yno yn 1920 wedi'r Rhyfel Mawr i gael gweld Cynan o dan ei goron am ei bryddest "Mab y Bwthyn" a byw yn ystod y blynyddoedd dan ei gwefr. Mynd wedyn i Brynhyfryd, Treharris [i gyfarfodydd blynyddol Undeb Bedyddwyr Cymru] ac uno â'r gynulleidfa yno i gofio trugareddau

yr Arglwydd. Yna symud i fyw i Graig y Deri, Pentrecwrt, Llandysul i fyw gyda Mrs. Mary Nicholas [nith iddo, sef merch John Thomas, ei frawd] a Roger.

Profiad chwithig oedd cefnu ar Fans y Tabernacl. Bu'r cymdogion yn dra charedig gyda'r gwaith o symud. Bu Miss James yn gwarchod y tŷ yn fonheddig yn ystod fy ngweinidogaeth.

Bu'r Parchg. Herbert Davies, B.A., B.D., Penuel, yn ffrind a chymydog da i mi, efe a weinyddodd yr Ordinhad o Fedydd y Testament Newydd ar saith o ddeiliaid a chefais innau'r fraint o'u derbyn wrth Fwrdd y Cymun ar ddiwedd fy ngweinidogaeth.

Gras ein Harglwydd Iesu Grist a fyddo gyda chwi oll.

Yn gywir iawn,

JAMES THOMAS

Cynhaliwyd cyfarfod ymadawol James Thomas yn y Tabernacl, a barhaodd am 'ddwy awr hyfryd', ar nos Iau, 12 Medi 1968, o dan lywyddiaeth 'fedrus a grasol' W.R. Thomas, cyn-brifathro adran y bechgyn, ysgol gynradd Pentrepoeth, Caerfyrddin, a chadeirydd pwyllgor y diaconiaid.[125] Fel arwydd o serch yr eglwys tuag ato, a'i gwerthfawrogiad o'i weinidogaeth hirfaith ac unigryw, cyflwynwyd tysteb i James Thomas o fil o bunnoedd. Ymhlith y siaradwyr y noson honno yr oedd T. Moelwyn Jones, ysgrifennydd yr eglwys oddi ar 1964, a dystiodd fod 'James Thomas yn fwyaf cartrefol yn yr oedfa weddi'; 'na fu un gair croes rhyngddo a'i ddiaconiaid erioed', ac 'ynglŷn â'r pethau cyffredin, gadawai i'r diaconiaid benderfynu, ond ynglŷn â phethau o bwys i'r eglwys, derbyniai'r diaconiaid farn Mr. Thomas yn unfrydol'.[126]

Bu farw James Thomas ar 2 Ebrill, sef bore Sul y Pasg, 1972, a chladdwyd ei weddillion ym mynwent y Tabernacl ar y dydd Iau canlynol. Dadorchuddiwyd cofeb iddo ar fur y capel ar nos Sul y Pasg 1973.

T.J. EVANS A'R 'FELLOWSHIP'

O'r braidd y gellir cofnodi hanes gweinidogaeth James Thomas yn gyflawn heb werthuso cyfraniad y gŵr a fu'n ysgrifennydd iddo am y rhan helaethaf o'r cyfnod, sef T.J. Evans, i fywyd yr eglwys, a'i waith arloesol, blaengar mewn cynifer o gyfeiriadau. Ganwyd Thomas John Evans yn 4 Pentre Cottages, Caerfyrddin ar 30 Mawrth 1894, yn un o efeilliaid i David a Mary Evans. Gwasanaethai'r tad fel gwarcheidwad yng ngharchar Caerfyrddin, ond o fewn ychydig fisoedd i eni'r plant fe'i trosglwyddwyd i swydd gyffelyb yng ngharchar Shepton Mallet yng Ngwlad yr Haf. Oherwydd cyflwr bregus ei hiechyd bu'n rhaid gadael y ferch, Elizabeth Ann, yng ngofal y teulu yng Nghaerfyrddin, ac er mawr ofid iddynt bu hithau farw cyn dathlu ohoni ei phen blwydd cyntaf. Aethpwyd â'r mab gyda'i rieni i'w cartref newydd, ond byr iawn fu ei arhosiad yno, oherwydd, ac yntau'n llai na dwyflwydd oed, bu farw ei fam yn gwbl annisgwyl ar noswyl Nadolig 1895, a dygwyd y plentyn yn ôl i 20 Woods Row, Caerfyrddin, i'w fagu gan ei nain o du ei fam, sef Mary Ann Williams, mam D.E. Williams a ordeiniwyd yn weinidog eglwys Salem, Blaina, 16 Gorffennaf 1906. Felly, cyd-fagwyd y ddau fachgen ar yr un aelwyd, ac o'r dyddiau cynnar hynny buont megis brodyr i'w gilydd. (Yn 1948 cyhoeddodd T.J. Evans, ar y cyd gydag E.T. Samuel, gofiant bychan i D.E. Williams yn dwyn y teitl *Through Suffering to Triumph*, llyfr sy'n adrodd yr hanes am ymateb arwrol y gwrthrych i brofedigaethau teuluol, ynghyd â'r afiechyd blin *rheumatoid arthritis*, a'i caethiwodd i'w gadair olwyn, a'i ddallineb.) Gadawyd ei nain hithau yn weddw ifanc gan i'w phriod, Thomas Williams – y diacon ieuengaf i'w neilltuo yn y Tabernacl hyd nes i T.J. Evans gael ei ethol i'r swydd – farw yn 31 oed a gadael pump o blant i'w magu. Un y dylanwadwyd yn drwm arni gan weinidogaeth Hugh William Jones oedd Mary Ann Williams, ac eglwys y Tabernacl oedd canolbwynt ei bywyd.

Er iddo arfaethu parhau â'i addysg trwy gael ei dderbyn yn ddisgybl yn Ysgol Ramadeg y Frenhines Elisabeth, Caerfyrddin, yr hyn a wnaeth T.J. Evans wrth ymadael ag ysgol Pentrepoeth (lle bu prifathrawiaeth Maurice Jones yn ddylanwad arhosol arno), oedd dechrau gweithio, ar 17 Chwefror 1908, fel *junior clerk* yn swyddfa Trysorydd Adran Addysg Cyngor Sir Caerfyrddin. Yr oedd yn bedair ar ddeg oed ar y pryd, a'i gyflog yn goron yr wythnos. Bu'n ddiwyd yn ei waith, gan fanteisio ar bob cyfle i dderbyn hyfforddiant pellach, mewn ysgol nos a thrwy gyfrwng cyrsiau gohebol, a phan ymddiswyddodd y trysorydd yn 1924, penodwyd ef yn brif swyddog ariannol Awdurdod Addysg Sir Gâr, a phrofi, yn fuan, ei feistrolaeth lwyr ar ofynion ei waith proffesiynol. Cyfanswm cyllid yr adran addysg yn 1908 oedd £71,500; erbyn 1952 yr oedd yn £1,756,000, prawf o'r modd y cynyddodd cyfrifoldebau'r trysorydd fel yr âi'r blynyddoedd yn eu blaen. Tystia'r deyrnged a ymddangosodd iddo yn rhifyn 7 Medi 1962 o'r *Carmarthen Times*, cymaint awdurdod ydoedd ar ddisgyblaethau ei swydd:

> He had a distinguished career throughout, having particular regard to the educational services, and the Ministry of Education paid tributes to his masterly handling of the educational accounts of Carmarthenshire.

O ystyried natur ei fagwraeth, a dylanwad ei nain arno – ynghyd â dylanwad Ann Evans, sef modryb ei fam – nid yw'n syndod i T.J. Evans gael ei fedyddio ac yntau ond yn un ar ddeg oed, ar 4 Ebrill 1905, gan Evan Ungoed Thomas. Ef oedd aelod ieuengaf y Tabernacl ar y pryd, fel y bu D.E. Williams ar achlysur ei fedydd yntau. Bu anogaeth ei weinidog iddo ar awr ei fedydd yn symbyliad iddo am weddill ei oes:

> Devote your life to your work, your church and your home. Make these the three anchorages of your life, Always be obedient, tolerant and forgiving, and never harbour malice. Remember that others may try to damage your reputation but you alone can break your character. Always try to be worthy of your Christian profession.[127]

Bu gweinidogaeth Ungoed Thomas yn ddylanwad ffurfiannol ar T.J. Evans, fel y tystiai yn ei anerchiad o gadair Cymanfa Caerfyrddin a Cheredigion yn 1952:

> Gwyn fyd y dyn ifanc y mae ei weinidog yn batrwm bywyd iddo. Felly yr oedd gyda mi. Safai Ungoed Thomas dros wirionedd gan nad faint y pris i dalu am hynny. Ar hyd fy mywyd, pryd bynnag y deuai anhawster neu ddryswch i'm rhan, cefais afael ar y llwybr iawn wrth holi fy hunan, 'Beth tybed a wnâi'r Parchedig Ungoed Thomas? Sut y gweithredai ef yn yr amgylchiad hwn?' Heno anrhydeddaf ei goffadwriaeth, a diolchaf i Dduw amdano.[128]

Yn union fel y cymhellwyd ef gan ei weinidog rhoes T.J. Evans oes o wasanaeth i eglwys y Tabernacl. Yn 1909 fe'i dewiswyd yn athro ysgol Sul yn adran y plant iau, lle roedd Katherine Ungoed Thomas yn arolyges. Ni pheidiai T.J. Evans â chydnabod ei ddyled drom iddi, ac o gofio am y modd y rhoddai hithau flaenoriaeth i'r genhadaeth Gristionogol, nid yw'n syndod i'r athro ifanc ystyried ymgyflwyno i waith cenhadol ar un o'r meysydd tramor. Ni wireddwyd y freuddwyd honno; yn un peth daeth afiechyd i'w ran, a gorfu iddo dreulio cyfnod o chwe wythnos yn glaf yn ysbyty Abertawe yn ymgryfhau ar ôl derbyn triniaeth lawfeddygol bur ddifrifol.

Yn 1911 etholwyd ef yn ysgrifennydd Cymdeithas Pobl Ifanc y Tabernacl, a llwyddodd i gynnull tua chant a thri-deg ohonynt yn gyson unwaith yr wythnos yn y festri i gyfarfod a gyfunai ddefosiwn a thrafodaeth. Wrth ymgymryd â'r swydd hon cafodd gyfle i ddechrau ymarfer ei ddoniau fel trefnydd a siaradwr cyhoeddus. Nid oedd yn syndod, felly, iddo gael ei ethol, gyda David Hinds, ysgrifennydd eglwys Penuel, yn gyd-ysgrifennydd y pwyllgor cyffredinol lleol ar achlysur gwahodd cyfarfodydd blynyddol Undeb Bedyddwyr Cymru i Benuel yn 1920, na chwaith iddo gael ei neilltuo yn 1921, ac yntau ond yn 27 oed, i ddiaconiaeth y Tabernacl, yr ieuengaf erioed yn holl hanes yr eglwys i'w ethol i'r swydd. (Cyn hynny ei dad-cu, sef tad D.E. Williams, a hawliai'r anrhydedd honno; etholwyd yntau'n ddiacon pan oedd yn wyth ar hugain oed.) Yn y cyfarfod diaconiaid cyntaf oll yn dilyn ei etholiad, fe'i dewiswyd gan ei gyd-ddiaconiaid yn ysgrifennydd y Tabernacl,[129] ac o dan ei oruchwyliaeth, fel y mynych ymfalchïai, bu olwynion gweinyddiaeth yr eglwys yn troi yn llyfn ac esmwyth. Eithr gŵr a roddai or-sylw i drefn a manylder ydoedd ar adegau, un (yn ôl y farn gyffredin amdano) yn meddu ar anian *autocrat*, ac yr oedd perygl i'r gorbwyslais hwn ar drefnusrwydd a manion dibwys arwain at ffurfioldeb a ffug-barchusrwydd. (Os gŵr y goler gron oedd Ungoed Thomas, a James Thomas yn ŵr coler a thei, gŵr y *tei-bow* oedd T.J. Evans.) Un peth a osodai'n nod di-feth iddo'i hun, fel prawf o effeithiolrwydd ei stiwardiaeth, oedd sicrhau bod adroddiad yr eglwys yn ymddangos yn brydlon ar y Sul cyntaf o Ionawr bob blwyddyn – yn fwy na dim er mwyn ennill y blaen ar ymddangosiad adroddiad unrhyw eglwysi eraill yn y cyffiniau, os nad yn wir trwy Gymru gyfan – a'i fod yn cael ei ddosbarthu i'r aelodau ar y diwrnod hwnnw. Wrth reswm, golygai hynny fod cyfrifon yr eglwys yn cael eu cau ddiwedd Tachwedd, er mwyn i'r ystadegau gael eu harchwilio'n fanwl a'u rhoi yn nwylo'r argraffwyr mewn da bryd; ai peth da ai peth drwg oedd hynny sy'n agored i gwestiwn, oherwydd fe olygai na fyddai unrhyw gyfraniad a wnaed yn ystod mis Rhagfyr yn cael ei gynnwys yng nghyfrifon y flwyddyn arbennig honno. Dyma yn sicr un enghraifft amlwg o agwedd bedantaidd T.J. Evans.

Ymfalchïai hefyd iddo lwyddo i ennill ymddiriedaeth lwyr ei gyd-aelodau a'i gyd-ddiaconiaid, ac yn bwysicach na dim, ymddiriedaeth y ddau weinidog y bu'n gwasanaethu fel ysgrifennydd iddynt. Gan fod Evan Ungoed Thomas gymaint yn hŷn nag ef, ac wedi ei weld yn symud drwy rhengoedd yr eglwys, a bod yn gyfrifol am ei dywys drwy ddyfroedd y bedydd, prin y medrai T.J. Evans (hyd yn oed pe dymunai hynny) dynnu'n groes iddo. Hwyrach i'r berthynas rhyngddo a James Thomas fod yn fwy ffurfiol a phell. Er bod cartref T.J. Evans yn *Southernay*, Cilgant Myrddin o fewn tafliad carreg yn unig i fans y Tabernacl, ac er bod gan y ddau beiriant ffôn at eu gwasanaeth, trwy lythyron, nodiadau a chardiau post y cyfathrebai'r ddau â'i gilydd gan amlaf. O degwch â T.J. Evans, rhaid cofio mai ef a ysgwyddai gyfrifoldeb am drefniadaeth yr eglwys – agwedd nad oedd gan James Thomas fawr o ddiddordeb ynddi – ac i hyn ganiatáu rhyddid i'r gweinidog i gyflawni ei briod ddyletswyddau fel y gwelai'n dda, o bregethu'r Gair a bugeilio'r saint. Yn hyn o beth yr oedd y gweinidog yn dra ffodus i gael T.J. Evans wrth y llyw, oherwydd pe bai ganddo ysgrifennydd aflêr ac esgeulus mae'n hawdd dychmygu beth fyddai wedi digwydd i weinyddiaeth yr eglwys yn ystod y blynyddoedd hyn, oherwydd nid un oedd y gweinidog i gymryd gafael yn yr awenau trefnyddol. Nid oes fawr o amheuaeth nad oedd gan y ddau barch sylfaenol at ei gilydd, a hefyd bod llawer o wir yn y gosodiad a briodolir hyd heddiw i T.J. Evans, sef: 'Nid T.J. ond J.T. sydd ben yn y Tabernacl'. Er hyn, ni bu ysgrifennydd yr eglwys yn ôl mewn ychwanegu: 'I played a leading part in all the actions of the Church following the death of the Rev. Ungoed Thomas …'.[130]

T.J. Evans oedd ysgrifennydd lleol y pwyllgor cyffredinol pan wahoddwyd yr Undeb i'r Tabernacl yn 1937, ac ef hefyd a olygodd y llawlyfr, a chyfrannu iddo'r ysgrif ffeithiol a manwl, 'Cipolwg ar Hanes y Tabernacl', a rydd brawf diymwad o'i allu fel ymchwilydd. Bu'n gyfrifol am ddau gyhoeddiad arall perthynol i hanes y Tabernacl, sef y llyfryn *Fragrant Memories: The Story of Two Ministries*, a argraffwyd gan W. Spurrell a'i Fab yng Nghaerfyrddin yn 1941, ac sy'n gronicl gwerthfawr o'r prif ddigwyddiadau yng ngweinidogaeth John Thomas ac Evan Ungoed Thomas, ynghyd ag argraffiadau personol yr awdur ohonynt, a *Golden Strands: Some Memories Along Life's Pilgrimage* (a argraffwyd gan gwmni H.G. Walters, Arberth, yn 1965) sydd, fel yr awgryma'r teitl, yn hunangofiannol ei naws, ond sydd hefyd yn cynnwys stôr o wybodaeth ddefnyddiol am orffennol y Tabernacl. Yn bendifaddau, un o gymwynasau pennaf T.J. Evans â'r eglwys oedd iddo gasglu ac adfer cynifer o lyfrau cofnodion, dyddiaduron, dogfennau, erthyglau, adroddiadau a llythyron perthynol i'r eglwys a'i gweinidogion, a'u trosglwyddo i ddiogelwch Llyfrgell Genedlaethol Cymru, Aberystwyth. Erbyn heddiw y maent yn adneuon cwbl anhepgor i ba ymchwilydd bynnag a fyn astudio hanes y Tabernacl, Caerfyrddin; yn wir oni bai am ddyfalwch T.J. Evans mae'n amheus a fyddai'r traethawd ymchwil sy'n sail i'r gyfrol hon, heb sôn am y gyfrol ei hun, erioed wedi gweld golau dydd, oherwydd heb ei ofal eithriadol yntau dichon y buasai llawer o ddeunydd anadnewyddadwy wedi mynd i ebargofiant – fel sydd wedi digwydd, gwaetha'r modd, yn hanes nifer fawr o eglwysi. Ys dywed Idwal Ungoed- Thomas yn ei bortread o T.J. Evans yn rhifyn Ionawr 1936 o *Seren yr Ysgol Sul*:

> Cymerth ddiddordeb byw yn hanes y Tabernacl, ac y mae yn gronfa o wybodaeth ddiogel ar y pwnc. Fel canlyniad i'w ymchwiliadau, y mae mwy o fanylion o hanes y Tabernacl ar gael nag a ellir eu cael o hanes y mwyafrif o'r eglwysi.

Ni chyfyngodd ei egnïon i gylch ei eglwys yn unig. Bu â rhan flaenllaw yn sefydlu Cymdeithas Undebol Pobl Ieuainc Caerfyrddin yn y tridegau (mudiad a'i profodd ei hun yn boblogaidd iawn gyda phobl ifainc eglwysi Caerfyrddin o bob enwad, ac a roddai gyfle iddynt gydgyfarfod a chyd-drafod yn rheolaidd), ac fel Ymneilltuwr sylwgar a di-droi'n-ôl bu ei gyfraniad i Gynghrair yr Eglwysi Rhyddion (yn lleol ac yn genedlaethol) yn dra gwerthfawr. Anrhydeddwyd ef â llywyddiaeth Urdd y Seren Fore (sef mudiad plant ac ieuenctid Undeb Bedyddwyr Cymru) am y flwyddyn 1935–1936, a theithiodd Gymru gyfan, de a gogledd, yn annerch cyfarfodydd a chymell ymroddiad i'r gwaith. Yn 1939 etholwyd ef yn drysorydd Cymanfa Caerfyrddin a Cheredigion, a chyflawnodd gryn orchest yn ystod y blynyddoedd dilynol trwy ddwyn perswâd ar bob eglwys unigol i ddanfon ei chyfran flynyddol i'w law yn brydlon, a hefyd i godi swm cyfraniad yr eglwysi yn flynyddol er gosod cronfa gyllidol y gymanfa ar seiliau cedyrn. Bu ei gefnogaeth i Gymdeithas Genhadol y Bedyddwyr yn sylweddol ar hyd y blynyddoedd, a manteisiodd hithau ar ei ddawn a'i brofiad nid yn unig trwy sicrhau ei aelodaeth o'i phwyllgorau ariannol, lleol a chymanfaol, ond hefyd trwy ei gyfethol ar y pwyllgor canolog, cenedlaethol yn Llundain. Yr oedd yn un o gefnogwyr selocaf yr ymgyrch i goffáu'r cenhadwr Thomas Lewis,[131] trwy lansio cronfa i adeiladu ysbyty coffa iddo yn Angola a gosod plac ar fur y bwthyn lle maged ef ym Mhontyfenni, Hendy-gwyn ar Daf.[132] Yn 1955 fe'i hapwyntiwyd yn drysorydd mygedol Undeb Bedyddwyr Cymru, ac ymdrechodd yn ddiflino i chwyddo cronfeydd yr Undeb, megis y Gronfa Blwydd-dâl (a dalai bensiwn i weinidogion wedi ymddeol), Blwyddyn y Weddw (a estynnai gymorth blynyddol i weddwon gweinidogion), a'r Gymdeithas Ddarbodol (a gynigiai yswiriant i'r eglwysi mewn perthynas â'u heiddo). Yr oedd ei adroddiad i gynhadledd flynyddol Undeb Bedyddwyr Cymru, ynghyd â'i ddadansoddiad o'r cyfrifon, yn batrwm o ddestlusrwydd a gofal, ac nid oedd yn ôl mewn rhoi cerydd i'r eglwysi a'i swyddogion os teimlai bod galw am hynny.

Ei apwyntiad i'r swydd gyfrifol hon yn Nhŷ Ilston (pencadlys Undeb Bedyddwyr Cymru yn Abertawe), a'i awydd i roi iddi gymaint ag a fedrai o'i egni a'i amser, a arweiniodd at ei ymddiswyddiad fel ysgrifennydd ei eglwys, hynny ym Mehefin 1956, ar derfyn cyfnod o dri deg a phump o flynyddoedd o wasanaeth. Ysgrifennodd lythyr maith a theimladwy i'w weinidog yn egluro'i resymau am gymryd y cam, llythyr sydd nid yn unig yn ddrych o'i ffurfioldeb ond hefyd o'r serch dwfn a goleddai tuag at eglwys y Tabernacl. Dyma rai dyfyniadau ohono:

Southernhay,
50, Myrddin Crescent,
Caerfyrddin.
[Ni roddir dyddiad]

Annwyl Mr. Thomas,

A minnau'n tynnu at derfyn pymtheg mlynedd ar hugain yn Ysgrifennydd Eglwys y Tabernacl, ysgrifennaf atoch i'ch hysbysu y bwriadaf ymddeol wedi mynd heibio'r garreg filltir honno.

Dydd Sul cyntaf Mehefin 1921 yr etholodd yr Eglwys fi (a thri brawd arall) i swydd Diacon … yr adeg honno myfi oedd y diacon ieuangaf (o ran oedran) a etholasai'r Tabernacl erioed. Yn y cyfarfod Diaconiaid cyntaf i mi fod ynddo, cefais fy nghymeradwyo'n unfrydol i fod yn Ysgrifennydd yr Eglwys, a'r hwyr hwnnw cadarnhaodd yr Eglwys y penodiad yr un mor unfrydol. Y fath fraint gyfoethog a fu imi i wasanaethu Eglwys y Tabernacl, yn swydd ei hysgrifennydd am 35 mlynedd. Yr wyf yn falch mai i mi y daeth yr anrhydedd o'i gwasanaethu am y cyfnod fwyaf, er pan ffurffiwyd yr eglwys yn 1763. Dyma'r pennaf anrhydedd a allai ddyfod i'm rhan …

Mi ddywedais, yn gwbl gyfrinachol, am y peth hwn wrthych rai wythnosau'n ôl, er mwyn rhoi rhagrybudd, gan ddeisyf arnoch ei gadw yn gyfrinach hollol. Diolch o galon am eich geiriau caredig a thyner …

Yr eiddoch yn annwyl iawn.
T.J. EVANS.

Fe'i holynwyd am dymor cymharol fyr yn swydd yr ysgrifennydd gan Gwynfor Rees (1956–58); bu rhaid iddo yntau roi'r gorau i'r gwaith yn gynt na phryd ar gyfrif cyflwr ei iechyd, ac ar ôl i T.J. Evans ailgydio yn nyletswyddau'r swydd am gyfnod ychwanegol, trosglwyddwyd y cyfrifoldebau yn 1964 i ddwylo T. Moelwyn Jones, clerc, yn ôl ei alwedigaeth, yn swyddfa cyfreithwyr Ungoed-Thomas & King, a gŵr trwyadl a chydwybodol yn ei waith. Ar yr achlysur hwn anrhydeddwyd T.J. Evans â'r teitl 'Ysgrifennydd *Emeritus*' (y cyntaf, a'r olaf, mae'n siwr, yn hanes eglwys y Tabernacl i dderbyn cyffelyb anrhydedd), teitl a ddiogelai ei statws yng nghymdeithas yr eglwys ac a roddai iddo yntau achos neilltuol i ymfalchïo.

Prin y gellir darllen ysgrifau T.J. Evans, yn enwedig y penodau perthnasol yn *Fragrant Memories*, heb sylweddoli fod cymdeithas ei aelwyd yn gwbl ganolog i'w fywyd. Ymbriododd yn 1923 â Margaret Gwendoline Hodges, a hannai o un o deuluoedd hynaf y Tabernacl, teulu, yn wir, a fedrai olrhain ei achau ysbrydol yn ôl at gyfnod y Porth Tywyll a gweinidogaeth Titus Lewis, gan fod Dinah Hodges (hen nain Gwen) yn un o aelodau amlycaf a selocaf yr achos hwnnw. Aeth hithau i Fryste i'w hyfforddi ar gyfer gwasanaeth cenhadol tramor, ond pan ddarganfuwyd nad oedd yn ddigon cryf yn gorfforol i wynebu'r her, dychwelodd adref i Gaerfyrddin a datblygu'n arweinydd Cristionogol gyda'r mwyaf adnabyddus yn y dref. Yr oedd yn un o sefydlwyr y gegin gawl a roddai faeth i'r tlodion a'r anghenus ar adegau o haint a diweithdra yn ystod misoedd oer y gaeaf. Etholwyd ei mab, John Hodges (crydd wrth ei alwedigaeth), yn ddiacon yn y Tabernacl, a'r un modd ei fab yntau, George James Hodges (sef tad Gwen, ac arolygwr yr adran gyflenwi yn ysbyty Dewi Sant wrth ei waith), a etholwyd hefyd, ac yntau ond yn 39 oed, yn ysgrifennydd yr eglwys, swydd a lanwyd ganddo hyd at ei farwolaeth sydyn yn Hydref 1908, ac yntau ond yn 46 oed. Rhoes Gwen yn ei dydd dymor o wasanaeth clodwiw i'r eglwys, hynny fel arolyges adran iau yr ysgol Sul (lle y llwyddodd i adfywhau'r gwaith, a sicrhau bod dros gant o blant dan ddeg oed yn mynychu'r ysgol bob Sul), a threfnydd cyfraniadau misol y plant i wasanaethau Urdd y Seren Fore yn y Tabernacl, ac mewn cylch ehangach, fel trysoryddes adran Caerfyrddin o fudiad y Senana, a thrwy ei chefnogaeth gyson a brwd, ar y cyd â'i phriod, i waith Cymdeithas Genhadol y Bedyddwyr. Yn 1932, ynghyd â'r chwaer M. Trefor Jones, Llanelli, bu'n rhan o'r ymgyrch i sefydlu chwaeroliaethau, ynghyd â dosbarthiadau gwnïo a chylchoedd gweddi i'r merched yn eglwysi Bedyddiedig Caerfyrddin, Llandeilo a Llanymddyfri. Ganwyd i'w phriod a hithau un plentyn, sef Olive Hodges Evans, a ddilynodd gwrs hyfforddiant fel athrawes babanod yng ngholeg hyfforddi Rachel McMillan, Llundain; bu'n dysgu am gyfnod yn y brifddinas honno, ond wrth i iechyd ei mam wanychu dychwelodd i Gaerfyrddin, a chwarae rhan flaenllaw o hynny ymlaen yng ngwaith ysgol Sul y Tabernacl. Bu'r aelwyd yn 'Southernhay', Cilgant Myrddin, yn gyrchfan i weinidogion ar hyd y cyfnod, a rhoddwyd llety yno nid yn unig i bregethwyr o Gymru ond hefyd i wŷr almwg o gylch llawer ehangach. Bu farw Gwen Evans ar 22 Mawrth 1951.

O bob cyfraniad o eiddo T.J. Evans i fywyd a thystiolaeth eglwys y Tabernacl, ni bu un yn fwy arwyddocaol nac yn fwy pellgyrhaeddol ei ddylanwad na'i lafur maith ac arloesol yng nghyswllt Cymdeithas Brodyr Ieuanc y Tabernacl, neu'r *Fellowship* fel y gelwid hi'n gyffredin. Ei ymdrechion o blaid y *Fellowship* hon a barodd iddo gael ei anrhydeddu gan y brenin Sior VI yn 1950 â'r M.B.E.; y geiriad swyddogol ar femrwn y wobr oedd, 'For Christian leadership and public service'. Cynhaliwyd cyfarfod cyntaf y gymdeithas newydd am 2.30 y.p. ar Sul cyntaf Medi 1928 yn ystafell y gweinidog, hynny'n ganlyniad i weledigaeth a fu'n cyniwair ym meddwl T.J. Evans (ac o bosibl a symbylwyd yn wreiddiol gan awgrym o eiddo Ungoed Thomas) ers peth amser, sef yr angen i sefydlu rhyw fath ar weithgarwch a fyddai'n fodd i ennyn diddordeb cwmni o ddynion ifainc. Codwyd y mater ganddo mewn cyfarfod diaconiaid flwyddyn ynghynt; enillodd gefnogaeth ddiamod y gweinidog a'i gyd-ddiaconiaid, a rhoddwyd *carte blanche*[133] iddo roi cnawd ar esgyrn i'w fwriadau:

> Gofynnwyd i mi i alw'r brodyr ieuanc ynghyd, ac i ennill eu diddordeb, ac yna i drefnu cynllun er sicrhau iddynt gwrdd bob wythnos.[134]

Yn ystod misoedd yr haf 1928 cafodd T.J. Evans air personol â rhyw saith deg o frodyr, a llwyddodd i ennyn eu brwdfrydedd a'u cefnogaeth. Yng ngoleuni hyn disgwyliai cynulleidfa gyfatebol o ran nifer yn y cyfarfod agoriadol, ond yn groes i'r disgwyl ni ddaeth ond un ar ddeg o frodyr ynghyd. 'Yr oeddwn,' meddai, 'yn siomedig, ond nid yn ddiobaith'.[135] Penderfynwyd yn y cyfarfod cychwynnnol hwnnw y dylai pob un a oedd yn bresennol ymdrechu i wahodd cyfaill iddo i fynychu'r cyfarfod dilynol, ac ymhen wythnos yr oedd y gynulleidfa wedi mwy na dyblu, sef i 25 o nifer. Yn y modd hwn, felly, y cychwynnodd y *Fellowship*, sefydliad a barhaodd mewn bodolaeth am dri deg a phump o flynyddoedd, sef o Fedi

1928 hyd at ddiwedd 1963, sefydliad y gallai T.J. Evans ymfodloni yn ei gylch yn ddiweddarach: 'the work flourished throughout, and there was never a discordant note'.[136] Gwelwyd cynnydd buan yn nifer yr aelodau (yr oedd tua chant yn ymaelodi'n flynyddol, ac ar gyfartaledd byddai rhwng hanner cant a thrigain yn cydymgynnull ar gyfer pob cyfarfod), ac o'r herwydd aeth ystafell y gweinidog yn rhy fychan i ddibenion y gymdeithas. Am gyfnod symudwyd lleoliad y cyfarfodydd i'r oriel uwchben yr ysgoldy, ond yn 1937 cwblhawyd yr estyniad newydd i'r festri a oedd yn cynnwys ystafell olau a helaeth uwchben y gegin (sef yr 'oruwch ystafell' fel y daethpwyd i'w galw, ac fel y gelwir hi o hyd), ac o'r flwyddyn honno ymlaen yn y fangre hon y cyfarfyddai'r brodyr ar brynhawniau Sul. O fewn dim rhoddwyd enw arall ar y man cyfarfod, sef 'Ystafell y *Fellowship*', a dyna enw arall arni sydd wedi glynu hyd heddiw.

Nid oedd aelodaeth o'r *Fellowship* yn gyfyngedig i aelodau'r Tabernacl, yn wir dyma un o'i rhagoriaethau, sef y ffaith ei bod yn denu brodyr o nifer o eglwysi, enwadau a galwedigaethau amrywiol i ymddiddori ynddi, a llwyddo wedyn i'w hasio ynghyd yn un corff. Nid oedd ond un amod aelodaeth, sef bod pob aelod unigol yn 'cydnabod Iesu Grist yn Arglwydd',[137] ac un o'r prif amcanion oedd 'dileu pob gwahaniaeth o ran hil, dosbarth a chred'.[138] Adeg y rhyfel bu rhai carcharorion Almaenig o wersyll cyfagos yn mynychu'r cyfarfodydd yn gyson, gan ryfeddu at y croeso a estynnwyd iddynt, a'r ysbryd brawdol a oedd yn bodoli yn y gymdeithas.

Tystia T.J. Evans:

> Many of them were professional men, learned in the sciences and the arts. They enjoyed the spirit of fellowship; they were amazed at the fraternal spirit which existed. Such a thing did not happen in Germany, they said.[139]

Hwyrach mai un o ddiffygion y trefniadau oedd bod cyfarfodydd y *Fellowship* yn cyd-daro ag ysgol Sul yr eglwys, ac i hyn yn anochel greu rhai tensiynau. Er enghraifft, er i James Thomas fod yn gefnogol iawn (o leiaf yn gyhoeddus) i waith y *Fellowship*, a gweithredu fel llywydd blynyddol iddi, mynychu'r ysgol Sul a wnâi yntau, ac eithrio'r achlysuron hynny pan wahoddid ef i annerch y brodyr. Ac yr oedd rhai eraill o wŷr ifainc yr eglwys yn dilyn ei esiampl yn hynny o beth. Y mae'n anodd gweld sut y byddai'n bosibl goresgyn yr anhawster, ond canlyniad y gwrthdaro â'r ysgol Sul o ran amser cyfarfod oedd i rywrai deimlo mai rhywbeth ar wahân i'r Tabernacl, ychwanegiad o ryw fath at ei rhaglen waith hithau, oedd y *Fellowship*, yn hytrach na rhywbeth a berthynai i hanfod yr eglwys ei hun. Yn sicr nid dyma farn ei sylfaenydd: '… oddi ar 1928 y mae *Fellowship* y Brodyr Ieuainc yn adran lewyrchus o waith ym mywyd Eglwys y Tabernacl, Caerfyrddin'[140] oedd ei ddyfarniad pendant yntau. Ffaith ddadlennol arall ynglŷn â'r *Fellowship,* a ffaith a arweiniai at feirniadaeth bellach arni, oedd mai yn uniaith Saesneg y cynhelid ei holl weithgareddau. Ni chaed yr un gair Cymraeg ar ei rhaglen o flwyddyn i flwyddyn nac un iot o Gymraeg yn ei chyfarfodydd, ac y mae'n debygol iawn i'r elfen hon ddieithrio rhai o aelodau'r eglwys. Ac wrth gwrs yr oedd yn gymdeithas â'i haelodaeth yn gyfyngedig i wŷr yn unig. Wedi dweud hyn oll ni ellir amau am foment i'r *Fellowship* fod yn offeryn a roddodd fri ar enw'r Tabernacl, ac iddi lwyddo yn ei dydd i ddyfnhau bywyd ysbrydol tref Caerfyrddin a'r cylch. Yn 1935 disgrifiai T.J. Evans ffurf a natur y cyfarfodydd wythnosol yn y termau canlynol:

Awyrgylch ddefosiynol a nodwedda bob cwrdd. Darllenir rhan o'r Ysgrythur, ac yna mewn gweddi ddistaw plyga pob pen, a theimlir yn fynych fod y nefoedd yn agos iawn. Un wythnos ceir Dosbarth Beiblaidd, ac yno fel rheol ceir dadlau brwd ar hanfodion y ffydd … Wythnos arall, gwahoddir siaradwr o'r tu allan i dalu ymweliad, ac i draddodi anerchiad ar destun dewisedig (a'r testun yn wastad o agwedd grefyddol). Rhoddir sylw brwd i'w weledigaeth, ac yna gofynnir cwestiynau iddo, ac yn fynych bydd amryw o'r brodyr ieuainc yn datgan eu barn, ac wrth wneud hyn yn profi eu bod wedi ystyried, ac wedi darllen llawer ymlaen llaw ar y testun a fydd dan sylw. Wythnos arall bydd y dosbarth yn dadlau ymhlith eu hunain ar broblemau crefyddol a'u blina hwy fel dynion ieuainc yn yr oes hon, a diddorol dros ben yw sylwi fel y maent drwy wahanol brofiadau yn abl i gynorthwyo ei gilydd i barhau yn selog yn y ffydd a roddwyd unwaith i'r saint.[141]

Dadleua Emrys G. Bowen, wrth olrhain datblygiad y ddwy eglwys Fedyddiedig Gymraeg yn nhref Caerfyrddin, mai'r un yn y gwraidd oedd amcan y *Fellowship* yn y Tabernacl ag eiddo Dafydd Williams genhedlaeth ynghynt, pan ddefnyddiai yntau ei ddosbarth ysgol Sul enwog ym Mhenuel 'fel man trafod materion Cristionogol cyffredinol',[142] hynny mewn cyfnod pan oedd gogwydd diwinyddol Penuel yn llawer mwy radical nag ydyw ar hyn o bryd. Megis Dafydd Williams, bwriad T.J. Evans oedd ysgogi trafodaeth oleuedig, agored ar faterion perthnasol i ffydd a bywyd, pynciau a oedd yn peri blinder ac amheuaeth ym meddyliau gwŷr ifainc y cyfnod.

Dengys astudiaeth o raglenni blynyddol y *Fellowship* sut yr aeth yr arfer o wahodd siaradwr gwadd ar gynnydd, ac ymhen amser i hynny ddatblygu'n drefn arferol ar gyfer pob cyfarfod yn ddiwahân. Yn ystod y flwyddyn 1935 bu Tudor Williams (prifathro Ysgol Ramadeg y Frenhines Elisabeth, Caerfyrddin) yn annerch ar 'Peace and War'; yr Athro J. Oliver Stephens (prifathro'r Coleg Presbyteraidd yn y dref) â 'Religion and Pacifism' yn ddewis bwnc ganddo; D. Glyndwr Richards (pennaeth Coleg Myrddin) yn siarad ar y testun, 'Worldly riches in the light of the Gospel'; a'r Canon Gwilym Smith, ficer eglwys San Pedr, yn traddodi anerchiad ar y pwnc, 'Why I believe in God', pryd y 'cafwyd cwrdd nad â'n angof am hir amser'.[143] Dengys cofnodion y *Fellowship* pa mor amrywiol a pha mor adnabyddus oedd cynifer o'r siaradwyr. Meddai T.J. Evans: 'The weekly services are addressed by well-known Christian leaders, many of whom are leading personalities in the life of Wales'.[144]

Arferid cyhoeddi rhaglen flynyddol, a honno hefyd yn fath ar gerdyn aelodaeth, a lle ar ei chlawr blaen i'r aelod unigol roi ei enw, ei gyfeiriad a'i lofnod. Yr oedd presenoldeb yn y cyfarfodydd yn ddisgwyliedig: 'Faithfulness and loyalty are self-imposed conditions of membership'.[145] Hefyd ar y clawr argreffid, yn Saesneg, gymal o Weddi'r Arglwydd, sef: 'A maddau i ni ein dyledion, fel y maddeuwn ninnau i'n dyledwyr', ynghyd â'r weddi a fabwysiadwyd gan y gymdeithas, sef gweddi heddwch Sant Ffransis ('Arglwydd gwna fi yn offeryn dy heddwch; lle mae casineb, boed i mi hau cariad; lle mae anghytgord boed i mi hau cymod ...'), ac yna y tu mewn, yn ogystal ag amlinellu trefn y cyfarfodydd a'r siaradwyr, nifer o adnodau (megis Philipiaid 4: 8) a nifer o ddyfyniadau pwrpasol (yn amrywio o raglen i raglen), megis:

It is not my business to make people good;
it is my business to make myself good,
and to make other people happy, if I can. (Dick Sheppard – 1955)

Nothing great was ever achieved without enthusiasm.
                                                            (Emerson – 1955)

The deep rivers pay a larger tribute to the sea than shallow brooks,
and yet empty themselves with less noise. (Secker – 1956)

No peace, except I struggle;
No struggle, except I have peace. (1958)

Ym mhob rhaglen caed cyfarchion oddi wrth y llywydd, James Thomas,
a'r cadeirydd, T.J. Evans, ynghyd â rhestr o swyddogion y gymdeithas.

Yn ychwanegol at y cyfarfodydd wythnosol cynhaliwyd hefyd un
cyfarfod blynyddol cyhoeddus, pan fyddai cyfle i bawb, yn wŷr a gwragedd,
i'w fynychu, a phan fyddai capel y Tabernacl wedi ei orlenwi. Dengys
y rhestr o'r siaradwyr gwadd sut y llwyddai'r cadeirydd i ddenu
personoliaethau o statws cenedlaethol a rhyng-genedlaethol i annerch y
cyfarfodydd. Dyma brawf diamheuol o'i allu fel trefnydd, ac o'r ffaith fod
ganddo gysylltiadau ag unigolion a sefydliadau pwysig a'i gwnâi'n bosibl
iddo ohebu ag enwogion o fri. Cafodd rhai o'r cyfarfodydd blynyddol hyn,
a'r hyn a draethwyd ynddynt, ddylanwad arhosol nid yn unig ar aelodau
eglwys y Tabernacl ond hefyd ar lawer o drigolion tref Caerfyrddin.
Gadawodd sylwadau George Lansbury yn 1936 (e.e.: 'Our Lord came into
our midst to teach us the way of life, not only in this world but also in the world
to come'; 'I am firmly of the opinion that the Christian religion came into
the world in order to unite humanity'; 'Jesus Christ is the only leader worth
following'),[146] eu hôl yn drwm ar feddwl y gynulleidfa, a'r un modd anerchiad
y Canon Dick Sheppard y flwyddyn ganlynol, fel y tystia T.J. Evans:

A congregation of about 1,100 awaited his arrival at the Chapel. The
Rev. James Thomas, Canon Sheppard and I entered the pulpit. The
service commenced at 7 p.m. I presided and asked at the outset for a

minute of silent prayer. A great hush fell upon the congregation and we were possessed with a sense of worship. The singing of the hymns was majestic and when I welcomed Canon Dick Sheppard, I referred to the fact that a year previously Mr. George Lansbury had paid us a visit. I said that "both of them were prophets in our generation and far distant be the day when the voice of the prophet is disregarded in our land". Canon Sheppard spoke with great conviction and his address was indeed a prophetic message. He spoke for 35 minutes and for many days afterwards his address was the theme of general conversation throughout the town and outlying districts.[147]

Ni adawodd neb argraff ddyfnach na Toyohiko Kagawa yn 1950, ac yntau ar y pryd ar ymweliad â gwledydd Prydain, ac yn annerch cyfres o gyfarfodydd cyhoeddus. Gwnaed dros dair mil o geisiadau am docynnau, hynny o gylch tra eang (Aberystwyth, Doc Penfro, Abertawe, Castell-nedd a Port Talbot: fe'u gwerthwyd i gyd ymhen naw diwrnod), ac o ganlyniad bu'n rhaid trefnu dwy sesiwn, y naill yn y prynhawn a'r llall yn y nos, ac yr oedd capel y Tabernacl, ynghyd â'r festri, yn orlawn ar gyfer y ddwy. Unwaith eto cadwodd T.J. Evans gofnod manwl o ddigwyddiadau'r dydd:

The afternoon service was at 2 o'clock. By 1 p.m. the Tabernacle was full. The waiting time was spent in hymn singing and the atmosphere of a religious service was thoroughly maintained. At 2 o'clock Dr. Toyohiko Kagawa, the Rev. James Thomas and I entered the pulpit by the back stairs leading from the Minister's room. Toyohiko Kagawa was a little man of slender build, humbly attired and his face shone with a radiance that seemed to belong to another world. As soon as he appeared at the rostrum, the great congregation stood in greeting and sang: 'Praise God from whom all blessings flow' – repeating the hymn many times over. The sight of this man had captivated them all. The service was devotionally led and then this prophet from the East delivered a most stirring and moving address on the theme, "Life with a purpose". "Love" was the central theme of both his addresses. In the afternoon he emphasised the deep conviction that has dominated his soul: "Until love germinates in one's soul it is not possible to understand the love of God ... love is the final reality". Dr. Kagawa continued his theme, "Life with a Purpose" in the evening, with an entirely different address from that delivered in the afternoon, but with a similar striking climax.[148]

Un digwyddiad diangof yn ystod ymweliad Kagawa oedd pan gerddodd yntau yng nghwmni James Thomas, yn yr amser oedd ar gael rhwng y ddau gyfarfod, i fyny o fans y Tabernacl i Sgwâr Nott yng nghanol tref Caerfyrddin, a'r ddau yn mynd ar eu gliniau o flaen y gofeb fechan a godwyd yno yng nghysgod y gofadail fawreddog i'r Cadfridog Nott, i'r merthyr Robert Ferrar, ac offrymu gweddi, y naill mewn Siapanaeg a'r llall yn Gymraeg. Ar ddiwedd cyfarfod yr hwyr ni ddymunai Kagawa ond pryd syml o fwyd ar fwrdd y mans, ac yn dilyn bu yntau a James Thomas a T.J. Evans yn cyd-drafod dyfodol Siapan, y rhagolygon ar gyfer heddwch rhwng y cenhedloedd, a'r her a roddai Iesu a'i neges i fyd cythryblus. Ar ôl offrymu gweddi fer, deuluol aeth Kagawa i'w wely'n gynnar, cyn codi drannoeth am bedwar o'r gloch y bore er mwyn parhau â'i astudiaethau. Gadawodd Gaerfyrddin yn ddiweddarach yn y dydd, ac meddai trefnydd y *Fellowship*:

His visit will live in the memories of the hundreds of people who saw and heard him. We had the privilege of his company and were thrilled with his conversation. Truly Dr. Kagawa was one of God's servants.[149]

Anodd iawn yw mesur gwir werth a dylanwad y *Fellowship*. Heb os nac oni bai, bu'n offeryn cydenwadol a ddygodd ynghyd nifer o wŷr tref Caerfyrddin a'r cylch i drafod hanfodion y ffydd, a hefyd i wrando areithiau a draddodwyd gan rai o arweinwyr Cristionogol amlycaf y cyfnod. Bu'n fodd i ddyfnhau eu cymdeithas â'i gilydd, a'u gorfodi i ymdrin â pherthnasedd eu cred i fywyd yn ei holl gymhlethdod. Lle heddiw y bydd gwŷr Caerfyrddin yn cael eu denu i ymuno â sefydliadau megis y Seiri Rhyddion, clybiau'r Rotari, y Ford Gron, y Llewod a *Probus*, sy'n sefydliadau seciwlar yn eu hanfod, llwyddodd y *Fellowship* i sefydlu cymdeithas i ddynion ifainc oedd â'i seiliau'n Gristnogol a'i gwreiddiau'n ddwfn ym mywyd yr eglwys, ac anelu at berthnasu ffydd ar gyfer y byd a'r bywyd cyfoes yn bennaf nod iddi. Cofnodir am James Thomas:

He testified to his appreciation of the work of the Young Men's Fellowship, and in an age when so many attacks were being made on religious institutions, it gladdened his heart to find that within his own church, upwards of forty young men gathered each week to a purely religious meeting, where they searched for the mind of Christ and the effect of its application upon the age in which they lived.[150]

Yr hyn sy'n drist am y *Fellowship* yw iddi ddiflannu i bob pwrpas gydag ymadawiad ei sylfaenydd. Meddai James Thomas: 'Pan symudodd T.J. Evans o'r dref dros flwyddyn yn ôl [sef yn 1962, i fyw gyda'i ferch a'i fab-yng-nghyfraith yng Nghlunderwen], bu'n rhaid cau y bennod hon'.[151] O'r braidd y gellir osgoi'r casgliad i'r trefniadau a'r cymhellion a orweddai y tu ôl i ffyniant y *Fellowship* ddibynnu'n ormodol ar weithgaredd a brwdfrydedd un dyn, ac i hyn fod yn ddiffyg sylfaenol yng nghyfansoddiad y mudiad. Y mae hefyd yn adlewyrchiad o un gwendid amlwg yng ngweinyddiaeth T.J. Evans, oherwydd er iddo ddirprwyo llawer o'r gwaith, a chymell eraill i gydweithio ag ef fel swyddogion a stiwardiaid y gymdeithas, daliai yntau'r awenau yn dynnach nag y dylai, er lles y mudiad, yn ei ddwylo ei hun, heb sefydlu patrwm a fyddai'n diogelu parhad y *Fellowship* ar ôl ei ddydd yntau. Yn absenoldeb T.J. Evans teimlad yr aelodau oedd eu bod yn ddiarweiniad, megis cwch heb gwmpawd, a chanlyniad anorfod hyn oedd diflaniad eu gweithgarwch.

Fel y tystia T.J. Evans ei hunan, yr oedd y cyfarfod olaf yn un teimladwy ac emosiynol:

I attended the last service, in a very weak physical condition, on Sunday, 15th. December, 1963, when the Rev. James Thomas delivered a most appropriate address, and I pronounced the Benediction. I was presented with a set of beautiful pens and pencils. A picture of me, and a fitting reference thereon, bearing witness to the activity of the Fellowship under my chairmanship from 1928 to 1963 was placed in the main schoolroom at the Tabernacle.[152]

Yr hyn a erys heddiw ar fur yr 'oruwch ystafell' yw'r gofeb a osodwyd yno i goffáu'r deg aelod o'r *Fellowship* a gollodd eu bywydau yn yr Ail Ryfel Byd:

Archie Winston Arundel
Ivor Arthur Arundel
Tom Daniels
Edward David Davies
William David Evans
John Jewel
David Henry Norman
William Christopher Norman
George David Thacker
Harold Trumper

Bu farw T.J. Evans ar 9 Mawrth 1965, ac yn rhifyn 26 Mawrth o *Seren Cymru* ymddangosodd ysgrif deyrnged iddo gan ei weinidog. Yn y modd hwn y terfyna James Thomas ei sylwadau:

> Yma yn y Tabernacl y treuliodd ei holl fywyd. Mynych y cynhyrfai oedfa ganol wythnos gyda'i anerchiadau brwd ar y genhadaeth neu gymal o hanes, a braint yr eglwys ym mis Awst diwethaf ar nos Sul Cymundeb oedd ei enwebu yn Is-lywydd yr Undeb. Yn y Cyngor ym mis Tachwedd cadarnhawyd yr enwebiad. Yr oeddem yn cofio bod yr Undeb yn dod i Gaerfyrddin i ddathlu ei ganmlwyddiant. Cadair ddu, bellach, yw cadair yr Is-lywydd.

Megis y rhelyw o ddynion, nid oedd T.J. Evans heb ei ffaeleddau, a'r rheiny'n cael eu amlygu fwyfwy gan y ffaith ei fod yn ŵr cyhoeddus tra adnabyddus yn nhref Caerfyrddin, a'i enw ynghlwm wrth gynifer o sefydliadau dylanwadol. Gwir y gair, yn ddiau, mai'r sawl sydd fwyaf eu hymdrech sydd fwyaf agored i feirniadaeth. Gadawodd argraff ar lawer o'i gyfoeswyr (fel y gwna ar bwy bynnag a dry at ei lyfrau a'i adroddiadau) o fod yn ŵr hytrach yn hunanbwysig ei osgo, yn un nad oedd yn ôl mewn ceisio amlygrwydd iddo'i hun. Beth tybed oedd diben ei arfer ym mhob oedfa yn y Tabernacl, o gerdded yn ystod canu'r ail emyn o'r sedd fawr i fyny eil chwith y capel, drwy'r cyntedd ac yna'n ôl i'w le ar hyd yr eil dde, gorymdaith a oedd mewn gwirionedd yn gwbl ddi-alw-amdani? Afiach yn wir oedd yr hyn a ddatblygodd yn arfer ymhlith pobl tref

Caerfyrddin, ac ymysg llawer o Fedyddwyr Cymru yn gyffredinol, sef o gyfeirio at y Tabernacl fel 'eglwys T.J.'. I fod yn deg â'r gwrthrych, yr oedd yntau ei hunan yn gwbl anfodlon â'r disgrifiad dilornus hwn, ac yn ymwrthod ag ef bob cynnig.

Wedi dweud hyn oll, prin y gellir gorfesur cyfraniad T.J. Evans i eglwys y Tabernacl; ymdrwythodd yn ei hanes; crynhodd ynghyd, gyda chwilfrydedd yr ymchwilydd taer, lawysgrifau, dogfennau a chyfrolau o'i gorffennol, a'u diogelu ar gyfer yr oesoedd a ddêl; cadwodd gofnodion anarferol o fanwl a destlus o'i phenderfyniadau a'i phrif ddigwyddiadau yn ystod blynyddoedd ei ysgrifenyddiaeth; rhoes urddas ar ei threfnyddiaeth, gan sicrhau fod olwynion peirianwaith yr eglwys yn troi yn llyfn a didrafferth; sefydlodd *Fellowship* a fu yn ei dydd yn gryn ddylanwad ar lawer o wŷr ieuainc y dref, gan roi cyfle iddynt ymdrin â phynciau'r ffydd, a materion y dydd yng ngoleuni'r ffydd honno; ynghyd â rhoi sylw i'r allanolion bethau, mynnodd hefyd ddiogelu bywyd mewnol yr eglwys, gan alw am 'ffyddlondeb yng nghyrddau ysbrydol yr eglwys, ac yn arbennig am 'awyrgylch' yn y cyrddau hynny, yn neilltuol felly yn oedfaon Dydd yr Arglwydd, fore a hwyr';[153] ac erys dylanwad ei esiampl, o ran gwneud popeth â threfnusrwydd urddasol, yn drwm ar yr eglwys hyd y dydd heddiw. Ys dywedodd J. Williams Hughes: '… y mae'n ddiogel dywedyd nad oes yr un Eglwys, a'i bywyd, ymhob gwedd arno, wedi ei drefnu'n fwy llwyr a gofalus; cysegrodd T.J. Evans ei ddawn arbennig fel trefnydd mewn modd arbennig i wasanaethu eglwys y Tabernacl, Caerfyrddin'.[154] Er bod perygl parhaus i drefniadaeth or-ffwslyd roi atalfa ar effeithiau 'ysbryd y peth byw', y mae'r gwrthwyneb hefyd yn sicr yn wir, sef bod aflerwch ac annibendod mewn eglwys yn gosod rhwystrau mawr ar lwybr yr Ysbryd Glân. Ni chaed dim o'r pethau hynny yn y Tabernacl o dan oruchwyliaeth T.J. Evans. Mabwysiadodd yntau yn nod iddo'i hun anogaeth yr apostol Paul, 'Dylid gwneud popeth yn weddus ac mewn trefn' (1 Corinthiaid 14: 40), a gellir dweud yn ddibetrus i eglwys y Tabernacl elwa'n fawr o'r herwydd.

NODIADAU

[1] Emrys G. Bowen, 'Bedyddwyr Tre Caerfyrddin, 1867–1967', *Llawlyfr 1967*, 25.

[2] Am Lewis Valentine, gw. *Llawlyfr Undeb Bedyddwyr Cymru*, 1987, 88–89; Isaac Jones, 'Lewis Valentine', yn Derec Llwyd Morgan (gol.), *Adnabod Deg: Portreadau o ddeg o arweinwyr cynnar y Blaid Genedlaethol* (Dinbych: Gwasg Gee, 1977), 45–57; D. Densil Morgan, 'Y proffwyd ymhlith y praidd', yn *Cedyrn Canrif: Crefydd a Chymdeithas yng Nghymru'r Ugeinfed Ganrif* (Caerdydd: Gwasg Prifysgol Cymru, 2001), 68–104; Arwel Vittle, *Valentine* (Talybont: Gwasg y Lolfa, 2006). Am brotest Penyberth, gw. Dafydd Jenkins, *Tân yn Llŷn: Hanes Brwydr Gorsaf Awyr Penyberth* (Caerdydd: Plaid Cymru, 1975); Arwel Vittle, *Cythraul o Dân* (Talybont: Gwasg y Lolfa, 2011).

[3] Am hanes brwydr Llangyndeyrn, gw. Robert Rhys, *Cloi'r Clwydi: Hanes y frwydr i Atal Boddi Cwm Gwendraeth Fach, 1960–1965* (Llandybïe: Gwasg Salesbury, 1983). Am W.M. Rees, gw. *Llawlyfr Undeb Bedyddwyr Cymru*, 1978, t. 87.

[4] Am D. Eirwyn Morgan, gw. *Llawlyfr Undeb Bedyddwyr Cymru*, 1983, 270; Ivor Thomas Rees (gol.), *Welsh Hustings 1885–2004* (Llandybïe: Dinefwr Press, 2005), 206–7. Am ganlyniadau etholaeth Llanelli yn etholiadau cyffredinol 1950, 1951, 1955 a 1959 gw. Beti Jones (gol.), *Etholiadau'r Ganrif: Welsh Elections 1885–1997* (Talybont: Y Lolfa, 1999), 105.

[5] Am J.S. Williams, gw. *Llawlyfr Undeb Bedyddwyr Cymru*, 1998, 93–94. Am enghreifftiau o'i bwyslais ar yr efengyl gymdeithasol, a dyneiddiaeth Gristionogol, gw. ei gyfrol bregethau, *Anathema a Homilïau eraill* (Abertawe: Gwasg John Penry, 1991).

[6] D. Densil Morgan, *The Span of the Cross*, 278.

[7] Am Syr Rhys Hopkin Morris, gw. E.D. Jones a Brynley F. Roberts (goln.), *Y Bywgraffiadur Cymreig, 1951–1970* (Llundain, Anrhydeddus Gymdeithas y Cymmrodorion, 1997), 145–146; T.J. Evans, *Rhys Hopkin Morris: The Man and his Character* (Llandysul, Gomerian Press, 1958); D. Ben Rees, *Cymry Adnabyddus 1952–1972* (Lerpwl: Cyhoeddiadau Modern Cymreig, 1978); John Emmanuel a D. Ben Rees, *Bywyd a Gwaith Syr Rhys Hopkin Morris* (Llandysul: Gwasg Gomer).

[8] Canlyniad y bleidlais yn etholaeth Gorllewin Caerfyrddin yn Etholiad Cyffredinol 1951 oedd:

Rhys Hopkin Morris, Rhyddfrydwr:	25,632	50.5%
David Owen, Llafur:	25,165	49.5%
Mwyafrif:	467	1.0%

(Gw. Beti Jones (gol.), *Etholiadau'r Ganrif: Welsh Elections 1885–1997*, 96). Am David Owen, gw. Ivor Thomas Rees (gol.), *Welsh Hustings 1885–2004*, 222.

[9] Canlyniad y bleidlais yn etholaeth Gorllewin Caerfyrddin yn Etholiad Cyffredinol 1950 oedd:

Rhys Hopkin Morris, Rhyddfrydwr:	24,472	50.2%
A.L. Ungoed-Thomas, Llafur:	24,285	49.8%
Mwyafrif:	187	0.4%

(Gw. Beti Jones (gol.), *Etholiadau'r Ganrif: Welsh Elections 1885–1997*, 92). Am Syr Lynn Ungoed-Thomas, gw. Ivor T. Rees (gol.) *Welsh Hustings*, 296. Dywed yr ysgrif goffa iddo yn *The Times*, 6 Rhagfyr 1972:

Ungoed-Thomas was, in every sense, a son of the manse. His father served in Carmarthen as a Baptist minister for more than forty years. This strong background shaped his views and his character in an unbreakable mould. Through his education at Haileybury, Oxford and on the rugby field [yr oedd yn chwaraewr rygbi tan gamp, ac yn 1924 dewiswyd ef i ail dîm cenedlaethol Cymru], he lived and worked among the English professional classes. Yet he never forgot that he was Nonconformist Welsh.

[10] E. Stanley John, 'Y Traddodiad Ymneilltuol', *Cristion* (Ionawr/Chwefror 2002), 7–8.

[11] T.J. Evans, *Golden Strands: Some Memories Along Life's Pilgrimage* (Narberth, 1965), 121.

[12] Ceir tystiolaeth i hyn mewn rhan o lythyr a ysgrifennodd James Thomas at ei frawd, John, yn fuan ar ôl iddo ddychwelyd o'r rhyfel i Goleg Caerdydd yn 1918:

Fel y dywedai Jones [E.T. Jones], Llanelli am Stanley – storm galed oedd honno pam gollodd ei fam o'i fywyd. Ond diolch fod Duw wedi gofalu amdanom, ac yr wyf am wneud fy ngorau i ddangos fod gan Dduw amcan mawr wrth ein cadw. 'Charwn i ddim i'r un plentyn ar wyneb daear Duw (ac y mae plentyn bob amser yn ddi-ddichell a didwyll) gael y driniaeth a gafodd William a mi. Nid wyf yn meddwl ein bod yn haeddu'r cam a'r cynddaredd y buom yn agored iddo. Bydd muriau yr hen dŷ yn dystiolaeth dros byth i'n diniweidrwydd, ac yn gondemniad ar y creulonderau a gawsom. Ond heddiw, druan o William, mae wedi canu'n iach i'r cwbl, ac y mae'r tafod a fu'n cyd-ganu a'r dwylo a fu'n cyd-chwarae â mi yn cyd-falurio mewn tir estronol. Heddwch i'w lwch. (Gw. W.J. Gruffydd, *James a John: Dau Frawd – Dau Broffwyd* (Llandysul: Gwasg Gomer, 1976), 41–42.)

[13] Y lleill oedd Daniel Jones, Cross Hands; Isaac J. Puw, Treorci; D.G. Williams, Ravenhill; David Jones, Brynaman; John Williams, Rhosllannerchrugog; J. Howard John, Bargoed; Evan E. Rees, Cwmtwrch; T. Teifion Morris, Barri; Glyndwr Morgan, Hengoed; E.J. Hughes, Hirwaun.

[14] Sefydlwyd yr uned arbennig hon o fewn y R.A.M.C. yn Ionawr 1916, o ganlyniad i'r pwyso a fu gan y Cadfridog Owen Thomas a John Williams, Brynsiencyn, am uned o'r fath. Dyma'r 'Welsh Students' Company'; yr enw poblogaidd a roed arni gan y milwyr cyffredin oedd y 'God's own'. Cyhoeddwyd rhestr o enwau'r aelodau yn *Y Cymro* (16 Chwefror 1916), ac yn eu plith ceir enwau Cynan ('Albert Evans Jones, B.A., Baptist, Degree Student: Theological'), Lewis Valentine, J.H. Griffith, John Llywelyn Hughes, D. Ellis, Dafydd Ellis a James Thomas. Cartref dros-dro cyntaf yr uned oedd Hillsborough Barracks, Sheffield, a enwyd yn ddirmygus gan 'Tommy Atkins' yn 'The Holy City'. Gw. Gerwyn Wiliams (gol.), *Gorau Cyfarwydd: Detholiad o Ddarlithoedd ac Ysgrifau Beirniadol Bedwyr Lewis Jones* (Caernarfon: Cyhoeddiadau Barddas, 2002), 231.

[15] W.J. Gruffydd, *James a John: Dau Frawd – Dau Broffwyd* (Llandysul: Gwasg Gomer), 12.

[16] Ibid., 13.

[17] Ibid., 13.

[18] Ibid., 16.

[19] T.M. Bassett, 'Golwg ar Ganrif', *Trafodion* (1992), 44.

[20] W.J. Gruffydd, *James a John*, 14.

[21] Ibid., 15.

[22] Ibid., 15.

[23] Ibid., 14.

[24] Ibid., 18.

[25] Ibid., 21.

[26] Ibid., 19.

[27] Ibid., 26.

[28] Ibid., 22.

[29] Ibid., 29.

[30] Ibid., 20.

[31] Ibid., 17–18.

[32] Ibid., 26.

[33] Ibid., 23.

[34] Ibid., 30.

[35] Gw. yr ystadegau yn *Dyddiadur a Llawlyfr Undeb Bedyddwyr Cymru, 1919* (Abertawe, 1919).

[36] W.J. Gruffydd, *James a John*, 30. Mae'n ddadlennol nad yw'r awdur yn nodi ei ffynhonnell ar gyfer y stori hon.

[37] Am T. Alban Davies, gw. Robert Pope, *Building Jerusalem*, 206–208.

[38] James Thomas, *Llythyr Cymanfa Bedyddwyr Caerfyrddin a Cheredigion, 1963* (Llandysul, 1963), 11.

[39] M. Wynn Thomas, *In the Shadow of the Pulpit: Literature and Nonconformist Wales*, 174.

[40] T.J. Evans, *Golden Strands*, 122.

[41] Bu John Williams Hughes yn weinidog gyda'r Bedyddwyr yn eglwysi Dagnall St., St. Albans; Seion, Bermo; Alfred Place, Aberystwyth a'r Tabernacl, Caerdydd, cyn ei sefydlu'n Athro ac yna'n Brifathro coleg ei enwad ym Mangor. Bu yntau, fel D. Myrddin Davies (un arall o weinidogion y Tabernacl, Caerdydd), yn gyfaill mynwesol i James Thomas. Gw. J. Williams Hughes, *Troeon yr Yrfa* (Llandysul: Gwasg Gomer, 1977), y cyflwyniad y tu mewn i'r clawr blaen.

[42] T.J. Evans, *Golden Strands*, 123.

[43] W.J. Gruffydd, *James a John*, 52.

[44] Robert Morgan, yn W.J. Gruffydd, *James a John*, 111.

[45] R.Tudur Jones, *Ffydd ac Argyfwng Cenedl*, 1, 248.

[46] Cynhaliwyd y Gyngerdd Fawreddog gyntaf ar nos Galan 1836, i ddathlu blwyddyn gyntaf gweinidogaeth H.W. Jones. 'O'r pryd hwnnw ymlaen, bu'r Calan yn ddyddiad neilltuol yn hanes yr eglwys. Cafwyd Cyngherddau ac Eisteddfodau o fri, a disgwylid am danynt yn flynyddol gan y dref a'r cylchoedd cyfagos.' Erbyn 1936 nid oedd cystal

graen ar y gyngerdd draddodiadol, ac felly, y flwyddyn honno, penderfynodd y diaconiaid a swyddogion yr ysgol Sul gynnal 'gŵyl i ddwyn ein rhoddion ewyllysgar, fel offrwm diolchgarwch i'r Arglwydd ar drothwy Blwyddyn Newydd, gyda'r bwriad o leihau'r ddyled'. O Galan 1936 hyd Galan 1942 derbyniodd y gweinidog gyfanswm o £446.13.4 tuag at Drysorfa Adgyweiriol y Tabernacl. (Gw. *Llawlyfr Eglwys y Tabernacl*, 1936 a 1945.)

[47] Yr oedd Glanmor Jones yn fab i Tom (diacon yn eglwys y Tabernacl) a Gwladys Jones. Ar derfyn ei gwrs yng ngholeg y Bedyddwyr, Caerdydd, fe'i hordeiniwyd, a'i sefydlu'n weinidog, yng Nghwmparc, Rhondda. Symudodd oddi yno i eglwys Saesneg Hope, Canton, Caerdydd. Yn ddiweddarach rhoes y gorau i fod yn weinidog gan weithio fel gwasanaethwr cymdeithasol.

[48] Gw. 'Trefn ac Amcanion Cymdeithas y Bobl Ieuainc', Adroddiad y Tabernacl, 1944, 14.

[49] James Thomas, 'Anerchiad y Gweinidog', Adroddiad y Tabernacl, 1944.

[50] Ibid.

[51] John D. Scourfield, *Seren Cymru*, 22 Mai 1970.

[52] Mae'n debyg fod yr arfer o gynnal gweithgareddau seciwlar, megis eisteddfodau a chyngherddau, ar wyliau'r Nadolig a'r Groglith, yn gryfach yng nghapeli'r De nag yn y Gogledd, ond i hyn greu anesmwythyd mewn llawer ardal, ac erbyn diwedd y 19eg. ganrif caed llawer o gapeli yn cynnal gweithgareddau mwy defosiynol eu naws ar y dyddiau gŵyl. Gw. R. Tudur Jones, *Ffydd ac Argyfwng Cenedl*,1, 136–138, 154–155.

[53] T.M. Bassett, *Bedyddwyr Cymru*, 77, 253.

[54] Am y 'cwrdd mawr', gw. ibid., 175; R. Tudur Jones, *Ffydd ac Argyfwng Cenedl*, 1, 155.

[55] T.J. Evans, *Golden Strands*, 109.

[56] R. Tudur Jones, *Ffydd ac Argyfwng Cenedl*, 1, 143.

[57] T.J. Evans, *Golden Strands*, 109.

[58] T.J. Evans, 'Old Service Remembered', *Western Mail*, 2 Ebrill 1934.

[59] T.J. Evans, *Golden Strands*, 144.

[60] T.J. Evans, *Fragrant Memories*, 17.

[61] T.J. Evans, *Seren Cymru*, Chwefror 1956.

[62] Gw. Trebor Lloyd Evans, *Y Cathedral Anghydffurfiol Cymraeg* (Abertawe: Gwasg John Penry, 1972).

[63] James Thomas,'Anerchiad y Gweinidog', Adroddiad y Tabernacl, 1953.

[64] O 'Llyfr Cofnodion y Tabernacl, 1964–1974'. (Ym meddiant yr eglwys.)

[65] *South Wales Evening Post*, 18 Chwefror 1961.

[66] James Thomas, 'Anerchiad y Gweinidog', Adroddiad y Tabernacl, 1951.

[67] Ibid.

[68] Gw. pennod 3, nodyn 82.

[69] James Thomas, 'Anerchiad y Gweinidog', Llawlyfr 1962.

[70] Ibid.

[71] James Thomas, 'Anerchiad y Gweinidog', Adroddiad y Tabernacl, 1936.

[72] *Llythyr Cymanfa Bedyddwyr Caerfyrddin a Cheredigion*, 1952 (Llandysul: Gwasg Gomer, 1952), 11.

[73] Ibid., 11.

[74] Ibid., 9.

[75] Am ddadl J.E. Daniel, gw. D.Densil Morgan, *Torri'r Seiliau Sicr: Detholiad o Ysgrifau J.E. Daniel* (Llandysul: Gwasg Gomer, 1993), 11–13.

[76] Karen Armstrong, *The Bible: The Biography* (London: Atlantic Books, 2007), 175.

[77] Karen Armstrong, *The Spiral Staircase* (London: Harper Perennial, 2005), 305

[78] Ibid., 305

[79] *Llythyr Cymanfa Bedyddwyr Caerfyrddin a Cheredigion,* 1952, 10.

[80] Ibid., 13.

[81] Ibid., 10.

[82] Ibid., 11.

[83] Ibid., 11.

[84] Ibid., 12.

[85] Ibid., 12.

[86] Ibid., 13.

[87] Ibid., 10.

[88] Ibid., 13.

[89] Ibid., 13.

[90] *Llythyr Cymanfa Bedyddwyr Caerfyrddin a Cheredigion,* 1963 (Llandysul: Gwasg Gomer, 1963), 7.

[91] Ibid., 7.

[92] Ibid., 8.

[93] Ibid., 8.

[94] Ibid., 9.

[95] Ibid., 9.

[96] Ibid., 10.

[97] Ibid., 10.

[98] Ibid., 11.

[99] Ibid., 11.

[100] Dyddiadur James Thomas, 24 Ionawr 1916. Gw. W.J. Gruffydd, *James a John*, 36.

[101] E. Bryn Jones, 'Cyfarfod Ymadawol Y Parch. James Thomas', *Seren Cymru*, 4 Hydref 1968.

[102] Adroddiad y Tabernacl, 1945.

[103] W.J. Gruffydd, *James a John*, 93.

[104] Ibid., 29.

[105] Robert Morgan yn W.J. Gruffydd, *James a John*, 117.

[106] Ibid., 45, 46.

[107] Robert Morgan yn W.J. Gruffydd, *James a John*, 116.

[108] W.J. Gruffydd, *James a John*, 2.

[109] Ibid., 80.

[110] Ibid., 72–78.

[111] Ibid., 55.

[112] Ibid., 113.

[113] Ibid., 55–56.

[114] Robert Pope, *Building Jerusalem*, 42.

[115] W.J. Gruffydd, *James a John*, 94.

[116] Tystiolaeth John Rice Rowlands, a oedd yn bresennol yn yr oedfa, mewn sgwrs bersonol.

[117] W.J. Gruffydd, *James a John*, 115,116.

[118] Ibid., 114.

[119] Ibid., 114.

[120] Ibid., 53.

[121] Ibid., 55.

[122] Am enghreifftiau o bregethau James Thomas i'r plant, gw. W.J. Gruffydd, *James a John*, 96–97.

[123] *Llythyr Cymanfa Bedyddwyr Caerfyrddin a Cheredigion*, 1952, 8.

[124] W.J. Gruffydd, *James a John*, 117 – 118.

[125] E. Bryn Jones,'Cyfarfod Ymadawol James Thomas', *Seren Cymru*, 4 Hydref 1968.

[126] Ibid.

[127] T.J. Evans, *Golden Strands*, 56.

[128] *Llythyr Cymanfa Caerfyrddin a Cheredigion*, 1952, 8.

[129] Cofnodir yn Llyfr Cofnodion Cyfarfodydd Diaconiaid Eglwys y Tabernacl, Medi 1920 – Mawrth 1922 (Ll.G.C., Mân Adnau 752 B.): Sul, Gorff.17, 1921. Penderfynwyd fod y brawd David Lewis i alw cyfeillach ar ddiwedd y gwasanaeth heno, ac i hysbysu yr Eglwys fod y brawd Willie Thomas wedi ymddiswyddo fel Ysgrifennydd Gohebol yr Eglwys, – i ddiolch iddo am ei waith, ac i gymeradwyo i'r Eglwys i dderbyn cymeradwyaeth y Diaconiaid fod y brawd T.J. Evans yn cael ei ethol fel Ysgrifennydd Gohebol yr Eglwys, ac Ysgrifennydd Cofnodol y Cwrdd Diaconiaid.

[130] T.J. Evans, *Golden Strands*, 120.

[131] Ganwyd Thomas Lewis yn 1859, mewn bwthyn yn Mhontyfenni, tua dwy filltir o Hendy-gwyn ar Daf. Addysgwyd ef mewn ysgol ramadeg yn Sanclêr, ac wedi hynny yn athrofa'r Bedyddwyr yn Hwlffordd. Yn 1882 derbyniwyd ef gan Gymdeithas Genhadol y Bedyddwyr (B.M.S.) i fod yn genhadwr yng nghanolbarth yr Affrig. Bu'n gweinidogaethu yn y Cameroons, yn San Salvador (prifddinas y Congo), ac yn nhiriogaeth Zombo, lle y sefydlodd orsaf genhadol yn Quibocolo yn 1898. Yn 1908 apwyntiwyd ef yn brifathro cyntaf y Coleg Hyfforddi Unedig yn Kimpese. Ar gyfrif problemau iechyd dychwelodd adref yn 1915, a'r flwyddyn ddilynol apwyntiwyd ef yn gymrychiolydd Cymraeg cyntaf y B.M.S., swydd a lanwodd hyd ei farw yn 1929. Yn ystod y cyfnod hwn gweithiodd fel cadeirydd y comisiwn a fu'n diwygio'r cyfieithiad cyntaf o'r Beibl i'r iaith Ki-Kongo. (Gw. Thomas Lewis, *These 70 Years: An Autobiography* (London: The Carey Press, 1930); Morgan Jones, *Thomas Lewis y Cenhadwr* (Llundain: Cymdeithas Genhadol y Bedyddwyr, 1942); M.J. Williams, *Thomas Lewis, 1859–1929* (Llandysul: Gwasg Gomer, 1983).

[132] James Thomas, 'Y Diweddar Mr. T.J. Evans: Teyrnged', *Seren Cymru*, 26 Mawrth 1965.

[133] T.J. Evans, *Golden Strands*, 111.

[134] T.J. Evans, 'Fellowship y Brodyr Ieuainc', *Seren Cymru*, 8 Mawrth 1935.

[135] T.J. Evans, *Golden Strands*, 111.

[136] Ibid., 112.

[137] Ibid., 112.

[138] Ibid., 112.

[139] Ibid., 115.

[140] T.J. Evans, 'Fellowship y Brodyr Ieuainc', *Seren Cymru*, 8 Mawrth 1935.

[141] Ibid.

[142] Emrys G. Bowen, *Llawlyfr 1967*, 26.

[143] T.J. Evans, 'Fellowship y Brodyr Ieuainc', *Seren Cymru*, 8 Mawrth 1935.

[144] *Young Men's Fellowship: Membership Booklet*, 1956 (Caerfyrddin, 1956).

[145] Ibid.

[146] *Carmarthen Journal*, 19 Hydref 1936.

[147] T.J. Evans, *Golden Strands*, 182.

[148] Ibid., 191–192.

[149] Ibid., 194.

[150] *Carmarthen Journal*, 15 Mawrth 1935.

[151] James Thomas, 'Y Diweddar Mr. T.J. Evans: Teyrnged', *Seren Cymru*, 26 Mawrth 1965.

[152] T.J. Evans, *Golden Strands*, 119.

[153] J. Williams Hughes, *Llythyr Cymanfa Bedyddwyr Caerfyrddin a Cheredigion*, 1952, 5.

[154] Ibid., 5.

DIWEDDGLO

Yr hyn yr amcanwyd ato yn y traethawd ymchwil, a'r un modd yn y gyfrol hon, fu olrhain hanes corfforiad a datblygiad un o eglwysi'r Bedyddwyr yn nhref Caerfyrddin, sef yr eglwys a gysylltir yn bennaf – yn dilyn y dydd yr esgorwyd arni gyntaf yn Heol y Cei, a chyfnod diweddarach ei mebyd yn Heol y Prior – â chapeli'r Porth Tywyll a'r Tabernacl, hynny o'i dechreuadau yn 1650 hyd at y flwyddyn 1968, sef blwyddyn terfynu gweinidogaeth James Thomas. Ynghyd â chyflwyno adroddiad ffeithiol o hynt a helynt yr achos yn ystod y cyfnod o dan sylw, ceisiwyd hefyd ddehongli arwyddocâd y datblygiadau hyn, gan ddangos sut y mae modd canfod yn hanes y Tabernacl adlewyrchiad o dynged Ymneilltuaeth yn gyffredinol, ac enwad y Bedyddwyr yn neilltuol, yn ystod y tair canrif yr ymdrinir â hwy, a bod hanes yr un eglwys hon yn *ficrocosm*, yn un enghraifft benodol a lleol, o'r hyn a oedd yn digwydd ar raddfa ehangach yn hanes Ymneilltuaeth Gymreig.

Nid dibwys mo'r ffaith i'r ymgais gyntaf i sefydlu achos i'r Bedyddwyr yng Nghaerfyrddin, ganol yr ail ganrif ar bymtheg – a honno'n enghraifft ymhlith y cynharaf o'r patrwm eglwys a ffurfiwyd gan yr Ymneilltuwyr, sef 'eglwys gynnull' – fethu o dan bwys dialedd yr awdurdodau eglwysig a gwleidyddol. Y mae hynny ynddo'i hun yn ddrych o ymdrech ddewr – ac, yn aml, o fethiant arwrol – yr Ymneilltuwyr cynnar i sicrhau rhyddid iddynt eu hunain i addoli yn unol â gofynion argyhoeddiad a chydwybod bersonol. Fel y bu rhaid i John Miles ffoi i'r Amerig er mwyn dianc rhag cynddaredd y storm, a'r eglwys a sefydlwyd ganddo ar benrhyn Gŵyr yn darfod amdani, yn yr un modd darfod amdanynt fel corff o gredinwyr fu hanes ei ddilynwyr yn nhref Caerfyrddin. Eithr nid yw hyn yn lleihau dim ar bwysigrwydd y ffaith mai yng Nghaerfyrddin yr ymgeisiodd y

Bedyddwyr Neilltuol sefydlu un o'u hachosion arloesol ym more oes Ymneilltuaeth. Ychydig dros ddeng mlynedd ar ôl i'r eglwys anghydffurfiol gyntaf ar dir a daear Cymru gael ei chorffori yn Llanfaches yng Ngwent, yn Nhachwedd 1639,[1] wele'r Bedyddwyr (a hwythau eisoes wedi codi baner yn Ilston, Llanharan a'r Gelli Gandryll) yn ymestyn eu cortynnau hyd at brif dref y deheubarth. O'r cychwyn cyntaf, felly, bu gan Fedyddwyr tref Caerfyrddin eu rhan ym mabinogi Anghydffurfiaeth Gymreig.

Pan ailsefydlwyd achos i'r Bedyddwyr yn y dref, ganol y ddeunawfed ganrif, digwyddodd hynny ar adeg pan oedd Ymneilltuaeth, er ei dechreuadau petrus, yn graddol ennill tir, a'r Bedyddwyr, megis yr Annibynwyr, yn bwrw eu gwraidd yn ddwfn yn naear Cymru, gan sefydlu nifer o achosion newydd ar hyd a lled y wlad. Unwaith eto, felly, yr oedd y datblygiadau yng Nghaerfyrddin yn faromedr o'r sefyllfa yng Nghymru drwyddi draw. Yn sgil y cynnydd daeth ymgecru ac ymwahanu (nodwedd ddigon cyffredin o Ymneilltuaeth gynnar, fel yr oedd ffrwgwd Cymanfa Meidrum i brofi cyn diwedd y ganrif), hynny ar sail amrywiol ddehongliadau o ystyr Ysgrythur, athrawiaeth, defod ac ordinhad. Am yr union resymau hyn gwelwyd y dystiolaeth Fedyddiedig yng Nghaerfyrddin yn ymrannu'n ddwy, gyda'r naill garfan yn aros yn Heol y Prior, a'r llall yn ymgartrefu yn y Porth Tywyll. Ar hyd y 1790au cafodd y Bedyddwyr eu hunain ynghanol anghydfod diwinyddol a arweiniodd ar ôl 1799 at rwyg, gyda'r radicaliaid gwrth-Fethodistaidd ac Arminaidd yn ymffurfio'n garfan (byrhoedlog ei pharhad) o Fedyddwyr Cyffredinol. Y mae'n arwyddocaol mai yn ystod y blynyddoedd tyngedfennol hyn y gwahoddwyd un o'r galluocaf o weinidogion ei ddydd, un o brif arweinwyr y Bedyddwyr Neilltuol yn y de, un a'i cafodd ei hun ynghanol berw yr ymdaro athrawiaethol, ac a lwyddodd, ar gyfrif ei fedrusrwydd fel diwinydd a'i foneddigeiddrwydd cynhenid, i roi cyfarwyddyd diogel a doeth i'w bobl, i fugeilio eglwys y Porth Tywyll. Trwy ddyfodiad Titus Lewis i dref Caerfyrddin, rhoddwyd amlygrwydd cenedlaethol i eglwys ei ofal, a daethpwyd i'w hadnabod fel 'eglwys Titus Lewis'. Trwy ei waith bugeiliol, a'r pwys a osodai ar ei aelodau i ufuddhau yn ddiamod i ofynion y cyfamod eglwys, datblygodd yr achos i fod yn un o gadarnleoedd y dystiolaeth Fedyddiedig, Galfinaidd yng ngorllewin Cymru, yn wrthglawdd solet ac effeithiol yn erbyn y tueddiadau mwy rhyddfrydol ac anuniongred a fygythiai erydu'r dystiolaeth honno, os nad ei thanseilio'n llwyr, tueddiadau a ddylanwadodd yn drwm ar y chwaer eglwys ym Mhenuel, ac a arweiniodd at ei diaelodi am gyfnod o'r gorlan uniongred. Breuddwyd Lewis a arweiniodd at adeiladu capel y Tabernacl, mewn dyddiau pan oedd Ymneilltuaeth Gymreig, ar ôl cropian cyhyd, yn dechrau sefyll yn dalog ar ei thraed ei hun, gan fentro codi cysegrleoedd lletach ac ehangach i'r diben o gynnal ei chynulleidfaoedd mwy niferus. Ym mhregethau Lewis ceir enghreifftiau gloyw o'r dull hwnnw (a fabwysiadwyd gan gynifer o'i gyd-bregethwyr) a gyfunai arddull esboniadol, ymresymiadol yr Hen Ymneilltuwyr (a amcanai at adeiladu'r saint yn y sancteiddiaf ffydd) a gwres diwygiadol y dull Methodistaidd. Yr hyn a glywai'r gwrandawyr yn y Porth Tywyll oedd dim llai nag esiamplau o bregethu Ymneilltuol ar ei fwyaf coeth a disgybledig, ac o ganlyniad i ddiwydrwydd Thomas Lewis, Pontymister, y mae modd o hyd inni astudio cyfran o'i gynnwys.

O'r cychwyn cyntaf gosodai'r Ymneilltuwyr bwys mawr ar addysg, nid yn unig er mwyn cyflwyno gwybodaeth Feiblaidd i aelodau cyffredin trwy gyfrwng yr ysgol Sul, ond hefyd er mwyn hyfforddi gwŷr ifainc ar gyfer cyflawni dyletswyddau'r weinidogaeth, yn fwyaf arbennig, pregethu'r Gair. Â'r llwybr i'r prifysgolion ynghau iddynt, aethant ati i sefydlu eu hacademïau eu hunain, gyda Samuel Jones (Brynllywarch), Rhys Prydderch (Abercrychan; Aberllyfni yn ddiweddarach), Roger Griffiths (Y Fenni), James Owen (Croesoswallt a'r Amwythig), a William Evans (Caerfyrddin), ymhlith y meistri cynharaf, hynny cyn gynhared â diwedd yr ail ganrif ar bymtheg a dechrau'r ddeunawfed.[2] Yng ngoleuni hyn gwelir pa mor flaengar oedd y penderfyniad i agor academi yn y Tabernacl, sef yr athrofa a gychwynnwyd yn 1812 fel rhan o weledigaeth Titus Lewis, a gefnogwyd yn eiddgar gan D.D. Evans, ac a fu'n gyfrwng dwyn Rees Gibbon i dref Caerfyrddin yn y lle cyntaf. Bu'r ysgol hon, a'i chwricwlwm yn gyfuniad o bynciau seciwlar a thestunau diwinyddol, yn gyfrwng diwallu angen mwy nag un darpar weinidog am addysg ffurfiol. Law yn llaw â'r pwyslais ar addysg, rhoddai Ymneilltuaeth le blaenllaw i lenyddiaeth, ac ar baratoi defnyddiau addas, yn llyfrau a chylchgronau, a fyddai'n foddion nid yn unig i drwytho'r werin yn hanfodion y ffydd, ond hefyd i'w goleuo ynglŷn â'r modd y dylai deiliaid teyrnas Crist ymateb i bynciau a phroblemau cyfoes.[3] Y mae'r ffaith i fwy nag un o'i gweinidogion, yn fwyaf arbennig D.D. Evans, Hugh William Jones, ac mewn cyfnod diweddarach Evan Ungoed Thomas, wasanaethu yn eu tro fel colofnwyr a golygyddion dau brif gyfnodolyn eu henwad, sef *Seren Cymru* a *Seren Gomer*, yn tystio i gyfraniad disglair bugeiliaid eglwys y Tabernacl i draddodiad llenyddol enwad y Bedyddwyr.

Er na chafodd syniadau gwleidyddol, radicalaidd Morgan John Rhys a William Richards o Lynn – yn fwy na'u diwinyddiaeth ryddfrydig – ddyfnder daear ymhlith y mwyafrif o'u cyd-Fedyddwyr, ac er i Gomer gofnodi yn ei gyflwyniad i rifyn cyntaf ei *Seren Gomer* yn Ionawr 1814, 'Bydd ambell un ym meddwl nad peth da yw i Gristionogion ymyrraeth â phethau gwladol',[4] ni bu'r enwad yn hir cyn ymysgwyd o'i dawedogrwydd (a achoswyd, yn rhannol, gan yr ofn y buasai ysbryd chwyldrowyr Ffrainc yn lledu i wledydd Prydain)[5] ynghylch materion cymdeithasol a gwleidyddol. Erbyn tridegau y bedwaredd ganrif ar bymtheg yr oedd pynciau megis dirwest, yr anghyfiawnderau a ddioddefid gan y tlodion, a'r modd y dibrisid Ymneilltuaeth gan yr awdurdodau, ac yn arbennig yr Eglwys Wladol, yn hawlio blaenoriaeth ar agenda cyfarfod eglwys a chymanfa. Er byrred tymor ei weinidogaeth yn y Tabernacl, ac er tristed y diweddglo iddo, ni feddai neb ar gydwybod gymdeithasol finiocach na Rees Gibbon, fel y dengys eu safiadau cyhoeddus o blaid addysg i'r werin, rhyddid i gaethweision, cydraddoldeb enwadol, a goddefgarwch crefyddol. Trwy ei ymdrechion yntau cafodd ei eglwys yng Nghaerfyrddin ei hun ynghanol y frwydr am ddiwygiadau cymdeithasol, protest a ddaeth ymhen fawr o dro yn rhan o ethos Ymneilltuaeth.

Erbyn canol y bedwaredd ganrif ar bymtheg yr oedd Ymneilltuaeth Gymraeg yn anterth ei nerth, ac yn ddylanwad pwerus ar unigolion a chymunedau fel ei gilydd. Y mae Hugh William Jones, a'i weinidogaeth hirfaith o ddeunaw mlynedd ar hugain yn y Tabernacl, yn eglurebu'n berffaith y ffyniant hwn. Ac yntau'n ŵr a fwynhâi amgylchiadau tymhorol lled gysurus, a statws cymdeithasol cymharol uchel, ac yn un o bregethwyr huotlaf a mwyaf poblogaidd ei gyfnod, bu'n arwain eglwys oedd â'i chynulliadau'n lluosog ac ar gynnydd, ac yntau o'r herwydd mewn sefyllfa i orfodi disgyblaeth lem ar ei aelodau, fel bod diaelodi cymeriadau brith ac anffyddlon, ynghyd â chroesawu newydd-ddyfodiaid, yn ddigwyddiad pur gyffredin. Prin y gwyddai yntau am y demtasiwn a ddeuai i ran gweinidogion mewn cyfnodau llai llewyrchus i gyfaddawdu ynghylch safonau aelodaeth eglwysig. Yr oedd mewn sefyllfa yn 1842 i bregethu oddi ar Eseia 54: 2 a 3 ('Helaetha le dy babell, ac estynnant gortynnau dy breswylfod, nac atal, estyn dy raffau, a sicrha dy hoelion, canys ti a dorri allan ar y llaw ddeau ac ar y llaw aswy … nac ofna …') gan annog ei bobl i fwrw iddi'n hyderus i ailadeiladu ac i ehangu eu cysegr. Ehangu, ymledu ac ymhelaethu oedd hanes Ymneilltuaeth y cyfnod, ac fe ddaliwyd Hugh William Jones gan yr ysfa i ymestyn llinynnau ei breswylfa. Ni wyddai yntau ddim oll am y crebachu a'r cwtogi mawr a oedd i ddigwydd yn hanes Anghydffurfiaeth ymhen canrif. Adlewyrchir hyder Ymneilltuaeth y cyfnod gan y modd yr ymdaflai Hugh William Jones, yn gwbl hunan-hyderus a diymddiheuriad, i ganol ffraeon diwinyddol ei ddydd, gan roi llais i'r Galfiniaeth gymedrol honno a wrthsafai Supralapsariaeth uchel-Galfinaidd ar un llaw, ac Undodiaeth anuniogred ar y llaw arall, ac a apeliai at garfan niferus o'r ddiadell Fedyddiedig.

Prin fod gwell enghraifft o orchest Ymneilltuaeth ganol y bedwaredd ganrif ar bymtheg nag Eliza Caerfyrddin, a'i haddysg ysgol fonedd a'i hymwneud cwbl gartrefol â rhai o wŷr mawr y sefydliad gwleidyddol, llenyddol ac eglwysig. Y mae'r ffaith na chafodd anhawster i ymgartrefu'n ddedwydd ymhlith gwerinos y Tabernacl, ac iddynt hwythau ei derbyn hithau heb yr ymdeimlad lleiaf (i bob golwg) o israddoldeb, yn tystio'n groyw i'r ffaith fod Ymneilltuaeth yr oes wedi hen fwrw ei swildod, ac yn ei chyfrif ei hun yn ail i neb. Fe allai'r Tabernacl, bellach, ymorchestu yn ei statws dyrchafedig yng ngolwg y byd.

Ceir tystiolaeth bellach i ymagwedd uchelgeisiol Ymneilltuaeth gan frol John Thomas fod cysegr y Tabernacl, wedi iddo gael ei adnewyddu'n gyfan gwbl ac yn gelfydd i'w ryfeddu o'r tu mewn, ymhlith yr helaethaf a'r prydferthaf o gapeli'r dywysogaeth, a bod ehangder y pulpud newydd, ynghyd â lled a dyfnder y fedyddfa, yn ennyn eiddigedd ddofn yng nghalon ei gydweinidogion. Dyma weld yn eglur ddigon, felly, wrth olrhain hanes y Tabernacl, sut, erbyn diwedd y bedwaredd ganrif ar bymtheg, y trodd yr 'eglwys gynnull' gynnar, a nodweddid gan ddidwylledd ffydd a symledd ffurf, yn deml ysblennydd a rhwysgfawr – cam y bu'n rhaid i Ymneilltuaeth Cymru dalu'n ddrud maes o law am ymgymryd ag ef. Ys dywed T.M. Bassett: 'Tyfodd Ymneilltuaeth y bedwaredd ganrif ar bymtheg yn gyfochrog â thwf y dosbarth canol, amlygiad o safonau'r dosbarth hwnnw i raddau helaeth iawn oedd y capeli newydd harddach a'r organau pib costfawr'.[6]

Erys John Thomas yn enigma; er ei fod, yn bersonol, yn ŵr mwyn a diymhongar, yn un a ganolbwyntiai ei egnïon ar baratoi ei fater ar gyfer ei bulpud, ac ar draethu ei neges, eto fe'i cariwyd ymaith gan don o uchelgais, a'r awydd i addurno ei gapel oddi mewn ac oddi allan â'r fath grandrwydd esthetaidd fel na allai'r byd beidio â sylwi fod Ymneilltuaeth yn awr yn gwisgo gwisgoedd ei gogoniant. Yn sicr ddigon nid John Thomas oedd yr unig weinidog yng Nghymru ei ddydd i ildio i'r demtasiwn hon, ond yr hyn sy'n ddiymwad yw'r ffaith fod capel y Tabernacl o dan ei oruchwyliaeth wedi ei droi o fod yn gysegr hirsgwar, cymharol blaen a diaddurn, i fod yn arddangosfa o orchest a ffyniant crefyddol.

Perthyn i'r weinidogaeth Ymneilltuol weddau traddodiadol, confensiynol, sef y pwyslais mai prif waith gweinidog yw pregethu'r Gair, gweinyddu'r ordinhadau a bugeilio'r praidd. Dyma a gafwyd yn anad dim yng ngweinidogaethau John Thomas a James Thomas, a'r olaf o'r ddau â'i ofal am y saint mewn heulwen a chwmwl, yn eithriadol o ymroddedig. Eithr ynghyd â'r portread traddodiadol hwn o weinidog (a ddirywiodd, ar adegau, i fod yn ddim ond caricatur dilornus), ceir oddi mewn i Ymneilltuaeth draddodiad llawer mwy radical ac ymosodol, a esyd y pwyslais nid yn unig ar swcro'r saint ond hefyd ar herio'r byd â chyfiawnder yr efengyl. Yn y modd hwn, fel yn achos Rees Gibbon o'i flaen, y syniai Evan Ungoed Thomas am natur ei alwedigaeth. Nid am foment yr esgeulusai ei ddyletswyddau i'w eglwys, ond ynghyd â hynny llosgai yn ei enaid awydd angerddol i osod egwyddorion teyrnas Dduw ar waith yn y byd mawr oddi allan. Nid syndod felly oedd ei weld ar 27 Gorffennaf 1903 ymhlith yr wyth o drefwyr Caerfyrddin a ddygwyd o flaen y fainc ustusiaid am atal talu'r dreth addysg, y rhai cyntaf yng Nghymru gyfan i ymddangos o flaen eu gwell ar gyhuddiad a oedd iddynt hwy yn fater o egwyddor sylfaenol.[7] Byddai derbyn gwŷs i ymddangos mewn llys barn yn fater o gywilydd dwfn i John Thomas a James Thomas, ond nid felly i Ungoed Thomas; nid amharodd yr achlysur ddim ar ei ysbryd ond peri iddo ymwroli, atgyfnerthu o ran ei ewyllys a dyblu ei ddiwydrwydd. Dyma, felly, ddwy wythïen a fu'n rhedeg gyfochr â'i gilydd yn hanes Ymneilltuaeth bron o'r cychwyn cyntaf, y naill yn geidwadol a mewnblyg, a'r llall yn radical ac ymosodol, wedi eu gwau i mewn yn annatod i dystiolaeth weinidogaethol y Tabernacl, ffaith sydd eto'n cadarnhau'r thesis fod twf yr un achos hwn yng Nghaerfyrddin yn ddameg o'r hyn oedd yn digwydd ar gynfas ehangach.

Erbyn diwedd cyfnod James Thomas – er gwaethaf dylanwad T.J. Evans a'r *Fellowship* (a ysgogai ddiddordeb yn rhywrai y tu allan i gylch yr eglwys mewn materion cyfoes) – yr oedd arwyddion sicr fod eglwys y Tabernacl, megis Ymneilltuaeth yn gyffredinol, yn dechrau cau i mewn arni ei hun. O hynny ymlaen, er i dri degawd olaf yr ugeinfed ganrif fod yn gyfnod o weithgarwch byrlymus yn ei hanes, yr hyn a welwyd yn y Tabernacl, fel yn y mwyafrif o eglwysi Cymru, oedd bod agwedd llawer mwy mewnblyg ac amddiffynnol yn ei hamlygu ei hun. Nid cri i estyn y babell a glywyd yn awr ond yn hytrach alwad i gau'r rhengoedd a chodi'r amddiffynfeydd yn erbyn y don o seciwlariaeth a materoliaeth a oedd yn golchi dros Gymru, a thros Ewrop gyfan, ac a oedd yn bygwth erydu sylfeini'r ffydd.[8] Erbyn dechrau'r unfed ganrif ar hugain y mae olion y dirywiad ysbrydol a effeithiodd gyn drymed ar eglwysi Cymru, ac a andwyodd eu tystiolaeth mewn modd mor ddramatig, i'w canfod hefyd yng nghymuned ffydd y Tabernacl. Bellach, yn 2012, y mae'r eglwys a rifai ar ei man uchaf dros bum cant o aelodau, yn eglwys o ddau can aelod. Darfu am y dydd pan fedrai Titus Lewis osod adeiladu tabernacl newydd yn amod parhad ei weinidogaeth yng Nghaerfyrddin, a phan fedrai Hugh William Jones ymfalchïo yn y ffaith ei fod o Sul i Sul yn pregethu i gynulleidfa a orlenwai'r adeilad helaeth. Er gwell, er gwaeth, diflannodd llawer o'r gweithgareddau diwylliannol, diddanol a nodweddai'r Tabernacl yn yr amser a fu; ysywaeth, diflannu hefyd a wnaeth diddordeb nifer o'i haelodau mewn cwrdd paratoad, oedfa weddi ac astudiaeth Feiblaidd, a hyd yn oed yn nefosiwn y Sul. Yn sicr ddigon nid 'eglwys gynnull', yn unol â'r patrwm a osodwyd ar ei ffurf a'i chyfansoddiad gan Titus Lewis, mo eglwys y Tabernacl bellach; yn achos rhywrai sydd â'u henwau yn dal ar lyfrau'r eglwys, peidiodd yr ymdeimlad o ymrwymiad i gyfamod dwys, ac y mae cysylltiad mwy nag un aelod â hi erbyn hyn yn llac, yn anghyson ac achlysurol. Er hyn, fe erys gweddill o aelodau ffyddlon ac ymrwymedig, a nifer o deuluoedd ifainc yn eu plith; dyma'r sawl sydd â chalon i weithio, ac sy'n barod i roi ysgwydd o dan y baich o gynnal yr achos. Heb unrhyw amheuaeth, dyma obaith yr eglwys i'r dyfodol, a thra pery eu dycnwch a'u hymroddiad hwy fe ddeil fflam y dystiolaeth ynghynn. Nid eithriad mo Tabernacl yn ei chyfyngder presennol, gan fod Ymneilltuaeth Gymreig yn gyffredinol y dwthwn hwn yng nghrafangau llesgedd ysbrydol mawr. Ni wna hyn ond cadarnhau'r haeriad bod y datblygiadau a'r trobwyntiau y gellir eu holrhain yn hanes Tabernacl o'i chychwyniadau cynharaf, boed lwyddiant neu fethiant, boed gynnydd neu ddirywiad, megis un arwydd symtomatig o dueddiadau a welid ac a welir ar waith yn llawer mwy cyffredinol yn hanes Ymneilltuaeth Cymru.

NODIADAU

[1] R. Tudur Jones, 'Annibynwyr Cymru Ddoe', yn Iorwerth Jones (gol.), *Yr Annibynwyr Cymraeg, Ddoe, Heddiw ac Yfory* (Abertawe: Gwasg John Penry, 1989), 9.

[2] Am yr academïau gw. G. Dyfnallt Owen, 'James Owen a'i Academi', *Cofiadur* (1952), 3–36; R. Tudur Jones, *Hanes Annibynwyr Cymru*, 126–130; Dewi Eirug Davies, *Hoff Ddysgedig Nyth*, 11–22.

[3] Gw. R. Tudur Jones, *Hanes Annibynwyr Cymru*, 130–133.

[4] Gw. T.M. Bassett, *Bedyddwyr Cymru*, 122–123.

[5] Ibid.

[6] Ibid, 347.

[7] Gw. R. Tudur Jones, *Ffydd ac Argyfwng Cenedl,* II, 116.

[8] Gw. Grace Davie, *Religion in Modern Europe: A Memory Mutates* (Oxford: Oxford University Press, 2000), 5–23; Callum G. Brown, *The Death of Christian Britain: Understanding Secularisation 1800–2000* (London: Routledge, 2001).

MYNEGAI